別冊 金融・商事判例

M&A判例
の分析と展開

野村修也

中東正文

編 集

経済法令研究会

はしがき

　ＴＯＢ、ポイズン・ピル、グリーン・メール、ホワイト・ナイトなど、Ｍ＆Ａに関する専門用語がこれだけ急速に普及するとは、どれだけの人が想像したであろうか。

　Ｍ＆Ａが世間の注目を浴びるようになったのは、ライブドア対ニッポン放送の激戦が時々刻々と人々に伝えられたからである。お茶の間では、格好の役者が揃った壮大な現代版戦国物語のように受け止められたのであろう。ニッポン放送がフジテレビと友好的に主従関係を確立しようとしている間に、ライブドアを率いる武将たちが、ニッポン放送に対して、容赦のない攻撃を仕掛けた。ニッポン放送を率いる武将たちは革新的な防衛策を実行に移し、フジテレビとの関係を強化しつつ、ライブドアを排斥しようとした。

　この事件は、敵対的企業買収に関して、攻撃側と防衛側のとり得る戦略について、ルールが定まっていない世界での乱闘を赤裸々に映し出した。お茶の間は、刺激的なドラマと捉えて固唾を呑んで行方を見つめた。法律の専門家にとっても、大きな関心事となり、武将たちの参謀役を務めた弁護士にとっても、裁判所に見解を示した研究者にとっても、自らの経験と見識を発揮する機会であった。直接には事件に関与しなかった企業法務関係者も、決して他人事ではなく、自分ならばどのように対応するか、自分が裁判官であったらどのような判断を言い渡すのか、深く検討したであろう。

　ライブドア対ニッポン放送事件は、一般の人々だけではなく、上場会社の経営者たちに敵対的買収の脅威を痛烈に感じさせる出来事であった。外資による買収の脅威論のため、合併等の対価柔軟化に関する規定の施行が１年延期されたことにも、影響の大きさが示されている。

　もっとも、敵対的な株式の買占めが問題になった著名な裁判例は、以前から少なくない。会社支配を正面から狙った株式保有の事例かが必ずしも定かではない事件も、対象会社の経営陣に求められる対応は、大枠において違いがない。対象会社の経営陣が、敵対的買収者を追い払おうとする場合に、会社（株主の全体）の利益の保護と自らの保身とが相容れない契機を避けられないからである。本格的な敵対的買収の事案が急増するとともに、対象会社の経営陣の

行為規範に関する裁判例が集積されつつある。

　また、近時、友好的に始まったM&Aについての紛争も大きな問題になっている。これまでは裁判所に持ち込まれることが少なかった紛争も、曖昧な決着が選ばれない傾向にある。当事会社の経営陣としても、裁判による決着を求めておかないと、株主による責任追及に耐えられない可能性につき、現実的な危惧を有しているのであろう。

　最近の裁判例では、米国デラウエア州の著名な判決が、参考にされることが多い。米国判例の正確な分析に基づき、公開買付規制など、とりわけ証券法制を異にするわが国において、どのような示唆を受けることができるかについて、十分な検討が必要になろう。米国流の連邦制のもとでは、連邦は証券法制にのみ立法権限を有しており、会社法制は各州の専権事項とされており、会社法制と証券法制を統合的に設計できないという事情もある。

　本書においては、M&Aに関する判例法理を評価し、今後の展望を見据えるために、初期の裁判例から最新の裁判例まで、さらには米国の裁判例をも含めて、主要な事件を網羅的に取り上げた。そして、M&Aの分野で高い評価を得ている専門家に、学究的で職業的な見識をいかんなく発揮して、力のこもった玉稿を寄せていただいた。今後の実務の指針として大いに参考になるであろうし、また、わが国のM&A法制の将来を考えていく上でも、多くの有益な示唆が得られるであろう。本書が活用されることを期待したい。

　なお、本書ではそれぞれの論稿の後に、判決文（決定文）も登載している。判例雑誌にあたる手間を省くだけでなく、事件の臨場感も味わえるといった、新しいスタイルの判例評釈集ともいえるであろう。

　最後になるが、本書が刊行されるに至ったのは、（株）経済法令研究会「金融・商事判例」の髙野雄樹編集長の精力的なご尽力があってのことである。企画の段階から、最後の編集作業まで、髙野編集長のご活躍なしには、本書は世に送り出されることはなかったであろう。心からお礼を申し上げたい。

2007年5月吉日

野村修也
中東正文

別冊金融・商事判例

M&A判例の分析と展開

はしがき ……………………………………………………………………… 2

Ⅰ　国内判例編

1　横河電機製作所事件──買取引受時における公正な価額の判断基準──
（最三判昭和50・4・8金判456号2頁）
……………………………西南学院大学法学部准教授　一ノ澤直人・6

2　宮入バルブ第一次事件、第二次事件
（東京地決昭和63・12・2金判822号15頁）（東京地決平成元・9・5金判828号22頁）
………………………………………………法政大学法学部教授　福島　洋尚・12

3　忠実屋・いなげや事件
（東京地決平成元・7・25金判826号11頁）
………………………………………………中央大学法学部准教授　久保　大作・24

4　ゼネラル事件
（大阪地決平成2・6・22金判851号39頁）（大阪地決平成2・7・12金判851号39頁）
………………………………………………一橋大学法学部教授　仮屋　広郷・32

5　宮入バルブ事件
（東京地決平成16・6・1金判1201号15頁）
………………………………高崎経済大学経済学部准教授　木下　崇・44

6　ベルシステム24事件
（東京高決平成16・8・4金判1201号4頁）
…………………………………中央大学法科大学院教授　大杉　謙一・52

7　ダイソー事件
──持株比率の減少要件の会社法210条における理論的位置づけと買収防衛策発動差止め仮処分事件に与える影響──
（大阪地決平成16・9・27金判1204号6頁）
………………………………………………三井法律事務所・弁護士　大塚　和成・68

8　ライブドアvsニッポン放送事件
（東京高決平成17・3・23金判1214号6頁）
………………………………………………一橋大学法学部教授　仮屋　広郷・78

9 ニレコ事件
　――敵対的買収に対する平時導入型ライツプランと「著しく不公正な発行方法」――
　（東京高決平成17・6・15金判1219号8頁）
　………………………………………… 新潟大学実務法学研究科准教授　山田　剛志・92

10 夢真ホールディングス vs 日本技術開発事件――買収防衛策としての株式分割の適法性――
　（東京地決平成17・7・29金判1222号4頁）
　………………………………………… 成蹊大学法学部准教授　田中　亘・114

11 蛇の目ミシン事件――グリーンメーラーの脅迫行為に応じた取締役の責任――
　（最二判平成18・4・10金判1249号27頁（【速報】1240号12頁））
　………………………………………… 筑波大学大学院ビジネス科学研究科准教授　柳　明昌・134

12 サンテレホン事件――取得条項付新株予約権と有利発行の判断基準――
　（東京地決平成18・6・30金判1247号6頁）
　………………………………………… 早稲田大学商学部准教授　久保田安彦・146

13 オープンループ事件――募集新株予約権の払込金額を算出する際に用いるべき行使価額――
　（札幌地決平成18・12・13金判1259号14頁）
　………………………………………… 甲南大学大学院ビジネス研究科准教授　家田　崇・166

14 アルコ事件――企業買収（M&A）における売主の表明、保証違反に基づく補償請求――
　（東京地判平成18・1・17金判1234号6頁）
　………………………………………… 西村ときわ法律事務所・弁護士　森　倫洋・196

15 住友信託銀行 vs 旧ＵＦＪ事件【仮処分決定】
　――独占交渉条項に基づく第三者との協議等の差止めを求める仮処分命令の申立てが認められなかった事例――
　（最三決平成16・8・30金判1205号43頁）
　………………………………………… 長島・大野・常松法律事務所・弁護士　浅妻　敬
　　　　　　　　　　　　　　　　　　　　　　　　　　　　　　　　　　　　野島　梨恵・210

16 住友信託銀行 vs 旧ＵＦＪ事件【本案・第1審判決】
　――独占交渉義務違反に基づく損害賠償請求――
　（東京地判平成18・2・13金判1238号12頁）
　………………………………………… 名古屋大学大学院法学研究科教授　中東　正文・220

II　外国判例編

17 ユノカル判決
　（Unocal Corp. v. Mesa Petroleum Co., 493 A.2d 946（Del. 1985））
　………………………………………… 同志社大学法学部准教授　伊藤　靖史・246

18 レブロン判決
　（Revlon, Inc. v. MacAndrews & Forbes Holdings, Inc., 506 A.2d 173（Del. 1986））
　………………………………………… 岡山大学大学院法務研究科教授　三浦　治・250

19 パラマウント判決
　（Paramount Communications, Inc. v. Time Inc., 571 A.2d 1140（Del. 1989））
　………………………………………… 筑波大学法科大学院准教授　德本　穰・255

20 オムニケア判決――取引保護条項の有効性――
　（Omnicare, Inc. v. NCS Healthcare, Inc., 818 A.2d 914（Del. 2003））
　………………………………………… 森・濱田松本法律事務所・弁護士　棚橋　元・259

横河電機製作所事件
―― 買取引受時における公正な価額の判断基準 ――

最三判昭和50・4・8 金融・商事判例456号2頁

西南学院大学法学部准教授　一ノ澤直人

I　事案の概要

　訴外株式会社横河電機製作所（以下、「横河電機」）が発行した新株を、被告証券会社2社（被控訴人・被上告人）が買取引受を行った。横河電機の取締役会の決議に基づき、1株320円の発行価額で150万株（各々75万株）を引き受けていた。この発行価額の決定については買取引受を行った被告2社の意見に基づいて行われたものである。本件新株発行を、横河電機の取締役会が決議した日における終値である証券取引所で現れた時価1株370円よりも、非常に低く、さらに被告2社は、引受手数料として1株あたり9円の交付を横河電機から受けていることから、実質引受価額は1株311円であり、被告2社の引受けは、著しく不公正な価格によるものであるとして、本件買取引受後に株主となった原告（控訴人・上告人）が、差額相当金額を横河電機に支払うことを請求した事案である。第1審、原審ともに原告の請求を棄却している。

II　判決要旨

　「普通株式を発行し、その株式が証券取引所に上場されている株式会社が、額面普通株式を株主以外の第三者に対していわゆる時価発行をして有利な資本調達を企図する場合に、その発行価額をいかに定めるべきかは、本来は、新株主に旧株主と同等の資本的寄与を求めるべきものであり、この見地からする発行価額は旧株の時価と等しくなければならないのであつて、このようにすれば旧株主の利益を害することはないが、新株を消化し資本調達の目的を達成することの見地からは、原則として発行価額を右より多少引き下げる必要があり、この要請を全く無視することもできない。そこで、この場合における公正発行価額は、発行価額決定前の当該会社の株式価額、右株価の騰落習性、売買出来高の実績、会社の資産状態、収益状態、配当状況、発行ずみ株式数、新たに発行される株式数、株式市況の動向、これらから予測される新株の消化可能性等の諸事情を総合し、旧株主の利益と会社が有利な資本調達を実現するという利益との調和の中に求められるべきものである。」

　「発行にかかる本件新株（記名式額面普通株式、一株の金額五〇円）の発行価額は、本件新株を買取引受の方式によつて引受けた証券業者である被上告人らが昭和三六年一月七日に横河電機に対して具申した意見に基づき、同月九日の取締役会において右意見どおり決定されたものであるところ、右意見は、具申の前日である同月六日の終値三六五円、前一週間（昭和三五年一二月二六日から昭和三六年一月六日まで）の終値平均三五九円一七銭、前一か月（昭和三五年一二月七日から昭和三六年一月六日まで）の終値平均三五〇円二七銭の三者の単純平均三五八円一五銭から、新株の払込期日が期中であつたので、配当差二円四一銭を差引いた三五五円七四銭を基準とし、横河電機の株式の価額動向としては人気化していたため急落する可能性が強く、過去六年間における一か月以内の下落率の大勢は一〇ないし一四パーセントに集中していたこと、その売買出来高が昭和三五年九月から同年一二月まで一日平均一九万三〇〇〇株であるのに比べると本件公募株数は一五〇万株の大量であること、その他、当時における株式市況の見通し等を勘案すれば、本件新株を売出期間中に消化するためには前記基準額を最低一〇パーセン

ト値引する必要がある等の事由による減額修正をして、発行価額としては一株あたり三二〇円をもつて相当とするというのである。このように、右の意見が出されるにあたつては、客観的な資料に基づいて前記考慮要因が斟酌されているとみることができ、そこにおいてとられている算定方法は前記公正発行価額の趣旨に照らし一応合理的であるというを妨げず、かつ、その意見に従い取締役会において決定された右価額は、決定直前の株価に近接しているということができる。このような場合、右の価額は、特別の事情がないかぎり、商法二八〇条ノ一一に定める『著シク不公正ナル発行価額』にあたるものではないと解するのを相当とすべく、右価額が当該新株をいわゆる買取引受方式によつて引受ける証券業者が具申した意見に基づきその意見どおり決定されたとの前記事実も、右の意見の合理性が肯定できる以上、それだけで右の判断を異にすべき理由にはならない。そして、本件新株の発行後横河電機の株価が値上りしたことは原審の確定するところであるが、本件発行価額決定時点においてそのことが確実であることを保証する事実が顕著であつたとはいえないとする原審確定の事実関係のもとにおいては、右値上りの事実をもつて特別の事情と認めるには足りず、他に特別の事情を認めるに足る事実関係のない本件においては、本件発行価額が『著シク不公正ナル発行価額』であるということはできないのである。」

III 分析と展開

1 公正な価額

本判決は、商法旧規定280条ノ11により、取締役と通じて不公正な発行価額による新株の引受人に対する株主による代表訴訟において、証券会社による買取引受の価額が「著しく不公正な発行価額」とはいえないとした事件である（注1）。その後の株主割当以外の公募、第三者割当における公正な価額とは何かという議論に大きな影響を与えた重要な最高裁判決といえるだろう。なお会社法では、212条1項1号において著しく不公正な払込価額で募集株式を引き受けた者は、公正な価額との差額の支払う義務を負うとされている。

公正な価額とは何かということは、市場価格との関係で、まず問題になるといえる。公開会社であって、市場で価額が形成されるような会社の株式については、公正な価額とは、既存株主の保護のため、原則として、本判決が述べるように市場価格であるとされる。

それでは、市場価格より低い価格での払込みをした場合に、直ちに不公正な価額となるのかということである。例えば本件のように証券会社による株式の買取引受において、株価の下落等を考慮に入れて時価を下回る価格での引受けについても公正な価額であるかということである。

まず、この公正な価額、言い換えれば公正な価額ではないということは、どのように考えられてきたのだろうか。従来商法旧規定280条ノ11における著しく「不公正な発行価額」について、旧株の市価または会社財産および営業の状況からみて不当に低い発行の意味であり、そのいわゆる発行価額とは現実に割当てがなされた価額をいうと考えられてきた（注2）。また、著しく不公正な価額も、有利発行における特に有利な価額も同じものと考えている。株主総会の特別決議があれば不公正発行として差止めや本条の義務を負わないとされてきた（注3）。そして、既存株主に経済的損失を与えないように、株式の時価を基準とする公正な価額で発行しなければならないことを原則とし、取締役会で発行価額を決定してから引受人が新株を入手するまでの間に株価が下落する可能性があることを考えると、時価そのものではなく、時価をある程度下回っても、なお公正な発行価額と考えられてきた（注4）。

2 公正な価額の判断要因

それでは、市場価格以外の判断要因があるとして、これらの判断要因に何が含まれるかについて、判例・学説で考え方が分かれてきた。本判決は「公正発行価額は、発行価額決定前の当該会社の株式価格、右株価の騰落習性、売買出来高の実績、会社の資産状態、収益状態、配当状況、発行ずみ株式数、新たに発行される株式数、株式市況の動向、これらから予測される新株の消化可能性等の諸事情」であるとしている。

これに対して、新株の消化可能性を考慮に入れることは、企業提携時の第三者割当などで、相当に低い発行価格も考えられ、本判決が判断要因とする新株発行の消化を含ませるべきではないとする考え方が示されてきた（注5）。

それでは、株式の買占め、企業提携や資本参加

により、株価が高騰した場合は、公正な価額とはどう判断されるべきであろうか。本判決以前の下級審判決においては、「発行会社の株式が市場において異常な投機の対象とされ、その市場価格が発行会社の資産内容、収益力および市況を適切に反映せず、企業の客観的価値より高額である場合には市場価格をそのまま基準として新株発行価額を定めることは、新株主に不公平となる」（注6）、あるいは「参加、提携の機運を前提とする投機的思惑によって異常に高騰したと認められる部分が考慮されてはならない」と判示したものがあり（注7）、決議日前日の株価の半額以下の発行価額であっても投機的高騰であるとして、著しく不公正な価額ではないとした事例がある。

この点、投機的思惑による株価であっても、市場価値を重視して新株の価格を決定すべきであるとする見解も示されてきた（注8）。

しかしながら、このような状況では、企業価値を反映していないことを理由に、特定の者の株式買占めにより株式の市場価格が急騰した時期に、現経営者が対抗措置として第三者割当による募集株式の発行等を行う場合、異常な事実を受けない段階での市場価格を基準とすべきであり、あるいはまた、第三者割当の方法による企業提携の噂が流れた途端に、市場価格が急騰し、その後に行われる急騰前の市場価格を払込金額とする当該第三者割当のような場合は、企業提携によるシナジーを既存株主と提携の相手方である募集株式の引受人とで分配することは、両提携会社間のシナジー発生への貢献割合に照らして不公正とは考えがたいとして、急騰前の市場価格を払込金額とすべきであるとの見解が示されてきている（注9）。

3　本判決以後の状況

このように公正な価額の判断要因を考えるとして、具体的に公正な価額といえるために、どの範囲が合理的であるのかについて、考慮する必要がある。本判決は、発行価額を証券会社が判断する前の一定期間からそれまでの下落率を参考にしている。すなわち、判旨で示したように、「最低一〇パーセント値引する必要がある等の事由による減額修正をして、発行価額としては一株あたり三二〇円」とした方法に一応の合理性を認めている。当時は、時価を10パーセントないし15パーセント下回る程度であれば、事実上「特に有利な発行価額」でないと推定されると解されており（注10）、

公正な価額についても、既に述べたとおり同様に解されてきた。

本判決の影響を受け、実務的には、公正な発行価額について、証券会社による自主ルールが定められてきた。この自主ルールによれば「新株発行を決議した取締役会の直前日の終値、または、直前日を最終日とし六か月以内の任意の日を初日とする期間の終値平均に〇・九を乗じた価額以上」とされていた（注11）。その後、この自主ルールについては平成15年に改訂され、原則として増資に係わる取締役会決議の直前日の価格に〇・九を乗じた価格以上とされている（注12）。

これらの自主ルールについては、商法上の公正価格かどうかの問題と直接関係ないとされているが、ルールに示されている価格が、公正価格の一応の目安となることは認めらる（注13）。そして、これらの自主ルールが下級審判決において一定の判断基準とされている。例えば、自主ルールに従った発行価額を有利な発行価額に当たらないとした事例（注14）、また同ルールに合理性を認めてその基準をみたさないことから公正な発行価額より特に低い有利発行であるとした事例がある（注15）。

なお自主ルールの下で、実際には時価に対するディスカウント割合は近年は3.5％台と小幅になってきているといわれる（注16）。

4　本判決による展開

本最高裁判決が示す買取引受にとどまらず、資本提携・企業提携時、加えてそれらに伴うあるいは買占め等による株価の高騰における公正な発行価額とは何であるのかを考える必要があるといえるだろう。このことは、敵対的企業買収時の防衛目的での第三者割当増資における公正な価額とは何かという議論につながるものである。本判決後の最近の裁判例においても、例えば宮入バルブ事件において（注17）、本判決が「公正な発行価額というには、その価額が、原則として、発行価額決定直前の株価に近接していることが必要であると解すべきである」という形で引用され、同事件においては「特に有利な発行」であると判断がなされ、不公正発行であるとの判断が示されている。このような点からも、本判決がその後の公正な価額についての議論に与えた影響は大きいといえるだろう。

本判決の判断基準を前提に、公正な価額をどの

ように考えるのか、具体的には市場価格を下回る場合における考慮すべき要素をどのように考えるべきかである。本件のような買取引受による場合の他に、忠実屋・いなげや事件におけるような買占めによる高騰時における価額（注18）、あるいは資本・提携時における価額（注19）、買収防衛時の第三者割当増資の場合の価額（注20）において下級審判決が示され、判断要因、株価の推移で考慮されるべき期間の長さ、判断の基準となる起算日などの具体的な基準が展開していくこととなった。それぞれの場合における公正な価額が、一定期間の市場価格の平均を基準として定まるのか、個別的な考慮要因によるのか、さらに個別的な考慮要因によるとしても、その範囲は限定されているのかなどということが重要になってきたといえる。

その意味で本判決は、買取引受にとどまらず、公正な価額についての最高裁の基本的判断を示した重要な判決であるといえよう。また、本判決以後の自主ルールが一定の役割をもってきたことは前述の通りである。さらに、公正な価額について、原則市場価格をもとに考慮するとしても、市場価格がない株式について、例えば全株式譲渡制限会社の第三者割当の場合の公正な価額とは何かについてなどの問題は残ることになる。すなわち全株式譲渡制限会社の場合、そもそも株式の市場価格が存在しないので、公正な払込金額の決定は容易ではないといわれる（注21）。

（注１）　本判決の評釈として、以下の判例評釈を参照とした。境一郎・判評203号24頁〔判時795号146頁〕（1976年）、伊沢和平・昭和50年度重判解（ジュリ615号）81頁、川口冨男・曹時28巻8号171頁（1976年）、神崎克郎・民商75巻1号123頁（1976年）、矢沢惇ほか編『商法の判例〔第三版〕』（ジュリ増刊）117頁〔岸田雅雄〕（1977年）、矢沢惇＝鴻常夫編『会社判例百選〔第3版〕』120頁〔近藤弘二〕（1979年）、鴻常夫＝竹内昭夫編『会社判例百選〔第4版〕』124頁〔近藤弘二〕（1983年）、竹内昭夫編『新証券・商品取引判例百選』32頁〔阪埜光男〕（1988年）、柿崎栄治ほか編『会社法基本判例』157頁〔河内隆史〕（同文館出版・1988年）、鴻常夫＝落合誠一ほか編『会社判例百選〔第6版〕』142頁〔中村建〕（1998年）。
（注２）　大隅健一郎＝今井宏『会社法論中巻〔第三版〕』659頁（有斐閣・1992年）。
（注３）　上柳克郎ほか編『新版注釈会社法(7)』309頁〔近藤弘二〕（有斐閣・1987年）、なお会社法199条2項、3項・309条2項について、江頭憲治郎『株式会社法』694頁（有斐閣・2006年）参照。
（注４）　鈴木竹雄＝竹内昭夫『会社法〔第三版〕』397頁（有斐閣・2001年）。
（注５）　伊沢・前掲（注１）83頁、森本滋「新株の発行と株主の地位」法学論叢104巻2号23頁（1978年）によれば、新株の完全消化を目的に市場価格未満の価額で新株を発行する権限を取締役会は有していないのか、一時的に市場にある株式量が増大するため発行価額を時価より大幅に引き下げなければ完全消化をしえない場合が予想され、一時的に株価が企業の客観的価値を反映しないことになるため、旧株主の有する株式の財産価値を低下させてしまうためとされる。
（注６）　東京地判昭和47・4・27金判326号16頁。
（注７）　東京高判昭和48・7・27判時715号100頁。
（注８）　阪埜光男「第三者割当と新株の発行価額」法学研究51巻11号40頁（1978年）、「企業の客観的価値に対する持分（持分価値）のほかに、株式が市場価値を有するときは、その市場価値もまた株主の経済的利益を構成するものであり、発行価額が新株引受人にとって不利に定められても、それは公正な発行価額決定に際しての公平の理念に反するものではないから、たとえ市場価格が一株当たりの企業の客観的価値より高額であっても、市場価値を度外視することは妥当でなく、むしろ市場価値を重視して新株の発行価格を決定すべき」であるとする。
（注９）　江頭・前掲（注３）681頁以下、同『結合企業法の立法と解釈』228頁以下（有斐閣・1995年）参照。
（注10）　有利発行について、鈴木竹雄「新株発行の差止と無効」『商法研究Ⅲ』220頁（有斐閣・1971年）。
（注11）　社団法人日本証券業協会「中間発行増資及び第三者割当増資に関する指針」（1992年）。
（注12）　社団法人日本証券業協会「第三者割当増資に関する指針」（2003年）。これらの詳細については、太田洋＝野田昌毅「企業買収防衛策としての第三者割当増資」太田洋＝中山龍太郎編『敵対的Ｍ＆Ａ対応の最先端』184頁以下（商事法務・2005年）参照。
（注13）　大隅＝今井・前掲（注２）603頁。
（注14）　東京地決平成元・9・5金判828号22頁（宮入バルブ第一次事件）、詳細は本書別稿❷福島論文参照。
（注15）　東京地決平成16・6・1金判1201号15頁（宮入バルブ事件）、詳細は本書別稿❺木下論文参照。
（注16）　山一証券経済研究所『増資白書1991年版』（商事1254号）34頁、また第三者割当増資の場合、平均株価に対するディスカウント率は10パーセント以内はいっているとされる（大和証券エスビーキャピタル・マーケッツ編『キャピタル・マーケッツ・レビュー2000年版』（商事1564号）10頁）。
（注17）　前掲（注15）参照。
（注18）　東京地決平成元・7・25金判826号11頁（忠実屋・いなげや事件）、詳細は本書別稿❸久保論文参照。
（注19）　前掲（注７）参照。
（注20）　前掲（注15）参照。
（注21）　江頭・前掲（注３）657頁、16頁以下参照。

Naoto ICHINOSAWA

昭和50・4・8最高裁第三小法廷判決、昭和48年(オ)第198号株主代位請求事件、**上告棄却**
原　審＝昭和47・12・12東京高裁判決、昭和46年(ネ)第1315号、**金判456号12頁**
第1審＝昭和46・4・24東京地裁八王子支部判決、昭和38年(ワ)第529号、**金判456号15頁**

判　決

<当事者>（編集注・一部仮名）
上告人（原告・控訴人）　　　　　　甲野太郎
右訴訟代理人弁護士　　　　　　　　渡辺忠雄
被上告人（被告・被控訴人）　野村証券株式会社
被上告人（被告・被控訴人）　大和証券株式会社

【主　文】
本件上告を棄却する。
上告費用は上告人の負担とする。

【理　由】
上告代理人渡辺忠雄の上告理由一、二について。
　控訴審がその判決の理由を記載するにあたつては一審判決の理由を引用することができる（民訴法三九一条）のであるから、原審のした一審判決の引用に違法はなく、また、所論指摘の主張は、ひつきよう、事実認定又は法律解釈についての主張であつて、原審がこれにつき逐一判断を示さなければならないものではない。原判決に所論の違法はなく、論旨は採用することができない。
　同一、三ないし六について。
　所論の点に関する原審の事実認定は、原判決挙示の証拠関係に照らして是認することができる。
　ところで、普通株式を発行し、その株式が証券取引所に上場されている株式会社が、額面普通株式を株主以外の第三者に対していわゆる時価発行をして有利な資本調達を企図する場合に、その発行価額をいかに定めるべきかは、本来は、新株主に旧株主と同等の資本的寄与を求めるべきものであり、この見地からする発行価額は旧株の時価と等しくなければならないのであつて、このようにすれば旧株主の利益を害することはないが、新株を消化し資本調達の目的を達成することの見地からは、原則として発行価額を右より多少引き下げる必要があり、この要請を全く無視することもできない。そこで、この場合における公正発行価額は、発行価額決定前の当該会社の株式価格、右株価の騰落習性、売買出来高の実績、会社の資産状態、収益状態、配当状況、発行ずみ株式数、新たに発行される株式数、株式市況の動向、これらから予測される新株の消化可能性等の諸事情を総合し、旧株主の利益と会社が有利な資本調達を実現するという利益との調和の中に求められるべきものである。

　本件についてみるに、原審認定の前記事実によれば、株式会社横河電機製作所（以下「横河電機」という。）発行にかかる本件新株（記名式額面普通株式、一株の金額五〇円）の発行価額は、本件新株を買取引受の方式によつて引受けた証券業者である被上告人らが昭和三六年一月七日に横河電機に対して具申した意見に基づき、同月九日の取締役会において右意見どおり決定されたものであるところ、右意見は、具申の前日である同月六日の終値三六五円、前一週間（昭和三五年一二月二六日から昭和三六年一月六日まで）の終値平均三五九円一七銭、前一か月（昭和三五年一二月七日から昭和三六年一月六日まで）の終値平均三五〇円二七銭の三者の単純平均三五八円一五銭から、新株の払込期日が期中であつたので、配当差二円四一銭を差引いた三五五円七四銭を基準とし、横河電機の株式の価格動向としては人気化していたため急落する可能性が強く、過去六年間における一か月以内の下落率の大勢は一〇ないし一四パーセントに集中していたこと、その売買出来高が昭和三五年九月から同年一二月まで一日平均一万九三〇〇〇株であるのに比べると本件公募株数は一五〇万株の大量であること、その他、当時における株式市況の見通し等を勘案すれば、本件新株を売出期間中に消化するためには前記基準額を最低一〇パーセント値引する必要がある等の事由による減額修正をして、発行価額としては一株あたり三二〇円をもって相当とするというのである。このように、右の意見が出されるにあたつては、客観的な資料に基づいて前記考慮要因が斟酌されているとみることができ、そこにおいてとられている算定方法は前記公正発行価額の趣旨に照らし一応合理的であるというを妨げず、かつ、その意見に従い取締役会において決定された右価額は、決定直前の株価に近接しているということができる。このような場合、右の価額は、特別の事情がないかぎり、商法二八〇条ノ一一に定める「著シク不公正ナル発行価額」にあたるものではないと解するのを相当とすべく、右価額が当該新株をいわゆる買取引受方式によつて引受ける証券業者が具申した意見に基づきその意見どおり決定されたとの前記事実も、右の意見の合理性が肯定できる以上、それだけで右の判断を異にすべき理由にはならない。そして、本件新株の発行後横河電機の株価が値上りしたことは原審の確定するところであるが、本件発行価額決定時点においてそのことが確実であることを保証する事実が顕著であつたとはいえないとする原審確定の事実関係のもとにおいては、右値上りの事実をもつて特別の事情と認めるには足りず、他に特別の事情を認めるに足る事実関係のない本件においては、本件発行価額が「著シク不公正ナル発行価額」であるということはできないのである。これと同旨の原審判断は、正当として是認することができ、原判決に所論の違法はない。論旨

は、採用することができない。
　よつて、民訴法四〇一条、九五条、八九条に従い、裁判官全員一致の意見で、主文のとおり判決する。
最高裁判所第三小法廷
　　裁判長裁判官　　江里口清雄
　　　　裁判官　　関根小郷　　天野武一
　　　　　　　　　坂本吉勝　　髙辻正己

上告代理人渡辺忠雄の上告理由＜略＞

I 国内判例編　東京地決昭和63・12・2金融・商事判例822号15頁〔第一次事件〕
東京地決平成元・9・5金融・商事判例828号22頁〔第二次事件〕

2 宮入バルブ第一次事件、第二次事件

法政大学法学部教授　福島洋尚

I 事案の概要

　Y会社は東証二部上場の株式会社であり、発行済株式総数は1100万株であったが、Xらおよびその同調者がY会社株式を買い集め、昭和63年9月末には過半数を超える550万8000株を買い占めるに至った。Y会社が同年11月18日の取締役会において、280万株の株式を発行し（以下、「新株の発行」あるいは「新株発行」）、これを第三者に割り当てる旨の決議をなしたところ、Xらは当該新株発行がXらおよびその同調者の議決権の比率を低下させ、会社の支配権を奪うためになされるものであり、旧商法280条ノ10〔会社法210条2号〕所定の「著しく不公正な方法」による新株発行に当たるとして、当該新株発行の差止仮処分を求めた（第一次事件）。これに対しYは、当該新株発行は設備投資および金融機関に対する債務の弁済に必要な資金を調達するためになされるものであるから、著しく不公正な方法によるものではないと主張した。

　裁判所は下記II 1（第一次事件決定要旨）のように仮処分申請を却下し、当該第三者割当増資の実施によってXらの持ち株比率は40パーセントにまで低下したが、Xらは以後もYの株式を買い進め、Yに対し、役員の解任・選任を目的とする臨時株主総会の招集を請求し、これを受けて平成元年7月に開かれた株主総会においては僅差でXらの議案が否決されるという経緯があった。

　右総会後、Yは再度第三者割当による250万株の新株発行をすることを決めたが、Xらは、当該新株の発行価額は、発行を決議した取締役会の直前日の終値に比較し42.5%も低いから、特に有利な発行価額というべきであるのに、当該新株発行については、旧商法280条ノ2第2項〔会社法199条3項、309条2項5号〕所定の株主総会の特別決議を経ておらず、旧商法280条ノ10にいう法令に違反する発行であり（会社法210条1号）、また当該新株発行は、何ら資金需要がないのにXらおよびこれを支持するグループの持株割合を約47パーセントから約40パーセントに低下させるためになされるものであって、旧商法280条ノ10にいう「著しく不公正な方法」による発行（会社法210条2号）であると主張し、当該新株発行の差止めを求める仮処分を提起した（第二次事件）。裁判所は、下記II 2（第二次事件決定要旨）のようにXらの仮処分申請を却下した。

II 決定要旨

1 第一次事件決定要旨

　「Xらの保有する株式数の合計はYの発行済株式総数の過半数に達しているが本件新株の発行により過半数に達しなくなることが一応認められるけれども、他方、Yは昭和56年10月以来無配状態が継続し、その最大の競争相手であるZに対して業績面で遅れをとっていること、債務者は昭和58年から同62年まで設備の更新のために金融機関からの借入れ等により約13億円を投下していること、本件新株発行は、生産設備を更新してZとの格差を解消するとともに、金融機関に対する債務の弁済によって支払金利の軽減をはかり、早期に復配体制を確立するためになされること、本件新株の発行の割当先はいずれも従前からYと人的関係を有している会社か、又は債務者の主要な取引先であること、が一応認められる。

　右認定事実によれば、Yには本件新株の発行による資金調達の必要性があるから、本件新株発行

が合理性を有しないものとはいえず、その結果として、Xらの持株式数が本件新株の発行により発行済株式の過半数に達しないこととなったとしても、本件新株の発行が著しく不公正な方法によるものと認めることはできない。」

2 第二次事件決定要旨

(1) 有利発行に関する主張について

「新株の公正な発行価額とは、取締役会が新株発行を決議した当時において、発行会社の株式を取得させるにはどれだけの金額を払い込ませるのが新旧株主の間において公平であるかという観点から算定されるべきものである。そして、本件のように、発行会社が上場会社の場合には、会社資産の内容、収益力及び将来の事業の見通しなどを考慮した企業の客観的価値が市場価格に反映されてこれが形成されるものであるから、一般投資家が売買できる株式市場において形成された株価すなわち市場価格が新株の公正な発行価額を算定するに当たっての基準となるが、新株発行決議以前に投機等により株価が急騰し、かつ急騰後決議時までに短期間しか経過していないような場合には、右株価は当該株式の客観的価値を反映したものとはいいがたいから、株価急騰前の期間を含む相当期間の平均株価をもって発行価額とすることも許されるというべきである。

これを本件についてみると…Yが証券業界の自主ルールに従い本件新株発行価額を平成元年2月20日から同年8月18日までの終値平均に0.9を乗じて算出した価格としたことに合理性がないとはいえない。」

(2) 不公正発行に関する主張について

「本件新株発行が商法280条ノ10にいう『著しく不公正な方法』によるものであるか否かにつき検討するに、A社の買収、鉄鋼弁生産設備の自動化、コンピューターシステムの改善に要する費用が合計21億円と見込まれていることは…認定のとおりであり、これを覆すに足りるほどの疎明はないから、Yには右目的のために資金を調達する必要があるということができる。また、右資金の調達方法についてみても、金利の支払いを必要としない新株発行の方法によることには合理性がある。

これらの認定事実等に鑑みると、本件新株発行が、Yが昭和63年12月15日、280万株を増資してから8か月余りしか経過していないのに発行されたこと及びYがXから自社の株式を買い占められた平成元年7月14日開催のYの臨時株主総会でYの現代表者らが僅差で切り抜けたこと（これらの事実は一件記録上明らかである。）を考慮しても、本件新株発行の主要な目的がXらの持株比率を低下させ現経営者の支配権を維持することにあるとまでは断定できず、むしろ、本件新株発行の主要目的は前記認定のとおり資金調達のためのものといわざるを得ないし、また、第三者割当の方法についてもそれが著しく合理性を欠くとすることはできないというべきである。そうすると、本件新株発行が『著しく不公正な方法』によるものとまでいうことはできないから、この点に関するXらの主張も理由がない。」

III 分析と展開

1 問題の所在

第三者割当の方法による新株発行は、議決権が伴う限りにおいて、会社の議決権割合算定の際の分母を増加させることになるため、株式引受人以外の既存株主の議決権割合を必ず減少させる。その際、支配関係（注1）に影響を及ぼすばかりか、発行株式数が相当数である場合には、支配の移転も生じ得る。そのため、この支配関係への影響をめぐって、当該新株発行が著しく不公正な方法（会社法210条2号）（注2）によるものであるか否かが問題となることが少なくない（注3）。

また、第三者割当の方法による新株の有利発行（会社法199条3項）は、支配関係に影響を及ぼすか否かにかかわらず、株式引受人以外の既存株主に持分価値の希釈化という財産上の損害を被らせる。そのため、会社法は公開会社であっても有利発行の場合には株主総会の特別決議を要求し（会社法201条1項、199条3項、309条2項5号）、これに違反すれば法令違反による新株発行となり、差止請求の対象となる（会社法210条1項）。

このように新株の不公正発行と有利発行は、会社法上異なる視点から問題とされているが、会社支配について争いのある状況下においては、不公正発行のみならず同時に有利発行が問題となることがある。支配関係に影響を及ぼすためには相当数の新株を発行しなければならず、友好的な第三者に割り当てるにしても、市場価格が高騰している場合が少なくないからである。

なお、会社をめぐる利害関係者の何処に争いがあるか、という視点から見た場合には、不公正発行も有利発行も異なる局面で問題となり得る。現経営陣の同意を得られない買収を敵対的買収、同意を得ている場合を友好的買収というのであれば、不公正発行も有利発行も、敵対的買収のみならず、友好的買収の場合でも問題となる。この視点からは、東京高判昭和48・7・27判時715号100頁〔ソニー・アイワ事件〕は、支配の移転を伴う友好的買収であり、支配関係そのものについて争いはなかったものの、高騰した既存株式の市場価格と新株の払込金額（発行価額）との乖離が有利発行の問題とされたものである。また、東京地決平成16・7・30金判1201号9頁、東京高決平成16・8・4金判1201号4頁〔ベルシステム24事件（別稿❻大杉論文参照）〕もまた現経営陣と買収者（株式引受人）との間に争いはなかったという点では、既述の視点からは友好的買収といえようが、この事案では、既存の大株主と経営陣の間には支配をめぐって争いがあったため、不公正発行が問題とされたものである。これに対し、本件事案は、典型的な敵対的買収の事案である。

2　本件諸決定の位置づけと意義

本件は日本における本格的な敵対的企業買収の始まりとして、当時報道でも特集番組が組まれるなど大きく取り上げられた事件である。加えて、本件第一次事件と第二次事件との間に、忠実屋・いなげや事件に関する決定（東京地決平成元・7・25金判826号11頁（別稿❸久保論文参照）。以下、「忠実屋・いなげや事件決定」）が挟まったことにより、特に本件第二次事件決定は、忠実屋・いなげや事件決定と顕著な対照をなすものとして注目された（注4）。

本件第一次事件は、会社の支配争奪時における新株の不公正発行が問題となったものであり、買収者側がすでに発行済株式の過半数を取得していた点に事案の特徴がある。また、第二次事件は同様に不公正発行が問題とされるとともに、有利発行についても問題とされている。第二次事件決定は、不公正発行の問題については、主要目的ルールに従いながらも、資金調達の必要性を認めることにより不公正発行とはしなかったものであり、有利発行の問題については、忠実屋・いなげや事件決定後に策定された業界自主ルールに従った払込金額（平成17年改正前商法では「発行価額」）を、特に有利な発行価額であるとはしなかった。

(1)　第三者割当増資と不公正発行

本件第一次決定および第二次決定(2)は、支配争奪時における新株の不公正発行に関する裁判所の判断である。本件第一次決定以前においては（注5）、裁判例の判断枠組みは、新潟地判昭和42・2・23判時493号53頁（注6）のように資金調達の必要性を前面に出したものから、主要目的ルールへと移行しつつある時期と重なっていた。当時の下級審裁判例は、資金調達の目的と現経営者の支配維持目的（あるいは特定の株主の持株比率を低下させる目的）のいずれが当該新株発行の主要な目的であるかを検討する姿勢を見せてはいたものの、具体的な判断に際しては、資金調達の必要性を認めることで、当該新株発行を不公正発行とはしてこなかった（注7）。本件第一次決定以前の段階で、敵対的企業買収に対する対抗策としてなされた新株発行の事案と目されていた（注8）大阪地決昭和62・11・18判時1290号144頁〔タクマ第一次事件〕も、新株発行がもっぱら持株比率を低下させる意図でなされたものではなく、その意図が多少あっても、会社に構造改善のための具体的な資金需要があり、その資金調達方法として第三者割当の方法によるほかなかったことに合理的な理由があり、不公正発行とはいえないとしている。本件第一次事件決定も、これらの裁判例の流れに沿ったものと考えられる。もっとも、前掲大阪地決昭和62・11・18にしても、本件第一次事件決定にしても、裁判所は資金調達の必要性というそれまでの表現を用いつつも、具体的な資金需要の内容や他の資金調達手段との対比から当該第三者割当増資の合理的理由についても言及していることに、従来の判断枠組みについての若干の軌道修正を見て取ることができよう。

このような裁判例の流れに一石を投じたといえるのが、本件第一次事件決定と第二次事件決定の間に出された、忠実屋・いなげや事件決定である。同決定は①その新株発行が特定の株主の持株比率を低下させ現経営者の支配権を維持することを主要な目的としてされたものであるときは、その新株発行は不公正発行に当たるというべきであること、および②新株発行の主要な目的が現経営者の支配権を維持することにあるとはいえない場合であっても、その新株発行により特定の株主の持株比率が著しく低下されることを認識しつつ新

株が発行された場合は、その新株発行を正当化させるだけの合理的な理由がない限り、その新株発行もまた不公正発行に当たるというべきである、とした。②の基準はこれまでの裁判例には見られなかったものであり（注9）、一般的に認められつつあった①の主要目的ルールを明確に述べるとともに、この2つの基準を提示した上で、主要目的ルールの下で新株発行の差止仮処分を認めた裁判例である。

本件第二次事件決定が特に注目を集めたのは、この忠実屋・いなげや事件決定の直後であったからこそであるが、不公正発行の問題に関する本件第二次事件決定(2)の判断が、上述の基準に従っているか否かは、必ずしも明確でない。もっとも、忠実屋・いなげや事件決定で示された基準からは、本件第二次事件決定(2)の判断は2通りの文脈で理解することが可能である。一つは、①の基準のみを用い、本件新株発行は資金調達を主要な目的としてなされたものであり、不公正発行ではないとした、という文脈であり、もう一つは、①の基準からは不公正発行とはいえず、加えて②の基準からは、新株発行を正当化させるだけの合理的な理由として、資金調達の必要性があったという文脈である（注10）。

忠実屋・いなげや事件決定は②の基準における新株発行を正当化させるだけの合理的な理由について具体的にどのように考えていたのか。同決定は、事例判断にあたって、相互に多量の株式を割り当てることが業務提携上必要不可欠であるとの疎明がない、新株の払込金が業務上の資金として使用されていない、また株式を買い占めたものが忠実屋・いなげやの両社の経営に参加することが両社の業務にただちに重大な不利益をもたらすことの疎明もないから、多量の新株発行を正当化させるだけの合理的理由があったとは認められないとしており、合理的理由を単なる資金調達目的とは考えていなかったものと思われる。

つまり、本件第二次事件決定(2)の判断を既述の後者の文脈で理解するのであれば、本件第二次事件決定(2)は、②の合理的理由の部分を、資金調達の必要性および第三者割当増資によって資金を調達することの合理性という問題に置き換えていることになり、②の基準を立証ないし証明・疎明責任の分配の問題と捉える見解と実質的に変わらないことになる。そうであれば、本件第二次決定(2)は、忠実屋・いなげや事件決定で示された基準を、支配権の維持・確立目的と資金調達目的のいずれが主要な目的であるかを検討し、前者であれば不公正発行に該当するが、支配権に争いがある状況であれば、発行会社が資金調達の必要性および第三者割当増資によることの合理性について、証明・疎明責任を負うとする形に整理したものといえよう。

したがって、ここからは次のようにいえるであろう。すなわち、不公正発行に関する本件第一次事件決定および第二次事件決定(2)の意義は、会社支配に関して現に争いがある状況下で新株の不公正発行が争われる場合には、会社側は、当該新株発行が支配権の維持・確立のためのものであるか否かにかかわらず、少なくとも当該新株発行の目的として、資金調達の必要性（場合によっては、第三者割当によることの合理性）について証明・疎明しなければならないことを明らかにしたことにあるといえよう。そのため、その後の支配争奪事例においては、それがたとえ支配権の維持・確立のためのものであったとしても、新株発行を行う会社側は、無理やりにでも資金調達の必要性を捻り出すこととなったのである。

(2) 第三者割当増資と有利発行

本件第二次事件決定(1)は、当該新株発行が旧商法280条ノ2第2項にいう特に有利な発行価額（会社法199条3項にいう特に有利な払込金額）に該当するか否かの判断である。上場会社における、特に有利な発行価額およびその比較対象となる公正な発行価額（注11）とは何かについては、すでに最三判昭和50・4・8民集29巻4号350頁、金判456号2頁〔横河電機製作所事件（別稿❶一ノ澤論文参照）〕においても抽象的な基準は示されていたところであるが、既述の通り会社支配について争いのある状況下においては、すでに買占めによって市場価格が高騰している場合が多く、この高騰した市場価格を発行価額算定の基礎から排除することを認めるか否かが、この問題における最も大きな争点であったといえよう。市場価格が高騰する要因には様々なものがあり得るが、特定の者の株式買占めによる場合に発行価額が争われるのは、一つの典型であるといわれ、本件事案もこれに属する。

株式の買占めによる市場価格の高騰という類似の事案において、前掲大阪地決昭和62・11・18

〔タクマ第一次事件〕では、裁判所は第三者割当増資を決定した日より7か月以上前の日の株価を特定株主による買占めの影響が生じていないものとしその日以前の6か月間の終値平均を算定の基礎とした。また、有利発行が争われるもう一つの典型とされる第三者割当による企業提携の事案である前掲東京高判昭和48・7・27〔ソニー・アイワ事件〕(但し、会社法212条〔旧商法280条ノ11〕の事案である)においても裁判所は高騰した市場価格を発行価額算定の基礎から排除することを認めていた(注12)。

これらの裁判例の流れを変えたのは、不公正発行の争点と同様、やはり忠実屋・いなげや事件決定である。ここにおいて裁判所は、あくまでも市場価格が公正な発行価額算定の基準であることを確認し、株式が株式市場で投機の対象となり、株価が著しく高騰した場合にも、市場価格を基礎とし、それを修正して公正な発行価額を算定しなければならないが、株式が市場においてきわめて異常な程度にまで投機の対象とされ、その市場価格が企業の客観的価値よりはるかに高騰し、しかも、それが株式市場における一時的現象に止まるような場合に限っては、市場価格を新株発行における公正な算定基礎から排除することができるというべきであるとした(注13)。

この忠実屋・いなげや事件決定が実務界に与えた衝撃は大きかった。証券業界は同決定を契機として直ちに自主ルールを改定し、「新株発行を決議した取締役会の直前日の終値、または、直前日を最終日とし、6ヵ月以内の任意の日を初日とする期間の終値平均に0.9を乗じた価額」以上とする、公正な発行価額の基準を策定した(注14)。

本件第二次事件決定(1)は、この自主ルールに従って算定された発行価額を「合理性がないとはいえない」として有利発行であるとの主張を斥けた。本件第二次事件決定(1)は、この自主ルール自体の正当性を一般的に認めているわけではない。また、当該自主ルールについては問題点も指摘され、これに従うことに対する批判もなされている(注15)。しかし、本件事案における自主ルールに従った発行価額の算定は、高騰した市場価格を算定の基礎から排除したものではなく(注16)、また忠実屋・いなげや事件決定において示された「株価が著しく高騰した場合にも、市場価格を基礎とし、それを修正して公正な発行価額を算定しなければならない」との基準にも適うものとなっていた。そのため、本件第二次事件決定(1)の判断は、その後類似の事案に直面した当事者に、自主ルールに従って算定された発行価額は特に有利な発行価額ではないことを事実上推認させるものと期待させるに十分なものであった(注17)。

なお、この自主ルールは平成15年3月に改定され、内在していた問題点を相当程度解消したと評価されている(注18)。その後、同じ宮入バルブを舞台とした東京地決平成16・6・1金判1201号15頁〔宮入バルブ事件別稿❺木下論文参照〕で、裁判所は、この自主ルール自体を「一応の合理性を認めることができる」として、自主ルールに基づいた価額を実際の発行価額との比較対象とした上で、問題となった新株発行を有利発行に該当するとの判断を示すに至っている(注19)。

3　今後の展開

本件の2つの決定は、「M&A判例」として取り上げられるには、すでに古いものではあるが、その影響は近時の裁判例にもいまだに見られるところである。それは本件が上場会社をめぐる敵対的企業買収の事案であって、かつ、すでに発行済株式の過半数を取得されていたにもかかわらず、標的とされた会社が結果として相当程度の希釈化に成功した事案であるからであろう。そのため、類似の状況に置かれた会社の経営陣は、まずは新株発行による議決権割合の希釈化を目指し、資金調達の必要性を無理やりにでも捻り出し、また発行価額については、自主ルールを睨みながら協力を仰ぐ第三者と相談し、さらに、折り合いのつく発行価額では困難である場合には、市場価格を発行価額算定の基礎から如何にして排除するかという理屈をまた捻り出すということになったものと推察される。このような状況は、新株予約権の利用という選択肢が加わったものの、近時の紛争においても基本的には変わっていない。

不公正発行の問題に関していえば、このような状況を誘導する契機となった本件第二次事件決定から現在までのところ、裁判例の判断枠組みに少なからぬ変容が見られるところである。すなわち、前掲東京地決平成16・7・30〔ベルシステム24事件原審決定〕は、一般論として主要目的ルールを述べながらも、法が公開会社について株主の新株引受権を排除し、原則として株主の会社支配比率維持の利益を保護していないことを理由に、

忠実屋・いなげや事件決定において示された②の基準を否定した。同事件の抗告審である前掲東京高決平成16・8・4は、支配権を維持する意図を認定しているものの、それが新株発行の唯一の目的であったとは認め難い上、その意図するところが会社の発展や業績の向上という正当な意図に優越するものであったとまでも認めることは難しいとして不公正発行に該当しないとした。原審決定、抗告審決定とも、資金調達の必要性ということに加えて、業務提携、事業計画の合理性といった内容を支配権維持目的と対置させている。ここでの支配権維持目的の意味は、結果として支配の移転をもその延長線上に置くものとなっている。

これに対して、新株予約権の発行差止が争われた事案である東京地決平成17・3・11金判1213号2頁〔ニッポン放送事件原審決定〕、東京地決平成17・3・16金判1213号21頁〔同保全異議決定〕、東京高決平成17・3・23金判1214号6頁〔同保全抗告決定（別稿❽仮屋論文参照）〕は、いずれも新株予約権発行の場合にも主要目的ルールの適用があることを明らかにしたが（注20）、同時にいずれも支配権維持目的の新株予約権発行を正当化する特段の事情に言及している。これはニッポン放送側が資金調達の必要性を無理やりに捻り出して新株発行による希釈化を狙うという戦術を採らず、資金調達の目的との関連が希薄な新株予約権発行の方法を選択したことの産物であるといえよう。

ここで詳論する余裕はないが、ニッポン放送事件の諸決定の支配権維持目的の新株予約権発行を正当化する特段の事情に関する説示（注21）は、取締役会にかかる権限があることを認めるべきであるとの主張（注22）とも相俟って、今後の議論の仕方を変えていく可能性があるものと思われる。株式分割が対抗措置として用いられた事案である東京地決平成17・7・29金判1222号4頁〔日本技術開発事件（別稿❿田中論文参照）参照〕の説示する「対抗手段の相当性」という基準も同様である。すなわち、支配権維持を主要な目的とする対抗措置はすでに一定の場合には認められるとして、それらが、どこまで、どのような場合に認められるのかという方向である。特にニッポン放送事件保全抗告決定の説示した特段の事情としての4つの類型や、すでに定着した感のある平時・有事という峻別、および上述の対抗手段の相当性と

いう説示は、このような方向と親和的であるが、独り歩きする危険も少なくないと思われる。本来は望ましいはずの企業買収をも妨げてしまうことのないように、また、対抗措置、買収防衛策自体が自傷行為とならないように、慎重な議論が望まれる。

このような議論の方向が指向されるのは、従来の裁判例における主要目的ルールの運用において、実質的に対抗措置としての新株発行を許容する際に用いられる資金調達の必要性が、仮装理由であるとの批判に端を発している。資金調達の必要性の有無が仮装理由の有無を問題としていることは、その通りであろう。しかし、裁判所に望ましくない買収であるか否かの判断を正面から求めることには無理がある（注23）。もちろん望ましくない買収であることの主張はなされてもよいが、同時に会社法の保護法益に添った、いわば建前としての理由（注24）が用意されなければ（注25）、（対抗措置そのものとしてではなく結果として）対抗措置となる会社の行為を正当化することはできないであろう。

また、望ましい買収、望ましくない買収という場合の判断の指標とされるものに「株主共同の利益」といわれるものが持ち出されることがある。しかし、買収者がすでに一定数量の株式を保有している大株主である場合に、株主共同の利益から当該大株主の利益を排除する理由は本来見出し難い。そのため、支配維持目的の対抗措置権限を認めるべきとする見解は、勢いそれを越えて、従業員、取引先、地域社会といった他のステークホルダーの利益を引き合いに出す傾向にある。というよりもむしろ、そのような利益擁護の主張と結びつかざるを得ない。しかし、そのような見解は敵対的買収により経営陣が交代することが他のステークホルダーの利益ともなる場合があることを主張しない。また、他のステークホルダーのためにも当該買収が阻止されるべきであるとの仮装理由を経営者に与える危険についても主張しない。

筆者は敵対的企業買収を阻止することが、そのような他のステークホルダーの利益となる場合を否定するつもりはない。しかし、その実現のためには、当該買収阻止のための対抗措置について、少なくともM&A特有の利益相反を排除するための手続が採られる必要があると考えている。例えば、仮に平時導入・有事発動型といわれる買収防

衛策について、独立委員会に発動に関する勧告を委ねるにしても、ステークホルダーの利益というのが真に仮装理由でないとするならば、独立委員会に対し独自にステークホルダーの意見を聴取する権限を与えた上で「現社長（あるいは現経営陣）の退任を条件に防衛策を発動する」といったオプションが語られて然るべきである。

(注1)　「支配」「支配権」「支配関係」という用語は、特に厳密な定義をされることなく使用されているが、役員等（特に取締役）の選任（場合によっては解任）をなし得ることが支配と考えられているようである。そのような支配が特定の株主のところに存在していない、あるいは株主間（場合によっては一定の株主と経営者の間）の協調関係の中に存在している場合も多いことから、支配（権）をめぐる争いであるとか、支配関係への影響といった表現が用いられているのであろう。本稿においても用語の使い分けはできておらず、裁判例の表現に合わせているところがある。もっとも、「支配権」という用語に、おそらくは「単独で役員等を選任しうること、あるいは選任に影響を及ぼしうること」といった意味を持たせた上で、新株発行の差止仮処分を求めた筆頭株主の申立てに対して、10.6％の割合では「支配権」を有しておらず、「支配権」に関する争いは認められないとして、主要目的ルールの適用を排除した上で、申立てを却下した裁判例が存在する。大阪地決平成16・9・27金判1204号6頁〔ダイソー事件（別稿❼大塚論文参照）〕である。

(注2)　会社法210条は、法令または定款に違反する新株発行または自己株式の処分をする場合、あるいは著しく不公正な方法で新株発行または自己株式の処分をする場合、これにより株主が不利益を受けるおそれがあるときは、株主は株式会社に対し、新株発行または自己株式の処分の差止めを請求することができる旨を規定する。この規定は、株主の新株発行の差止請求権を規定していた平成17年改正前商法（旧商法）280条ノ10を実質的に引き継いだものである。平成13年6月改正商法は自己株式の取得を原則として自由化したことに伴い、自己株式の処分について新株発行とほぼ同一の手続に服せしめたところ、これを受けて会社法は新株発行と自己株式の処分を手続的に一体のものとして扱うこととしたため、自己株式の処分についても差止めの対象とした。これが現在の規定であるが、その実質的な内容は変わっていない。

(注3)　かかる問題は、本決定当時から振り返れば、小規模閉鎖的な株式会社における株主間の支配争奪事例において多く見られ、本決定当時の先例もその上に積み重ねられてきたものであった。本決定後の平成2年改正商法が株式譲渡制限会社（会社法にいう公開会社でない会社）について、株主の新株引受権を保障することとしたため（旧商法280条ノ5ノ2本文）、同改正後は株式譲渡制限会社における第三者割当による新株発行には、新株引受権排除のための株主総会の特別決議が必要となることになった（旧商法280条ノ5ノ2但書）。会社法においては、公開会社でない会社における株主の新株引受権の保障は、手続規定の中に取り込まれてしまい（会社法202条1項、199条2項、200条1項3項、309条2項5号）、新株引受権の概念そのものは廃止されてしまっているが、規律の内容に実質的な変更はない。そのため現在、公開会社でない会社では総会特別決議を経ることが必要であり（なお、この特別決議は条文上有利発行のための特別決議と一体化して規定されている）、特別決議を得ていなければ会社法210条1項の問題として争われることになる。

(注4)　後掲の本決定に関する評釈等のうち、いくつかは忠実屋・いなげや事件決定を併せて評釈するものである。

(注5)　昭和41年商法改正以前のものまで含めた網羅的な先例の分析については、蓮井・後掲＜参考文献＞183頁以下に詳しい。

(注6)　会社に真に資金調達の必要がある以上、その調達の方法は取締役の裁量にゆだねられていると解するのが相当であるから、新株発行が他の資金調達の方法に比して著しく不利であるとか、新株発行後短期内に会社が引受先から買い戻す計画があるとか、あるいは新株割当てが形式にすぎず引受先に対し会社が払込金について資金的援助を与えるとかいうようなその合理性を疑わしめる特段の事情が認められない限り、新株発行は、会社の（反主流派株主の）少数株主に対する排斥の意図とは一応無関係になされたものと認めるのが相当である、とした。

(注7)　大阪地堺支判昭和48・11・29判時731号85頁は主要目的ルールを明示するが、会社更生手続

を終えた会社が、資金調達の必要上新株を従来の従業員・取引先に大量に割り当てることは経営方針として首肯できるから、不公正発行ではないとした。また、東京地決昭和52・8・30金判533号22頁は、倍額増資をして増資新株をすべて取引先数社に割り当てた事案においても、不公正発行に該当しないとした。いずれも小規模閉鎖的な会社の事案である。

（注8）　この事件はグリーンメイルの事案として整理されることがある。布井千博「判批」金判1209号55、56頁（2005年）。

（注9）　もっとも、その後、②と同旨の基準を示す裁判例は見当たらない。また後述するように②を否定する裁判例も存在する。

（注10）　柴田・後掲＜参考文献＞43頁参照。また、前者の文脈について、森本滋「第三者割当をめぐる諸問題」金法1243号16頁（1989年）。

（注11）　非上場会社の場合まで含めた裁判例の詳細については、蓮井・後掲＜参考文献＞182、183頁に詳しい。

（注12）　もっとも、かかる事案において市場価格を排除するか否かは、シナジーの分配の問題と認識されており、本件事案とは問題状況が異なる。森本滋「第三者割当をめぐる諸問題(2)」金法1240号18、23頁（1989年）、江頭憲治郎『株式会社法』682頁（有斐閣・2006年）参照。

（注13）　2社間の相互引受による新株発行では、たとえ市場価格を発行価額としても、発行株式数を調整すれば、相互に金銭が行き来するだけであり実質的な払込み（すなわち実質的な金銭負担）はない。そのため、本来は有利発行の問題とはならないはずである。それでもこの事案で双方の発行会社が有利発行の争われる発行価額に設定せざるを得なかったのは全く別の理由によることが推察される。この点も含めてこの事案の特殊性について、関俊彦「二社間の相互引受による新株発行の差止〔上〕」商事1192号8頁（1989年）参照。

（注14）　丹羽昇一「『時価発行増資に関する考え方』の一部改訂」商事1191号26頁（1989年）。

（注15）　この点について、阪埜・後掲＜参考文献＞6頁参照。

（注16）　その意味で、Yの主張は決定の時点までの裁判例よりも自らに厳しいものであった。柴田・後掲＜参考文献＞41頁。

（注17）　本件第二次事件決定後有利発行が問題とされた裁判例として①大阪地判平成2・5・2金判849号9頁〔タクマ第二次事件〕、②大阪地決平成2・6・22金判851号39頁〔ゼネラル第一次事件（別稿❹仮屋論文参照）〕、③大阪地決平成2・7・12判時1364号104頁〔ゼネラル第二次事件（別稿❹仮屋論文参照）〕がある。①②は自主ルールに基づかず高騰した市場価格を排除して算定された発行価額が有利発行とされなかったものであり、③は自主ルールに基づいて算定された発行価額を有利発行としなかったものである。現在まで、自主ルールに基づいて算定された発行価額が有利発行とされたケースは見当たらない。

（注18）　太田洋「宮入バルブの新株発行差止申立事件東京地裁決定」商事1702号24頁（2004年）。また、田中亘「判批」江頭憲治郎＝岩原紳作ほか編『会社法判例百選』64頁（2006年）参照。

（注19）　裁判例では自主ルールに従っていれば差止めの対象としないとの基準が確立したようであると指摘される。江頭・前掲（注12）681頁。

（注20）　同保全異議決定、保全抗告決定では、支配権維持を目的とする新株発行が許容されない根拠を機関権限の分配秩序に求めており、この点にも意義が認められる。

（注21）　この部分の説示について警鐘を鳴らすものとして、藤田友敬「ニッポン放送新株予約権発行差止事件の検討〔下〕」商事1746号4頁以下（2005年）参照。

（注22）　並木俊守『企業買収の防衛と第三者割当』262頁以下（中央経済社・1989年）、森田章『投資者保護の法理』308頁以下（日本評論社・1990年）、四宮章夫＝藤川義人「敵対的株式買収と新株発行」今中利昭先生還暦記念『現代倒産法・会社法をめぐる諸問題』653頁（民事法研究会・1995年）、松井秀征「取締役の新株発行権限（2・完）」法協114巻6号715頁（1997年）。

（注23）　その意味で、ニッポン放送事件保全抗告決定の説示する4つの類型は、「このような場合に裁判所は『資金調達の必要性が認められる』という（いってきた）のである」という、裁判所のリップサービスにすぎないとの読み方もできるのではないか。もしそうであれば、いずれも相当に悪質なケースに限られるはずである。なお、この4つの類型の読み方については、太田洋「ニッポン放送新株予約権発行差処分申立事件決定とその意義〔下〕」商事1730号9、11頁以下（2005

年)、家田崇＝五十嵐恵美子ほか『M&A攻防の最前線―敵対的買収防衛指針』100頁以下〔大杉謙一〕(金融財政事情研究会・2005年)、藤田・前掲(注21) 5頁参照。
(注24) 日本技術開発事件決定における「株主に対する必要な情報提供と相当な考慮期間の確保」というのは、「資金調達の必要性」との関連がない株式分割を用いた対抗措置において、すでに新たな仮装理由となっている可能性がある。
(注25) その意味で、ニッポン放送事件において、資金調達の必要性との関連が希薄な新株予約権を用いた対抗措置を選択したにもかかわらず、ニッポン放送側が資金調達の必要性に代わる仮装理由を打ち立てられなかったことは、決定的な敗因の一つであると思われる。「企業価値の維持・向上」は裁判所が判断すべきことではないため、仮装理由とはなり得ない。裁判所はこの点について「経営判断の法理にかんがみ」とした。この説示は確かに適切ではないと思われるが(藤田・前掲(注21) 12頁(注37)参照)、判断を回避したこと自体は適切であろう。

＜参考文献＞
本件に関する評釈として次のものがある。
(本件第一次事件決定について)
森淳二朗・法セミ34巻9号110頁(1989年)
坂本延夫・金判825号32頁(1989年)
神崎克郎・商事1283号36頁(1992年)
(本件第二次事件決定について)
阪埜光男・商事1194号2頁(1989年)
山田二郎・金法1248号10頁(1990年)
坂本延夫・ジュリ957号103頁(1990年)
柴田和史・判評376号40頁〔判時1343号202頁〕(1990年)
蓮井良憲・リマークス1号180頁(1990年)
秋坂朝則・日本法学(日本大学)56巻2号153頁(1990年)

Hironao FUKUSHIMA

昭和63・12・2東京地裁民事第8部決定、昭和63年(ヨ)第2069号新株発行差止仮処分申請事件、却下〔第一次事件〕

平成元・9・5東京地裁民事第8部決定、平成元年(ヨ)第2080号新株発行禁止仮処分申請事件、却下〔第二次事件〕

決　定〔第一次事件〕

＜当事者＞
債権者	高橋産業株式会社
右代表者代表取締役	高橋久雄
債権者	高橋久雄
債権者	高橋和久
債権者	高橋卓也
債権者	小野　武
債権者	秋里悠児
債権者	小笠原建次
右七名代理人弁護士	加地　和
同	大谷眞帆子
同	浜垣真也
債務者	株式会社宮入バルブ製作所
右代表者代表取締役	大山哲浩
右代理人弁護士	塩川哲穂
同	安藤秀男
同	伊藤　博

【主　文】
本件仮処分申請を却下する。
申請費用は債権者らの負担とする。
【理　由】
第一　当事者の申立て
一　申請の趣旨及び理由
別紙申請書記載のとおりである。
二　申請の趣旨に対する答弁及び債務者の主張
別紙答弁書及び昭和六三年一二月二日付け債務者準備書面記載のとおりである。
第二　当裁判所の判断
本件仮処分申請は、債務者の昭和六三年一一月一八日の取締役会の決議に基づく額面普通株式二八〇万株の発行(以下、「本件新株の発行」という。)が、新株発行の必要がないのにもかかわらず、債務者の発行済株式総数の過半数を保有する債権者ら及びその同調者(以下、単に「債権者ら」という。)の議決権の比率を低下させ、会社の支配権を奪うためになされるものであるから、商法二八〇条ノ一〇所定の著しく不公正な方法による新株発行にあたるとしてその差止めを求めるものである。
これに対し、債務者は、本件新株の発行は債務者の

設備投資及び金融機関に対する債務の弁済に必要な資金を調達するために第三者割当による発行方法でなされるものであり、著しく不公正な方法によるものではないと主張する。

よって、検討するに、本件疎明資料及び審尋の結果によれば、債権者らの保有する株式数の合計は債務者の発行済株式総数の過半数に達しているが本件新株の発行により過半数に達しなくなることが一応認められるけれども、他方、債務者は昭和五六年一〇月以来無配状態が継続し、その最大の競争会社である株式会社浜井製作所に対し業績面で遅れをとっていること、債務者は昭和五八年から同六二年まで設備の更新のために金融機関からの借入れ等により約一三億円を投下していること、本件新株の発行は、生産設備を更新して右浜井製作所との格差を解消するとともに、金融機関に対する債務の弁済によって支払金利の軽減をはかり、早期に復配体制を確立するためになされること、本件新株の発行の割当先はいずれも従前から債務者と人的関係を有している会社か、又は債務者の主要な取引先であること、が一応認められる。

右認定事実によれば、債務者には本件新株の発行による資金調達の必要性があるから、本件新株の発行が合理性を有しないものとはいえず、その結果として、債権者らの持株式数が本件新株の発行により発行済株式総数の過半数に達しないこととなったとしても、本件新株の発行が著しく不公正な方法によるものと認めることはできない。

第三 結論

以上によれば、本件仮処分申請は、被保全権利について疎明を欠くというべきであり、また、本件においては保証を立てさせて疎明に代えることも相当ではないから、これを却下することとし、申請費用の負担につき民事訴訟法八九条、九三条一項本文を適用して、主文のとおり決定する。

　　裁判長裁判官　山口和男
　　　　裁判官　坂倉充信　古部山龍弥

（別紙）新株式発行禁止仮処分申請書
＜金判822号17頁以下参照＞

決　定〔第二次事件〕

＜当事者＞
申請人	高橋産業株式会社
右代表者代表取締役	高橋卓也
申請人	高橋久雄
申請人	高橋和久
申請人	高橋卓也
申請人	小野　武
申請人	秋里悠児
申請人	小笠原建次
右七名代理人弁護士	加地　和
同	浜垣真也
同	新保克芳
被申請人	株式会社宮入バルブ製作所
右代表者代表取締役	大山哲浩
右代理人弁護士	塩川哲穂
同	高井伸夫
同	河合弘之
同	安藤秀男
同	伊藤　博

【主　文】
一　本件申請を却下する。
二　申請費用は申請人らの負担とする。

【理　由】

第一　当事者の申立て及び主張の要旨

一　申請人らは、「被申請人が、平成元年八月二一日の取締役会決議に基づき、現に手続中の記名式額面普通株式二五〇万株の発行を仮に差し止める。」旨の裁判を求めた。

二　申請の理由の要旨は次のとおりである。

1　被申請人は、バルブの製造及び販売等を目的とする、資本の額一二億五〇〇〇万円、発行済株式総数一三八〇万株の株式会社である。

2　申請人らは、いずれも被申請人の株主であり、合計で一六三万二〇〇〇株を保有している。

3　被申請人は、平成元年八月二一日開催の取締役会において、次の内容の新株発行をする旨の決議をした（以下「本件新株発行」という。）。

発行新株式数	記名式額面普通株式二五〇万株
額面金額	一株につき五〇円
発行金額	一株につき八五一円
申込期日	平成元年九月五日
払込期日	平成元年九月六日
割当方法	第三者割当（主要取引先に割り当てる）

4　しかし、本件新株発行は次のとおり法令に違反し、かつ著しく不公正な方法によるものであり、差止

めを免れない。
　(一)　法令違反(特に有利な発行価額による発行)
　被申請人の株価は、平成元年七月末ころから一〇〇〇円を超え、同年八月三日以来終値が一三〇〇円を下回つたことはなく、本件新株発行を決議した取締役会の直前日の終値は一四八〇円であるから、被申請人が発行価額を決定するには当然この市場価格を基準とすべきである。しかるに、本件新株の発行価額八五一円は右終値に比較して四二・五パーセントも低く、市場価格との乖離が大き過ぎ、特に有利な発行価額であることは明らかである。それにもかかわらず、本件新株発行については、商法二八〇条の二第二項に定める株主総会の特別決議を経ていないから、本件新株発行は法令に違反する。
　(二)　著しく不公正な方法による発行
　本件新株発行は、特に資金調達の必要性もないのに、平成元年六月五日現在で合計六四〇万株を保有するに至つた申請人ら及びこれを支持するグループの持株比率を低下させる目的でなされるものであり、商法二八〇条の一〇にいう「著しく不公正な方法」による発行であつて、これにより、申請人らは、被申請人の発行済株式総数に対する持株比率を大幅に低下させられるという不利益を受ける。
　5　申請人らは、被申請人に対し本件新株発行差止めの訴えを提起する準備中であるが、払込期日までに時間がなく、右期日が到来して引受人が払込を済ませ本件新株発行の効力が生じた後になつては差止請求自体が無意味となるうえ、これにより、申請人らは前記のとおりの損害を被るのであるから、本件仮処分による保全の必要性がある。
三　被申請人は主文同旨の裁判を求め、申請人らの主張に対しては次のとおり反論した。
　1　発行価額について
　本件新株の発行価額八五一円は、平成元年二月二〇日から同年八月一八日までの終値平均に〇・九を乗じて算出した価額である。同年七月一四日の臨時株主総会終了後から本件新株の発行を決定した同年八月二一日の取締役会の直前に至るまでの間に、被申請人の株価は異常に高騰したのであるから、右取締役会直前の価格ないし短期間の価格平均を発行価額の基礎とすることは妥当でなく、右の算出方法をとることには合理性がある。また、これは、新株発行価額を「第三者割当増資を決議した取締役会の直前日の終値又は直前日を最終日とし、六か月以内の任意の日を初日とする期間の終値平均に〇・九を乗じた価格以上」とする証券業界の自主ルール「時価発行増資に関する考え方」(平成元年八月八日改定)にも合致するものであり、以上によると、本件発行価額が「特に有利な発行価額」でないことは明らかである。
　2　発行方法について

　本件新株発行は、原材料の仕入価格の急騰、輸出実績の落ち込みなど、被申請人を取り巻く厳しい環境の中で被申請人が生き残り業容の発展拡大を図るための資金を調達する目的でなされるものであつて、申請人らの持株比率を低下させる目的でなされるものではない。新株の発行による調達資金約二一億円の使途は、①台湾のバルブ・タンクメーカー「新隆工業股份有限公司」(以下「新隆」という。)の買収及び設備改善費用として一三億五〇〇〇万円、②鉄鋼弁部門の生産体制の自動化・省力化を図るためのトランスファーマシンシステム導入資金として七億円、③甲府工場における生産管理及び販売管理の効率化を徹底させるための新コンピュータシステム導入資金として五〇〇〇万円である。被申請人にはこのように差し迫つた資金調達の必要性があるが、これを銀行借入によつて調達することは、被申請人が、昭和六三年一二月に金融機関に対し一億七〇〇〇万円の債務返済を行うなど、従来の借入金依存体質からの脱却を図つている時期にあることからできないし、また、被申請人は七年間無配を続けており、証券業界の「増資取扱内規」が定める一株当たり配当金五円以上という要件を満たさず、公募増資等による資金調達もできないため、新株を第三者に割り当てる方法により調達せざるを得なかつたものである。したがつて、本件新株の発行方法は「著しく不公正」ではない。
第二　当裁判所の判断
一　本件記録及び審尋の結果によれば、次の事実を一応認めることができる(一部当事者間に争いない事実を含む。)。
　1　被申請人は、バルブの製造及び販売等を目的とする、資本の額一二億五〇〇〇万円、発行済株式総数一三八〇万株の株式会社であり、申請人らは、被申請人の株式を合計で一六三万二〇〇〇株を保有する株主である。
　2　被申請人は、平成元年一月、海外メーカーの買収を海外戦略の基本方針として採用することとし、在外の販売店、代理店、商社等に対し買収対象企業の情報収集を依頼した。同月一九日、台湾の代理店「光瑋」から新隆の推薦があり、同社の設備、生産体制、投資環境などを調査した後、同年五月一七日の取締役会において新隆の買収計画を進めることを決定し、光瑋に対し被申請人の増資が成功することなどの条件の下に新隆との間で買収交渉を行う権限を付与した。新隆の株式買収及び設備改善資金として必要と見込まれる金額は合計一三億五〇〇〇万円である。また、これと並行して鉄鋼弁の生産設備の自動化及びコンピューターシステムの改善などの投資計画が策定され、それらの費用として合計七億五〇〇〇万円が必要と見込まれている。
　3　被申請人の株価は、平成元年七月二一日までは

ほぼ七〇〇円台の後半から九〇〇円台を推移していたが、同月末ころから一〇〇〇円を超え、同月一四日開催の臨時株主総会の模様がテレビ放映された同年八月四日から本件新株発行が決議された同月二一日までは思惑買いによりさらに買い進まれ、最低でも一三〇〇円を下らず、最高では一七〇〇円台となつた。

4 被申請人は、平成元年八月二一日開催の取締役会において、次のとおり、本件新株発行をする旨の決議をした。

発行新株式数　記名式額面普通株式
　　　　　　　　　　　　　　　　　二五〇万株
額面金額　　　　　　　　一株につき五〇円
発行金額　　　　　　　　一株につき八五一円
申込期日　　　　　　　　平成元年九月五日
払込期日　　　　　　　　平成元年九月六日
割当方法　　第三者割当（主要取引先に割り当てる）

5 右発行価額八五一円は、証券業界の自主ルール「時価発行増資に関する考え方」に従い、平成元年二月二〇日から同年八月一八日までの終値平均に〇・九を乗じて算出された値である。また、被申請人は七年間無配を続けているため、証券業界の定めた「増資取扱内規」の一株当たり配当金五円という要件を満たさず、公募増資による資金調達は事実上不可能であり、本件新株二五〇万株は、被申請人の関連会社一社（割当数五一万株）のほか金融機関及び取引先に割り当てられた。

6 申請人ら及びこれに同調する株主らは、被申請人の株式の約四七パーセントを保有しているが、本件新株発行によりその持株比率は約四〇パーセントに低下する見込みである。

二 そこで、まず、本件新株の発行価額が商法二八〇条の二第二項に定める「特に有利な発行価額」であるか否かにつき検討する。

新株の公正な発行価額とは、取締役会が新株発行を決議した当時において、発行会社の株式を取得させるにはどれだけの金額を払い込ませるのが新旧両株主の間において公平であるかという観点から算定されるべきものである。そして、本件のように、発行会社が上場会社の場合には、会社資産の内容、収益力及び将来の事業の見通しなどを考慮した企業の客観的価値が市場価格に反映されてこれが形成されるものであるから、一般投資家が売買できる株式市場において形成された株価すなわち市場価格が新株の公正な発行価額を算定するに当たつての基準となるが、新株発行決議以前に投機等により株価が急騰し、かつ急騰後決議時までに短期間しか経過していないような場合には、右株価は当該株式の客観的価値を反映したものとはいいがたいから、株価急騰前の期間を含む相当期間の平均株価をもつて発行価額とすることも許されるというべきである。

これを本件についてみると、被申請人の株価が、前記一3で認定のとおり推移しているという事情のもとでは、被申請人が証券業界の自主ルールに従い本件新株発行価額を平成元年二月二〇日から同年八月一八日までの終値平均に〇・九を乗じて算出した価格としたことに合理性がないとはいえない。

そうすると、本件新株の発行価額は特に有利な価額とはいえず、この点に関する申請人らの主張は理由がない。

三 次に、本件新株発行が商法二八〇条１の一〇にいう「著しく不公正な方法」によるものであるか否かにつき検討するに、新隆の買収、鉄鋼弁生産設備の自動化、コンピューターシステムの改善に要する費用が合計で約二一億円と見込まれていることは前記一2に認定のとおりであり、これを覆すに足りるほどの疎明はないから、被申請人には右目的のために資金を調達する必要があるということができる。また、右資金の調達方法についてみても、金利の支払いを必要としない新株発行の方法によることには合理性がある。

これらの認定事実等に鑑みると、本件新株発行が、被申請人が昭和六三年一二月一五日、二八〇万株を増資してから八か月余りしか経過していないのに発行されたこと及び被申請人が申請人らから自社の株式を買い占められ平成元年七月一四日開催の被申請人の臨時株主総会で被申請人の現代表者らが僅差で切り抜けたこと（これらの事実は一件記録上明らかである。）を考慮しても、本件新株発行の主要な目的が申請人らの持株比率を低下させ現経営者の支配権を維持することにあるとまでは断定できず、むしろ、本件新株発行の主要目的は前記認定のとおり資金調達のためのものといわざるを得ないし、また、第三者割当の方法についてもそれが著しく合理性を欠くとすることはできないというべきである。そうすると、本件新株発行が「著しく不公正な方法」によるものとまでいうことはできないから、この点に関する申請人らの主張も理由がない。

四 よつて、本件仮処分申請は被保全権利の疎明がなく、保証を立てさせて疎明に代えることも相当でないからこれを却下することとし、申請費用の負担につき民事訴訟法八九条、九三条一項を適用して、主文のとおり決定する。

　裁判長裁判官　山口和男
　　　裁判官　佐賀義史　坂倉充信

3 忠実屋・いなげや事件

I 国内判例編
東京地決平成元・7・25金融・商事判例826号11頁

中央大学法学部准教授 久保大作

I 事案の概要

　Y（第1事件被申請人）はスーパー業を営む東証一部上場の株式会社であり、その発行済株式総数は約9030万株である。またZ（第2事件被申請人）も同じくスーパー業を営む東証一部上場の株式会社であり、その発行済株式総数は約5090万株である。

　X（申請人）は、昭和62年10月頃からYの株式を、また昭和63年2月頃からはZの株式を大量に取得し始めた。ただし、東証における取引高総数におけるXの取得株数は4分の1ないし5分の1に過ぎなかった。

　Xは昭和63年6月から10月にかけてYと会談し、Yの株式を2700万～2800万株取得したことを明らかにした上で、YとZ、そして申請外Aの3社合併を提案し、人事に関する構想などを述べた。またXはZに対しても、昭和63年10月から11月にかけて、Zの取引銀行を介するなどして同様の提案を行った。しかし、Y・ZともXの提案を拒否した。

　YとZは昭和63年12月に業務提携の交渉を開始し、業務提携を行うことについて直ちに合意した後、その具体的な方法について交渉を継続した。なお、両社間では以前から業務提携の機運はあったものの、真剣に話し合ったことはこの交渉まで一度もなかった。

　この間、YとZの株価は次のように推移していた。

	〔Yの株価〕	〔Zの株価〕
昭和062年12月まで	900～1200円前後	820～1150円前後
	(昭和63年1月以降、急騰)	
昭和063年2月～5月	4000円前後	2000円前後
昭和063年8月	8000円をつける	5640円をつける
その後	概ね4800～6000円前後で推移	3650～5000円前後で推移
	(同年7月以降は4000円を、10月以降は4600円を下回らず)	(同年7月以降は3000円を、11月以降は3650円を下回らず)

　平成元年7月、YとZは業務・資本提携を行うことで正式に合意した。そしてYからZに対して普通株式2200万株を1株あたり1120円（発行総額246億4000万円）、ZからYに対して普通株式1240万株を1株あたり1580円（発行総額195億9200万円）をそれぞれ発行することとした（以下、「本件新株発行」と呼ぶ）。これらの払込資金はいずれもインパクト・ローンで調達し、払込期日の直後に相手会社からの払込金を用いて返済することとされた。これらの発行価額を決定するに際しては、その高騰を理由として、市場価格を算定の基礎とすることはなかった。また、本件新株発行に際しては、いずれの会社においても取締役会決議がなされたのみで、株主総会決議は経ていない。

　この新株発行が実行された場合、XのYに対する持株比率は33.64％から26.81％に、またZに対する持株比率は21.44％から17.24％に低下するうえ、東証における両社の株価が一挙に低下する蓋然性が極めて高かった。

　Xは、本件新株発行が「特ニ有利ナル発行価額」（改正前商法280条ノ2第2項）で行われるにもかかわらず株主総会決議を経ておらず法令に反する、また本件新株発行は経営陣の支配権維持を目的としたものであって「著シク不公正ナル方法」（改正前商法280条ノ10）に該当する、として、本件新株発行差止の仮処分を申請した。

II 決定要旨

　申請認容（なお、紙幅の関係上、XY間の第1事件に関する要旨のみを引くが、第2事件〔東京地決平成元・7・25、平成元年（ヨ）第2069号新株発行禁止仮処分申請事件、金判826号11頁〕もほぼ同様の判旨を

示している）。

① 「…発行会社が上場会社の場合には、会社資産の内容、収益力および将来の事業の見通し等を考慮した企業の客観的価値が市場価格に反映されてこれが形成されるものであるから、一般投資家が売買をできる株式市場において形成された株価が新株の公正な発行価額を算定するにあたっての基準になるというべきである。そして、株式が株式市場で投機の対象となり、株価が著しく高騰した場合でも、市場価格を基礎とし、それを修正して公正な発行価額を算定しなければならない。なぜなら、株式市場での株価の形成には…投機的要素を無視することはできないため、…それによって株価が形成され高騰したからといって、市場価格を、新株発行における公正な発行価額の算定基礎から排除することはできないからである。もっとも、株式が市場においてきわめて異常な程度にまで投機の対象とされ、その市場価格が企業の客観的価値よりはるかに高騰し、しかも、それが株式市場における一時的現象に止まるような場合に限っては、市場価格を、新株発行における公正な発行価額の算定基礎から排除することができる…。」

② 「Yの東京証券取引市場における株価の推移は…、三〇〇〇円以上の状態が一年五か月間、四〇〇〇円以上の状態が一年間と相当長期間にわたって続いており、しかもそのような株価の高騰は、XがYの株式を大量に取得したことにその原因の一があるとともに、Yの株式が投機の対象となっていることは否定できない…。しかし…、Yの株価の推移、特に一定額以上の株価が相当長期間にわたって維持されていることに照らすと、その価格を新株発行にあたっての公正な発行価額の算定基礎から排除することは相当ではない。…市場価格を無視してこれを基準とすることなく算定され決定された一一二〇円という発行価額は、当時の市場価格からはるかに乖離したものであることからみて、…『特ニ有利ナル発行価額』に該当するというべきである。」

③ 「株式会社においてその支配権につき争いがある場合に、従来の株主の持株比率に重大な影響を及ぼすような数の新株が発行され、それが第三者に割り当てられる場合、その新株発行が特定の株主の持株比率を低下させ現経営者の支配権を維持することを主要な目的としてされたものであるときは、その新株発行は不公正発行に当たるというべきであり、また、新株発行の主要な目的が右のところにあるとはいえない場合であっても、その新株発行により特定の株主の持株比率が著しく低下されることを認識しつつ新株発行がされた場合は、その新株発行を正当化させるだけの合理的な理由がない限り、その新株発行もまた不公正発行に当たるというべきである。」

④ 「これを本件新株発行についてみるに、…YとZとの業務提携の機運は従来からまったくなかったわけではないものの、右両者間でそれが真剣に話し合われたことはなく、…YとZが、Xの要求を拒否し、対抗するため具体化したものであること、本件業務提携に当たりYがZに対し発行済株式総数の一九・五パーセントもの多量の株式を割り当てることが業務提携上必要不可欠であると認めることのできる十分な疎明はなく、しかも、本件新株発行によって調達された資金の大半は、実質的には、Zが発行する新株の払込金にあてられるものであって、差額としてYのもとに留保される約五〇億円についても、特定の業務上の資金としてこれを使用するために本件新株発行がされたわけではないこと、また、XがYの経営に参加することがYの業務にただちに重大な不利益をもたらすことの疎明もないことからみると、Yがした本件新株発行は、Xの持株比率を低下させ現経営者の支配権を維持することを主要な目的とするものであり、又は少なくともこれによりXの持株比率が著しく低下されることを認識しつつされたものであるのに、本件のような多量の新株発行を正当化させるだけの合理的な理由があったとは認められないから、本件新株発行は著しく不公正な方法による新株発行にあたる…。」

III 分析と展開

1 本事件の特色

本事件は、第三者割当増資について争われたそれまでの事件と比べて、その事案の内容に関しても裁判所が示した判断に関しても、大いに異なる特色を持っている。事案の内容としては、それまでの事件が単純に第三者に対して一方通行的に（したがって資金調達の名目で）新株発行を行っていたのに対し、本事件では同一の敵対的株主に対峙していた複数の会社が、相互に（そしてもっ

ばら業務提携を名目として）新株を発行しあうという事件であった。そして裁判所の示した一般論の面でも、それまでの裁判例の流れを変える（少なくともそのように見える）判示を行った点で、大いに注目されたのである。

以下では、本事件で争われた2つの争点について、本決定がどのような意義を持っていたのかを中心にして検討する。

2　有利な発行価額

（1）　ある会社の株価が何らかの原因で高騰している場合に、当該会社がそれよりも相当程度低い発行価額で第三者割当による募集株式の発行等を行ったとき、当該発行価額が「特に有利」（改正前商法280条ノ2第2項〔会社法199条3項〕）といえるか。この点に関する最初の裁判例である東京高判昭和48・7・27金法706号25頁〔ソニー・アイワ事件〕は、業務提携の思惑から被買収会社の株価が騰貴したとして、新株発行直前約6か月間の株価を排除して決定された発行価額を「特に有利」ではない、とした。また大阪地決昭和62・11・18判時1290号144頁〔タクマ事件〕では、買収者側の買占めが株価騰貴の主因だとして、新株発行直前約8か月間の株価を排除して決定された発行価額を「特に有利」ではない、と判断している。

これに対して本決定は、「株価の形成において投機的要素を無視することはできないから、それによって株価が形成され高騰したからといって、当該株価を『公正な発行価額』算定の基礎から排除することは原則としてできない」という準則を示している。投機の程度が極めて異常であって企業の客観的価値からはるかに高騰し、かつそれが一時的現象に留まる場合には、なお当該株価を「公正な発行価額」算定の基礎から排除できるとしているものの、投機的思惑を排除することを認めている前記裁判例よりも排除のハードルを高くしたものと評価することができる。

（2）　投機の要素によって株価が高騰した場合にこれを排除できるかという点については、学説上も争いがある。

有力な学説として、法が有利発行を規制するのは既存株主が株式を売却すること（あるいは売却し得ること）によって得られる経済的利益を保護するためであるから、たとえ株価が企業の客観的価値を離れて大きく高騰している場合であっても、当該株価が「公正な発行価額」算定の基礎とされるべきである、とする主張もなされている（例えば阪埜光男「第三者割当と新株の発行価額」法学研究（慶應義塾大学）51巻11号40頁（1978年）など）。しかし多数説は、異常な投機が発生し公正な株価形成がなされていない場合には、「公正な発行価額」の算定においてかかる騰貴価額を排除することができると考えている（大隅健一郎＝今井宏『会社法論中巻〔第三版〕』605頁（有斐閣・2001年）、上柳克郎＝鴻常夫＝竹内昭夫編『新版注釈会社法(7)』§280ノ2・74頁〔森本滋〕（有斐閣・1987年）、江頭憲治郎『株式会社法』681頁注(3)（有斐閣・2006年）、江頭憲治郎＝岩原紳作ほか編『会社法判例百選』65頁〔田中亘〕ほか（2006年））。

もっとも多数説のなかでも、具体的にいかなる場合において高騰した株価の排除が可能かについて、一致した見解はない。支配権の変動や業績の動向などとは関係ない買占め（グリーンメール目的などが考えられる）のような場合において排除が可能なことについてはおそらく問題ないであろう（洲崎博史「本件判批」判評374号41頁〔判時1337号203頁〕（1990年））。しかし、例えば業務提携（あるいはその予想）によって株価が高騰しているような場合については、企業の客観的価値が増加したものであることを根拠として「公正な発行価額」算定の基礎とすべきであるとする考えがある（洲崎・前掲203頁）一方で、提携によって相乗効果が発生する場合の分配を考えれば時価によらない第三者割当増資も理由がある、とする見解もある（江頭・前掲。これに対して上柳＝鴻＝竹内編・前掲§280ノ2・75頁〔森本〕は、実現した相乗効果をどう分配するかについて決定すべき機関は株主総会である、とする）。

さらにいえば、市場において株価が高騰している場合に、それがいかなる要因によるものなのか識別するのは容易ではない。そのためか、本決定では判旨②において、高値が一定期間以上継続していることを主要な根拠として、高騰した価格の排除を否定している。これを受けて平成元年8月8日に証券業界の自主ルール「時価発行増資に関する考え方」が改定され、第三者割当増資の直前6か月間の株価の平均を基礎として発行価額が定められるべきこととされた（丹羽昇一「『時価発行増資に関する考え方』の一部改訂」商事1191号26頁（1989年））。その後の事例では、この証券業界の

自主規制に添った形で発行価額が算定されているかどうかが、有利性判断の大きな材料となっている（東京地決平成元・9・5金判828号22頁〔宮入バルブ事件〕、大阪地決平成2・6・22金判851号39頁、大阪地決平成2・7・12金判851号39頁〔ゼネラル事件〕、東京地決平成16・6・1金判1201号15頁〔宮入バルブ事件〕）。これによれば、高騰し始めてから6か月以内であれば高騰前の株価を考慮することも可能である。

しかし、たとえ高騰している期間が短いとしても、それが企業の客観的価値の実現であるならば、その価格によって「公正な発行価額」を算定すべきである（江頭＝岩原ほか編・前掲〔田中〕）。逆に、本件のように株価の高騰が長期間継続しても、それが根拠のない高騰であることとは矛盾しないのである（平出慶道「本件判批」ジュリ1037号247頁（1994年））。そうすると、期間を決定的な判断材料とすることには批判的にならざるを得ない。他に明確なメルクマールとなる事実というのも考えられない以上、募集株式の発行等までの諸事情を総合的に考慮して判断する、としかいえないのが現状である。

このように、いかなる場合に高騰した株価の排除が認められるか、またその際どのように高騰原因を分析・判断するかについて、これからさらに議論を深めていかなければならない部分が多いといえる。

3 主要目的ルール

(1) 会社が不当な目的のために新株発行を行う場合、たとえ形式的には適法な新株発行であっても、「著しく不公正な方法」（改正前商法280条ノ10〔会社法210条2項〕）に該当するものとされる（江頭・前掲682頁）。この不公正性の有無は、主として新株発行によって特定の大株主の持株比率が低下する場面において、それが経営者の会社支配を維持する不当な目的によるものかどうかをめぐって争われてきた。そして、大阪地堺支判昭和48・11・29判時731号85頁が「新株発行の複数の動機のうち、不当目的を達成するという動機が、他の動機よりも優越し、それが主要な主観的要素であると認められる場合には、不当な目的でによる新株発行となる」といういわゆる「主要目的ルール」を示して以降、裁判例はおおむねこの準則に従ってきたということができる（東京地決昭和52・8・30金判533号22頁〔弥栄工業事件〕、大阪地決昭和62・11・18判時1290号144頁〔タクマ事件〕。これに対し東京地決昭和63・12・2金判822号15頁〔宮入バルブ事件〕は、資金調達の合理性のみに言及しており、主要目的ルールによっているのかどうかは明確ではない）。

このような裁判例の流れに対して本決定は、判旨③として示した一般論の前段において主要目的ルールを述べるとともに、主要目的が支配権の維持とは認められない場合でも、当該新株発行によって特定の株主の持株比率が著しく低下することを認識している場合には、新株発行を正当化できる合理的な理由がない限り、やはり不公正発行になるという補完的な準則を加えた。すなわち、会社側の主観的な不当目的を明らかにできない場合であっても、支配権争奪戦の存在、および新株発行を行う合理性の不存在という2つの客観的な事情が存在する場合には不公正発行になる、という点を明確にした点に、本決定の意義があるといえる。本決定後の裁判例でも、この2つの判断枠組みを用いたと見られるものも存在する（前掲東京地決平成元・9・5〔宮入バルブ事件〕、前掲大阪地決平成2・7・12〔ゼネラル事件〕）。

もっとも、本決定の示した準則が、従来の主要目的ルールの実体的な部分を変更し、または新たなルールを加えたものとは考えられない。というのは、それまでの裁判例においても、不当目的を判断する際に、資金調達の必要性や手段としての新株発行の合理性についてまがりなりにも判断を加えているからである。本決定はその判断内容を明確化したに過ぎない。むしろ本決定は、支配権の争奪戦が行われているもとでの募集株式の発行等については、発行等を行う会社側にその正当性・合理性を疎明・証明すべき責任があることを示す点でそれまでの裁判例（前掲東京地決昭和52・8・30〔弥栄工業事件〕では、株主側に合理性の不存在の疎明を求めるような記載がある）と異なる判断をした点により大きな意義がある、と評価すべきである（同様の評価として、洲崎・前掲43頁、平出・前掲248頁、山田純子「本件判批」商事1337号37頁（1993年）など）。

(2) 本決定は判旨④において、ＹＺ間の業務提携はＸによる合併提案に対抗するために急遽合意されたものであること、大量の株式を発行する必要性について疎明がないことなどを理由として、本件新株発行を不公正発行とした。この結論に対

しては学説上も異論がないが、相互引受一般についてどう考えるかについては議論の余地がある。

本決定は、相互割当をア・プリオリに違法とはせず、必要性・合理性の存在が明らかにされれば適法とされる余地があると考えているようである。これに対して学説上は、実質的には払込価額を互いに零にして新株発行を行っているのと同じであるとして「特に有利な発行価額」になるという見解（関俊彦「二社間の相互引受による新株発行の差止〔下〕」商事1194号27頁（1989年））や、払い込まれた財産の使用目的を明らかにすることが困難であり、資金調達の必要性を説明できないから不公正発行にあたるとする見解（原則としてそう考えられると主張する見解として、柴田和史「本件判批」ジュリ944号116頁（1989年））もある。

どう考えるか。業務提携によって相手方に生じる企業価値の向上に、株価の上昇を通じて預かり得るようにすることで提携へのインセンティブを高めることも考えられないではない。そうすると、資金需要がないとしても相互引受が経済合理性を有する場合が考えられないではないかもしれない。もしこの指摘が正しいなら、合理性判断の余地を残した本決定の態度は妥当であろう。ただし、資本の空洞化や経営者支配の危険性を考えると、合理性の有無の判断は厳格に行われるべきであろう。本決定において認定されている事実を見る限り合理性はないように思われる。

なお、本決定が「Xの経営参加によってYに重大な不利益が発生することの疎明がない」ことを申請認容理由のひとつとした点については、そもそもそのような判断要素を認めることができるのか見解の対立が見られる。しかし紙幅の関係上、ここでは割愛して他事件での解説（本書❽仮屋論文参照）に委ねたい（ライブドアvsニッポン放送事件（東京高決平成17・3・23金判1214号6頁））。

Daisaku KUBO

平成元・7・25東京地裁民事第8部決定、平成元年（ヨ）第2068号新株発行禁止仮処分申請事件、申請認容【確定】〔第1事件〕

決　定〔第1事件〕

＜当事者＞
申請人	秀和株式会社
右代表者代表取締役	小林　茂
右訴訟代理人弁護士	並木俊守
同	山田二郎
同	渡邊幸則
同	安西義明
同	河合弘之
右河合弘之訴訟復代理人弁護士	井上智治
同	荒竹純一
同	野中信敬
被申請人	株式会社忠実屋
右代表者代表取締役	高木吉友
右訴訟代理人弁護士	古曳正夫
同	相原亮介
同	渡辺　肇

【主　文】
被申請人が、平成元年七月一〇日の取締役会決議に基づき、現に手続中の記名式額面普通株式二二〇〇万株の発行を仮に差し止める。
申請費用は被申請人の負担とする。

【理　由】
第一　当事者の申立て及び主張の要旨
一　申請人は主文第一項と同旨の決定を求めた。申請の理由の要旨は次のとおりである。
　1　被申請人は、資本金一二五億五九八二万四六九四円、発行済株式総数九〇二九万二四七六株（額面金五〇円）の株式会社であり、申請人は、被申請人の株式三〇一一万一〇〇〇株を有する株主である。
　2　被申請人は、平成元年七月一〇日の取締役会において、次の新株発行を決議した（以下「本件新株発行」という。）。
　　㈠　発行新株数　記名式額面普通株式二二〇〇万株
　　㈡　割当方法　発行する株式全部を株式会社いなげや（以下「いなげや」という。）に割り当てる。
　　㈢　発行価額　一株につき金一一二〇円
　　㈣　払込期日　平成元年七月二六日
　3　本件新株発行は、次のとおり、法令に違反し、かつ著しく不公正な方法によるもの（以下「不公正発行」という。）である。
　　㈠　本件新株発行の発行価額は、右のとおり、一

株につき一一二〇円であるところ、平成元年七月五日後場終了時の東京証券取引所における被申請人の株式価格は一株五〇五〇円であるから、本件新株発行価額は商法二八〇条の二第二項所定の「特ニ有利ナル発行価額」に該当するものであり、それにもかかわらず、被申請人においては、同条項所定の株主総会決議を経ていないから、本件新株発行は法令に違反するものである。

　(二)　本件新株発行は、資金調達の必要性を欠き、現実にも資金が調達されておらず、もつぱら、申請人の被申請人における持株比率を低下させ、現経営陣の支配権を維持する目的でされるものであるから、不公正発行に該当する。

　4　本件新株発行により、被申請人の株主たる申請人は次のような損害を被る。

　(一)　本件新株発行により、申請人の被申請人における持株比率は、三三・三四パーセントから二六・八一パーセントに低下するうえ、時価の二二パーセントという極めて低い価額による大量の新株が発行されると、株価も一挙に低下することは明らかである。

　(二)　本件新株発行は、いなげやの被申請人を引受人とする新株発行に対応してされるものであるところ、いなげやの右新株発行も、本件新株発行と同様に有利発行であつて、これにより、被申請人に対しては、市場の取引価格と本件新株発行価額との差額に対して高率の法人税及びこれにともなう住民税、事業税の課税されるおそれが強く、そのようなことになれば、被申請人の株式の価格が著しく低下することは避けられない。

　5　申請人は、被申請人に対し本件新株発行差止めの訴えを提起すべく準備中であるが、払込期日は間近に迫つており、その期日が到来して引受人が払込みを済ませ本件新株発行の効力が生じた後は差止請求自体が無意味となるうえ、本件新株発行により、申請人は前記のとおりの損害を被るのであるから、本件仮処分申請については保全の必要性がある。

二　被申請人は、「本件仮処分申請を却下し、申請費用を申請人の負担とする。」旨の決定を求めた。被申請人の主張は、本件新株の発行が適法かつ公正であるというにあり、その理由の要旨は次のとおりである。

　1　本件新株発行の発行価額は、被申請人のあるべき株式価格をもとにして算定したものであるから、申請人主張のように「特ニ有利ナル発行価額」には該当しない。すなわち、東京証券取引所における被申請人の株式取引の月間出来高は昭和六二年六月以降急増し、その後株価が著しく高騰したが、同業他社と比較しても、その高騰は異常というほかなく、しかも、この異常な株価は申請人の買占めによつて生じたものである。このような事態のもとで新株を発行するに際しての発行価額の算定にあたつては、市場価格を基礎に

することはできず、被申請人のあるべき株式価格に基づいてその発行価額を算定すべきである。被申請人は本件新株の発行価額を算定するにあたり、野村企業情報株式会社にその資料の提出を求め、同社は自ら発行価額を算定したうえ、サンワ・等松青木監査法人にその価額の検証を依頼し、さらに青山監査法人に発行価額の算定を依頼した。本件新株の発行価額は、これらによつて得られた株式価格に基づいて決定されたものである。

　2　被申請人といなげやは、昭和六三年一二月以降、相互に業務提携（以下「本件業務提携」という。）及び資本提携をするための交渉をしていたが、平成元年七月八日、両社の間で、各会社の取締役会の承認決議を停止条件として、本件業務提携及び資本提携をすることを合意し、同月一〇日両社の取締役会においてその承認決議がされた。両社の業務提携は広範囲かつ濃密なものであり、大量のノウハウの相互移転が行われるため、資本を持ち合うことにより相互の信頼関係を確立する必要があり、その持株比率は、業務提携の密接さに見合い、かつ相互の経営の独自性を害さないという考慮のもとに、発行済株式総数の一九・五パーセントとした。本件新株発行は右の合意に基づいてされるものであるから、公正なものというべきである。

第二　当裁判所の判断

一　当事者間に争いのない事実並びに一件記録及び当事者各審尋の結果によつて認められる事実は次のとおりである。

　1　被申請人は、資本の額が一二五億五九八二万四六九四円、発行済株式総数が九〇二九万二四七六株（額面金五〇円）で、東京証券取引所一部上場の株式会社であり、申請人は、被申請人の株式三〇一一万一〇〇〇株を有する株主である。

　2　被申請人の東京証券取引所における株価は、昭和六二年一二月ころまでは九〇〇円ないし一二〇〇円前後で推移していたが、昭和六三年一月以降急騰し、同年二月から同年五月ころまでには四〇〇〇円前後となり、その後さらに上昇して、同年八月にはいつたん八〇〇〇円をつけたものの、その後は概ね四八〇〇ないし六〇〇〇円程度の価格で推移し、本件仮処分申請時まで、被申請人の株価が、昭和六三年二月以降は三〇〇〇円を、同年七月以降は四〇〇〇円を、同年一〇月以降は四六〇〇円をそれぞれ下まわったことはない。

　3　申請人は、昭和六二年一〇月ころから、被申請人の株式を大量に取得し始めたが、その後現在までの東京証券取引所における被申請人の株式の取引高総数に占める申請人の取得株式数の割合は約四分の一に過ぎない。

　4　申請人は、昭和六三年六月から一〇月にかけ

て、被申請人と会談し、被申請人の株式を二七〇〇万株ないし二八〇〇万株取得したことを明らかにしたうえで、被申請人、いなげやと株式会社ライフストア（以下「ライフストア」という。）の三社合併を提案し、それにともなう人事についても申請人の構想を述べたが、被申請人及びいなげやは右の提案を拒否した。

5　被申請人といなげやは、昭和六三年一二月に本件業務提携の交渉を開始し、業務提携をすることについては直ちに合意した後、その具体的方法について交渉を継続し、平成元年二月以降、野村企業情報株式会社にその方法についての情報の提供を依頼した。両社間の業務提携の機運は従来からあつたが、右両社間でそれを真剣に話し合つたことは昭和六三年一二月まではなく、本件業務提携は、被申請人、いなげやとライフストアの合併を申請人から提案されたことに誘発され、申請人の要求に対抗し、これを拒否するため、一気に具体化したものである。

6　申請人は、平成元年七月七日に三〇〇九万株の、同月一〇日に二万一〇〇〇株の、被申請人株式の各名義書換手続をし、その名義人となつた。

7　被申請人は、平成元年七月八日、いなげやとの間で、各会社の取締役会の承認決議を停止条件として、本件業務提携及び資本提携をすることを合意し、同月一〇日両社の取締役会において、それぞれの承認決議をするとともに、次のとおり本件新株発行をすることを決議し、その発行価額の決定にあたつては、市場価格が極めて高騰していたことを理由に、これを基礎とすることなく、他の株式価格算定方式を用いて被申請人としてあるべき株式価格を算定し、これを基準にした価格を発行価額とした。

　㈠　発行新株数　記名式額面普通株式二二〇〇万株
　㈡　割当方法　発行する株式全部をいなげやに割り当てる。
　㈢　発行価額　一株につき金一一二〇円
　㈣　払込期日　平成元年七月二六日

また、申請人といなげやは、同日、業務提携のためのプロジェクト・チームを発足させ、その後、業務提携のための具体的作業を進行中である。

8　本件新株発行は、被申請人といなげやとの本件業務提携にともない、同時期に相互に新株を発行して資本提携をする目的でされるものであり、相互に相手方会社の発行済株式総数の一九・五パーセントの株式を保有することとしている。そして、被申請人のいなげやに対して発行する新株二二〇〇万株の発行価額総額は二四六億四〇〇〇万円、いなげやの被申請人に対して発行する新株一二四〇万株の発行価額総額は一九五億九二〇〇万円である。両社は、いずれもインパクト・ローンによつて右資金を調達し、払込期日の直後に相手会社からの新株払込金をもつてその返済にあてるが、右発行価額総額の差額である約五〇億円についても、被申請人においてこれを特定の業務上の資金として使用する具体的な目的のもとに本件新株発行がされたわけではなく、いなげやにおいては金融機関からの長期借入金としてこれを処理することとしている。

9　本件新株発行にあたつては、商法二八〇条の二第二項所定の被申請人の株主総会決議はされていない。

10　本件新株発行が実行されると、被申請人の発行済株式総数に対する申請人の持株比率は、三三・三四パーセントから二六・八一パーセントに低下するうえ、東京証券取引所における被申請人の株価が一挙に低下する蓋然性が極めて高い。

二　そこで、まず、本件新株発行の発行価額が商法二八〇条の二第二項所定の「特ニ有利ナル発行価額」に該当するか否かについて判断する。

ところで、新株の公正な発行価額とは、取締役会が新株発行を決議した当時において、発行会社の株式を取得させるにはどれだけの金額を払い込ませることが新旧株主の間において公平であるかという観点から算定されるべきものである。本件のように、発行会社が上場会社の場合には、会社資産の内容、収益力および将来の事業の見通し等を考慮した企業の客観的価値が市場価格に反映されてこれが形成されるものであるから、一般投資家が売買をできる株式市場において形成された株価が新株の公正な発行価額を算定するにあたつての基準になるというべきである。そして、株式が株式市場で投機の対象となり、株価が著しく高騰した場合にも、市場価格を基礎とし、それを修正して公正な発行価額を算定しなければならない。なぜなら、株式市場での株価の形成には、株式を公開市場における取引の対象としている制度からみて、投機の要素を無視することはできないため、株式が投機の対象とされ、それによつて株価が形成され高騰したからといつて、市場価格を、新株発行における公正な発行価額の算定基礎から排除することはできないからである。もつとも、株式が市場においてきわめて異常な程度にまで投機の対象とされ、その市場価格が企業の客観的価値よりはるかに高騰し、しかも、それが株式市場における一時的現象に止まるような場合に限つては、市場価格を、新株発行における公正な発行価額の算定基礎から排除することができるというべきである。

これを本件についてみるに、被申請人の東京証券取引市場における株価の推移は前記一2に認定のとおりであつて、三〇〇〇円以上の状態が一年五か月間、四〇〇〇円以上の状態が一年間と相当長期間にわたつて続いており、しかもこのような株価の高騰は、申請人が被申請人の株式を大量に取得したことにその原因の

一があるとともに、被申請人の株式が投機の対象となつていることは否定できないところであると考えられる。しかし、本件においては、被申請人の株価の推移、特に一定額以上の株価が相当長期間にわたって維持されていることに照らすと、その価格を新株発行にあたつての公正発行価額の算定基礎から排除することは相当ではない。したがつて、本件新株発行において市場価格を無視してこれを基準とすることなく算定され決定された一一二〇円という発行価額は、当時の市場価格からはるかに乖離したものであることからみて、商法二八〇条の二第二項所定の「特ニ有利ナル発行価額」に該当するというべきである。よつて、それにもかかわらず同条項所定の株主総会決議を経ていない本件新株発行は、その手続に法令違反があるといわなければならない。

三　次に、本件新株発行が不公正発行に該当するか否かについて判断する。

商法は、株主の新株引受権を排除し、割当自由の原則を認めているから、新株発行の目的に照らし第三者割当を必要とする場合には、授権資本制度のもとで取締役に認められた経営権限の行使として、取締役の判断のもとに第三者割当をすることが許され、その結果、従来の株主の持株比率が低下しても、それをもつてただちに不公正発行ということはできない。しかし、株式会社においてその支配権につき争いがある場合に、従来の株主の持株比率に重大な影響を及ぼすような数の新株が発行され、それが第三者に割り当てられる場合、その新株発行が特定の株主の持株比率を低下させ現経営者の支配権を維持することを主要な目的としてされたものであるときは、その新株発行は不公正発行にあたるというべきであり、また、新株発行の主要な目的が右のところにあるとはいえない場合であつても、その新株発行により特定の株主の持株比率が著しく低下されることを認識しつつ新株発行がされた場合は、その新株発行を正当化させるだけの合理的な理由がない限り、その新株発行もまた不公正発行にあたるというべきである。

これを本件新株発行についてみるに、前記認定事実によると、被申請人といなげやとの業務提携の機運は従来からまつたくなかつたわけではないものの、右両者間でそれが真剣に話し合われたことはなく、本件業務提携は、被申請人、いなげや、ライフストアの三社合併を申請人から提案されたことにより、被申請人といなげやが、申請人の要求を拒否し、対抗するため具体化したものであるところ、本件業務提携にあたり被申請人がいなげやに対し従来の発行済株式総数の一九・五パーセントもの多量の株式を割り当てることが業務提携上必要不可欠であると認めることのできる充分な疎明はなく、しかも、本件新株発行によって調達された資金の大半は、実質的には、いなげやが発行する新株の払込金にあてられるものであつて、差額として被申請人のもとに留保される約五〇億円についても、特定の業務上の資金としてこれを使用するために本件新株発行がされたわけではないこと、また、申請人が被申請人の経営に参加することが被申請人の業務にただちに重大な不利益をもたらすことの疎明もないことからみると、被申請人がした本件新株発行は、申請人の持株比率を低下させ現経営者の支配権を維持することを主要な目的とするものであり、又は少なくともこれにより申請人の持株比率が著しく低下されることを認識しつつされたものであるのに、本件のような多量の新株発行を正当化させるだけの合理的な理由があつたとは認められないから、本件新株発行は著しく不公正な方法による新株発行にあたるというべきである。

四　本件新株発行により申請人が損害を被ることは前記認定のとおりであつて、それは容易に回復することのできない損害というべきであり、他方、本件新株発行を差し止めることによつて被申請人が重大な不利益を被ることの疎明はない。そして、本件新株発行の払込期日が間近に迫つており、その期日が到来して引受人が払込みを済ませ本件新株発行の効力が生じた後は差止請求自体が無意味となることも明らかであるから、本件仮処分申請については保全の必要性もあるというべきである。

五　よつて、本件仮処分申請は理由があるから、申請人に担保を立てさせることなくこれを認容することとし、申請費用の負担につき民事訴訟法八九条を適用して、主文のとおり決定する。

　　裁判長裁判官　山口和男
　　　　裁判官　佐賀義史　垣内　正

4 ゼネラル事件

I 国内判例編
大阪地決平成2・6・22金融・商事判例851号39頁〔①事件〕
大阪地決平成2・7・12金融・商事判例851号39頁〔②事件〕

一橋大学法学部教授　仮屋広郷

I 事案の概要

〔①事件〕

　発行済株式総数約1452万株のY株式会社（大阪証券取引所第2部上場）は、平成2年6月7日開催の取締役会で、訴外Aに対し、普通株式400万株を、1株1300円の発行価額で割り当てる旨の決議を行った。これに対して、Yの株式の約26％を保有するX株式会社を含む32名の株主は、Yの株式の終値が、平成元年11月9日に2000円を超え、最近の7か月間2400円を中心に推移しており、本件取締役会決議のあった日の前日の終値も2360円であったことなどからすれば、本件新株の発行価額は、特に有利な発行価額であるというべきであるのに、株主総会の特別決議（改正前商法280条ノ2第2項〔会社法201条1項・199条2項3項・309条2項5号〕）を経ていないと主張し、新株発行差止めの仮処分を申し立てた（改正前商法280条ノ10〔会社法210条〕）。そこで、Yは、本件新株発行の発行価額は、Xの不当な目的による大量の買占めにより異常に高騰した期間を除いた過去6か月の市場株価水準に、その後の大証二部平均や日経平均の株価動向を加味して定められたものであって公正な発行価額であると主張して争った。大阪地裁は、平成2年6月22日、本件新株の発行価額は特に有利な発行価額に当たるとして、新株発行を差し止める決定を行った。

〔②事件〕

　新株発行を差し止められたYは、平成2年6月25日に改めて取締役会を開催し、今度は270万株の普通株式を、1株2000円の発行価額でAに割り当てる旨の決議を行った。その際、Yは、上記〔①事件〕の仮処分決定の判断と証券業界の自主ルールの考え方（決議した取締役会の直前日の終値、または直前日を最終日とし、6か月以内の任意の日を初日とする期間の終値平均に0.9を乗じた価額以上を発行価額とする）を尊重して発行価額を決定した。しかし、Xほか22名の株主は、本件新株発行の発行価額を市場価格を基準に決定するにあたっては、〔①事件〕の第三者割当の発表に影響されて低下した価格は、その算定の基礎から排除しなければならないのに、それを行わずに決定された1株2000円という発行価額は特に有利な発行価額に当たるとして、新株発行差止めの仮処分を申し立てた。大阪地裁は、Yが決定した発行価額は公正な発行価額であると判示して、差止めの申請を却下する旨の決定を行った。

II 決定要旨

〔①事件〕（申請認容）

　「『特に有利な発行価額』」とは、公正な発行価額に比べて引受人に特に有利な価額をいうところ、普通株式を発行し、その証券が証券取引所に上場されている株式会社が、額面普通株式を株主以外の第三者に対して発行して資本調達を企図する場合、公正な発行価額は、発行価額決定前の当該会社の株式価格、右株価の騰落習性、売買出来高の実績、会社の資産状態、配当状況、発行済株式数、新たに発行される株式数、株式市況の動向、これらから予測される新株の消化可能性等の諸事情を総合して決することになるが、本来、新株主に旧株主と同等の資本的寄与を求めるものであるから、発行価額決定直前の株価に近接していることが必要であり（昭和50年4月8日最高裁第三小法廷判決・民集29巻4号350頁参照）、具体的には、発行価額決定直前の市場価格を基準にして算

定すべきである。

ただし、その会社の株式の市場価格が、合理的な理由がないのに、異常な程度にまで高騰し、それが一時的な現象に止まるような例外的な場合には、その新株発行価額決定直前の市場価格を、新株発行における公正な発行価額算定の基礎から排除することが許されると考えられる。そこで、本件がこのような例外的な場合に該当するか検討するに、前記認定の事実からみて、XがYの株式を大量に取得したことがYの株価の高騰に大きく影響したことは明らかであるが、XのYの株式の大量取得が不当な目的のためになされたと認めるに足りる資料はなく、また、Yの株価が上昇する前からYにおいて本社工場の移転計画が策定され、そのために株式市場関係者の間で本社工場の跡地の資産価値が注目されるに至っていたものであり、XもこのY点に注目してYの株式を取得するに至ったのであり、Yの株価の高騰は必ずしも合理性のない異常なものとはいえないこと、Yの株価が1800円以上の状態で7か月間も維持され、その間のほとんどは2000円を超えており、本件取締役会決議のあった日の前日である平成2年6月6日の終値2360円はその7か月間における株価の推移の中では平均的な価額であることなどの事情に照らすと、本件が右例外的な場合に該当するとまでは認められず、そうすると、本件新株発行決定直前の市場価格を発行価額の算定の基礎から排除することは許されない。

ところが、本件新株発行の実際の発行価額は、本件新株発行決定直前の市場価格を算定の基礎に入れずに1300円と算定されており、右市場価格に照らして極めて低額であるから、商法280条ノ2第2項所定の『特に有利な発行価額』に該当するといわなければならない。」

〔②事件〕（申請却下）

「右の事実によれば、本件新株の発行価額は、発行価額決定直前の市場価格に近接した価額であって、公正な発行価額というべきであり、『特に有利な発行価額』とはいえない。

確かに、被申請人の株価は、平成2年6月12日2400円であったが、前記の仮処分申請があった後の同年6月14日2200円に下落し、更に同月18日1890円に落ち込んだが、同月19日には1980円に、更に22日には2150円に再び上昇しているのであって、もともと、市場の株価は諸般の情勢を反映し

て時々刻々変化するものであるから、この程度の下げ幅は特に異常なものとはいえないこと、同月22日の2150円という価格は同月1日から22日までの終値の平均とも掛け離れた価格ではないことからすると、本件新株の発行価額を決定する際に、特に同月14日以降の株価を除外しなければならない合理的な理由はないというべきである。」

III 分析と展開

1　本件は、上場会社の第三者割当のケースである。第三者割当においては、当該新株発行決議日の前日の終値よりかなり低い価額を払込金額（発行価額）とする例が少なくない。このように払込金額を定めることには、経営政策上の合理性もあるが、既存株主は不利益を被る。そこで、会社法は、以下のような規整をおいてこのバランスをとっている。まず、公開会社においては取締役会決議のみによって第三者に募集株式を割当てることができるのを原則としながらも、株主割当の場合を除き、払込金額が募集株式を引き受ける者に特に有利な金額である場合には、当該払込金額でその者の募集をすることを必要とする理由を説明した上、募集事項の決定に株主総会の特別決議を要するものとしている（会社法201条1項・199条2項3項・309条2項5号）。さらに、取締役と通じて著しく不公正な払込金額で募集株式を引き受けた引受人には、会社に対し、当該払込金額と当該募集株式の公正な価額との差額に相当する金額を支払う義務を負わせ、この責任追及に株主の代表訴訟を認めている（会社法212条1項1号・847条）。

本件では、前者の規整が問題となった。すなわち、本件〔①事件〕は、上場会社の株式が市場で買占められ、株価が高騰している時期に行われた第三者割当について、1株あたりの払込金額が、新株発行決議直前の時価よりかなり低いにも関わらず、株主総会の特別決議を経ていなかったため、買占めを行っていた会社をはじめとする株主が、新株発行の差止めを申し立てたものである。その際、高騰した時価を払込金額算定の基礎から排除することが許されるかどうかが主な争点となった。また、本件〔②事件〕においても、〔①事件〕同様に、第三者割当における払込金額の公正さが問題とされたわけであるが、こちらでは、〔①事件〕の仮処分申請が行われた後の下落した

時価を払込金額算定の基礎から排除すべきであったかが主な争点となった。

2　買占めが始まった後の時価を払込金額算定の基礎から排除することが許されるか、という問題に関し、従来の裁判例の中には、「株式が市場において取引されている場合には、原則として市場価額が右公正な価額の反映と考えられるから、新株の発行を決議した時点における株価を中心として新株が発行された場合において予想される株価の変動等の事情を加味して発行価額を決定すればそれが公正な価額ということができる。しかし、右の株価はしばしば当該株式が投機の対象になる等により、必ずしも公正な価値を反映しない場合があり、このような形で形成された株価は、公正な価額を決定するうえでの基準たり得ず、これとの比較において発行価額が公正か否かを決定することはできない」とし、大量買占めによる影響を受けない時期における市場価格を基礎に算定された払込金額による第三者割当の有利発行該当性を否定したものがある（大阪地決昭和62・11・18判時1290号144頁）。なお、このケースでは、第三者割当を行った会社に、業績向上などの株価高騰の原因となるような特段の事情が認められておらず、なおかつ、株価急騰の主たる原因は買占めにあったと推認されている。

これに対し、本件〔①事件〕においては、市場価格を算定の基準とすべきであるが、「その会社の株式の市場価格が、合理的な理由がないのに、異常な程度にまで高騰し、それが一時的な現象に止まるような例外的な場合には、その新株発行価額決定直前の市場価格を、新株発行における公正な発行価額算定の基礎から排除することが許される」とされつつ、結論としては、新株発行決議直前の市場価格を払込金額算定の基礎としないことは認められず、有利発行に該当するとされた。本件〔①事件〕も、新株発行決議直前の時価を基準に払込金額を定めるという原則の例外を認める点では、昭和62年のケースと同様である。ところが、具体的な事案においては、逆の結論が導かれている。2つの事件において、裁判所が一般論として述べていることには微妙な違いがあるので、これが結果に影響しているようにも見えるが、本件〔①事件〕の結論は、以下の認定事実を基礎にしていることに注意が必要である。すなわち、①Xによる買占めは平成2年2月10日以降行われて

いないこと、②株式市場関係者の間でYの本社工場跡地の資産価値が注目されていたこと、③発行決議前の高株価が7か月にわたって維持されてきたことである。つまり、このケースにおいては、Yに株価高騰の原因となるような特段の事情が認められ、なおかつ、株価急騰の主たる原因は買占めにはなかったと判断されているわけである。

以上からすると、両者ともに、新株発行決議直前の市場価格を払込金額算定の基礎とすることを原則としつつ、買占めのような投機的要素によって株価が形成され、企業価値を反映していないと判断される場合には払込金額算定の基礎としないことを認める考え方をとっているということができよう。ともかく、近時の裁判例においては、本件〔①事件〕において示されたような考え方がとられており、払込金額算定の基礎から新株発行決議直前の市場価格を排除することを認める例外的な場合については、限定的に考えるという立場がとられているといわれている（太田・後掲26頁、江頭＝岩原ほか編・後掲65頁〔田中〕参照）。

ただし、東京地決平成元・7・25金判826号11頁は、異なる基準をとっているように見える。なぜなら、このケースで東京地裁は「株式が株式市場で投機の対象となり、株価が著しく高騰した場合にも、市場価格を基礎とし、それを修正して公正な発行価額を算定しなければならない。なぜなら、株式市場での株価の形成には、株式を公開市場における取引の対象としている制度からみて、投機的要素を無視することはできないため、株式が投機の対象とされ、それによって株価が形成され高騰したからといって、市場価格を、新株発行における公正な発行価額の算定基礎から排除することはできないからである。もっとも、株式が市場においてきわめて異常な程度にまで投機の対象とされ、市場価格が企業の客観的価値よりはるかに高騰し、しかも、それが株式市場における一時的現象に止まるような場合に限っては、市場価格を、新株発行における公正な発行価額の算定基礎から排除することができる」と判示しているからである。この判示部分は、市場価格を基準とすべきであり、その例外を認める範囲を狭く考えるという点においては本件〔①事件〕と共通する。しかし、この判示部分は、市場価格が企業価値を反映していなくても、その株価が一定期間維持される限りにおいて、それを基礎に払込金額を算定す

べきであるという考え方をとっているように読める。この読み方が正しいとすれば、この考え方は、市場価格を尊重すべき理由を、市場価格が企業価値を反映しているという点に求めていないという意味で本件〔①事件〕とは異なることになる。もし、そのような考え方がとられているとすれば、このような考え方には、問題がある。企業価値が反映されていない株価で取引できる状態を保護しても社会的利益は生じないし、逆に望ましくない効果をもたらす可能性もあるからである（藤田・後掲74頁～77頁参照）。

3　買占めによる株価の高騰にも、企業買収による将来的な企業価値の増大を反映している場合のように、合理的理由がある場合もあれば、純粋に投機的な取引の結果であるような場合（企業価値を反映していない場合）もある。前者の場合であれば高騰した株価を基準に払込金額が定められるべきであり、後者の場合は、高騰した株価は払込金額算定の基礎から除外されるべきであるが、個別の事案において、どちらであるかを区別することは難しい。この点、本件においては、株価高騰の継続した期間が着目されているが、これは、この期間が長ければ株価の高騰には合理的理由がある（株価が企業価値を反映している）と考えられるからであろう。しかし、高騰した株価に企業価値が反映されているような場合であれば、たとえ株価高騰期間が短くても、高騰した株価を基準に払込金額の公正さが判断されるべきである。また、株価高騰の継続した期間に着目した裁判所の処理は、発行会社の経営陣に、訴訟を有利に進めるため、買占めが起こったら直ちに新株発行決議を行うインセンティブを与えることにもなる（江頭＝岩原ほか編・後掲65頁〔田中〕参照）。

4　本件〔②事件〕の主たる争点となった、〔①事件〕の仮処分申請が行われた後の下落した時価を払込金額算定の基礎から排除することが許されるか、という点について、裁判所は、「市場の株価は諸般の情勢を反映して時々刻々変化するものであるから、この程度の下げ幅は特に異常なものとはいえない」ことなどを理由として、〔①事件〕の仮処分申請が行われた後の下落した時価を払込金額算定の基礎から排除すべきであるとはしなかった。要するに、裁判所は、株価が過小評価されているとはみなかったわけである。第三者割当の有利発行該当性が問題とされた裁判例のほとんどは、株価が高騰した場合の事例であるので、珍しいケースであるといえる。

5　また、本件〔②事件〕では、Yが証券業界の自主ルールを尊重して払込金額を定めたことが認定されているが、この自主ルールは、上記の東京地決平成元・7・25を契機に改訂されたものである。なお、現在では、自主ルールの取扱い（その後改訂され、募集株式の発行等を決議した取締役会の直前日の価額、または売買高の状況等を勘案し、当該決議の日から払込金額を決定するために適当な期間（最長6か月）をさかのぼった日から当該決議の直前日までの間の平均の価額に0.9を乗じた額以上の価額とすることになっている）に則った払込金額であれば差止めの対象とはしないという基準が下級審裁判例においては確立しているといわれている（江頭・後掲681頁参照。また、最近の裁判例として、東京地決平成16・6・1金判1201号15頁参照）。しかし、この自主ルールの処理によれば、高騰後の株価が企業価値を反映している場合、それを反映していない時期の株価によって薄められてしまう形で払込金額が決定されることになる。その意味で、既存株主の利益が害されてしまうことに注意が必要である（藤田・後掲77頁参照）。

6　第三者割当は、従来、会社の支配権について争いが生じている場合に、支配権を確保する目的で多用されてきた。そのため、第三者割当の事例では、不公正発行を理由とする差止めも問題とされることが多いが、本件においてもそうであった。しかし、本件で主戦場となったのは、払込金額の公正さの問題の方であったので、本稿ではそちらを中心に取りあげた。最後に、不公正発行に関して裁判所が示した判断について簡単に述べておくと以下のようである。

〔①事件〕においては、有利発行に該当するとされたため、この点については判断されなかった。他方、〔②事件〕においては、有利発行に該当しないとされたため、この点についても判断が示されている。裁判所は、Yに資金需要があったこと、株価の変動率・各月毎の売買高・値付率などから公募増資が不可能であったこと、新株発行後Xの持株比率は低下しているが依然筆頭株主であることなどの事実を認定して、新株発行の公正性を認めており、その内容は、いわゆる主要目的ルールにそったものであるといえる。もっとも、主要目的ルールをとったとされる下級審判例の多

くは、支配権について争いが生じていることが明らかなケースであるが、〔②事件〕の場合、必ずしもそうはいえないケースである。

＜参考文献＞

瀬木比呂志「本件判批」判タ762号220頁以下（1991年）

江頭憲治郎『株式会社法』（有斐閣・2006年）

太田洋「宮入バルブの新株発行差止申立事件東京地裁決定―東京地裁平成16年6月1日決定とその意義―」商事1702号24頁以下（2004年）

権鍾浩「本件判批」ジュリ1054号113頁以下（1994年）

坂本延夫「本件判批」金判869号47頁以下（1991年）

武久征治「本件判批」龍谷法学23巻4号72頁以下（1991年）

田中亘「判批（東京地決平成16・6・1）」江頭憲治郎＝岩原紳作ほか編『会社法判例百選』64頁以下（2006年）

阪埜光男「ゼネラルの第三者割当増資に関する二つの決定―第三者割当の公正な発行価額の問題点―」商事1228号9頁以下（1990年）

藤田友敬「Law & Economics会社法第7回　株式会社の企業金融(2)」法教265号72頁以下（2002年）

吉本健一「本件判批」法学セミナー442号125頁（1991年）

〔2006年11月30日稿〕

Hirosato KARIYA

平成2・6・22大阪地裁第6民事部決定、平成2年(ヨ)第1451号、1502号新株発行禁止仮処分申請事件、認容〔①事件〕

平成2・7・12大阪地裁第6民事部決定、平成2年(ヨ)第1717号新株発行禁止仮処分申請事件、却下〔②事件〕

決　定〔①事件〕

＜当事者＞

申請人	カロリナ株式会社
右代表者代表取締役	島田康作
申請人	友田紘輝
	外三〇名
右申請人ら代理人弁護士	石角完爾
同	井上謙介
同	玉木賢明
同	本間正浩
同	金村正比古
被申請人	ゼネラル株式会社
右代表者代表取締役	大津忠敏
右被申請人代理人弁護士	入江正信
同	坂本秀文
同	山下孝之
同	長谷川宅司
同	千森秀郎
同	上原理子
同	高山宏之
同	織田貴昭
同	松本好史
同	今富滋

【主　文】

一　被申請人が、平成二年六月七日の取締役会決議に基づき、現に手続中の記名式額面普通株式四〇〇万株の発行を仮に差し止める。

二　申請費用は被申請人の負担とする。

【理　由】

第一　申請の趣旨

主文と同旨。

第二　申請の理由の要旨

一　被保全権利

1　当事者

被申請人は、資本金二三億二八三〇万七九二五円、発行済株式総数一四五一万八五四三株（額面五〇円）の株式会社である。

申請人カロリナ株式会社（以下「申請会社」という。）は、被申請人の発行済株式総数の約二六パーセントに当たる三七七万九〇〇〇株を有する株主であ

り、申請人友田紘輝は、被申請人の発行済株式総数の約四パーセントに当たる五九万二〇〇〇株を有する株主であり、他の申請人らも、それぞれ被申請人の株式を有する株主である。

2　新株発行決議

被申請人は、平成二年六月七日開催の取締役会において、次の新株発行（以下「本件新株発行」という。）を決議した（以下「本件取締役会決議」という。）。

(1)　発行新株数　記名式額面普通株式四〇〇万株
(2)　割当方法　発行する株式全部を大阪府大阪市都島区片町一丁目三番四号相生産業株式会社に割り当てる。
(3)　発行価額　一株につき金一三〇〇円
(4)　申込期日　平成二年六月二二日
(5)　払込期日　平成二年六月二三日

3　法令違反及び不公正な方法による新株発行

本件新株発行は、次のとおり、法令に違反し、かつ、著しく不公正な方法によるものであり、被申請人の株主である申請人らに不利益を与えるものであるから、申請人らは本件新株発行の差止を請求できる。

(一)　本件新株発行の発行価額は、右のとおり一株につき一三〇〇円であるところ、次の諸点からみて、右価額は、商法二八〇条ノ二第二項所定の「特に有利な発行価額」に該当するというべきであるから、同項所定の株主総会決議を経る必要があるのに、被申請人は、右決議を経ていないから、本件新株発行は法令に違反するものである。

(1)　被申請人の株式は、大阪証券取引所第二部に上場されているところ、被申請人の株式の終値は、平成元年一一月九日に二〇〇〇円を超え、以後、一八六〇円から二九五〇円までの範囲での変動はあるものの、最近の七か月間二四〇〇円を中心に推移しており、この市場価格は、一時的な特殊事情によって形成されたものではなく、正当な水準であるから、被申請人の第三者割当の新株発行に当たっては、第一義的に市場価格が発行価額の決定のための基準とされるべきである。そして、本件取締役会決議のあった日の前日である平成二年六月六日の被申請人の株式の終値は、二三六〇円であって、本件新株発行の発行価額は、これを約四五パーセントも下回っている。

また、平成二年六月六日の右終値を基準にして、一〇パーセントのディスカウントを考慮し、適正な発行価額の下限を計算すると、二一二四円であるが、本件新株発行の発行価額は、これに対しても約三九パーセント下回っている。

(2)　証券会社の株式引受部長会は、平成元年八月八日、証券会社の自主ルールとして、第三者割当増資の発行価額は、当該第三者割当増資についての取締役会決議の直前日の終値又は直前日を最終日としこれより遡る六か月以内の任意の日を初日とする期間の終値平均に、〇・九を乗じた価額を下回らないものとし、これを下回る発行価額による第三者割当増資を行った会社については、一定期間時価発行増資を認めないことにした。

右自主ルールは、第三者割当増資を企図する企業の便宜に傾いた株主に不利な内容になっているが、この基準によっても、被申請人の株式は二〇七〇円を下回ってはならないところ、本件新株発行の発行価額は、これをも下回っている。

(3)　被申請人の所有する不動産や株式の含み益をも考慮した真の一株当たりの純資産額は、低く見積もっても二六三九円であり、本件新株発行の発行価額は、これを五一パーセントも下回っている。

(二)　被申請人には、第三者割当の新株発行を必要とするような事情は存在せず、本件新株発行は、申請人友田紘輝らの有する被申請人株式の買戻しの資金を調達するとともに、申請会社の被申請人における持株比率を減少させ、申請会社の被申請人の経営に対する発言権を弱め、現経営人の保身を図る目的でされるものであり、また、事前に申請会社にまったく連絡せず、申請会社の意表をつく形で決定されたものであるから、著しく不公正な方法による新株発行である。

(三)　本件新株発行により、申請人らの被申請人における持株比率は低下するうえ、株価の大幅な下落は必然的であり、申請人らは多大な損害を被る。

4　第三者割当増資不実行についての合意（申請会社の申請関係のみ）

申請会社と被申請人とは、次のとおり、被申請人が第三者割当の新株発行をしないことで合意しており、本件新株発行はこの合意に反するものであるから、申請会社は、この合意に基づき本件新株発行の差止を求める権利を有する。

(一)　被申請人代表取締役鈴木裕之は、平成二年一月三一日、申請会社代表取締役島田康作に対し、被申請人が第三者割当の新株発行をしない旨約した。

(二)　被申請人代表取締役大津忠敏及び同鈴木裕之は、同年二月一四日、申請会社代表取締役島田康作に対し、被申請人が第三者割当の新株発行をしない旨約した。

二　保全の必要性

申請人らは、被申請人に対し、本件新株発行差止の訴えを提起すべく準備中であるが、本件新株発行の払込期日は平成二年六月二三日で間近に迫っており、その期日が到来して引受人が払込を済ませて本件新株発行の効力が生じた後は差止請求自体が無意味になるうえ、本件新株発行により、申請人らは前記の損害を被るのであるから、本件仮処分については保全の必要性がある。

第三　被申請人の反論の要旨

一　本件新株発行の発行価額は、申請会社の不当な目的による大量の買占めにより異常に高騰した期間を除いた過去六か月の市場株価水準に、その後の大証二部平均や日経平均の株価動向を加味して定められたものであって公正な発行価額である。すなわち、

1　被申請人の株式の市場価格は、平成元年九月までで四〇〇円台から一二七〇円台までの間を上下していたが、同年一〇月から出来高が極端に増加して高騰し、高値一九五〇円、同年一一月に高値二四五〇円、同年一二月に高値二九八〇円となり、平成二年一月には高値二五〇〇円となり、以後同年二月以降は一九〇〇円から二九〇〇円の間を上下するようになった。しかし、被申請人には、業績向上等株価の高騰をもたらすような事情は存在せず、右株価高騰の原因は、申請会社らが被申請人の株式を大量に取得したことによる。

すなわち、被申請人の株式は、申請会社らが被申請人の株式を被申請人に高値で買い取らせるという不当な目的をもって大量に買い占めたことにより、市場において極めて異常な程度にまで投機の対象とされたものであり、また、その市場価格が企業の客観的価値よりはるかに高騰しており、かつ、それが右買占めの影響を受ける期間の現象に止まるものであるから、その新株発行価額決定直前の価額を、新株発行における公正な発行価額算定の基礎から排除することが許される。

2　そこで、被申請人は、右市場価格は被申請人の企業としての客観的価値を反映した正常な株式価額といえないものであるから、申請人らの大量買占めの影響を受けない時期における市場価格が被申請人の企業としての客観的価値を反映している正常な株式価額であると判断した。

そこで、申請人らの最初の大量名義書換請求日である平成元年一二月一一日以前六か月間（平成元年六月一二日から同年一二月一一日まで）の大阪証券取引所における被申請人の株式の終値の平均値を算出し、次に、発行価額を決定する日の前日までの株価全般の動向を勘案するため、右平均値を基礎として、仮に申請人らの買占めによる影響を受けなかったとすれば、発行価額決定の直前の市場価格はどのように変動していたかを推計することにし、市況の伸び率として、日経平均株価（株価指標）及び大証二部平均株価の伸び率を用いて、右株価算出の対象とした六か月間（平成元年六月一二日から同年一二月一一日まで）の平均値と新株発行決定直前の平均値（直前の一週間の平均値、直前日の株価、直前の一か月の平均値という三つの価額を算出し、それぞれについて以下の計算をした。）とを比較し、その伸び率を前記被申請人の株式の六か月間の平均値に乗じて価額を求め、そして、ディスカウント率を控えめに五パーセントとし、右算出価額にこれを乗じ、これにより得られた価額の端数を切り上げて最終的に一株の発行価額を一三〇〇円と決定したのである。

二　本件新株発行は、被申請人の本社工場の移転、建設等の事業計画の達成に必要な資金調達を行うとともに、相生産業株式会社との本社工場の跡地活用を含む新分野事業のための資本提携を行うという合理的で正当な目的を有する。

三　申請会社と被申請人との間に、被申請人が第三者割当の新株発行をしない旨の合意は存在しない。

また、新株発行をするか否かの権限は取締役会に属するのであり、取締役会の決議がない以上、代表取締役といえども第三者と新株発行に関する契約を締結する権限はなく、仮に被申請人の代表取締役が申請会社の代表取締役との間で第三者割当の新株発行をしない旨の合意をしたとしても、被申請人を拘束するものではない。

第四　当裁判所の判断

一　本件疎明資料によれば、被申請人が、資本金二三億二八三〇万七九二五円、発行済株式総数一四五一万八五四三株（額面五〇円）の株式会社であること、申請会社が、被申請人の発行済株式総数の約二六パーセントに当たる三七七万九〇〇〇株を有する株主であり、申請人友田紘輝が、被申請人の発行済株式総数の約四パーセントに当たる五九万二〇〇〇株を有する株主であり、他の申請人らも被申請人の株式を有する株主であること、被申請人が、平成二年六月七日開催の取締役会において、申請人主張の内容の新株発行の決議をしたことを認めることができる。

二　そこで、本件新株発行が法令違反であるか否かについて検討する。

1　本件疎明資料によると、次の事実を一応認めることができる。

（一）被申請人の株式は、大阪証券取引所第二部に上場されているところ、その市場価額は、昭和六三年は五八〇円から一二七〇円までの間で推移し、平成元年一月から同年八月までも八四〇円から九九〇円までの間で推移していたが、同年九月下旬から上昇し、特に同年一〇月末ころから急騰して同月三一日に終値で一八五〇円になり、同年一一月八日以降は一八〇〇円以下に下落することなく、概ね二〇〇〇円以上の価格で推移した（同年一二月は二三二〇円から二九八〇円の間、平成二年一月は一八五〇円から二五〇〇円の間、同年二月は二四〇〇円から二九〇〇円の間、同年三月は一九〇〇円から二七〇〇円の間、同年四月は二三七〇円から二五九〇円の間でそれぞれ推移し、同年五月は二五〇〇円であった。）。そして、本件取締役会決議のあった日の前日である平成二年六月六日の被申請人の株価は、二三六〇円であるが、この価格は、平成元年一一月後半以降の被申請人の株価の推移の中

で平均的な価格である。

(二) 申請会社は、平成元年一〇月に入ってから、被申請人の株式を大量に買い進め、平成二年二月九日までの間に株式市場を通じて合計二九〇万株（そのうち一五五万株は、売り注文と買い注文をみずから出して売買を成立させたもの。）を購入した（そのほかに、平成二年一〇月には、被申請人の転換社債も購入し、その後、その転換権を行使して、二二二万一七二一株を取得した。また、株式市場を通さない相対売買によっても、被申請人の株式五〇万株を購入した。）が、平成二年二月一〇日以降は購入していない。

(三) ところで、被申請人は、昭和六三年八月、滋賀工場新設工事を計画し、平成元年八月、滋賀工場第一期工事を完成させ、引き続き、滋賀工場第二期工事に向けての準備に入ったが、同時に、効率性をよくするために本社工場全部を滋賀工場に移転して生産拠点を集中化する計画も策定するに至った。そのため、株式市場関係者の間で、被申請人の本社工場の跡地の資産価値が注目されるに至り、同年一〇月六日発行の証券関係の新聞において、被申請人の本社工場跡地の時価が極めて大きく、再開発にしろ売却にしろ、高収益企業への道が用意されているとして、「株価倍増説」に言及する記事が掲載された。申請会社が被申請人の株式を前記のとおり大量に買い進めることにしたきっかけも、この資産価値に注目したためである。

2 以上の事実に基づき、本件新株発行の発行価額が、商法二八〇条ノ二第二項所定の「特に有利な発行価額」に該当するか否か検討する。

「特に有利な発行価額」とは、公正な発行価額に比べて引受人に特に有利な価額をいうところ、普通株式を発行し、その証券が証券取引所に上場されている株式会社が、額面普通株式を株主以外の第三者に対して発行して資本調達を企図する場合、公正な発行価額は、発行価額決定前の当該会社の株式価格、右株価の騰落習性、売買出来高の実績、会社の資産状態、配当状況、発行済株式数、新たに発行される株式数、株式市況の動向、これらから予測される新株の消化可能性等の諸事情を総合して決することになるが、本来、新株主に旧株主と同等の資本的寄与を求めるものであるから、発行価額決定直前の株価に近接していることが必要であり（昭和五〇年四月八日最高裁第三小法廷判決・民集二九巻四号三五〇頁参照）、具体的には、発行価額決定直前の市場価格を基準にして算定すべきである。

ただし、その会社の株式の市場価格が、合理的な理由がないのに、異常な程度にまで高騰し、それが一時的な現象に止まるような例外的な場合には、その新株発行価額決定直前の市場価格を、新株発行における公正な発行価額算定の基礎から排除することが許されると考えられる。そこで、本件がこのような例外的な場合に該当するか検討するに、前記認定の事実からみて、申請会社が被申請人の株式を大量に取得したことが被申請人の株価の高騰に大きく影響したことは明らかであるが、申請会社の被申請人の株式の大量取得が不当な目的のためになされたと認めるに足りる資料はなく、また、被申請人の株式が上昇する前から被申請人において本社工場の移転計画が策定され、そのために株式市場関係者の間で本社工場の跡地の資産価値が注目されるに至っていたものであり、申請会社もこの点に注目して被申請人の株式を取得するに至ったのであり、被申請人の株価の高騰は必ずしも合理性のない異常なものとはいえないこと、被申請人の株価が一八〇〇円以上の状態で七か月間も維持され、その間のほとんどは二〇〇〇円を超えており、本件取締役会決議のあった日の前日である平成二年六月六日の終値二三六〇円はその七か月間における株価の推移の中では平均的な価額であることなどの事情に照らすと、本件が右例外的な場合に該当するとまでは認められず、そうすると、本件新株発行決定直前の市場価格を発行価額の算定の基礎から排除することは許されない。

ところが、本件新株発行の実際の発行価額は、本件新株発行決定直前の市場価格を算定の基礎に入れずに一三〇〇円と算定されており、右市場価格に照らして極めて低額であるから、商法二八〇条ノ二第二項所定の「特に有利な発行価額」に該当するといわなければならない。

そして、本件疎明資料によれば、被申請人は、本件新株発行について、商法二八〇条ノ二第二項所定の株主総会決議を経ていない事実を認めることができるから、本件新株発行は、法令に違反するものである。

三 さらに、本件疎明資料によれば、本件新株発行により、被申請人の株価が低下し、申請人らが損害を被るおそれがあることを一応認めることができるから、その余の点について判断するまでもなく、申請人らには本件新株発行の差止請求権が認められ、また、本件新株発行の払込期日は平成二年六月二三日で間近に迫っており、その期日が到来して引受人が払込を済ませて本件新株発行の効力が生じた後は差止請求自体が無意味になることも明らかであるから、保全の必要性も認められる。

四 よって、申請人らの本件仮処分申請は、理由があるから、保証として別紙担保目録記載の担保を立てさせたうえ、これを認容することとし、申請費用につき民事訴訟法八九条を適用して、主文のとおり決定する。

裁判官 森 一岳

（別紙）担保目録＜略＞

決　定〔②事件〕

<当事者>
申請人　　　　　　　　　　　　カロリナ株式会社
右代表者代表取締役　　　　　　島田康作
申請人　　　　　　　　　　　　システムズサービス株式会社
右代表者代表取締役　　　　　　友田紘輝
申請人　　　　　　　　　　　　友田紘輝
　　　　　　　　　　　　　　　外二二名
右申請人ら代理人弁護士　　　　石角完爾
同　　　　　　　　　　　　　　井上謙介
同　　　　　　　　　　　　　　玉木賢明
同　　　　　　　　　　　　　　本間正浩
同　　　　　　　　　　　　　　金村正比古
被申請人　　　　　　　　　　　ゼネラル株式会社
右代表者代表取締役　　　　　　大津忠敏
右被申請人代理人弁護士　　　　入江正信
同　　　　　　　　　　　　　　坂本秀文
同　　　　　　　　　　　　　　山下孝之
同　　　　　　　　　　　　　　上原理子
同　　　　　　　　　　　　　　高山宏之
同　　　　　　　　　　　　　　今富　滋

【主　文】
一　本件申請を却下する。
二　申請費用は申請人らの負担とする。

【理　由】
第一　申請の趣旨
　被申請人が、平成二年六月二五日の取締役会決議に基づき、現に手続中の記名式額面普通株式二七〇万株の発行を仮に差し止める。

第二　事案の概要
一　被申請人は、資本金二三億二八三〇万七九二五円、発行する株式の総数四八〇〇万株、発行済株式総数一四五一万八五四三株（額面五〇円）の株式会社である。
二　申請人カロリナ株式会社（申請会社）は、被申請人の発行済株式総数の約二六パーセントに当たる三七七万九〇〇〇株を有する株主（筆頭株主）であり、申請人友田紘輝は、約四パーセントに当たる五九万二〇〇〇株を有する株主（第四位の株主）であり、他の申請人らも、被申請人の株主である。
三　被申請人は、平成二年六月二五日開催の取締役会で、次のとおり、新株発行（本件新株の発行）を決議した。
　㈠　発行新株数　記名式額面普通株式二七〇万株
　㈡　割当方法　全部相生産業株式会社に割り当てる。
　㈢　発行価額　一株二〇〇〇円
　㈣　申込期日　平成二年七月一一日
　㈤　払込期日　同月一二日
　（右一ないし三の事実は、当事者間に争いがない。）
四　申請人らは、本件新株の発行は、特に有利な発行価額で第三者に割り当てるものであるにもかかわらず商法二八〇条ノ二第二項所定の株主総会の決議を経ていないから法令に違反し、また、著しく不公正な方法によるもので、これにより株主である申請人らが不利益を受ける虞がある、更に、被申請人と申請会社は、第三者割当による新株発行をしない旨の合意をしていたと主張して、本件新株の発行の差止を求めた。
五　被申請人は、これに対して、一株二〇〇〇円は公正な発行価額であり、本件新株の発行は被申請人の資本調達の必要と相生産業株式会社との資本提携を目的として決議されたもので、申請人らの持ち株比率を低下させることを主目的とするものではない、申請人ら主張の合意は、存在しない、等と主張した。
六　主要な争点は、次の点である。
　①　被申請人の代表取締役大津忠敏、鈴木裕之と申請会社代表取締役島田康作との間で、平成二年二月九日又は一四日、申請会社が被申請人の株式を更に買い増すことをしない代わりに、被申請人の方では第三者割当による新株発行はしない旨合意し、申請会社が、この合意に基づいて本件新株の発行を差し止めることができるかどうか。
　②　本件新株の発行価額を決定するに当たっては、前回の第三者割当の発表に影響されて低下した価格は、その算定の基礎から排除しなければならないか、そして、結局一株二〇〇〇円は「特ニ有利ナル発行価額」かどうか。
　③　本件新株の発行は、申請会社の持株比率を低下させることを主目的とし、更に、相生産業に被申請人の本社工場の跡地をほしいままにさせ、会社の財産を散逸させることを目的とするなど、著しく不公正なもので、株主である申請人らの利益を害する虞があるかどうか。

第三　争点に対する判断
一　争点①については、申請人ら主張の合意の存在を疎明するに足りる資料がない。
二　争点②について判断する。
　争いがない事実及び本件疎明資料によって一応認められる事実は、次のとおりである。
　㈠　被申請人の株式は、大阪証券取引所第二部に上場されており、その株価は、平成元年九月まで四〇〇円台から一二七〇円台までの間を上下していた。ところが、後記のとおり申請会社が株式を大量に購入し始めた同年一〇月ころからは高騰して高値一九五〇円を記録し、同年一一月には高値二四五〇円、同年一二月

には高値二九〇〇円、平成二年一月には高値二五〇〇円となり、以後は、一九〇〇円から二九〇〇円の間を上下するようになった。

㈡　被申請人は、平成二年六月七日開催の取締役会で、本社工場の移転等の事業計画の達成に必要な資金調達を行うとともに、相生産業との資本提携を行うためであるとして、記名式額面株式四〇〇万株を一株一三〇〇円で同社に対する第三者割当の方法で発行することを決議した（前回決議）。

㈢　しかし、申請人らが右新株の発行の差止めを求める仮処分を申請した結果、同月二二日、当庁において、右の一三〇〇円は市場価格に照らして極めて低額であるから「特ニ有利ナル発行価額」に該当し、商法二八〇条ノ二第二項所定の株主総会の決議を経ていないから、前回決議による新株発行は法令に違反するなどとして右申請を認容する旨の決定がされた（当庁平成二年（ヨ）第一四五一号、第一五〇二号）。

㈣　そこで、被申請人は、前回決議による新株発行を撤回し、同年六月二五日開催の取締役会で、前回決議と同様の理由で、今度は発行価額を一株二〇〇〇円、発行株式数を二七〇万株と改めて本件新株の発行を決定した。

㈤　被申請人の株価は、平成二年五月一〇日二五〇〇円で、同年六月四日から同月一二日まで二四〇〇円から二三六〇円の間で推移したが（前回決議の直前の取引日である六日の終値は二三六〇円）、同月一四日二二〇〇円、一八日一八九〇円、一九日一九三〇円と低下し、二二日は後記のとおり二一五〇円と少し持ち直した。

㈥　被申請人は、前記仮処分決定の判断と証券業界のいわゆる自主ルール、すなわち、「決議した取締役会の直前日の終値、又は直前日を最終日とし、六か月以内の任意の日を初日とする期間の終値平均に〇・九を乗じた価額以上」を発行価額とする、との考え方を尊重して、本件新株の発行価額を一株二〇〇〇円と決定した。そして、被申請人の株価は、本件新株の発行が決定された取締役会の直前の取引日である同月二二日（金曜日）の終値が二一五〇円、同月一五日から同月二二日までの終値平均が一九九〇円、同月一一日から二二日までの終値平均が二一五七円で、いずれもそれに〇・九を乗じた価額は二〇〇〇円以下であり、同月一日から二二日までの終値の平均が二二五六円で、それに〇・九を乗じた価額は二〇三〇円であった。

㈦　なお、被申請人は、当初から再度の決議により発行価額を変更して新株を発行しようとしたのではなかった。

右事実によれば、本件新株の発行価額は、発行価額決定直前の市場価格に近接した価額であって、公正な発行価額というべきであり、「特に有利な発行価額」とはいえない。

確かに、被申請人の株価は、平成二年六月一二日二四〇〇円であったが、前記の仮処分申請があった後の同年六月一四日二二〇〇円に下落し、更に同月一八日一八九〇円に落ち込んだが、同月一九日には一九八〇円に、更に二二日には二一五〇円に再び上昇しているのであって、もともと、市場の株価は諸般の情勢反映して時々刻々変化するものであるから、この程度の下げ幅は特に異常なものとはいえないこと、同月二二日の二一五〇円という価格は同月一日から二二日までの終値の平均とも掛け離れた価格ではないことからすると、本件新株の発行価額を決定する際に、特に同月一四日以降の株価を除外しなければならない合理的な理由はないというべきである。

三　争点③について判断する。

本件疎明資料を検討しても、本件新株の発行が、申請会社の持株比率を低下させることを主目的としたものであるとか、取締役の会社に対する重大な背任行為にもなりうる会社財産を散逸させること等を目的としたものであることを疎明するに足りる資料はない。

むしろ、争いがない事実と本件疎明資料により一応認められる事実は次のとおりである。

㈠　被申請人の主要事業は、インクリボン等のOA機器関連用品の製造販売であり（総売上高の七一パーセント）、その本社工場は、大阪市城東区内の合計約八〇〇〇坪の自己所有地内にある。

㈡　申請会社は、ナイロン・ポリエステル等の合成繊維の撚糸加工と販売、ニット生地等の加工染色と販売等を業とする資本金六一億六〇〇〇万円の株式会社であり、その株式は東京と大阪の各証券取引所第二部に上場されている。

㈢　申請会社は、平成元年一〇月ころから被申請人の株式やスイスフラン建転換社債を短期間に大量に購入し、被申請人に対し、同年一二月ころ、三万四〇〇〇株、次いで三七四万五〇〇〇株の名義書換を請求し、そのころから平成二年四月ころにかけて、役員派遣等の問題について人を介して被申請人と交渉を重ねた。被申請人は、現在、三七七万九〇〇〇株（持株比率約二六・〇五パーセント）の筆頭株主となっている。

㈣　被申請人は、昭和六三年八月取締役会の決議に基づき、滋賀県甲賀郡に滋賀工場を新設することにし、平成元年八月までにその第一期工事を完成させた。そして、被申請人は、滋賀工場の第二期工事と同時に、本社工場全部を滋賀工場に移転させて、生産拠点を集中させ、これによって企業経営の効率化を図ることを計画し、その具体的準備も進めていた。

(五) 被申請人としては、右の計画を実行するためには、滋賀工場第二期工事（二階建工場棟と四階建事務所の建設等）のために約三一億円、本社機構ビル（鉄筋五階建ビル）建設のために約一五億円、本社工場の跡地利用とそれに関連する新分野開拓の調査のために約四億円、更に、本社工場の移転による運転資金の増加分として約五億円が必要であり、右資金を調達する必要があった。

ところが、平成元年一〇月以降の被申請人の株価の変動率、各月毎の売買高、値付率が証券会社の内部取扱上、公募による時価発行の条件を充たさなくなっていたため、被申請人は、公募による時価発行によって資金調達をするのが困難な状況にあった。

(六) 相生産業は、昭和四三年六月六日設立された不動産の管理・売買等を業とする資本金二〇〇〇万円、従業員一〇名の株式会社であるが、同じく不動産やその関連業等を営む数社（各社の資本金は二〇〇〇万円から九〇〇〇万円まで）とともに企業グループを形成している。

株式会社タニヤマは、昭和一三年一二月一七日設立された送風機の製造・販売等を業とする資本金九〇〇〇万円の株式会社であるが、右企業グループの一つで、被申請人の本社工場の道路を隔てた隣接地に工場とその敷地を所有し、その全株式一八〇万株は相生産業が所有している。

(七) 被申請人は、平成二年二月ころ、相生産業との間で、移転後の本社工場の跡地を利用して新分野開拓のための事業提携をすることにし、更に、前記資金調達のために、同社に第三者割当をして新株を発行することにし、平成二年六月七日開催の取締役会で前回決議を行い、その後前記のとおりの経緯で本件新株発行を決定した。

(八) 本件新株の発行により相生産業が被申請人の株式二七〇万株を取得した場合は、申請会社の持株比率は二一・九パーセントとなり、申請人友田紘輝のそれは三・四三八パーセントとなるが、申請会社は依然として筆頭株主であることに変わりはない。

<u>右事実によれば、本件新株の発行は、被申請人の具体的な資金調達の必要に基づくものであり、その決定過程も特に不自然、不合理ではないというべきである。</u>

<u>ただ、被申請人と相生産業との間の業務提携の具体的な内容、その将来性、それに対する経営判断等については、不明の部分もあるが、これらは、発行価額が公正なものである以上、原則として被申請人の取締役会の判断に委ねられているものというべきである。</u>

第四　まとめ

本件申請は、被保全権利について疎明がなく、保証を立てさせて疎明に代えることも相当ではない。

　　　　　　　　　　　裁判官　八木良一

別冊 金融・商事判例 倒産処理法制の理論と実務

櫻井孝一・加藤哲夫・西口 元 編集

好評発売中!

● B5判 四三二頁
● 定価四九三五円（税込）

◆倒産法制、主に破産法、民事再生法、会社更生法に関する重要論点を横断的に解説！
◆倒産法に精通した学者、弁護士、裁判官、総勢80名以上による珠玉の論文集！
◆巻末には、各倒産手続のチャート図を登載！

経済法令研究会　162-8421　東京都新宿区市谷本村町3-21
http://www.khk.co.jp/　TEL 03(3267)4811　FAX 03(3267)4803

別冊 金融・商事判例 新しい会社法制の理論と実務

川村正幸・布井千博 編集

好評発売中!

● B5判 二八八頁
● 定価三九九〇円（税込）

◆新しい会社法制の概要および重要論点を解説した珠玉の論文集！
◆第一線で活躍する学者、弁護士、総勢28名による執筆！
◆学者、弁護士、企業法務担当者、法科大学院生等、必読必携の1冊！

経済法令研究会　162-8421　東京都新宿区市谷本村町3-21
http://www.khk.co.jp/　TEL 03(3267)4811　FAX 03(3267)4803

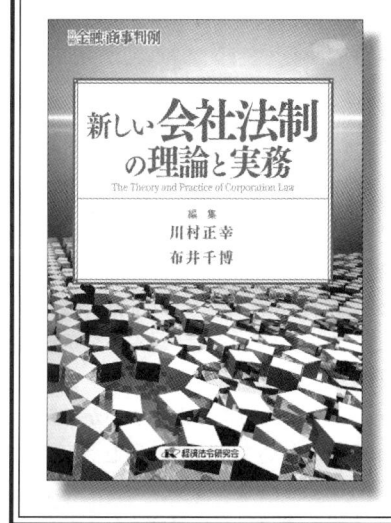

5 宮入バルブ事件

I 国内判例編　東京地決平成16・6・1金融・商事判例1201号15頁

高崎経済大学経済学部准教授　木下　崇

I　事案の概要

　X₁〜X₄は、東京証券取引所第2部に上場するY（発行する株式の総数は2400万株、発行済株式総数は1630万株）の株主であって、4名で598万8000株を保有していた。Xらは、平成16年6月開催予定の定時株主総会において、取締役5名および監査役1名の選任を議案とすることを求める株主提案書を送付した。Yは平成16年5月18日開催の取締役会において、普通株式770万株を1株につき発行価額330円で訴外Aに発行する旨の決議を行った。これに対して、XらがYに対し、①Yによる第三者割当増資の方式による新株発行に係る発行価額が「特ニ有利ナル発行価額」（改正前商法280条ノ2第2項〔会社法199条3項〕）に当たるにもかかわらず、株主総会の特別決議を経ていない違法があり、また、②Yの現経営陣の地位の維持、保全を目的としたものであり、「著シク不公正ナル方法」に該当するとして、改正前商法280条ノ10〔会社法210条〕に基づき、新株発行の差止めを求めた事案である。

　Yの1株当たりの株価は、平成15年8月ころは概ね200円台で推移していたところ、同年9月ころから上昇していた。平成16年1月に入り概ね500円台に上昇し、同年2月には概ね600円台から700円台で推移し、同年3月には800円台を超えて900円台ないし1000円台に上昇し、同年4月には900円台から1000円台で推移し、同年5月には概ね1000円台で推移していた。

　Xらは、本件新株発行決議の直前日である平成16年5月17日におけるYの株価は、1株当たり1010円であり、同日から遡って6か月間のYの平均株価は、1株当たり721円67銭である。日本証券業協会の平成15年3月11日付け一部改正に係る「第三者割当増資の取扱いに関する指針」（以下、「自主ルール」という）によれば、「発行価額は、当該増資に係る取締役会決議の直前日の価額（直前日における売買がない場合は、当該直前日からさかのぼった直近日の価額）に0.9を乗じた額以上の価額であること。ただし、直近日又は直前日までの価額又は売買高の状況等を勘案し、当該決議の日から発行価額を決定するために適当な期間（最長6か月）をさかのぼった日から当該決議の直前日までの間の平均の価額に0.9を乗じた額以上の価額とすることができる。」とされており、この自主ルールを適用すると、発行価額は、本件新株発行決議の直前日の価額に0.9を乗じた909円、ただし書によっても、本件新株発行決議の直前日から6か月前までの平均の価額に0.9を乗じた650円となるとする。

　これに対して、Yは、設定した本件新株発行の発行価額393円は、専門的知識を有する第三者の鑑定に基づき決定されたものであり、適正な価格であるとしている。

II　決定要旨

　商法280条ノ2第2項にいう「特ニ有利ナル発行価額」とは、公正な発行価額よりも特に低い価額をいうところ、株式会社が普通株式を発行し、当該株式が証券取引所に上場され証券市場において流通している場合において、新株の公正な発行価額は、旧株主の利益を保護する観点から本来は旧株の時価と等しくなければならないが、新株を消化し資本調達の目的を達成する見地からは、原則として発行価額を時価より多少引き下げる必要もある。そこで、この場合における公正な発行価

額は、発行価額決定前の当該会社の株式価格、上記株価の騰落習性、売買出来高の実績、会社の資産状態、収益状態、配当状況、発行済株式数、新たに発行される株式数、株式市況の動向、これから予測される新株の消化可能性等の諸事情を総合し、旧株主の利益と会社が有利な資本調達を実現するという利益との調和の中に求められるべきものである。もっとも、上記の公正な発行価額の趣旨に照らすと、公正な発行価額というには、その価額が、原則として、発行価額決定直前の株価に近接していることが必要であると解すべきである（最高裁判所昭和50年4月8日第三小法廷判決・民集29巻4号350頁参照）。

これを本件についてみると、本件発行価額393円は、平成16年5月17日時点の証券市場における1株あたりの株価1010円と比較して約39パーセントにすぎない。また、前記自主ルールは、旧株主の利益と会社が有利な資本調達を実現するという利益との調和の観点から日本証券業協会における取扱いを定めたものとして一応の合理性を認めることができるところ、本件発行価額は、本件新株発行決議の直前日の価額に0.9を乗じた909円と比較して約43パーセント、本件新株発行決議の日の前日から6か月前までの平均の価額に0.9を乗じた650円と比較しても約60パーセントにすぎない。

本件発行価額は、本件鑑定に基づいて決定されたものであるが、上記のとおり、本件新株発行決議の直前日の株価と著しく乖離しており、本件鑑定を精査しても、こうした乖離が生じた理由が客観的な資料に基づいて前記考慮要因を斟酌した結果であると認めることはできず、その算定方法が前記公正発行価額の趣旨に照らし合理的であるということはできない。

これに対し、Yは、Yの株価は本年1月以降に急激に上昇しており、平成16年5月17日時点におけるY株式の市場価格1株当たり1010円の数値は、株価の操縦、投機を目的としたXらによる違法な買占めを原因とするものであり、Yの企業価値を正確に反映したものではないので、本年1月以降の市場価格は公正な発行価額算定基礎から排除すべきであると主張する。

しかし、XらはYへの経営参加や技術提携の要望を有しており、Yに対する企業買収を目的として長期的に保有するために株式を取得したものであることが窺われ、本件全証拠を精査しても、Xらが不当な肩代わりや投機的な取引を目的として株式を取得したものと認めるに足りる資料はない。また、Yの業績も改善していること、証券業界（会社四季報）におけるYの業績の評価も向上していること、Yと同様にバルブ事業を営む企業においても、昨年後半から今年にかけて株価が2倍ないし4倍に高騰している事例があることの各事実が認められ、これらの事実に加え、前記のとおりYの1株当たりの株価が今年に入って500円以上で推移している事実に照らせば、Y株式の株価の上昇が一時的な現象に止まると認めることはできない。

そうすると、本件において、公正な発行価額を決定するに当たって、本件新株発行決議の直前日である平成16年5月17日の株価、又は本件新株発行決議以前の相当期間内における株価を排除すべき理由は見出しがたい。

Ⅲ 分析と展開

1 本決定の意義

会社の支配権をめぐる争いがある場合において、会社が第三者割当による募集株式の発行等を行おうとすると、対立する株主は、当該株式発行等が特定の株主の支配比率を低下させる目的でなされたものであるとして、株式発行等の差止めを主張する。さらに、買占めにより株価が急騰した時期に募集株式の発行等を行うとき、払込金額が株式市場における株価を下回る場合には、いわゆる有利発行に必要な株主総会の特別決議を欠くとして、法令違反をも主張することになる（改正前商法280条ノ2第2項〔会社法199条3項・201条1項〕）。

本決定は、株式の買占めにより株価が高騰している場合における新株発行について、最三判昭和50・4・8民集29巻4号350頁、本誌456号2頁〔横河電機製作所事件（本書別稿❶一ノ澤論文参照）〕を引用し、改正前商法280条ノ2第2項にいう「特ニ有利ナル発行価額」とは、公正な発行価額よりも特に低い価額をいうところ、株式会社が普通株式を発行し、当該株式が証券取引所に上場され証券市場において流通している場合において、新株の公正な発行価額は、旧株主の利益を保護する観点から本来は旧株の時価と等しくなければならないことを前提としながら、日本証券業協

会による、自主ルールに一応の合理性を認めることができるとし、本件発行価額は、本件新株発行決議の直前日の価額に0.9を乗じた909円と比較して約43パーセント、本件新株発行決議の日の前日から6か月前までの平均の価額に0.9を乗じた650円と比較しても約60パーセントにすぎず、本件新株発行決議の直前日の株価と著しく乖離しているとした。

また、買占めを原因とする高騰した株価を発行価額算定基礎とするかについて、株価の上昇が一時的な現象にとどまると認めることができないとして、Yの主張を退けている。

本決定は、証券業界の自主ルールに一応の合理性を認め、この自主ルールに照らして発行価額の公正性を判断する点、および、発行価額の算定基礎となる株価が高騰する場合において、株式の取得目的および株価の上昇が一時的な現象にとどまるかを基準としている点が注目される（注1）。

2　株価の高騰と時価基準の原則

特定の者による株式買占めにより株式の市場価格が急騰した時期に、高騰した募集時の株式の市場価格を「特に有利な払込金額」の算定基準とすることの是非については、議論のあるところである。下級審裁判例においても、株式が市場において取引されている場合には、原則として市場価額が右公正な価額の反映と考えられるから、新株の発行を決議した時点における株価を中心として新株が発行された場合において予想される株価の変動等の事情を加味して発行価額を決定すればそれが公正な価額ということができるが、株価はしばしば当該株式が投機の対象になる等により、必ずしも公正な価値を反映しない場合があり、このような形で形成された株価は、公正価額を決定するうえでの基準たり得ず、これとの比較において発行価額が公正か否かを決定することはできないとするものもある（注2）。学説上も、買占めをなす者は、自己の取得株式の平均コストが採算にあう限り、取得しようとする株式の市場価額がいかに高騰していようとも買い注文を出すわけであるから、そうして形成される市場価格は株式の実体価値と大きく乖離するとして、この結論を支持するものもある（注3）。

他方、株価が著しく高騰した場合であっても公正価額決定の基礎となるのは、基本的には新株発行決議時の株価であり、株価の高騰が異常な投機の結果である場合などに限り、新株発行決議時の株価を排除できるという点では、判例・学説上のコンセンサスがあるとの指摘もある（注4）。もっとも、異常な投機の結果一時的に高騰したものと認められるかについての判断は、事案により結論の異なるところである。すなわち、公正な発行価額は、発行価額決定直前の市場価格を基準にして算定すべきであるが、その会社の株式の市場価格が、合理的な理由がないのに、異常な程度にまで高騰し、それが一時的な現象に止まるような例外的な場合には、その新株発行価額決定直前の市場価格を、新株発行における公正な発行価額算定の基礎から排除することが許されるとしつつも、株式の買付けが株価の高騰に大きく影響したことは明らかであるが、その株式の大量取得が不当な目的のためになされたと認めるに足りる資料はなく、むしろ当該株式の取得も会社の資産価値に注目して行われたものであり、株価の高騰は必ずしも合理性のない異常なものとはいえないこと、株価が上昇した状態で7か月間も維持され、新株発行のための取締役会決議のあった日の前日の終値はその7か月間における株価の推移の中では平均的な価額であることなどの事情に照らすと、例外的な場合に該当するとまでは認められないとして、新株発行決定直前の市場価格を発行価額の算定の基礎から排除することは許されないとするものがある（注5）。他方、発行会社が上場会社の場合には、会社資産の内容、収益力および将来の事業の見通しなどを考慮した企業の客観的価値が市場価格に反映されてこれが形成されるものであるから、一般資本家が売買をできる株式市場において形成された株価すなわち市場価格が新株の公正な発行価額を算定するにあたっての基準となるが、新株発行決議以前に投機等により株価が急騰し、かつ急騰後決議時までに短時間しか経過していないような場合には、右株価は当該株式の客観的価値を反映したものとはいいがたいから、株価急騰前の期間を含む相当期間の平均株価をもって発行価額とすることも許されるとして、700円台後半から900円台を推移していた株価が約1か月の間に上昇し、最低でも1300円を下らず、最高では1700円台となったという事情のもとでは、証券業界の自主ルールに従い新株発行価額を株価急騰前の期間を含む6か月間の終値平均に0.9を乗じて算出した価格としたことに合理性が

ないとはいえないとするものもある（注6）。

このようななか、本決定は、これまでの裁判例を踏まえ、公正な払込金額は、原則として新株発行決議の直前日の市場価格を基準としながら、市場価格の高騰が一時的な現象に止まるものであるかを判断し、本件における事実関係を詳細に検討した上で、高騰した株価を排除すべき理由は見いだしがたいとした。

なお、裁判例において株価の高騰期間の長短を判断要素として取り入れられている点については、批判がある。すなわち、株価の高騰が、買収により企業価値が増大するという株式市場の合理的期待を反映したものであれば、株価の高騰がたとえ短期間であったとしても高騰した株価を基準として発行価額を決定すべきとするものもある（注7）。

3　今後の展開

本決定の意義として、業界の自主ルールに従い払込金額が決定されれば、有利発行該当性が否定され、他方、この自主ルールに従い払込金額が決定されていない場合には、たとえ株価が著しく高騰している状況下での募集株式の発行等であっても有利発行に該当するとの考え方を明確に打ち出している点にあるとの指摘がある（注8）。しかし、裁判例においても、このような基準が確立したとの見方もある（注9）。そこで、異常な株価の高騰があった場合に、自主ルールを適用せず、高騰期間の株価を公正な払込金額の算定基礎から完全に排除することが許される場合があるのか（注10）。株式の買占めにより高騰した株価を実体価値と大きく乖離するとして算定基礎からの排除を認めるか、市場価値を重視し株価を算定するか、議論の残るところであろう。

また、自主ルールを形式的に適用することの問題点も指摘されている。すなわち、ただし書にいう「当該決議の日から発行価額を決定するために適当な期間（最長6か月）」の適用の問題である。本件においては、株価の上昇から新株発行の取締役会決議まで約9か月の期間があり、前述の大阪地決平成2・6・22では、株価が高騰した状態が7か月間に及んでいた。いずれの場合についても、高騰した株価を排除しない限り、最長である6か月間の株価を基準としても、自主ルールの基準を満たすことはない。それでは、株式の買占めを察知した経営陣が、その後すぐに募集株式の発行等を行った場合は、公正な払込金額の算定基礎となる期間はどのように定められるであろうか（注11）。前述の宮入バルブ第二事件決定に従うならば、株価急騰前の期間を含む6か月間の終値平均を基準とすることになる（注12）。あるいは、高騰した株価が企業の客観的価値を反映するならば、その高騰する期間の株価を基準とすべきという見解もある（注13）。他方、市場価格が企業の客観的価値よりはるかに高騰し、しかも、それが株式市場における一時的現象に止まるような場合に限っては、市場価格を公正な発行価額の算定基礎から排除するという考え方もある（注14）。前述の高騰した株価の評価、および、自主ルールに対する評価についての議論もあり、結論のわかれるところであろう。今後の事例の集積がまたれるところである。

（注1）　本決定に関する評釈としては、太田洋「宮入バルブの新株発行差止申立事件東京地裁決定」商事1702号24頁（2004年）、大塚和成「判批」銀法21・640号32頁（2004年）、鳥山恭一「判批」法セ603号122頁（2005年）、田中亘「判批」江頭憲治郎＝岩原紳作ほか編『会社法判例百選』64頁（2006年）がある。
（注2）　大阪地決昭和62・11・18判時1290号144頁。
（注3）　江頭憲治郎『株式会社法』681頁（有斐閣・2006年）。
（注4）　太田・前掲（注1）26頁。なお、裁判例の評価については、阪埜光男「ゼネラルの第三者割当増資に関する二つの決定」商事1228号13頁（1990年）も参照。
（注5）　大阪地決平成2・6・22金判851号39頁。
（注6）　東京地決平成元・9・5金判828号22頁〔宮入バルブ第二事件〕。
（注7）　江頭＝岩原ほか編・前掲（注1）65頁〔田中〕、藤田友敬「株式会社の企業金融(2)」法教265号77頁（2002年）参照。
（注8）　太田・前掲（注1）27頁。なお、太田洋＝原田充浩「『有事』に際しての企業防衛戦略〔上〕」商事1694号27頁（2004年）参照。
（注9）　江頭・前掲（注3）。なお、自主ルールのこのような運用について、消極的なものとして、阪埜・前掲（注4）9頁、藤田・前掲（注7）参照。
（注10）　太田・前掲（注1）29頁。
（注11）　江頭＝岩原ほか編・前掲（注1）65頁〔田中〕。
（注12）　これに対する批判として、洲崎博史「判批」判評374号40頁〔判時1337号202頁〕以下（1990年）参照。
（注13）　洲崎・前掲（注12）、藤田・前掲（注7）参照。
（注14）　東京地決平成元・7・25金判826号16頁〔秀和対忠実屋・いなげや事件〕参照。

Takashi KINOSHITA

平成16・6・1東京地裁民事第8部決定、平成16年(ヨ)第20028号新株発行差止仮処分申立事件、申立て認容

決　定

<当事者>（編集注・一部仮名）
債権者　　　　　　　　　　　　　　　H
債権者　　　　　　　　　　　　　　　K
債権者　　　　　　　　　　株式会社松佳
上記代表者代表取締役　　　　　　　　N
債権者　　　　　　株式会社感性デバイシーズ
上記代表者代表取締役　　　　　　　　F
上記4名代理人弁護士　　　　　　須藤　修
同　　　　　　　　　　　　　　高井章光
同　　　　　　　　　　　　　　新保克芳
同　　　　　　　　　　　　　　上野　保
上記4名復代理人弁護士　　　　米丸和實
債務者　　　　　株式会社宮入バルブ製作所
上記代表者代表取締役　　　　　　　　S
債務者代理人弁護士　　　　　　塩川哲穂
同　　　　　　　　　　　　　　加藤祐一
同　　　　　　　　　　　　　　大貫裕仁
同　　　　　　　　　　　　　　藤本欣伸
同　　　　　　　　　　　　　　宮塚　久
同　　　　　　　　　　　　　　秋元芳央
同　　　　　　　　　　　　　　佐藤知紘

【主　文】
1　債務者が、平成16年5月18日の取締役会決議に基づき、現に手続中の普通株式770万株の発行を仮に差し止める。
2　申立費用は債務者の負担とする。

【理　由】
第1　申立て
　主文同旨
第2　事案の概要
　本件は、債務者の株主である債権者H（以下「債権者H」という。）、同K（以下「債権者K」という。）、同株式会社松佳（以下「債権者松佳」という。）及び同株式会社感性デバイシーズ（以下「債権者感性デバイシーズ」という。）が、債務者に対し、①債務者による第三者割当増資の方式による新株発行（以下「本件新株発行」という。）に係る発行価額が「特ニ有利ナル発行価額」に当たるにもかかわらず、株主総会の特別決議を経ていない違法があり、また、②債務者の現経営陣の地位の維持、保全を目的としたものであり、「著シク不公正ナル方法」に該当するとして、商法280条ノ10に基づき、本件新株発行の差止めを求めている仮処分申立ての事案である。

1　当事者
（1）債権者ら
　債権者らは、平成16年3月31日現在、いずれも債務者の株主名簿に次の株式数をもって登載され、同数の株式を有していた。すなわち、債権者Hは121万2000株、債権者Kは152万7000株、債権者松佳は230万6000株、債権者感性デバイシーズは94万3000株の債務者株式をそれぞれ有していた（甲1）。
（2）債務者
　債務者は、バルブの製造及び販売等を業とする株式会社であり、資本金は23億1500万円、発行する株式の総数は2400万株、発行済株式総数は1630万株であって、東京証券取引所第2部に上場している。なお、その主力製品は、液化石油ガス容器用弁等のバルブ製品である（審尋の全趣旨）。
2　本件新株発行の概要等
（1）本件新株発行前の債権者らの行動等
　債権者H、同K及び同松佳は、平成16年4月27日、債務者に対し、平成16年6月開催予定の第59回定時株主総会（以下「本件総会」という。）において、取締役5名及び監査役1名の選任を議案とすることを求める株主提案書を送付した（甲6）。
（2）債務者による本件新株発行に係る取締役会決議
　債務者は、平成16年5月18日開催の取締役会において、次のとおり、第三者割当増資の方式により本件新株発行を実施する旨を決議した（以下「本件新株発行決議」という。）（乙14）。
　ア　発行新株式数　　　　　普通株式770万株
　イ　発行価額　　　　　　　1株につき393円
　ウ　発行価額中資本に組み入れない額
　　　　　　　　　　　　　　1株につき196円
　エ　申込期日　　　　　　　平成16年6月3日
　オ　払込期日　　　　　　　平成16年6月3日
　カ　配当起算日　　　　　　平成16年4月1日
　キ　引受先　　　　　　　　　　　　　　　T
　ク　割当株式数　　　　　　発行新株式数全株
（3）債務者による本件新株発行及び基準日変更の公告
　債務者は、平成16年5月19日、新聞紙上において、本件新株発行を公告した（甲10）。また、債務者は、前記の本件新株発行の公告と同時に、本件総会において権利行使をすることができる株主について、定款上の基準日である平成16年3月31日現在の株主ではなく、同年6月4日の最終株主名簿及び実質株主名簿に記載された株主とする旨の基準日の公告をした（甲10から12まで、乙22）。
（4）本件新株発行における特別決議の有無
　債務者は、本件新株発行について、商法343条所定の株主総会の特別決議を経ていない（審尋の全趣旨）。
3　債務者が考える適正な株価とその根拠

債務者は、その株式の価値は本件新株発行の発行価額と同額の393円であると主張する。

そして、債務者の設定した本件新株発行の発行価額393円は、専門的知識を有する第三者の鑑定（以下「本件鑑定」という。）に基づき決定されたものであるが、上記鑑定において債務者の1株当たりの株価を393円とする算定は、①類似業種算定法により算出された252円25銭、②売上高、営業利益などの予想値から絶対評価基準として算出された338円、③平成16年3月31日までの6か月間の債務者の平均株価589円の3種類の価格を単純に平均したものである（乙3の1から3まで、乙4、審尋の全趣旨）。

4 債権者らが考える適正な株価とその根拠

債権者らは、次の、の事実を踏まえ、債務者の株式の価値は、時価である1010円若しくは直近6か月の平均株価721円67銭又はこれらに0.9を乗じた額であると主張する。

(1) 債務者の株価の推移

債務者の平成14年9月3日から平成16年5月21日までの株価及び出来高の推移は、別紙のとおりである。本件新株発行決議の直前日である平成16年5月17日における債務者の株価（終値による。以下いずれも終値とする。）は、1株当たり1010円であり、同日から遡って6か月間の債務者の平均株価は、1株当たり721円67銭である（甲14、審尋の全趣旨）。

(2) 日本証券業協会の自主ルール

日本証券業協会の平成15年3月11日付け一部改正に係る「第三者割当増資の取扱いに関する指針」（以下「自主ルール」という。）によれば、「発行価額は、当該増資に係る取締役会決議の直前日の価額（直前日における売買がない場合は、当該直前日からさかのぼった直近日の価額）に0.9を乗じた額以上の価額であること。ただし、直近日又は直前日までの価額又は売買高の状況等を勘案し、当該決議の日から発行価額を決定するために適当な期間（最長6か月）をさかのぼった日から当該決議の直前日までの間の平均の価額に0.9を乗じた額以上の価額とすることができる。」とされており、この自主ルールを適用すると、発行価額は、本件新株発行決議の直前日の価額に0.9を乗じた909円、ただし書によっても、本件新株発行決議の直前日から6か月前までの平均の価額に0.9を乗じた650円となる（甲13、審尋の全趣旨）。

第3 当裁判所の判断

1 被保全権利について

(1) 商法280条ノ2第2項にいう「特ニ有利ナル発行価額」とは、公正な発行価額よりも特に低い価額をいうところ、株式会社が普通株式を発行し、当該株式が証券取引所に上場され証券市場において流通している場合において、新株の公正な発行価額は、旧株主の利益を保護する観点から本来は旧株の時価と等しくなければならないが、新株を消化し資本調達の目的を達成する見地からは、原則として発行価額を時価より多少引き下げる必要もある。そこで、この場合における公正な発行価額は、発行価額決定前の当該会社の株式価格、上記株価の騰落習性、売買出来高の実績、会社の資産状態、収益状態、配当状況、発行済株式数、新たに発行される株式数、株式市況の動向、これらから予測される新株の消化可能性等の諸事情を総合し、旧株主の利益と会社が有利な資本調達を実現するという利益との調和の中に求められるべきものである。もっとも、上記の公正な発行価額の趣旨に照らすと、公正な発行価額というには、その価額が、原則として、発行価額決定直前の株価に近接していることが必要であると解すべきである（最高裁判所昭和50年4月8日第三小法廷判決・民集29巻4号350頁参照）。

(2) これを本件についてみると、本件発行価額393円は、平成16年5月17日時点の証券市場における1株あたりの株価1010円と比較して約39パーセントにすぎない。また、前記自主ルールは、旧株主の利益と会社が有利な資本調達を実現するという利益との調和の観点から日本証券業協会における取扱いを定めたものとして一応の合理性を認めることができるところ、本件発行価額は、本件新株発行決議の直前日の価額に0.9を乗じた909円と比較して約43パーセント、本件新株発行決議の日の前日から6か月前までの平均の価額に0.9を乗じた650円と比較しても約60パーセントにすぎない。

本件発行価額は、本件鑑定に基づいて決定されたものであるが、上記のとおり、本件新株発行決議の直前日の株価と著しく乖離しており、本件鑑定を精査しても、こうした乖離が生じた理由が客観的な資料に基づいて前記考慮要因を斟酌した結果であると認めることはできず、その算定方法が前記公正発行価額の趣旨に照らし合理的であるということはできない。

(3) これに対し、債務者は、債務者の株価は本年1月以降に急激に上昇しており、平成16年5月17日時点における債務者株式の市場価格1株当たり1010円の数値は、株価の操縦、投機を目的とした債権者らによる違法な買占めを原因とするものであり、債務者の企業価値を正確に反映したものではないので、本年1月以降の市場価格は公正な発行価額算定基礎から排除すべきであると主張する。

なるほど、前記第2の3のとおり、債務者の1株当たりの株価は、平成15年8月ころは概ね200円台で推移していたところ、同年9月ころから上昇し、平成16年1月に入り概ね500円台に上昇し、同年2月には概ね600円台から700円台で推移し、同年3月には800円台を超えて900円台ないし1000円台に上昇し、同年4月には900円台から1000円台で推移し、同年5月には概ね1000円台で推移していることが認められ、本件各

証拠（乙28から31まで、37、42から59まで、74、92）によれば、債権者らによる大量の株式取得が、債務者株式の証券市場における株価に影響を与えていることは否定できない。しかし、本件各証拠（甲6、17、18、21、22の1及び2、乙85、88、90）によれば、債権者らは債務者への経営参加や技術提携の要望を有しており、債務者に対する企業買収を目的として長期的に保有するために株式を取得したものであることが窺われ、本件全証拠を精査しても、債権者らが不当な肩代わりや投機的な取引を目的として株式を取得したものと認めるに足りる資料はない。また、本件各証拠（甲31から40まで）によれば、債務者の業績も改善していること、証券業界（会社四季報）における債務者の業績の評価も向上していること、債務者と同様にパルプ事業を営む企業においても、昨年後半から今年にかけて株価が2倍ないし4倍に高騰している事例があることの各事実が認められ、これらの事実に加え、前記のとおり債務者の1株当たりの株価が今年に入って500円以上で推移している事実に照らせば、債務者株式の株価の上昇が一時的な現象に止まると認めることはできない。

そうすると、本件において、公正な発行価額を決定するに当たって、本件新株発行決議の直前日である平成16年5月17日の株価、又は本件新株発行決議以前の相当期間内における株価を排除すべき理由を見出しがたい。

(4) 以上によれば、本件発行価額393円は、公正な発行価額より特に低い価額すなわち「特ニ有利ナル発行価額」といわざるを得ず、商法343条の特別決議を経ないで行われた本件新株発行は、商法280条ノ2第2項に違反するというべきである。

そして、本件新株発行が行われた場合、既存株主が株価下落による不利益を被ることは明らかであり、債権者らは、債務者に対して商法280条ノ10に基づく本件新株発行の差止請求権を有する。

2 保全の必要性

本件新株発行決定時の株価と本件発行価額との差額の程度及び従前の発行済株式総数1630万株に対し本件新株発行に係る発行予定総数が770万株であるというその数量にかんがみると、既存株主の被る不利益は極めて重大なものであるから、著しい損害を被るおそれを認めることができる。

そして、本件新株発行の払込期日は、平成16年6月3日と定められていて間近に迫っているところ、その期日が到来し、引受人が払込みをして本件新株発行の効力が生じた場合、その後は商法280条ノ10に基づく差止請求権それ自体が無意味なものとなるだけでなく、商法343条所定の特別決議を経ないで株主以外の者に特に有利なる発行価額をもって新株を発行したことは、新株発行無効の訴え（商法280条ノ15）における無効原因とならないと解されるから、本件新株発行の手続を差し止めるについての保全の必要性も認めることができる。

3 結論

以上によれば、債権者の申立ては、その余の点を判断するまでもなく理由があると認められるから、債権者らに代わり債権者代理人弁護士新保克芳に、債権者らの共同の担保として金1000万円の担保を立てさせたうえでこれを認容することとし、申立費用につき民事保全法7条、民事訴訟法61条を適用して主文のとおり決定する。

　　裁判長裁判官　鹿子木　康
　　　　　裁判官　佐々木宗啓　名島亨卓

（別紙）＜略＞

経済法令研究会創業50周年記念出版

金融CSR総覧

経済法令研究会 編

- B5判 六五六頁
- 上製・ケース入
- 定価九四五〇円(税込)

好評発売中!

◆大勢のいまをときめく専門家が表現する多彩なCSR（企業の社会的責任）が満載の総合事典

◆企業の担当部署はもちろんのこと、教育研究機関での活用、また法律・会計事務所等でのコンサルティング業務にも今や必要不可欠な分野

◆融資や投資を通じた"金融"の力が良い社会へと導くヒントを収録

経済法令研究会 162-8421 東京都新宿区市谷本村町3-21
http://www.khk.co.jp/ TEL 03(3267)4811 FAX 03(3267)4803

民事・商事に関する判例専門誌として、
絶大な支持を得てきた「金融・商事判例」。
激変の時代に、満を持してDVD化!

特長

- 創刊号（1966年4月1日号）から1255号（2006年12月15日号）までをDVD-ROMに収録
- PDFファイルの採用により、誌面そのままを参照・印刷可能
- 「判例」については、号・頁、法令条文、裁判所、事件番号、裁判日付からの検索に加えて、任意語による独自の高速全文検索を実現
- 「解説・論文・記事」については、タイトル（概要）、号・頁、著者・肩書、発行年による検索を実現

金融・商事判例DVD
―創刊号～1255号―

定価 210,000円（税込）

■発行／著作権者　株式会社　経済法令研究会
〒162-8421　東京都新宿区市谷本村町3-21　TEL 03-3267-4811　FAX 03-3267-4803
※本製品に関するお問い合わせ・ご注文は、直接上記へお願いします。

I 国内判例編

6 ベルシステム24事件

東京高決平成16・8・4金融・商事判例1201号4頁

中央大学法科大学院教授 大杉謙一

I 事案の概要

　Y社（原決定債務者・相手方）は資本金100億4500万円、発行済株式総数489万8700株の株式会社であり、テレマーケティングサービス（コールセンターサービス）の提供を主要な事業とし、売上高等でテレマーケティング業界における最大手の地位を占め、また東証一部に上場している。

　X社（原決定債権者・抗告人）は、Y社の筆頭株主であり、Y社株式を191万9000株（約39.2％）を直接保有し、子会社を通じて保有する分と合わせると合計204万4000株（約41.7％）を保有し、Y社はX社の連結対象子会社に当たる。

　Y社の役員構成は、Sが代表取締役、K、N、IおよびAが取締役、M、FおよびHが監査役である。Aは、Y社の社外取締役であり、X社の代表取締役である。

　X社とY社経営陣の一部との間には、Y社の経営をめぐって平成14年8月のY社定時総会の頃から確執があった。X社は、平成16年6月18日、Y社に対して、現経営陣であるS、N、I、現在も社外取締役であるAの他、X社の取締役であるRおよびC、CSKファイナンス株式会社の取締役であるEの合計7名を選任する旨の取締役選任議案などを次期定時株主総会における議案とするよう株主提案権を行使した。他方、Y社のL執行役員らは、6月22日、X社を訪れ、X社とY社の間にはシナジー効果が生じにくいという内容を記載した書面を提出した。

　7月16日、Y社からAに対し、Y社臨時取締役会の招集通知が届いた。当該通知には、第23回定時株主総会開催の件などのほかに、重要事業計画とそれに関連付帯する事項決定の件が議題として記載されていたが、これまでのY社の取締役会でこの「重要事業計画」について議論されたことはなく、AはSにこの「重要事業計画」の具体的内容を事前に知らせるよう要求したが、Y社側から回答はなかった。

　Y社は、平成16年7月20日に取締役会を開催した（本件取締役会）。その場で初めて、Y社とSBB株式会社との包括的業務提携を考えていることおよびその基本合意の内容、当該業務提携の実現のために緊急に1000億円強の資金調達が必要になることについてSから説明がされ、発行価額を1株につき2万0050円とし、新株式割当予定者をNPIのみとする第三者割当により、払込期日を平成16年8月5日として520万株の新株を発行する（本件新株発行）旨が賛成3名（S、K、N）、反対2名（I、A）で決議された。NPIは、Nプリンシパル社の100％子会社、Nプリンシパルは株式会社Nコーディアルグループの100％子会社である。

　本件新株発行の発行総額は1042億6000万円であり、Y社の総資産額の約2.0倍、純資産額の約2.5倍、資本金額の約10.4倍に相当する。本件新株発行による発行予定株数は、従来の発行済株式数の約106.2％に相当し、本件新株発行が行われれば、X社のY社株式の保有割合は、約39.2％から約19.0％へと減少し、一方で、NPIの保有割合が、約51.5％となる。

　Y社がSBB社との業務提携に至る経緯は、次のとおりであった。Sは、平成16年6月18日、GS証券のP社長から、Y社とSBB側とで業務提携を行わないかとの打診を受けた。Sは、21日、Y社取締役のIらと会議を開催し、その席上で「第三者割当を実行したいと思っている。増資を考えるにあたって、今、自分の手持ちにはSBと

ＰＳがある。第三者割当増資による発行金額の総額は500億円から600億円を考えている。」などと述べ、Ｉに対し、ＳＢグループ（大手通信事業者）に対する提案書を起草するように指示した。

6月25日にＳＢ社（ＳＢグループの中核である持株会社）の100％子会社であるＳＢＢ社の取締役ＱからＳに対して、ＳＢグループにおけるＳＢＢ社とＮＴ社のコールセンター業務を一括してアウトソーシングする方針があることなどが伝えられ、ＳＢグループとＹ社との間での包括的提携の検討依頼がなされた。7月1日には、ＳＢＢ社代表取締役のＷからＳに対して、一括アウトソース（業務委託）をＹ社が受託することの正式な検討、および設備投資についての協力が依頼された。同日以降、Ｙ社とＳＢＢ社の間で業務提携に向けた本格的な交渉が開始され、交渉は連日深夜に及んだ。本件新株発行により実質的な株主となるＮプリンシパル社の代表取締役であるＶは、Ｙ社とＳＢＢ社の本件業務提携の検討に投資家として深く関与して、契約の諸条件について様々な意見を述べた。

ＳＢ社およびＳＢＢ社とＹ社は、コールセンター業務に関して包括的な業務提携を行うこととし、平成16年7月20日、これについて本文20頁からなる基本合意書を取り交わした。

本件業務提携の概要は、以下のとおりである。ＳＢＢ社の100％子会社であるＢＢＣ株式会社に、ＳＢＢ社およびＮＴ社のコールセンター業務を集約し、このＢＢＣ社がＳＢＢ社やＮＴ社からコールセンター業務を一括して受託することとした上で、Ｙ社はＢＢＣ社を完全子会社化し、さらに必要な設備投資費用等をＢＢＣ社に貸し付ける。まず、資本金1億円のＢＢＣ社が99億円の増資を行い、ＳＢＢ社がこれを引き受け、さらにＳＢＢ社がＢＢＣ社に対し188億円を貸し付け、ＢＢＣ社はそのようにして得た資金をシステムや業務用資産の購入資金287億円にあてる。次に、Ｙ社がＳＢＢ社から、ＢＢＣ社の発行済株式全部を500億円で譲り受け、また、同額の代金を支払って上記貸付金188億円の債権譲渡を受ける。さらに、Ｙ社がＢＢＣ社に592億円を貸し付け、ＢＢＣ社が当該資金でＮＴ社にリースするための通信機器を購入する。

このように本件業務提携の実現のためには、Ｙ社において、ＢＢＣ社の発行済株式全部およびＳＢＢ社がＢＢＣ社に対して有する貸付金188億円を、合計688億円で譲り受け、ＢＢＣ社に対し592億円を貸し付けるために合計1280億円の資金が必要となるところ、Ｙ社は、本件新株発行により調達することとなる約1030億円（発行総額1042億6000万円から発行諸費用等を控除した金額）とＹ社の自己資金等約250億円をこれにあてる。

Ｘ社は本件新株発行の差止めの仮処分を東京地裁に申請したが、却下されたために、東京高裁に抗告した。

Ⅱ　決定要旨

抗告棄却

1　「本件新株発行において、Ｙ社代表者をはじめとするＹ社の現経営陣の一部が、Ｘ社の持株比率を低下させて、自らの支配権を維持する意図を有していたとの疑いは容易に否定することができない」。

2　「しかしながら、…本件事業計画はＳＢＢから提案されたものであり、…相手方とＳＢＢとの間〔の〕交渉は、双方の会社関係者、双方の代理人である弁護士、ＳＢＢのアドバイザーであるＧＳ証券、新株を引受けるＮプリンシパル等多数の関係者を交えて行われ、この交渉の結果、…Ｙ社の利益の確保につながる修正も行われた上、基本合意書の調印に至っている。

この過程で、Ｎプリンシパルは新株引受の最終決定を行うに際して本件事業計画の詳細な分析を行っているところ、それによると、本件事業計画の実施によりＹ社はＳＢグループのクレジットリスクに曝されることになるが、総合的にみれば許容すべきリスクであり、その他既存顧客との取引が喪失するリスク等諸リスクを考慮しても、連結ベースでの一株当たり利益は向上し、投資収益が確保されることから、全体として経済合理性に適う計画であると判断されている。さらに、Ｙ社から依頼を受けた公認会計士は、詳細な分析に基づき、ＳＢＢから相手方が譲り受けるＢＣＣの株式の譲受価格が、Ｙ社の株主にとって財務的な観点から妥当である旨判断している。…

その他、証券アナリストの評価においても本件業務提携を積極的に評価する見方も少なからずある。

以上の各事実に加え、本件事業計画の内容に関

してＹ社が提出した各資料を総合すれば、Ｙ社には本件事業計画のために本件新株発行による資金調達を実行する必要があり、かつ、競業他社その他当該業界の事情等にかんがみれば、本件業務提携を必要とする経営判断として許されないものではなく、本件事業計画自体にも合理性があると判断することができる。

３ 「このように、本件事業計画のために本件新株発行による資金調達の必要性があり、本件事業計画にも合理性が認められる本件においては、仮に、本件新株発行に際しＹ社代表者をはじめとするＹ社の現経営陣の一部において、Ｘ社の持株比率を低下させて、もって自らの支配権を維持する意図を有していたとしても、また、〔登載を省略した〕各事実を考慮しても、支配権の維持が本件新株発行の唯一の動機であったとは認め難い上、その意図するところが会社の発展や業績の向上という正当な意図に優越するものであったとまでも認めることは難しく、結局、本件新株発行が商法280条ノ10所定の『著シク不公正ナル方法』による株式発行に当たるものということはできない。」

III 分析と展開

1 本決定の位置付け

新株発行が不公正発行として差止め（会社法210条２号）の対象となるか否かを判断する枠組みとして、「新株発行の主要目的が現経営陣・大株主らの支配権維持である場合には不公正発行にあたり、新株発行の主要目的が資金調達等の正当な目的である場合には不公正発行にはあたらない」とする主要目的ルールが裁判例・学説上、ほぼ定着している。もっとも、その具体的な適用をめぐっては、差止めを比較的広く認めようとする見解とそうでない関係との間にニュアンスの差が存在する（注１）。

本決定は、主要目的ルールの一般論について特別な判示をしたものではなく、その具体的適用について判示したものである。もっとも、従来の同種の事案と比較して、不公正発行であるとの判断に傾きやすい事実が多く見られた事案であったため、学説には本決定の結論に反対するものも少なくない（注２）。

本件事例は、経営陣に敵対的な投資家が会社の株式を買い集めたのに対して第三者割当てがなされたという一般的なものではなく、既存の大株主の影響力を殺ぐために経営陣が第三者割当てを行ったというものであるが、本件の事例や裁判所の判断はいわゆる敵対的買収（経営陣の承認なしに行われる株式の大量取得）に対する対抗措置・防衛策についても示唆がある。もっとも、資金需要のある第三者割当ては差し止められにくいことの根拠として本決定が誤って引用されることも多いので、以下の２、３では本決定の適切な読み方を検討することとしたい。

2 主要目的ルールとは何か

法律学においてある行為・計画の「目的」が問題となるとき、当該行為・計画のもたらす客観的効果とその決定プロセスの適切さ・決定者の誠実性という主観面とを総合して判断されることが一般的である。主要目的ルールにおいても、「目的」は新株発行を決定した経営者・取締役の内心の動機を指すのではなく、新株発行が生じさせる客観的効果と、新株発行を決定する手続の適切さとを総合考慮して判断されるものである。このことをより明瞭に示しているのが本決定の原決定である東京地決平成16・７・30金判1201号９頁であり、そこでは明確に「意図」と「目的」の語が区別して用いられている。新株発行の決定プロセスを重視する本決定も、本件における新株発行の規模の大きさを指摘して本決定の結論に反対する学説も、ともに上記の意味での「目的」の語法を共有しており、ただ事実の評価を異にするものといえる。

そして、主要目的ルールとは、俗にいわれているように、資金調達目的と支配権維持目的を比較するという単純なものではない。「不公正発行か否か」は、要件事実論にいう規範的要件に当たり、その判断は支配権維持目的を推認させる各種の事実（評価根拠事実）と資金調達その他の正当な目的を推認させる各種の事実（評価障害事実）の総合判断であると考えられる（このような主要目的ルールの一般的構造は、本件原決定の文言により明確に示されている）。そうであるならば、資金調達目的以外にも不公正発行であることを否定する評価障害事実はあり得るし（この点は、後のニッポン放送事件〔本書❽事件〕によって確認された（注３））、新株発行によって調達した資金の具体的使途を示すだけで不公正発行には当たらないと考えることも早計である。実際、本決定も原決定も、新株発

行を差し止めない理由として「資金調達目的が主要(な)目的である」という表現を一切用いていない(注4)。

本決定の言い回しは、一見すると、支配権維持の意図と正当な意図(会社の発展や業績の向上)とを比較するようにも見えるが、そのように主観(動機)の比較と読むべきでないことは前述の通りである。また、本決定は、支配権の維持が本件新株発行の唯一の動機でなければ不公正発行に該当しないかのように読まれることもあるが、＜唯一の動機でないこと＞は本決定においては不公正発行であることを否定する一材料に過ぎない。

本決定を読み解く上で重要なのは、このような文言ではなく、結論を導くうえで裁判所が重視したと思われる具体的事実に着目することであろう。

3　本件事案の特徴と本決定の示唆

本件事案の特徴は、まず新株発行の規模の大きさにある。従来の不公正発行・差止めが問題となった事例の中にも、発行済株式数を超える新株を第三者割当てで発行するという事案はほとんどなく、本件とニッポン放送事件は数少ない例外に当たる。このような新株発行によって、特定の大株主(Ｘ社)の持株比率が大幅に低下させられ、かつ割当先(ＮＰＩ社)がＹ社の支配権を取得することになるから、そうした新株発行の合理性をＹ社の側から積極的に証明しなければ不公正発行になると解されよう(注5)。

本件では、新株発行による調達資金の使途がＳＢＢ社との共同事業にあることは明確であるが、それだけでは支配権移転を生じさせる新株発行の正当化事由としては不十分であろう。本決定は、調達資金の用途であるＳＢＢ社との共同事業の計画に経済合理性があることを認定している。もちろん、裁判所は事業計画の経済合理性を直接判断する能力を持たないことから、①専門家による判断の吟味と、②計画策定のプロセスの吟味とを通じて間接的に計画の合理性を判断するしかない。

この点、本決定および原決定は、①については、公認会計士によるＢＣＣ株式の譲受価格の妥当性、証券アナリストによる本件業務提携の評価も挙げられているが、最も重要な事実は本件新株発行において実質的に出資を行い、かつＹ社とＳＢＢ社との業務提携の成否に強い利害関係を有するＮＰＩ社が、詳細な事業計画の分析を行っていることである。仮に、新株の発行価額が低すぎるということがなく(本件では有利発行か否かをＸ社は争っていないので、発行価額は適正であったと推測される)、かつ出資者も調達資金の使途を合理的と判断したのであれば、本件における新株発行および業務提携はプラスのシナジーを生み出す(企業価値を高める)ものであると考えられるから、(大株主であったＸ社の支配的利益をひとまず脇に置くと——Ⅲ4で後述)Ｙ社の株主の有していた金銭的利益は損なわれてはいない(注6)。

②については、Ｙ社関係者が提携交渉を真剣に行い、Ｙ社に有利な方向で原案の修正が行われたことなどが本決定・原決定により挙げられている。当時の状況では、Ｙ社経営陣には、会社・株主の利益を犠牲にしてでも自らの保身を図るために、会社をＮＰＩ社・ＳＢＢ社に「身売りする」という動機があり得たが、提携交渉が真摯に行われたことは保身の疑いを弱める要素と位置づけられているように思われる。

また、本決定が「競業他社その他当該業界の事情等にかんがみれば」と述べる趣旨は明らかではないが、あえて推測すると、ＳＢＢ社との提携はＹ社にとって、リスクも高いがこれを逃すと今後二度とめぐってこないであろうビジネス・チャンスが到来していたことを意味するのかもしれない。

上記のように考えるならば、本件新株発行は会社および株主の利益に照らして、一定の合理性があったことが示された事案であったと見ることもでき、そうであれば本決定の結論は明らかに不当とまではいえないように思われる。もっとも、②計画策定の手続審査に関して、本件新株発行および業務提携を決定した取締役会には手続的瑕疵があったとも思われることから、本件新株発行は不公正発行であり差し止められるべきであるとの見解(注7)も十分に成立するように思われる。本決定の結論の当否については、筆者の判断を示すことは差し控えたい。

仮に本決定の結論を妥当と解するのであっても、これまでの分析から示されるように本件は限界事例であると考えられる。実務界には、本決定を論拠として「敵対的買収の対象となっても、事業計画・資金使途さえ整えて第三者割当てを行えば、比較的容易に防衛を図ることができる」と論じる向きもあるが、そのような「読み」が表層的なものであることは明らかであろう。

そして、新株予約権を使った買収防衛策が普及

すると、第三者割当てによる防衛措置が許容される範囲はいっそう狭くなっていくだろう。新種の防衛策が買収者をまず立ち止まらせ、現経営陣が買収者から情報を引き出したり、経営陣と買収者の交渉の機会を確保するもの（just say no）であり、相当性ありと判断されやすいのに対して、第三者割当ては交渉を経ることなく大株主・敵対的買収者の試みを挫折させるものであり（just say never）、それが許容されるのは相手がグリーンメーラーである場合など相対的に狭い範囲に限られるからである（注8）。

4 大株主としての事業会社と投資ファンド

本件事案には、事業会社である大株主（X社）と投資ファンドである新株引受人（実質的にはNプリンシパル社）の対立という側面があった。本決定に反対する論者の中には、「支配関係が複雑で支配に伴う責任体制も不明確な、しかも投資利益の獲得のみを目的とするファンドを大株主として選定したこと〔は、新株発行を決定したY社経営陣の〕経営判断としての合理性を疑わしめる重要な要素である」（注9）として、投資ファンドが上場会社の大株主となることに批判的な見解もある。たしかに、独自の経営計画やその遂行能力を持たずに上場会社の株式を買い占めて、高値での引き取りを狙うような投資ファンドが話題となったことがあるが、そのような例は稀である。むしろ、ベンチャー企業の育成や財務悪化企業の再生、未公開会社への出資（プライベート・エクイティ）や上場会社の非公開会社化（ゴーイング・プライベート）などにおいて、投資ファンドが「物言う株主」として企業価値を高めることが少なくない。

そうであれば、新株の割当先が投資ファンドであることは必ずしも新株発行の適正性を損なう要素ではないというべきである（注10）。本件ではむしろ、ＮＰＩによる出資が、事業会社に見られる「お付き合い」による新株引受けではなく、投資収益の厳格な査定に基づく経済合理性のある行為として、本件新株発行の適正性を高める方向に作用したのではないかと思われる。

他方、本決定に賛成の論者の側からは、X社の敗因として、X社がY社に魅力ある事業計画を示すことができず、またY社の現経営陣を更迭しなかったことが挙げられている（注11）。そこで述べられている「筆頭株主の地位を取得したときに、直ちに経営陣の多数派を占めるための、もっと強力な働きかけを、真摯に厳しく、追求すべきであった」との見解は、一般論としては言い過ぎである（親会社・大株主と子会社・投資先企業との関係は、多様であってしかるべきである）が、本件事案に話を限定すると、興味深い視点である。

すなわち、Ｉで紹介しなかったが原決定は次の事実を認定している。「平成14年8月のＹ社定時株主総会において、Ｘ社の代表取締役であるＡがＹ社の取締役として選任された。その際、Ｘ社とＳとの間で様々な交渉がされ、Ｘ社は5名の取締役の内3名の派遣あるいは監査役の派遣をＳに申入れたが、Ｓがこれを拒否し、結局、Ｘ社からはＡ1名だけを取締役として就任させることとなった。

Ａは、平成16年1月15日のＹ社臨時取締役会の開催前に、Ｓと2人で面談し、Ｘ社としてはＹ社の成長率についてもっと高いレベルを期待していること、したがって、適切な中長期的成長戦略を検討・策定して欲しいことなどを伝えた。また、以前からＳはＭＢＯなどにより、Ｘ社がＹ社株式を売却することを希望していたことから、Ｘ社としてはＹ社が相当な額で売却できる先を探してくるのであればＹ社株式の売却も検討する旨を伝えた」。

本件事案におけるＸ社のＹ社経営に関する態度はこのようにアンビバレントであった。Ｘ社はＹ社株式の保有により利益を上げることを期待してはいたが、Ｙ社の経営を主導するだけの独自の事業計画を持っていなかったのであるならば（Ｙ社の役員らが、Ｘ社とＹ社の間にはシナジー効果が生じにくいと考えていたことも、そのことを暗示している）、本決定がＹ社株主全般の金銭的利益をそれなりに保護しつつ、大株主であったＸ社の有するはずの支配的利益を保護しなかったこと（Ⅲ3）にも、それなりの理由があったのかもしれない。

今後、経営陣にとっても大株主にとっても、常に会社の事業計画を持ち、それを定期的にアップデートしておくことが、敵対的買収に対抗する上で、あるいは子会社の「叛乱」を予防するために重要となろう。また、この問題は、経営陣に敵対的である大株主（ファンドであれ、事業会社であれ）が、独自の事業計画を持たないのに対象会社の株式を買い進めるといった状況での対象会社経営陣の取り得る対抗措置の相当性を論じる上で、何らかの示唆を与えるかもしれない。

5 その他

なお、新株発行を決定した本件取締役会におい

て、定款条項に基づき、本件新株発行によって新たに株主となる者について8月6日を基準日と定め、公告する旨も決議されており、その適法性も本決定において争われている。この問題は（注12）、会社法124条4項により一応の対処が図られたため、本稿では省略する。

〔付記〕 脱稿後、2006年12月に、Nコーディアルグループが本事件での新株の孫会社による引受けに関連して粉飾決算を行っていたことが報じられた。また、報道によると、Y社は2005年7月にNPIから大量の自己株式を取得し消却したという（日本経済新聞2006年1月12日付〔4面〕）。Y社の決算公告やウェブページから判断して、自己株式の取得に当たって多額の資本金・資本準備金の減少が行われ、支払いには流動資産のほか長期借入金が充てられたが、SBグループとの業務提携は実行されている模様である。要するに、現在から振り返れば、本事件当時、Y社はエクイティ性の資金によらずとも負債により業務提携に必要な資金を調達できた可能性が大きい。

この経験を踏まえると、今後は主要目的ルールの運用において、資金需要の有無・内容だけではなく、資金を（負債ではなく）株式により調達することの合理性も審査の対象とすべきであろう。さらに、大杉・後掲（注4）の文献でも述べたように、近時の企業買収実務の変化によって、主要目的ルール自体の見直し（目的の比較をやめ、新株等の発行がもたらすメリットとデメリットにつき取締役会が行った調査・判断についてその適切さを司法審査する枠組みへと移行する）も、今後の課題として浮上しているというべきである。

（注1） 実務家の中には割当自由の原則を強調して不公正発行の範囲を狭く解する見解が強いが、同原則は公開会社においては取締役会に割当方法を決定する権限があるとの原則を価値中立的に表現するものに過ぎない（権限濫用を是認するものではない）から、同原則を強調することには全く意味はない（鳥山恭一「本件判批」法学セミナー601号122頁（2005年）、新山雄三「本件判批」判タ1212号67頁、69頁（2006年）を参照）。他方、学説の中には機関権限分配秩序を強調するものもあるが、これは資金調達目的のみで安易に新株発行の適法性を根拠付けることに反対し、新株発行の適正性を綿密に行うことを志向するものであるが、法的枠組みとしては主要目的ルールを採用しているので、これを主要目的ルールと別個の学説と位置づけることは適切でない（藤田友敬「ニッポン放送新株予約権発行差止事件の検討〔下〕」商事1746号4頁、10頁注（二四））。

（注2） 上村達男「UFJの大規模第三者割当増資を如何に受け止めるべきか」中東正文編『UFJ vs.住友信託 vs.三菱東京 M&Aのリーガルリスク』142頁、146頁以下（日本評論社・2005年）、布井千博「本件判批」金判1209号55頁（2005年）、藤原俊雄「本件判批」判タ1181号124頁（2005年）、松嶋隆弘「本件判批」平成16年度主判解（判タ1184号）155頁など。

（注3） ニッポン放送事件以前から、株式の買占者がグリーンメーラーであると推測される事件においては、裁判所は資金調達目的を表向きの理由に（しかし調達資金の使途等については厳格な疎明を要求せずに）新株発行を差し止めない傾向は存在した。

（注4） 以上につき、大杉謙一「株式の大量取得行為に対する法的規制のあり方——買収防衛策と主要目的ルールの将来」黒沼悦郎＝藤田友敬編『江頭憲治郎先生還暦記念 企業法の理論（下）』1頁、30頁以下（商事法務・2007年）を参照。

（注5） 上村・前掲（注2）147頁。

（注6） Cf. Sôichirô Kozuka, "Recent Developments in Takeover Law: Changes in Business Practices Meet Decade-Old Rule," 21 Zeitschrift für Japanisches Recht 5, 12, 17 (2006).

もっとも、敵対的買収の局面での一般論として、（とりわけ複数の買収プランが競合する状況においては）対象会社の経営陣には既存の株主の金銭的利益を単に損なわないだけでなく、会社・株主の利益を積極的に促進するという義務を認める方向で、今後は議論が展開される可能性がある。

（注7） 藤原・前掲（注2）130頁。

（注8） 参照、武井一浩「買収防衛策の最新動向と実務対応の指針」武井＝中山龍太郎編『企業買収防衛戦略Ⅱ』1頁、7頁、15〜17頁（商事法務・2006年）。

（注9） 上村・前掲（注2）149頁。

（注10） なお、投資ファンドにおいては多数の組合を介在させる等の複雑な出資関係が見られることが少なくないが、ファンドへの出資者の匿名性を保ち、出資者間の利益配分を柔軟に設定しつつ、多重課税を避けるためのプランニングとしてなされる場合が一般的であり、「支配に伴う責任体制が不明確」であるとして非難されるべき場合は稀であろう。

（注11） 新山・前掲（注1）71頁。

（注12） 太田洋＝野田昌毅「本件判批」商事1710号48頁、55頁（2004年）、藤原・前掲（注2）130頁以下を参照。

Kenichi OSUGI

平成16・8・4東京高裁第20民事部決定、平成16年(ラ)第1297号新株発行差止仮処分申立却下決定に対する抗告事件、**抗告棄却【訴え取下げ】**
原　審＝平成16・7・30東京地裁決定、平成16年(ヨ)第20047号

決　定

〈当事者〉（編集注・一部仮名）

抗告人（債権者）	株式会社ＣＳＫ
同代表者代表取締役	Ａ
同代理人弁護士	久保利英明
同	原　秋彦
同	松山　遙
同	上山　浩
同	山下　丈
同	森山義子
同	大塚和成
同	西本　強
同	大西千尋
同	水野信次
相手方（債務者）	株式会社ベルシステム24
同代表者代表取締役	Ｓ
同代理人弁護士	新保克芳
同	上野　保
同	村田真一
同	松村昌人
同	塩川哲穂
同	加藤祐一

【主　文】
本件抗告を棄却する。
抗告費用は抗告人の負担とする。

【理　由】
第1　抗告の趣旨及び理由
　本件抗告の趣旨は、「原決定を取り消す。相手方が平成16年7月20日に開催した取締役会の決議に基づいて現に発行手続中の普通株式520万株の発行は、仮にこれを差し止める。申立費用は相手方の負担とする。」との裁判を求めるというものであり、その理由は、別紙記載のとおりである。

第2　当裁判所の判断
1　前提事実
　原決定の「理由」中の第3、1記載のとおりであるから、これを引用する。

2　被保全権利の有無
　(1)ア　まず、抗告人は、抗告の趣旨に係る株式発行（以下「本件新株発行」という。）が、相手方には1030億円もの資金需要は存在しないにもかかわらず、相手方の現経営陣の一部がその支配権を維持し、抗告人の支配権を侵奪することを唯一の目的として行われているものであり、商法280条ノ10所定の「著シク不公正ナル方法」による株式発行に当たる旨主張する。

　イ　確かに、前記前提事実のとおり、平成16年の初めころから、抗告人代表者は相手方代表者に対して相手方の経営戦略の見直しをするよう再三にわたって迫り、同年6月に入ると相手方の経営に直接抗告人が関与すべく、相手方の取締役の過半数を抗告人側の関係者とするように提案を行ったが、相手方代表者はこれらの提案に直ちに応じず、相手方の経営方針や役員構成を巡って両者の間で対立が生じていた。
　また、新株発行の検討開始から取締役会決議に至る経緯をみても、相手方代表者は、抗告人から次期定時株主総会において相手方の取締役の変更を求める議案提案を受けた後になってはじめて、相手方取締役のＩらに対して新株発行の検討を指示したものであり、その指示に当たっても、事業の内容の検討に先立ち、あらかじめ増資の規模が示されており、相手方が本件新株発行に係る増資の資金使途としている本件業務提携に係る事業計画（以下「本件事業計画」という。）の検討が開始されたのはその後であった。しかも、本件事業計画が相手方の将来の方向性を左右するような大きな案件であり、本件新株発行に係る増資は相手方のそれまでの総資産の約2倍に当たる1000億円を超す巨額なものであるにもかかわらず、その検討期間は1か月にも満たないものであって、発行を決議した本件取締役会より前に取締役会で審議が行われたことは一度もなく、また、相手方側から相手方の社外取締役でもある抗告人代表者に対して本件新株発行について事前の説明は全くなく、むしろ社外取締役である抗告人代表者から取締役会の議題である「重要事業計画」について事前説明を求められたにもかかわらず、相手方は何らの回答も行わなかった。
　さらに、相手方は、本件新株発行の払込期日の翌日に基準日を設定し、同年8月末に予定している第23回定時株主総会において、本件新株発行により新たに株主になったＮＰＩに議決権の行使を認める旨の公告をしている。
　そして、本件新株発行は、相手方のそれまでの発行済株式総数以上の数の新株を発行するものであり、本件新株発行により抗告人の相手方株式の保有割合が約39.2パーセントから約19.0パーセントへと著しく低下し、他方で、新株を引き受けたＮＰＩの保有割合が約51.5パーセントと過半数に達することとなって、抗告人は相手方の筆頭株主の地位を失うことになる。
　<u>以上の各事実を総合すれば、本件新株発行において、相手方代表者をはじめとする相手方の現経営陣の一部が、抗告人の持株比率を低下させて、自らの支配権を維持する意図を有していたとの疑いは容易に否定することができない。</u>
　ウ　しかしながら、本件事業計画に関する前記認

定事実及び本件記録によれば、以下の事実が認められる。

まず、本件事業計画はＳＢＢから提案されたものであり、平成16年７月１日にＳＢＢから書面(乙10)による具体的な計画が提案されて以降、相手方とＳＢＢとの間で本格的な交渉が開始され、交渉は、双方の会社関係者、双方の代理人である弁護士、ＳＢＢのアドバイザーであるゴールドマン・サックス証券、新株を引き受ける日興プリンシパルインベストメンツ等多数の関係者を交えて行われ、この交渉の結果、例えば当初のＳＢＢの提案では投資規模が約2000億円であったものが自己資金分も含めて1280億円まで圧縮され、インバウンド業務の独占的業務委託に関して最低保障ブース数が設定されるなど、相手方の利益の確保につながる修正も行われた上、基本合意書(乙６)の調印に至っている。

この過程で、日興プリンシパルインベストメンツは新株引受の最終決定を行うに際して本件事業計画の詳細な分析を行っているところ(乙15、16の１)、それによると、本件事業計画の実施により相手方はソフトバンクグループのクレジットリスクに曝されることになるが、総合的にみれば許容すべきリスクであり、その他既存顧客との取引が喪失するリスク等諸リスクを考慮しても、連結ベースでの一株当たり利益は向上し、投資収益が確保されることから、全体として経済合理性に適う計画であると判断されている。さらに、相手方から依頼を受けた公認会計士は、詳細な分析に基づき、ＳＢＢから相手方が譲り受けるＢＣＣの株式の譲受価格が、相手方の株主にとって財務的な観点から妥当である旨判断している(乙21の１・２)。そして、相手方の本件事業計画における収益予測では、５年間の営業利益として984億円を見込み、既存の通信情報サービス事業者との業務環境の変化による逸失営業利益を想定した場合でも５年間で880億円(連結ベース)の営業利益増を見込んでおり、その結果、相手方の一株当たりの純利益(ＥＰＳ)は５年間に２倍近く向上し、株主資本利益率(ＲＯＥ)も概ね維持されると見込んでいる(乙３、22)。

その他、証券アナリストの評価においても本件業務提携を積極的に評価する見方も少なからずある。

以上の各事実に加え、本件事業計画の内容に関して相手方が提出した各資料(乙３、４、14、23の１・２、24の１から４まで、25、26、34、39、40、41、42の１から21まで)を総合すれば、相手方には本件事業計画のために本件新株発行による資金調達を実行する必要があり、かつ、競業他社その他当該業界の事情等にかんがみれば、本件業務提携を必要とする経営判断として許されないものではなく、本件事業計画自体にも合理性があると判断することができ、抗告人の指摘する各点及び抗告人の提出に係る全資料を考慮してもこの判断を覆すには足りない。

エ　このように、本件事業計画のために本件新株発行による資金調達の必要性があり、本件事業計画にも合理性が認められる本件においては、仮に、本件新株発行に際し相手方代表者をはじめとする相手方の現経営陣の一部において、抗告人の持株比率を低下させて、もって自らの支配権を維持する意図を有していたとしても、また、前記イ記載の各事実を考慮しても、支配権の維持が本件新株発行の唯一の動機であったとは認め難い上、その意図するところが会社の発展や業績の向上という正当な意図に優越するものであったとまでも認めることは難しく、結局、本件新株発行が商法280条ノ10所定の「著シク不公正ナル方法」による株式発行に当たるものということはできない。

オ(ア)　これに対し、抗告人は、①本件新株発行に係る発行価額が約1030億円と甚だしく高額であるなど本件新株発行の内容自体が異常であること、②本件新株発行が抗告人から平成16年８月末の定時株主総会への株主提案が出された後に急遽検討を開始され、十分な審議や手続をとらないまま取締役会において決議されたこと、③違法な基準日の公告を行ってまで、本件新株発行により株主となる者に定時株主総会での議決権を付与しようとしていること、④本件新株発行による約1030億円の調達資金の大部分は相手方の定款で定めた事業目的の範囲外の行為であるリース事業のために使う予定とされていること、⑤調達資金の使途とされる本件業務提携自体、ソフトバンク・グループに巨額の資金を融資するためのスキームであり、相手方にとっては極めて不合理な内容であることからしても、本件新株発行は、相手方の現経営陣の一部の支配権維持及び抗告人の支配権侵奪を唯一の目的とすることが明らかである旨主張する。

しかし、発行価額が約1030億円と高額であることは抗告人指摘のとおりであるが、相手方は、かつて買収資金が800億円にも上る企業買収を計画したこともあったのであり(乙32)、そのような先例に比較しても、本件新株発行に係る発行価額が異常なほどに高額であるとまではいえず、その発行規模も本件新株発行が現経営陣の一部の支配権維持等を唯一の目的として行われたものであることを基礎付けるものではなく、他に本件新株発行の内容において、控訴人主張を基礎付けるような異常性は認められない。

また、本件新株発行に係る取締役会決議までの検討期間がその事業規模に比較して短期間であることは否定できないが、その事柄の性質上、その検討が隠密裡に遂行される必要があるものと考えられる上、前示のとおり、平成16年７月１日にＳＢＢから具体的な計画が提案されて以降連日深夜に及ぶ交渉が続けられる中で本件業務提携の内容が討議、決定されていったものであり、検討期間が短期間であること自体が直ちにその検討の不十分さを裏付けるものではなく、ましてや本件新株発行の目的の不当性を推認させるものでもな

い。また、本件新株発行の決議に際しては、取締役会は1度開催されただけで、そこでの審議が短時間であったとしても、そのことが上記主張を基礎付けるものでもない。

さらに、本件新株発行の払込期日の翌日に基準日を設定することについて、それを違法とする事情もうかがえず、さらにこの事実をもって直ちに本件新株発行の目的を不当であるとの主張が基礎付けられるものではなく、前記エの判断を左右するものでもない。

なるほど、本件事業計画の中には、相手方の100パーセント子会社となることが予定されているBBCが日本テレコムに対しブースシステムや通信機器をリースするリース契約の締結が含まれている。しかし、リース事業は本件業務提携の中で他の業務に関連するものとしてその一部を構成するものであって、しかも、控訴人の定款の目的（2条）中には、「情報機器、システムを媒介とする業務代行サービス」、「情報管理処理サービス」、「通信機器のシステム設計および販売」、「工業所有権、著作権などの知的所有権の取得、譲渡、貸与および管理」のほか、「前各号に付帯する一切の業務」が掲げられているところ（甲3の3）、上記リース業も少なくともいずれかの目的を遂行する上で直接又は間接に必要なものということができ、直ちに目的の範囲内の行為に当たらないとはいえない（最高裁昭和45年6月24日判決・民集24巻6号625頁）。したがって、上記リース業が定款の目的の範囲外の行為であることを前提とする控訴人の主張は、その前提を欠き、採用することができない。

その他、本件業務提携や本件事業計画の内容が、抗告人主張のように、相手方にとって極めて不合理な内容のものであるとは認められないことは、前示のとおりである。

以上のとおり、抗告人の頭書の主張は直ちに採用することができない。

(イ) また、抗告人は、本件事業計画に係る事業の大半を占めるリース業は相手方の定款に定められた事業目的の範囲外の行為であるにもかかわらず、定款変更手続はとられておらず、同手続もとらないまま、当該リース事業を開始するために約984億円という相手方の総資産の2倍にも上る巨額の投資を実行しようとする本件事業計画には合理性がない旨主張する。

しかし、上記リース業が定款の目的の範囲内の行為に当たらないとはいえないことは前示のとおりであり、抗告人の主張は、その前提を欠き、採用することができない。

(ウ) そして、抗告人は、NPIの報告書（乙15）は、本件事業計画の合理性ではなく、相手方に投資することについての合理性を検証したものであって、相手方にとっての本件事業計画の合理性を裏付ける資料とはならないほか、公認会計士の意見書（乙21の1・2）も、その作成者はKPMGグループの監査法人ではなく、ファイナンシャルアドバイザーにすぎず、しかも、同意見書が前提とした情報は基本合意書だけであり、そもそも、基本合意書どおりにSBBが履行するかどうかが問題となる本件においては、その履行可能性を吟味することにこそ意味があるにもかかわらず、その吟味は一切行われていないから、本件事業計画の合理性を判断するための資料としては実質的に無意味なものである旨主張する。

しかし、投資会社が、投資先企業への投資の合理性を検証する上では、当該投資先企業の事業の内容を検証することは当然であり、本件事業計画に係る事業が相手方の将来の事業において極めて重要な部分を占める本件においては、投資会社であるNPIが相手方の事業、特に本件事業計画の合理性を検証しないものとは考え難く、現に上記報告書中でも、本件事業計画に係る事業による売上高や営業利益の予測を含め、多方面から相手方の将来の新規事業の合理性が検証されているのであって、同報告書が、本件事業計画の合理性を裏付ける証拠とならないとの抗告人の主張は到底採用することができない。また、上記意見書も、その作成者が監査法人ではなく、ファイナンシャルアドバイザーであることが直ちにその内容の信用性を否定することにつながるものではない上、仮に、同意見書において、SBBによる履行可能性が吟味されていなかったとしても、そのことが直ちに本件事業計画の合理性を判断する上での資料としての価値を否定することにつながるものではなく、抗告人の上記主張は採用することができない。

(エ) さらに、抗告人は、Ｉの手帳（甲35）中の「U教授」や「8／20までにTOB」といった記載から、相手方の役員が平成16年7月1日以前から基準日変更を意図して同年8月末に予定された定時株主総会の議決権操作を考えていたことが裏付けられる旨主張するが、その指摘の事実をもってしても未だ抗告人の主張する事実を裏付けるものということはできず、仮に、その主張どおりの事実が認められるとしても、前記エの判断を左右するものとはいえない。

(オ) その他、抗告人は、抗告理由において、種々主張するが、いずれも独自の見解に基づくものか、証拠の裏付けのない事実を基礎にするものであって、直ちに採用することができない。

(2) また、抗告人は、相手方代表者や取締役のKが、本件新株発行の決議において、定款違反の事業を始めようとする意思決定を行ったものであり、しかも、その判断の前提事実に関する情報収集作業を一切行わず、判断する上で必要となる情報を一切開示せずに取締役会を開催し、その取締役会では非常勤取締役のAの質問にほとんど答えないまま、賛成3名、反対2名の僅差で本件新株発行につき決議しているのであり、本件新株発行の手続には代表取締役や取締役の善管注意義務違反があるから、本件新株発行は、商法

280条の10所定の「法令ニ違反シ」て新株を発行する場合に当たる旨主張する。

しかし、定款違反を前提とする主張は、前示のとおり失当であり、その余の点も賛成3名、反対2名の僅差で本件新株発行につき決議された点を除き、これを認めるに足りる疎明はなく、むしろ、取締役会においては、本件業務提携の内容等について一定の情報が開示され、Aの質問にも一応の回答がされているのであり（甲22、30）、そもそも、同条の法令違反には、善管注意義務違反（商法254条3項、民法644条）や忠実義務違反（同法254条の3）は含まれるとするには疑義がないではない。したがって、抗告人の上記主張は、採用することができない。

3　以上のとおり、本件では被保全権利の存在についての疎明があったということはできず、抗告人の申立てを棄却した原決定は相当であるので、本件抗告を棄却することとし、主文のとおり決定する。

　　　裁判長裁判官　門口正人
　　　　　裁判官　髙橋勝男　西田隆裕

（別紙）**抗告の理由**
1　抗告の趣旨第2項記載の新株発行（以下「本件新株発行」という。）については、次の事情が示すとおり、被抗告人（債務者）には1030億円もの資金需要は存在しないにもかかわらず、債務者現経営陣の一部の支配権維持及び債権者の支配権侵奪を唯一の目的とするものであり、著しく不公正な方法による新株発行であることは極めて明白である。
(1)　本件新株発行の内容自体の異常性（発行価額が約1030億円と異常に高額であることなど）
(2)　本件新株発行が、平成16年8月末の定時株主総会に向けて債権者から株主提案が出された後に急遽検討され、十分な審議・手続を一切とらないまま承認可決されていないこと
(3)　違法な基準日公告を行ってまで、本件新株発行による新株主に定時株主総会での議決権を付与しようとしていること
(4)　1030億円の調達資金の大部分は被抗告人（債務者）の定款で定めた事業目的の範囲外の事業、すなわち被抗告人（債務者）の行うことのできない事業のために使う予定とされていること
(5)　調達資金の使途とされる業務提携自体、ソフトバンク・グループに巨額の資金をファイナンスするためのスキームであり、被抗告人（債務者）にとっては極めて不合理な内容であること
2　本件新株発行の払込期日は平成16年8月5日とされており、払込がされて本件新株発行の効力が発生した場合には、差止請求自体が無意味となる。
3　債務者は、基準日を変更し、債権者が取締役選任議案を含む株主提案を行っている本年8月の本件定時総会において、本件新株発行の引受予定者であるNPIホールディングスが議決権を行使することを可能にしようと画策している。仮に、本件新株発行の効力が生じると、債権者の債務者株式の保有割合が39.17パーセントから19.00パーセントへ著しく減少し、かつNPIホールディングスが議決権を行使することが可能になれば、既存株主、とりわけ主要株主である債権者の権利は著しく希釈化されることとなるのであって、その損害は回復困難である程度に著しいものである。
4　したがって、本件新株発行は、直ちに差し止められなければならないものであり、抗告人（債権者）は原審において以上の事実を疎明しているにもかかわらず、原審決定は、これを看過して申立を却下した違法なものである。

原決定

【主　文】
1　本件申立てを却下する。
2　申立費用は債権者の負担とする。
【理　由】
第1　申立ての趣旨
1　債務者が、平成16年7月20日に開催した取締役会の決議に基づいて、現に発行手続中の普通株式520万株の発行は、仮にこれを差し止める。
2　申立費用は債務者の負担とする。
第2　事案の概要
本件は、債務者の株主である債権者が、債務者に対し、申立ての趣旨に係る株式発行（以下「本件新株発行」という。）が商法280条ノ10所定の「著シク不公正ナル方法」による株式発行にあたるとして、本件新株発行の差止めを求めた仮処分申立ての事案である。
第3　当裁判所の判断
1　本件記録及び審尋の全趣旨によれば、以下の事実が認められる（当事者から疎明資料の提出があるものについては後掲）。
(1)　当事者
ア　債務者は、情報機器、システムを媒介とする業務代行サービス、情報管理処理サービス、コンピュータの販売及びソフトウエアの開発とシステム設計等を業とする、資本金100億4500万円、発行済株式総数489万8700株の株式会社であり、現在、債務者株式は東証一部に上場している（甲3の1、3、4、乙1、2）。
債務者は、テレマーケティングサービス（コールセンターサービス）の提供を主要な事業としており、現在、売上高等でテレマーケティング業界における最大手の地位を占めている（乙2、8）。
現在の債務者の役員構成は、以下のとおりである（甲3の3、乙1）。
すなわち、S（以下「S」又は「債務者代表者」と

いう。）が代表取締役に、その他にＫ（以下「Ｋ」という。）、Ｎ（以下「Ｎ」という。）、Ｉ（以下「Ｉ」という。）及びＡ（以下「Ａ」又は「債権者代表者」という。）が取締役に就任し、Ｍ（以下「Ｍ」という。）、Ｆ及びＨが監査役に就任している。Ａは、債務者の社外取締役であり、債権者の代表取締役である。

イ 債権者は、コンサルティング、システム・インテグレーション、システム運用、ＢＰＯ（ビジネス・プロセス・アウトソーシング）、ＩＴＯ（ＩＴアウトソーシング）等を業とする株式会社であり、債務者株式191万9000株（平成16年7月16日現在）を保有している（甲1の1、2、審尋の全趣旨）。

また、債権者は、子会社である株式会社クオカードを通じて債務者株式を6万5000株、子会社であるビジネスエクステンション株式会社を通じて2万7000株、ＣＳＫファイナンス株式会社を通じて3万3000株を保有しており、直接保有分と合わせて合計204万4000株を保有している。債権者は直接保有で債務者株式の約39.2パーセント（間接保有も併せれば約41.7パーセント）の株式を保有しており、債務者の筆頭株主であり、債務者は債権者の連結対象子会社にあたる（甲4）。

(2) 本件新株発行の概要

ア 債務者は、平成16年7月20日に取締役会（以下「本件取締役会」という。）を開催し、次の要領による本件新株発行を決議した（乙5）。

発行する新株の種類及び数　普通株式520万株
発行価額　　　　　　　　　　1株につき2万0050円
発行価額中資本に組み入れない額
　　　　　　　　　　　　　　1株につき1万0025円
割当方法　　　　　　　　　　第三者割当
新株式割当予定者
　　　　　　　　　　　　ＮＰＩホールディングス株式会社
払込期日　　　　　　　　　　平成16年8月5日

なお、ＮＰＩホールディングス株式会社（以下「ＮＰＩ」という。）は、日興プリンシパル・インベストメンツ株式会社（以下「日興プリンシパルインベストメンツ」という。）の100パーセント子会社であり、日興プリンシパルインベストメンツは株式会社日興コーディアルグループの100パーセント子会社である（乙16の1、乙17）。

イ 本件新株発行の発行総額は1042億6000万円であるが、この発行総額は債務者の総資産額（平成15年11月30日現在。以下同じ。）の約2.0倍に相当し、純資産額の約2.5倍、資本金額の約10.4倍に相当する。本件新株発行による発行予定株数は、従来の発行済株式数の約106.2パーセントに相当し、本件新株発行が行われれば、債権者の債務者株式の保有割合は、約39.2パーセントから約19.0パーセントへと減少し、一方で、ＮＰＩの保有割合が、約51.5パーセントとなる（甲3の5）。

(3) 債権者と債務者経営陣の一部との間の債務者の経営を巡っての確執

ア 平成14年8月の債務者定時株主総会において、債権者の代表取締役であるＡが債務者の取締役として選任された。

その際、債権者とＳとの間で様々な交渉がされ、債権者は5名の取締役の内3名の派遣あるいは監査役の派遣をＳに申し入れたが、Ｓがこれを拒否し、結局、債権者からはＡ1名だけを取締役として就任させることとなった（甲4、17）。

イ Ａは、平成16年1月15日の債務者臨時取締役会の開催前に、Ｓと2人で面談し、債権者としては債務者の成長率についてもっと高いレベルを期待していること、したがって、適切な中長期的成長戦略を検討・策定して欲しいことなどを伝えた。また、以前からＳはＭＢＯなどにより、債権者が債務者株式を売却することを希望していたことから、債権者としては債務者が相当な額で売却できる先を探してくるのであれば債務者株式の売却も検討する旨を伝えた（甲4）。

ウ Ａは、平成16年1月30日開催の債務者取締役会に出席し、株価の推移表を配布して、債務者がマーケットから低評価を受けており、その結果、債務者株式の株価が低落していること、その原因としては、売上成長率の低下、クライアントからの価格圧力と同業者との価格競争というマイナス要因が考えられること、したがって、何らかの形で債務者の将来的な成長戦略を検討しなければならないことを発言した（甲4、8、26）。

エ 債権者は、以前より債務者に対して債務者の将来の成長戦略について検討作成し、債権者に報告するように言っていたが、債務者から何も報告がされなかったことから、平成16年5月28日の債務者の取締役会終了後、ＡはＳに対して、債務者の将来の成長戦略を同月31日までに作成して提出するようにと発言し、その内容をみて場合によっては株主として、しかるべき対応をとる可能性がある旨を述べた（甲4、19、26）。

オ Ａは、債務者の売上成長率が低下してきたこと等を債務者の課題として捉え、その適切な対応策の提示及び説明をＳに求めてきたにもかかわらず、これが示されなかったことから、Ｓの経営体制には問題があり、債権者としては債務者の経営に直接関与する必要があると考え、平成16年6月3日、Ｓに対し、債権者のアドバイザーであるＴを通じて、債務者に対し過半数の取締役を派遣するつもりであるとの方針を伝えた（甲4、9）。

カ 債務者のＫ取締役及びＧ執行役員が平成16年6月4日に債権者を訪れ、債務者のＺ取締役及びＢグループ管理部長に対し、「中期戦略」と題する書面を提出して、債務者の中長期的な成長戦略を説明したが、債権者は、それまでの債権者からの提案に応える新しい内容のものはないと判断した（甲4、10、26）。

キ 債権者は、債務者の次期役員構成に関する債

権者の要望について債務者から回答がなかったことから、平成16年6月18日、株主提案権の行使として、以下の事項を次期定時株主総会における議案とするよう提案を行った（甲4、11、26）。

① 取締役選任議案として、現経営陣であるS、N、Iの3名に加え、現在も社外取締役であるAの他、債権者の取締役であるR及びC、CSKファイナンス株式会社の取締役であるEの合計7名を選任すること

② 監査役選任議案として、任期満了となる監査役のMに加え、債権者の執行役員経理部長であるDの合計2名を選任すること

③ 取締役の任期を2年から1年に短縮するよう定款変更をすること

ク 債務者のL執行役員ほか2名が、平成16年6月22日、債権者を訪れ、債権者と債務者のシナジー効果を検討した「シナジー効果の可能性について」と題する書面を提出した。当該書面には、債権者と債務者のの間にはシナジー効果が生じにくいという内容が記載されていた（甲4、12、26）。

ケ 債務者のK取締役及びJ常務執行役員が、平成16年7月2日、債権者を訪れ、債権者から提案のあった監査役選任議案及び定款変更議案は受け入れるが、取締役選任議案については、現在の5名の取締役に加えて債権者側から1名、社外取締役として1名の合計7名という案ではどうかとの打診があった（甲4、5）。これに対して、対応した債権者のZ取締役及びBグループ管理部長は、取締役選任議案については債権者の提案以外は考えられない旨を回答した（甲4、5、20）。

コ 債権者は、提案した取締役選任議案について債務者が会社提案として受け入れるよう説得を続けていたが、平成16年7月16日、債務者からAに対し、債務者臨時取締役会の招集通知が届いた。当該通知には、①第23回定時株主総会開催の件、②決算短信承認の件、③重要事業計画とそれに関連付帯する事項決定の件、④その他、を議題として、同月20日午前11時から臨時取締役会を招集することが記載されていた（甲4、13）。

これまでの債務者の取締役会でこの「重要事業計画」について議論されたことはなく、Aは、この議題の内容を理解できなかったことから、債務者のS宛にファックスで、取締役会において充実した審議を行うべく、この「重要事業計画」の具体的内容を事前に知らせるよう要求したが、当該要求に対し、債務者側から回答はなかった（甲4、14）。

サ 平成16年7月20日の本件取締役会で、債務者の取締役会において初めて、債務者とソフトバンクBB株式会社との包括的業務提携を考えていること及びその基本合意の内容、当該業務提携の実現のために緊急に1000億円強の資金調達が必要になることについてSから説明がされ、本件新株発行についての審議が行われた。当該説明には「ベルシステム24とソフトバンクBBとの包括的業務提携に関する基本合意等について」と題する今回の業務提携の目的や概要を簡潔に図示した書面が用いられた（甲4、22、乙3）。本件取締役会では、賛成3名（S、K、N）、反対2名（I、A）の可決承認で、本件新株発行が決議された（乙5）。なお、本件取締役会より前に、Aが本件新株発行について、債務者側から説明を受けたことはない（甲4）。

(4) 債務者の第23回定時株主総会において議決権行使ができる株主についての債務者の取扱い

ア 債務者の定款9条には、以下の記載がされている（甲3の1）。

「当会社は、毎決算期現在の株主名簿に記載又は記録された株主（実質株主名簿に記載又は記録された実質株主を含む。以下同じ）をもって、その決算期に関する定時株主総会において権利を行使すべき株主とみなす。

2．前項のほか、必要あるときは、あらかじめ公告して、臨時に基準日を定め、または株主名簿の記載の変更を停止することができる。」

なお、債務者の決算期末は5月31日である。

イ 本件取締役会において、本件新株発行に係る増資によって新たな株主となる者については、平成16年8月6日を基準日と定め、同月末の第23回定時株主総会における権利行使を可能とし、その他の株主については、同年5月31日の最終株主名簿及び実質株主名簿に記載または記録された株主が第23回定時株主総会において権利行使できる株主となる旨の基準日設定公告を行うことを決議した。上記決議は、賛成3名（S、K、N）、反対2名（I、A）で、可決承認された（乙5）。

ウ 債務者は、平成16年7月21日付日本経済新聞朝刊において、下記のとおり公告を行った（甲31、32の各別紙1）。

「当社は平成16年7月20日の取締役会で、平成16年8月下旬開催予定の当社第23回定時株主総会において、平成16年8月6日を当社定款第9条第2項の規定に基づく基準日とすることを決定しました。これは、当社が平成16年8月5日を払込期日とする第三者割当増資を実施することを決定しており、第三者割当増資により新たに株主となった者の意見も第23回定時株主総会に反映させるためです。今回の第三者割当増資により新たに株主となった者以外の株主につきましては、当社定款第9条第1項の規定が適用され、平成16年5月31日の最終株主名簿及び実質株主名簿に記載又は記録された株主が第23回定時株主総会において権利を行使できる株主となります。」

(5) 本件新株発行に係る増資の資金使途

ア ソフトバンクBBとの業務提携に至る経緯

(ア) 持株会社であるソフトバンク株式会社（以下「SB」という。）を中核として多数の事業会社等

から構成されるソフトバンクグループは、ＳＢの100パーセント子会社であるソフトバンクＢＢ株式会社（以下「ＳＢＢ」という。）において、「Ｙａｈｏｏ！ＢＢ」を中核としたブロードバンドにおけるインフラや各種サービスの提供や技術開発等を行っており、特に個人向けブロードバンドサービスでは、大規模な販促活動を行うことによって会員数を急速に増加させ、現在、国内一の会員数を有している。また、ソフトバンクグループは、平成16年5月27日に、日本テレコム株式会社（以下「日本テレコム」という。）を買収したことを発表したが、この買収により、加入回線数で1000万超の回線を有する総合通信事業者になることとなった（乙39）。

(イ) ソフトバンクグループと債務者の関係は、約2年前から、ＳＢＢ代表取締役のＷ（以下「Ｗ」という。）と債務者代表者のＳとの間では、テレマーケティング分野における関係強化の話が出ていたが、具体的な関係強化には至らなかった（乙9、39、40、審尋の全趣旨）。

(ウ) Ｓは、平成16年6月18日、ゴールドマン・サックス証券のＰ社長から、債務者とＳＢＢ側とで業務提携を行わないかとの打診を受けた（乙40）。

(エ) Ｓは、平成16年6月21日、債務者取締役のＩらと会議を開催し、その席上で「第三者割当を実行したいと思っている。増資を考えるにあたって、今、自分の手持ちにはソフトバンクとパソナがある。第三者割当増資による発行金額の総額は500億円から600億円を考えている。」などと述べ、Ｉに対し、ソフトバンクグループに対する提案書をドラフトし、提案書には、ソフトバンクグループと資金のやりとりをしながら一緒にできそうな事業を記載し、500億円から600億円の資金使途についても記載をするように指示した（甲26）。

Ｉは、翌22日、上記指示に沿うソフトバンクグループ宛の第三者割当増資と事業提携に関する提案書のドラフトを作成し、同月23日に、Ｓへ電子メールで送信した（甲25、26）。

(オ) ＳＢＢの取締役であるＱ（以下「Ｑ」という。）と債務者代表者のＳが平成16年6月25日に面談し、ＱからＳに対して、ソフトバンクグループにおけるＳＢＢと日本テレコムのコールセンター業務を一括してアウトソーシングする方針があること、日本テレコムを傘下におさめたソフトバンクグループが新サービスを展開するにあたって設備投資の必要性とテレマーケティングによる営業力拡充が必要であることが伝えられ、ソフトバンクグループと債務者との間での包括的提携の検討依頼がなされた（乙40）。

(カ) ＷとＳが平成16年7月1日に直接面談し、ＷからＳに対して、ＳＢＢ及び日本テレコムのコールセンター業務の一括アウトソース（業務委託）の方針が伝えられ、債務者においてこれを一括して受託することを検討して欲しいとの依頼が正式になされた（乙10）。さらに、Ｗは、コールセンター業務の一括アウトソースに限らず、ソフトバンクグループが新たに計画をしているサービスのビジネスモデルとこの実現に必要とされる設備投資についての説明がなされ、日本テレコムのセールス・アンド・リースバックの方式による設備投資について協力依頼を行った。同日以降、債務者とＳＢＢの間で業務提携に向けた本格的な交渉が開始され、交渉は連日深夜に及んだ（乙33、40）。

(キ) 本件新株発行により実質的な株主となる日興プリンシパルインベストメンツの代表取締役であるＶ（以下「Ｖ」という。）は、債務者とＳＢＢの本件業務提携の検討に投資家として深く関与して、契約の諸条件について様々な意見を述べた。Ｖは、本件業務提携により債務者の連結ベースでの利益は飛躍的に増加するものと判断している（乙16の1、34）。

イ 本件業務提携の内容（乙3、4、6）

ＳＢ及びＳＢＢと債務者は、コールセンター業務に関して包括的な業務提携（以下「本件業務提携」という。）を行うこととし、平成16年7月20日、これについて本文20頁からなる基本合意書（以下「本件合意書」という。）を取り交わした。

本件業務提携の概要は、以下のとおりである。

すなわち、ＳＢＢの100パーセント子会社であり現在は休眠状態にあるＢＢコール株式会社（以下「ＢＢＣ」という。）に、ＳＢＢ及び日本テレコムのコールセンター業務を集約し、このＢＢＣがＳＢＢや日本テレコムからコールセンター業務を一括して受託することとした上で、債務者はＢＢＣを完全子会社化し、さらに必要な設備投資費用等をＢＢＣに貸し付けるというものである。まず、資本金1億円の株式会社であるＢＢＣが99億円の増資を行い、ＳＢＢがこれを引き受け、さらにＳＢＢがＢＢＣに対し188億円を貸し付け、ＢＢＣはそのようにして得た資金をコールセンター業務に必要なシステムや業務用資産の購入資金287億円（内訳は、システム等購入代金に244億円、業務用資産の譲受代金に43億円）にあてる。次に、債務者がＳＢＢから、ＢＢＣの発行済株式全部を500億円で譲り受け、また、同額の代金を支払って上記貸付金188億円の債権譲渡を受ける。さらに、債務者がＢＢＣに592億円を貸付け、ＢＢＣが当該資金で日本テレコムにリースするための通信機器を購入する。

このように本件業務提携の実現のためには、債務者において、ＢＢＣの発行済株式全部及びＳＢＢがＢＢＣに対して有する貸付金188億円を、合計688億円で譲り受け、ＢＢＣに対し592億円を貸し付けるために合計1280億円の資金が必要となるところ、債務者は、本件新株発行により調達することとなる約1030億円（発行総額1042億6000万円から発行諸費用等を控除した金額）と債務者の自己資金等約250億円をこれにあてるとの計画を立てている。

なお、本件合意書には、平成16年8月3日までに、

本件業務提携に係る最終契約が締結される予定であることが記載されている。

本件合意書によれば、本件業務提携によりＳＢ及びＳＢＢがＢＢＣに負うこととなる主要な義務は以下のとおりであり、ＢＢＣの事業は、これに応じた内容のものとなる。

(ｱ)　ＳＢＢ及び日本テレコムはＢＢＣとの間で、インバウンド業務（顧客から依頼企業宛にくる電話を代行受信して応対する受信業務）の業務委託契約を締結すること（本件合意書5条11項、12項。以下「本件インバウンド業務委託契約」という。）

本件インバウンド業務委託契約の業務委託期間は、平成16年10月1日から平成22年5月末日までの5年8か月と定められており（ただし、一部の業務を除く。）、その期間中、ＢＢＣはＳＢＢ及び日本テレコムから両社のインバウンド業務を独占的排他的に受託するものとし、第三者がこれを受託することはできない。本件インバウンド業務委託契約の解約については、ＢＢＣにおいて重大な背信的行為があった結果、3か月の猶予期間があってもなお改善されずにＳＢＢ又は日本テレコムに営業停止等の重大な業務上の支障が生じた場合に限るとの合意がされている。本件インバウンド業務委託契約の業務委託料については、ＳＢＢ及び日本テレコムが発注すべきブース数の最低数量及び単価の金額が具体的に定められて合意されている。

(ｲ)　ＳＢＢ及び日本テレコムのインバウンド業務用資産の譲渡（本件合意書5条9項、10項）

ＳＢＢ及び日本テレコムは、ＳＢＢの新宿住友ビルコールセンター及びオークタワーコールセンター、日本テレコムの法人インバウンドコールセンター、札幌お客様センター（及びその増床分）及び九州お客様センターの各コールセンターに所在するその営業用資産（コールセンター業務を行うためのコンピューターシステム、セキュリティシステム、什器備品等）を、ＢＢＣが本件インバウンド業務委託契約に基づく業務を開始する平成16年9月末までに、ＢＢＣへ43億円以下の代金額で譲渡する。

(ｳ)　日本テレコムのアウトバウンド業務（依頼企業に代わって、依頼企業の顧客宛にセールスなどの電話をかける発信業務）のためのブースシステムの日本テレコムへのリース業務（本件合意書5条5項から8項まで）

ＢＢＣは、日本テレコムのアウトバウンド業務のための7500ブース分のブースシステム（ブースシステムを構成するリースの対象物件は、テレマーケティングシステム及びクライアント端末ＰＣ並びにその導入支援サービス、並びにコンタクトセンターシステム、セキュアコールセンターシステム及びセキュリティコンサルテーション）を日本アイ・ビー・エム株式会社及び株式会社ネットマークスから合計約190億円で購入し、さらにこのシステムの保守契約をエス・アンド・アイ株式会社と保守料42億2500万円で締結した上で、当該ブースシステム全部について日本テレコムにリース期間5年間、リース料率7パーセント（リース料月額合計4億6018万5000円）でリースするリース契約を締結する。

(ｴ)　ソフトバンクグループの平成16年9月1日開始の新サービスに関する日本テレコムのアウトバウンド業務についての優先的条件による営業（本件合意書5条13項）

ＢＢＣは、日本テレコムのアウトバウンド業務について、1000ブース分の業務をブースシステム使用料を負担することなく営業することができる。ＢＢＣは、ソフトバンクグループが平成16年9月1日から営業する新サービスに係るアウトバウンド業務を1000ブース分を目標に引き受ける。ＢＢＣが1ブースにつき月45回線以上の獲得をコミットした場合には、日本テレコムはＢＢＣに対し、かかる1ブースにつき67万5000円の営業支援金を支給する。

(ｵ)　ソフトバンクグループの新サービスのために使用する中核的な通信機器の購入と日本テレコムへのリース業務（本件合意書5条14項、15項）

ＢＢＣは、ソフトバンクグループが平成16年9月1日から開始することを予定している新サービスに必要なＡＧＷと呼ばれる通信機器（アナログ回線用100万ポート分及びＩＮＳ回線用100万ポート分）を563億8000万円で購入して、これを日本テレコムにリース期間7年間、リース料率8パーセントでリースするリース契約を締結する。

(ｶ)　関連会社からの優先受託権（本件合意書7条1項）

ＳＢは、ＢＢＣに対して、平成22年5月31日までの間、ＳＢ、ＳＢＢ、日本テレコム及び新規設立又は株式譲受によりＳＢの子会社・関連会社となった会社のうち、ＳＢＢ又は日本テレコムと同等の通信事業を営む会社が行う通信事業に関するインバウンド業務について、他の事業者に対する条件を実質的に下回らない限り、優先的に受託することができる権利を付与する。

ウ　本件業務提携における債務者の収益予想

債務者は、本件業務提携による収益予想を以下のとおり見込んでいる（乙3、4）。なお、この収益見込みは本件取締役会の審議に使用された説明資料（乙3）に記載されている。

(ｱ)　インバウンド業務の収益

債務者は、上記イ(ｱ)の業務委託に基づくＳＢＢ及び日本テレコムからの売上高を、当該業務委託に一定の保証がされていることなどを考慮して、最低でも、業務開始から平成21年5月期末までの約5年間で合計2325億円、売上利益を上記の約5年間で合計429億円と見込んでいる。

(ｲ)　アウトバウンド業務の収益

債務者は、上記イ(ｴ)の業務に基づくアウトバウンド

業務の売上高を、最低でも、上記の約5年間で合計708億円、売上利益を合計411億円と見込んでいる。
　　　（ウ）システムリース業務の収益
　債務者は、上記イ(ウ)のリース契約に基づくリース料売上高を、最低でも、上記の約5年間で合計261億円、売上利益を合計43億円と見込んでいる。
　　　（エ）通信機器のリース業務の収益
　債務者は、上記イ(オ)のリース契約に基づくリース料売上高を、最低でも、上記の約5年間で合計557億円、売上利益を合計205億円と見込んでいる。
　　　（オ）債務者は、上記(ア)から(エ)までの上記の約5年間の売上利益合計1086億円から、販売管理費等を控除して、上記の約5年間の営業利益について合計984億円と見込んでいる。そして、既存の通信情報サービス事業者との業務環境の変化による逸失営業利益を想定した上で、5年間で880億円（連結ベース）の営業利益増を見込んでいる。
　　エ　本件業務提携に対する証券アナリストの評価
　　　（ア）三菱証券は、平成16年7月21日、アナリストレポートの中で、本件業務提携を理由として、債務者株式について、同社の株式レーティングをとりあえずA（今後12か月間における投資効果がTOPIXを15パーセント超上回る）からB＋（今後12か月間における投資効果がTOPIXを5～15パーセント上回る）に引き下げた（甲27）。
　　　（イ）ドイツ証券は、平成16年7月21日、アナリストレポートの中で、本件業務提携を理由として、債務者株式について、同社の株式レーティングを「Buy」から「Hold」に引き下げ、目標株価を従来の2万8000円から2万0800円へ引き下げた（甲28）。
　　　（ウ）UFJつばさ証券は、平成16年7月22日、アナリストレポートの中で、本件業務提携を理由として、債務者株式について、同社のレーティングを新規にA（今後半年から1年間のパフォーマンスがTOPIXを5～20パーセント上回る）と格付けた（乙19）。
　　　（エ）新光証券は、平成16年7月22日、アナリストレポートの中で、本件業務提携を理由として、債務者株式について、同社のレーティングについて「2（当社アナリストが今後6か月間のパフォーマンスがTOPIXに対して±5パーセント以内と予想している銘柄）」を継続することとした（乙20）。
　　　（オ）いちよし経済研究所は、平成16年7月23日、アナリストレポートの中で、本件業務提携を理由として、債務者株式について、同社のレーティングをC（予想フェアバリューに対して0～20パーセント割高）からB（0～20パーセント割安）に引き上げた（乙29）。
2　被保全権利の有無
　以上の本件新株発行に関する事実関係を前提として、本件新株発行が商法280条ノ10所定の「著シク不公正ナル方法」による新株発行であると認めることが

できるかについて、以下に判断する。
　(1)　商法280条ノ10所定の「著シク不公正ナル方法」による新株発行とは、不当な目的を達成する手段として新株発行が利用される場合をいうと解されるところ、株式会社においてその支配権につき争いがあり、従来の株主の持株比率に重大な影響を及ぼすような数の新株が発行され、それが第三者に割り当てられる場合に、その新株発行が特定の株主の持株比率を低下させ現経営者の支配権を維持することを主要な目的としてされたものであるときは、不当な目的を達成する手段として新株発行が利用される場合にあたるというべきである（この点について、債権者は、特定の株主の持株比率が著しく低下することを認識しつつ新株発行がなされる場合、原則として当該新株発行は著しく不公正な発行にあたる旨を主張するが、商法が公開会社について株主の新株引受権を排除し、原則として株主の会社支配比率維持の利益を保護してはいないことを考慮すると、債権者の主張は採用できない。）。
　(2)　これを本件についてみるに、前記認定のとおり、平成16年の初めころから、債権者代表者は債務者代表者に対して債務者の経営戦略の見直しをするよう再三にわたって迫っており、同年6月に入ると債務者の経営に直接債権者が関与するべく、債務者の取締役の過半数を債権者側の人間とするように提案を行ったが、債務者代表者はこれらの提案について債権者代表者が首肯するような回答を行っておらず、債務者の経営方針や役員構成を巡って両者の対立が続いていること、本件新株発行は、被告のそれまでの発行済株式総数以上の数の新株を発行するものであり、本件新株発行により債権者の債務者株式の保有割合が約39.2パーセントから約19.0パーセントへと著しく低下し、他方で、新株を引き受けたNPIの保有割合が約51.5パーセントと過半数に達することとなって、債権者は債務者の筆頭株主の地位を失うことになることからすると、本件は、債務者の支配権につき争いがあり、従来の株主の持株比率に重大な影響を及ぼすような数の新株が発行され、それが第三者に割り当てられる場合であり、その結果、特定の株主の持株比率が低下することが認められる。
　また、債務者代表者が債務者取締役のⅠらに対して新株発行の検討の指示をしたのは、債務者の取締役の変更を求める債権者からの次期定時株主総会における議案提案を受けた後であること、その指示にあたっては、事業の内容の検討に先立ち、あらかじめ増資の規模が示されていたこと、債務者が本件新株発行に係る増資の資金使途としている本件業務提携の事業計画の検討が開始されたのはその後であったこと、当該事業計画が債務者の将来の方向性を左右するような大きな案件であり、本件新株発行に係る増資は債務者のそれまでの総資産の約2倍にあたる1000億円を超す巨額なものであるにもかかわらず、その検討期間は極めて短

いものであって、発行を決議した本件取締役会より前に取締役会で審議が行われたことは一度もなく、また、債務者側から債務者の社外取締役でもある債権者代表者に対して本件新株発行について事前の説明は全くなかったこと、債務者は、本件新株発行の払込期日の翌日に基準日を設定し、同年8月末に予定している第23回定時株主総会において、本件新株発行により新たに株主になったＮＰＩに議決権の行使を認める旨の公告をしていること（なお、そのような取扱いが違法かどうかについては争いがあるが、本件の結論を左右するものではないので判断しない。）の各事実が認められるところ、以上の事実関係を総合すれば、本件新株発行の検討に先立ち、債務者代表者をはじめとする債務者の現経営陣の一部が、債権者の持株比率を低下させて、自らの支配権を維持する意図を有していたことが推認できないではない。

しかしながら、本件業務提携に関する前記認定事実及び本件記録によれば、本件業務提携に係る事業計画はＳＢＢから提案されたものであること、同年7月1日にＳＢＢから書面（乙10）による具体的な計画が提案されて以降、債務者とＳＢＢとの間で本格的な交渉が開始され、交渉は、双方の会社関係者、双方の代理人である弁護士、ＳＢＢのアドバイザーであるゴールドマン・サックス証券、新株を引き受ける日興プリンシパルインベストメンツ等多数の関係者を交え連日深夜に及んだこと、この交渉の結果、例えば当初のＳＢＢの提案では投資規模が約2000億円であったものが自己資金分も含めて1280億円まで圧縮され、インバウンド業務の独占的業務委託に関して最低保障ブース数が設定されるなど、債務者の利益の確保につながる修正も行われたこと、この結果、同月19日までに本件業務提携の詳細な枠組が決定され、同月20日にＳＢ及びＳＢＢと債務者との間において基本合意書（乙6）が取り交わされたこと、日興プリンシパルインベストメンツは新株引受の最終決定を行うに際して本件事業計画の詳細な分析を行っているところ（乙15、16の1）、それによると、本件事業計画の実施により債務者はソフトバンクグループのクレジットリスクに曝されることになるが、総合的にみれば許容すべきリスクであり、その他既存顧客との取引が喪失するリスク等諸リスクを考慮しても、連結ベースでの一株当たり利益は向上し、投資収益が確保されることから、全体として経済合理性に適う計画であると判断されていること、債務者から依頼を受けた公認会計士は、詳細な分析に基づき、ＳＢＢから債務者が譲り受けるＢＣＣの株式の譲受価格が、債務者の株主にとって財務的な観点から妥当である旨判断していること（乙21の1、2）、債務者の本件業務提携における収益予測では5年間の営業利益として984億円が見込まれており、既存の通信情報サービス事業者との業務環境の変化による逸失営業利益を想定した上で5年間で880億円（連結ベース）の営業利益増が見込まれていること、その結果、債務者の一株当たりの純利益（ＥＰＳ）は5年間に2倍近く向上し、株主資本利益率（ＲＯＥ）も概ね維持されると見込まれていること（乙22）、証券アナリストの評価においても本件業務提携を積極的に評価する見方も少なからずあることの各事実が認められ、以上の各事実に加え、本件業務提携の内容に関して債務者が提出した各資料（乙3、4、14、乙23の1、2、乙24の1から4まで、乙25、26、34、39、40、41、42の1から21まで）を総合すれば、債務者には本件業務提携に係る事業計画のために本件新株発行による資金調達を実行する必要があり、かつ当該事業計画自体には一応の合理性があると判断することができ、債権者の指摘する諸点及び債権者の提出に係る全資料を考慮してもこの判断を覆すには足りない。

そうであれば、本件新株発行の検討に先立ち、債務者代表者らが自らの支配権維持の意図を有していたこと、本件業務提携に係る事業計画がこのような意図に起因したものであることは否定できないものの、本件業務提携に係る事業が約1280億円の規模で実行されつつあり、本件新株発行によりそのうち約1030億円が調達され、当該事業のために現実に投資される予定であること、事業計画には一応の合理性が認められ、債務者には相当額の営業利益増が見込まれていることを考慮すると、少なくとも本件新株発行の決議時点において、本件新株発行が債務者の現経営陣の支配権維持を主要な目的とするものであったこと、すなわち、本件新株発行がそのような不当な目的を達成する手段として利用されたものであると一応認めることはできない。なるほど、本件新株発行に至る手続、とりわけ本件新株発行に係る増資は債務者の総資産の約2倍にあたる1000億円を超す巨額なものであるにもかかわらず、発行を決議した本件取締役会より前に取締役会で審議を行ったことはなく、社外取締役である債権者代表者から取締役会の議題である「重要事業計画」について事前説明を求められたのに対し何らの回答も行わなかった点については不公正の感を抱かざるを得ないものの、上に判断したところによれば、本件新株発行が著しく不公正な方法による新株発行としてその差止めを命ずべきものとまでは解することができない。

3　以上のとおりであるから、本件では被保全権利の存在についての疎明があったということはできない。よって、保全の必要性について判断するまでもなく、主文のとおり決定する。

　　裁判長裁判官　鹿子木　康
　　　　裁判官　佐々木宗啓　大寄　久

7 ダイソー事件

―― 持株比率の減少要件の会社法210条における理論的位置づけと買収防衛策発動差止め仮処分事件に与える影響 ――

大阪地決平成16・9・27金融・商事判例1204号6頁

三井法律事務所・弁護士　大塚和成

I　事案の概要

1　Yは東証および大証のいずれも一部に上場している株式会社であり、Xはその筆頭株主であって取引先である。

2　Yは、平成16年6月に明らかにした経営方針に基づいて従前の資金計画を見直した結果、資金使途を設備投資に14億円、借入金返済に16億円、運転資金に13億0800万円として、第三者割当増資により資金調達することとした。そこで、Yは、平成16年9月10日開催の取締役会において、発行価格の総額43億3600万円で、普通株式1560万株（既発行済株式総数の約19.5％）を取引先等15社に割り当てる本件新株発行を決議した。

3　Xの持株比率は、申立日である平成16年9月17日時点では約10.6パーセントであったが、本件新株発行がされた場合には、約8.8～8.9パーセントまで低下することとなる。

4　Xは、Yによる本件新株発行が、資金調達の必要性がないにもかかわらず、現経営者の支配権を確保するためにのみされるものであるから、商法280条ノ10〔会社法210条2号〕所定の著しく不公正な方法による発行に該当する等とし、不利益を受けるおそれがあるとして、その差止仮処分を求めた。

II　決定要旨

申立却下

1　当事者間におけるYの支配権の有無をめぐる紛争の存否

「Xの持株比率は現在約10.6パーセントであり、筆頭株主であるところ、この割合ではYの支配権を有しているということはできない。」

「他方、XとYとの間において、その取引等の経緯及び現状につき双方の立場からの認識に齟齬が生じていることは…明らかであるが、両者がYの支配権を争う状態にあると一応認めるに足りる疎明はない。」

2　本件新株発行の割当先会社とYとの関係

「Yにおいては、平成16年3月31日時点で…Yの支配権を有する株主の存在を認めるに足りる疎明はない。

Xは、本件新株発行の割当先となる15社について、…Yの経営陣側を支持する株主グループを構成していると主張する。そして、このグループがXと敵対する関係に立っていることを前提として、これらの15社の持株比率の合計が50パーセントを超えるか等を問題にしている。

しかしながら、Xの主張するようなYと割当先会社との関係及び割当先会社相互の関係からは、本件新株発行の割当先会社15社が今後常にYの経営陣を支持して議決権を行使するとの事実を推認することはでき…ない。」

3　資金調達の必要性

「Yは、前記認定のとおりの経緯のもとで、設備投資に14億円、借入金返済に16億円、運転資金に13億0800万円の資金調達の必要性があると判断し、本件新株発行によるその調達を決定したことが一応認められる。」

4　結論

「そうすると、XとYとの間にはYの支配権をめぐる争いはなく、また、本件新株発行によりXの持株比率が約10.6パーセントから約8.8ないし8.9パーセントへ減少するが、Xは筆頭株主の地位を失うことはなく、各種の少数株主権のうち解散判決請求権（商法406条ノ2〔会社法833条〕）を除

く少数株主権を行使しうる地位を失うこともないのであり、他方、Ｙは資金調達が必要であることを現に判断した上で本件新株発行を決定しており、本件新株発行の結果、Ｙを支持する株主グループが構成されてＹの経営陣の支配権が確保されることもないのであるから、Ｙが不当な目的達成する手段として本件新株発行を利用したとは認められない。

したがって、本件新株発行が、Ｘが主張するような著しく不公正な方法による新株発行によるものと認めることはできない。」

III 分析と展開

1 本決定の意義

募集株式等の発行について株主総会決議を必要としない公開会社においては、会社支配の帰属をめぐる争いがある場合に、議決権の多数を維持・争奪する目的で、取締役会の多数派が自派のみに募集株式等を割り当てる第三者割当てを行い、この対抗手段として、反対派株主が、会社法210条2号〔旧商法280条ノ10〕（注1）に基づいて、かかる募集株式等の発行等を仮に差し止めることを求めて仮処分申請を行う事態が、しばしばみられる。本決定も、募集株式の発行が、議決権の多数を維持・争奪する目的で行われたものとして、旧商法280ノ10に基づく差止めの対象となるか否かが争われた事案である。

ところで、会社法210条〔旧商法280条ノ10〕をみると、差止請求権の発生という法律効果が発生するための法律要件として、各号に定める各場合とともに「株主が不利益を受けるおそれがあるとき」が定められている。この点、本決定においては、Ｘの申立てを却下した理由として、本件新株の発行によるＸの持株比率の減少が約10.6％から約8.8〜8.9％に過ぎないことが重視されている。ここに、本決定の意義が認められる。

本評釈においては、この適否を中心に論じた上で、今後の展開として、この点が敵対的企業買収に対する防衛策発動の差止めを求める仮処分事件に与える影響について、考察をしたい。

2 会社法210条2号の差止請求権の性質と同条柱書にいう株主が受ける「不利益」

そもそも、会社法210条2号の前身である商法280条ノ10は、昭和25年の商法改正において、米国法に倣って、迅速な資金調達を可能とするために増資権限を株主総会から取締役会に委譲することとの引き換えに、株主に不利益が生じることを防止するために設けられた制度である（江頭憲治郎『株式会社法』680頁注(1)（有斐閣・2006年））。すなわち、昭和25年当時、米国では、裁判例上、取締役会が増資権限を濫用して支配権変動目的で募集株式を発行するという事案が相当数蓄積されており（例えば、洲崎博史「不公正な新株発行とその規制（一）」民商94巻5号57頁注(18)(1986年)に掲げられた裁判例を参照）、かかる株式の発行に対する事前の救済策として差止命令（Injunction）が活用されていたことから、当時の立法者が、わが国でも同様の事態が生じることを予想して、米国法と同様の差止制度を設けたものである。

この差止請求権は、株主が直接に損害を受ける行為に対して認められるものであるから、会社が損害を受ける行為に対して認められる差止請求権（会社法360条）とは、同じ取締役の行為に対する差止請求権であっても、性質を異にすることに注意しなければならない。すなわち、会社法210条に基づく差止請求権は、米国の各州法上「株主自身の権利に基づく個人的訴権」として認められた権利に由来する（矢沢惇「株主の地位の強化」『企業法の諸問題』21頁（商事法務研究会・1981年））ものであるのに対し、会社法360条の差止請求権は、株主代表訴訟と同様に、会社の利益のために単独株主が行為するものである（江頭・前掲450頁）。

したがって、会社法210条に基づいて差止請求ができる者は、当該株式の発行によって、直接の「不利益を受けるおそれ」がある株主でなければならず、ここに「不利益」とは、「当該株式の発行…が著しく不公正な方法により行われる場合」（2号）においては、当該株式の発行によって持株比率（議決権割合）が減少することをいうとされる（江頭・前掲680頁注(2)参照）（注2）。

3 従前の裁判例を踏まえた「株主が不利益を受けるおそれ」要件の具体的検討

(1) 具体的に何％から何％への減少が問題なのか

それでは、「株主が不利益を受ける」とは、具体的には、持株比率（議決権割合）が、何％から何％に減少することをいうのであろうか。

本件は10％超から10％未満への減少事例であるところ、本決定は、Ｘは、10％超ではもともと支配権を有しているとはいえないし、本件株式発行

によって10％未満に減少しても解散請求権（商法406条ノ2〔会社法833条〕）を除く少数株主権を行使できる地位を失うわけではないことを、申立却下の理由として重視している。

従来の裁判例を分析すると、(a)過半数、または(b)少数株主権を行使できる比率が、株主の不利益となるかの持株比率の攻防ラインとされてきたものと思われる（江頭・前掲682頁参照）。

(a)の50％超をめぐる攻防戦で株式等の発行差止めが認められた事例としては、忠実屋・いなげや事件（東京地決平成元・7・25金判826号11頁）、ネミック・ラムダ事件（東京地決平成10・6・11資料版商事法務173号192頁）、ニッポン放送第二事件（東京高決平成17・3・23金判1214号6頁）がある。また、資金調達目的があることを理由に差止仮処分が認められなかった事例としては、恵美寿織物事件（大阪地堺支判昭和48・11・29判時731号85頁）、弥栄工業事件（東京地決昭和52・8・30金判533号22頁）、宮入バルブ第一事件（東京地決昭和63・12・2判時1302号146頁）、ベルシステム24事件（東京高決平成16・8・4金判1201号4頁）がある。

(b)は、かつては25％（累積投票権）や10％（帳簿閲覧権）が重要であった。すなわち、25％をめぐる攻防戦で株式発行の差止仮処分が認められた事例としては、東洋精糖事件（東京地決昭和33・4・28商事175号36頁）がある。また、同様に25％の事例である小林百貨店事件異議審判決（新潟地判昭和42・2・23判時493号53頁）は、累積投票権の排斥目的を問題としながらも、結論においては、資金調達目的があることを理由に差止仮処分を認めた基本事件決定を取り消している。10％超をめぐる攻防戦の事例としては、第一紡績事件（大阪地決昭和48・1・31金判355号10頁）がある。同決定は、持株比率の減少により、「申請人らが10％以上の株主の有する帳簿閲覧請求権等の少数株主権を失うことも明らか」としながら、会社に少数株主権を排斥する「意図が多少なりとも存在していたとしても」、具体的な資金需要があったこと等を理由に、結論において、差止仮処分を認めなかった。

しかし、昭和49年商法改正で累積投票権が定款規定によって排斥できるようになり（会社法342条1項）、平成5年商法改正によって帳簿閲覧権が3％で行使できるようになった（会社法433条1項）。そこで、今日、25％や10％のラインは、株主の「不利益」といえるか否かの点であまり重要でなくなったものと思われる（清水俊彦「ニッポン放送新株予約権発行差止仮処分事件（下）」判タ1192号80頁（2006年））。本決定が、Ｘの持株比率が10％超から10％未満に減少しても、解散請求権以外の少数株主権を失わないことを重視したのは、まさにこの趣旨によるものと思われる。なお、本件は発行会社Ｙが業績好調の上場企業であって、企業の継続性に疑いがない事案であったため、解散請求権の喪失がＸの具体的不利益とならないことが、却下決定という結論に影響したものと思われる（その意味で事例判決である）。ちなみに、江頭教授は、「会計帳簿の閲覧権排斥の目的」による株式発行の差止めが争われた事案として、上記第一紡績事件を紹介しているが（江頭・前掲682頁）、帳簿閲覧権が3％保有に引き下げられた平成5年商法改正後においては、清水俊彦弁護士の「経営に多少なりとも参画しようと本気で考えている株主の持株比率は比較的高いはずであろうし、…3％くらいは市場からの購入で回復が容易であろうから、特定の株主に持株比率3％割れを生じさせる新株発行が著しく不公正とは言い難いであろう」（清水・前掲83頁注（109））との指摘が正しいと思われる。このように解すると、今後は、(b)の攻防ラインで差止請求権が認められる事例は、ごく限られたものになると思われる。

また、(a)と(b)の中間として特別決議の拒否権のラインである33.4％（会社法309条2項）も意味があるといえる。この点を指摘する裁判例として、イチヤ事件異議審（高知地決平成16・7・8資料版商事法務251号220頁）がある。すなわち、3％未満での減少事例において、高知地裁は、問題とされた新株予約権の発行前に「債権者自身が参加した本件総会において特別決議が成立したことも勘案」し、差止仮処分申請を却下している。

なお、13.1％から10.9％への減少事例に関するニッポン放送第一事件決定（東京地決平成6・3・28判時1496号123頁）も、13.1％では「会社を支配し、株主総会の特別決議を阻止できる議決権数には大幅に不足するものである」ことや、10.9％への減少では「少数株主権行使のための持株要件を欠くに至るものでもない」ので、株主Ｘの「受ける不利益は単なる持株比率の低下にとどまる」と判示し、新株発行差止仮処分申請を却下している。

また、22.21％から20.56％への減少事例に関す

る名村造船所事件決定（大阪地決平成18・12・13金判1259号40頁）も、22.21％では「現経営陣による経営を脅かすものになっているとまで認める証拠はなく、…債権者が反対した定款変更議案は可決されている」ことや、「その低下率1.65％が、…有意なものであることをうかがわせる事情は特段ない」と判示し、募集株式発行差止仮処分申請を却下している。

(2) 持株比率の減少要件の理論的位置付け

このように、これまでのわが国の裁判例を分析すると、株式等の不公正発行に対する差止請求権が認められるためには、「一定数量の株式保有が必要であり、持株比率の大小と変動の程度は、隠れた要件」とされてきたといえる（清水・前掲80頁）。

なお、この要件は実体要件と思われるが、裁判所サイドからは、「不公正発行を理由とする差止めについては、会社支配権を争っていたり、当該発行により少数株主権を失うことになる当該株主にだけ原告適格が認められることになるものと思われる」との見方も示されている（大寄久＝薮谷恵美「新株発行差止めの訴え」判タ1172号60頁（2005年））。また、上記各裁判例を詳しく検討すると、「著しく不公正な方法」による発行といえるかの要件に関連して論じているものが多い（本決定はこれに当たる）。この点は、上記2の差止請求権の性質からして、自覚的に、実体要件であり、「株主が不利益を受けるおそれ」要件に位置付けられるべきと解される（注3）。

4 今後の展開—買収防衛策発動に対する差止仮処分事件への影響

(1) 既に一定数量の株式を保有していることが、会社法210条2号に基づく差止請求権の要件か—再検討

会社法210条2号に基づいて差止請求権を行使するためには、既に一定数量以上の株式を保有していることが必要なのかという問いについて、再度、検討してみる。

(b)の少数株主権を行使できる比率が攻防ラインとなった裁判例（東洋精糖事件、小林百貨店事件異議審決定、第一紡績事件）をみると、いずれも、当該株式の発行によって少数株主権を喪失するか否かが問題とされているから、この類型では、当該株式等の発行前に、既に少数株主権を行使できる比率以上の株式を保有していることが差止請求権の要件とされていると評価できる。本決定も、本件新株発行による持株比率の変動によって「少数株主権を行使しうる地位を失う」のかを問題にしており、このことを当然の前提としているといえよう（ニッポン放送第一事件も同様である）。

次に、(a)の過半数が攻防ラインとなった裁判例をみると、差止めが認められたネミック・ラムダ事件は株主Xの持株比率が50.62％から38.4％に減少する事案である。また、資金調達目的があることを理由に差止めが認められなかった恵美寿織物事件や弥栄工業事件、宮入バルブ第一事件も、Xの持株比率が既に50％超あるが、新株の発行によって50％未満に減少する事案である（恵美寿織物事件は51.2％→27％、弥栄工業事件は51.7％→25.85％、宮入バルブ第一事件は50.07％→39.91％）。もっとも、差止めが認められた忠実屋・いなげや事件では、忠実屋における株主Xの持株比率が33.34％から26.81％に減少する（現経営陣派株主は19.5％になる）事案であり、いなげやにおける株主Xの持株比率が21.44％から17.24％に減少する（現経営陣派株主は19.5％になる）事案である。同じく差止めが認められたニッポン放送第二事件では、株主X（ライブドア）の持株比率が約42％から約17％に減少する（現経営陣派株主〔フジテレビ〕は取得株式数だけで59％になる）事案である。また、ベルシステム24事件では、株主Xの持株比率が約39.2％から約19.0％へ減少する（現経営陣派株主は約51.5％になる）事案において「支配権を維持する意図を有していたとの疑いは容易に否定することはできない」と判示されている。したがって、(a)の過半数ラインが争われた類型では、必ずしも、当該株式等の発行前に過半数の持株比率を有していることが要件とされていないことは明らかである。

ただし、ベルシステム24事件は、これまでの株主総会における議決権行使率からすると、約4割の株式を保有する株主Xが実質的に議決権の過半数を支配していたともいえ、恵美寿織物事件や弥栄工業事件、宮入バルブ第一事件、ネミック・ラムダ事件と同様に、当該株式発行によって、株主の現在の支配的地位が奪われる事案とみることができる（敵対的企業買収が進行中の事案ではない）（注4）（注5）。

これに対し、忠実屋・いなげや事件やニッポン放送第二事件は、進行中の敵対的企業買収に対する防衛策としての新株等の発行が問題とされたも

のであり、当該株式等の発行前に、株主Xが実質的にみても議決権の過半数を支配しているとはいえないが、Xが株を買い進めることによって50％超獲得の現実的な可能性が生じ、当該株式等の発行によって、かかる現実的可能性が遠のく事案といえる。すなわち、ここでは、当該株式等の発行によってXが受ける不利益は、現在の株主としては、単なる持株比率の低下にとどまるが（特に、21.44％から17.24％への減少事案である忠実屋・いなげや事件のいなげや事案がそうである）、買収者としては、過半数の株式を取得できる現実的可能性を害されることである。そして、敵対的企業買収が進行中の事案においては、まさに、後者の不利益が重要といえるのである（注6）。

この点で、敵対的企業買収が進行中の事案と、同じ(a)に係る事案でも株主の現在の支配的地位を奪う事案との違いが認識されなければならないし、本件を含めた(b)に係る事案との違いも認識されなければならない。

(2) 本当に、既に一定数量の株式を保有していない買収者は、買収防衛策の発動に対して差止仮処分申請で対抗することができないのか

もっとも、裁判所は、忠実屋・いなげや事件でも、ニッポン放送第二事件でも、買収者Xが既に一定数量の株式を買い進めていたこともあり、「株主」の不利益という条文に忠実に、当該株式等の発行によって、既に保有している株式の持株比率を減少させられることを、差止仮処分を認める理由として重視しているようである。

このように会社法210条2号の適用において現在の株主としての持株比率の減少を重視する考えは、公開買付けに対して株式分割が買収防衛策として発動された事案に関する日本技術開発事件（東京地決平成17・7・29金判1222号4頁）において、当該株式分割が「既存株主の権利の実質的変動をもたらすものではない」ことを理由に、旧商法280条ノ10〔会社法210条2号〕の類推適用を否定した決定に受け継がれているものと思われる。

筆者は、この事件の買収者X側の代理人であったが、公開買付けを開始した時点でのXの持株比率は6.83％に過ぎなかったため、当該株式分割によって害されるXの利益は、現在の「株主」としてのものではなく、50％超獲得の現実的な可能性があるという「公開買付者」としての利益（注7）であったので、差止仮処分の被保全権利を、どのように理論付けるかについて苦心した。ひとつは、旧商法280条ノ10が救済するのは、厳密に現在の「株主」として被る不利益のみではなく、「さらなる株式を取得して持株比率を引き上げることを妨げられる不利益」も含まれるとして同条を類推適用するとの主張であり、もうひとつは、「株式分割を決定した取締役会決議が公開買付者の利益を害し、取締役会に与えられた権限を越える無効なものであり、公開買付者には確認の利益も認められるのであるから、取締役会決議無効確認訴訟を本案とすることも可能である」との主張である（後者の主張は福島洋尚教授のご意見に基づいた）。同決定は、上記のとおり前者の主張は否定したが、後者の主張による差止めの可能性を肯定したものとして評価できる（同決定を同様に評価するものとして、布井千博「判批」金判1229号66頁（2005年）（注8）。これに対し、同決定はこの点の判断を示していないと評価するものとして、弥永真生「株式の無償割当て・新株予約権の無償割当て・株式分割と差止め」商事1751号9頁注(7)（2005年）（注9））。なお、旧商法272条（会社法360条）に基づく差止請求権は、上記2のとおり、会社の利益のために単独株主が行為するものであるから、買収者がその直接の利益のために行為する場面とは構造を異にするので、類推の基礎がないと考え、当初から主張しなかった。また、江頭憲治郎教授は、会社法下における救済手段として、株式無償交付の場合とほぼ同様に新株発行無効の訴えの規定（会社法828条2号・3号）を類推適用し、これを本案訴訟とする議決権行使禁止の仮処分等は認められるとする（江頭・前掲269頁注(6)）が、多様な防衛策発動事例（後掲（注11）参照）に対応できないとの難点があるように思われる。

(3) 今後の展開

買収防衛策発動に対する買収者の事前救済（事前差止）が、会社法210条2号の適用により図られるのか、それとも、取締役会決議無効確認訴訟を本案とする差止仮処分により図られるのかは、今後の裁判例や学説の発展を待たなければならない。そもそも、前者での判断基準（裁判例の蓄積で「主要目的ルール」という考え方が有力）と後者での判断基準に論理的な連続性が認められるのかについても、議論が整理されなければならない（連続性を認めるのは難しいとするものとして、清水俊彦「ＴＯＢと不公正発行」金判1228号5頁（2005年））

（注10）。これは、既に一定数量の株式を保有している現在の「株主」が50％超まで買い進めようとする場合と、現在は株式を保有していない「公開買付者」が50％超まで買い進めようとする場合とで、これを阻止するための買収防衛策発動の適否の判断基準に違いを設ける実質的な理由があるかの問題でもある。

いずれにせよ、これまでの裁判例の考え方をそのまま踏襲すれば、現在持株数がゼロの公開買付者が買収防衛策としての新株等の発行に対抗するためには、会社法210条2号の適用（類推）によることはできないであろうから、日本技術開発事件における東京地裁の枠組みで救済を受けることになろう（注11）。この点が問題となる事案は、証券取引法27条の2第1項4号の新設によって、公開買付けによらずに、相対売買と市場買付けとを組み合わせる買収手法を用いることができなくなったことから、今後、多くなることが予想される（昨夏、世間を騒がせた王子製紙による北越製紙の敵対的買収事件でも、王子製紙は、三菱商事に対する第三者割当増資が公表された時点では、北越製紙の株式を3.45％しか保有しておらず、現在の「株主」として受ける不利益は、この程度の持株比率を減少させられるというものに過ぎなかった）。

（注1） 新株予約権の場合は会社法247条2号（旧商法280条ノ39第4項が準用する旧商法280条ノ10）の適用が問題となるが、以下、省略する。
（注2） 裁判所は、株主が経済的不利益を受ける場合にも、「著しく不公正な方法」による株式等の発行に該当するとして差止仮処分を認めている。古くは吉田工業事件（東京地決昭和34・8・24商事154号24頁）であり、最近では、ニレコ事件（東京高決平成17・6・15金判1219号8頁）である（ニレコ事件については、拙稿「買収防衛策と『企業価値』の意義」金法1749号80頁（2005年）参照）。
（注3） 吉田工業事件では株主Xの当該株式等発行前の持株比率は0.05％、ニレコ事件では2.85％に過ぎず、いずれもこの要件は必要とされていない。これは、株主の受ける「不利益」が、前掲（注2）のとおり、持株比率の減少ではなく、経済的不利益であるためである。
（注4） 宮入バルブ第一事件は、敵対的企業買収への対抗事案であるが、当該株式の発行前に、Xが50％超の株式取得を完了した事案である。
（注5） 敵対的企業買収が進行中の事案でない、41.66％から31.25％への減少事案であるユタカ商会事件（東京地判昭和27・9・10判タ23号33頁）では、裁判所は、資金調達目的（との優劣）に触れることなく、そもそも不当目的の疎明がないことを理由に差止仮処分申請を却下した。ここでは、会社提案議案が「次期総会に於ては新株発行を為さずとも…容易に承認せられること」が認定されている。
（注6） 差止めが認められなかった敵対的企業買収が進行中の事案としては、コスモポリタン事件（大阪地決昭和62・11・18判時1290号144頁）、宮入バルブ第二事件（東京地決平成元・9・5金判828号22頁）、ゼネラル第二事件（大阪地決平成2・7・12金判851号44頁）がある。コスモポリタン事件は32.36％から29.93％への減少事案であり、宮入バルブ第二事件は約47％から約40％への減少事案であり、ゼネラル第二事件は約30％から約25.338％への減少事案である。このように、いずれも、株主Xは50％超まで株式を取得していたわけではない。にもかかわらず、申請却下の理由としては、具体的な資金需要があったことが重視されている。これは、Xに50％超獲得の現実的な可能性が生じ、かかる現実的可能性を遠のかせる新株発行であったため、裁判所も、ユタカ商会事件（前掲（注5））のように、そもそも不当目的（支配権維持目的）の疎明がないとまでは断じきれなかったものと評価できる。なお、ゼネラル事件では、Xが持株比率の変動後も「筆頭株主であることに変わりはない」ことが、申請却下の理由のひとつにあげられている。
（注7） 加えて、当初、日本技術開発側代理人弁護士は株式分割に希釈化効果があるとの見解を有していた（読売新聞平成17年7月21日付朝刊）が、筆者がX側代理人の働きかけにより、差止仮処分申請の翌日、金融庁より、分割新株もTOBの対象となるとの見解が示され（読売新聞平成17年7月23日朝刊）、これを裁判所も決定で追認したため、株式分割に希釈化効果がなくなってしまったとの事情もあった（拙稿「買収防衛策としての株式分割」金法1747号4頁（2005年））。
（注8） もっとも、布井教授は、後者の主張そのものには反対をし、その理由として、会社法が「株主権の濫用が生じるのを予防するため」、株主の差止請求権が認められる場合を限定しているにもかかわらず、後者の主張を認めると、「取締役会の決議事項は、業務執行全般に及ぶ」ことから、「迅速を要する業務執行のすべてについて株主の差止仮処分を認める」こととなり、「会社の運営に多大の影響

を与えるものと考えられる」ことをあげる（「判批」金判1229号66～68頁）。

しかし、日本技術開発事件は、少数株主が会社の利益のために行為する場面でなく、買収者が自らの直接の利益のために行為する場面であるため、株主権（共益権）の濫用が会社運営に与える影響を論ずる場面ではないとの批判が、先ず、可能である。さらに、民事保全法23条2項の解釈を誤っているとの批判も可能である。すなわち、被保全権利が①排他性ある権利（所有権や著作権等）に基づく妨害予防請求権や②法律の規定に基づく差止請求権（会社法210条等）である場合には、一般的に債権者Xの要保護性が強いといえるため、裁判所は、被保全権利が疎明されさえすれば、直ちに（特段の事情がない限り）、保全の必要性も認める傾向にある。しかし、それ以外の場合、すなわち被保全権利（争いのある権利関係）が、③契約に基づく差止請求権や④差止請求権以外の権利（権利関係）である場合、裁判所は、Xの要保護性が弱い場合もあるため、被保全権利（争いのある権利関係）が疎明されても、さらに、保全の必要性について、慎重に、事案に応じた個別判断を行っている。したがって、④に分類される取締役会決議無効確認訴訟を本案とする差止仮処分という法律構成を認めたとしても、取締役会決議が無効である事案の全てで差止仮処分が認められるわけではない。この点で、布井教授は、実体法（会社法に基づく差止請求権）と手続法（民事保全法に基づく差止仮処分）を混同しているとの批判が可能である（なお、③に分類される判例として、被保全権利は認められたが、保全の必要性が否定されて差止仮処分が認められなかったものとして、住友信託銀行・UFJグループ協議等差止仮処分事件最三決平成16・8・30民集58巻6号1763頁、金判1205号43頁がある）。

（注9）　弥永真生教授は、日本技術開発事件について、「株主の『法律及び定款に従った業務運営を求める権利』を被保全権利とする差止請求権」を認める余地があろうとする（「株式の無償割当て・新株予約権の無償割当て・株式分割と差止め」商事1751号9頁注（7））。これは、会社の利益のために単独株主が行為する権利（共益権）を被保全権利とするとの法的構成であるから、前掲（注8）の分類からすると、②に属することになろう。かかる法律構成に対しては、株主権の濫用を防止するために株主の差止請求権は会社法に明定される場合に限定されるべきであるという布井教授の同決定に対する批判（前掲（注8））がそのまま当てはまることになろうし、そもそも、日本技術開発事件は、会社の利益の保全が問題なのではなく、買収者の直接の利益の保全が問題となった事案であるので、事件の本質を見誤っているとの批判が可能である。

（注10）　太田洋弁護士は、日本技術開発事件決定はニッポン放送第二事件の各決定を踏襲したものと評価する（「日本技術開発の株式分割差止仮処分命令申立事件」商事1742号47頁（2005年））。これに対し、小出篤助教授は、日本技術開発事件決定はニッポン放送第二事件の各決定と異なる枠組みを提示したものであると評価する（「平成一七年度会社法関係重要判例の分析〔下〕」商事1774号58頁（2006年））。

筆者は、ニッポン放送第二事件各決定は、従来の裁判例では請求原因（不当目的〔支配権維持・争奪目的〕が資金調達目的に優越すること）の段階で審理が尽きていた主要目的ルールを、抗弁（会社ひいては株主全体の利益の保護の観点から、株式等の発行を正当化する特段の事情があること）の段階まで審理したとの意味で、主要目的ルールの発展型であり、従来の裁判例と連続性があると理解している。筆者が本文で問題にしているのは、このような主要目的ルールに関わる裁判例の流れと日本技術開発事件決定が示した判断基準との間に連続性があるか否かの点である。

（注11）　信託型ポイズンピルの発動が本来は望ましいはずの買収を妨げてしまう場合やクラウンジュエル・貸株などの焦土化作戦の場合に、公開買付者が司法による事前救済（事前差止）を受けることができないといった馬鹿げた法解釈はあり得ないであろう。そこで、例えば、信託型において、SPCが保有する新株予約権を公開買付者以外の株主に配るとの取締役会決議があった場合に、会社法210条2号を類推適用して主要目的ルールで適否を判断するのか、当該取締役会決議無効確認訴訟を本案として日本技術開発事件で東京地裁が定立した判断基準で適否を判断するのかは、これからの課題である。

＊　本件判批としては、外に早川勝「判批」ジュリ1291号106頁（2005年）、青竹正一「判批」ジュリ1328号144頁（2007年）がある。
＊　草稿段階で、福島洋尚教授および中東正文教授から有益なコメントを頂いた。ここに記して感謝したい。

Kazumasa OTSUKA

平成16・9・27大阪地裁第4民事部決定、平成16年(ヨ)第30023号新株発行差止仮処分申立事件、申立却下【確定】

決　定

<当事者>（編集注・一部仮名）
債権者　　　　　　　　株式会社ワイエムシィ
代表者代表取締役　　　　　　　　山村隆治
代理人弁護士　　　　　　　　　　桑山　斉
同　　　　　　　　　　　　　　　秋山　洋
同　　　　　　　　　　　　　　　平田正憲
同　　　　　　　　　　　　　　　日詰栄治
債務者　　　　　　　　　　ダイソー株式会社
代表者代表取締役　　　　　　　　佐藤　存
代理人弁護士　　　　　　　　　中務嗣治郎
同　　　　　　　　　　　　　　　森　真二
同　　　　　　　　　　　　　　　浅井隆彦
同　　　　　　　　　　　　　　　錦野裕宗
同　　　　　　　　　　　　　　　鈴木秋夫
同　　　　　　　　　　　　　　　國吉雅男

【主　文】
1　本件申立てを却下する。
2　申立費用は債権者の負担とする。

【理　由】
第1　当事者の申立て
1　申立ての趣旨
　債務者が平成16年9月10日の取締役会の決議に基づき現に発行手続中の普通株式1560万株（1株の発行価額278円）の新株発行を仮に差し止める。
2　申立ての理由
　新株発行差止仮処分命令申立書、主張書面(1)ないし(3)記載のとおりであるからこれを引用する。
3　債務者の答弁及び主張
　後記第2の「」部分のほか、答弁書記載のとおりであるからこれを引用する。

第2　事案の概要
　本件は、債務者の前記第1の1（申立ての趣旨）の新株発行（以下「本件新株発行」が、①業務上資金調達の必要性が全くないのにもかかわらず、債権者の持株比率（債権者の所有する株式が債務者の発行済株式総数に占める割合）を低下させて、本件新株発行により割当を受ける株主らにより構成される債務者側の安定株主グループの持株比率を50パーセント超に増加させるなど現経営者の支配権を確保するためにのみされるから、商法280条ノ10所定の著しく不公正な方法による新株発行にあたり、②仮に資金調達の必要があるとしても、その調達理由の一つであるコストダウン投資（総額20億3500万円）については、平成16年6月30日付け有価証券報告書提出後に生じた情報であり、証券取引法7条の「重要な事項の変更」であるから、同年9月10日付け有価証券届出書及び同月作成の新株式発行届出目論見書に記載すべきであったのに全く記載していないので、同条に違反するから、商法280条ノ10所定の法令違反による新株発行にあたり、いずれも不利益を受けるおそれがあるとして、その差止めを求めるものである。

　これに対し、債務者は、①具体的な資金調達の必要から本件新株発行をするのであり、債務者側の安定株主グループなど存在せず、現経営者の支配権を確保することが目的ではないから、著しく不公正な方法によるものではなく、「②債権者の指摘するコストダウン投資に関する記載については、証券取引法7条の求める自発的訂正届出書の提出を要する同法5条の定める届出書類に記載すべき重要な事項の変更ではないから、法令違反によるものでもない」と主張する。

第3　当裁判所の判断
1　当事者間に争いのない事実並びに疎明資料、審尋の結果及び審尋の全趣旨により一応認められる事実
（1）当事者
　債務者は、資本金63億3050万8025円、発行済株式総数8017万9397株、事業分野を基礎化学品、機能化学品及び住宅設備その他とする化学メーカーとして、大阪証券取引所及び東京証券取引所のいずれにも一部上場している株式会社である。
　債権者は、平成16年3月31日の時点では、債務者の株式を687万3000株所有していたが、本件申立日（同年9月17日）当時には、851万3000株所有しており、他にダイソー協栄会（債務者の取引先による持株会）を通じて3万0158株も有している（名義書換中）。
（2）債務者の本件新株発行決定に至る経緯
　債務者においては、平成15年3月、平成15年度（平成15年4月1日から平成16年3月31日まで）から平成17年度（平成17年4月1日から平成18年3月31日まで）までの3か年における「NEXTAGE-05」と称する中期経営計画を策定し、「選択と集中」との経営方針のもとに経営目標として年間売上高を700億円に、連結ベースの経常利益を年間30億円にすることを定め、基本方針として、機能性化学品事業の拡大強化、事業の再構築、新製品の上市加速と新市場の開拓、資産効率向上による財務体質の改善及び時代の変化に対応できる企業カルチャーの創造を掲げた。
　債務者は、上記の経営方針のもとで、高付加価値事業の拡大強化等への積極的な設備投資とともに財務体質の改善を実現するため、平成15年12月15日、第3回無担保転換社債型新株予約権付社債を発行して、50億円の資金を調達した。
　そこで、債務者は、上記社債発行が一般投資家に受け入れられたこと、平成16年3月期の業績が経常利益を前期比20.6パーセント増の13億8600万円とし、当期純利益も前期の1億0800万円から6億4100万円と大幅に増加して好調であったことから、「選択と集中」から「選択と拡大」へと積極的経営方針へ転換することとし、既存事業の基盤の強化拡大を推進するため、生産体制を見直して生産技術本部を強化し、既存事業の基盤の強化のための設備投資、機能化学品事業の拡大強化、新規事業の開発と早期事業化への設備投資を積極的に行うこととし、コスト削減とともに有利子負債の

圧縮等による財務体質の強化を図ることとした。債務者は、平成16年6月3日の平成16年3月期決算説明会において、このような経営方針の転換を明らかにし、その際、設備投資はここ2年間はおよそ償却範囲内に絞ってきたが、平成16年度は通常投資のほかに既存事業の基盤の強化に最低でも20億円程度、計算では41億円程度、あるいは50億円の投資を考えている一方で、平成16年3月には最低でも5億円以上のコスト削減を実現し、資産効率向上のため固定資産の評価下げを実施して12億円程度圧縮する予定であると説明した。債務者は、平成16年7月5日、機関投資家4社に対しても、20億円の投資により5億円のコスト削減を図る旨説明した。

そして、債務者は、上記の転換した経営方針により、新たに新規設備投資として4件（尼崎工場の酸化イリジウム電極製造設備の増設に3億8900万円、小倉工場の整流器更新に2億0400万円、松山工場のダップ樹脂製造設備の増設に3億3700万円、同工場の排水燃焼設備の増設に2億8000万円、計12億1000万円）で約12億円、年間5億円のコストダウンを実現するための投資として9件（尼崎工場の塩素酸ソーダ増槽に3億5000万円、松山工場の倉庫設置に3億9900万円、尼崎工場及び小倉工場の余剰水素の有効利用に2億1000万円、松山工場の廃塩素ガス削減のための真空ポンプ設置に9000万円、水島工場の反応器形状更新に4900万円、同工場のＥＰＲＨグレード増産に8200万円、三島の物流基地に2億1000万円、静岡工場の倉庫設置に2億4500万円、水島工場のプロピレンタンクに4億円、計20億3500万円）で約20億円を要するとして、従前の資金計画を見直した結果、資金使途を設備投資（上記の設備投資4件に尼崎工場の塩素酸ソーダ製造設備の増設に1億9000万円が加わる。）に14億円、借入金返済に16億円、運転資金に13億0800万円をとして、増資により資金調達することとした。

債務者は、平成16年9月10日開催の取締役会において以下の内容で本件新株発行をすることを決議した。
① 発行する新株式　　　　普通株式1560万株
② 発行価額　　　　　　　1株につき278円
③ 発行価額の総額　　　　　43億3680万円
④ 発行価額中資本に組み入れない額
　　　　　　　　　　　　　1株につき139円
⑤ 申込期日　　　　　　　平成16年9月28日
⑥ 払込期日　　　　　　　平成16年9月29日
⑦ 配当起算日　　　　　　平成16年4月1日
⑧ 割当先及び株式数
　　株式会社池田銀行　　　　　　　　170万株
　　帝人株式会社　　　　　　　　　　100万株
　　日本興亜損害保険株式会社　　　　100万株
　　株式会社みずほコーポレート銀行　100万株
　　株式会社福岡銀行　　　　　　　　100万株
　　株式会社伊予銀行　　　　　　　　100万株
　　東亞合成株式会社　　　　　　　　100万株
　　倉敷紡績株式会社　　　　　　　　100万株
　　荒川化学工業株式会社　　　　　　100万株
　　三信株式会社　　　　　　　　　　100万株
　　コニシ株式会社　　　　　　　　　100万株
　　帝国臓器製薬株式会社　　　　　　100万株
　　奥村機械製作株式会社　　　　　　100万株
　　日亜鋼業株式会社　　　　　　　　100万株
　　株式会社ＵＦＪ銀行　　　　　　　 90万株
⑨ 払込取扱銀行　株式会社ＵＦＪ銀行大阪営業部
　　　　　　　　株式会社みずほコーポレート銀行大阪営業部
⑩ 新株発行総額43億3600万円から、発行諸費用の概算額2800万円を除いた手取概算額43億0800万円は、設備資金に14億円、借入金返済資金に16億円、運転資金に13億0800万円を充当する。
⑪ 前記各号については、証券取引法による届出の効力発生を条件とする。

(3) 持株比率
ア　債務者の平成16年3月31日時点における株主構成

上記時点の債務者の大株主上位10社は債権者を筆頭に、降順に帝人株式会社、株式会社ＵＦＪ銀行、日本興亜損害保険株式会社、日本生命保険相互会社、株式会社みずほコーポレート銀行、旭化成ケミカルズ株式会社、日本マスタートラスト信託銀行株式会社、ダイソー協栄会、株式会社あおぞら銀行であり、これら10社で発行済株式総数の約45パーセントを占めている。

イ　本件新株発行前の債権者の持株比率
債権者の持株比率は、ダイソー協栄会を通じて有する分を含めるか否かで若干異なるが、平成16年3月31日時点では約8.5ないし8.6パーセントであり、本件申立日である同年9月17日時点では約10.6パーセントである。

ウ　本件新株発行がされた場合における債務者株式持株比率
債権者の持株比率は、ダイソー協栄会を通じて有する分を含めるか否かで若干異なるが、本件新株発行がされると、約8.8ないし8.9パーセントである。

2　被保全権利の存否
(1) 著しく不公正な発行について
ア　当事者間における債務者の支配権の有無をめぐる紛争の存否

前記認定のとおり、債権者の持株比率は現在約10.6パーセントであり、筆頭株主であるところ、この割合では債務者の支配権を有しているということはできない。また、債権者が債務者の他の株主と協調して債務者の支配権を有しているとも、債権者が単独ないし他の株主と協調して債務者の支配権を獲得する見込が立っているとも一応認めるに足りる疎明はない。

他方、債権者と債務者との間において、その取引等の経緯及び現状につき双方の立場からの認識に齟齬が生じていることは審尋の全趣旨から明らかであるが、両者が債務者の支配権を争う状態にあると一応認めるに足りる疎明はない。

イ　本件新株発行の割当先会社と債務者との関係
前記認定のとおり、債務者においては、平成16年3月31日時点で債権者を含む大株主上位10社で発行済株式総数の約45パーセントを占めているが、債務者の支配権を有する株主の存在を認めるに足りる疎明はな

債権者は、本件新株発行の割当先となる15社について、債務者の株式を所有している割当先会社があること、債務者に割当先会社出身の役員がいること、債務者と競業関係にある割当先会社があること、割当先会社間に取引関係がある場合があることなどから、割当先会社15社が常に債務者の経営陣を支持して議決権を行使することになるとの前提に立ち、債務者の経営陣側を支持する株主グループを構成していると主張する。そして、このグループが債権者と敵対する関係に立っていることを前提として、これらの15社の持株比率の合計が50パーセントを超えるか等を問題にしている。
　しかしながら、債権者の主張するような債務者と割当先会社との関係及び割当先会社相互の関係からは、本件新株発行の割当先会社15社が今後常に債務者の経営陣を支持して議決権を行使するとの事実を推認することはできず、他にこれを認めるに足りる疎明もない。
　　ウ　資金調達の必要性
　債務者は、前記認定のとおりの経緯のもとで、設備投資に14億円、借入金返済に16億円、運転資金に13億0800万円の資金調達の必要性があると判断し、本件新株発行によるその調達を決定したことが一応認められる。
　　エ　そうすると、債権者と債務者との間には債務者の支配権をめぐる争いはなく、また、本件新株発行により債権者の持株比率が約10.6パーセントから約8.8ないし8.9パーセントへ減少するが、債権者は筆頭株主の地位を失うことはなく、各種の少数株主権のうち解散判決請求権（商法406条ノ2）を除く少数株主権を行使しうる地位を失うこともないのであり、他方、債務者は資金調達が必要であることを現に判断した上で本件新株発行を決定しており、本件新株発行の結果、債務者を支持する株主グループが構成されて債務者の経営陣の支配権が確保されることもないのであるから、債務者が不当な目的達成する手段として本件新株発行を利用したとは認められない。
　したがって、本件新株発行が、債権者が主張するような著しく不公正な方法による新株発行によるものと認めることはできない。
　(2)　法令（証券取引法7条）違反について
　債務者が平成16年6月30日付け有価証券報告書提出後に、コストダウンを実行するための投資（9案件の総額20億3500万円）を決定したこと、同年9月10日付け有価証券届出書及び同月作成の新株式発行届出目論見書にこれらの投資につき記載がないことは疎明資料により一応認められる。
　債権者は、これらの投資を有価証券届出書（証券取引法5条）に記載すべき「重要な事項の変更」（同法7条）にあたるとし、同条につき「企業内容等開示ガイドライン（「企業内容等の開示に関する留意事項について」平成15年4月金融庁総務企画局）の7-1②が、「「重要な設備の新設、拡充又は改修に係る計画」、「資金計画」等について投資判断に重要な影響を及ぼすような変更があった場合」を例示していることを根拠にあげる。
　そして、債権者は、債務者がこれらの投資につき有価証券届出書等に記載しなかったことから、新株の取得者が債務者に損害賠償を請求するおそれがあり（証券取引法18条）、債務者は損害賠償に応じざるを得ないから、その結果、債権者にも不利益が生じることが明らかであると主張する。
　しかしながら、仮に債権者の主張のとおり、有価証券届出書及び新株式発行届出目論見書にこれらの投資に関して記載することが証券取引法上求められていたとしても、かかる記載をしなかったことにより、本件新株発行の割当先会社15社に実際にいかなる損害が生じたのか、生じたとしてこれを割当先会社15社が債務者に対して現実に損害賠償請求するのか、債務者は最終的に損害賠償責任を負担するのか、負担するとして債務者が損害を賠償することにより株主である債権者がいかなる不利益を受けるおそれが現に生じているのかについては、抽象的な主張にとどまり疎明がない。
　そうすると、証券取引法違反があるとする債権者の主張は、その違反の事実の存否を判断するまでもなく、株主が不利益を受けるおそれのあることについて疎明がないから理由がない。
　3　よって、債権者の本件申立ては、被保全権利の疎明を欠き、その余の点を判断するまでもなく理由がないから却下することとし、主文のとおり決定する。
　　　　　　　　　　　　　　　裁判官　永井裕之

8 ライブドア vs ニッポン放送事件

東京高決平成17・3・23金融・商事判例1214号6頁

一橋大学法学部教授　仮屋広郷

I　事案の概要

　株式会社Y放送は、Fテレビの企業グループに属しており、Fは以前からYの発行済株式総数の12.39%を保有していた。平成17年1月17日、Fは、Yの経営権の獲得を目的として、Yのすべての発行済株式の取得を目指して、公開買付を開始することを決定した（Fは、この公開買付の結果〔平成17年3月7日終了〕、Yの発行済株式総数の36.74%を保有する株主となった）。Yはこれを受けて、同日開催の取締役会において本件公開買付に賛同することを決議し、同日付けの「公開買付けの賛同に関するお知らせ」と題する書面を公表した。

　ところで、Yの発行済株式総数の約5.4%を保有していたXは、公開買付期間中の平成17年2月8日に、東京証券取引所の立会外取引（ToSTNeT-1）を利用した取引によって、子会社Lを通じて、Yの発行済株式総数の約29.6%に相当する株式を買い付けた。それ以降もXらはYの株式を買い付け、平成17年2月21日までには、Yの総議決権に対する割合が、37.85%となった（その後、平成17年3月7日現在で、Xらは、発行済株式総数の42.23%を保有するに至っている）。

　これに対して、Yは、平成17年2月23日の取締役会において、大量の新株予約権をFに対して発行することを決議すると同時に、同日付けで「第三者割当による新株予約権発行のお知らせ」と題する書面を公表した。この書面には、本件新株予約権の発行は、Yの企業価値の維持と、Yがマスコミとして担う高い公共性の確保のために行うものであり、XがYの支配株主となることはYがマスコミとして担う高い公共性と両立しないと判断し、Xによる大量のY株式取得という公開買付けの開始後に発生した事情に影響を受けることなく、Yが賛同を表明したFによるYの子会社化という目的を達成する手段として、Fへの本件新株予約権の付与を決定した旨が記載されていた。また、本件新株予約権の発行により取得する払込金（新株予約権の発行価額の総額）は、「（仮）臨海副都心スタジオプロジェクト」への整備資金に充当する予定であるとされていた。なお、本件新株予約権がすべて行使された場合に発行される株式数は、従来のYの発行済株式総数の1.44倍に当たる。そして、その場合、XによるYの株式の保有割合は、約42%から約17%へと減少し、一方で、Fの保有割合は、新株予約権を行使した場合に取得する株式数だけでも約59%になる。

　そこで、Xは、本件新株予約権の発行が、①特に有利な条件による発行であるのに株主総会の特別決議（改正前商法280条ノ21第1項〔会社法240条1項・238条2項3項・309条2項6号〕）がないため、法令に違反していること、②著しく不公正な方法による発行であることを理由として、これを仮に差し止めることを求めた（改正前商法280条ノ39第4項・280条ノ10〔会社法247条〕）。

　原審仮処分決定（東京地決平成17・3・11金判1213号2頁）は、①の主張は退けたものの、②を認めて、Xの申立てを認容した。原審異議決定（東京地決平成17・3・16金判1213号21頁）も②を認めて、仮処分決定を認可した。Yは、この異議決定を不服として抗告したが、東京高裁は、抗告棄却決定をした（なお、Yが①の主張を取り下げたことから、本決定は、この点に関する判断を示していない）。

Ⅱ 決定要旨

抗告棄却

「会社の経営支配権に現に争いが生じている場面において、株式の敵対的買収によって経営支配権を争う特定の株主の持株比率を低下させ、現経営者又はこれを支持し事実上の影響力を及ぼしている特定の株主の経営支配権を維持・確保することを主要な目的として新株予約権の発行がされた場合には、原則として、商法280条ノ39第4項が準用する280条ノ10にいう『著シク不公正ナル方法』による新株予約権の発行に該当するものと解するのが相当である。

もっとも、経営支配権の維持・確保を主要な目的とする新株予約権発行が許されないのは、取締役は会社の所有者たる株主の信認に基礎を置くものであるから、株主全体の利益の保護という観点から新株予約権の発行を正当化する特段の事情がある場合には、例外的に、経営支配権の維持・確保を主要な目的とする発行も不公正発行に該当しないと解すべきである。

例えば、株式の敵対的買収者が、①真に会社経営に参加する意思がないにもかかわらず、ただ株価をつり上げて高値で株式を会社関係者に引き取らせる目的で株式の買収を行っている場合（いわゆるグリーンメイラーである場合）、②会社経営を一時的に支配して当該会社の事業経営上必要な知的財産権、ノウハウ、企業秘密情報、主要取引先や顧客等を当該買収者やそのグループ会社等に移譲させるなど、いわゆる焦土化経営を行う目的で株式の買収を行っている場合、③会社経営を支配した後に、当該会社の資産を当該買収者やそのグループ会社等の債務の担保や弁済原資として流用する予定で株式の買収を行っている場合、④会社経営を一時的に支配して当該会社の事業に当面関係していない不動産、有価証券など高額資産等を売却等処分させ、その処分利益をもって一時的な高配当をさせるかあるいは一時的高配当による株価の急上昇の機会を狙って株式の高価売り抜けをする目的で株式買収を行っている場合など、当該会社を食い物にしようとしている場合には、濫用目的をもって株式を取得した当該敵対的買収者は株主として保護するに値しないし、当該敵対的買収者を放置すれば他の株主の利益が損なわれることが明らかであるから、取締役会は、対抗手段として必要性や相当性が認められる限り、経営支配権の維持・確保を主要な目的とする新株予約権の発行を行うことが正当なものとして許されると解すべきである。そして、株式の買収者が敵対的存在であるという一事のみをもって、これに対抗する手段として新株予約権を発行することは、上記の必要性や相当性を充足するものと認められない。

したがって、現に経営支配権争いが生じている場面において、経営支配権の維持・確保を目的とした新株予約権の発行がされた場合には、原則として、不公正な発行として差止請求が認められるべきであるが、株主全体の利益保護の観点から当該新株予約権発行を正当化する特段の事情があること、具体的には、敵対的買収者が真摯に合理的な経営を目指すものではなく、敵対的買収者による支配権取得が会社に回復し難い損害をもたらす事情があることを会社が疎明、立証した場合には、会社の経営支配権の帰属に影響を及ぼすような新株予約権の発行を差止めることはできない。」

「Yは企業価値の維持・向上が目的であると主張しているものの、その実体をみる限り、会社の経営支配権に現に争いが生じている場面において、株式の敵対的買収を行って経営支配権を争うX等の持株比率を低下させ、現経営者を支持し事実上の影響力を及ぼしている特定の株主であるFテレビによるYの経営支配権確保を主要な目的とするものであることは明白である。」

「本件新株予約権の発行の主要な目的が上記プロジェクトへの整備資金にあるというのは、本件紛争になって言い出した口実である疑いが強く、にわかに信用し難い。かえって、X等による株式の敵対的買収対抗策としてFテレビによるYの経営支配権の確保を主要な目的としていることが認められる。」

「XがYの支配株主となった場合に、Yに回復し難い損害が生ずることを認めるに足りる資料はなく、また、Xが真摯に合理的経営を目指すものでないとまでいうことはできない。」

Ⅲ 分析と展開

1　本件は、世間の耳目を集めたライブドアによるニッポン放送株式取得に関する事件である。

本件は、経済界における敵対的買収に対する警戒感を募らせ、会社法制の現代化に伴う合併等対価の柔軟化に係る規定の施行を1年先送りにするきっかけとなった（相澤・後掲9頁～10頁参照）。また、本件での立会外取引が契機となって、公開買付規制が見直されるなど、本件は、敵対的買収に対する社会の関心を大いに高めた事件である。

2　本件では、会社の支配権をめぐる争いが生じている局面での新株予約権の第三者割当による発行が問題となった。類似の問題は、従来、会社の支配権について争いが生じている場合に、支配権を確保する目的で第三者割当による新株発行が行われ、不公正発行を理由とする差止めが問題とされるという形で現れてきた。その場合、多くの裁判例において、主要目的ルールという考え方が採用されてきた（東京高決平成16・8・4金判1201号4頁、東京地決平成元・7・25金判826号11頁など）。これによれば、新株発行の公正・不公正を、取締役等による新株発行が、支配権の維持・確保を主要な目的とするかどうかにより判断するという思考の枠組みがとられることになる。そして、支配権の維持・確保が主要な目的であれば、不公正発行とされるわけであるが、資金調達目的が認定されれば、比較的容易に支配権の維持・確保が主要な目的でないことが認定され、不公正発行には当たらないとされてきたのが従来の裁判例の傾向であったといえる（江頭・後掲683頁参照）。

これに対し、本決定は、「株主全体の利益の保護という観点から新株予約権の発行を正当化する特段の事情がある場合には、例外的に、経営支配権の維持・確保を主要な目的とする発行も不公正発行に該当しない」と述べて、支配権の維持・確保を目的とした新株予約権の発行も、例外的に適法となる余地があることを理論的に認めている点で注目される（藤田・後掲〔下〕4頁参照）。ただし、その「特段の事情」は、敵対的買収者による支配権取得が会社に回復し難い損害をもたらす事情が認められるような、かなり限定的なものである（決定要旨にある①から④の正当化事由については、制限的に解釈されるべきであることにつき、藤田・後掲〔下〕5頁～6頁参照）。さらに、支配権の維持・確保を主要な目的とする新株予約権の発行を行うことが正当なものとして許されるためには、対抗手段としての相当性も満たされる必要がある。

従来の裁判例の思考の枠組みと、本決定のそれを比較すると、両者は異なっていることがわかる。なぜなら、従来の主要目的ルールは、取締役等が、支配権の維持・確保を主要な目的とする新株発行を不公正とするものであったのに対し、本決定は、支配権の維持・確保を主要な目的とする新株予約権の発行も許容される場合があることを前提に、それが許容されるための条件を示したものであるからである。その意味で本決定は、従来の主要目的ルールを変容させているといえる（清水・後掲104頁、山下・後掲91頁参照）。

以上の意味で、本決定は、新株予約権の発行による企業防衛が許される条件を示した会社法上の重要な判例であると位置づけられる（小塚・後掲213頁参照）。そして、すでに述べたように、本決定によれば、支配権の維持・確保を主要な目的とする新株予約権の発行が許容されるためには、敵対的買収者による支配権取得が会社に回復し難い損害をもたらす事情があることと、これに対する対抗手段としての相当性を有していることが必要である。

3　従来の主要目的ルールの下では、資金調達目的があれば支配権の維持・確保が主要な目的であると認定されることは滅多になく、なおかつ、資金調達目的は広く認定される傾向があった。これは、裁判所が、上場会社が株式の買占めに対抗して行った第三者割当による新株発行を差し止めることを躊躇してきたことの表れであり、その背景には、これまでわが国において上場会社が株式買占めに新株発行で対抗する場合、その多くがグリーンメーラーに対抗するケースであったことがあると指摘されている（江頭・後掲683頁、松井・後掲「取締役の新株発行権限（2・完）」132頁～133頁参照）。つまり、従来は、敵対的買収者が真摯に合理的な経営を目指す者ではない場合に、差止めを認めないための道具として、嘘も方便的な資金調達目的の認定が行われてきた嫌いがあるのである。

従来の主要目的ルールの下では、取締役等の支配権の維持・確保が主要な目的と認定されれば、新株発行は不公正とされたが、本決定の判断枠組みでは、支配権の維持・確保が主要な目的とされても、それが不公正発行とはならず、許される場合があることになる。そうすると、今後は、仮にグリーンメーラーに対抗するケースであったとし

ても、裁判所が従来のように不純な資金調達目的を認定する必要はなくなり、厳格な認定が行われることになるのかもしれない（藤田・後掲〔上〕9頁参照。清水・後掲105頁参照）。

4　わが国でも本格的な敵対的買収が現実化し始めたことを受けて、本決定の後に経済産業省による「企業価値報告書」や、経済産業省と法務省による「企業価値・株主共同の利益の確保又は向上のための買収防衛策に関する指針」が公表されるなど、敵対的買収に関するルールの明確化が試みられている。そして、そこには、「敵対的買収イコール悪」ではなく、企業価値を高めるような買収（良い買収）は実現させ、企業価値を損なうような買収（悪い買収）は実現させるべきではないという認識が見られる（もっとも、そもそも企業価値をどのように考えるべきかについては議論がある。落合・後掲論文参照）。そして、今のところ、敵対的買収に関するルールを考えるにあたり、悪い買収を食い止めるための防衛策は認められるべきであるということについては、一応の合意が見られるようである（神田・後掲142頁参照）。

裁判所も上の前提を共有していると思われるが、悪い買収を食い止めるための防衛策として新株予約権を利用したポイズン・ピルがいろいろ工夫されている現状を念頭に置くと、裁判所としては、支配権の維持・確保が主要な目的であれば不公正であるとしつつ技巧的に資金調達目的を認定して防衛策を認める（＝従来の主要目的ルールのアプローチ）よりも、支配権の維持・確保が主要な目的とされても、それが防衛策として許される場合があるとする（＝本決定のアプローチ）方が運用しやすい。こうした点を考慮して、本決定においては、事案の解決に必要な範囲を超えて、より一般的な解決の枠組みを提供すべく、従来の主要目的ルールの修正が試みられたのかもしれない。

5　わが国で参照されることが多い米国デラウエア州の判例法理においても、一定の場合に、買収対象会社の経営者が防衛策をとることが認められている。そこでそちらに目を移してみると、防衛策の適法性を扱ったユノカル事件で、デラウエア州最高裁判所は、進行中の企業買収への対処についても、原則として経営判断原則の適用を認めている。しかしながら、企業買収のコンテクストにおいては、取締役会が、会社およびその株主のためにではなく、自己利益のために行動するとい

う危険が常に存在するため、経営判断原則による保護が与えられる前に、裁判所によって精査されるより高められた義務（enhanced duty）が果たされなければならないとする。なお、この義務が果たされたと判断されるには、①取締役会が会社の政策と効率に対する脅威が存在していると信じるに足る合理的な根拠を有していたことと、②防衛手段が直面している脅威に対して相当な程度のものであることの２つの条件が満たされる必要がある（Unocal Corp. v. Mesa Petroleum Co., 493 A.2d 946, 954-955 (Del. Supr. 1985) 参照。以下、「ユノカル基準」という）。

上から明らかなように、支配権の維持・確保を主要な目的とする新株予約権の発行が許容されるためには、敵対的買収者による支配権取得が会社に回復し難い損害をもたらす事情があることと、これに対する対抗手段としての相当性を有していることが必要であるとする本決定のアプローチは、主要目的ルールの延長上に位置づけられるものの（高橋・後掲79頁）、判断枠組みとしては、ユノカル基準に近い（別冊商事法務編集部編・後掲330頁〔中東意見〕は、本件の原決定および保全異議決定が、ユノカル基準と同様の枠組みを、主要目的理論の名において採用したのではないかと推測している）。

この点から見ると、ユノカル基準①の「脅威」が、本決定における「会社に回復し難い損害をもたらす事情」に当たることはいうまでもない。本決定では、この立証責任は、発行会社にあるとされているが、ユノカル基準においても、対象会社の取締役会が立証すべきであるとされているので、この点は同様である。ただし、ユノカル基準において裁判所が要求しているのは、「脅威が存在していると信じるに足る合理的な根拠」であり、客観的な脅威の存在の立証が要求されているわけではない。また、裁判所は、その証明について、取締役会は、誠実さ（good faith）と合理的な調査を尽くしたことを示せばよいとし、さらに、その証明は、独立した社外取締役によって過半数が占められている取締役会の承認がある場合には、大いに高められるとして、手続面を重要視している（松井・後掲「敵対的企業買収に対する対抗策の基礎」206頁参照）。これに対し、本決定の場合、発行会社には、「会社に回復し難い損害をもたらす事情」の客観的な存在の立証責任が課され

ている。そのため、発行会社がこの立証責任を果たすことは実務上困難であるといわれている（新谷・後掲57頁、松本・後掲43頁参照）。

6　会社法の問題を考察することは、ある意味、経営者と株主と裁判所の間における決定権の割り振りを考えるという側面を持っている。本件では、株主が経営者を選ぶ機会を取締役会の決定によって現実に奪う場合の判断基準が示されたわけであるが（藤田・後掲〔下〕8頁参照）、こうした取締役会の決定には取締役の保身行動というリスクが常につきまとう。だからといって、裁判所に大きな期待をかけることには判断能力の限界の問題があるし、取締役会の決定を尊重しないのでは、所有と経営が分離した株式会社という仕組みのそもそもの意味を失わせることにもなる。さらに言えば、誰に決定権を割り振るかという問題は、決定される中身を規定する面を持つ（判断のプロセスが、判断の実体を規定する）。企業買収が持つ各方面への大きな影響を考慮すると、敵対的買収に関する法的ルールの設定という決定権の割り振りの結果は、国の経済を左右することにもなる。絶妙のバランスがとれた決定権の割り振りを模索していく必要がある。

＜参考文献＞
＊本文中の引用に関わるもののみ掲げた。
　相澤哲「会社法制定の経緯と概要」ジュリ1295号8頁以下（2005年）
　江頭憲治郎『株式会社法』（有斐閣・2006年）
　落合誠一「敵対的買収における若干の基本的問題」企業会計57巻10号4頁以下（2005年）
　神田秀樹『会社法〔第8版〕』（弘文堂・2006年）
　小塚荘一郎「本件判批」堀部政男＝長谷部恭男編『メディア判例百選』212頁以下（2005年）
　清水俊彦「ポイズンピルと司法判断」金法1746号104頁以下（2005年）
　新谷勝「本件判批」金判1222号54頁以下（2005年）
　髙橋英治「本件判批」江頭憲治郎＝岩原紳作ほか編『会社法判例百選』78頁以下（2006年）
　藤田友敬「ニッポン放送新株予約権発行差止事件の検討〔上・下〕」商事1745号4頁以下、1746号4頁以下（2005年）
　別冊商事法務編集部編『企業買収をめぐる諸相とニッポン放送事件鑑定意見』（別冊商事289号）（2005年）

　松井秀征「取締役の新株発行権限（1）（2・完）」法学協会雑誌114巻4号58頁以下、114巻6号89頁以下（1997年）
　松井秀征「敵対的企業買収に対する対抗策の基礎」武井一浩＝太田洋＝中山龍太郎編著『企業買収防衛戦略』所収181頁以下（商事法務・2004年）
　松本真輔「敵対的買収をめぐるルールに関する実務上の課題」商事1756号41頁以下（2006年）
　山下真弘「本件判批」リマークス32号88頁以下（2006年）

〔2006年11月30日稿〕
Hirosato KARIYA

平成17・3・23東京高裁第16民事部決定、平成17年（ラ）第429号新株予約権発行差止仮処分決定認可決定に対する保全抗告事件、**抗告棄却**【確定】
　　原　審＝平成17・3・16東京地裁決定、平成17年（モ）第3074号、**金判1213号21頁**
　　（**基本事件**＝平成17・3・11東京地裁決定、平成17年（ヨ）第20021号、**金判1213号2頁**）

決　定

＜当事者＞
抗告人（原審債務者。以下「債務者」という。）
　　　　　　　　　　　　株式会社ニッポン放送
　代表者代表取締役　　　　　　　亀渕昭信
　代理人弁護士　　　　　　　　　中村直人
　同　　　　　　　　　　　　　　松山　遙
　同　　　　　　　　　　　　　　川井信之
　同　　　　　　　　　　　　　　西本　強
　同　　　　　　　　　　　　　　山下　丈
被抗告人（原審債権者。以下「債権者」という。）
　　　　　　　　　　　　株式会社ライブドア
　代表者代表取締役　　　　　　　堀江貴文
　代理人弁護士　　　　　　　　　塩崎　勤
　同　　　　　　　　　　　　　　三井拓秀
　同　　　　　　　　　　　　　　清水俊彦
　同　　　　　　　　　　　　　　高浜裕子
　同　　　　　　　　　　　　　　松島基之
　同　　　　　　　　　　　　　　根井　真
　同　　　　　　　　　　　　　　木ノ山了子
　同　　　　　　　　　　　　　　廣田　聡
　同　　　　　　　　　　　　　　清水政彦
　同　　　　　　　　　　　　　　三部裕幸
　同　　　　　　　　　　　　　　西岡祐介
　同　　　　　　　　　　　　　　神谷光弘
　同　　　　　　　　　　　　　　木ノ内さつき
　同　　　　　　　　　　　　　　熊木　明
　同　　　　　　　　　　　　　　国谷史朗
　同　　　　　　　　　　　　　　池田裕彦

【主　文】
1　本件抗告を棄却する。
2　抗告費用は債務者の負担とする。
【理　由】
第1　保全抗告の趣旨
1　原決定を取り消す。
2　東京地方裁判所平成17年（ヨ）第20021号新株予約権発行差止仮処分命令申立事件について、同裁判所が平成17年3月11日にした仮処分決定を取り消す。
3　債権者の上記仮処分命令の申立てを却下する。
第2　事案の概要
1(1)　本件は、債務者の株主である債権者が、債務者が平成17年2月23日の取締役会決議に基づいて現に手続中の新株予約権4720個（以下「本件新株予約権」という。）の発行について、①特に有利な条件による発行であるのに株主総会の特別決議（商法280条ノ21第1項）がないため、法令に違反していること、②著し

く不公正な方法による発行であることを理由として、これを仮に差し止めることを求めた事案である。
(2)　原審仮処分決定は、上記①の点について、本件新株予約権の発行が新株の発行と実質的に同一であるとの本件における特殊な事情を考慮しても、本件発行価額が公正な価格を大きく下回り、本件新株予約権の発行が「特ニ有利ナル条件」による発行に当たるとまでいうことはできないとし、上記②の点について、公開会社において、現にその経営支配権につき争いが具体化した段階において、取締役が、現に支配権を争う特定の株主の持株比率を低下させ、現経営陣の経営支配権を維持することを主要な目的として新株等の発行を行うことは、会社の執行機関にすぎない取締役が会社支配権の帰属を自ら決定するものであって原則として許されず、新株等の発行が許容されるのは、会社ひいては株主全体利益の保護の観点からこれを正当化する特段の事情がある場合に限られる、本件において、債務者は、債権者による大量の債務者株式取得という公開買付けの開始後に発生した事情に影響を受けることなく、債務者が賛同を表明したフジテレビによる債務者の子会社化という目的を達成する手段として、本件新株予約権を付与しているから、本件新株予約権の発行は、現経営陣と同様にフジサンケイグループに属する経営陣による支配権の維持を目的としており、現経営陣の経営支配権を維持することを主たる目的とするものであるところ、債権者の経営支配権取得により債権者の企業価値が著しく毀損されることが明らかであるということはできず、企業価値の毀損防止のための手段として、従前の発行済株式数の約1.44倍にも上る本件新株予約権の発行を正当化する特段の事情があるということもできない等とした上、債務者の本件新株予約権の発行により、債権者が著しい損害を被るおそれがあるから、本件では保全の必要性も認めることができるとし、債権者が本決定の送達を受けた日から5日以内に、債務者のために5億円の担保を立てることを保全執行の実施の条件として債権者の仮処分命令申立てを認容すべきものとした。これに対し、債務者が、仮処分異議の申立てをした。
(3)　原審異議決定は、上記②の点につき、会社の経営支配権に現に争いが生じている場面において、支配権を争う特定の株主の持株比率を低下させ、現経営者又はこれに友好的な特定の株主の経営支配権を維持・確保することを主要な目的として新株予約権発行がされた場合には、原則として、著しく不公正な方法による新株予約権発行に該当するが、株主全体の利益の保護という観点から新株予約権発行を正当化する特段の事情がある場合には、例外的に、一種の緊急避難的行為として、支配権の維持・確保を主要な目的とする新株予約権発行を行うことが可能である、本件新株予約権の発行は、債務者の取締役が自己又は第三者の個人的利益を図るために行ったものではないとはいえるものの、会社の経営支配権に現に争いが生じている場面において、支配権を争う特定の株主の持株比率を低下させ、現経営者に友好的な特定の株主の経営支配権を確保することを主要な目的として行われたものであるから、これを正当化する特段の事情がない限り、不公正発行に該当する、会社の経営支配権に現に争いが生じている場面において、支配権の維持・確保を主要な

目的として行われた新株予約権発行は、原則として不公正発行に該当するから、例外的にこれを正当化する特段の事情があることは、抗弁事実として債務者が主張し立証責任を負うところ、本件においては、特段の事情があることについての疎明はない等との判断を付加した上、原審仮処分決定の判断部分を引用し、原審仮処分決定を認可すべきものとした。

(4) 債務者は、原審異議決定に対し、本件抗告の申立てをしたところ、債権者は、本件仮処分申立ての争点を、新株予約権発行が商法280条ノ21第1項の「特ニ有利ナル条件」による新株予約権の発行である旨の主張を撤回した。

2 争いのない事実関係等
(1) 当事者等
ア 債務者
(ア) 債務者は、昭和29年4月に設立され、放送法に基づく一般放送事業（AMラジオ放送）、BSデジタル音声放送の企画・制作・運営、その他関連物の企画・制作・運営等を主たる事業内容とする株式会社であり、AMラジオ業界における売上高1位のラジオ局である。平成17年2月現在の資本金は41億5000万円、発行済株式総数は3280万株であり、その発行する普通株式を東京証券取引所第二部に上場している。債務者においては、単元株制度が採用されており、1単元の株式数は10株である。また、平成16年3月期における総資産額は791億3100万円である。（甲1、3、乙5、審尋の全趣旨）

(イ) 債務者はいわゆるフジサンケイグループの一員であり、株式会社フジテレビジョン（以下「フジテレビ」という。）とは持分法適用関連会社の関係にあり、平成17年1月時点で同社の発行済株式総数のうち22.5%を保有している。（甲5、26の3、乙1、5、43、77の1、2、乙79）

株式会社ニッポン放送プロジェクト、株式会社一口坂スタジオ、株式会社彫刻の森は、いずれも債務者の100%子会社であり、株式会社ビッグショット及び株式会社ニッポンプランニングセンターは、いずれも株式会社ポニーキャニオンと債務者の子会社であり、株式会社フジサンケイエージェンシーは、債務者とフジテレビの子会社であり、株式会社ポニーキャニオンは、債務者、フジテレビ、株式会社産業経済新聞社等の子会社である。（乙15から21までの各1、2）

(ウ) 債務者の定時株主総会は、毎年6月に招集され、定時株主総会において権利を行使することのできる株主は、債務者の定款上、毎決算期の最終（3月31日）の株主名簿に記載又は記録された株主とされている。（乙4、70）

イ 債権者等
債権者は、平成8年4月に設立され、その資本金を240億3000万円（平成17年1月現在）とし、コンピュータネットワークに関するコンサルティング、コンピュータネットワークの管理、コンピュータプログラムの開発・販売、ネットワークコンテンツの編集・デザイン等を主たる事業内容とする株式会社である。（甲29の1）

株式会社ライブドア・パートナーズは、平成16年10月に設立され、その資本金を1000万円とし、投資顧問、証券投資信託委託等を主たる事業内容とする株式会社であり、債権者の子会社である。（審尋の全趣旨）

ウ フジテレビについて
フジテレビは、昭和32年11月に設立され、放送法に基づくテレビジョン放送、放送業務一般等を主たる事業内容とする株式会社である。フジテレビは、以前より債務者の発行済株式総数の12.39%（406万4660株）を保有する債務者の株主であったが、後記の本件公開買付けにより、債務者の発行済株式総数の36.47%（1196万1014株）を保有する債務者の株主となった。また、フジテレビの取締役のうち4名は、債務者の取締役を兼務している。（甲1、2、5、乙111、112）

(2) 本件新株予約権の発行前の状況
ア フジテレビは、平成17年1月17日、債務者の経営権を獲得することを目的とし、債務者のすべての発行済株式（債務者の保有する自己株式は除く。）の取得を目指して、証券取引法に定める公開買付けを開始することを決定した（以下「本件公開買付け」という。）。本件公開買付けにおいては、買付予定株式数をフジテレビの既保有分を含めて債務者の発行済株式総数の50%となる1233万5341株（ただし、応募株券の総数が買付予定株式数を超えたときは、応募株券の全部を買い付ける。）、買付価格を1株5950円、買付期間を平成17年1月18日から同年2月21日までとしていた。（甲5、7）

債務者はこれを受けて、平成17年1月17日開催の取締役会において本件公開買付けに賛同することを決議し、同日付けの「公開買付けの賛同に関するお知らせ」と題する書面を公表した。（甲6、8、乙41）

フジテレビ及び債務者は、本件公開買付け終了後、債務者の株式を上場廃止することを念頭においていた。（乙93）

イ 債権者は、債務者の発行済株式総数の約5.4%（175万6760株）を保有していたが、本件公開買付け期間中である平成17年2月8日に、東京証券取引所のＴｏＳＴＮｅＴ－1を利用した取引によって、株式会社ライブドア・パートナーズを通じて、債務者の発行済株式総数の約29.6%に相当する株式972万0270株を買い付け（以下「本件ＴｏＳＴＮｅＴ取引」という。）、その結果、債権者及び株式会社ライブドア・パートナーズ（以下「債権者等」という。）は、債務者の発行済株式総数の約35.0%の割合の普通株式を保有する株主となった。（甲4）

そして、債権者は、同日付けの「意向表明書」により、債務者の何人かの株主に対し、債務者の普通株式全部の取得を希望する旨を伝えた。（乙34）

また、債権者の代表取締役堀江貴文（以下「債権者代表者」という。）は、同日、記者会見を行い、債務者株式の取得の意図について、放送局が保有するWebサイトをポータル化し、シナジー効果を得ることを目的とするものであり、また、フジサンケイグループとの業務提携をも見据えたものであることを明らかにした。（甲9、42、乙27）

ウ フジテレビは、平成17年2月9日ころ、本件公開買付けについて、取組方針を鋭意検討しているとのコメントを発表し、また、フジテレビの代表取締役会長日枝久（以下「フジテレビ代表者」という。）は、記者に対し債権者と業務提携の気持ちはない旨を述べ、債権者が求めている提携に対し否定的な考えを

示した。（甲53、審尋の全趣旨）
　フジテレビは、同月10日、本件公開買付けに係る買付条件を変更し、買付株式数の下限はフジテレビの既保有分を含めて債務者の発行済株式総数の25％、買付価格は1株5950円、買付期間は平成17年3月2日までとした。また、本件公開買付けの目的を訂正し、従前の目的に加え、外部企業との事業提携については、今後の放送と通信の融合の時代への転換を展望して、ブロードバンド・モバイル関連分野において積極的に推進していくこと、その際には債務者及びフジサンケイグループとしての今後のインターネット戦略を基軸にしつつ、提携候補先の有する事業ノウハウ、技術開発力、営業インフラ、人材等の諸要素、加えて当グループとの親和性とシナジー効果につき総合勘案して主体的に決定していくことを方針としているとした。この本件公開買付けに係る買付条件の変更は、同月18日に公告された（甲10、13）。
　債務者は、これを受けて、同月16日開催の取締役会において前記の本件公開買付条件等の変更等を含む本件公開買付けに賛同することを決議した。（甲14、15、乙62）
　エ　債権者等は、平成17年2月21日までに債務者の株式1152万9930株を取得し、債務者の総議決権に対する割合が37.85％となった。（甲16、17）
　金融庁が、債権者の株式取得に関して、「時間外だが、東証での市場内取引のため、ＴＯＢを採用する必要はなく、違法と認定できない。」とのコメントを発表したとの新聞報道が、同月16日ころになされた。（甲58）
　オ　フジテレビ代表者は、平成17年2月17日に債務者の代表取締役亀渕昭信（以下「債務者代表者」という。）に対し、債権者が債務者の株式の過半数を取得し、子会社化した場合には、フジテレビ及びフジサンケイグループは、債務者及びその子会社との従前の取引を中止せざるを得ないと口頭で伝えた。なお、フジテレビにおいては、取引中止は担当役員の決裁事項であり、取締役会決議事項ではない。平成17年2月28日のフジテレビの取締役会で、債務者に対して前記の取引中止の意向を記載したフジテレビ代表者作成の陳述書を本件仮処分事件の疎明資料として提出することの承認決議がされ、その後、同陳述書が本件仮処分事件の疎明資料として提出された。（乙2、63から65まで）
(3)　本件新株予約権の発行の公表
　ア　債務者は、平成17年2月23日の取締役会において、大量の新株予約権をフジテレビに発行するとする別紙3「本件新株予約権の要綱」記載の要領による本件新株予約権の発行を決議した。この取締役会決議は、債務者の19名の出席取締役のうち、特別利害関係人に当たる可能性のある4名の取締役を除いた15名の取締役の全員一致によってされたものであり、その15名の中には4名の社外取締役も含まれていた。
　イ　債務者は、上記の取締役会決議後に平成17年2月23日付けで「第三者割当による新株予約権発行のお知らせ」と題する書面を公表した。この書面には、本件新株予約権の発行は、債務者の企業価値の維持と、債務者がマスコミとして担う高い公共性の確保のために行うものであり、債権者が債務者の支配株主となることは債務者がマスコミとして担う高い公共性と両立しないと判断し、債権者による大量の債務者株式取得という公開買付けの開始後に発生した事情に影響を受けることなく、債務者が賛同を表明したフジテレビによる債務者の子会社化という目的を達成する手段として、フジテレビへの本件新株予約権の付与を決定した旨が記載されていた。また、本件新株予約権の発行により取得する払込金（新株予約権の発行価額の総額）は、（仮）臨海副都心スタジオプロジェクトへの整備資金に充当する予定であるとされていた。（甲18、25、26の1、2）
　ウ　債務者代表者とフジテレビ代表者は、同日、共同で記者会見に出席し、フジテレビ代表者は、フジテレビの機関決定はされていないとした上で、本件新株予約権の発行に賛成を表明した。（甲37の1、2）
　フジテレビは、平成17年2月24日付け書面で、債務者の行う本件新株予約権の引受け及び行使については、本件公開買付期間終了後、買付結果を踏まえた上で、フジテレビとして十分な検討を行って決定する予定であることを公表した。（甲22）
(4)　本件新株予約権の発行公表後の状況
　ア　フジテレビは、平成17年2月24日に本件公開買付けの条件を更に変更し、買付期間の満了日を平成17年3月2日から同月7日に変更した。（甲23）
　イ　株式会社産業経済新聞社の代表取締役社長住田良能は、平成17年2月25日付け書面で、債務者代表者に対し、債務者が債権者の子会社となる事態になった場合には、債務者との従前からのすべての事業上の関係を清算する意向であることを示した。住田良能の前記意向は、平成17年3月1日に開催された株式会社産業経済新聞社の取締役会において事後承認された。（乙3、66）
　ウ　本件については、平成17年2月24日、衆議院予算委員会において質疑がされ、七条明金融担当副大臣は、債権者が行った本件ＴｏＳＴＮｅＴ取引は、現行法上、基本的には違法と評価されないと答弁した。（甲38の1、2）
(5)　本件新株予約権の内容と株価の状況
　ア　発行価額の算出方法
　本件新株予約権の発行価額（1株当たり336.2731円。1個当たり336万2731円）は、新株予約権の目的となる株式の数を4720万株（希薄化率143.9％）、株式の基準時価を6750円（平成17年2月22日の終値）、ボラティリティ（株価変動率）を26.1％（平成17年2月7日における65日間ヒストリカルボラティリティ）、無リスク金利を0.099％（ＴＩＢＯＲ3か月）、配当利回りを0.089％、借株レートを5.0％（市場実勢を踏まえた推測）との前提条件を置いて、大和証券エスエムビーシー株式会社が、同社で開発した三項ツリーモデルと呼ばれるオプション価格算定モデルを用いて算出したものである。（甲18、25、26の1、2、乙42、45、93）
　イ　本件新株予約権の行使の影響
　本件新株予約権の発行総額は、158億7209万0320円であり、これがすべて行使された場合に発行される株式数4720万株は、従来の発行済株式総数の約1.44倍に当たる。また、新株予約権がすべて行使されて普通株式に転換された場合の株式の発行総額は、2808億4000

万円（新株予約権の行使により発行される株式1株当たりの払込金額が5950円の場合）となり、これは債務者の現在の資本金額の約68倍、債務者の平成16年3月期の総資産額の約3.5倍となる。さらに、本件新株予約権がすべて行使されて普通株式に転換された場合、債権者による債務者株式の保有割合は、約42％から約17％へと減少し、一方で、フジテレビの保有割合は、新株予約権を行使した場合に取得する株式数だけでも約59％になる。

　　ウ　債務者の株価の推移
　平成17年1月27日から同年3月3日までの債務者の株価の推移は、別紙4「債務者の株価推移表」のとおりである。（甲51）
　また、債務者の過去の市場価格の平均は、次のとおりである。（乙72の1）

	過去1か月平均	過去3か月平均	過去6か月平均
平成17年1月16日まで	5133円	4938円	5122円
平成17年2月7日まで	5849円	5240円	5184円
平成17年2月22日まで	6450円	5591円	5327円

　　エ　日本証券業協会の自主ルール
　日本証券業協会の平成15年3月11日付け一部改正に係る「第三者割当増資の取扱いに関する指針」（以下「自主ルール」という。）は、株主総会特別決議を経て発行される場合以外の第三者割当増資の発行価額について、「発行価額は、当該増資に係る取締役会決議の直前日の価額（直前日における売買がない場合は、当該直前日からさかのぼった直近日の価額）に0.9を乗じた額以上の価額であること。ただし、直近日又は直前日までの価額又は売買高の状況等を勘案し、当該決議の日から発行価額を決定するために適当な期間（最長6か月）をさかのぼった日から当該決議の直前日までの間の平均の価額に0.9を乗じた額以上の価額とすることができる。」と規定している。（乙71）
　(6)　現在の株式保有状況
　債権者は、本件ＴｏＳＴＮｅＴ取引以降も債務者株式を買い付け、平成17年3月7日現在で、子会社である株式会社ライブドア・パートナーズを通じて保有するものも含めて、発行済株式総数の42.23％（1385万2590株。債権者保有分322万5180株、株式会社ライブドア・パートナーズ保有分1062万7410株）を保有している。（甲96）
　フジテレビは、平成17年3月7日に終了した本件公開買付けにより、新たに789万6354株の債務者株式を取得し、発行済株式総数の36.74％（1196万1014株）を保有する株主となった。（乙111、112）
　3　債権者及び債務者の当審における主張
　債権者の主張は、別紙1記載のとおりである。
　債務者の主張は、別紙2記載のとおりである。

第3　当裁判所の判断
1　当裁判所は、本件における新株予約権が商法280条ノ39第4項、280条ノ10に規定する「著シク不公正ナル方法」によるものであり、これを事前に差し止める必要があると認めるべきであるから、本件仮処分命令申立てには被保全権利及び保全の必要性が存するとして、これを認容した原審仮処分決定は正当であり、したがってこれに対する異議申立事件において原審仮処分決定を認可した原審異議決定も正当であると判断する。その理由は、以下のとおりである。
2　本件新株予約権の発行の適否について
　(1)　商法は授権資本制度を採用し（166条1項3号）、授権資本枠内の新株等の発行を、原則として取締役会の決議事項としている（280条ノ2第1項、280条ノ20第2項）。そして、公開会社においては、株主に新株等の引受権は保障されていないから（280条ノ5ノ2、280条ノ27参照）、取締役会決議により第三者に対する新株等の発行が行われ、既存株主の持株比率が低下する場合があること自体は、商法も許容しているということができる。
　しかしながら、一方で、商法280条ノ39第4項、280条ノ10が株主に新株等の発行を差し止める権能を付与しているのは、取締役会が上記権限を濫用するおそれがあることを認め、新株等の発行を株主総会の決議事項としない代わりに、会社の取締役会が株主の利益を毀損しないよう牽制する権能を株主に直接的に与えたものである。
　取締役会の上記権限は、具体化している事業計画の実施のための資金調達、他企業との業務提携に伴う対価の提供あるいは業務上の信頼関係を維持するための株式の持ち合い、従業員等に対する勤務貢献等に対する報賞の付与（いわゆる職務貢献のインセンティブとしてのストック・オプションの付与）や従業員の職務発明に係る特許権の譲受けの対価を支払う方法としての付与などというような事柄は、本来取締役会の一般的な経営権限にゆだねている。これらの事項について、実際にこれらの事業経営上の必要性と合理性があると判断され、そのような経営判断に基づいて第三者に対する新株等の発行が行われた場合には、結果として既存株主の持株比率が低下することがあっても許容されるが、会社の経営支配権に現に争いが生じている場面において、取締役会が、支配権を争う特定の株主の持株比率を低下させ、現経営者又はこれを支持して事実上の影響力を及ぼしている特定の株主の経営支配権を維持・確保することを主要な目的として新株等を発行することまで、これを取締役会の一般的権限である経営判断事項として無制限に認めているものではないと解すべきである。
　商法上、取締役の選任・解任は株主総会の専決事項であり（254条1項、257条1項）、取締役は株主の資本多数決によって選任される執行機関といわざるを得ないから、被選任者たる取締役に、選任者たる株主構成の変更を主要な目的とする新株等の発行をすることを一般的に許容することは、商法が機関権限の分配を定めた法意に明らかに反するものである。この理は、現経営者が、自己あるいはこれを支持して事実上の影響力を及ぼしている特定の第三者の経営方針が敵対的買収者の経営方針より合理的であると信じた場合であっても同様に妥当するものであり、誰を経営者としてどのような事業構成の方針で会社を経営させるかは、株主総会における取締役選任を通じて株主が資本多数決によって決すべき問題というべきである。したがって、現経営者が自己の信じる事業構成の方針を維持するために、株主構成を変更すること自体を主要な目的として新株等を発行することは原則として許されないというべきである。
　一般論としても、取締役自身の地位の変動がかかわ

る支配権争奪の局面において、果たして取締役がどこまで公平な判断をすることができるのか疑問であるし、会社の利益に沿うか否かの判断自体は、短期的判断のみならず、経済、社会、文化、技術の変化や発展を踏まえた中長期的展望の下に判断しなければならない場合も多く、結局、株主や株式市場の事業経営上の判断や評価にゆだねるべき筋合いのものである。

そして、仮に好ましくない者が株主となることを阻止する必要があるというのであれば、定款に株式譲渡制限を設けることによってこれを達成することができるのであり、このような制限を設けずに公開会社として株式市場から資本を調達しておきながら、多額の資本を投下して大量の株式を取得した株主が現れるやいなや、取締役会が事後的に、支配権の維持・確保は会社の利益のためであって正当な目的があるなどとして新株予約権を発行し、当該買収者の持株比率を一方的に低下させることは、投資家の予測可能性といった観点からも許されないというべきである。

これに対して、債務者は、会社の機関等の権限分配を根拠とするのであれば事前の対抗策も全部否定されることになって明らかに不当であるし、原審異議決定が機関の権限分配を根拠としながら事前の対抗策の余地を残したのは矛盾していると主張する。しかし、上記の機関権限の分配を前提としても、今後の立法によって、事前の対抗策を可能とする規定を設けることまで否定されるわけではない。また、後記のとおり、機関権限の分配も、株主全体の利益保護の観点からの対抗策をすべて否定するものではないから、新たな立法がない場合であっても、事前の対抗策としての新株予約権発行が決定されたときの具体的状況・新株予約権の内容（株主割当か否か、消却条項が付いているか否か）・発行手続（株主総会による承認決議があるか否か）等といった個別事情によって、適法性が肯定される余地もある。このように、機関権限の分配を根拠としたからといって、事前の対抗策が論理必然的に否定されることになるわけではないから、債務者の上記主張は失当である。

(2) 以上のとおり、<u>会社の経営支配権に現に争いが生じている場面において、株式の敵対的買収によって経営支配権を争う特定の株主の持株比率を低下させ、現経営者又はこれを支持し事実上の影響力を及ぼしている特定の株主の経営支配権を維持・確保することを主要な目的として新株予約権の発行がされた場合には、原則として、商法280条ノ39第4項が準用する280条ノ10にいう「著シク不公正ナル方法」による新株予約権の発行に該当するものと解するのが相当である。</u>

もっとも、経営支配権の維持・確保を主要な目的とする新株予約権発行が許されないのは、取締役は会社の所有者たる株主の信認に基礎を置くものであるから、株主全体の利益の保護という観点から新株予約権の発行を正当化する特段の事情がある場合には、例外的に、経営支配権の維持・確保を主要な目的とする発行も不公正発行に該当しないと解すべきである。

<u>例えば、株式の敵対的買収者が、①真に会社経営に参加する意思がないにもかかわらず、ただ株価をつり上げて高値で株式を会社関係者に引き取らせる目的で株式の買収を行っている場合（いわゆるグリーンメイラーである場合）、②会社経営を一時的に支配して当</u>該会社の事業経営上必要な知的財産権、ノウハウ、企業秘密情報、主要取引先や顧客等を当該買収者やそのグループ会社等に移譲させるなど、いわゆる焦土化経営を行う目的で株式の買収を行っている場合、③会社経営を支配した後に、当該会社の資産を当該買収者やそのグループ会社等の債務の担保や弁済原資として流用する予定で株式の買収を行っている場合、④会社経営を一時的に支配して当該会社の事業に当面関係していない不動産、有価証券など高額資産等を売却等処分させ、その処分利益をもって一時的な高配当をさせるかあるいは一時的高配当による株価の急上昇の機会を狙って株式の高価売り抜けをする目的で株式買収を行っている場合など、当該会社を食い物にしようとしている場合には、濫用目的をもって株式を取得した当該敵対的買収者は株主として保護するに値しないし、当該敵対的買収者を放置すれば他の株主の利益が損なわれることが明らかであるから、取締役会は、対抗手段として必要性や相当性が認められる限り、経営支配権の維持・確保を主要な目的とする新株予約権の発行を行うことが正当なものとして許されると解すべきである。そして、株式の買収者が敵対的存在であるという一事のみをもって、これに対抗する手段として新株予約権を発行することは、上記の必要性や相当性を充足するものと認められない。

したがって、現に経営支配権争いが生じている場面において、経営支配権の維持・確保を目的とした新株予約権の発行がされた場合には、原則として、不公正な発行として差止請求が認められるべきであるが、株主全体の利益保護の観点から当該新株予約権発行を正当化する特段の事情があること、具体的には、敵対的買収者が真摯に合理的な経営を目指すものではなく、敵対的買収者による支配権取得が会社に回復し難い損害をもたらす事情があることを会社が疎明、立証した場合には、会社の経営支配権の帰属に影響を及ぼすような新株予約権の発行を差し止めることはできない。

3　本件新株発行予約権の発行の目的について

(1) 債務者は、本件新株予約権の発行の目的は、フジテレビの子会社となり債務者の企業価値を維持・向上させる点にあり、現経営陣の経営支配権の維持が主な目的であるとはいえないと主張する。

そこで検討すると、甲14、15、37の1及び2、乙62、93、121、122によれば、債務者取締役会は、債権者等が債務者の株式を大量に取得する以前から、債務者をフジテレビの完全子会社化して株式の上場廃止も意図し、フジテレビによる公開買付けに賛同することを決議していたものであり、社外取締役4名が本件新株予約権の発行に賛成していることが認められ、これらの事実からみて、本件新株予約権の発行が債務者の現取締役個人の保身を目的として決定されたとは認められない。また、フジサンケイグループに属する経営陣の個人的利益を図る目的で本件新株予約権の発行が決定されたことをうかがわせる資料もない。

しかしながら、甲4、23及び審尋の全趣旨によれば、本件新株予約権の発行は、債権者等が債務者の発行済株式総数の約29.6％に相当する株式を買い付けた後にこれに対する対抗措置として決定されたものであり、かつ、その予約権すべてが行使された場合には、現在の発行済株式総数の約1.44倍にも当たる膨大な株

式が発行され、債権者等による持株比率は約42％から約17％となり、フジテレビの持株比率は新株予約権を行使した場合に取得する株式数だけで約59％になることが認められる。

そうすると、債務者は企業価値の維持・向上が目的であると主張しているものの、その実体をみる限り、会社の経営支配権に現に争いが生じている場面において、株式の敵対的買収を行って経営支配権を争う債権者等の持株比率を低下させ、現経営者を支持し事実上の影響力を及ぼしている特定の株主であるフジテレビによる債務者の経営支配権確保を主要な目的とするものであることは明白である。

(2) また、債務者は、本件新株予約権の発行の目的は、フジテレビと共同で計画している臨海副都心スタジオプロジェクトへの整備資金を調達することにあるとも主張する。

甲18、25、26の1及び2、乙42、43、61によれば、上記プロジェクトの整備資金のうち債務者が負担する分は、当初債務者の保有しているフジテレビ株をフジテレビに売却することで調達されることが予定されていたのであり、その後それでは資金不足のおそれがあることが判明したとの理由で本件新株予約権の発行による手取金約158億円でもって調達することに計画を一部変更したことが認められる。しかしながら、本件新株予約権の発行及びその行使に基づく新株発行によって債務者が調達する資金は上記金額をはるかに上回るものであり、その後にもフジテレビは本件新株予約権の全部を取得しても債務者の株式の過半数を取得する限りでしか権利行使しないことを表明しているから（乙168）、本件新株予約権の発行の主要な目的が上記プロジェクトへの整備資金にあるというのは、本件紛争になって言い出した口実である疑いが強く、にわかに信用し難い。かえって、債権者等による株式の敵対的買収対抗策としてフジテレビによる債務者の経営支配権の確保を主要な目的としていることが認められる。

(3) 以上によれば、<u>本件新株予約権の発行は、債務者の取締役が自己又は第三者の個人的利益を図るために行ったものでないとはいえるものの、会社の経営支配権に現に争いが生じている場面において、株式の敵対的買収を行って経営支配権を争う債権者等の持株比率を低下させ、現経営者を支持し事実上の影響力を及ぼしている特定の株主であるフジテレビによる債務者の経営支配権を確保することを主要な目的として行われたものであるから、上記2のとおりのこれを正当化する特段の事情がない限り、原則として著しく不公正な方法によるもので、株主一般の利益を害するものというべきである。</u>

4 本件新株予約権の発行を正当化する特段の事情について

債務者は、債権者がマネーゲーム本位で債務者のラジオ放送事業を解体し、資産を切り売りしようとしていると主張する。

しかしながら、債権者が上記のような債務者の事業や資産を食い物にするような目的で株式の敵対的買収を行っていることを認めるに足りる確たる資料はない。

5 債権者による債務者の経営支配による企業価値の毀損のおそれとフジサンケイグループに属して債務者を経営支配することの企業価値との対比について

(1) 債務者は、債権者が債務者の親会社となり経営支配権を取得した場合、債務者及びその子会社に回復し難い損害が生ずるのは極めて明らかであり、債務者がフジサンケイグループにとどまり、フジテレビの子会社となって経営されることがより企業価値を高めることから、そのための企業防衛目的の新株予約権の発行であると主張する。

しかしながら、<u>債務者が債権者の経営支配下あるいはその企業グループとして経営された場合の企業価値とフジテレビの子会社としてフジサンケイグループの企業として経営された場合の企業価値との比較検討は、事業経営の当否の問題であり、経営支配の変化した直後の短期的事情による判断評価のみでこと足りず、経済事情、社会的・文化的な国民意識の変化、事業内容にかかわる技術革新の状況の発展などを見据えた中長期的展望の下に判断しなければならない場合が多く、結局、株主や株式取引市場の事業経営上の判断や評価にゆだねざるを得ない事柄である。そうすると、それらの判断要素は、事業経営の判断に関するものであるから、経営判断の法理にかんがみ司法手続の中で裁判所が判断するのに適しないものであり、上記のような事業経営判断にかかわる要素を、本件新株予約権の発行の適否の判断において取り込むことは相当でない。</u>

したがって、債務者の上記主張は主張自体失当といわざるを得ない。

(2) なお、上記(1)の点は原審以来事実上争点とされ、原審仮処分決定も原審異議決定もこれに言及しているので、当裁判所も念のため、以下のとおり判断を付加しておく。

ア 債務者の企業価値毀損の防止策について

(ア) 債務者は、本件新株予約権の発行は、債務者の当初からの事業戦略（フジサンケイグループとの連携強化）を妨害している債権者を排除することにより、債務者の企業価値の毀損を防ぎ、企業価値を維持・向上させるために行ったものであり、本件新株予約権の発行は正当なものであると主張する。

そして、債務者は、債権者の子会社になりフジサンケイグループから離脱すると企業価値が毀損するおそれがあることの根拠として、①放送事業のうち看板放送である野球放送について契約を打ち切られ、番組作成についてグループからの協力が得られず聴取率が低下してスポンサーを失い、グループ各社との共催によって実施していたイベントができなくなって収入が激減する、②債務者の子会社らもフジサンケイグループ各社との取引を中止されることにより収入が激減する、③債務者の従業員は債権者の経営参画に反対する旨の声明を出しており、債務者が債権者の子会社となると、債務者の人的資産が流出する、④フジサンケイグループとしての債務者のブランド価値も失われる、⑤既に債権者が債務者の経営支配をするなら債務者との出演契約を見合わせることなども表明する芸能人、タレント、パーソナリティなどがいることなどを挙げる。

(イ) しかしながら、新株予約権の発行差止めは、新株予約権の違法又は不公正な発行によって株主が不利益を被ることを防ぐために株主に認められた権

利であり、その抗弁事由として位置づけられる特段の事情が株主全体の利益保護の観点から認められるものであることに照らすと、特段の事情の有無は、基本的には買収者による支配権の獲得が株主全体の利益を回復し難いほどに害するものであるか否かによって判断すべきである。

そうすると、債務者の主張する企業価値毀損の防止策のうち、債務者が債権者の子会社となった場合に、債務者がフジサンケイグループから離脱することにより債務者やその子会社の売上げ及び粗利益が債務者が主張するとおり減少し、債権者による支配権取得が債務者に回復し難い損害をもたらすかどうかは、一応特段の事情として引き直す余地もある。これに対し、買収者による支配権の獲得についての従業員の意向等の事情は、経営者が代わった段階での労使間の処理問題であり、株式の取引等の次元で制約要因として法的に論ずるのが相当な事柄にならないというべきである。

以下、個別の論点ごとに順に検討する。

(ウ) 債務者は、債権者がインターネットにおいてアダルトサイトを運営したり、メディアリンクスの粉飾決算にかかわったり、架空取引を行うなど問題のある会社であることや、債権者代表者の言動等からすると、債務者が債権者の子会社となり、フジサンケイグループから離脱した場合に、債務者の取引先やフジサンケイグループ各社から取引を打ち切られるのは当然であり、そのような取引の打切りは独占禁止法違反に当たらないと主張する。

しかしながら、債務者は、債権者が債務者の経営支配権を手中にした場合には、フジテレビ等から債務者やその子会社が取引を打ち切られ多大な損失を被ることを主張しており、このことは有力な取引先であるフジテレビ等は取引の相手方である債務者及びその子会社が自己以外に容易に新たな取引先を見い出せないような事情にあることを認識しつつ、取引の相手方の事業活動を困難に陥らせること以外の格別の理由もないのに、あえて取引を拒絶するような場合に該当することを自認しているのと同じようなものである。そうであれば、これらの行為は、独占禁止法及び不公正な取引方法の一般指定第2項に違反する不公正な取引行為に該当するおそれもある。

そして、債務者が債権者の子会社となった場合に、フジテレビやフジサンケイグループ各社が取引停止を示唆したことが独占禁止法違反に該当するか否かについては、個々の取引関係を詳細に検討して判断すべきであり、フジサンケイグループ各社の取引打切りの当否について、現段階で断定的に論ずることはできず、独占禁止法違反に当たらず当然に適法に行うことができるものともいい難い。

そもそも、フジテレビが株式の公開買付けの期間中に、公開買付けがその所期の目的を達することができず、敵対的買収者に株式買収競争において敗れそうな状況にあるとき、公開買付価格を上回っている株式時価を引き下げるような債務者の企業価値についてのマイナス情報を流して、公開買付けに有利な株式市場の価格状況を作り出すことは、証券取引法159条に違反するとまでいわないとしても、公開買付けを実行する者として公正を疑われるような行動といわなければならない。

また、フジサンケイグループ各社以外の取引先との取引についても、それらの取引先の取引打切りが許されるかどうかは、個々の取引関係を詳細に検討して判断すべきものである。

そうすると、債務者の上記主張は、その前提とする事実がいまだ不確実であるから、このような不確実な前提事実を基に算出した企業価値毀損の数値の信用性も疑義があるといわざるを得ない。

この点をおき、債務者の主張する企業価値毀損に関する資料についても念のため検討しておく。

株式会社ポニーキャニオンなどの債務者の子会社には、その事業につきフジサンケイグループとの取引に大きく依存しているものが少なくなく、債務者が債権者の子会社になったことにより同グループから取引を打ち切られた場合には、少なからぬ影響を受けることは否定できない（乙15の1から4まで、乙48、68）。また、フジサンケイグループ各社以外の取引先も、債務者がフジサンケイグループの一員であるために取引を継続しており、債務者が同グループを離脱した場合には取引継続を再考する場合もあることも否定できない（乙67、124から130まで、184、185）。

しかし、債務者の放送事業のうち野球放送の契約が打ち切られる点については、球団との契約の中に債務者の主張する解除条項が従前の契約にはなかった平成17年2月22日になって加えられていることは認められるが（乙12の1及び2、乙13）、本件係争を債務者が有利に展開することを狙って意図的に合意した疑いが強く、債務者が債権者の子会社になった場合に球団側が放送権料の収入を放棄してまで解除権を行使するのか否かは、現段階では明確ではないといわざるを得ない。

さらに、番組に出演する芸能人、タレント、パーソナリティの人材の確保ができなくなるとの点についても、それらの人材には代替性がないわけでもないことなどをも考慮すると、将来継続するか、代替の人員で行うのか、多様な展開が予想されるのであって、現段階でそれらの人材の確保ができなくなることまでを認めるに足りる的確な資料があるとはいえない。また、番組コンテンツの提供を受けることができなくなるとの点についても、上記人材の確保の点と同様である。

これに加え、債務者とフジサンケイグループ各社との取引は、平成16年3月期の売上高の実績で13億4000万円、同期の債務者の単体の売上高が308億円以上であることを考慮すると、フジサンケイグループ各社との取引中止が債務者の単体の業績に及ぼす影響は必ずしも甚大ということはできない。

以上によると、債務者の単体に対する売上等の低下が債務者の試算するほどの金額に上ることの確たる資料はない。

(エ) 債務者は、フジサンケイグループの一員として大きなブランド力を有しており、それによって強い営業力を維持しているとし、債権者の子会社となってフジサンケイグループを離れれば、ブランド力は大きく毀損されると主張する。

しかしながら、債務者はもともとAMラジオ業界における売上高1位のラジオ局であり、高い知名度を有すること等からみて、債務者の事業がフジサンケイグループのブランド力にどれほど依存しているかは必ず

しも明らかとはいえず、債務者がフジサンケイグループから離脱することによってブランドイメージが毀損され、中長期的にも回復し難いほどに著しく営業力が損なわれるとまで認めるに足りる確たる資料はない。

逆に、債務者がフジサンケイグループのグループ内取引に拘束されないという営業上の利点が生ずる可能性もある。

(ウ) 放送事業者において、人的ネットワークや各種特殊技能を用いて番組の企画制作や営業に当たる従業員は、極めて重要な役割を担う利害関係者であるところ、債務者の従業員らは、債権者が支配株主となることに反対を表明している（乙56から58まで）。

しかし、債権者が債務者の従業員らに対し、これまで自らの事業計画を説明したことはなく、債務者の従業員らが反対しているのは債権者代表者の発言をとらえてのことであることなどを考慮すると、債務者が債権者の子会社になった場合に、債権者が信認した新しい経営者が従業員らと十分な協議を行うとともに、真摯な経営努力を続ける可能性がないわけでなく、債務者の従業員らの大量流出が生ずるとまでは認めるに足りない。

イ　債権者の真摯な合理的経営意思の有無について

(ア) 債務者は、債権者は真摯に債務者との事業提携、債務者の合理的経営を目指すものでないと主張し、その根拠として、①債権者は、債務者の株式の大量取得に先立ち、債務者と業務提携を行うことを前提とした詳細な事業計画を一切検討していない、②債権者作成の事業計画書の試算は極めていいかげんであり、提案内容は実現困難なものである、③債権者の事業は主に金融子会社の収益によって成り立っており、ポータルサイト運営事業の基盤は極めて脆弱である、④債権者の真の意図は、債務者との事業提携でなく、フジテレビを支配することであることを挙げる。

(イ) しかしながら、債権者が債務者の経営支配権を確立していない段階で債務者の上記主張のような事柄を明らかにすることは無理であり、企業秘密上得策でないこともあるから、その一事をもって債権者に債務者を合理的に経営する意思も能力もないと断定するわけにはいかない。

ウ　まとめ

以上のとおりであるから、債権者が債務者の支配株主となった場合に、債務者に回復し難い損害が生ずることを認めるに足りる資料はなく、また、債権者が真摯に合理的経営を目指すものでないとまでいうことはできない。

6　株式買収者の株式買収手段の証券取引法上の適否と現経営者による対抗手段としての新株予約権発行との関係について

(1) 債務者は、債権者等が本件ＴｏＳＴＮｅＴ取引により平成17年２月８日に発行済株式総数の約30％に当たる債務者株式を買い付け、その結果、発行済株式総数の約35％の債務者株式を保有することとなったのは、証券取引法27条の２に違反するものであり、仮にこれが証券取引法違反ではないとしても、公開買付規制の趣旨に反した不当な株式買占行為であるとし、このような買収者の違法性は「著シク不公正ナル方法」に該当するかどうかの判断において当然に勘案すべきであり、これに対する対抗措置として本件新株予約権の発行を行うことは不公正発行に該当しないと主張する。

(2) 債務者の上記主張は、まず、本件ＴｏＳＴＮｅＴ取引につき、①ＴｏＳＴＮｅＴ取引によって抗告人の発行済株式総数の３分の１超を取得した点、②売主との事前合意に基づくものである点において、証券取引法27条の２に違反するというものである。

しかしながら、上記①の点につき、証券取引法は、その規制対象の明確化を図るため、その２条において定義規定を置き、「取引所有価証券市場」は「証券取引所の開設する有価証券市場」と定義しているところ（２条17項）、ＴｏＳＴＮｅＴ－１は、東京証券取引所が立会外取引を執行するためのシステムとして多数の投資家に対し有価証券の売買等をするための場として設けているものであるから、取引所有価証券市場に当たる。そうすると、<u>本件ＴｏＳＴＮｅＴ取引は、東京証券取引所が開設する、証券取引法上の取引所有価証券市場における取引であるから、取引所有価証券市場外における買付け等には該当せず、取引所有価証券市場外における買付け等の規制である証券取引法27条の２に違反するとはいえない。</u>

また、上記②の点につき、乙101、103、193によれば、売主に対する事前の勧誘や事前の交渉があったことが推認されるものの、それ自体は証券取引法上違法視できるものでなく、売主との事前売買合意に基づくものであることを認めるに足りる資料はないから、この点の証券取引法違反をいう主張は、その前提において失当である。

(3) ところで、ＴｏＳＴＮｅＴ－１は競争売買の市場ではないから、そこにおいて投資者に対して十分な情報開示がされないまま、会社の経営支配権の変動を伴うような大量の株式取得がされるおそれがあることは否定できない。これに対し、公開買付制度は、支配権の変動を伴うような株式の大量取得について、株主が十分に投資判断をなし得る情報開示を担保し、会社の支配価値の平等分配に与る機会を与えることを制度的に保障するものである。公開買付制度の上記趣旨に照らすと、債権者等が、フジテレビによる債務者の株式の公開買付期間中に、本件ＴｏＳＴＮｅＴ取引によって発行済株式総数の約30％にも上る債務者の株式の買付けを行ったことは、それによって市場の一般投資家が会社の支配価値の平等分配に与る機会を失う結果となって相当でなく、その程度の大規模の株式を買い付けるのであれば、公開買付制度を利用すべきであったとの批判もあり得るところである。

しかしながら、本件ＴｏＳＴＮｅＴ取引が取引所有価証券市場外における買付け等の規制である証券取引法27条の２に違反するものでないことは前示のとおりであるから、上記問題があるとしても、それは証券取引運営上の当不当の問題にとどまり、証券取引法上の処分や措置をもって対処すべき事柄であって、それ故に債権者の本件株式の取得を無効視したり、債務者に対抗的な新株予約権の発行を許容して証券取引法の不当を是正すべく制裁の処置をさせる権能を付与する根拠にはならない。

そうすると、<u>債権者等が本件ＴｏＳＴＮｅＴ取引によって債務者の株式を大量に買い付けたことが、証券</u>

取引法27条の２以下の公開買付制度の趣旨・目的に照らし相当性を欠くとみる余地があるとの一事をもって、主要な目的が経営支配権確保にある本件新株予約権の発行を正当化する特段の事情があるということはできない。

(4) したがって、債務者の上記主張は採用することができない。

7　株主としての不利益が存在しないとの主張について

(1) 債務者は、商法280条ノ39第４項、280条ノ10にいう不利益を受けるおそれがある株主とは、当然株主であることを会社に対抗できる株主のことをいうから、名義書換を完了していない分も含めて債権者の不利益性を判断するのは同法206条に違反すると主張する。

(2) 債権者等への実質株主名簿の書換えがされていない現時点では、債権者は３万1420株を超える株主であることを、株式会社ライブドア・パートナーズは1062万7410株（平成17年３月７日現在）の株主であることを、債務者に対抗することができない。

しかしながら、本件のように、債務者も債権者等が大量の株式を有することを自認しており（甲11、16）、名義書換請求を拒絶し得る正当な理由も特になく、間もなく実質株主名簿が書き換えられることが確実であるにもかかわらず、保管振替機関からの実質株主名簿書換えのための通知が９月末日と３月末日に限られている制度上の制約ゆえに、名義書換未了の株式数を不利益性判断の基礎から除外するのは明らかに不合理というべきである。上記のような事実関係の下においては、平成17年３月31日以降に債務者に対抗できることになる株式数も含めて不利益性を判断すべきである。

したがって、債務者の上記主張は採用することができない。

(3) 平成17年３月24日に発行され、翌25日から行使請求期間となる本件新株予約権がすべて行使された場合、債権者等による債権者株式の保有割合は約42％から約17％に減少することからすると、債権者が本件新株予約権の発行によって著しい不利益ないし損害を被るおそれがあることが明らかである。

8　保全の必要性について

債務者の本件新株予約権の発行によって債権者が著しい損害を被るおそれがあることは、前記7に判示したとおりであるから、保全の必要性も認めることができる。

9　結論

以上述べたとおりであって、債務者による本件新株予約権の発行は、その内容及び発行の経緯に照らしても、債権者等による債務者の経営支配を排除し、現在債務者の経営に事実上の影響力を及ぼす関係にある特定の株主であるフジテレビによる債務者に対する経営支配権を確保するために行われたことが明らかである。そして、本件に現れた事実関係の下では、債権者による株式の敵対的買取に対抗する手段として採用した本件新株予約権の大量発行の措置は、既に論じたとおり、債務者の取締役会に与えられている権限を濫用したもので、著しく不公正な新株予約権の発行と認めざるを得ない。

したがって、債権者の本件仮処分命令申立ては理由があるから、これを認容した原審仮処分決定及びこれを認可した原審異議決定は正当である。

よって、本件抗告を棄却することとし、主文のとおり決定する。

　裁判長裁判官　鬼頭季郎
　　　裁判官　福岡右武　畠山　稔

（別紙）＜略＞

9 ニレコ事件
――敵対的買収に対する平時導入型ライツプランと「著しく不公正な発行方法」――

I 国内判例編　東京高決平成17・6・15金融・商事判例1219号8頁

The Financial and Business Law Precedents

新潟大学実務法学研究科准教授　山田剛志

I　事案の概要

　本件は、債務者（株式会社ニレコ：以下、「ニレコ」とする）の株主である債権者（SFPバリュー・リアライゼーション・マスターファンド：以下、「SFPファンド」とする）が、ニレコが平成17年3月14日の取締役会決議に基づき決定した買収防衛策（以下、「本件ライツプラン」とする）の発行について、①商法が定めた機関権限の分配秩序違反、取締役の善管注意義務・忠実義務等の法令に違反すること、②著しく不公正な方法による新株予約権の発行であるとして、仮に差し止めることを求めた請求に対し、差止めを認めた東京地裁決定および同異議申立決定に対してニレコが行った抗告に対する決定である。

　ニレコが採用したライツプランとは、(1)平成17年3月31日現在の全株主に対し、1株につき、2個の新株予約権を無償で与え、3年以内に発行済株式総数の20％以上を保有する敵対的買収者が現れた場合、取締役会が当該新株予約権を償却しない旨決議すると、新株予約権が行使され、1個の新株予約権に対し1円を払い込むことにより1個の議決権付き株式1株が発行されるが、当該予約権の譲渡は認めない、(2)ニレコの取締役会は、企業価値最大化のため当該新株予約権を無償消却するか、またはしないことを決議することができ、その際社外の専門家3名で組織する特別委員会の勧告を最大限尊重する、(3)無償消却しない決議ができるのは、買収者が①グリーンメーラーである場合、②焦土化経営をする場合、③LBO（レバレッジドバイアウト）をする場合、④高値の売り抜けをする場合、⑤その他ニレコの株主、取引先、従業員等利害関係人を含むニレコの企業価値が損なわれるおそれがあることが明らかな場合に限られる、とする。もしこれらの条件のもと、仮に敵対的買収者が現れ、取締役会が当該新株予約権を消却しないことを決議した場合、新株予約権を付与された株主はこれを行使し、ニレコの発行済株式総数は3倍に増加することが予想される。その結果、敵対的買収者の保有割合は希釈化され、現経営陣の経営権は維持されることになる。

　原審仮処分決定（東京地決平成17・6・1金判1218号8頁）は、①商法280条ノ39第4項が準用する商法280条ノ10が定める法令違反の対象となる「法令」とは、新株発行に際して会社が遵守することを要する具体的な法令の規定をいうものと解されるところ、株式会社における機関権限の分配秩序維持を根拠とする取締役会の権限の制約は、商法の株式会社に関する規定全体の趣旨から導き出されるものであって、具体的な法令の規定によるものではないから、債権者の主張は採用できない。②本件新株予約権発行は、株主総会の意思を反映させる仕組みとして十分とはいえない、③本件新株予約権の行使条件の成就に関する判断基準が明確性を欠き、取締役会による恣意的判断の防止が担保されていない、④本件新株予約権割当基準日以降に債務者株式を取得する株主は持株比率が約3分の1まで希釈されるという予測不可能な危険を負担する結果ニレコの株式は投資対象としての魅力を欠き、本件新株予約券発行は事前の対抗策としては相当性を欠き、「著しく不公正なる方法」による新株予約権の発行であるとして無担保での差止めを認めた。これに対し、ニレコが仮処分異議の申立てをした。

　それに対し、原審異議審決定（東京地決平成17・6・9金判1219号26頁）は、①本件新株予約権発行は、将来敵対的買収者が現れた場合、現取締

役が経営陣の支配権の維持を目的とすることを主要な目的とすること、②将来本件新株予約権に基づき新株が発行されると、株主の持株比率は3分の1に希釈されることにより既存株主が損失を被るおそれがある、③取締役に株主構成を変更するような新株予約権発行を認めることは商法が定める機関権限分配の法意に反し、本件新株予約権発行は「著しく不公正な発行方法」に該当するとして、原決定を認可した。そこで、ニレコが原決定の取消を求めて抗告した。

II 決定要旨

抗告棄却

「当裁判所も、債務者による本件新株予約権の発行は、商法280条の39第4項、280条の10（会社法247条2号）に規定する『著シク不公正ナル方法』によるものであり、これを事前に差し止める必要性があると考えるので、債権者の本件仮処分申請は認容すべきものと判断する。

…本件プランによれば、例えば、平成17年3月31日現在において株主でなかった者が、その後、発行済株式総数の20パーセントの株式を保有するに至った場合に、本件プランに従って新株予約権が行使されて新株が発行された場合には、その保有割合は約7％程度に希釈されることになり、債務者の経営支配権に及ぼす影響力は一気に低下することになる。…しかし、濫用的な買収から企業を防衛するために新株予約権を行使させ特定株主の持株比率を低下させることは、とりもなおさずその時点における経営者又はこれを支持する特定の株主の経営支配権を維持・確保することになるものであり、その上、上記説示のような本件新株予約権行使の要件や効果からすると、債務者における既存の取締役会ないしその支持株主の経営権を維持確保することも重要な目的となっていることは否定できないところである。（下線筆者）…。

(2) 買収と無関係な株主に生ずる損害

本件新株予約権は、前記認定のとおり、平成17年3月31日時点の株主に対して無償で1株につき2個を割り当て、新株予約権の行使の要件が充たされたときには、1個当たり1円というほとんど無償に近い価額で債務者の株式1株を取得することができる権利であり、株式分割と同様に会社資産に増加がないのに発行済株式総数だけが3倍に増加するという効果を生じさせるものである。したがって、将来、新株予約権が消却されることなく、現実にこれが行使されて新株が発行されたときには、債務者の株式の価額は、理論的にはその時点で時価の3分の1程度に下落する可能性が存在する。…したがって、<u>新株予約権の権利落ち日（平成17年3月28日）以後に債務者の株式を取得した株主は、平成20年6月16日までの間に本件新株予約権が消却されずに、新株予約権が行使され新株が発行されたときには、当該株主が濫用的な買収者であるかどうかにかかわらず、債務者株式の持株比率が約3分の1程度に希釈されるという危険を負担し続けることになる</u>（下線筆者）。…

(3) そうすると、本件新株予約権の発行は、既存株主に受忍させるべきでない損害が生じるおそれがあるから、著しく不公正な方法によるものというべきであり、しかも、上記のとおり債権者が本件新株予約権の発行によって不利益を受けるおそれがあることも明らかである。…

3 保全の必要性について

…債務者は、本件新株予約権については、その行使段階である新株発行の差止めの可否という形での司法審査によれば足り、本件新株予約権の発行自体を差し止める必要性はないと主張するが、<u>本件新株予約権の発行自体によって、上記のような不測の損害が生ずると認められる</u>（下線筆者）のであるから、新株予約権の行使段階における新株発行差止めという方法によっては、このような損害を回避することができないことは明らかであって、債務者の主張は理由がない。…

4 結論

以上のとおりであって、債務者による本件新株予約権の発行は、債務者に対する濫用的な買収を未然に防止するという目的で設計された制度に基づき行われたものであり、敵対的買収者が現れた場合など一定の場合に取締役会が本件新株予約権を消却しない旨の決議を行うことができるとして、現実の新株発行手続が一定の制限に服することを定めるものではあるが、本件新株予約権が行使され新株が発行された場合には、債権者を含めた既存株主が予測し難い損害を被るものであるから、債務者の取締役会に与えられている権限を逸脱してなされた著しく不公正な方法によるものといわざるを得ない。…」

III 分析と展開

1 本件ライツプランと既存株主の保護

(1) 有事導入型買収防衛策と平時導入型防衛策

周知のように2005年は企業買収を巡り重要な判決が相次いだ年であり、ニッポン放送事件においては有事導入・有事発動型の新株予約権を用いたライツプランを巡り、裁判所の判断が出され、東京高裁が下した保全抗告事件決定（注1）において、濫用的買収者として、①グリーンメーラーである場合、②焦土化経営を行う場合、③ＬＢＯ（レバレッジドバイアウト）を企図する場合、④会社資産の売却による株価の高値売り抜けを企図する場合の類型が挙げられたことは、その後の経済産業省・法務省の「指針」（注2）や2005年の株主総会において導入された買収防衛策に大きな影響を与えた。また学説においても、有事導入・有事発動型の新株発行（新株予約権発行）に際し、資金調達目的が主要な理由であるときのみ新株発行が可能とする「主要目的ルール」に対し、ニッポン放送事件の上記決定が、「支配権維持目的でも買収者が上記の例に該当する場合、当該新株発行も許容される」ことを認めるか否かに関し、多くの議論がなされている（注3）。

これに対し本件ニレコの買収防衛策は、平時導入・有事発動型で稀釈化型のライツプランであり、事実概要で検討したように、ニレコのライツプランには、ニッポン放送事件高裁決定の4類型が規定されており、同事件の決定要旨が大きく影響している。この点に関し、藤田教授は、「有事導入・有事発動型と比べて平時導入・有事発動型のライツプランも機関権限の分配秩序といった考え方には違いがないが、有事導入・有事発動型は支配権に関する争いが生じたあとで新株発行等がなされるため、株主が経営者を選ぶ機会を取締役会の意思で現実に奪うこととなり、そのことが正当化されるだけの特殊事情がある必要が高く、ハードルは高い。それに対し平時導入・有事発動型の場合、内容に合理性があり株主に当該ライツプランの撤廃を選ぶ機会が保証されていれば、導入それ自体が株主による経営者の選任権を奪ったものとは評価されず、機関権限の分配秩序の観点からも正当化される場面もあり得る」、とする（注4）。そこで本稿では、このような有事導入・有事発動型買収防衛策を巡る議論を参照としつつ、平時導入・有事発動型ライツプランとの違いを考慮しながら、本件決定を検討したい。

(2) 新株予約権と随伴性

本件抗告審決定は、本件原審仮処分決定や異議審決定と異なり、①本件新株予約権の行使条件の成就に関する判断基準が明確性を欠き、取締役会による恣意的判断の防止が担保されていない問題や、②株主総会の承認を経ず取締役に株主構成を変更するような新株予約権発行を認めることは商法（会社法）が定める機関権限分配の法意に反するかといった問題点には言及せず、③「本件新株予約権が行使され新株が発行された場合には、債権者を含めた既存株主が予測し難い損害を被るものであるから、債務者の取締役会に与えられている権限を逸脱してなされた著しく不公正な方法によるものといわざるを得ない。」として、もっぱら既存株主に不測の損害を与える可能性があるか否かの観点から、本件新株予約権が不公正発行（会社法247条）に当たるとしている点が特徴である。以下、本件ライツプランが「著しく不公正な方法」に該当するか否かに関し、検討を加えていきたい。

ニレコのライツプランのうち、③に関連する部分は、以下の通りである。

「・新株予約権発行の目的（1項）…債務者は、債務者に対する濫用的な買収等によって債務者の企業価値が害されることを未然に防止し、債務者に対する買収等の提案がなされた場合に、債務者の企業価値の最大化を達成するための合理的な手段として用いることを目的として、本発行要項に定める新株予約権を発行する。

・割当日および割当方法（3項）…平成17年3月31日最終の株主名簿または実質株主名簿に記載または記録された株主に対し、その所有株式1株につき2個の割合で新株予約権を割り当てる。また各新株予約権の発行価額は、無償とする。各新株予約権の行使に際して払込みをなすべき額は1円とする。

・新株予約権の行使の条件（12項）…新株予約権者が新株予約権を行使することができるのは、平成17年4月1日から平成20年6月16日までの間に手続開始要件が満たされた場合でなければならない。

・新株予約権の譲渡制限（14項）…新株予約権の譲渡については、債務者の取締役会の承認を要する。ただし、債務者の取締役会は、譲渡の承認を行わない。」

上記ライツプランを「③の株主価値」の観点から検討してみる。重要なのは既存の株主の利益が損なわれるか否かであるので、将来敵対的買収者が現れた場合、本件プランは、新株予約権を発行価額を無償、権利行使価格を1円とし、しかも大量に発行するから、株価は理論的にはほとんど無償で新株発行が行われるため、約3分の1に下落するおそれがある。また既存株主の有するであろう新株予約権は譲渡が禁止されているので（上記第14項）、基準日以降当該株式を購入する株主は当該新株予約権では損失を回復することはできない。従ってニレコ株式は基準日以降株価が下がることが予想され、その結果現時点での株主の利益も損なわれるため、第14項も問題があるといえる。また本決定では言及されていないが、本件新株予約権の存続期間が3年であること（第12項）も、既存株主の株価が3分の1に下落するリスクが3年間継続するというように理解すれば、既存株主にとっては厳しい条項といえよう。

上記の法理は、新株予約権が、業務執行の一環として取締役会に発行に関する意思決定を行う権限が帰属する資金調達の一手法であり（会社法238条）、濫用的な企業買収に対する防衛策として取締役会が新株予約権を行使することまでも否定しているわけではない。例えば、グリーンメラーから高値で株の買取を要求されるなど、企業価値が損なわれるおそれがあるときに、株主全体の利益を保護するために新株予約権を利用した防衛策をとることは会社法の予定するところであり、その利用を禁じているものではない。そのため、本決定は、機関分配論に言及することなく、既存の株主に不測の損害を及ぼすか否かが最大の基準であるとして、「著しく不公正なる方法」を判断している。すなわち本件新株予約権発行は、既存株主に対し今後3年間新株予約権が行使されれば株価が直ちに3分の1程度に下落する危険性が存在し続けることは、既存株主にとってニレコが本件新株予約権発行をしなければ発生することがなかった不測の損害といえる。さらに株主にとって、新株予約権の譲渡が禁止されているということは、株価が3分の1に下落するリスクを免れる手段が極めて限定されることとなり、結果的に本件新株予約権発行による危険を全て株主に押しつけるという結果を生じさせることになる。

これは本件仮処分の前後には1株800円程度だった株価が、その後ニレコが新株予約権発行を断念した時点での平均株価が1000円と、20％以上上昇していることからも、実証されている。このように本決定は、既存の株主に対して損害が生じるおそれがあるか否かという点を重視しているが、これは基本的には妥当である。これらの損害は、平成17年3月31日に新株予約権が発行されてしまったら生じる直接かつ具体的な損害であり、損害賠償のような事後的な賠償では填補されない（注5）。従って、本件新株予約権の発行差止めに必要な仮処分の要件を満たしているといえる。

新株予約権を用いたライツプランのうち、信託型ライツプラン（注6）とは、差別的な行使条件が付された新株予約権をいったん信託受益者である信託銀行やＳＰＣに発行し、買収者が出現するとその後に設定される基準日における株主名簿上の株主に当該新株予約権を無償で発行する。信託型がとられる理由は、本件で検討したように新株予約権の随伴性の問題を克服するために、新株予約権を実質的に株式に随伴するように移転させるためである。この場合、受託者に対する募集新株予約権の発行がゼロや1円といった名目的な払込金額で行われるときは、有利発行として株主総会の特別決議が必要であるとする見解もある（注7）。いずれにせよ、本件判旨のいう随伴性の観点からは、買収者が出現した時点で新株予約権を交付する信託型ライツプラン、条件付取締役会決議型、事前警告型ライツプランが有効と理解される。

2 平時導入・有事発動型ライツプランの適法性要件〜株主総会の承認および特別委員会答申の拘束力

続いて、本件決定が、本件原審仮処分決定や異議審決定と異なり言及しなかった、①株主総会の承認を経ず取締役に株主構成を変更するような新株予約権発行を認めることは商法（会社法）が定める機関権限分配の法意に反するか、②本件新株予約権の行使条件の成就に関する判断基準が明確性を欠き、独立性を有する特別委員会の答申に拘束力がなく、取締役会による恣意的判断の防止が担保されていないという点について、検討していきたい。実務ではこの点が大きな問題であるとの指摘があり、以下本節では、本件決定がこれらの要件を検討しなかったのは妥当か否か検討する。

(1) 取締役会による買収防衛策の導入と株主総会の承認

まず第①点「株主総会の承認を経ず取締役に株主構成を変更するような新株予約権発行を認めること」についてであるが、経済産業省・法務省の買収防衛策に関する指針によると、平時における取締役会決議による防衛策導入を一定の範囲で容認する（注8）。同指針は、買収防衛策が適法であるための原則として、(1)企業価値・株主共同の利益の確保・向上の原則、(2)事前開示・株主意思の原則、(3)必要性・相当性の原則を挙げる。この場合、本質的に所有者である株主が会社経営を誰に委任するかは基本的に株主が決定すべきなので、第2原則のうち、本件のように取締役会の決議により導入するライツプランに関しては、防衛策導入後株主の意思により廃止する手段を確保してあるか否かが重要となるように思える。

この点に関し、本件での取締役会決議で導入可能な事前発行型の稀釈化型ライツプランについて株主総会での決議回避が問題なのか、それとも株主総会での消却の条件を決定していなかったことが問題か、議論する必要がある（注9）。この点ニレコ事件東京地裁決定（注10）では、ニレコが6月の定時株主総会に先駆けて新株予約権の発行をし、その発行を株主総会の議題としなかった点を問題としており、このことからすると株主総会において本件ライツプランの消却の機会を株主に与えなかった点が問題と思われる。

しかし新株予約権の発行は、権限分配論からいっても、もともと取締役会の権限であり、取締役会決議で導入した場合にも直ちに無効と解するべきではない。川村教授は、買収提案が企業価値を高め株主の利益になるか否か十分判断できない株主に判断を委ねるのは合理的でない、とする（注11）。ただし買収防衛策の発動は、必然的に経営者の保身の可能性を孕んでいるので、その判断により中立的・独立的な判断が必要となる。この点は、以下に述べる独立委員会答申の拘束性に関連する。

(2) 独立委員会の答申

続いて第②点「独立性を有する特別委員会の答申に拘束力がなく、取締役会による恣意的判断の防止が担保されていない」点に関し、本件ライツプランは、以下のように規定する。

「・取締役会決議に際しては、特別委員会による勧告を最大限尊重する（3条）、特別委員会は、債務者の代表取締役社長および債務者取締役会が指名した本件新株予約権の消却等につき利害関係のない弁護士、公認会計士または学識経験者から2名の合計3名の委員で組織されるものとする（4条）」旨が定められている。

この点、本プランが、「利害関係のない弁護士らからなる特別委員会の答申に取締役会は最大限尊重する」としているだけで、拘束されるとはしていない点には検討が必要である。具体的には、ニレコの取締役会は、「企業価値最大化のために必要があると認めず、本件新株予約権を一斉に無償で消却しない旨を決議する場合は、原則として、次の各号に定める場合に限り行うことができる。1）買収者等が、いわゆるグリーンメラーである場合、2）買収者等が、いわゆる焦土化経営を行う目的で債務者の株式の取得ないし買収提案を行っている場合、3）買収者等が、いわゆるレバレッジドバイアウト（LBO）を目的に取得ないし買収提案を行っている場合、4）買収者等が、高値売り抜けをする目的で、債務者の株式の取得ないし買収提案を行っている場合、及び5）その他、買収者等が債務者の経営を支配した場合に、債務者株主、取引先、顧客、地域社会、従業員その他の債務者の利害関係者を含む債務者グループの企業価値が毀損される虞があることが明らかな場合など、本件新株予約権を一斉に無償で消却しない旨の取締役会決議を行うことを正当化する特段の事情がある場合である。」とする。この点について、上記の要素のうち、前述のニッポン放送事件で判示された4類型を加えた点は問題ないが、5番目の要件を加えた点に関し、原審は「取締役会の恣意的判断を防止する判断基準としては広範すぎる」とした。後述するように、特別委員会の権能は、取締役会が平時導入した買収防衛策を発動することが妥当か否か、つまり敵対的買収者が明らかに企業価値を損なうとされる4つの例に当てはまるか否か判断すれば足り、それ以上の経営判断をさせることはむしろ妥当ではないので、特別委員会が反する基準として「ニレコの利害関係人にとって企業価値が破壊されることが明らかな場合」という基準を加えることは妥当ではないと解する（注12）。

それ以上に問題なのは、「利害関係のない弁護士らからなる特別委員会の答申に取締役会は最大限尊重する」とした点である。この点について、原決定は、「取締役会の恣意的な判断が防止される仕組みとなっているか否かについて、特別委

会の提案を無条件で受け入れるべき」としている。それに対し「会社本来の機関ではなく、責任も負担しない特別委員会の判断が善管義務を負担する取締役を拘束するという結果となり、違法行為差止めに関連して取締役の権限を弱めすぎる結果となる」とする意見がある（注13）。

思うにアメリカでは株主代表訴訟を継続するか否か、あるいはあまり例は無いが敵対的買収の際買収防衛策の発動に関し、独立性を有する委員による特別委員会に判断が委ねられるが、他方、代表訴訟では問題行為の違法性のみ判断すればよいが、敵対的買収の事例では企業価値を巡り高度の経営判断を要するから、その判断は独立した第三者に委ね、取締役会はその判断に拘束されるという判断は妥当ではない。しかし最大限尊重するということは、もしその判断に取締役会が従わなかった場合、その説明責任を株主に対して負うと考えるべきであろう。

アメリカの代表訴訟を巡る議論では、取締役会は独立訴訟委員会の判断に拘束されるべきであり、その判断に対する審査は、その過程が独立して行われたか否かのみが司法審査の対象となるべきであろうとされる（注14）が、わが国では独立取締役および機関投資家の役割は議決権行使基準などを公表しているわけではないので、監視者としての役割は期待できない。そのためわが国では、結果的に裁判所が積極的な機能を果たすことが期待され（注15）、わが国の裁判所は経営判断の内容も審査する傾向がある。これらの相違点を考慮すると、アメリカと日本の事例を直接比較はできないが、敵対的買収防衛策が経営判断に当たる可能性があることから、取締役会が特別委員会の判断に拘束されるというのは行き過ぎであり、予め与えられた判断基準に従い買収防衛策の発動を検討した特別委員会の勧告をふまえて最終的に取締役会が買収防衛策発動を判断し、その判断が与えられた権限を逸脱したり、権限を乱用して経営支配権の維持を目的とする行使をした場合には、その判断のプロセスが司法判断の対象となるというべきであろう。

最後に平時導入型ライツプランに関し、独立委員会答申の対象が何かという疑問が残る。つまり例えば北越製紙事件において同社の独立委員会は、「王子製紙は自社が定める条件を満たしていなかったので、防衛策の発動が可能としている」（注16）が、事前警告型ライツプランの独立委員

会の検討対象が、「当該買収防衛策が企業価値を下げる」ことか、または「自社が定めた警告に買収者が従ったか否か」について、更なる議論が必要であろう。

（注1）　東京高決平成17・3・23金判1214号6頁。
（注2）　経済産業省＝法務省「企業価値・株主共同の利益の確保または向上のための買収防衛策に関する指針」家田崇ほか『M＆A攻防の最前線』358頁以下（金融財政事情研究会・2005年）。
（注3）　太田洋「ニッポン放送新株予約権発行差止仮処分申立事件決定とその意義（上）」商事1729号28頁（2005年）、および藤田友敬「ニッポン放送新株予約権発行差止事件の検討（下）」商事1746号4頁以下（2005年）参照。なお本文で挙げたような判断基準を「新・主要目的ルール」と呼んで、これまでの主要目的ルールと区別する見解もある。
（注4）　藤田・前掲論文（注3）8頁。
（注5）　川村正幸「敵対的買収に対する事前の対抗策として行った取締役会の新株予約権発行が著しく不公正な発行に当たるとされた事件——ニレコ新株予約権発行差止認容抗告審決定事件——」金判1227号67頁（2005年）参照。
（注6）　石綿学ほか「日本版ライツプランの新展開」別冊商事289号182頁（2005年）。
（注7）　江頭憲治郎『株式会社法』704頁（有斐閣・2006年）参照。
（注8）　経済産業省＝法務省・前掲（注2）363頁参照。
（注9）　近藤浩「敵対的買収防衛策への影響」家田ほか・前掲書（注2）323頁。
（注10）　東京地決平成17・6・1金判1218号8頁以下参照。
（注11）　川村・前掲論文（注5）71頁参照。
（注12）　山田剛志「敵対的買収に対する平時導入型ライツプランと『著しく不公正な発行方法』」判評566号54頁〔判時1918号216頁〕参照。
（注13）　近藤・前掲論文（注9）323頁参照。
（注14）　山田剛志「社外取締役と独立取締役」法時77巻1号60頁以下（2004年）参照。
（注15）　Hideki Kanda, *Does Corporate Law really matter in Hostile takeover? : Commenting on Professor Gilson and Chancellor Chandler*, '2004 Colum.Bus. L. Rev.67.
（注16）　「日本経済新聞」2006年9月9日。

Tsuyoshi YAMADA

平成17・6・15東京高裁第15民事部決定、平成17年（ラ）第942号新株予約権発行差止仮処分決定認可決定に対する保全抗告事件、**抗告棄却**
　原　審＝平成17・6・9東京地裁決定、平成17年（モ）第6329号、金判1219号26頁
　（基本事件＝平成17・6・1東京地裁決定、平成17年（ヨ）第20050号、金判1218号8頁）

決　定

＜当事者＞
抗告人（原審債務者、以下「債務者」という。）
　　　　　　　　　　　　　　　株式会社ニレコ
同代表者代表取締役　　　　　　山田秀丸
同代理人弁護士　　　　　　　　新保克芳
同　　　　　　　　　　　　　　神谷光弘
同　　　　　　　　　　　　　　太田　洋
同　　　　　　　　　　　　　　木目田裕
同　　　　　　　　　　　　　　森　倫洋
同　　　　　　　　　　　　　　弘中聡浩
同　　　　　　　　　　　　　　原田充浩
同　　　　　　　　　　　　　　野田昌毅
同　　　　　　　　　　　　　　臼杵弘宗
同　　　　　　　　　　　　　　宇野伸太郎
同　　　　　　　　　　　　　　前田葉子
同　　　　　　　　　　　　　　河端雄太郎
同　　　　　　　　　　　　　　清水　誠
相手方（原審債権者、以下「債権者」という。）
　ザ・エスエフピー・バリュー・リアライゼーション・マスター・ファンド・リミテッド（The SFP Value Realization Master Fund Ltd.）
同代表者代表取締役
　　　　　　　　　リャム・ジョーンズ（Liam Jones）
同代理人弁護士　　　　　　　　国谷史朗
同　　　　　　　　　　　　　　内藤加代子
同　　　　　　　　　　　　　　池田裕彦
同　　　　　　　　　　　　　　茂木龍平
同　　　　　　　　　　　　　　植村幸也
同　　　　　　　　　　　　　　高安秀明
同　　　　　　　　　　　　　　近藤直生
同　　　　　　　　　　　　　　細野真史
同　　　　　　　　　　　　　　山浦美卯
同　　　　　　　　　　　　　　高子　賢

【主　文】
1　本件抗告を棄却する。
2　抗告費用は債務者の負担とする。

【理　由】
第1　保全抗告の趣旨及び理由
1　抗告の趣旨
　(1)　原決定を取り消す。
　(2)　東京地方裁判所平成17年（ヨ）第20050号新株予約権発行差止仮処分命令申立事件について、同裁判所が平成17年3月11日にした仮処分決定を取り消す。
　(3)　債権者の上記仮処分命令の申立てを却下する。
2　抗告の理由
　債務者の抗告の理由の骨子は、別紙債務者の主張記載のとおりである。
　なお、債権者は、別紙新株予約権目録記載の新株予約権（以下「本件新株予約権」という。）の発行は、株主に過度の財産上の損害を生じさせるものであって、甚だしい制度的欠陥を有するものであるから、これを認めるべきではない、原審仮処分決定及び原審異議決定は、株主構成の変更を主たる目的とする新株予約権の発行も一律に禁止されるわけではなく、「相当な方法」による場合は許されるとしたものであって、いわゆる敵対的買収防衛策にも一定の配慮を示した、極めて適正かつ妥当なものである旨を主張する。

第2　事案の概要
1　事案の要旨
　(1)　本件は、債務者の株主である債権者が、債務者が平成17年3月14日の取締役会決議に基づいて現に手続中の本件新株予約権の発行について、①　商法が定める機関権限の分配秩序違反、取締役の善管注意義務・忠実義務違反等の法令に違反すること、②　著しく不公正な方法による新株予約権の発行であることを理由として、これを仮に差し止めることを求めた事案である。
　(2)　原審仮処分決定は、上記①の点については本件新株予約権の発行は法令に違反しないとしたが、上記②の点について、ア　本件新株予約権発行は、株主総会の意思を反映させる仕組みとして欠けるところがないとはいえず、また、イ　本件新株予約権の行使条件の成就に関する判断基準は明確性を欠く部分を含む上、取締役会が特別委員会の勧告に従わない余地があり、取締役会による恣意的判断の防止が担保される仕組みとなっているとはいえない、さらに、ウ　本件新株予約権発行により割当基準日以降に債務者株式を取得した株主は持株比率が約3分の1まで希釈されるリスクを負担するが、こうした事態が発生するか否か現時点では著しく予測困難であり、合理的な投資家は重大なリスクを抱えた債務者株式への投資には慎重となるから、既存株主は債務者株式の投資対象としての魅力の減少による価値の低下という不測の損害を受けるので、敵対的買収に対する事前の対抗策としての本件新株予約権の発行は、取締役会の決議による事前の対抗策としての相当性を欠くから、「著シク不公正ナル方法」による新株予約権発行として差止請求が認められ、本件新株予約権の発行によって直ちに債権者が看

過し得ない不測の損害を被るおそれがあり、保全の必要性もあるとして、無担保で本件新株予約権の差止めを認める仮処分決定をした。

これに対して、債務者が仮処分異議の申し立てをした。

(3) 原審異議決定は、ア　本件新株予約権の発行の目的は、株式会社の経営支配権に現に争いが生じていない場面において、将来、敵対的買収によって経営支配権を争う株主が生じることを想定して、かかる事態が生じた際に新株予約権の行使を可能とすることにより当該株主の持株比率を低下させることを主要な目的として発行されるものである、イ　本件新株予約権が行使され新株が発行されたときには、債務者株式全部が持株比率で約3分の1までに希釈されることになるが、将来新株予約権が行使され新株が発行されるかどうかが予測不能であるため、株式市場における債務者会社の株式動向が定まらず、債務者株式を投資対象とする魅力が減少し株価の低下を招き、債権者をはじめ既存株主が将来にわたって損失を被る危険にさらされることになるから、債権者には現実の損害が発生している、ウ　商法上、取締役の選任、解任は株主総会の専決事項であり、被選任者たる取締役に選任者たる株主構成の変更を主要な目的とする新株予約権の発行をすることを一般的に許容することは、商法が機関権限の分配を定めた法意に反するものであり、現に株式会社の経営支配権に争いが生じている時期であれば、取締役会において、株主総会の意思を問う時間的余裕がないため、一種の緊急避難的行為として、取締役会限りでかかる目的を有する新株予約権の発行等を行うことに一定の合理性が認められるのに対し、そのような状況が発生していない時期においては、株主総会の意思を問う時間的余裕があるのが通常であるから、取締役会限りで、濫用的な買収防衛策としての新株予約権の発行をすることができる場合はより限定的に考えるのが相当である、エ　本件新株予約権の発行自体によって、債権者を含む既存株主に「債務者株式の投資対象としての魅力の減少による価値の低下」という損害が現実に生じるから、新株予約権の行使段階における新株発行差止めという方法によって、上記損害を回避することができないし、また、本件で問題となる既存株主の損害は財産上の損害であるが、仮の地位を定める仮処分命令は、「債権者に生ずる著しい損害又は急迫の危険を避けるためこれを必要とする」ことが要件とされている（民事保全法23条2項）ものであって、事後の損害賠償によっては償えないような損害が生じない限り発令の余地がないと解すべき理由はないから、債権者にとって事後の損害賠償によっては回復することが困難な損害があれば他の事情と相まって保全の必要性を肯定することができるところ、本件新株予約権の発行によって債権者が被る損害は、直接的かつ具体的に発生するものであり、かつ、本件新株予約権の発行により、相当長期間にわたり、債務者株式を市場において合理的な価格をもって売却してその投下資本を回収することが著しく困難となるから、「著しい」損害ということができるなどの理由を付加した上、原審仮処分決定の判断部分を引用して、原審仮処分決定を認可した。

2　前提となる事実関係

後掲の各疎明資料及び審尋の全趣旨によれば、次の事実が認められる。

(1)　当事者等

ア　債務者

債務者は、昭和25年に設立され、オートメーション装置及び計測装置の製造、販売等を主たる事業とする株式会社であるが、もともとは自動制御機器メーカーであるドイツ企業の日本法人として昭和6年に設立されたアスカニア合資会社が敗戦後、戦敗国ドイツの企業であることを理由に解散を命ぜられたため、その技術を活かした鉄工業向けの油圧式制御装置を製造する目的で大手製鉄会社等の出資を得て設立された会社（当時の社名は日本レギュレーター株式会社）である。その後、鉄工業の衰退とともに、債務者は、従前から有していた独自の制御技術を特化して、油圧技術を応用した製品や電子、光学技術を応用した自動制御機器、製造ライン用の計測機器、印刷用制御機器等を製造するようになり、現在では、ウエッブ（巻物状製品）の製造工程の制御に独自の高い技術を有する企業に成長し、外国ファンド等が投資対象として注目するハイテク企業の一角を占めるようになった。

平成17年4月26日現在、債務者の資本金は30億7235万2740円、発行する株式の総数は3940万株、発行済株式総数は1000万5249株である。債務者の大株主（平成16年9月30日現在）は、債務者（101万4000株）、みずほ信託銀行株式会社（＝新日本製鐵の信託口、79万株）、ＪＦＥスチール株式会社（56万8000株）、株式会社博進企画印刷（56万2000株）、ニレコ取引先持株会（49万5000株）、株式会社東京都民銀行（44万4000株）、株式会社みずほ銀行（41万9000株）、■■、株式会社損害保険ジャパン（31万9000株）、債権者（28万5000株。■■）である。債務者は、平成元年10月、その発行する株式を株式会社ジャスダック証券取引所（以下「ジャスダック」という。）の開設するジャスダック市場（以下「ジャスダック市場」とい

う。）に上場している。なお、債務者においては、単元株制度が採用されており、1単元の株式数は1000株である。（甲1ないし3、乙33、49、56ないし58）。
　イ　債権者
　債権者は、平成15年9月に英領西インド諸島ケイマン諸島法に基づいて設立され、欧米、アジアのファンド、年金、企業やファミリーオフィス、プライベートバンク等の機関投資家から調達した資金を、債権者の取締役で構成される投資委員会に基づき、日本の上場企業の株式に投資することを主たる事業とする有限責任会社である（甲4の1、2、甲6の1、2）。
　債権者は、債務者の株主であり、平成17年3月31日現在、債務者の発行済株式を28万5000株（■■）を保有している。この保有株式数は、債務者の発行済株式数の2.85％（小数第4位以下四捨五入）に相当する。（甲4の1、2、甲5、甲6の1、2、乙43）
　(2)　企業買収の現状と債務者の対応
　　ア　近年、金融取引の国際化・自由化が進展する中で、海外投資ファンド等が、バブル経済の後遺症の残る我が国の不動産や株式に対する割安感から、これらへの投資を活発化させている。一方、国際的規模での企業再編が始まり、企業間関係の著しい流動化により、株式持合を解消する動きが活発化し、特に、平成14年ころから進められた企業間の株式持合の解消が急激に進み、浮動株の比率が上昇したことに伴い、企業買収が活発化し、いわゆる敵対的買収（以下「買収対象会社の現経営者が望まない買収」の意味で用いる。）に対する懸念が取りざたされるようになった（乙31、32、顕著な事実）。そして、買収されるおそれのある企業において事前に敵対的買収への防衛策を導入する必要性があるのではないかとの議論が活発化し、平成17年3月16日付けで経済産業省主導の企業価値研究会による敵対的買収に対する防衛策のあり方についての提言がなされ、また、同年5月27日付けで経済産業省・法務省による株主共同利益の確保を前提とした「買収防衛策に関する指針」が公表され、平成18年4月施行の新会社法においても、敵対的買収に対する防衛策の導入の有無等が検討されている（甲53、69、乙8、15）。
　　イ　このような状況の中、債務者は、かつて鉄工業向けの油圧式制御装置の製造を本業としていたころには、鉄鋼会社や銀行などの安定株主が存在したが、その後、債務者の事業内容が自動制御機器等の製造に変わったことにともない、かつての安定株主であったJFEスチール、みずほ信託銀行（新日本製鐵）等からも持合解消の申し出がなされるなど安定株主の減少が懸念されるようになった（甲3）。一方、債権者の

ほか、取引関係のある企業を含め、新たに大量の債務者の株式を取得した企業もあり、その持株比率が合計約15パーセント程度と高くなっており、これらの企業が敵対的買収者に債務者の株式を売却すると敵対的買収者が不意打ち的に現れるのではないかとのおそれを抱くようになった（乙24、46）。
　また、一般に、株価純資産倍率（PBR、投資判断指標の一つで、株価を1株当たり純資産で除したもの）が1未満の会社は、株価が割安であるとして買収の対象となりやすい会社であるといわれており（乙34から36まで）、債務者のPBRは、平成15年9月当時0.31、平成16年3月当時0.40、同年9月当時0.55と極めて低い値であったこと（その後株価の上昇に伴い現在は0.7程度になっている）、債務者の総資産に対するネットキャッシュ（現金その他即時に換金可能な資産から有利子負債を差し引いた残高）の割合が高いこと、債務者株式の時価総額が比較的小さいことから、債務者は、買収の対象となりやすい会社であるとの指摘もあり（乙49）、会社四季報（2004年第2集）によると、公開買付（TOB）によって買収されやすい会社の71位とされていた（乙33）。
　　ウ　債務者は、敵対的買収に対する防衛策についての検討を行い、弁護士及び証券会社などの専門家の助言を受けて、将来、敵対的買収に直面した場合の防衛策として、後記(4)記載のような方式によって、新株予約権を発行することを決定した（甲8、乙55）。
　(3)　債務者の新株予約権の発行の決議及び公表
　債務者は、平成17年3月14日開催の取締役会において、「株式会社ニレコ新株予約権発行要項」（乙21）に基づき、平成17年3月31日現在の株主名簿上の株主に対し、1株につき無償で2個の割合で新株予約権を与えることを決議し、その内容を記載した「セキュリティ・プラン」（以下「本件プラン」という。）をジャスダック市場向けに公表した（甲7）。
　(4)　株式会社ニレコ新株予約権発行要項の概要
　　ア　新株予約権発行の目的（1項）
　債務者は、債務者に対する濫用的な買収等によって債務者の企業価値が害されることを未然に防止し、債務者に対する買収等の提案がなされた場合に、債務者の企業価値の最大化を達成するための合理的な手段として用いることを目的として、本発行要項に定める新株予約権を発行する。
　　イ　割当日及び割当方法（3項）
　平成17年3月31日最終の株主名簿又は実質株主名簿に記載又は記録された株主に対し、その所有株式（債務者の有する普通株式を除く。）1株につき2個の割合で新株予約権を割り当てる。
　なお、新株予約権の割当基準日（権利確定日）である平成17年3月31日の株主名簿に株主として登載されるためには、基準日から起算して4営業日前までに株

式を購入する必要があり、本件では、同月25日の金曜日までに債務者株式を購入しなければ本件新株予約権の割当てを受けることができない（3月25日を「権利付け最終日」といい、その翌々日の3月28日（月曜日）を「権利落ち日」という。なお、3月25日は債務者の平成17年3月期末配当の権利付け最終日、3月28日は権利落ち日でもある。）（乙49）。

　ウ　発行する新株予約権の総数（4項）
平成17年3月31日の発行済株式数（ただし、債務者の有する債務者普通株式の数を除く。）に2を乗じた数を上限とする。なお、新株予約権1個当たりの目的となる株式の数は1株とする。

　エ　各新株予約権の発行価額（5項）
無償とする。

　オ　新株予約権の発行日（7項）
平成17年6月16日

　カ　各新株予約権の行使に際して払込みをなすべき額（9項）
各新株予約権の行使に際して払込みをなすべき額（以下「払込価額」という。）は1円とする。

　キ　新株予約権の行使期間（11項）
平成17年6月16日から平成20年6月16日までとする。

　ク　新株予約権の行使の条件（12項）
新株予約権者が新株予約権を行使することができるのは、平成17年4月1日から平成20年6月16日までの間に手続開始要件が満たされた場合でなければない。

手続開始要件は、特定株式保有者の存在を債務者の取締役会が認識し、公表したことである。

特定株式保有者とは、公開買付者等であって、その者及びその者と一定の関係にある者が、債務者の発行済議決権付株式総数の20パーセント以上を保有する場合の当該保有者をいう。

新株予約権の行使は、新株予約権の割当てを受けた者が、その割当てを受けた新株予約権についてのみ行える。

　ケ　新株予約権の消却事由及び消却の条件（13項）
　　①　債務者は、手続開始要件が成就するまでの間、取締役会が企業価値の最大化のために必要があると認めたときは、取締役会の決議をもって新株予約権の発行日以降において取締役会の定める日に、新株予約権の全部を一斉に無償で消却することができる。
　　②　債務者は、手続開始要件が成就するまでの間、取締役会が上記アに定める目的を達成するための新たな制度の導入に際して必要があると認めたときは、取締役会の決議をもって新株予約権の発行日以降において取締役会の定める日に、新株予約権の全部を一斉に無償で消却することができる。
　　③　なお、消却事由及び消却条件は、あらかじめ株主に開示される。

　コ　新株予約権の譲渡制限（14項）
新株予約権の譲渡については、債務者の取締役会の承認を要する。ただし、債務者の取締役会は、譲渡の承認を行わない。

(5)　新株予約権の消却に関するガイドライン（平成17年3月14日付け）

債務者取締役会は、本件新株予約権の消却等の是非について判断する際の指針として、平成17年3月14日付け新株予約権の消却等に関するガイドライン（乙11。以下「旧ガイドライン」という。）を定めた。

これによると、取締役会は、債務者の事業計画その他の資料等に基づいて算出される債務者の発行済株式の正当な価値に関する事項、買収者等による買収が債務者の少数株主に与える影響に関する事項、買収者等による買収提案の内容に関する事項等、ガイドラインの定める考慮すべき事項を合理的範囲内において十分考慮した上で、企業価値の最大化を実現することができるように、本件新株予約権の無償消却をする又は無償消却をしないという取締役会における決議を行うものとする（2条）、取締役会決議に際しては、特別委員会による勧告を最大限尊重する（3条）、特別委員会は、債務者の代表取締役社長及び債務者取締役会が指名した本件新株予約権の消却等につき利害関係のない弁護士、公認会計士又は学識経験者から2名の合計3名の委員で組織されるものとする（4条）旨が定められている。4条に基づき、債務者の代表取締役社長、弁護士1名及び大学助教授1名が特別委員会の委員に指名された。

(6)　新株予約権の消却等に関するガイドライン（平成17年5月20日付け）

債務者取締役会は、平成17年5月20日開催の取締役会において、旧ガイドラインを改正し、同日付け新株予約権の消却等に関するガイドライン（乙46の1、2　以下「新ガイドライン」という。）を策定し、これを公表し（乙48）、株主に対し通知書をもって知らせた（乙47）。

その主な改正点は、概略は次のとおりである。

　ア　手続開始要件が成就した時点の明確化（2条）

発行要項12項(1)⑪（上記(4)ク）の「公表した」ことの意義につき、特定株式保有者が債務者の発行済議決権付株式総数の20パーセント以上を取得したことを債務者取締役会が認識した後遅滞なく、債務者取締役会の決議に基づき、ジャスダックの定める適時開示規則所定の開示の方法に従い、その旨を開示し、かつ、債務者ホームページ上に掲載した上で、これらを行った日から2週間が経過した日以後の日で債務者取締役会が定める日に、当該ある者が当社の発行済議決権付株式総数の20パーセント以上を取得した旨の公告を行っ

イ　債務者取締役会が本件新株予約権を消却しない旨の決議を行うことができる場合の明確化（3条4項）

債務者取締役会は、企業価値最大化のために必要があると認めず、本件新株予約権を一斉に無償で消却しない旨を決議する場合は、原則として、次の各号に定める場合に限り行うことができる旨を明確化した。

① 買収者等が、真に債務者の経営に参加する意思がないにもかかわらず、株価をつり上げて高値で株式を会社関係者に引き取らせる目的で債務者の株式の取得ないし買収提案を行っている場合（いわゆるグリーンメイラーである場合）

② 買収者等が、債務者の事業経営上必要な知的財産権、ノウハウ、企業秘密情報、主要取引先や顧客等を当該買収者等やそのグループ会社等に移譲させるなど、いわゆる焦土化経営を行う目的で債務者の株式の取得ないし買収提案を行っている場合

③ 買収者等が、債務者の資産を当該買収者等やそのグループ会社等の債務の担保や弁済原資として流用する予定で債務者の株式の取得ないし買収提案を行っている場合

④ 買収者等が、債務者の資産等の売却処分等による利益をもって一時的な高額の株主還元（略）をさせるか、あるいは一時的な高額の株主還元等による株価上昇に際して買収株式の高値売り抜けをする目的で、債務者の株式の取得ないし買収提案を行っている場合

⑤ その他、買収者等が債務者の経営を支配した場合に、債務者株主、取引先、顧客、地域社会、従業員その他の債務者の利害関係者を含む債務者グループの企業価値が毀損される虞があることが明らかな場合など、債務者取締役会が、本件新株予約権を一斉に無償で消却しない旨の取締役会決議を行うことを正当化する特段の事情がある場合

ウ　特別委員会の委員の一部変更（5条1項）

特別委員会は、債務者及び本件新株予約権の消却等につき利害関係のない有識者、弁護士又は公認会計士2名以上3名以内の委員で組織されるものとし、債務者代表取締役社長に替えて、弁護士を委員に指名した。

エ　取締役会は例外的な場合を除き特別委員会による勧告に従って本件新株予約権の消却等について決議を行うこと（4条1項）

債務者取締役会は、本件新株予約権の消却等について決議を行うに際し、特別委員会による勧告を最大限尊重し、特別委員会による勧告に従うことによって債務者の企業価値が毀損されることが明らかである場合を除き、特別委員会による勧告に従って取締役会決議を行うことを明確化した。

オ　ガイドラインの改正を行った場合の改正内容の開示（8条）

特別委員会の委員全員から同意を得た場合に限り、取締役会決議をもって、ガイドラインの改正を行うことができるものとし、ガイドラインを改正する旨の決議を行った場合、債務者取締役会は、遅滞なくガイドラインの改正内容を適時開示しなければならないものとした。

(7)　本件新株予約権の引受けの申込み

債権者は、平成17年5月13日、債権者の株式数を28万6000株として、1株につき2個割り当てられた57万個全部について、本件新株予約権の引受けの申込みをした（乙43、44）。

(8)　本件新株予約権行使の効果

本件新株予約権につき行使要件が具備し、全部について無償消却されることなく、新株予約権者の予約権の行使に基づき新株が発行されると、本件新株予約権は、割当基準日である平成17年3月31日現在の株主名簿に記載された株主に対し、その所有株式1株につき2株の割合で発行されることになるから、割当基準日以降に債務者株式を取得した株主の株式の持株比率は約3分の1に希釈されることになる。

例えば、平成17年3月31日現在において債務者の発行済株式総数の5％を保有していた株主が、その後併せて発行済株式総数の20パーセントの株式を保有するに至ったとしても、本件新株予約権が行使されて新株が発行されると、当該株主の保有する株式の持株比率は、債務者の発行済株式総数の約10％にまで希釈されることになる（債務者の自己株式保有割合が平成16年9月30日現在の数値である10.14％であること（甲3）を前提とする。以下同じ。）。

概算による算定式　$(15+15) \div (100+89.86 \times 2) = 10.72$

また、平成17年3月31日現在において株主ではなかった者がその後発行済株式総数の20％の株式を保有するに至った場合には、本件新株予約権が行使されて新株が発行されると、その持株比率は約7％にまで希釈される。

概算による算定式　$20 \div (100+89.86 \times 2) = 7.15$

(9)　本件プラン導入前後の債務者株式の取引の状況

ア　債務者株式の1株当たりの株価（各取引日の終値）の推移でみると、平成13年中は高値652円、安値500円、平成14年中は高値610円、安値352円、平成15年中は高値500円、安値370円で取引されていたが、その後、人員削減効果等経費削減効果による収益改善が進み、平成16年1月に安値475円を付けた後、株価は上昇し12月に高値870円を付けた。平成17年2月10日から本件プランが発表された同年3月14日までの約1か月間は807円から900円（その間の日経平均は1万1500円前後から1万1966円）程度で推移していた。平

均的には概ね825円から840円程度で推移しており、本件プランが発表された同年3月14日は843円であった。しかし、翌日の同月15日には、943円に株価が急騰し、同月16日には1043円に、同月17日には1124円となったものの、その後株価は急速に下落して、権利付け最終日（新株予約権、配当双方）の同月25日の終値は935円、権利落ち日（前同）の同月28日には929円、同年4月1日には785円、同月5日には848円となった。その後も、株価は800円前後で推移し、本件申立てがなされた同年5月9日は839円、同月24日は801円、原審仮処分決定がされた日の翌日の同年6月3日は800円、原審異議決定の翌日である同月10日は高値823円、安値803円（いずれもざら場での取引）となっており、権利落ち日である同年3月28日の929円から見れば、それ以降、債務者の株価の終値は顕著な下落傾向を示してはいるが、直近1年間の株価の推移からみれば、同年4月以降の株価水準は必ずしも低いとはいえない（甲62、94、乙45の1、3、乙121の1ないし6、顕著な事実）。

他方で、平成17年1月1日から同年5月20日までの間の債務者株式の株価の25日移動平均値をみると、本件プランが公表された同年3月14日以降一時的に、敵対的買収劇による株価高騰を期待したと推測できる思惑買いによる株価の急騰の影響が見られたものの、総じて若干の下降傾向を示していて、同月28日の権利落ち日以降は、その下落傾向が多少強まっている（甲48）。

また、平成17年2月1日から同年5月17日までの間を3期間（①2月14日から3月14日、②3月15日から3月31日、③4月1日から5月17日）に分割し、各期間における債務者株式の株価の加重平均価格（総売買代金÷出来高）をみると、③の期間の加重平均価格は①の期間のそれと比較して下落している（甲49）。

イ　債務者株式の出来高についてみると、平成17年2月10日から同年3月14日までの約1か月間における一日の出来高はゼロから2万2000株の間にあり、出来高ゼロ（値つかず）の日が相当日数あった。本件プランが発表された後、同月17日から同月23日ころにかけて、上記の思惑買いが入り一時的に出来高が急増し、同月17日には出来高が12万2000株となった。しかし、その後は、権利付け最終日である同年3月25日の出来高は1万9000株、同年4月1日は1万1000株と多かったものの、それ以後、1万株を超える取引はなく、一日の出来高はゼロから9000株の間で推移し、本件申立てがなされた同年5月9日は出来高4000株、同月24日の出来高はゼロであった。また、債務者株式はもともと出来高の少ない株式であり、権利落ち日である同年3月28日を経過した後も、その出来高が顕著に減少したものということはできない（甲62、94、乙45の1、3）。

ウ　債務者株式の保有者の過去の変動状況等について調査した結果によれば、自己株式取得分、自己株式消却分、本件債権者の購入分及び株式持合分を除くと、過去3年間に株式保有者の変動があった株式数は発行済株式総数の約8ないし13％にすぎない（乙50、51）。

⑩　本件プラン導入前後の市場関係者等の反応

ア　株式会社東京証券取引所は、平成17年4月21日、同取引所上場会社に対して、敵対的買収防衛策の導入に際しての投資家保護上の留意事項を通知したが、その中で、「例えば、買収者が現れたことを行使の条件とする新株予約権を利用した防衛策（ライツプラン）のうち、新株予約権を防衛策導入時点の株主等に割り当てておくといったスキーム（実質的に防衛策発動時点の株主に割り当てるために、導入時点において暫定的に特定の者に割り当てておくような場合を除く）では、防衛策が実際に発動されると、新株予約権を保有していない株主（割当日後に株主になった者）は、買収者以外の株主であっても、保有している株式の希釈化による著しい損失を被る可能性があります。また、実際に発動されないまでも、発動が懸念される状況が生じた際には、株式の価格形成が極めて不安定になることが想定されます。このように買収者以外の株主・投資者に不測の損害を与える要因を含む防衛策の導入は、市場の混乱を招くものであり投資者保護上適当でないと考えます。」との見解を示した。（甲15）

イ　ジャスダックも、同日、ジャスダック市場上場会社に対し、上記イと同様の留意事項を通知した。（甲16）

ウ　経済産業省・法務省も、前記「買収防衛策に関する指針」において、新株予約権を無償で付与する仕組みについて、「買収防衛策は、買収が開始された後に発動され、そこではじめて法的効力を具体化させて買収を防衛することができれば目的を達するのであって、買収が開始されていないにもかかわらず、新株予約権等の発行と同時に、株主に過度の財産上の損害を生じさせるような場合には、著しく不公正な方法による発行に当たる可能性が高い。」としている。また、買収の開始を条件として新株予約権を割り当てる旨、買収の開始前に決議したり、事前に開示しておくという方法を採らずに、買収の開始前の一定の日を基準日として、買収の開始を新株発行の行使条件とするような新株予約権を全株主にあらかじめ割り当てておくような場合には、買収者を含め、基準日以降に株式を取得する全ての株主に対して不測の損害を与える可能性がある。さらに、基準日時点の株主は、その保有する株式の価値が著しく低下するおそれがあり、かつ、新株予約権が譲渡できない場合には、当該価値下落分を新株売却によって回収する途が奪われることになるので、一般株主に不測の損害を与えることになる

旨をも指摘している。(甲69)
第3　当裁判所の判断
1　当裁判所も、債務者による本件新株予約権の発行は、商法280条の39第4項、280条の10に規定する「著シク不公正ナル方法」によるものであり、これを事前に差し止める必要性があると考えるので、債権者の本件仮処分申請は認容すべきものと判断する。

その理由は、次のとおりである。
2　本件新株予約権の発行は著しく不公正な方法によるものか
　(1)　新株予約権の発行
　　ア　発行権限等
　取締役会は、株主割当ての方法で新株予約権を発行し（商法280条ノ20第2項12号）、また、新株予約権に譲渡制限を付する（同条同項8号）権限を有している。そして、新株予約権の権利内容（行使期間、権利行使の条件、消却の事由・条件）や利用方法について、商法上特段の制限は加えられていない。したがって、濫用的な敵対的買収に対する防衛策として、新株予約権を活用することも考えられないではない。
　　イ　本件プランの目的
　本件プランは、前記認定のように、平成17年3月31日現在の株主名簿上の株主に対し、1株につき2個の新株予約権を無償で付与し、その後、債務者の発行済議決権付株式総数の20パーセント以上に相当する数の議決権付株式を保有する者が生じた場合に、取締役会が企業価値の最大化のために新株予約権の消却が必要であると認めないときは、新株予約権を消却しない旨の決議をし、本件新株予約権が行使され、新株予約権1個につき1円を払い込むことにより債務者の議決権付株式1株が発行されることが予定されているものであり、これにより平成17年3月31日（正確には同月25日の権利付け最終日）以降、債務者の株式を取得した敵対的買収者（本件プランにいう特定株式保有者）が出現し、この者によって債務者の経営権を争奪される危険が生じた場合には、敵対買収者の有する議決権付株式の発行済株式総数に対する保有割合を希釈して、その議決権の数を相対的に減少し、現在の経営者ないしこれを支持し事実上の影響力を及ぼしている特定の株主の債務者に対する経営支配権を維持することを目的として企画・設計された、いわゆるポイズン・ビルといわれる企業防衛策である。

そして、本件プランによれば、例えば、平成17年3月31日現在において株主でなかった者が、その後、発行済株式総数の20パーセントの株式を保有するに至った場合に、本件プランに従って新株予約権が行使されて新株が発行された場合には、その保有割合は約7％程度に希釈されることになり、債務者の経営支配権に及ぼす影響力は一気に低下することになる。

したがって、本件プランが、債務者の主張するように、本件新株予約権の付与制度によって、買収者をその買収実施前に一時停止させて、取締役会と買収条件等につき真摯に交渉することを動機づけ、買収者に交渉機会確保措置を講じさせる予防的機能を有することは一応認められる。

しかし、濫用的な買収から企業を防衛するために新株予約権を行使させ特定株主の持株比率を低下させることは、とりもなおさずその時点における経営者又はこれを支持する特定の株主の経営支配権を維持・確保することになるものであり、その上、上記説示のような本件新株予約権行使の要件や効果からすると、債務者における既存の取締役会ないしその支持株主の経営権を維持確保することも重要な目的となっていることは否定できないところである。
　　ウ　本件プランの問題点
　取締役は会社の所有者である株主と信認関係にあるから、上記権限の行使に当たっても、株主に対しいわれのない不利益を与えないようにすべき責務を負うものと解される。

ところが、本件新株予約権は、その発行価額を無償、権利行使価格を1円とし、しかも、大量に発行されるものであって、次のとおり買収と無関係な株主が不利益を受けるおそれがあるものである。
　(2)　買収と無関係な株主に生ずる損害
　本件新株予約権は、前記認定のとおり、平成17年3月31日時点の株主に対して無償で1株につき2個を割り当て、新株予約権の行使の要件が充たされたときには、1個当たり1円というほとんど無償に近い価額で債務者の株式1株を取得することができる権利であり、株式分割と同様に会社資産に増加がないのに発行済株式総数だけが3倍に増加するという効果を生じさせるものである。したがって、将来、新株予約権が消却されることなく、現実にこれが行使されて新株が発行されたときには、債務者の株式の価額は、理論的にはその時点で時価の3分の1程度に下落する可能性が存在する（もっとも、現実の株価水準は、債務者の業績、将来性、将来の本件新株予約権消却の可能性、敵対的買収者出現の可能性等の様々な要因を織り込んで推移するものであるから、将来の一時点で株価が一気に3分の1に下落すると断定することはできないものの、相当程度大幅な下落の可能性を否定することはできない。）。

したがって、新株予約権の権利落ち日（平成17年3月28日）以後に債務者の株式を取得した株主は、平成20年6月16日までの間に本件新株予約権が消却されずに、新株予約権が行使され新株が発行されたときには、当該株主が濫用的な買収者であるかどうかにかかわらず、債務者株式の持株比率が約3分の1程度に希釈されるという危険を負担し続けることになる。そして、本件プランによれば、新株予約権の行使の要件が

将来充足される事態が発生するか否か、いかなる時点において充足されることになるのかは予測不能であるから、その確率がかなり低いものであるとしても、いずれの日にか上記の新株予約権が行使されて債務者株式の持株比率が約3分の1にまで希釈され、株価が大きく値下がりするという危険性を軽視することはできない。また、そのような事情が、今後約3年間にわたって株式市場における債務者株式の株価の上昇に対し、上値を抑える強力な下げ圧力として作用することも否定できない。

そうすると、上記のような不安定要因を抱えた債務者株式（その上、本件新株予約権がその適切な対価を払い込むことなく無償交付されるため、その価値に相当する分だけ価値が低下している。）は投資対象としての魅力に欠ける、買い意欲をそそられない株式となり、購入を手控える傾向が高まるものと考えられ、その結果、当該株式の株価が長期にわたって低迷する可能性の高いことが想定されるところである。そして、そのことは、新株予約権を取得した既存株主にとっても、株価値下がりの危険のほか、長期にわたってキャピタルゲインを獲得する機会を失うという危険を負担するものであり、このような不利益は、本件新株予約権の発行がなければ生じ得なかったであろう不測の損害というべきである。

債権者を含む既存株主にとっては、将来、敵対的買収者（特定株式保有者）が出現し、新株予約権が行使され新株が発行された場合には、その取得する新株によって、株価の値下がり等による不利益を回復できるという担保はあるものの、既存株主としても、本件新株予約権の譲渡が禁止されているため、敵対的買収者が出現して新株が発行されない限りは、新株予約権を譲渡することにより、上記のような株価低迷に対する損失をてん補する手立てはないから、既存株主が被る上記のような損害を否定することはできない。このような損害は、敵対的買収者以外の一般投資家である既存株主が受忍しなければならない損害であるということはできない。

これに対して、債務者は、本件プランが公表され、新株予約権の割当基準日である平成17年3月31日以降も、債務者の株価が下落したという事実は認められず、債務者の株式が投資対象としての魅力の乏しいものとなったというような事実は存在せず、既存株主に上記のような損害は発生していないと主張する。

確かに、債務者の指摘するとおり、直近1年間の債務者の株価の推移からみれば、平成17年4月以降の株価水準は必ずしも低い水準であるとはいえないし、出来高が従前と比較して顕著に減少した事実も認められないことは前記認定のとおりである。しかしながら、本件プランの内容は複雑であり、短期間のうちに一般投資家に広く理解されるようになっているとは言い難い上、原審仮処分命令が発令され、とりあえず、本件新株予約権の発行が停止されているという現状を考慮すれば、現時点で、株価の顕著な低落傾向を認めることができないとしても（実際には、前示のように、株価は、本件事案の結末を見守りながら、若干の低下傾向を示している。）、債務者の指摘する事実をもって、上記認定が左右されるものということはできない。

ちなみに、本件新株予約権の発行によって、将来出現する可能性のある買収者をその買収実施前に一時停止させて取締役会と買収条件等につき真摯に交渉することを動機づける効果があり、それによって買収者が提示する株式の買い付け価格が上昇し、買収時に株主が得るプレミアムが上昇する可能性があるとしても、その利益を具体的に疎明する資料はなく、また、債務者の取締役会が、上記のような損害と買収プレミアム引上げ効果等による債務者の総株主の利益とを比較衡量した上、本件新株予約権の発行を決定したことをうかがわせる資料もない。むしろ、前記認定のように、当事者双方と特段の利害関係がないと考えられる東京証券取引所やジャスダックが、実際に発動されないまでも、発動が懸念される状況が生じた際には、株式の価格形成が極めて不安定になることが想定され、このように買収者以外の株主・投資者に不測の損害を与える要因を含む防衛策の導入は市場の混乱を招くものであり投資者保護上適当でないとの見解を示し、また、経済産業省・法務省も、既存株主の保有する株式の価値が著しく低下するおそれがあり、かつ、新株予約権が譲渡できない場合には、当該価値下落分を新株売却によって回収する途が奪われることになるので、一般株主に不測の損害を与えることになる旨を指摘していたのであるから、債務者としては、本件新株予約権の発行手続に入るに先立ち、損害発生の可能性やそれを上回るプレミアムの発生等について、十分に検討してしかるべきであると考えられるが、そのような検討ないしその結果についての何らの言及も疎明もない。

(3) そうすると、本件新株予約権の発行は、既存株主に受忍させるべきでない損害が生じるおそれがあるから、著しく不公正な方法によるものというべきであり、しかも、上記のとおり債権者が本件新株予約権の発行によって不利益を受けるおそれがあることも明らかである。

3 保全の必要性について

本件新株予約権が発行されれば、上記2(2)に説示したとおり、将来現実に新株予約権が行使されて新株が発行された場合には、既存株主の持株比率が大幅に減少し、かつ、株価が著しく低下するという不測の危険性が発生し、債務者株式が株式市場における投資対象としては敬遠され、株価が長期にわたって低迷する可能性が高く、その結果、既存株主にとっては、本件新株予約権の発行がなければ生じなかったであろう不測

の損害を被るものといえるから、既存株主の一人である債権者が、事前に本件新株予約権の発行を差し止めることにつき保全の現実の必要性を有することは明らかである。

　債務者は、本件新株予約権については、その行使段階である新株発行の差止めの可否という形での司法審査によれば足り、本件新株予約権の発行自体を差し止める必要性はないと主張するが、本件新株予約権の発行自体によって、上記のような不測の損害が生ずると認められるのであるから、新株予約権の行使段階における新株発行差止めという方法によっては、このような損害を回避することができないことは明らかであって、債務者の主張は理由がない。

　また、債務者は、債権者の主張する損害は、事後の損害賠償によっては償えないような損害とはいえないから、事後的に債務者ないし債務者の取締役に対して損害賠償を請求することによって償われるものであって、保全の必要性はないと主張する。しかし、商法280条ノ39第4項が準用する280条ノ10は、明確に株主が会社に対し新株予約権の発行の差止を求めることができる旨を規定している。ところが、当該差止めを求める新株予約権が発行されてしまうと、その差止めを求める訴えは不適法となり、新株予約権発行差止請求権を行使する余地がなくなるところ、本案訴訟で差止めを求めるのでは、通常その時機を失してしまうことになり、実体上認められた請求権が画餅に帰することになる。このような本件差止請求権の性質からいって、債務者主張のような事後の損害賠償の余地があっても、保全の必要性を肯定するのが相当である。なお、本件における債権者は、機関投資家から調達した資金を、日本の上場企業の株式等に投資することを主たる目的とする会社であるから、債権者の取得した大量の債務者株式が、株式市場において低迷し、本件新株予約権の発行がなければ得られたであろうキャピタルゲインを失う可能性があり、そういう事態となれば債権者は機関投資家からの信頼を失うことにもなりかねず、その場合の損害は必ずしも事後的な損害賠償によって償われるものということはできないから、その意味でも、債権者にとっては保全の必要性があると解すべきである。

　4　結論
　以上のとおりであって、本件新株予約権の発行は、既存株主に受忍させるべきでない損害が生じるおそれがあるので、債務者の取締役会に与えられている権限を逸脱してなされた著しく不公正な方法によるものと認めざるを得ない。

　そうすると、債権者がした本件仮処分命令の申立ては理由があるから、これを認容した東京地方裁判所の平成17年6月1日付け原審仮処分決定及びこれを認可した同裁判所同月9日付けの原審仮処分認可決定はいずれも正当である。

　よって、本件抗告は理由がないのでこれを棄却することとし、主文のとおり決定する。

　　　裁判長裁判官　赤塚信雄
　　　　　裁判官　小林　崇　古久保正人

（別紙）新株予約権目録
(1)　新株予約権の名称
株式会社ニレコ新株予約権
(2)　新株予約権の引受権の付与の対象となる株主
平成17年3月31日最終の債務者の株主名簿又は実質株主名簿に記載又は記録された株主
(3)　割り当てられる新株予約権の個数
株式（債務者の有する普通株式を除く。）1株につき2個
(4)　新株予約権の目的となる株式の種類
債務者の普通株式
(5)　新株予約権の目的となる株式の総数
平成17年3月31日最終の発行済株式数（但し、債務者の有する普通株式の数を除く。）に2を乗じた数を上限とする。なお、下記(23)により対象株式数（下記(6)に定義する。）が調整される場合には、当該調整後の対象株式数に発行する新株予約権の総数を乗じた数に調整される。
(6)　発行される新株予約権の総数
平成17年3月31日最終の発行済株式数（但し、債務者の有する普通株式の数を除く。）に2を乗じた数を上限とする。なお、新株予約権1個当たりの目的となる株式の数（以下「対象株式数」という。）は1株とする。但し、対象株式数は下記(23)により調整される。
(7)　各新株予約権の発行価額　無償
(8)　新株予約権の行使により発行する株式の発行価額の総額
払込価額（下記(9)に定義する）に上記(6)に定める新株予約権の総数を乗じた額
(9)　各新株予約権の行使に際して払込みをなすべき額（以下「払込価額」という。）　1円
(10)　各新株予約権の行使に際して払込みをなすべき1株当たりの金額
払込価額を対象株式数で除した額
(11)　新株予約権の行使によって発行する新株の発行価額中の資本組入額
新株の発行価額全額
(12)　新株予約権の行使期間
　ア　平成17年6月16日から平成20年6月16日まで。
　イ　上記アにかかわらず、平成20年5月18日から平成20年6月16日までの間に下記(13)に定める手続開始要件が満たされた場合は、平成17年6月16日から手続開始要件が満たされた日の翌日から起算して30日が経過した日まで。

ウ　上記ア及びイにおいて、行使期間の最終日が銀行休業日にあたるときはその前銀行営業日を最終日とする。
(13)　新株予約権の行使の条件
　ア　新株予約権者は、平成17年4月1日から平成20年6月16日までの間に手続開始要件が満たされた場合でなければ新株予約権を行使することができない。
　なお、次の(ｱ)乃至(ｻ)に掲げる用語の意義は、別段の定めのない限り、当該(ｱ)乃至(ｻ)に定めるところによる。
　　(ｱ)　「特定株式保有者」とは、債務者の株券等の保有者、公開買付者又は当該保有者かつ公開買付者である者であって、(i)当該保有者が保有する債務者の議決権付株式の数と当該保有者の共同保有者が保有する債務者の議決権付株式の数の合計、(ii)当該公開買付者が保有し若しくは保有することとなった債務者の議決権付株式の数と当該公開買付者の特別関係者が保有する債務者の議決権付株式の数の合計、又は(iii)当該保有者かつ公開買付者である者が保有し若しくは保有することとなった債務者の議決権付株式の数と当該保有者かつ公開買付者である者の共同保有者及び当該保有者かつ公開買付者である者の特別関係者が保有する債務者の議決権付株式の数の合計のいずれかが、債務者の発行済議決権付株式総数（下記(ｲ)において議決権付株式とみなされるものを含む。）の20％以上に相当する数となる者をいう。但し、債務者の取締役会は、企業価値の最大化の観点から特に必要があると認める場合には、取締役会の決議をもって、事前に公表した上で、上記20％の割合を適切な範囲内で引き上げることができる。
　　(ｲ)　「議決権付株式」とは、商法222条4項に規定する議決権制限株式以外の株式をいう。但し、上記(ｱ)において、特定株式保有者に該当しうべき者、その共同保有者及び特別関係者の保有に係る潜在株式については、行使の条件・期間又は転換の条件・期間にかかわらず、次に定める方法により適宜換算した数の議決権付株式とみなす。
　　　①　新株予約権については、新株予約権の目的である議決権付株式の数とする方法
　　　②　新株予約権付社債については、当該新株予約権付社債に付されている新株予約権の目的である議決権付株式の数とする方法
　　　③　議決権付株式に転換することを請求しうべき転換予約権付株式たる議決権制限株式については、転換の請求により発行すべき議決権付株式の数とする方法
　　(ｳ)　「潜在株式」とは、議決権付株式を目的とする新株予約権（但し、本新株予約権目録記載の新株予約権を除く。）、議決権付株式を目的とする新株予約権が付された新株予約権付社債及び議決権付株式に転換することを請求しうべき転換予約権付株式たる議決権制限株式をいう。
　　(ｴ)　「特別関係者」とは、証券取引法27条の2第7項に規定する特別関係者をいう。
　　(ｵ)　「公開買付者」とは、証券取引法27条の3第2項に規定する公開買付者をいう。
　　(ｶ)　「株券等」とは、証券取引法27条の23第1項に規定する株券等をいう。
　　(ｷ)　「共同保有者」とは、証券取引法27条の23第5項に規定する共同保有者をいい、同条6項に基づき共同保有者とみなされる者を含むものとする。
　　(ｸ)　「保有」とは、証券取引法27条の23第4項に規定する保有をいう。
　　(ｹ)　「保有者」とは、証券取引法27条の23第1項に規定する保有者をいい、同条3項に基づき保有者とみなされる者を含むものとする。
　　(ｺ)　「保有者かつ公開買付者」とは、保有者が同時に公開買付者である場合の当該保有者をいう。
　　(ｻ)　「手続開始要件」とは、ある者が特定株式保有者に該当したことを債務者の取締役会がそのように認識し公表したことをいう。
　イ　新株予約権者が複数の新株予約権を保有する場合、新株予約権者はその保有する新株予約権の全部又は一部を行使することができる。但し、一部を行使する場合には、その保有する新株予約権の整数個の単位でのみ行使することができる。
　ウ　新株予約権は、新株予約権の割当てを受けた者が、その割当てを受けた新株予約権のみを行使できる（当初の新株予約権者から法令に従い下記(20)に定める取締役会の承認を要することなく承継された場合には、かかる承継により取得した新株予約権についてはこれを行使することができる）。
(14)　新株予約権の消却事由及び消却の条件
　ア　債務者は、手続開始要件が成就するまでの間、取締役会が企業価値の最大化のために必要があると認めたときは、取締役会の決議をもって新株予約権の発行日以降において取締役会の定める日に、新株予約権の全部を一斉に無償で消却することができる。
　イ　債務者は、手続開始要件が成就するまでの間、濫用的な買収等によって債務者の企業価値が害されることを未然に防止し、債務者に対する買収等の提案がなされた場合に、債務者の企業価値の最大化を達成するための合理的な手段として新たな制度を導入するに際して必要があると取締役会が認めたときは、取締役会の決議をもって新株予約権の発行日以降において取締役会の定める日に、新株予約権の全部を一斉に無償で消却することができる。
(15)　新株予約権の申込期間
　平成17年4月27日から平成17年5月25日まで。なお、同日までに申込みを行わない場合には、新株予約

権の引受権は失権する。
　⒃　新株予約権の申込取扱場所　三菱信託銀行株式会社証券代行部
　⒄　新株予約権の発行日　平成17年6月16日
　⒅　新株予約権の行使請求の受付場所　三菱信託銀行株式会社本店
　⒆　新株予約権の行使に際して払込みをなすべき払込取扱場所　三菱信託銀行株式会社本店
　⒇　新株予約権の譲渡制限
　新株予約権の譲渡については、債務者の取締役会の承認を要する。但し、債務者の取締役会は、新株予約権の譲渡につき、取締役会の承認の申請がなされた場合でも、かかる譲渡の承認は行わない。
　㉑　新株予約権証券の発行
　新株予約権証券は、新株予約権者の請求があった場合に限り発行する。
　㉒　新株予約権により発行した株式の第1回目の配当
　新株予約権の行使により発行された債務者の普通株式に対する最初の利益配当金又は中間配当金は、行使の請求が4月1日から9月30日までになされたときは4月1日に、10月1日から翌年3月31日までになされたときは10月1日に、それぞれ新株予約権の行使があったものとみなしてこれを支払う。
　㉓　対象株式数の調整
　　ア　債務者は、新株予約権発行後、株式の分割又は併合を行う場合は、対象株式数を次に定める算式により調整する。調整後対象株式数の算出にあたっては、小数第4位まで算出し、その小数第4位を四捨五入する。
　　イ　調整後の対象株式数の適用時期等は、次に定めるところによる。
　　　㈦　調整後の対象株式数は、株式の分割の場合は株主割当日の翌日以降、株式の併合の場合は商法215条1項に規定する一定の期間満了の日の翌日以降、これを適用する。但し、配当可能利益から資本に組入れられることを条件としてその部分をもって株式の分割により債務者の普通株式を発行する旨取締役会で決議する場合で、当該配当可能利益の資本組入れの決議をする株主総会の終結の日以前の日を株式分割のための株主割当日とする場合は、調整後の対象株式数は、当該配当可能利益の資本組入れの決議をした株主総会の終結の日の翌日以降、これを適用する。
　　　㈣　上記㈦但書の場合で、株式の分割のための株主割当日の翌日から当該配当可能利益の資本組入れの決議をした株主総会の終結の日までに新株予約権の行使をなした者に対しては、次に定める算式により当該株主総会の終結の日の翌日以降債務者の普通株式を発行する。この場合に、1株未満の端株を生じたときは、これを切り捨て、現金による調整は行わない。

株式数 ＝（分割の比率－1）×（当該期間内に新株予約権を行使した結果、調整前対象株式数に基づき発行された株式数）

（別紙）債務者の主張
第1　権限分配の法意を理由に本件新株予約権の発行を「不公正」と言うことは出来ない。
1　原決定、異議決定ともに、本件新株予約権の発行が既存株主との関係で著しく不公正であると言う。本来、商法280条ノ10の「不公正」とは、第三者に対する発行によって株主平等の原則という商法の基本原則（議決権として商法241条、財産権として商法425条）が害されるような場合を何より想定し、株主の持株割合を低下させようとするような場合に、「不公正」に該当すると考えられてきた。本件のように株主間に全く平等に新株予約権を発行する場合には、株主の有する持株比率は全く毀損されないから、株主平等の原則には違反せず、「不公正」には該当しないと言うべきである。
　ところが、原決定、異議決定は、「機関権限の分配を定めた法意」なる独自の概念を持ちだして、「商法上、取締役の選任・解任が株主総会の専決事項であり、被選任者たる取締役に選任者たる株主構成の変更を主要な目的とする新株予約権の発行をすることを一般的に許容することは、商法が機関権限の分配を定めた法意に反する」から、本件新株予約権の発行は著しく不公正であり、株主の訴えによって差し止めるとする。そして、この点の判断においては、株主の経済的な損失の存在は全く理由とされていない。
2　しかし、このような原決定・異議決定の考え方こそ、商法の「法意」に反すると言わねばならない。まず、商法上、新株予約権を株主割当の方法で発行する権限は取締役会にある（商法280条ノ20第2項12号）。その上、新株予約権に譲渡制限を付する権限も取締役会の権限である（商法280条ノ20第2項8号）。原決定・異議決定では本件新株予約権に譲渡制限が付されていることが問題とされているが、そうした譲渡制限付新株予約権の発行の決定は、商法上取締役会の権限に属している。
　株主は取締役に法令定款違反の行為であっても、会社に対して損害が生じる場合に限り取締役の行為を差し止めることが出来るにすぎない（商法272条）。これは株主総会の権限を法又は定款に定めることに限定した昭和25年改正の際に、株主代表訴訟と共に、株主に認められた権限である。本件新株予約権の発行については、原決定が認めるとおり法令定款違反ではなく、また、かかる発行により会社に対して損害が生じることもないから、本件新株予約権の発行という取締役の行為を差し止めることが出来るのは、株主の個別利益

が害される場合（財産的な損害が生じる場合）に関する新株（予約権）発行の差止めしかないこととなり、しかも、法令違反の場合ではないから、「著しく不公正」の場合に限り、かかる差止めが認められるにすぎない。したがって、財産の損害を前提とせずに、原決定・異議決定のように、そもそも明文の規定を無視して権限分配の「法意」として株主総会決議を要し、それを経ないと「著しく不公正」であるという地裁の判断については、商法上、その根拠を見いだせない。

異議決定は、本プランを許容する要件として、株主総会の決議を要求することに関し、「新株予約権の発行を株主総会の決議事項とするためには、定款をもって定める必要がある（商法280条ノ20第2項ただし書）ので、新株予約権の発行を株主総会の決議に基づいて行う前提として、その旨の定款変更を要することとなる。」と述べているが、こうした結論ありきの辻褄合せの認定をせざるを得ないことこそ、原決定・異議決定の判断が、商法本来の権限分配の「法意」に反していることを示すものと言わねばならない。

次に、債務者取締役会が本件新株予約権を発行しても、債権者をはじめとする株主は株主総会において、いつでも取締役を選任・解任することができることに留意する必要がある。

この点、解任には特別決議が必要となるが、それは、取締役に任期制を設け解任に制限を加えることで、ある程度安定的な地位として経営を委ねることにした商法の定めによるものであり、しかも、本プランには法令違反がないのであるから、解任に特別決議が必要であっても、そのことは取締役の選任・解任が株主総会の専決事項であることに何ら触れるものではない。選任について、債務者の定款の取締役の人数制限から、解任に成功しない限り直ちに取締役の過半数を代えることが出来ない可能性があるが、それも解任に制限を設けた商法の趣旨、取締役の人数制限を規定した定款を特別決議で賛成した株主の意思に基づく結果であり、原決定のように本年6月に予定されている株主総会で直ちに取締役の過半数を代えることが出来ないからといって、取締役の選任・解任を株主総会の専決事項とする商法の「法意」には反するものではない。

また、実際に、たとえば本件新株予約権の消却を標榜する取締役候補の選任を株主が株主総会の議案とし、これが認められた場合、これらの者が取締役会で少数を占めるにすぎなくても、そのような取締役の選任を受けて、取締役会が本件新株予約権の消却をしないという判断をすることは想定できない。

さらに、将来において、合理的な買収提案をもつ買収者が現れた場合、かような買収者が非合理的な行動をとることはあり得ないから、19％で止まれば本件新株予約権の行使が決して可能にはならない以上、その段階でいったん株式取得を止め、取締役会との交渉に訴えることができる。そして、仮に交渉が決裂したとしても、委任状獲得合戦によって、取締役の選任・解任を通じて、希望を叶えることも出来る。合理的予想に反して、株価が実際に大幅に下がった場合においては、取締役会には、本件新株予約権を消却する圧力がかかることになり、実際は委任状合戦を待たずにこれを消却する可能性が高まることになろう。従って、いかなる点からも、本件新株予約権の発行によって、取締役会が株主総会の専決事項である取締役の選任・解任権限に介入することはなく、商法の「法意」に抵触することはない。

これに対し、ニッポン放送事件は、ライブドアがすでに発行済み株式総数の半数近くを取得したところで、第三者であるフジテレビだけに4720万株という多数の株式（それだけで従来の発行済株式総数の約1.44倍にあたり、発行済み株式総数の過半数となる。その結果、フジテレビの保有割合は、新株予約権を行使した場合に取得する株式数だけでも約59％になる。（乙9））を取得できる新株予約権を（当然のことながら）行使されることを前提に発行するものであって、株主総会の専決事項である取締役の選任・解任が、まさに取締役によってコントロールされる事案であった。本件新株予約権の発行とは全く事案が異なるのである。

フジテレビに過半数の株式が発行されれば、その後における取締役選任に関する委任状合戦においてライブドアを含むその他の株主の議決は無力化する。従って、取締役会の判断によって株主を確定できる結果になる。米国においても、このような状況における取締役会の行為は、ユノカル基準では全く許されない行為であるのみならず、レブロン基準で判断される。つまり、一定の者に支配権を与える場合には、委任状合戦が無力化することも考え、基本的に一番高い値段で買収する者に売却しなければならない、とする基準を満たさなければならない状況だったのである。ところが、ニッポン放送は、これを行わずフジテレビに市場価格以下で売却しようとした、米国では考えられないような稀なケースだったのである。ニッポン放送事件の高裁での抗告決定で示されたような防衛策の許容基準は、本来触れる必要の全くなかった傍論にすぎず、具体的な防衛策を想定した判断とは全く違うものである。従って、そこで示された内容をもって本件プランに基づく新株予約権の発行の当否を議論するのは、そもそも意味のないことである。

3 異議決定は、上記判断の前提として、本件新株予約権の行使の要件及び効果からすれば、本プランの目的を「交渉機会確保措置を講じさせること」と限定的にとらえるべき理由はなく、「株式会社の経営支配権に現に争いが生じていない場面において、将来、敵対

的買収によって経営支配権を争う株主が生じることを想定して、かかる事態が生じた際に新株予約権の行使を可能とすることにより当該株主の持株比率を低下させることを主要な目的として発行されるものと認めるのが相当である。」と認定している。

しかし、本プランにおいて、本件新株予約権が行使可能となる要件として、わざわざ発行済株式総数の「20％」の株式の保有者の出現という要件が設けられていること、債務者株式の取引高がそれほど多くなく、直ちに20％に達しないことを考えれば、本プランを知って経済合理性に従って行動するはずの買収者が、取締役会との「交渉機会」を持とうとしない等という事態は100％考えられない。本プランが、「交渉機会確保措置を講じさせること」を主要な目的としていることは争いようがない事実である（本プランに限らず、平時に導入されるライツプランが、一般にこうした「主要目的」を持つものであることは裁判所にも顕著な事実と思われる）。ところが、異議決定は、本プランの目的が交渉機会確保措置を講じさせることと「限定的に」とらえるべき理由はなく、株主の持株比率を低下させることを「主要な」目的としていると言うのであるが、株主の持株比率を低下させ得ることは、交渉機会確保措置確保のために、買収者に与える警告であり、手段にすぎない。

これまで主要目的ルールが発行会社の現経営陣の支配権の維持を問題視してきた理由は、無能な取締役が保身のために行う新株発行が、発行会社の企業価値、株主全体の利益に反するおそれがあり、これを防止することが合理的であるからである。したがって、仮に取締役に保身目的があっても、それに優越する株主全体に関わる利益があるなら、「著しく不公正」とはされないはずである。たとえば、東京高等裁判所平成16年8月4日決定（ベルシステム24新株発行事件）は、次のように述べている。

「本件事業計画のために本件新株発行による資金調達の必要性があり、本件事業計画にも合理性が認められる本件においては、仮に、本件新株発行に際し相手方代表者をはじめとする相手方の現経営陣の一部において、抗告人の持株比率を低下させて、もって自らの支配権を維持する意図を有していたとしても、また、前記…記載の各事実を考慮しても、支配権の維持が本件新株発行の唯一の動機であったとは認め難い上、その意図するところが会社の発展や業績の向上という正当な意図に優越するものであったとまでも認めることは難しく、結局、本件新株発行が商法280条ノ10所定の「著シク不公正ナル方法」による株式発行に当たるものということはできない。」

本プランは、平時に導入され、取締役の恣意が入らないように第三者からなる特別委員会が設置され、その勧告を最大尊重することなどが義務づけられている。たとえ、原決定の言うように、本プランにおいて取締役会の恣意性が完全に排除されていないという認定によったとしても、本件新株予約権の発行が濫用的買収に対抗するという目的を越えて、取締役の保身を目的とすると認定することは到底出来ないから、原決定・異議決定の主要目的の認定は明らかに誤っている。

かかる誤った認定に基づいて、本件新株予約権の発行が「著しく不公正」であるということは出来ない。

4 そもそも、多数の株主に選任されて善管注意義務及び忠実義務を負う取締役（会）には、業務執行全般が委ねられている。株主に取締役の行動に不満があるなら、会社に損害を生じせしめる場合に違法行為差し止めという手段があり、また、取締役の解任ということが株主には可能である。それ以外には、取締役の業務執行を規制しないことこそ、商法の定める権限分配の基本原則である。

業務執行には、顧客との関係維持とか、労働者の管理なども含まれ、株主以外にも広くステークホルダーと呼ばれる者の利益全体を調整し、企業価値を高めることが取締役のなすべき行為である。そして、今や、濫用的買収防衛策の導入が、こうした取締役の基本的な業務執行行為であり職務であることは疑いがなく、株主構成に関わるからというだけで、そうした防衛策の導入が取締役に委ねられていないという考えは妥当しない。取締役会が様々な情報を検討しその上で判断した事項について事細かに司法が介入することになれば、その判断が萎縮し株主価値の毀損がもたらされることは目に見えており、株主総会の絶対的立場を覆し、米国に倣って昭和25年に採用された取締役会中心主義を反映した商法の条項に反するものである。

濫用的買収に対抗する手段を得ようとする本プランの導入は、法令にも違反せず、また、会社には何等の損害も生じないものである。そして、株主はいつでも取締役の選任・解任が可能である。原決定は、平成18年6月の総会まで取締役の任期があることを以て、その時点まで株主総会の意向が反映しないかのように言うが、株主はいつでも取締役を選任・解任でき（商法257条）、その株主の権限には、本件新株予約権の発行は何ら容喙していないのである。商法の定める権限の分配は実際に即したダイナミックな定め方をしており、「株主が取締役を選ぶのであるから、取締役会は誰が株主になるかについて一切口を出すな」式の単純な論法と展開した原審の判断は、残念ながら商法の法意を読み誤っている。

このような本件新株予約権の発行を「著しく不公正」とする点で原決定・異議決定の判断は、誤りである。

第2 仮に株主に不測の損害が生じるとしても、株主総会決議がなければ直ちに「著しく不公正」に当たる

とは言えない。
1　異議決定は、
　「上記の新株予約権が行使された場合には債務者株式の持株比率は約3分の1まで希釈されるという結果は、極めて重大なものであり、かつ、新株予約権の行使の要件が将来充足される事態が発生するか否か、いかなる時点において充足されることとなるのか等を正確に予測することはできないから、その影響を株価の算定に的確に反映させることも困難である。
　このように、権利付け最終日に債務者会社の株式を有する既存の株主は、本件新株予約権の発行により、その保有する債務者株式が重大なリスクを含有することとなり、しかも、そのリスクを織り込んだ適正な価格での取引を行うことも困難となることによって、「債務者株式の投資対象としての魅力の減少による価値の低下」という損失を現に被ることになると認められる。」
と言う。
　しかし、既存株主に平等に新株予約権が付与される本件において、株主に具体的な損害があると言えるのか、あるいは、重大なリスクがあると言えるのか、ははなはだ疑問である。たとえば、1株を3株に分割する場合、特定の株式の価値は3分の1になるが、それで株主に損害が生じるとは言わない。つまり、株式の価値といっても、それは1株の価値が絶対的に維持されるべきという意味ではないのである。
　そして、新株予約権の行使の要件が将来充足される事態が発生するか否かなどの要因の株価に与える影響が直ちに算定できないことは、何も本件新株予約権の発行の場合に限られたことではない。異議決定は、「本件新株予約権の発行により、その保有する債務者株式が重大なリスクを含有することとなり、しかも、そのリスクを織り込んだ適正な価格での取引を行うことも困難となる」と言うが、実際に、本件新株予約権の発行が公表されてから3ヶ月近くも、不特定多数の人間によって市場で取引されて価格が形成されている。売買注文は、取引参加者が適正と考える株価を想定して行われる（成り行き注文も、前日あるいは当日の気配値を見た上での注文である）。本プラン発表直後に急騰した2、3日を除けば、債務者株式の取引の量も価格も安定している。かかる場合に市場において形成されている価格を「適正な価格」でないという考えは、市場で取引されている株式の価値は市場価格で決するという、これまでの考えを完全に否定するものである。このような認定が許されるなら、株式の価値に関する法秩序自体が維持できないことになる。この点だけでも、原決定・異議決定は取り消されなければならない。
2　次に、異議決定は、
　「このような損失は、他に濫用的な買収防衛策をとる余地が存しない訳ではない本件においては、濫用的な買収者以外の既存株主にとって受忍すべきいわれのないものであり、また、本件プランの公表前から債務者株式を有する既存の株主にとっては、予測不可能なものであるといわざるを得ない。」
　「債務者は、『本件プランによって株主に損害を与えるどころか、利益を与えている。』旨の主張するが、上記の主張は、要するに濫用的な買収防衛策を導入すること自体が株主の利益になっているという主張にすぎず、同様の目的を実現するために他に採り得べき手段がある場合においては、上記の利益が存在するとしても、これをもって、既存株主が上記の損失を被ることを受忍すべきことの根拠とはなり得ない。」
と言う。ところが、「他に濫用的な買収防衛策をとる余地」として異議決定が想定していると思われる信託型の場合も、次のように、本来課税される必要のないところで課税され、しかも、その課税がどの程度になるかは、買収者がどの程度の株式を取得しているかで異なり、また、新株予約権の行使の要件が将来充足される事態が発生するか否かという根本的な点は全く予測できない。また、そのような損失を信託型プランの導入以前からの株主が予測不可能な点も、何ら本プランと変わらないのである。
　イーアクセスのように、信託型プランの導入を発表しただけで2割も株価が下がる場合もあれば、債務者のように、本プランの導入を発表しても株価が急騰した2、3日を除いて株価が実質的に変化しないものもある。実際の株式相場を離れて、プラン自体によって株主に受忍すべきでない損失が出るか否かが異なると考えることは出来ないのであり、また、実際の株価を離れて受忍限度を議論すべきものではない。環境権の例で言えば、騒音が出る可能性があるというだけでは侵害行為に当たらないのは明らかであり、騒音が低ければ被害は生ぜず受忍限度を議論する余地はない。一方、騒音が出にくい工夫が仮にあっても、実際に騒音が出ていれば、それが受忍限度を超えるかどうかが検討される。本件で言えば、騒音に相当するものは、まさに株価そのものであって、実際の株価に影響を与えていない要因は関係がない。
　異議決定は、
　「不確定要素がある限り、既存株主について、上記の「債務者株式の投資対象としての魅力の減少による価値の低下」による損害は現に存在するというべき」
と言うが、「投資対象としての魅力の減少による価値の低下」が生じていないからこそ、株価が下がっていないのである。何故、こうまでして株価を無視するのか、地裁の判断は全く理解に苦しむものである。
3　＜略＞
4　異議決定は、
　「事前の対抗策として、このような濫用的な買収者

以外の既存の株主に損失を与えるおそれのある新株予約権の発行を行おうとするのであれば、商法が、既存株主に不測の損害を与えるおそれがある株式の譲渡制限を行う定款変更を行う場合には、通常の定款変更の場合と異なり、同法348条の特殊決議により、かつ、同法349条の反対株主の株式買取請求権を認めて、株式の投下資本の回収の容易性を信頼して株式を取得した既存株主に不測の損害を及ぼすことがないような仕組みを採用していることなどに照らしても、同様の株式の投下資本の回収可能性など株主の利益にも配慮した仕組みの導入の可否なども考えながら、株主総会の意思を反映する慎重な手続によって行われるべきであって、このような新株予約権の発行を取締役会の決議のみによって発行できると解することが相当であるとはいい難い（ちなみに、新株予約権の発行を株主総会の決議事項とするためには、定款をもって定める必要がある（商法280条ノ20第2項ただし書）ので、新株予約権の発行を株主総会の決議に基づいて行う前提として、その旨の定款変更を要することとなる。）。」と言う。

ここには、「不測の損害」という言葉を用いた誤魔化しがある。株式の譲渡を制限する場合は、買い主が見つからない可能性があり、まさに、株式の投下資本の回収が不可能となるおそれがある（商法204条ノ2の相手方指定請求権は、買い主が見つかって譲渡承認請求をしてそれを拒否された場合にはじめて行使できるものである。）。これに対して、本プランの場合、実際に、本プラン発表前の株価で市場取引が行われているから、投下資本回収は可能であって、譲渡制限のような「不測の損害」は全く生じていない。

商法は、譲渡制限、合併、営業譲渡などの会社の根幹的な部分に影響を与える場合を除けば、株主の財産的損害の保護策として、特に有利な価格で第三者割当で発行する場合のみ、株主総会の特別決議を要求しているにすぎない（商法280条ノ2第2項）。

そして、いかなる場合が「特に有利な発行価額」かは、実務上、いわゆる日本証券業協会の自主ルール（「第三者割当増資の取扱いに関する指針」。乙90の1、2）によることとされ、取締役会決議日の直前日の株価（終値）（ただし、株価又は売買高の状況等を勘案し、取締役会決議日の直前日までの最長6ヶ月間の株価（終値）の平均値とすることができる）から10%下回る程度が許容されている。

従って、仮にその範囲で、既存株主の会社財産に対する持ち分としての財産的価値が希薄化したとしても、取締役会限りで新株（予約権）を発行することが可能であり、その限りでは既存株主の経済的利益が毀損することについては許容され、株主総会決議は必要とされていない。本プランによって、既存株主の経済的利益が毀損することはないと債務者は考えるが、毀損しているかどうかは、他の有利発行の例と同様に、事後的に判断が可能であり、その際の基準は、株価である。本件の場合、直前6ヶ月間の平均値を基準とする場合は727.3円での第三者割当でも有利発行とはされず、株主総会決議は不要である。そして、本プラン発表後の株価は、概ねその額を100円程度上回っており、商法が既存株主の財産的価値を保護するために設けた規定に照らしても、株主総会決議は不要である。

5 以上のとおり、既存株主の利益は害されていないし、仮に理論的に何らかの毀損があったとしても、実際には、商法が株主総会の特別決議を要求するような毀損がないことは明らかである。投下資本回収可能性がなくなりかねない株式の譲渡制限と同様に、株主総会決議が必要であるとし、しかも、新株予約権の発行決議の権限を株主総会の権限とする旨の定款変更までせよと言う異議決定の認定は、全く商法の予定するところではなく、株主総会決議がないことを理由に本件新株予約権の発行が「著しく不公正」であるとする地裁の判断は取消を免れない。

第3 債権者には本件プランによる具体的な不利益のおそれはなく、また、本件差　止請求は保全の必要性を欠く。

1 上記に述べたとおり既存株主について具体的・現実的な不利益は何ら存せず、既存株主として本件新株予約権の割当を受けることなる債権者には何ら不利益のおそれはない。

本件異議決定が指摘する、本プランが不確定要因を含有すること自体が株主の損害であるとの指摘は、誤解に基づくものであり理論的に誤りを含んでいるものであって、さらに、実際の債務者株式の株価及び売買高の動きからも乖離している。市場は、本プランにおいて実際に新株発行がされる可能性をきわめてゼロに近いものと見ているか、あるいは、本プランによる濫用的買収からの企業価値の保全のメリットと本プランによる新株発行のリスクとの比較において後者の方が大きいものとは判断していないからこそ、債務者株式の株価・売買高は本プランの権利落ち基準日前後を通じて有意に下落してはいないのであり、市場は本プラン導入を必ずしも重大な不確定要素とはみていないのである（株式取引は、本質的に不確定要素を折り込んで交換価値をつける取引であるから、リスクの生じる可能性がゼロでない以上は、不確定要素があるから株式の価値を下げるなどという理屈がまかり通りものでないことはいうまでもない。）。

現実には、原審異議決定が述べるように「債務者株式の投資対象としての魅力の減少による価値の低下」という事象は何ら生じていないのである。商法280条ノ39で準用される同法280条ノ10に規定する「不利益ノ虞」は新株予約権の発行の差止めという重大な効果をもたらすものである以上は、机上の損害（ないし現

実には無視し得る程度の極小の損害）では足りない。
　原審異議決定の既存株主の被る「不利益」の認定、「投資対象としての魅力の減少による価値の低下」という現実にはない、「架空」ないし「机上の空論」による損害が現に生じていると述べているにすぎないのであり、既存株主に現実のないし具体的な損害は生じていないという債務者の指摘には何ら真っ当に答えていない。
2　本件仮処分申立には「保全の必要性」も欠けるものである。
　本訴でなく仮処分で差止めを求める以上は、民事保全法23条2項の要件が疎明される必要があるのであり、債権者の提出している伊藤眞教授の意見書（甲77）においてもこのことは当然の前提とされている。
　しかしながら、債権者には、本プランによって上記のとおり何らの不利益もなく、仮にあったとしてもごく微少なものであって、「著しい損害又は急迫の危険」などあろうはずもなく、その点については全く疎明されていないのである。
(1)　異議決定は、「本件プランが導入されなかった場合の債務者株式の価格を合理的に算定することは困難であるから、本件新株予約権の発行に伴う損害の賠償を求めることに相当な困難が伴う」として、本件新株予約権の発行による損害を事後の損害賠償によって償うことは相当困難であると言う。しかし、本件新株予約権の発行に伴う損害算定が困難であるのは、まさに、債務者株式の市場価格が何ら下落していないためである。相場操縦や風説の流布などによる損害を認定するときには、市場での株価の変動を以て行うのが原則であり、その際に他の要因があって算定が困難である等という判断はしない。そして、株価が変動していなければ、損害自体が具体的に発生していないとするのが本道である。本件では損害がないとしか言えないのに、保全の必要性が否定できないとする地裁の判断は明らかに誤っている。
(2)　異議決定は、
　「本件新株予約権の発行によって債権者が被る損害は、前記のとおり、直接的かつ具体的に発生するものというべきであって、抽象的な損害にとどまるものとはいえない。また、株主の投下資本の回収手段は株式譲渡に限られるため、株式の自由譲渡は強行的に保障されているが、債権者は、本件新株予約権の発行により、相当長期間にわたり、債務者株式を市場において合理的な価格をもって売却することをもってその投下資本を回収することが著しく困難となる（債権者は、本件新株予約権の発行がされることを認識した上で、債務者株式を取得したものではないから、かかる損害を負担する合理的理由もない。）。」
として、本件仮処分に保全の必要性があると言う。
　しかし、債権者が被る損害が「直接的かつ具体的に発生」していることも、「相当長期間にわたり、債務者株式を市場において合理的な価格をもって売却することをもってその投下資本を回収することが著しく困難となる」ということも、いずれもそれを裏付けるような疎明資料は全く存在していない（事実がないから当然である）。一体どこに債権者の被る「著しい」損害があるというのか、地裁の判断はあまりにも実質を無視したものである。
(3)　そして、原決定・異議決定も、また、学説・専門家の意見も、新株予約権の行使段階における新株発行差止めが可能であることを認めている。
　異議決定は、「本件新株予約権の発行自体によって、債権者を含む既存株主に「債務者株式の投資対象としての魅力の減少による価値の低下」という損害が現実に生じると認めるべきことは、前記のとおりであり、新株予約権の行使段階における新株発行差止めという方法によっては、このような損害を回避することができないことは明らかである。」とするが、このような損害が現実に生じていない以上、本件新株予約権の発行自体の差し止めを認めるべき理由は存しない。
　最高裁判所第三小法廷平成16年8月30日決定（民集58巻6号1763頁）は、事後の損害賠償によっては償えないような損害が生ずる場合にはじめて、保全の必要性が肯定されると認定している。この点、異議決定は、
　「債務者ら引用の上記最高裁判所決定も、仮の地位を定める仮処分命令すべてについて保全の必要性を肯定するためには、必ず事後の損害賠償によっては償えないような損害が生ずることが必要であるとの前提に立つものとは解されない。」
と言うが、本件では、単に損害賠償（しかも賠償額が事実上支払できないほど高額に上るという事情も見あたらない。）のみならず、新株予約権の行使段階における新株発行差止めが可能である。このような場合に保全の必要性が認められないことは、上記最高裁決定の趣旨から明らかである。
　しかも、本プランでは、実際に新株予約権の行使が可能となる前に、2週間の実質的な公示期間を置いているから、新株予約権の行使段階における新株発行差止めが実質的にも可能である。この点は、最近発表されている各社の防衛プランと比較しても、本プランの優れた点であり、いっそう、保全の必要性は認められないこととなる。
(4)　このように本件においては明らかに保全の必要性が欠けており、その疎明は何らされていないのであって、原決定を速やかに取り消し、正しく債権者の申立て却下の判断をされることを求める。

10 夢真ホールディングスvs日本技術開発事件
――買収防衛策としての株式分割の適法性――

東京地決平成17・7・29金融・商事判例1222号4頁

成蹊大学法学部准教授　田中　亘

I　事案の概要

　X株式会社は、施工図作成や施工管理業務の請負事業等を営むX'グループの純粋持株会社である。Xは、平成17年6月から、建設コンサルト業を営むジャスダック証券取引所上場会社であるY株式会社の株式を取得し（同年7月21日時点で6.83パーセント保有）、同年7月7日に、Yに対して業務提携を申し入れ、協議に応じるかどうかを同月15日までに回答するように求めた。これに対しYは、同月8日に、Y株式の大量買付けを行おうとする者は、Y取締役会に十分な情報を提供し、かつ、Y取締役会による一定の評価期間が経過した後に買付行為を行うべきこととするルール（以下、「本件大規模買付ルール」という）を定め、このルールを遵守しない場合は、株式分割や新株予約権の発行等により対抗する場合がある旨を公表した。しかしXは、Yの情報提供の要請は不合理であること、防衛策の発動が現経営陣の恣意的な判断に委ねられていること等を理由に、本件大規模買付ルールに従った情報提供を拒否するとともに、Y株式に対して公開買付けを行う予定であることを明らかにした。

　そこでY取締役会は、同月18日、基準日を8月8日とし、効力発生日を10月3日としてY株式1株を5株とする株式分割（以下、「本件株式分割」という）を行う旨を決議（以下、「本件取締役会決議」という）した。これに対してXは、7月19日にY株式に対する公開買付け（以下、「本件公開買付け」という）を行う旨を決議し、翌日開始した。本件公開買付けは、買付期間が7月20日から8月12日まで、1株の買付価格は、本件株式分割による希釈化を織り込んで110円（Xが従前予定していた買付価格の5分の1に相当）とし、他方、買付予定数は349万1000株（本件株式分割前のY社発行済株式総数の47パーセントに相当）だが、Yが本件株式分割を撤回しないことが明らかになった時点でこれを5倍にすることを予定している。その上でXは、①平成17年改正前商法280条ノ10〔会社法210条に相当〕の適用または類推適用による差止請求権、または②法令違反による本件取締役会決議の無効確認請求権を本案の請求権として、本件株式分割を仮に差し止めることを求めた（Xは、③営業権侵害に基づく差止請求権も本案に挙げているがこれについては省略する）。

II　決定要旨

申立却下

1　本件株式分割の目的等について

　「本件株式分割は、本件公開買付け期間中に基準日が設けられているところ、公開買付けの買付期間後に効力が生ずる株式分割によって付与される株式についても公開買付けの対象となり得ると解することができ〔る。〕…もっとも、…本件株式分割が行われると、その効力が生ずるのが基準日の56日後となり、本件株式分割の効力発生日に基準日の株主が受けることになるY株式の売買に係る決済は実際上その後とならざるを得ないことから、本件公開買付けの結果として買付予定株式総数を超える応募を得たとしても、XがYの過半数の株式を有する株主となる時期を10月3日以降まで引き延ばす効果を有するということができる。」

2　株式分割についての商法280条ノ10の適用または類推適用の有無について

　商法280条ノ10は、280条ノ2による「株式の発

行」〔会社法199条の募集株式の発行に相当〕の差止めに関する規定であり、株式分割に直接適用することはできない。また類推適用についても、「株式分割は、株式を単に細分化して従来よりも多数の株式とするにすぎず、二以上の種類の株式を発行している場合を除けば、…通常は、株主の議決権割合が低下するとか、株主が株価の減少に伴う損害を受けるとかいう不利益を受けるおそれを想定することができない。…仮に〔本件株式分割により〕本件公開買付けを実施する上で事実上の支障が生ずるとしても、これによりXが被る不利益は、公開買付けの実施によって新たに株主となろうとする期待が阻害されるというにすぎず、既存株主としての地位に実質的変動が生ずるものとはいえない。しかも、仮にXが本件株式分割により何らかの損害を被るとしても、それは、本件取締役会決議を行った取締役に善管注意義務等の違反が認められる場合に、これを理由とする損害賠償請求権（同法266条ノ3）によってん補すべき性質のものであると解される。…本件株式分割については、株主の地位に実質的変動を及ぼすものとは認められず、同法280条ノ10の規定を類推適用することはできない。」

3 本件取締役会決議の効力について

(1)　「企業の経営支配権の争いがある場合に、現経営陣と敵対的買収者…のいずれに経営を委ねるべきかの判断は、株主によってされるべきであるところ、取締役会は、株主が適切にこの判断を行うことができるよう、必要な情報を提供し、かつ、相当な考慮期間を確保するためにその権限を行使することが許されるといえる。…取締役会としては、株主に対して適切な情報提供を行い、その適切な判断を可能とするという目的で、敵対的買収者に対して事業計画の提案と相当な検討期間の設定を任意に要求することができるのみならず、合理的な要求に応じない買収者に対しては、証券取引法の趣旨や商法の定める機関権限の分配の法意に反しない限りにおいて、必要な情報提供と相当な検討期間を得られないことを理由に株主全体の利益保護の観点から相当な手段をとることが許容される場合も存するというべきである。…取締役会が採った対抗手段の相当性については、取締役会が当該対抗手段を採った意図、当該対抗手段をとるに至った経緯、当該対抗手段が既存株主に与える不利益の有無及び程度、当該対抗手段が当該買収に及ぼす阻害効果等を総合的に考慮して判断するべきである。」

「本件株式分割を行った本件取締役会決議は、その経緯において批判の余地がないではないものの、取締役会が本件株式分割を決議した意図（取締役会の保身を図るものとは認められず、経営権の帰属に関する株主の適切な判断を可能とするものであること）、既存株主に与える不利益の有無及び程度（株主の権利の実質的変動をもたらすものではないこと）並びに本件公開買付けに対して及ぼす効果（本件株式分割が本件公開買付けの効力の発生を〔9月末に開催予定の〕定時株主総会以降まで引き延ばすものにすぎず、その目的の達成を法的に妨げる効果を有するものとは認められないこと）の観点からみて、本件株式分割が、証券取引法の趣旨や権限分配の法意に反するものとして、直ちに相当性を欠き、取締役会がその権限を濫用したものとまでいうことはできない。」

(2)　「株式会社における機関権限の分配秩序維持を根拠とする取締役会の権限の制約は、商法の株式会社に関する規定全体の趣旨から導き出されるものであって、具体的な法令の規定によるものではないから、これに違反していることを理由に取締役会の決議が無効となると解することはできない。」X主張のその他の法令違反（商法218条・証取法157条違反または公序良俗違反）も認められず、本件取締役会決議は無効とはいえない。

III 分析と展開

1　本件は、買収者による業務提携の申入れに対して、対象会社がいわゆる事前警告型の防衛策を設定し、それに基づいて行われた株式分割の差止めの仮処分が求められた事例である（事前警告型を含む、わが国の防衛策の説明として、武井一浩ほか「日本における平時導入型買収防衛策の標準形」武井一浩＝中山龍太郎編『企業買収防衛戦略II』45頁（商事法務・2006年））。

株式分割が買収防衛策となり得ることは、本件以前にも認識されていたが、そこで主に想定されていたのは、公開買付け開始後に、対象会社が、公開買付期間中に効力が生じる株式分割を行うという方法である。買付者は、株式分割により希釈化された株式を、希釈化を前提としない買付価格

で取得することを余儀なくされて損害を被るわけである（太田・後掲44頁で「ＴＯＢ阻止型」として紹介されている）。しかしこれについては、金融庁が、公開買付けに際して株式分割を撤回条件として付すことが許されるとの解釈を示し（2005年7月22日伊藤金融担当大臣閣議後会見、太田・後掲52頁注18参照）、また平成18年改正後の証券取引法・金融商品取引法の下では、株式分割は公開買付けの撤回条件にできる（同法27条の11第1項、同施行令14条1項1号ヲ）だけでなく、予め条件として付しておけば、分割比率に応じて買付価格の引き下げもできることになる（同法27条の6第1項1号、同施行令13条1項1号）。そのため、少なくとも同法施行後は、「ＴＯＢ阻止型」の株式分割を用いる道は、ほぼ封じられると思われる。

これに対し、本件株式分割は、公開買付け前に決議されたため、Ｘは当初から希釈化を織り込んだ買付価格で公開買付けを開始することができた。ただし、本件株式分割は、買付期間中に基準日が到来する一方、その効力発生日は買付期間後に設定されている。これについて決定要旨1は、買付期間後に効力が生ずる株式分割によって付与される株式についても公開買付けの対象とすることができるとし、ただその決済は効力発生日後になる旨を述べている。このような解釈により、本件株式分割は、Ｘの公開買付け自体を阻止はしないがＹ株式の取得時期を遅らせる、いわば「時間稼ぎ」の機能を持つこととなる。

2　決定要旨2は、本件株式分割について、株主の地位に実質的変動を及ぼさないことを理由に、前商法280条ノ10の類推適用を否定する。これが、あらゆる株式分割について同条の類推適用を否定する趣旨かどうかはともかく（太田・後掲47頁、德本・後掲111頁はそう解するが、種類株式発行会社では、株式分割がある種類の株主の地位に実質的変動をもたらす場合があるので、本決定の論理からも類推適用を肯定し得ると思われる。小出・後掲58頁）、防衛策としての株式分割（本件のような「時間稼ぎ型」だけでなく「ＴＯＢ阻止型」も）については、株主の地位に対して、議決権比率の低下や株価の下落による損害といった実質的変動を及ぼさないので、防衛策としての相当性のいかんを問わず、類推適用を否定する趣旨と思われる。その半面、株式分割と並んで防衛策の主要な手法に挙げられる、差別的行使条件付の新株予約権の無償割当て（会社法277条）については、それが買付者の株主としての地位に実質的変動を及ぼすことから、本決定の論理は、会社法247条（募集新株予約権発行の差止め）の類推適用の道を開くことにもなりそうである。

学説は、本決定と同様、株式分割について前商法280条ノ10〔会社法210条〕の類推適用を否定するものも多いが（岸田・後掲108頁〔会社法360条の違法行為差止請求によるべきだとする〕、江頭憲治郎『株式会社法』269頁（有斐閣・2006年）、山田・後掲10頁）、肯定説も有力である（鳥山・後掲120頁〔大幅な株式分割が投機による株価高騰を惹起し公開買付けを困難にする面を重視〕、布井・後掲66頁〔公開買付者としての不利益も株主の不利益に含めてよいとする〕。本件以前の肯定説として、大隅健一郎「準備金の資本組入と株式分割」田中耕太郎編『株式会社法講座第4巻』1410頁（有斐閣・1957年）、上柳克郎ほか編『新版注釈会社法(9)』171頁〔竹内昭夫〕（有斐閣・1988年）など）。筆者は、会社法210条の類推適用を、議決権比率が低下したり希釈化による損害を株主が被る場面に限定する理由は特にないのであって（本件以前の類推適用肯定説も、別段そのような限定をしていたわけではなかった。大隅・前掲、上柳ほか編・前掲〔竹内〕参照）、買収を遅延させる効果を持つ株式分割も、それが防衛策として不相当なものである限り、「著しく不公正な方法」（同条2号）によるものとして、同条の類推適用を認めるべきだと考える。その際、会社の経営を誰に委ねるべきかの判断は株主がするべきだとする近年の裁判例の立場に鑑みれば（4参照）、不相当な防衛策により株主がそうした判断の機会を制約されることをもって、「株主が不利益を受けるおそれ」（同条本文）ありと解することに、何の困難もないと考える。

なお、本件当時は、株式分割の効力発生日を株券発行日にあわせるのが実務上の慣行であったが、平成18年1月からは、取引所規則によって、基準日の翌日を効力発生日とすることが求められ（東京証券取引所・上場有価証券の発行者の会社情報の適時開示等に関する規則20条の2第1項）、株券保管振替機構の預託株式については、基準日の翌日からすぐに売買を行うことが可能となっている（東京証券取引所平成17年6月23日付「株式分割の効力発生日前倒し後における売買及び委託保証金等の取扱いについて」）。このため、今日では「時間稼ぎ

型」の株式分割も意味を失ったと見られているようだが（小出・後掲57頁）、取引所規則に反した株式分割も会社法上は有効であるから、今後、買収の標的となった会社が、遠い将来の時点を効力発生日として株式分割をする可能性はまだ残っている。私見の立場からは、取引所規則違反による上場廃止のリスクを犯してまで行う株式分割は、通常、防衛策としての相当性を欠くものとして、差止請求が認められると考える。

3　決定要旨3は、本件株式分割を決めた本件取締役会決議が無効かどうかを検討し、これを否定している。そのため、取締役会決議無効確認請求を本案として株式分割を仮に差し止めることがそもそも許されるのかについては、判断は示されなかった。このような仮処分を認め得るかについて、学説は積極（弥永・後掲7頁）・消極（布井・後掲68頁）両論ある。もっとも、仮にこの法律構成に基づく仮処分が認められるとしても、決定要旨3(2)のように、機関権限の分配秩序違反が取締役会決議の無効を導かないとすれば、不相当な防衛策を争う手段としての意味は乏しくなる。これに対し、前商法280条ノ10〔会社法210条〕の類推適用によれば、決議の効力とは無関係に、「著しく不公正」であるかどうかにより差止めの可否が決まる。ここに、同条の類推適用が望まれる一つの理由がある。

4　本件株式分割に前商法280条ノ10の類推適用を認める余地がなく（決定要旨2）、また機関権限の分配秩序違反による取締役会決議の無効も認められないとすれば（同3(2)）、本件株式分割の防衛策としての相当性を論じた決定要旨3(1)は、傍論に位置づけられよう（小出・後掲57頁）。もっとも、もしも前商法280条ノ10〔会社法210条〕の類推適用を認めるならば、同条にいう「著しく不公正」かどうかの判断に当たり、防衛策の相当性を論じる必要がある。その点を別にしても、決定要旨3(1)は、防衛策の相当性の判断についての一般的な先例となる可能性があり、詳しく検討する価値がある。

決定要旨3(1)は、誰に会社の経営を委ねるべきかの判断は株主にさせるべきであるという、東京高決平成17・3・23金判1214号6頁〔ニッポン放送事件〕の基本的立場を踏襲しつつ、取締役会が「必要な情報提供と相当な検討期間」が得られないことを理由に、敵対的買収に対し「相当な手段」をとることを認めた。ニッポン放送事件決定と本決定を総合すると、会社の支配権争いの場面において、①誰が会社を経営すべきかを取締役会自らが決めることは——ニッポン放送事件にいう「株主全体の利益の保護」という観点から例外的に正当化される場合は別にして——許されないが、②誰が会社を経営すべきかを株主に判断させるために、必要な情報の提供と相当な検討期間の設定を買収者に求め、それが得られないときに相当な対抗策を取締役会がとることは許される、というのが、現在までの判例法理の到達点だと思われる。

本決定に対しては、情報提供と検討期間の確保は証券取引法（金融商品取引法）の公開買付規制に任せればすむことではないか、という批判が考えられる。これに対しては、公開買付規制は最低限のルールを定めるだけであり、対象会社の独自の判断によって、法令が求める以上の情報提供や検討期間の設定を買収者に求めることまで禁じるものではない、という反論が一応可能である（太田・後掲49頁）。もっともそうした独自の判断を、利益相反の危険が大きい対象会社の取締役（会）に行わせることが望ましいかどうかは自明でない。具体的な問題としても、取締役会が、買収者の提供する情報が十分でないとして際限なく情報提供の要求を繰り返すことにより、結局は誰が会社を経営すべきかの判断の機会を株主から奪うことになる恐れは否定できない。そうした危険にも関わらず、情報提供や検討期間の確保のための防衛策の行使を認めるのであれば、取締役会がその権限を濫用していないかを審査する裁判所の役割がとりわけ重要になってくるだろう。

その他にも、①本決定は本件株式分割が「時間稼ぎ」の効果しか持たないこと（この認識自体の妥協性にも議論の余地はあろう。鳥山・後掲120頁、藤田・後掲14頁参照）を重視して、防衛策としての相当性を認めているようだが、例えば差別的行使条件付の新株予約権の無償割当てのように、買収者の持株比率の低下、場合によっては経済的損失をも伴う防衛策についても相当性が認められ得るのかどうか、および②相当性の審査において、買収手法の性格（いわゆる「強圧性」を持ち得るものかどうか）、対象会社の取締役会（または取締役会から委託を受けた委員会）の経営陣からの独立性、あるいは防衛策に対する株主総会の事前の承

認の有無といった事情が、どこまで重視されるかなど、今後の裁判例を通じて明らかにすべき事柄は数多い（太田・後掲50～51頁参照）。

<参考文献>

本件の評釈・解説として、太田洋・商事1742号42頁（2005年）、大塚和成・銀法21増刊658号81頁（2006年）、岸田雅雄・リマークス2006（下）106頁、徳本穣・平成17年度重判解（ジュリ1313号）110頁、鳥山恭一・法セミ611号120頁（2005年）、布井千博・金判1229号62頁（2005年）。その他参考文献として、小出篤「平成17年度会社法関係重要判例の分析〔下〕」商事1774号55頁（2006年）、藤田友敬「ニッポン放送新株予約権発行差止事件の検討〔下〕」商事1746号4頁（2005年）、弥永真生「株式の無償割当て・新株予約権の無償割当て・株式分割と差止め」商事1751号4頁（2005年）、山田剛志「敵対的買収と適法な防衛策～近時の判例理論を中心に」金判1245号2頁（2006年）。

Wataru TANAKA

平成17・7・29東京地裁民事第8部決定、平成17年（ヨ）第20080号株式分割差止仮処分命令申立事件、申立て却下

決　定

<当事者>（編集注・一部仮名）
債権者　　　　　　　株式会社夢真ホールディングス
上記代表者代表取締役　　　　　　　鎌田博史
上記代理人弁護士　　　　　　　　　三井拓秀
同　　　　　　　　　　　　　　　　大塚和成
同　　　　　　　　　　　　　　　　熊谷真喜
同　　　　　　　　　　　　　　　　松島基之
同　　　　　　　　　　　　　　　　根井　真
同　　　　　　　　　　　　　　　　三部裕幸
同　　　　　　　　　　　　　　　　西岡祐介
債務者　　　　　　　日本技術開発株式会社
上記代表者代表取締役　　　　　　　佐伯光昭
上記代理人弁護士　　　　　　　　　杉本文秀
同　　　　　　　　　　　　　　　　荒井紀充
同　　　　　　　　　　　　　　　　浅妻　敬
同　　　　　　　　　　　　　　　　田中信隆
同　　　　　　　　　　　　　　　　島崎伸夫
同　　　　　　　　　　　　　　　　中村由紀

【主　文】
1　本件申立てを却下する。
2　申立費用は債権者の負担とする。

【理　由】
第1　申立ての趣旨
　債務者が平成17年7月18日の取締役会決議に基づいて現に手続中の株式分割を仮に差し止める。

第2　事案の概要
1　本件は、債務者の株主である債権者が、債務者が平成17年7月18日の取締役会決議に基づいて現に手続中の株式分割について、①当該株式分割が商法218条1項、証券取引法157条及び民法90条等の法令に違反し、又は著しく不公正な方法によるものであることを理由とする商法280条ノ10の適用又は類推適用による差止請求権、②当該取締役会決議が商法218条1項等の法令に違反することを理由とする取締役会決議無効確認請求権、③当該株式分割が債権者の営業権を侵害するものであることを理由とする差止請求権をそれぞれ本案の請求権として、当該株式分割を仮に差し止めることを求めた事案である。

2　前提事実
　後掲の疎明資料及び審尋の全趣旨によれば、以下の事実が一応認められる。
（1）債務者
　債務者は、昭和29年7月13日に設立され、「都市及び地域の計画・設計」、「道路・交通・橋梁及びトンネルの計画・設計」及び「河川・農業土木・上下水道及び廃棄物処理の計画・設計」を主な業務とする建設コンサルタント業を営む株式会社である。平成17年7月20日現在、債務者は、資本金15億5460万円、発行する

株式の総数1200万株、発行済株式総数744万7440株であり、その発行する普通株式を株式会社ジャスダック証券取引所に上場している。債務者においては、単元株制度が採用されており、1単元の株式の数は1000株である。

債務者の定款には、債務者は、原則として、毎決算期最終の株主名簿に記載又は記録された議決権を行使し得る株主（実質株主を含む。）をもって、その期の定時株主総会において議決権を行使することができる株主とすること、定時株主総会は、毎決算期の翌日から3か月以内に招集すること、営業年度は、毎年7月1日から翌年6月30日までとし、その末日をもって決算期としていることの記載がある。
　（甲1、2）
　(2)　債権者

債権者は、有価証券の保有、売買、投資及び運用業務などを目的とする株式会社であり、施工図作図や施工管理業務の請負事業及び環境プラントの運転維持管理業務を主たる業務としている夢真グループの純粋持株会社である。平成17年7月20日現在、債権者は、資本金8億0514万7000円、発行する株式の総数1億6000万株、発行済株式総数7457万3440株であり、その発行する普通株式を株式会社大阪証券取引所ヘラクレスに上場している。

債権者は、平成17年7月21日現在、債務者株式50万9000株（発行済株式総数の約6.83パーセント）を保有する債務者の筆頭株主である。
　（甲3、4の1、2、甲6）
　(3)　債権者による債務者との接触

日興コーディアル証券株式会社の担当者は、債権者から依頼を受けて、平成17年5月10日、債務者を訪ね、債務者株式の51％を取得する意向のある企業があることを伝えた。また、同証券株式会社の担当者は、再度債権者の依頼を受けて、同月26日、債務者を訪ね、債務者株式を51％取得する意思がある企業は債権者であることを伝えた。
　（甲46、乙2）
　(4)　債権者による債務者株式の取得状況

債権者は、次の日において、次の数量の債務者株式を取得した。
① 平成17年6月15日　　　　32万9000株
② 同月16日　　　　　　　　3万株
③ 同月17日　　　　　　　　4万株
④ 同月20日　　　　　　　　1万5000株
⑤ 同月21日　　　　　　　　1万6000株
⑥ 同月22日　　　　　　　　1万株
⑦ 同月23日　　　　　　　　1万8000株
⑧ 同月24日　　　　　　　　2万株

債権者は、関東財務局長に対し、平成17年6月24日、上記のとおり、同月17日時点で、債務者株式39万9000株（発行済株式総数の約5.36パーセント）を保有したため、その旨の大量保有報告書を提出し、同月28日、上記のとおり、同月24日時点で、債務者株式47万8000株（発行済株式総数の約6.42パーセント）を保有するに至ったことから、大量保有報告書の変更報告書を提出した。

その後、債権者は、債務者株式を更に取得し、(2)のとおり、平成17年7月21日時点では、50万9000株（発行済株式総数の約6.83パーセント）を保有するに至っていた。
　（甲5の1、2、甲6）
　(5)　債務者と債権者との会談

債務者が債権者に債務者株式を大量に取得した目的等を聴くために面会したい旨を申し出たことにより、債権者と債務者とは、平成17年7月7日、会談を行った。

その際、債権者は、債務者を良い会社と認識していること、債権者としては類似の業種の会社とグループを形成することによりシナジー効果を生み出し利益を上げるという戦略を考えていること、債務者は高い技術を有しているので将来は債権者グループの中核となってもらいたいと考えて業務提携を申し入れているものであること、債務者の業務内容を把握させてもらい、できれば債務者と一緒になって協力してやっていきたいこと及び今後も債務者株式を買い増していきたいことを話した上、債務者として会社を発展させるためにどのような考え方を有しているか、債務者が債権者と一緒にやっていく意思があるか否かを尋ねた。これに対し、債務者は、今回は債権者の話を聞いて債務者としての考え方を整理したり、色々検討したい旨話した。そこで、債権者は、業務提携の協議に応じるか否か、協議に応じる場合における業務提携の条件などについて債務者の考えをまとめて同年7月11日ころまでに提示してもらいたい旨要望し、細かい条件など各論については協議を開始した後で話し合えばよいことや協議の結果互いの利益に資さないのであれば考え直せばよいことなどを話した。これに対し、債務者は、協議の上、書面ででも質問をさせてもらいたい旨述べるとともに、同月15日まで待てないかと要望した。これを受けて、債権者は、希望は同月11日であるが同月15日までに債務者の意見をまとめてもらえば結構である旨回答した。
　（甲35、46、64、乙2、3）
　(6)　債務者による本件大規模買付ルールの導入

債務者は、平成17年7月8日、「大規模買付行為への対応方針に関するお知らせ」という文書を公表し、その中で、「特定株主グループの議決権割合が20パーセント以上とする債務者株券等の買付行為、又は結果として特定株主グループの議決権割合が20パーセント以上となる債務者株券等の買付行為に対する対応方針をとりまとめ、平成17年7月8日に開催された債務者取締役会において、以下のとおり決定した。」旨の前文に続き、大規模買付ルールの必要性として「債務者取締役会は、公開会社として債務者株式の自由な売買を認める以上、特定の者の大規模買付行為に応じて債務者株式の売却を行うか否かは、最終的には債務者株式を保有する株主の判断に委ねられるべきものであると考えている。したがって、債務者取締役会としては、株主の判断のために、大規模買付行為に関する情報が大規模買付者から提供された後、これを評価・検討し、取締役会としての意見をとりまとめて開示する。また、必要に応じて、大規模買付者と交渉した

り、株主へ代替案を提示することもある。」旨明らかにし、また、債務者において「事前の情報提供に関する一定のルール」（以下「本件大規模買付ルール」という。）を導入し、本件大規模買付ルールの内容として、「①事前に大規模買付者が債務者取締役会に対し十分な情報を提供し、②債務者取締役会による一定の評価期間が経過した後に大規模買付行為を開始する。」ものとした。さらに、大規模買付行為がされた場合の対応方針のうち、大規模買付者が本件大規模買付ルールを遵守しない場合のものとして、「大規模買付者により、大規模買付ルールが遵守されなかった場合には、具体的な買付方法の如何にかかわらず、債務者取締役会は、債務者及び債務者株主全体の利益を守ることを目的として、株式分割、新株予約権の発行等、商法その他の法律及び債務者定款が認めるものを行使し、大規模買付行為に対抗する場合がある。具体的にいかなる手段を講じるかについては、その時点で最も適切と債務者取締役会が判断したものを選択することとする。ただし、債務者取締役会が具体的対抗策として一定の基準日現在の株主に対し株式分割を行うことを選択した場合には、株式分割１回につき債務者株式１株を最大５株に分割する範囲内において分割比率を決定するものとする。」旨明らかにした。同月９日の日刊新聞紙では、同月８日に本件大規模買付ルールを発表したこと及び債務者取締役の説明として「債権者から現時点で取得目的を聞いていない。債権者の取得以前から対応策の導入は検討していた。」と報道された。

（甲７、８）

（７）　債権者取締役会における公開買付けの決定

債権者は、平成17年７月11日早朝、取締役会において、次のような内容の決議をした。

　ア　次の条件で、債務者株式を公開買付けにより取得すること。

　　①　買付けを行う株券等の種類　普通株式

　　②　公開買付期間　平成17年７月20日から同年８月９日までの21日間

　　③　買付価格　一株につき550円

　（注）　公開買付期間中に債務者が対象株式について株式分割を行う場合、債権者は分割比率に応じて買付価格を調整する。

　　④　買付価格の算定の基礎　債務者株式の株式会社ジャスダック証券取引所における平成17年７月13日に先立つ３か月の株価終値の平均に約68％のプレミアムを加えた金額

　　⑤　買付予定株式総数　349万1000株
　　　　買付予定株式数　　98万1000株
　　　　超過予定株式数　　251万株

　（注１）　公開買付期間中に債務者が対象株式について株式分割を行う場合、債権者は分割比率に応じて買付予定株式総数、買付予定株式数、超過予定株式数を調整する。

　（注２）　応募株券の総数が買付予定株式数98万1000株に満たない場合は、応募株券の全部の買付けを行わない。

　（注３）　応募株券の数の合計が買付予定数及び超過予定数の合計株数349万1000株を超えるときは、その超える部分の全部又は一部の買付けは行わないものとし、証券取引法27条の13第５項に規定する按分比例の方式により、株券の買付け等に係る受渡し、その他の決済を行う。

　　⑥　公開買付けによる所有株式数の異動
　　　　買付前所有株式数
　　　　　　　　　　　50万9000株（所有比率6.83％）
　　　　買付後所有株式数
　　　　　　　　　　　400万株（所有比率53.71％）

　　⑦　公開買付けに要する資金　19億2005万円

　（注）　買付予定株式総数349万1000株を買い付けた場合の見積額。買付予定株式総数は、債務者が公開買付期間中に株式分割を行った場合、分割比率に応じて調整する。

　　⑧　公開買付開始公告日　平成17年７月20日
　　⑨　公開買付代理人　ＫＯＢＥ証券株式会社

　イ　債務者が債権者による買付けに対する対抗策として公開買付期間の完了の前の一定の日を基準日とする株式分割を行う可能性があることから、これに適切に対応するためには買付条件としてあらかじめ希釈化防止条項を定め、かつ、かかる株式分割が行われることを公開買付けの撤回の条件として指定することが必要であること、しかし、そのような買付条件を付することが証券取引上認められるかについて解釈上不明確な点があることにつき、法律顧問である三井法律事務所の弁護士から助言を受けていること、したがって、希釈化防止条項等が金融庁等監督当局により認められず株式分割への対抗策が容認されなかった場合には、公開買付けの条件を訂正するか、又は公開買付けを行わないこととすること。

　ウ　本件公開買付けを行うことを公表すること。

（甲10の１、２）

（８）　債権者による公開買付けの公表

債権者は、平成17年７月11日午前８時40分、「公開買付けに関する取締役会決議についてのお知らせ」を大阪証券取引所における適時開示制度を通じて公表し、債権者が債務者株式を公開買付けにより取得する場合における条件等について決議したこと及びその内容を明らかにした。

（甲13）

（９）　債務者の債権者による公開買付けに対する対応の公表

債務者は、平成17年７月11日、「当社株式の公開買付けに係る当社の対応に関するお知らせ」を公表し、その中で、「平成17年７月11日付け公表の『公開買付けに関する取締役会決議についてのお知らせ』は債権者独自の判断によるもので、債務者は全く関与していない。本公開買付けに関する債務者の今後の方針については、現在検討中であり、確定次第お知らせする。」旨明らかにした。

そして、債務者は、同日、「当社株式に対する公開買付決議への対応について」を公表し、その中で、「債務者は、平成17年７月８日付けで、大規模買付行為を行う場合には事前に債務者取締役会に対して十分な情報を提供すること及び一定の評価期間が経過した

後に大規模買付行為を開始すること等を定めた大規模買付ルールを導入し、かかるルールを『大規模買付行為への対応方針に関するお知らせ』で公表した。本件公開買付けは大規模買付行為に該当するが、債権者は、債務者取締役会に対し十分な情報を提供することなく本件公開買付けに関する公表を行いました。」旨及び「債権者からは、債務者取締役会に対し具体的な提携の申入れはされていない。本件公開買付けの実施は、債務者取締役会に十分な情報が提供されておらず、また、十分な評価期間も置いていない点で、大規模買付ルールに反するものである。債務者としては、債務者株主全体の利益に鑑み、債権者に対し、大規模買付ルールにのっとり、十分な情報の提供を求め、また、かかる情報の提供から一定の評価期間が経過するまで公開買付けの開始を延期するよう強く求める。債権者が大規模買付ルールを遵守せずに大規模公開買付行為を開始する場合には、債務者は『大規模買付行為への対応方針に関するお知らせ』で公表した対応方針に従って、対抗措置を講じる場合がある。」旨明らかにした。

（甲14、15）

⑩　債権者の反論の公表

これに対し、債権者は、平成17年7月12日、「日本技研開発株式会社のプレスリリースに関するお知らせ」を公表し、その中で、「実際は、債権者の代表取締役会長及び代表取締役社長が平成17年7月7日に債務者の代表取締役会長及び代表取締役社長との間で面談を行い、具体的な提携協議に関する申入れを行っている。」旨及び「債権者は、今後とも引き続き、債務者に対し既に行っている具体的な提携協議の提案に対する回答を求めるとともに、債務者及び債権者グループの企業価値の拡大を目指すためのパートナーシップについて申入れを継続していく予定である。」旨明らかにした。

（甲16）

⑪　債務者の債権者への要請

債務者は、債権者に対し、平成17年7月12日、債権者が同月11日付けで公表した「公開買付けに関する取締役会決議についてのお知らせ」についての通知書を送付し、その中で、次のような内容の要請をした。

ア　債務者代表取締役宛てに大規模買付ルールに従う旨の意向表明書を提出すること。

イ　以下の情報の提供を提供すること。

①　債権者及び夢真グループの概要

②　公開買付けの目的及び内容

③　債務者株式の取得対価の算定根拠及び取得資金の裏付け

④　債務者の経営に参画した後、向こう5年間に想定している経営方針、事業計画、財務計画、資本政策、配当政策、資産活用策等を含めた、大規模買付ルールに従い株主の判断のために必要かつ十分な大規模買付行為に関する情報

ウ　イの情報の提供から一定の評価期間が経過するまで公開買付けの開始を延期すること。

エ　同月15日午後5時までに公開買付けの開始を延期することを債務者に通知するとともに、公表すること。

（甲17）

⑫　債権者の方針の公表

債権者は、平成17年7月14日、「買収防衛策への当社方針に関するお知らせ」を公表し、その中で、「『債権者は、下記の方針に従い、債務者株式に対する公開買付けを実施することを予定して』おり、その『方針』として、いわゆる『平時』に導入された買収防衛策であって、かつ、その内容が合理的なものである場合は、債権者は、これを尊重すること、買収防衛策の合理性については、株式分割や新株予約権等、商法上の制度を、法が予定する本来の目的とは異なる買収防衛目的のために『転用』する場合には、買収防衛策が、『転用』を正当化するだけの理由を備えていることが必要であり、例えば、『買付者に対し、対象会社の個社事情に鑑み不当に過大な情報の提供を強要する防衛策』、『防衛策の発動について、現経営陣の恣意的な判断を排除する仕組みのない防衛策』、『買収者に対し、不当に長期にわたる検討プロセスを強要する防衛策』、『一定の検討プロセスの終了後、買付者が公開買付けを実施することを阻害するような防衛策』及び『その他証券取引法の目的に反しており、健全な市場を破壊するような防衛策』は、企業価値及び株主共同の利益の確保又は向上に資するものとはいえず、認められない。」旨の見解を明らかにした。

（甲18）

⑬　債権者による関東財務局への上申書の提出

債権者は、関東財務局に対し、平成17年7月15日、上申書を提出し、その上申の趣旨として「1　公開買付けを行う者が、公開買付期間中に株券の発行者が商法218条に定める株式分割に関する取締役会決議を行い、かつ、かかる決議において公開買付期間中の一定の日を同法219条1項に定める『会社ノ定ムル一定ノ日』として定めた場合に備えて、公開買付届出書に記載する買付け等の価格に関して、予め希釈化防止規定を設けておき、実際に株式分割がなされた場合は希釈化防止規定に従って株式分割の分割比率に応じて、買付予定の株券等の数を増加させるとともに、買付価格の修正を行うことは、認められると考える。2　買付者が、公開買付開始及び公開買付届出書において、予め、公開買付けを撤回する条件として対象者が公開買付期間中に株式分割の基準日を設定することを指定し、実際に公開買付期間中に株式分割の基準日が設定された場合に公開買付けを撤回することは、認められると考える。」と述べた。債権者は、同月15日、関東財務局宛ての同上申書を債権者のホームページ及び大阪証券取引所適時開示制度を通じて公表した。

（甲19の1）

⑭　債権者による債務者要請の拒絶

債権者は、平成17年7月15日、債務者の⑪の通知書に係る要望に応じないことを決定し、債務者の要請に応じない旨を公表した。その中で、債務者の要求に応じない理由として、「債務者による情報提供の要請は不合理である」、「防衛策の発動が、現経営陣の恣意的な判断に委ねられている」、「公開買付けの開始を延期する理由が存在しない」などを明らかにした。

さらに、債権者は、同日、債務者株式を取得する目的などを説明する「企業価値向上へ向けた提携の検討資料」と題する資料を債権者のホームページに掲載した。
（甲19の2、20、38、39）

⑮　債務者の対応方針の公表等

債務者は、平成17年7月15日、「大規模買付ルールに基づく今後の対応方針について」を公表し、その中で「債権者が大規模買付ルールに従わず本件公開買付けを進めることを選択する場合には、債務者取締役会は、本件公開買付けについて十分な情報を得た上で検討の結果を株主に伝えることができず、本件公開買付けの条件の見直し等について債権者と交渉することも困難となる。その結果、株主は、代替案の提案を受ける機会もなく、限られた情報に基づき短期間に本件公開買付けに応ずるか否かの決定を強いられることとなり、この事態は、株主全体の利益に反するものと考えられる。仮に債権者が大規模買付ルールに従わず本件公開買付けを開始される場合には、債務者は対抗措置を講ずる。」旨を明らかにした上、具体的な対抗措置としてこの時点で想定しているものの一つとして、「株式分割を実施する場合には、本件公開買付けの完了前の日を基準日とする1対5の株式分割を行い、基準日と分割の効力発生日との間には現行の実務に従い50日以上空ける予定である。」旨を明らかにした。

また、債務者は、債権者に対し、同日、警告書を発送し、その中で、同月12日付けの⑪の通知書で要請した同月15日午後5時までを期限とする通知を受けていないこと、大規模買付ルールに従わず開始された本件公開買付けに対しては、対抗措置を講じざるを得ないこと及び大規模買付ルールの運用に関し要望があれば協議することを明らかにした。
（甲24、乙8）

⑯　債権者による債務者等への警告書の発送

これらに対し、債権者は、債務者及び債務者代表取締役に対し、平成17年7月16日、警告書を発送し、その中で、「公開買付けにおける買付け等の価格について予め希釈化防止条項を設ける。この希釈化防止条項の有効性は明らかであるので、債務者及び債務者代表取締役らの対抗措置は奏功しないが、万が一、債務者及び債務者代表取締役らの対抗措置が奏功した場合には、債務者及び債務者代表取締役らは悪意により債権者の財産権を侵害したことは明らかであるから、債務者は民法44条に基づいて、債務者代表取締役らは民法709条及び商法266条ノ3に基づいてそれぞれ責任を負うこととなる。」旨警告した。

債権者は、同日、「日本技術開発が主張する対抗措置としての株式分割に関する当社の方針について」と題するプレスリリースを公表し、その中で、債務者等に警告書を発送したことなどを明らかにした。
（甲25、26）

⑰　本件取締役会決議

債務者は、取締役会において、平成17年7月18日、大規模買付ルールに従ったものとして、次のとおりの内容の株式分割（以下「本件株式分割」という。）及びこれに伴う債務者が発行する株式の総数を増加させる定款変更の決議（以下「本件取締役会決議」という。）を行った。

①　分割の方法　同年8月8日最終の株主名簿及び実質株主名簿に記載された株主の所有普通株式1株につき5株の割合をもって分割する。

②　株式分割により増加する発行済株式総数
株式分割前の債務者発行済株式総数
　　　　　　　　　　　　744万7440株
株式分割により増加する株式数
　　　　　　　　　　　　2978万9760株
株式分割後の債務者発行済株式総数
　　　　　　　　　　　　3723万7200株

③　増加する債務者が発行する株式の総数
株式分割前の債務者が発行する株式の総数
　　　　　　　　　　　　1200万株
増加する債務者が発行する株式の総数
　　　　　　　　　　　　4800万株
株式分割後の債務者が発行する株式の総数
　　　　　　　　　　　　6000万株

④　配当起算日　同年7月1日
⑤　効力発生日　同年10月3日

債務者は、さらに、同年7月18日、「株式分割に関するお知らせ」を公表し、その中で、①本件取締役会決議をしたこと、②株式分割の目的は、「債権者が法的に可能かどうか議論がある価格調整条項や株式分割を撤回自由とする撤回条項付きで公開買付けを行った場合に惹起される市場の混乱をできる限り回避する試みとして、債権者が公開買付けを開始する前に本件取締役会決議を行うことが最も適切と判断した。」点にあること、③債権者が「平成17年8月1日午前零時までに、公開買付けを含む債務者株式の大規模買付行為を同年9月末に予定されている債務者定時株主総会満了まで開始しない旨を決定し、その旨をプレスリリースした場合には、債務者は本件取締役会決議を撤回し、その旨を株主に速やかに公表すること、④債権者によるかかる決定・プレスリリースが同年8月1日午前零時までにされない場合又はされない可能性が高いとなったと債務者が判断した場合には、本件取締役会決議に加え、又は本件取締役会決議を撤回した上で、別途対抗措置（例えば、同年7月15日付け「大規模買付ルールに基づく今後の対応方針について」で公表した新株予約権の株主割当による発行等）の発動があり得ることなどを明らかにした。

債務者は、同年7月21日、「株式の分割に関する取締役会決議公告」として本件取締役会決議をしたことを公告した。
（甲27、41）

⑱　債権者による公開買付けの公表

債権者は、平成17年7月19日、取締役会において、次のとおりの条件等での公開買付けを行うことを決議し、これを公表した。

①　買付け等の価格　1株につき110円
②　買付予定株式数　349万1000株
③　取得する株式数の下限　なし

なお、買付予定株式総数は、同月11日に開示した数から変更はしないが、債務者が本件取締役会決議を撤

回しないことが明らかになった時点で、買付予定株式総数を5を乗じた数に変更することを予定している。
（甲32）
⑲　債務者による債権者公開買付けへの反対に関する公表
債務者は、平成17年7月20日、「公開買付けの反対に関するお知らせ」を公表し、その中で、同日の債務者取締役会において、債権者に債務者株式の公開買付けについて反対の意を表明することを決議したことを明らかにした。
（甲33）
⑳　債権者による公開買付けの開始
債権者は、平成17年7月20日、次のような内容の公開買付開始公告を日刊新聞紙上においてするとともに、関東財務局に対し、公開買付届出書を提出し、債務者株式の公開買付けを開始した（以下「本件公開買付け」という。）。
① 対象者の名称　債務者
② 買付け等を行う株券等の種類　普通株式
③ 買付け等の期間　平成17年7月20日から平成17年8月12日まで
④ 買付け等の価格　1株につき110円
⑤ 買付け予定の株券の数　349万1000株
（注）債権者は、応募株券の総数が買付予定に満たないときでも、応募株券の全部の買付けを行う。
⑥ 公開買付けの撤回等の条件等及びその内容
証券取引法施行令14条に係る事項　債権者は、同令14条1項1号イからリまで及び2号イからリまで並びに同条2項3号から6号までに定める事由のいずれかが生じた場合は、公開買付けの撤回を行うことがある。また、同条1項ヲに係る事項として、公開買付期間中に債務者が新たに債務者株式について商法218条に定める株式分割に関する取締役会決議を行い、かつ、かかる決議において公開買付期間の末日までの一定の日が同法219条1項に定める「会社ノ定ムル一定ノ日」として定められた場合には、公開買付けの撤回を行うことがある。
（甲36、40）
3　当事者の主張
(1)　債権者の主張
債権者の主張は、別紙「債権者の主張」のとおりである。
(2)　債務者の主張
債務者の主張は、別紙「債務者の主張」のとおりである。
4　争点
(1)　株式分割について商法280条ノ10の適用又は類推適用があるか。
株式分割について商法280条ノ10の適用又は類推適用があるとした場合、本件株式分割に法令違反があり、又は本件株式分割が著しく不公正な方法によるものであるか。
(2)　本件取締役会決議は、無効であるか。
本件取締役会決議が無効であるとした場合、本件株式分割を仮に差し止めることができるか。
(3)　本件株式分割が債権者の営業権を侵害するものであるか。

営業権を侵害すると認められる場合、本件株式分割を仮に差し止めることができるか。
(4)　本件申立てに保全の必要性があるか。

第3　当裁判所の判断
1　本件株式分割の目的等について
(1)　本件株式分割の目的について
前記認定事実によれば、①債権者は平成17年6月15日から短期間の間に債務者株式を多数取得し、発行済株式総数の約6.83パーセントを保有する筆頭株主となったこと、②債務者は、債権者との間で、同年7月7日に債権者が債務者株式を大量に取得した経緯を聴くために会談を行い、債権者が業務提携の協議を申し入れ、協議に応じるか否か同年7月11日までに回答を求めたのに対し、債務者は同月15日まで返答の猶予を求めたこと、③債務者は、翌8日に独自に定めた本件大規模買付ルールを公表し、大量買付けを行おうとする者に、債務者取締役会に対し事前に十分な情報を提供するとともに、債務者取締役会による一定の評価期間が経過した後に大規模買付行為を開始すべきことを求めたこと、④これに対し、債権者取締役会は、同月11日に債務者株式を公開買付けにより取得することを決議したこと、⑤債務者は債権者に対し本件大規模買付ルールに従い、事業計画を提出するとともに、公開買付けを債務者の定時株主総会が開催されるまで実施しないよう求めたけれども、債権者がこれを拒否したこと、⑥そのため、債務者は、同月18日、取締役会において本件株式分割を行う本件取締役会決議を行ったこと、⑦債務者の定時株主総会が同年9月末までに開催されることとなっているところ、本件株式分割の効力は同年10月3日に生ずることの各事実が認められ、こうした経過からすれば、本件株式分割の目的は、債権者が本件公開買付けをする前に本件取締役会決議をすることにより、債務者の定時株主総会が開催されるまで債権者が公開買付けを行うことを阻止することにあるということができる。
なお、債務者代表者の陳述（乙3）によれば、本件株式分割の効力の発生を定時株主総会以降と設定することにより、定時株主総会までの間に債権者と異なる業務提携先の選定をも考慮したものであることを窺うことができ、結果として現経営陣の経営支配権の維持につながる場合もあるものの、本件株式分割が取締役の保身を図ったものとまでいうことはできない。
(2)　本件株式分割が本件公開買付けに及ぼす効果について
前記認定事実のとおり、本件株式分割は、本件公開買付けの買付期間が平成17年7月20日から同年8月12日までであるところ、同期間内の同月8日（以下「基準日」という。）に最終の株主名簿及び実質株主名簿に記載された株主の所有の普通株式1株につき5株の割合をもって分割するものであり、その効力発生日は、同年10月3日となっている。
そこで、本件株式分割が本件公開買付けに及ぼす効果を検討すると、本件公開買付けは、本件株式分割による権利落ちを前提として、買付けの価格を当初予定していた550円から110円と変更して行われているか

ら、証券取引法が公開買付けにおける「買付け等の価格の引き下げ」は行うことができず（同法27条の6第3項）、また、公開買付者においては公開買付けに係る申込みの撤回及び契約の解除も原則として行うことができず、その例外も限定なものとして規定している（同法27条の11第1項、証券取引法施行令14条参照）にもかかわらず、株式分割後の希釈された株式を株式分割前の価格で買い付けることを余儀なくされるような債権者に著しい財産上の損害が生ずるおそれはない。また、本件株式分割は、本件公開買付け期間中に基準日が設けられているところ、公開買付けの買付期間後に効力が生ずる株式分割によって付与される株式についても公開買付けの対象となり得ると解することができ、債権者は、本件株式分割による権利落ちを反映した価格により、買付期間内に株主が現に保有する株式のほか、本件株式分割の効力発生日に基準日の株主が受けることとなる債務者株式も取得する意向であることから、応募する株主がいる限り、本件株式分割にかかわらず、債権者は、予定の資金の範囲内で債務者株式の過半数を買い付けるという本件公開買付けの目的を達することが法的には可能である。もっとも、通常、公開買付けにおいては、買付期間終了後5営業日前後で株式の売却の決済が行われるところ、本件株式分割が行われると、その効力が生ずるのが基準日の56日後となり、本件株式分割の効力発生日に基準日の株主が受けることになる債務者株式の売買に係る決済は実際上その後とならざるを得ないことから、本件公開買付けの結果として買付予定株式総数を超える応募を得たとしても、債権者が債務者の過半数の株式を有する株主となる時期を10月3日以降まで引き延ばす効果を有するということができる。

これに対し、債権者は、本件株式分割の結果、本件公開買付けでは通常の公開買付けより決済まで相当の長期間を要することになってしまうため、既存株主が本件公開買付けに応募することを嫌忌する効果を及ぼすおそれがあること、本件株式分割により本件公開買付けの取次ぎが困難となるとする証券会社の指摘（乙15）もあり、本件株式分割により本件公開買付けの実施上困難が生ずるおそれがあること、本件株式分割の効力発生日までの間、流通市場において需給の不均衡が生じて株価が不安定化する結果、債務者の既存株主にとって、本件公開買付けに応募するか否かの判断に困難が生ずることなどから、事実上本件公開買付けの実施が困難となることを指摘するところ、そうしたおそれがあることは考えられないものではないが、本件においては、本件株式分割の結果、本件公開買付けが目的を達し得ないこととなる事実を認めるに足りる疎明はない。

以上によれば、<u>本件株式分割は、本件公開買付けが成功した場合にその効果の発生を同年10月3日以降まで引き延ばす効果を有するものの、法的には本件公開買付けの目的の達成を妨げるものではない。また、本件株式分割は、通常の株式分割と異なるものではないから、既存株主の権利の実質的変動をもたらすものではないというほかない。</u>
2 株式分割についての商法280条ノ10の適用又は類推適用の有無について

まず、商法280条ノ10は、同法第2編第4章の「株式会社」の章中の第3節ノ2の「新株ノ発行」の節中に置かれており、同条の「株式ヲ発行」することとは、同法280条ノ2の「株式ヲ発行スル」と同義であると解されるから、同法218条1項の「株式ノ分割」は、同法280条ノ10所定の「株式ヲ発行」することとは異なるので、株式分割について同法280条ノ10の規定を直接適用することはできないのは明らかである。

次に、株式分割についての同法280条ノ10の類推適用の可否につき、検討する。

商法は、会社が法令若しくは定款に違反して又は著しく不公正な方法により株式を発行し、これによって株主が不利益を受けるおそれがある場合には、その株主に会社に対する当該新株発行の差止請求権を認めている（同法280条ノ10）。その趣旨は、新株発行については、新株発行により、新株引受権が無視されたり、第三者への新株発行により議決権割合が低下したり、又は、第三者に有利な価額で新株を発行することにより株価の減少に伴う損害を受けたりするなど株主が不利益を受けるおそれがあるため、法令・定款違反又は不公正な方法による発行により不利益を受けた株主を事前に救済するというところにある。一方、株式分割は、株式を単に細分化して従来よりも多数の株式とするにすぎず、二以上の種類の株式を発行している場合を除けば、株主にとっては、持株数が増えても、分割に係る株式を合計すれば、議決権割合や株式の総体的価値に変更はないから、通常は、株主の議決権割合が低下するとか、株主が株価の減少に伴う損害を受けるとかいう不利益を受けるおそれを想定することができない。そのため、株式分割については、新株発行と同様の差止請求権が規定されなかったものである。

これに対し、債権者は、「<u>本件株式分割によって債権者は本件公開買付けにより債務者株式を大量に取得することができない損害を被る。</u>」旨を主張する。しかしながら、本件株式分割が法的に本件公開買付けの目的の達成を妨げるものということはできないことは1(2)のとおりであり、仮に本件公開買付けを実施する上で事実上の支障が生ずるとしても、これにより債権者が被る不利益は、<u>公開買付けの実施によって新たに株主となろうとする期待が阻害されるというにすぎず、既存株主としての地位に実質的変動が生ずるものとはいえない。しかも、仮に債権者が本件株式分割により何らかの損害を被るとしても、それは、本件取締役会決議を行った取締役に善管注意義務等の違反が認められる場合に、これを理由とする損害賠償請求権（同法266条ノ3）によってん補すべき性質のものであると解される。</u>

したがって、本件株式分割については、株主の地位に実質的変動を及ぼすものとは認められず、同法280条ノ10の規定を類推適用することはできない。
3 本件取締役会決議の効力について
(1) 本件株式分割の当否について
ア 公開買付けに対する対抗策が許容される基準について

企業の経営支配権の争いがある場合に、現経営陣と

敵対的買収者（以下「会社の現経営者が反対している買収者」の意味で用いる。）のいずれに経営を委ねるべきかの判断は、株主によってされるべきであるところ、取締役会は、株主が適切にこの判断を行うことができるよう、必要な情報を提供し、かつ、相当な考慮期間を確保するためにその権限を行使することが許されるといえる。したがって、経営支配権を争う敵対的買収者が現れた場合において、取締役会において、当該敵対的買収者に対し事業計画の提案と検討期間の設定を求め、当該買収者と協議してその事業計画の検討を行い、取締役会としての意見を表明するとともに、株主に対し代替案を提示することは、提出を求める資料の内容と検討期間が合理的なものである限り、取締役会にとってその権限を濫用するものとはいえない。

なるほど、証券取引法で定める公開買付けの制度は、公開買付けを行う者に対し、買付けの目的等法定の事項の公告（同法27条の3第1項）と、関東財務局長に対する公開買付届出書の提出を義務付ける（同法27条の3第2項、194条の6第1項、2項、5項、証券取引法施行令40条1項）ほか、20日以上60日以内の買付期間を定め（同法27条の2第2項、証券取引法施行令8条1項）、買付期間内は、対象者の意見表明の結果等を踏まえ、応募した株主に自由な撤回を認める（同法27条の12第1項）などにより、投資者である既存株主に対して所要の情報提供と考慮期間を保障し、平等な売却機会の確保を図るという観点から合理的なルールを定めるものといえる。しかしながら、公開買付けの制度は投資者の保護の観点から必要な規制を行うものであるから、取締役会が、株主に対して必要な情報提供と相当な考慮期間の確保を図り、株主の適切な判断を可能とすることを目的として、公開買付けの定める情報に追加した情報提供を求めることや、検討期間の設定を求めることが直ちに証券取引法の趣旨に反するとまでいうことはできない（なお、公開買付け制度については、自由民主党総合経済調査会企業統治に関する委員会の提言に基づき、現在、金融審議会において見直しの検討が進められているところであるが、投資者である株主利益の保護を基本としつつ、買付者の利益にも配慮する観点から公正で合理的なルールの見直しがされた場合においては、取締役会が証券取引法の公開買付けの定めに加えて情報提供や検討期間の設定を求めることの是非について改めて検討する必要があろう。）。

そうであれば、取締役会としては、株主に対して適切な情報提供を行い、その適切な判断を可能とするという目的で、敵対的買収者に対して事業計画の提案と相当な検討期間の設定を任意で要求することができるのみならず、合理的な要求に応じない買収者に対しては、証券取引法の趣旨や商法の定める機関権限の分配の法意に反しない限りにおいて、必要な情報提供と相当な検討期間を得られないことを理由に株主全体の利益保護の観点から相当な手段をとることが許容される場合も存するというべきである。この観点からみると、敵対的買収者が真摯に合理的な経営を目指すものではなく、敵対的買収者による支配権取得が会社に回復し難い損害をもたらす事情が認められないにもかかわらず、取締役会が公開買付けに対する対抗手段として、公開買付けを事実上不可能ならしめる手段を用いることは証券取引法の趣旨に反し、また、直ちに新株発行や新株予約権の発行を行うことは、商法の定める機関権限の分配の法意に反し、相当性を欠くおそれが高いということができるものの、他方、取締役会としてとり得る対抗手段が当該買収者の買収が適切でない旨の意見を表明する方法などにとどまるべきものであるということも適当ではない。したがって、取締役会が採った対抗手段の相当性については、取締役会が当該対抗手段を採った意図、当該対抗手段をとるに至った経緯、当該対抗手段が既存株主に与える不利益の有無及び程度、当該対抗手段が当該買収に及ぼす阻害効果等を総合的に考慮して判断するべきである。

イ　本件株式分割の相当性について

(ｱ)　取締役会が本件株式分割を決議した意図について

本件株式分割は、債権者が本件公開買付けをする前に、債務者の定時株主総会が開催されるまで債権者が公開買付けを行うことを阻止することを目的として実行されるものであるが、それが取締役の保身を図ったものとは認めることができず、株主に対して必要な情報提供と相当な考慮期間の確保を図る意図に基づくものであったというべきである。

(ｲ)　本件株式分割に至る経緯について

債務者は、従来から、マスコミにおいて「TOB」で値上がり期待できる上場企業第一位にランクアップされるなど買収を受けやすい企業として指摘を受けていた（乙4）のであるから、債務者の経営陣としては、収益性の改善を図る事業計画を策定するとともに、必要であれば業務提携等の検討を進めることが求められていたということができること、債権者は、平成17年7月7日に債務者に対して業務提携の協議を申し入れ、同月11日までに協議の開始に応じるか否かの返事を求めたこと、これに対し、債務者は、同月15日までの返答の猶予を要望していたにもかかわらず、その翌日の同月8日に突如として本件大規模買付ルールを導入し、その後、債権者に対し、本件大規模買付ルールに従い、同年9月末までに開催される定時株主総会まで公開買付けを行うことを延期するよう求め、報道機関に債権者から買収の申入れを受けたことを公表したこと、そこで債権者は取締役会において本件公開買付けの決議を行ったことは第2の2(5)から(7)までのとおりである。これを、株主に対する情報提供の観点からみると、債務者としては、債権者からの業務提携の協議の申入れに真摯に応じることによって、より十分な情報を入手することもでき、場合によっては会社ひいては株主全体利益の向上に資する業務提携の協議が進展した可能性があったことは否定できず、債権者からの協議の申入れに対する債務者の対応については疑問の余地がないとはいえない。また、債務者が、債権者に対し、定時株主総会の開催まで約2か月半の間公開買付けの延期を求めたことについても、債権者の公開買付けの方法（現金での買付け）及び債務者の規模や業態からみて合理的なものといえるかにつき疑義がないとまではいえない。

(ｳ)　本件株式分割が既存株主に与える不利益の有無及び程度について

　本件株式分割は、既存株主の議決権割合に影響を生じさせるものではない上、1(2)で判示したとおり、株主の権利の実質的変動をもたらすものではなく、公開買付けに応じようとする株主にとっても、その決済時期が遅延することは否定できないもの、公開買付けへの応募そのものが妨げられるものではないから、公開買付けに応じて買付価格での売却する機会を喪失させるものではない。

　その一方で、債務者の全取締役の任期は9月末までに開催する必要がある定時株主総会終結時で終了することから、株主としては、現経営陣と敵対的買収者のいずれに経営を委ねるべきかの判断を行う機会が設けられており、債務者及び債権者の双方の事業計画に関する情報提供を受けることにより、その判断を適切に行うことが可能となるということができる。

　(ｴ)　本件株式分割が本件公開買付けに及ぼす効果について

　本件株式分割は、1(2)で判示したとおり、本件公開買付けの効力が生じさせることを10月3日以降まで引き延ばす効果を有するにすぎない。また、債権者としては、本件株式分割が効力を生じることを前提として買付け価格を設定しているから、本件株式分割により著しい経済的損失を被ることはない。さらに、本件株式分割が効力を生じた場合においても、基準日の株主が株式分割によって効力発生日に受けることとなる株式をも公開買付けにより取得することができると解されるから、本件公開買付けの目的を達することは法的には妨げられない。これらの事情によれば、本件株式分割は、本件公開買付けに事実上一定の支障を生じさせることとなることは否定できないが、これを不可能とするものではなく、そうであれば、本件株式分割が、証券取引法の定める公開買付け制度を否定するものということはできず、また、商法が定めた機関権限の分配の法意に反するとまでいうことはできない。

　(ｵ)　小括

　以上の事情を総合すれば、本件株式分割を行った本件取締役会決議は、その経緯において批判の余地がないではないものの、取締役会が本件株式分割を決議した意図（取締役会の保身を図るものとは認められず、経営権の帰属に関する株主の適切な判断を可能とするものであること）、既存株主に与える不利益の有無及び程度（株主の権利の実質的変動をもたらすものではないこと）並びに本件公開買付けに対して及ぼす効果（本件株式分割が本件公開買付けの効力の発生を定時株主総会以降まで引き延ばすものにすぎず、その目的の達成を法的に妨げる効果を有するものとは認められないこと）の観点からみて、本件株式分割が、証券取引法の趣旨や権限分配の法意に反するものとして、直ちに相当性を欠き、取締役会がその権限を濫用したものとまでいうことはできない。

　なお、債権者は、本件株式分割により、事実上本件公開買付けの実施が困難となると指摘するところ、これを認めるに足りる疎明がないことは1(2)に判示のとおりであるが、仮に、本件株式分割の結果、本件公開買付けに事実上著しい支障を来したと認められる場合には、対抗手段としての相当性を欠くと解する余地もないではない。

　(2)　商法218条1項・機関権限分配秩序違反の有無について

　商法218条1項は、会社は、取締役の決議により株式の分割をすることができる旨規定しているところ、株式分割を決議する権限は、定款で特に株主総会で決議をする事項と定めない限り（同法230条ノ10）、取締役会にある。債務者においては、株式分割について定款で特に株主総会で決議をする事項とは定めていない（甲2）から、本件取締役会決議が取締役会において法律上決議することができない事項を決議したものとは認められない。したがって、本件取締役会決議は、商法218条1項に違反するとはいえないことは明らかである。

　また、株式会社における機関権限の分配秩序維持を根拠とする取締役会の権限の制約は、商法の株式会社に関する規定全体の趣旨から導き出されるものであって、具体的な法令の規定によるものではないから、これに違反していることを理由に取締役会の決議が無効となると解することはできない。また、本件取締役会決議は、(1)のとおり、商法が定めた権限分配の法意に反するともいえない。

　(3)　証券取引法157条違反の有無について

　証券取引法157条1号は、何人も、有価証券の売買その他の取引等について、不正の手段、計画又は技巧をすることを禁止している。ここでいう「不正の手段」は、売買その他の取引等を行う際に用いるものを想定しているといえるから、売買その他の取引等に直接の関係がない公開買付けを阻止しようとする対象会社が行うものまで含まれるとは解されない。したがって、本件取締役会決議が証券取引法157条1号に違反しているとみることはできない。

　(4)　民法90条違反の有無について

　証券取引法で定める公開買付けの制度は、3(1)アのとおり、投資者保護と証券市場の秩序維持の観点から定められたものである。そのため、公開買付制度に関する証券取引法の規定は、あくまで株式等の大量買付けを行うことに関する取締法規にすぎず、未だ公開買付制度そのものが民法90条にいう「公の秩序」を構成しているとはいえない。しかも、(1)のとおり、本件株式分割は、本件公開買付けを不可能とするものということはできないから、本件取締役会決議が民法90条に違反しているとはいうことはできない。

　(5)　まとめ

　本件取締役会決議には、債権者主張の法令違反は認められず、本件取締役会決議は無効とはいえない。

4　営業権侵害の有無について

　債権者は、「証券取引法が定める公開買付制度を利用して株式を取得し営業を行う権利を有している。」と主張するけれども、かかる営業権が有しているとの実体法上の権利があるとはいえない上、仮にこのような営業権が認められるとしても、これを侵害した場合に、この営業権に基づき本件株式分割の差止めを請求する権利があるとの実体法上の根拠も見い出せないか

ら、債権者のこの主張は採用することができない。
5　結論
　以上から、債権者の本件申立ては、被保全権利の存在についての疎明がないので、保全の必要性について判断するまでもなく、理由がないから、申立費用につき民事保全法7条、民事訴訟法61条を適用して、主文のとおり決定する。
　　裁判長裁判官　鹿子木　康
　　　　裁判官　河合芳光　大寄　久

（別紙）**債権者の主張**
第1　本件株式分割により債権者が被る損害は大きい一方で、仮処分命令申立が認容されることにより債務者が被る損害は皆無である
1　本件株式分割により、債権者は著しい損害を被る。
　債務者現経営陣は、当初、公開買付け期間中に株式分割を行うことにより、「5分割後の110円を分割前の買付価格550円で買わせる」という詐欺的な手段で、債権者に莫大な積極損害を被らせようとした。しかし、株式分割がされた場合の撤回が認められたことにより、このような漫画的ともいうべき積極損害を債権者が被る危険性はなくなった。
　しかし、これは、単に債権者が公開買付けを利用したことにより積極損害を被らないというだけの話であって、なお、本件株式分割は、債権者に証券取引法が規定した公開買付けを利用させない（制度の利用の阻害）という多大な逸失利益の損害を被らせる行為といえる。
⑴　過大な決済リスク負担を強いられることにより、公開買付制度の利用を阻害されるという不利益
　すなわち、債権者は、株式分割の効力発生日に発行する株式をも含めて公開買付けの対象とする。したがって、債権者は、理論上は、本件株式分割の影響を受けることなく、公開買付けを行うことが可能であるとも思える。
　しかし、かかる債権者の手法が司法判断を経た確定的解釈に基づくものでないことを暫く措くとしても、安全かつ効率的な証券決済システムの実現が日本の証券市場における喫緊の重要課題と認識されていることは論を待たないのであって、今日、取引日から3日後の決済が一般的であったものを、各種制度の見直しにより、取引日当日又はその翌日の決済にまで決済期間を短縮していこうという提言がされ、コンセンサスが形成されていることは、公知の事実である。債権者も、当然に、かかる迅速な証券決済を前提とした証券取引法が定める公開買付制度を利用する利益を有するものであるところ、本件株式分割により新たに発行される株券自体は、分割の効力発生日（10月3日）に基準日（8月8日）の株主である応募株主の下へ発行されるため、株式と現金を同時に決済するためには、取引日から52日以上という異常ともいうべき長い決済期間を強いられることになり、債権者は深刻な決済リスクを負担することになる。したがって、債権者は、本件株式分割により、公開買付制度の利用を阻害されるという不利益を被る。

⑵　株価の不安定化により、公開買付制度の利用を阻害されるという不利益
　公開買付けが価格変動要因になるのは確かであるが、これは、市場メカニズム（公開買付けが支配権市場という意味で）が働いた結果、適正な価格形成がなされたものということができる。
　しかるに、株式分割も株価の変動要因となるが、これは、新株と旧株とが別の銘柄として市場に存在してしまうため、旧株式の需給状況の変化から、旧株式の価格が新株式の価格を大きく上回ってしまうケースが見受けられ、ここに短期売買を重ねて投機的利益（鞘取り）を得ようとする投機資金が流入するためである。特に、債務者株式はボラティリティが高いため、債務者が、公開買付け期間中を基準日とする株式分割決議を行った（しかも、撤回について不明瞭な留保をつけた上で）ことにより、株価は異例ともいえる不安定な値動きをしている。
　このように、本来、公開買付けは、買収者が設定した買付価格が、企業価値に即した適正なものであるか否かのみで、その成否が決定されるべきであるのに、債務者現経営陣が株式分割という、経済実態（企業価値）とは無関係な価格変動要因を意図的に紛れ込ませることにより、価格形成を歪め、公開買付けの成立を困難にしようと企てている。これにより、債権者は、公開買付制度の利用を阻害されるという不利益を被る。
⑶　小括
　以上のとおりであるから、債権者は、本件株式分割により、「証券取引法が用意した公開買付制度の利用を阻害され、公開買付けによる支配権の取得が困難になるという不利益」（逸失利益）を被ることになる。
2　本件仮処分命令申立が認容されても、債務者が被る損害は、皆無である
⑴　仮処分が認められても債務者は損害を被らない。
　他方で、差止めが認められる場合は、仮処分債務者に損害が発生するのが通例であるが、本件では、仮処分が認められても、債権者は公開買付け価格を550円に引き上げることが予定されているし、債権者が濫用的企業買収者であることを伺わせる事実は、何ら認められないので、債務者ひいてはその株主に損害は発生しない。
⑵　本件で直接問題となるのは、大規模買付ルールでなく、本件株式分割である。
　なお、債務者は、本件大規模買付ルールの合理性について縷々主張をし、肝心の本件株式分割の目的の正当性についてほとんど論じておらず、わずかに、不公正発行の準用との関係で、大規模買付ルールの違反が例外的正当化事由（債権者が濫用的企業買収者である）を推認させると抽象論を述べるだけである。
　しかし、本件で直接問題になっているのは、本件株式分割の適法性・公正性であって、大規模買付ルールの適法性ではない。したがって、債務者の主張は的はずれである。
　また、債務者は、本件公開買付けに買付株式の上限が設定されていることから直ちに強圧的企業買収だと

主張するが、かかる主張も、立法論を述べているだけで理由はない。問題になり得るとすれば、事案に即して、債権者が二段階買収を行う濫用的企業買収者かが主張立証されなければならないところ、かかる事実を伺わせる事情もない。
　(3) 本件大規模買付ルールの不合理性
　念のため、本件大規模買付ルールの不合理性についても、付言しておく。債務者は、債権者に求めるような事業計画を市場に対して公表しておらず、過去8年間PBR1倍割れを放置してきたが、このような債務者現経営陣が、提携協議の申入れをする前提として、詳細かつ長期の事業計画等の提出を求めることは、全くもって不合理である。
　さらに、6月28日現在債務者に社外取締役は1名も存在せず、取締役の恣意的判断を防止する仕組みもないばかりか、具体的な判断の基準すら一切示されていないことから、本件大規模買付ルールでは現経営陣の自己保身が容易に達成されてしまい、真に企業価値及び株主共同の利益の向上が図られず、極めて不当かつ不公平である。また、ルールの中に「社外監査役2名」の関与を規定しておきながら、現在、債務者には社外監査役は1名しか存しない。
　タイミングとスピードが重要な企業の買収、提携の場面において、60日又は90日もの長期間にわたり取締役自身の自己評価を行わせるようなこととなれば、企業の買収、提携の実効性及びメリットが著しく失われてしまうことにもなる。
　そもそも、このようなルールを企業が勝手に作ることを放置し、買収者がこれに拘束されなければならないとすれば、証券取引法に基づく公開買付けルールは相手企業によって全く異なるものとなるばかりか、事実上全く機能しない制度となり、公開買付けルールを定めた意義自体が喪失する。
　したがって、本件大規模買付ルールは不合理である。
　加えて、債務者現経営陣は、債権者が具体的に資本・事業提携を考えていることがわかった途端、債権者を敵対的買収者と位置付けて本件大規模買付ルールを発表したことから、いわゆる「有事」といえる状況で、「後出しじゃんけん」で本件大規模買付ルールを導入したものにすぎない。
　以上のとおりであるから、債権者が、本件大規模買付ルールに従わなくても、「真摯に合理的な経営を目指すものではないことを推認」させるとは言えない。
　そこで、本件株式分割は企業価値維持に資さないので、本件仮処分を認めても、債務者は、何らの損害も被らない。
　3　まとめ
　このように、本件では、株式分割の差止仮処分を認める必要性が高い。
　しかし、株式分割については、差止請求権を認める直接の規定がない。そこで、一部実務家の中には、司法審査を免れるので「株式分割こそ、最強の防衛手段」と嘯くものもいるが、以下のとおり、被保全権利を構成することにより、本件でも差止仮処分が認められるべきである。

第2　商法280条ノ10の規定の適用又は類推適用（被保全権利－その1）
1　商法280条ノ10は、株式分割の場合に（類推）適用される。
　(1) 特殊の新株発行である株式分割にも、商法280条ノ10は適用される。
　(2) 仮に適用されないとしても、商法280条ノ10が株式分割の場合に類推適用されることは明らかである。
　すなわち、商法280条ノ10の差止めの規定が「新株発行」に関して設けられたのは、米国での経験から新株発行に関して商法の予定する権限分配秩序に反する行為が生じやすいと予想されたからにすぎない。
　したがって、株主総会で選任された取締役が、選任者である株主の構成の変動を阻止することを専ら又は主たる目的として商法上取締役に付与された権限を行使するという権限分配秩序違反の行為がなされている場合であって、かつ、それについて商法280条ノ10を類推する基礎があれば、商法280条ノ10を類推して差止めを認めるべきである。株式分割には、通常の新株発行との共通性から、商法280条ノ10を類推する基礎がある。
　なお、商法280条ノ10が株式分割に類推適用されることは、元最高裁判所判事の見解をはじめとする学説の常識となっている。
2　本件株式分割は「法令」に「違反」するか、「著シク不公正ナル方法」によりなされたものである。
　(1) 本件株式分割は、第3の1のとおり、「法令」である商法、証券取引法及び民法に「違反」するものであることは明らかである。
　(2) 本件株式分割は、「著シク不公正ナル方法」によるものである。
　本件株式分割には、決済妨害及び株価の不安定化による種々のリスクを生じさせ、債権者株主の利益を害する悪性の強いものであって、企業価値＝株主価値を害するものである。このような本件株式分割の目的は、本件公開買付けを失敗させて、債務者現経営陣が保身を図るものであるから、商法の予定する権限分配秩序違反の行為である。
　なお、本件株式分割は、敵対的買収防衛策としてみても、正当化の余地はなく、「著シク不公正ナル方法」によるものである。
3　本件株式分割により、「株主ガ不利益ヲ受クル虞」がある
　本件公開買付けを通じて債権者が債務者株式を取得しようとすることを妨害されるおそれがあるところ、一般に希釈効果のある新株等の発行がなされた場合に、かかる防衛策の発動が仮処分債権者の株式取得の前後で、商法280条ノ10の適用に差異が生じる理由はないから、さらに株式を取得して持株比率を引き上げることを妨げられるという不利益も、商法280条ノ10にいう「不利益」に含まれる。
4　まとめ
　したがって、商法280条ノ10の規定の適用又は類推適用により、債権者に差止請求権が認められる。
第3　取締役会決議無効確認を本案とする主張につい

て（被保全権利―その2）

本件株式分割は、①証券取引法157条違反、②商法218条・機関権限の分配秩序違反、③民法90条違反であることから、かかる法令違反の本件株式分割を決定した取締役会決議は、無効である。そこで、債権者は、かかる無効な本件株式分割により、第1の不利益を被るので、本件株式分割取締役会無効確認訴訟を提起することができる。

1 証券取引法157条違反

本件取締役会決議は、公開買付けの応募株主等への心理的圧迫、決済に関する不確定要素の誘引、人為的な株価変動等の極めて不当な手段によって公開買付けの前提となる市場の競争的価格形成の仕組みを歪めることにより公開買付けの妨害を図るものであり、「有価証券の発行及び売買その他の取引を公正ならしめ、且つ、有価証券の流通を円滑ならしめる」（証券取引法1条）という証券取引法の目的を害するものである。他方で、本件では、第1の2(3)のとおり、これを正当化する要素は一切、認められない。

したがって、本件取締役会決議は、有価証券取引に関して社会通念上不正と認められる一切の手段である「不正な手段」に該当することは明らかであり、証券取引法157条に著しく違反する。

2 商法218条・機関権限の分配秩序違反

本件取締役会決議は、株式分割を本来の目的とは異なる目的へ転用するものであり、転用を正当化する理由も存しない。

すなわち、商法が株式分割を取締役会決議のみでできるとした趣旨は、株式分割が何ら株主や投資家その他の者に不利益を課するものではないと考えられたからであり、公開買付けを阻止又は妨害するために株式分割が利用されることはおよそ想定されていない。

また、株主総会で選任された取締役が、選任者である株主の構成の変動を阻止することを専ら又は主たる目的として商法上取締役に付与された権限を行使することは、商法が予定する権限分配秩序に反するものであり商法上許されない。

しかるに、本件株式分割は、上記のとおり公開買付けを妨害する目的でなされるものであり、上記のとおり、本件では、これを正当化する理由は一切ないのであるから、商法が取締役会に権限を付与するに当たり許容した株式分割の用法ではないというべきである。

以上から、本件株式分割は、取締役会のみで株式分割を行うことを認める商法218条又は（及び）機関権限の分配秩序に違反する。

3 民法90条違反

公序良俗は、法を支配する根本理念であるから、仮に商法や証券取引法の直接の規定に形式的に違反していない場合であったとしても、それらの基礎にある私法上の公序に反していると評価されるのであれば、民法90条違反となる。

かかる私法上の公序の一内容である経済的公序は、市場的公序と保護的公序に分類することができる。そして、公開買付制度は、まさに公正な競争の秩序としての市場的公序を構成するものと評価することができる。

これを本件についてみるに、本件株式分割は、上記のとおり公開買付けを妨害し、その成否を個々の株主ではなく、対象会社の取締役会が決しようとするものであることから、市場的公序を構成する公開買付制度を無意味にするものであり、まさに市場的公序に反する行為である。また、証券市場外で証券を取得する場合には、公開買付けによることを強いられているため、事実上、公開買付けを行うことを余儀なくされている債権者に対して、上記のような不利益を課することをちらつかせて、公開買付けを断念せざるをえない状況に追い込むことは、債権者の財産権や証券取引の自由に対する重大な侵害といえ、保護的公序にも反する。

よって、本件取締役会決議は、市場的公序及び保護的公序という経済的公序に反し民法90条に違反する。

4 小括

以上から、本件取締役会決議は内容が法令に違反するものとして無効である。そして、債権者は、本件取締役会決議により第1記載の不利益を被る以上、本件取締役会決議の無効確認訴訟において、訴えの利益が認められるのは当然である。したがって、被保全権利（「争いのある権利関係」）の存在が認められる。

第4 営業権侵害に基づく差止請求権（被保全権利―その3）

1 差止請求権に関する要件について

名誉毀損等を理由とする出版等の差止め、業務妨害を理由とするピケッティングやビラ配布の差止め等、物権以外の法的利益の侵害であっても、実体法上の差止請求を本案とし、その暫定的実現のために行われる仮処分が認められている。

また、法人の名誉毀損を理由とする出版等の差止め等、究極的には財産的権利・利益ということができる権利・利益が侵害される場合にも、事前救済の必要性がある場合が認められている。

これらの裁判例が、どのような基準により判断しているかは必ずしも判然とはしないが、①社会的妥当性を欠く違法な行為により、②法的保護の対象となる権利・利益につき、③社会生活上受忍すべき限度を超える侵害を受け、④金銭賠償の方法によりその被害を救済できない場合には、差止請求権が認めるとの判断を下しているものと考えることができる。

2 本件へのあてはめ

(1) 本件株式分割が、社会的妥当性を欠く違法な行為であり（①）、これにより、債権者が社会生活上受忍すべき限度を超える侵害を受けること（③）については既に述べた。金銭賠償の方法によりその被害を救済できないという点（④）については、第5で述べたとおりである。

(2) 債権者の「公開買付けを利用して株式を取得する権利ないし取得して公開買付け対象会社の支配権を獲得する権利」は、法的保護の対象となる権利・利益である（②）。

すなわち、「株式を取引する権利ないし株取引を通じて会社の支配権を獲得する権利」は、経済的自由（憲法22条、29条）として法的保護の対象となる権利・利益である。かかる法的保護の対象となる権利・利益

が、取引所有価証券市場外で大量の株取引を行う場合には、証券取引法により一定の制限を受け、公開買付制度の枠内でのみ認められることとなるのである。つまり、当該権利が法的保護の対象となる権利・利益であることを前提としている。
3　結論
　以上のとおり、上記のすべての要件を満たすので、債権者は、債務者に対する「公開買付けを利用して株式を取得する権利ないし取得して公開買付け対象会社の支配権を獲得する権利」に基づく差止請求権という被保全権利を有する。
第5　保全の必要性について
　被保全権利（=「争いのある権利関係」）が認められ、かつ、その権利の保全のため侵害行為の差止めを認めないと「著しい損害又は急迫の危険」が発生するおそれがあるときには、実定法上個別的な差止め請求権を認める規定がなくとも、「仮の地位を定める仮処分」が許容されることは、民事保全法23条2項の規定の解釈上明らかである。
　この理は、本件においても妥当すると解される。すなわち、本件取締役会決議に基づいて基準日の数日前に権利落ち日が到来してしまうと、市場では分割を前提とした価格で相場が立ってしまうため、株式分割無効確認をすることは、市場の更なる混乱を招くおそれが高い。さらに、債権者は、第1記載の不利益を被るところ、かかる不利益は支配権の取得をも問題とするものであるので、金銭で換算することは不可能であり、事後的な損害賠償請求により救済することはできない。
　他方、本件差止めが認められたとしても、債務者に何らの損害も発生しない。
　したがって、債権者には、「著しい損害又は急迫の危険」（民事保全法23条）を避ける必要があり、保全の必要性が認められる。
第6　結語
　以上の次第であるから、本件株式分割仮処分命令申立は認められなければならない。

（別紙）債務者の主張
第1　被保全権利の不存在
1　取締役会決議は無瑕疵であり、かつ、確認の利益がないことから、債権者は取締役会決議無効確認の訴えを提起することができず、また、そもそも無効確認の訴えを本案とする差止仮処分は許されない。
　債権者は、本件株式分割を決議した本件取締役会決議につき無効確認の訴えを提起する資格があるとの主張に基づき、本件仮処分の被保全権利を基礎付けようとする。
　しかし、①取締役会決議無効確認の訴えを本案とする差止請求仮処分は許されず、②そもそも本件取締役会決議には何ら瑕疵がなく、③確認の利益が自らにあると債権者が主張する前提事実に誤りがあるため、本件仮処分の被保全権利とはなり得ない。
（1）取締役会決議無効確認の訴え
　原則として、商法等の個別的規定に基づく差止請求権が存する場合にのみ、差止めの仮処分を行うことができるはずである。この点、債権者からは、本件において、無効確認の訴えを本案として差止仮処分を行うことができると主張する論拠が明らかにされていない。
（2）取締役会決議の瑕疵
　債権者は、本件株式分割が違法性を帯びているとの主張に基づき、これを決議した本件取締役会決議に瑕疵があり無効であると主張する。しかし、本件株式分割は本件大規模買付ルールに基づいて行われた正当な株式分割であり、違法との主張は何ら根拠がない。
（3）確認の利益
　債権者は、「公開買付け制度が利用されなくなることにより日本技術開発株式を取得する機会を失ってしまうという損害」が自己に発生するとの理由により、取締役会決議無効確認の訴えにつき、自らに確認の利益が存するものと主張する。しかし、債権者は分割新株をも公開買付けの対象とする旨を表明しており、かかる損害が発生するとの主張と矛盾する。また、債務者の本件株式分割決定後に債権者は公開買付けの時期・条件を自らの選択で決定したのであり、仮に本件公開買付けが順調に進まないとしても、その責めは債権者が負うべきである。また、今後も債権者は債務者の株式を取得する機会がある。よって、債務者の主張は誤りである。
2　商法280条ノ10を株式分割について類推適用することには問題点がある上に、「著しく不公正な」株式分割は行われておらず、かつ、株主の不利益が存在しないため、商法280条ノ10の類推適用を被保全権利とする差止仮処分は許されない。
　債権者は、新株発行の差止めに関する商法280条ノ10が株式分割に類推適用されるとの主張に基づき、本件株式分割が差止仮処分の対象となる旨を主張する。しかし、そもそも商法280条ノ10が株式分割に類推適用されるかどうかという問題点がある上に、仮にこれが類推適用されるとしても、本件株式分割は違法でなく、また、著しく不公正なものでもない上に、本件株式分割により株主に不利益が生じることもないので、本件仮処分の被保全権利とはなり得ない。

(1) 株式分割への類推適用

この点の判断は裁判所に委ねるが、商法280条ノ10を株式分割について類推適用することについては、債権者が提出した意見書においてすら否定的な見解が述べられており、また、①原則として取締役の行為の差止めに関しては会社の損害を要件とする商法272条の規定によるという商法の構造に照らして、商法280条ノ10の類推適用には疑問があり、②株式分割はそもそも株主の利益を害することはないものと一般的に解釈されているため、商法全体の整合的な解釈という観点からは、株主の不利益を要件とする商法280条ノ10の類推適用には疑問がある。

(2) 株式分割の正当性

本件株式分割は大規模買付ルールに基づいて行われた正当な株式分割であり、合法かつ正当な株式分割である。債権者による違法性の主張及び著しく不公正である旨の主張はいずれも根拠がない。

(3) 株主の不利益の不存在

債権者は、本件株式分割により「株式の流動性が低くなり投資対象としての魅力が減ずるという損害」及び「公開買付け制度が利用されなくなることにより投資機会を失ってしまうという損害」が生じるものと主張する。このうち、前者については株式分割に関する一般的な理解と大きく異なっており、また、現実の株価の推移に照らしても誤った主張である。後者については、債権者の主張を前提にしても、そもそも債権者が株主としての立場ではなく投資家としての立場において被る「不利益」にすぎないために株主の不利益と考えることはできない上、上記のとおり、そもそも債権者が主張するような「損害」は生じ得ない。

3 営業権に基づく差止請求権を被保全権利とする仮処分は許されない。

債権者は、自らが「他人から妨害されることなく、証券取引法が認める公開買付け制度を利用して株式を取得し営業を行う権利」なる「営業権」を有するものと称した上で、かかる「営業権」に基づき差止請求権を有するとして、これを被保全権利と主張する。

しかし、「他人から妨害されることなく、証券取引法が認める公開買付け制度を利用して株式を取得し営業を行う権利」なるものは営業権とは観念できず、また、営業権から差止請求権を導くことはできず、荒唐無稽な主張としか言いようがない。

第2 保全の必要性の不存在

債権者は、自らに、「公開買付け制度が利用されなくなることにより日本技術開発株式を取得する機会を失ってしまうという損害」が生じるものとして、保全の必要性を基礎付けようと試みている。しかし、上記のとおり、債権者は分割新株をも公開買付けの対象とする旨を表明しており、かかる損害が発生するとの主張と矛盾する。また、債権者は公開買付けの時期・条件を自らの選択で決定したのであり、仮に公開買付けが順調に進まないとしても、その責めは債権者自らが負うべきである。また、今後も債権者は債務者の株式を取得する機会がある。そこで、債務者の主張は誤りである。本件において保全の必要性はない。

第3 大規模買付ルールと株式分割の正当性

1 株式分割の目的の正当性と手段としての妥当性

(1) 取締役会の権限と職責

ア 公開買付けの提案がある場合に、情報を収集し、提案を検討し、必要に応じて買収者と交渉し、代替策の有無を検討することは取締役会の権限である。

上場会社の株式の大規模買付けの場合、支配株式を有するような大株主がいる場合を除き、多数の小株主が存在するのみであり、個々の株主が、買付条件の妥当性について詳細に検討し、買付者との間で交渉を行い、よりよい条件を引き出すといったことは事実上不可能である。また、他の買付けや経営統合等、株主により多くの利益をもたらす選択肢がないか検討する機会があることは、株主全体の利益保護の観点からきわめて重要である。そして、かかる役割を実際に果たすことができるのは取締役会のみであり、取締役は、会社の所有者たる株主と信認関係にあり、株主全体の利益のためその権限を行使することができ、かつ株主全体の利益のためその権限を行使する責務を負うものであるから、大規模な買付行為が想定される場合に、他の選択肢を探し、その内容を検討し、それが株主の利益により資すると判断される場合にはその判断を株主に伝え、最終的には株主の意思に委ねる目的で必要な措置を講じることは、取締役の権限でありその職責である。

イ 証券取引法は、刑事罰の制裁をもって買収者に遵守させるべき最低限の行為規範を定めたにすぎない。

証券取引法の公開買付規制は、多数の株主を相手に買付行為が行なわれる場合に、刑事罰の制裁をもって買収者に遵守させるべき最低限の行為規範にすぎない。さらに、現行公開買付ルールは最低限の行為規範としても不十分であることが認識され、その改正が立法プロセスにのせられつつある。各上場会社の取締役会がそれぞれ、株主全体の利益の保護を目的として公開買付ルールの改正前に法の不備を補うために独自の方策を講じることは何ら問題ではないし、その内容が適切である限り、むしろ望ましい。

ウ 濫用的買収に対しては、取締役会は防衛策を講じることができる。

近時のニッポン放送事件やニレコ事件の各決定は、いずれも、現経営陣の支配権維持効果が認められる新株予約権の発行であっても、株主全体の利益保護の観点から必要と認められる特段の事情がある場合には、適法とされ得ることを認めている。このことは、取締役会に、濫用的な買収に対し必要があれば防衛策を講じて、買収自体を排除する権限があることを前提とするものと解される。また、株主総会と取締役の権限分配の法理を侵さない防衛策や、あるいはそもそも買収提案の実行を排除するまでの効果を持たない対応策については、厳格な意味での濫用的な買収に限らずより広い局面で認められるべきである。

取締役会は、アで述べた権限行使のためや提案されている買収が濫用的な買収でないかどうかを検証するために必要な対応策を用意することができるし、また、買収提案者がかかる権限行使や検証を困難にするような形で買収を実施しようとする場合には、相当と

認められる対抗措置を講じることができる。
　エ　対応策を講じるに当たっては経営判断の原則が適用され取締役会の判断が尊重されるべきである。
　アからウまでで述べた権限の行使は、現取締役の支配権維持効果を有しない範囲においては、会社の内容と選択肢を最も知る立場にある取締役の判断に委ねることが適切である。支配権維持効果を持たない防衛策の採用であれば、その判断過程に一応の合理性があり、そのことの主張・立証（本件では疎明）がある限り、その判断は尊重されるべきである。
　(2)　本件における取締役会の権限行使の必要性と相当性
　ア　債務者の大規模買付ルールの採用は株主全体の利益を守るために必要であり、取締役会の適切な権限行使である。
　債務者の株式は多くの法人及び個人株主に分散して所有され、支配株主は存在しない。大規模な株式買付けが開始される可能性があると判断される状況においては、その権限を行使し、適切な措置を講じる必要がある。そして、取締役会が、株主の判断に供することを目的として、情報の提供と検討期間の猶予を主たる内容とする合理的ルールを予め設定し、その遵守を求めることは、株主全体の利益を守りつつ株主の最終判断権を侵さない対応策として、取締役会の適正な権限の行使である。
　イ　大規模買付ルールに基づき債務者が要請する情報・検討期間は合理的である。
　本件において、債務者が具体的に提供を求めた情報の範囲は、大規模買付ルールに記載されたものから更に限定されたものであり、本件公開買付けについて取締役会が適切な意見を述べる上で必要な情報である。これらの情報は、債権者として買収前に検討を終えているはずの事項に関する情報であるから、債権者に提供を要請しても過度の負担を生じるということはないはずである。仮に新たな負担を要するということであれば、柔軟な対応をとる用意があることを債務者は明らかにしている。
　また、Ｍ＆Ａの通常検討期間と比較して、大規模買付ルールの90日の検討期間は、むしろ控えめな要請である。しかも、本件では、さらに検討期間を短縮し、9月末に開催予定の債務者の定時株主総会の終結のときまでの本件公開買付けの延期を求めているにすぎない。
　ウ　大規模買付ルールに関する債権者の主張はいずれも失当である。
　①　債権者は、大規模買付ルールの公表を受けて、公開買付けの開始を検討し、7月11日の公開買付け開始の公表を決定したのだから、債権者には、大規模買付ルールを検討した上で自己の行動を決定する十分な機会（予見可能性）があり、大規模買付ルールの事前の行為規範としての性格は担保されている。
　また、取締役会の権限や職責は有事であるか平時であるかによって変わるわけではない。防衛策は、その性質上当然に、有事における効果を主眼とするものであり、いかに平時に導入されようと、有事においては、その時点での状況に応じいかなる効果を生じるのかによりその適法・違法が判断される。平時に導入されているのか有事に導入されているのかはおよそ防衛策の本質に関係する問題ではない。
　②　大規模買付ルールのもとでは、買収者は、情報の提供を行い期間の経過を待つことにより、取締役会が反対であったとしても、買収提案を実行に移すことが可能となっており、取締役会限りの判断で買収提案を退けることを意図していないのであるから、株主総会の授権や判断の恣意性の防止措置といったことを問題にする必要性は乏しい。しかも、本件においては、債務者は、定時株主総会で示される株主意思を尊重し、取締役会限りの判断で債権者の買収提案を退けないことを明確にしている。
　エ　本件公開買付けにおける大規模買付ルール遵守の必要性は高い。
　①　本件公開買付けは、3,491,000株を上限とする部分買付けであり、債務者の株式の全てを買付けることを目的としていない。したがって、本件公開買付け終了後も債務者の他の株主は債務者の事業リスクを分担することになる。他方、上限まで買付けられた場合には債権者が債務者の経営権をほぼ完全に掌握することになる。これらの事情に鑑みれば、本件公開買付け後の債務者の経営方針等について、十分な情報を得た上で慎重な検討が必要である。
　②　債務者の業態は建設・土木関係の設計やコンサルティングが主力であり、その企業価値は、技術士資格等を有する従業員の専門能力と当該従業員と顧客との個人ベースの信頼関係に依存することが大きい。債権者の買収によって優秀な従業員が大量に退職するような事態になれば、債務者の企業価値は相当程度毀損され、本件が全株式の買収提案でないことからすれば、そのリスクは買収者たる債権者のみならず、債務者の他の株主も負担することになる。他方、債権者は、オーナー企業であり、労働集約性が高く低コストの事業運営を目指した、債務者とは対極にあるビジネスモデルを採用している。このように業態を異にし接点のない企業の傘下に入るに当たっては、従業員の流出により企業価値が毀損するリスクを評価しコントロールすることが不可欠であるし、その前提として、債権者から情報の提供を求め、検討期間を確保しようとするのは、株主全体の利益を擁護すべき取締役会として当然のことである。
　③　濫用的な買収を意図する買収者は、買収を行うに当たり、自らがそのような意図を有していることを予め明らかにしたり自発的に説明したりするはずがない。したがって、実際に、事前に濫用的な買収が意図されているかどうかを確認するには、大規模買付ルールを採用して、買付けの意図や買収後の経営方針について情報の提供を求め、検証する機会が必要である。そして、もし、買収者が真摯に合理的な経営を意図しているのであれば、大規模買付ルールに従って情報を提供し、真摯に合理的な経営を行う意図を有しているということを進んで明らかにするであろう。しかるに、債権者は大規模買付ルールに従わず本件公開買付けを進めようとしているのであるから、果たして真摯に合理的な経営を目指すものなのか懸念される。し

たがって、債務者には、債権者に情報の提供を求め、買収目的を確認すべき強い必要性が存在する。

④　債務者においては、債権者による本件公開買付け以外にも、他社との経営統合、提携等の複数の選択肢の可能性が考えられる状況であり、本年9月末開催予定の定時株主総会までに、選択肢を検討し、債権者による本件公開買付けよりも株主全体の利益に資すると思われるプランがある場合には、定時株主総会に上程するなどして、株主の意思を問うことが適切であると債務者の取締役会は判断しており、そのためには、定時株主総会前に債務者による公開買付けが行われることを回避する必要がある。

⑤　部分買付けにおいては、買収者との間の取引によって被買収会社が搾取されるおそれがある等の理由により、買収失敗時の株価が買付価格より高いであろうとの見通しを持っているにも拘わらず、買収成功時の少数株主の株式の価値が買付価格よりも低くなるだろうという予想を持っている場合には、株主は公開買付けに応募せざるを得ない状況に追い込まれる等の点で、部分買付けには強圧性があり、株主は必ずしも公開買付けに賛成していないにも拘わらず、応募せざるを得ない状況を生じるおそれがある。かかる事態を避ける方策として、株主総会の決議で株主の意思を問うか、その他の方法により株主の選択の自由が歪められることがないような措置を講じることは取締役会の責務である。

オ　本件株式分割は対抗措置として相当である。

①　本件株式分割を行えば、本件公開買付けが開始されても分割新株の買付けを行うことが実務上困難なのであれば、債務者の株主構成は公開買付けの結果による影響をそれほど大きく受けない。債権者はその目的を達しようとすれば、あらためて公開買付け等を行う必要が生じるので、債権者の株主は定時株主総会において代替策も含めてその賛否を明らかにした上で、再度の公開買付け等に応募するかどうかを選択する機会が与えられることになる。

②　本件株式分割は割当基準日現在の株主に平等に分割新株を割り当てるのであり、効力発生日までの期間の点を含め、他の多くの上場会社が行なっている株式分割と異なる点はなく、一般株主の利益を何ら害さない。

③　また、本件株式分割は、本件公開買付けに先だって決議されているから、株式分割の取締役会決議が公開買付期間中に行われる場合と異なり、債権者は、本件株式分割による希釈化の影響を受けることはない。債権者が蒙る本件株式分割の影響は、結局のところ、本件公開買付けを定時株主総会までの間成功させることができないおそれが強いことにすぎないが、債権者には定時株主総会後まで本件公開買付けの開始を待つことにより特段の不利益があるとは思われない。

2　本件株式分割は不公正発行には当たらないことについて

(1) 本件株式分割は支配権維持目的ではない。

本件株式分割が経営者の保身目的でないことはいうまでもない。本件株式分割は、①情報の提供と検討期間の確保を目的とする大規模買付ルールの実効性の確保、②定時株主総会までの検討期間の確保、③定時株主総会における株主による代替策を含めた選択の機会の確保を目的とし、特定の株主の持株比率の低下の効果を有さず、本件公開買付けの機会を排除するものではない（開始の延期を求めるにすぎない。）上、債務者の全取締役の任期は9月末に予定されている定時総会終結時をもって終了するから、現取締役の支配権維持の効果もなくそれを目的とするものでもない。なお、本件株式分割の結果、本件公開買付けが不首尾に終わる可能性が高くなることは事実だが、その効果は定時株主総会までの一時的なものであり、株主構成自体を積極的に変更するものではないし、既存の株主構成を長期間固定するものでもない。本件株式分割は、取締役会の判断ではなく株主総会での決議を通じて表明される株主の意思により帰趨を決することを目的とするものであり、取締役会の権限は会社所有者たる株主の意思に由来するという機関権限の分配秩序の趣旨にまさに適う措置である。

(2) 株主利益のための措置として認められる特段の事情が存在する。

大規模買付ルールを遵守せず、本件公開買付けを開始した債権者は真摯に合理的な経営を目指すものでないことが推認される。そうであれば、債務者は様々な対抗措置を取り得るわけであるが、少なくとも、本件株式分割という株主構成の変動を伴わず単に定時株主総会までの検討期間の確保のみについての限定的効果しかない温和な対抗措置をとることには何ら問題がない。

11 蛇の目ミシン事件
――グリーンメーラーの脅迫行為に応じた取締役の責任――

I 国内判例編　最二判平成18・4・10金融・商事判例1249号27頁（〔速報〕1240号12頁）

The Financial and Business Law Precedents

筑波大学大学院ビジネス科学研究科准教授　柳　明昌

I　事案の概要

　いわゆる仕手筋として知られ、暴力団との関係も取りざたされているAは、裁縫用品類等の製造・販売を目的とするB株式会社（資本金76億2300万円、東証一部上場、メインバンクC銀行）の株式を、Aが設立し代表取締役を務めるD株式会社とともに大量に保有するに至り（A＝9％、D＝23％（S62・3））、B社取締役への就任（S62・6）（他に、常務以上の取締役Y_1～Y_5）要求にとどまらず、それまで買占めに要した多額の債務返済のため、B社やC銀行による株式の高値買取り、債務の肩代わりを強く迫った。B社側は株式を引き取りAの影響力を排除することが望ましいと考え、Aとの交渉を進めたが、その過程でB社株式を引き取る旨のY_2念書が作成された（S63・7・28）。昭和63年8月、AがB社の株式を暴力団の関連会社に売却したとの示唆を受け、これを取り消すため300億円を要求された。数日後、Y_1およびY_3は、300億円を用立てる件がまとまらないことから、「大阪からヒットマンが2人来ている」等とAに脅迫され、結果的に、Y_1～Y_5全員の同意のもと、C銀行系のノンバンクEリース株式会社からB社の関連会社F株式会社が融資を受け、これをG株式会社経由でD社に貸し付ける迂回融資が行われた（B社はF社のため債務保証、土地建物を担保提供）。しかしAには当初から融資金を返済する意思はなく、融資の実質は巨額の利益供与であって、Yらはしてはならない性質のものであることは十分認識していた。さらに、Aは、平成元年頃から、D社のHファイナンス社に対する966億円の債務の肩代わりをC銀行およびB社に強く迫った。平成元年9月から平成2年6月にかけて、D社のH社に対する債務966億円、C銀行系列のノンバンクIファイナンス社に対する債務250億円およびJリース系のノンバンクKファイナンス社に対する債務390億円が、B社の関連会社を通じて肩代わりされた。

　B社の元取締役である株主X（原告、控訴人、上告人）は、恐喝被害に係る金員の交付や債務の肩代わりの結果、B社に計939億円の損害が生じたと主張して、当時の取締役AおよびY_1～Y_5（被告、被控訴人、被上告人）（株主Zらによる株主代表訴訟（先行事件）の被告、後に取下げ）のほか、A社生え抜きの役員を相手として株主代表訴訟を提起した。

　第1審判決（東京地判平成13・3・29判時1750号40頁）は、Aの責任を認容したものの、Y_1～Y_5を含むその他の取締役11名全員については、企業の存立のためやむを得ない選択としてAの要求に応じたものとして注意義務違反との評価を否定した。

　XはY1～Y5を相手に控訴し、株主に対する利益供与禁止規定違反に基づく責任を負うべきことを追加的に主張したが、控訴審判決（東京高判平成15・3・27金判1172号2頁）は、外形的には、忠実義務・善管注意義務違反を肯定しながらも、Aの狡猾かつ暴力的な脅迫行為を前提とした場合、当時の一般的経営者としてその判断はやむを得なかったとしてYらの過失を否定した。また、Aから喝取されてB株式を暴力団からAの元に取り戻す行為は利益供与に当たらないとした（利益相反行為、自己株式取得規制違反の問題は取り上げない）。

　Xは、警察に通報し保護を求めることができたから、上場企業の取締役に通常期待される能力に照らして「まことにやむを得なかった」等と言うことはできない。利益供与該当性は喝取されたか

否かに左右されない等と主張して上告。

II 判決要旨

破棄差戻し
(1) 忠実義務違反・善管注意義務違反
「Aには当初から…約300億円を返済する意思がなく、Yらにおいてこれを取り戻す当てもなかったのであるから…金員の交付を正当化すべき合理的な根拠がなかったことが明らかである。Yらは、…暴力団関係者がB社等の経営に干渉してくることにより、会社の信用が毀損され、会社そのものが崩壊してしまうことを恐れたというのであるが、証券取引所に上場され、自由に取引されている株式について、暴力団関係者等会社にとって好ましくないと判断される者がこれを取得して株主となることを阻止できないのであるから、会社経営者としては、…株主の地位を濫用した不当な要求がされた場合には、法令に従った適切な対応をする義務を有するというべきである。…Yらは Aの言動に対して、警察に届け出るなどの適切な対応をすることが期待できないような状況にあったということはできないから、Aの理不尽な要求に従って約300億円という巨額の金員をC社に交付することを提案し又はこれに同意したYらの行為について、やむを得なかったものとして過失を否定することは、できない。」本件方策について、「Yらは、…本件方策のような対応を避けるべき義務があったというべきであり、Aの要求を退けるために…警察に届け出るなどの適切な対応をすることが期待できないような状況にあったということもできないから、…Yらの行為について、無理からぬところがあったとして過失を否定することはできないというべきである。」

(2) 株主の権利行使に関する利益供与禁止規定違反
「株式の譲渡は地位の移転であり、それ自体は『株主の権利の行使』とはいえない…しかしながら、会社から見て好ましくないと判断される株主が議決権等の株主の権利を行使することを回避する目的で、当該株主から株式を譲り受けるための対価を何人かに供与する行為は、…『株主ノ権利ノ行使ニ関シ』利益を供与する行為というべきである。」本件方策について、「本件方策に基づく債務の肩代わり及び担保提供の実質は、B社が関連会社を通じてした巨額の利益供与であることを否定できない。本件方策は、…将来Aから株式を取得する者の株主としての権利行使を事前に封じ、併せてAの大株主としての影響力をも封ずるために採用されたものであるから、…『株主ノ権利ノ行使ニ関シ』されたものというべきである。」

III 分析と展開

1 本判決の意義
本件は、グリーンメーラーの理不尽な要求に応じた取締役の責任が問題となった事件であり、第1審判決以来、「脅迫事例」として注目された。原審判決とは対照的に、判旨は「やむを得ない」として過失を否定することはできないとしており、上場会社の取締役に期待される適切な対応が何であるかを確認した点で、実務上意義を有する。また、「株式の譲渡」についての利益供与では、「株主の権利行使回避」目的が問題となるとの判断は、買収防衛策の本質に鑑みるとき、適法な買収防衛策の範囲を考える際に重要な意義を有する（なお、本件は、会社法120条の過失の有無の判断としても参考になる）。

2 善管注意義務違反・過失の判断と帰責構造
(1) 善管注意義務違反の有無は、上場会社の取締役に一般的・合理的に期待される知識・技量・経験に照らして判定されるから、判旨の説くように何の正当な目的・必要性もなく、B社に損害となることが明らかな恐喝に係る金員の交付や債務の肩代わりをした場合、第1審判決のように注意義務違反を否定することは正当ではなく、原審判決のように注意義務違反を肯定すべきであろう（判旨は、上場会社による株主の選別を否定するから、取締役の義務違反との評価はより明確になった）。原審判決も、「会社の損害を防ぐためには…巨額の融資もやむを得ないとの判断」が誠にやむを得ないというのであり、通常の状況下を基準にして、客観的に合理的な判断であったとは考えていない。したがって、原審判決と判旨は義務違反を前提とした上で、過失の有無について結論を異にしたと解される（相澤＝石井・後掲23頁参照）。そうだとすると、第1に、「脅迫による畏怖」の帰責構造における位置づけ、第2に、判旨の枠組みでいう「過失の有無」の具体的な判断が問題となる。

(2) 原審判決は、外形的には注意義務違反を認めながら、その判断は「やむを得ない」「無理からぬ」（以下、「やむを得ない」等）として過失を否定し、判旨は、原審同様、おそらく義務違反を当然の前提として、「やむを得ない」等として過失を否定できないとする。つまり、過失の有無の判断は、取締役の判断・行動が「やむを得ない」等といえるかに帰着する。従来の裁判例には、「やむを得ない」等といえることを理由として、「過失」を否定する構成をとるもの（最二判平成12・7・7民集54巻6号1767頁、金判1105号3頁、東京地判平成9・3・13判時1610号116頁、東京高判平成11・2・23判タ1058号251頁、名古屋地判平成13・10・25金判1149号43頁）、「（監視）義務違反」を否定する構成をとるもの（本件第1審判決、東京地判平成16・12・16判時1888号67頁）があるが、本件事案との違いで確認すべきは、従来の裁判例は、法令違反の認識を欠くこと、あるいは監視義務を尽くすことの認識を欠くことについての「やむを得ない」等の問題であり、本件のように「してはいけない」ことについて認識があることを前提としたものではない。その意味で、本件は、認識・回避可能性があることを前提とした脅迫事例における「やむを得ない」等について判断したところに特色がある。

学説においては、善管注意義務違反の責任（平成17年改正前商法266条1項5号、改正前商法254条3項、民法644条、会社法423条1項〔任務懈怠規定へと改正〕）について、「やむを得なかった」「無理もなかった」かどうかのレベルの審査を受けるとの指摘は夙になされていたが（神田秀樹「株主代表訴訟に関する理論的側面」ジュリ1038号68頁（1994年））、むしろ民法学における議論の展開を受ける形で、取締役の対会社責任についての帰責構造論が展開された（潮見佳男「民法からみた取締役の義務と責任」商事1740号32頁（2005年）。民法学におけるその後の展開について、潮見佳男「総論―契約責任論の現状と課題」ジュリ1318号81頁以下（2006年）参照。伝統的理解につき、山下友信「委員会等設置会社における取締役・執行役の責任」民商126巻6号811頁（2002年）参照。学説では、取締役の責任において、任務懈怠＝善管注意義務違反の要件を基礎づける事実と過失の要件を基礎づける事実とは事実上重なり合う部分が多く、このことは過去の裁判例からも裏づけられると説かれる（吉原・後掲529

～531頁、田中・後掲6頁）。しかしながら、規範的要件としての過失の内容についての一般的な説明（結果の予見可能性・回避可能性）以上に、何が過失があったとの評価を妨げる具体的事実（過失の評価障碍事実）としてとらえられるべきかについて、民事法学の領域でそれほど議論されていない（潮見・前掲41頁（注17）参照）。現在のところ、取締役の対会社責任の帰責構造における「やむを得ない」等の理論的位置づけは明確とは言い難く、期待可能性の欠如として、注意義務違反を否定すべきなのか、「過失の評価障碍事実」として捉えられるべきか（Yらが行為の結果を認識していた本件のような場合に過失を否定する行き方は、独自の理解と評し得る）、それとも独立の責任阻却事由とみるべきか議論の余地があるように思われる（藤井・後掲167頁、永井・後掲9頁、近衞・後掲22頁、伊藤・後掲11頁、田中・後掲6頁）。

(3) 結論との関係では、本件における取締役の対応（警察に通報しないこと等を含む）が「やむを得ない」等と評価できるかが問題である。脅迫行為に直面した上場会社の取締役（純粋な私人の立場ではない）に一般的・合理的に期待される判断（行為）の基準をどう考えるかの問題と、本件における「狡猾かつ暴力的な脅迫行為」について、絶対的強制あるいは反抗を抑圧するに足りる状況（行為の不存在あるいは違法性・責任阻却による免責の余地あり）あるいは十分な時間的・精神的な余裕をもって正常な判断ができる通常の状況（一般に期待される基準に達しなければ能力の欠如で免責の余地なし）のどちらに引き付けて理解するかの問題とが含まれる。本件の評価は評釈者の間でも分かれており（義務違反・過失を否定する第1審・原審判決に批判的な立場として、上村・後掲、新山・後掲20頁、石山・後掲19頁、南保・後掲304頁、永井・後掲12頁（無過失責任による利益供与の填補責任ゆえ）、中村・後掲34頁、宮廻・後掲135頁等。反対に、理解を示す立場として、出口・後掲163頁、永井・後掲9頁（取締役個人への脅迫の場合）、吉井・後掲50頁等）、さらに、第1審および第2審の裁判官が「やむを得ない」と判断したことを考慮すると、脅迫および畏怖の程度の評価は微妙であるが、少なくとも本件事案の特殊性、すなわち、Aの買占めに端を発し、経営陣の判断の誤りを含む交渉過程で脅迫へとエスカレートした事実（自招危難）に鑑みると、「脅迫の抗弁」（①現在かつ差し迫っ

た生命・身体への重大な危害の恐怖、②無謀・過失によって犯罪行為を選択せざるを得ない状況に陥らなかったこと、③そのような状況を回避する合理的な機会が存在しないこと、④犯罪行為と予測される害悪回避との直接の因果関係が存在すること。米国において民事ではなく、刑事の世界で確立された判例理論であるが、要件として参考になる）の成立を認めることは疑問であり、判旨の結論は正当と思われる（経営体質や判断過程に問題ありとする評釈に同旨。新山・後掲20頁、吉川・後掲89～90頁、福島・後掲55頁、吉井・後掲50頁（但し、結論的に原審に賛成）、近衞・後掲22頁）。

3 利益供与禁止規定違反と判旨の射程

(1) 利益供与禁止規定（平成17年改正前商法266条1項2号、294条ノ2〔平成15年改正後295条〕、497条、会社法120条〔利益供与関与者（会社規則21）の無過失の立証責任（4項但）〕、970条）は、昭和56年商法改正により、総会屋対策の規定として設けられたが（規定の趣旨については、論者によりニュアンスの違いがある。江頭憲治郎『株式会社法』320頁（有斐閣・2006年）、神田秀樹『会社法〔第9版〕』66頁（弘文堂・2007年）、弥永真生『リーガルマインド会社法〔第10版〕』139頁および同頁注13）（有斐閣・2006年）参照）、条文上、供与の相手方は誰でもよく（株主である必要はない）、最終的には、「株主ノ権利ノ行使ニ関シ」て財産上の利益が供与されたかが問題となる。「株主ノ権利ノ行使ニ関シ」は、形式的には広く解する余地があるが、株主に対する利益供与が一律に禁止されるわけではないことからも理解できるように（神崎武法「改正商法の罰則関係規定について（二・完）」商事930号27頁（1982年））、一定の目的を伴う会社の利益供与が対象となる。従来の裁判例も、供与者側の意図・目的に照らして適用範囲を画する傾向にある（福井地判昭和60・3・29金判720号40頁、高松高判平成2・4・11金判859号3頁、東京地判平成7・12・27判時1560号140頁（出口正義「判批」江頭憲治郎＝岩原紳作ほか編『会社法判例百選』30頁（2006年）））。本件と同様、「株式の譲渡」が「株主ノ権利ノ行使ニ関シ」といえるかが問題となった事案で、東京地判平成7・12・27（前掲）は、株式の譲渡それ自体は権利の行使といえないが、買取り工作を行う者に対する利益供与の意図・目的が、経営陣に敵対的な株主の議決権行使を阻止することにあるとしてこれを肯定した。本件判旨も、株式の譲渡に関する利益供与について「権利行使回避」目的を問題とする点で、同様の考え方をとるものといえる。学説でも、「株式の譲渡」につき議論され、原則論のレベルで見解の対立はあるものの、権利行使関連性を肯定する点で結果にあまり差がない（この点につき、山口賢「判批」リマークス1997（上）102～103頁参照）。一般に、「権利ノ行使ニ関シ」では、権利の種類に制限はなく、権利の行使・不行使、行使の態様・方法等が広く問題となり、さらに、株を買って名義を書き換えること（「株づけ」）をしない条件での利益の供与も「関シ」に含まれる（竹内昭夫「株主の権利行使に関する利益供与」『会社法の理論Ⅱ』58～59頁（有斐閣・1984年））。つまり、会社による人為的な影響を回避した状態での現在かつ将来の株主の権利行使を確保することが求められる。本件では、暴力団関係者の経営への介入とグリーンメーラーの影響力の行使を人為的に回避しようとしたことは明確であり、また、利益供与は「喝取」されたか否かを問わない（永井・後掲12頁）から、判旨の結論に異論はないものと思われる。

(2) 買収防衛策としてのグリーンメール（高値買取り）には権利行使回避目的が内在化しており、自己株式の取得について、会社法の定める手続要件を満たしたとしても、利益供与に該当し違法と考えられる。市場価格を超えない価格で特定の者から株式を取得できるが（156条1項、160条1項、309条2項2号、161条、会社規則30条）、一般に、買占めの対象となった株式の価格は一時的に高騰し、実質的には会社による高値買取りとなるから、「財産上の利益」を肯定できるであろう。また、主要目的ルールと同様、会社のより大きな目的達成のため、あるいは会社の最善の利益のため、との抗弁も考えられるが（東京地判平成17・3・3判時1934号144頁～146頁参照）、買占めに対する対応策は、株式買取り後の株価下落、グリーンメーラーの誘発等、類型的に弊害の大きい高値買取り（会社規則21条3号参照）ではなく、新株の発行等、より弊害の少ない他の手段によって図られるべきであろう（岩原紳作「自己株式取得規制の見直し（上）」商事1334号52頁（1993年）参照）。その意味で、東京高決平成17・3・23（金判1214号6頁〔本書❽事件〕）は、本件のような事案での実務上の対応を考える際に重要な意味をもつ。もっとも、会社に友好的な第三者（白馬の騎士）への新

株発行等は、いわば用心棒を雇うようなものであり、会社運営の健全性の見地から、全く問題がないわけではない。

また、本件のような事案が利益供与に当たるとの判断は、実質的には、株式取得の前後を問わず、会社による株式取得のための資金援助を禁止する趣旨とみることもできる。本件では、グリーンメーラーが株式取得に要した借入金の返済を迫られていた事実が背景にあり、会社の融資等は当該債務の肩代わりに他ならない。このような理解を前提とすると、会社が特定株主を積極的に支援する結果（債務保証や担保提供）を伴うLBO（MBO）取引が利益供与に該当しないか、具体的には、会社のより大きな経済目的を達成するための合理的取引といえるか問題となる。

<本判決の評釈等として>

鳥山恭一・法セ619号119頁（2006年）、近衛大・金判1249号20頁（2006年）、藤原俊雄・金判1249号62頁（2006年）、伊藤雄司・法教312号6頁（2006年）、大塚和成・銀法21・661号59頁（2007年）、宍戸善一・ジュリ1332号104頁（2007年）。

<本件第1審判決の評釈等として>

上村達男・平成13・3・30付朝日新聞、新山雄三・監査役449号15頁（2001年）、青竹正一・リマークス2002（下）5頁、河内隆史・判評517号36頁〔判時1770号198頁〕（2002年）、出口正義・ジュリ1262号160頁（2004年）、吉川栄一・上智法学46巻1号79頁（2002年）、石山卓磨・民事法情報193号15頁（2002年）、南保勝美・法律論叢74巻6号301頁（2002年）、末永敏和・金法1654号71頁（2002年）。

<本件第2審判決の評釈等として>

永井和之・商事1690号4頁（2004年）、中村一彦・判タ1138号31頁（2004年）、福島洋尚・監査役487号50頁（2004年）、吉井敦子・商事1752号44頁（2005年）、宮廻美明・ジュリ1309号132頁（2006年）、藤井正夫・判タ1154号166頁（2004年）、別府三郎・法学論集38巻1＝2号95頁（2004年）、高間佐知子・法学新報111巻1＝2号550頁（2004年）、今泉邦子・法学研究79巻3号77頁（2006年）。

その他

相澤哲＝石井裕介「株主総会以外の機関〔下〕」商事1745号13頁（2005年）、北村雅史「取締役の義務と責任」法教304号43頁（2006年）、田中亘「利益相反取引と取締役の責任〔上〕」商事1763号4頁（2006年）、吉原和志「会社法の下での取締役の対会社責任」黒沼悦郎＝藤田友敬『企業法の理論（上）』〔江頭憲治郎先生還暦記念〕521頁（商事法務・2007年）。

Akimasa YANAGI

平成18・4・10最高裁第二小法廷判決、平成15年（受）第1154号損害賠償請求事件、**破棄差戻し**
　　原　審＝平成15・3・27東京高裁判決、平成13年（ネ）第2835号、金判1172号2頁
　　第1審＝平成13・3・29東京地裁判決、平成5年（ワ）第14895号、平成9年（ワ）第27263号

判　決

＜当事者＞（編集注・一部仮名）
　当事者の表示　別紙当事者目録記載のとおり
【主　文】
　原判決を破棄する。
　本件を東京高等裁判所に差し戻す。
【理　由】
　上告代理人渡辺征二郎ほかの上告受理申立て理由第二の一1及び3並びに同二1及び4について
1　本件は、B株式会社（以下「B社」という。）の株主である上告人が、B社の取締役であった被上告人らに対し、忠実義務、善管注意義務違反（商法266条1項5号）の責任、株主に対する利益供与の禁止規定違反（平成15年法律第134号による改正前の商法266条1項2号。以下、「商法266条1項2号」というときは、同改正前のものをいう。）の責任等があるとして、損害賠償を求める株主代表訴訟である。
2　原審が確定した事実関係の概要は、次のとおりである。
　(1)　当事者等
　B社は、ミシン、裁縫用品類等の製造及び販売を目的とする株式会社であり、その株式を東京証券取引所第1部に上場している。株式会社C銀行（平成3年4月に株式会社D銀行と合併して株式会社D'銀行となり、平成4年9月に商号を株式会社E銀行に変更した。以下、時期を問わず、「C銀行」という。）は、B社のいわゆるメインバンクである。
　F株式会社（以下「F社」という。）は、不動産の売買及び仲介等を目的とした株式会社であり、B社が100％出資していた会社である。株式会社G（以下「G社」という。）は、B社の経営の多角化を図るため、ミシン以外の販売部門を独立させ、昭和63年10月に設立された株式会社であり、H株式会社（以下「H社」という。）は、同様にB社の割賦販売部門を独立させ、平成元年11月に設立された株式会社であり、いずれも、本店をB社本社所在地に置き、B社が19％出資していた会社である。
　上告人は、B社の株主である。
　被上告人Y1は、平成元年6月にB社の取締役（専務）に就任し、同年11月に代表取締役（副社長）に就任したが、平成3年1月16日に取締役を辞任した。被上告人Y2は、C銀行副頭取を経て、昭和63年6月にB社の代表取締役（社長）に就任し、平成元年11月に代表取締役を辞任して取締役（会長）となったが、平成3年1月31日に取締役を辞任した。被上告人Y3は、C銀行取締役（常務）を経て、昭和61年6月にB社の代表取締役（副社長）に就任し、平成元年11月に社長となったが、平成3年1月31日に取締役を辞任した。被上告人Y4は、昭和43年11月にB社の取締役に就任し、昭和63年6月に専務となり、平成3年1月17日に代表取締役（副社長）に就任し、同月31日に社長となったが、平成5年6月に取締役を退任した。被上告人Y5は、昭和63年6月にB社の取締役に就任し、平成元年6月に常務となり、平成3年6月に専務となり、平成4年6月に代表取締役（副社長）に就任し、平成5年6月に社長となったが、平成9年3月に取締役を退任した。
　(2)　AとB社との交渉の経緯
　ア　Aは、昭和45年1月にi社（昭和63年3月に商号を株式会社Iに変更した。以下、時期を問わず、「I社」という。）を、その後、昭和53年12月にj社（昭和63年3月に商号を株式会社Jに変更した。以下、時期を問わず、「J社」という。）を、それぞれ設立して、その代表取締役に就任していた。Aは、株式会社K銀行（以下「K銀行」という。）、Lリース株式会社（以下「Lリース社」という。）等の代表取締役等との人脈を通じての融資や、M株式会社（以下「M社」という。）の資金的援助を背景に、昭和61年以降、I社及びA個人においてB社株を大量に買い付け、昭和62年3月末には、I社が3255万6000株を保有するB社の筆頭株主になり、Aが300万株を保有する13位の大株主になった。
　また、Aは、N株式会社（以下「N社」という。）、O株式会社（以下「O社」という。）、M社等の株式も大量に取得していた。I社は、株式取得のための資金として、昭和62年12月までにLリース社及びその関連会社から合計490億円を借り入れていたほか、昭和63年9月末日までに、株式会社Pを中心とするPグループ系列のノンバンクである株式会社pファイナンス（後に、株式会社p'ファイナンスに、更に株式会社Qファイナンスに商号を変更した。以下、時期を問わず、「Qファイナンス社」という。）から、合計966億円を借り入れていた。このQファイナンス社に対する966億円の債務のうち、500億円はB社株1740万株を担保とするものであり、466億円はN社株925万株を担保とするものであった。
　イ　I社及びAがB社の大株主となったことにより、B社の経営陣は、Aへの対処を検討しなければならない事態となった。Aは、いわゆる仕手筋として知られており、暴力団との関係も取りざたされている人物であったから、B社においては、そのAの影響力の存在自体が会社の社会的信用を損なうものであり、できるだけ早期にかつ安値でI社又はAが保有するB社株をB社、C銀行側で引き取って、Aの影響力を排除することが望ましい解決であると考えられていた。Aとの交渉は、C銀行出身の被上告人Y2及び同Y3が当たることになった。
　ウ　Aは、多数の株式の保有を背景にしてB社の役員への就任を要求し、昭和62年6月開催の株主総会

において、Ｂ社の取締役に選任された。

　エ　Ａは、昭和63年10月ころ以降、被上告人Ｙ₂及び同Ｙ₃に対し、Ｉ社が保有するＢ社株の高値での買取りを要求し、また、同年11月下旬ころには、同Ｙ₃に対し、Ｂ社株を担保にＣ銀行から融資を受けたいので取り次いでほしいと申し入れた。Ｃ銀行側は、これを受けて、同年12月23日、Ｃ銀行系列のノンバンクであるＲファイナンス株式会社（以下「Ｒファイナンス社」という。）が、Ｉ社に対し、Ｂ社株1000万株を担保に250億円を融資した。

　オ　Ａは、平成元年６月ころ、Ｂ社に対し、Ｂ社、Ｃ銀行、Ｌリース社等の出資を受けて新会社を設立するよう働きかけた。Ａの構想は、その新会社に、Ｉ社及びＡが保有するＢ社株やＮ社株を保有させ、Ｉ社がＱファイナンス社から借り入れている966億円を肩代わりさせた上、新会社にＢ社が所有する不動産を開発させるというものであった。被上告人Ｙ₂及び同Ｙ₃は、Ｌリース社、Ｃ銀行等が加わるのであれば、Ａがほしいままに新会社を支配することはないと考え、Ｉ社が保有するＢ社株をできるだけ早く引き取るためには、Ａの要請に応じた方が良いと考えるようになった。これに対し、Ｃ銀行は、上記新会社構想は、実質的にはＢ社の損失においてＡがＢ社株を高値で売り抜ける事態を実現させるもので、Ａを利するだけであると判断し、これに強く反対した。

　カ　平成元年６月29日開催のＢ社の株主総会で、Ａは再度取締役に選任され、また、被上告人Ｙ₁が新たに取締役に選任され、筆頭専務となった。

　被上告人Ｙ₁は、かつてＭ社に勤務していたが、昭和61年３月に同社を退職し、株式会社Ｓ（以下「Ｓ社」という。）の社長として、福島県いわき市内の土地に湧出した温泉を基盤とした高級会員制クラブ「Ｓクラブ」を発足させようとしていた。被上告人Ｙ₁は、Ｓ社の資金でＢ社株を大量に取得し、平成元年４月には、ＡのＢ社株の取得にも協力し、Ｉ社に対し、貸株としてＢ社株840万株を提供していたが、上記取締役就任後は、Ａと一線を画し、Ｂ社の業績向上のため努力したいと考えていた。

　キ　Ｉ社がＱファイナンス社から融資を受けた966億円のうち200億円については、弁済期が、２度にわたって延期され、平成元年７月31日となっていた。被上告人Ｙ₂及び同Ｙ₃は、同月に入ってからも、Ｃ銀行と、新会社構想について折衝を繰り返したが、Ｃ銀行は、改めて反対し、これを阻止するため、Ａ、被上告人Ｙ₂及び同Ｙ₃には秘密にしたまま、ＱファイナンスがＩ社から担保提供を受けているＢ社株1740万株について、Ｐグループで買い取ってもらうという構想を立てていた。Ａは、同月27日、被上告人Ｙ₂及び同Ｙ₃に対し、同月末にはＰグループの総帥のＴがＢ社株1740万株を買い取るという話がＣ銀行との間で出ている様子があること、Ｔに株が渡るとＢ社は食い物にされるであろうことを述べ、被上告人Ｙ₂に対し、Ｔに会って新会社構想を説明して上記200億円の弁済期の延期を取り付けるよう依頼した。被上告人Ｙ₂は、これを受けて、Ｔの下に赴いたが、200億円の弁済期の延期についても、新会社構想についても説明できないままＴの下を辞した。

　ク　Ａは、平成元年７月28日、被上告人Ｙ₂に対し、同被上告人がＴに新会社で債務の肩代わりをする話をしていなかったとして、自分が恥をかいたなどと言って難詰した上、「Ｙ₂に一筆書いてもらうとＴに約束してきた。新会社で肩代わりの約束をすると一筆書いてくれ。」と言って念書の作成を要求した。被上告人Ｙ₃は、同Ｙ₂に対し、念書を書けば悪用されると助言したが、被上告人Ｙ₂は、Ａから強く迫られ、「貴殿所有のＢ社株1740万株のファイナンス或は買取につきＢ社が責任をもって行います」旨記載されたＡあての書面（以下「Ｙ₂念書」という。）を作成した。その後、Ａは、Ｔと会い、Ｙ₂念書を見せ、Ｐグループによる1740万株の買取りを断念させた。

（３）Ａによる300億円の恐喝

　ア　Ａは、平成元年７月29日、被上告人Ｙ₂及び同Ｙ₃に対し、暴力団関係者へのＢ社株の売却を示唆した。被上告人Ｙ₂は、Ｃ銀行に対してＡに対する966億円の融資を要請したが、Ｃ銀行はこれを断った。被上告人Ｙ₂、同Ｙ₃及び同Ｙ₁は、同月31日、Ａに対し、Ｂ社株の売却をやめるよう懇請したが、Ａは、これを断り、Ａが保有するＢ社株を全部暴力団Ｕ会の関連会社に譲渡した旨述べ、さらに、「新株主はＢ社にも来るし、Ｃ銀行の方にも駆け上がっていく。とにかくえらいことになったな。」とも述べた。

　イ　被上告人Ｙ₃は、同Ｙ₁と共に、平成元年８月１日、Ａに対し、Ｂ社株の売却の話を元に戻すよう懇請した。Ａは、被上告人Ｙ₃らに対し、その保有するＢ社株をＹ₂念書付きで暴力団の関連会社に売却済みである旨信じさせ、これを取り消したいのであれば300億円を用立てるよう要求した。被上告人Ｙ₃は、Ｂ社に暴力団が入ってくれば、更なる金銭の要求がされ、経営の改善が進まず、入社希望者もいなくなり、他企業との提携もままならなくなり、会社が崩壊してしまうと考えたが、他方で、Ｂ社から300億円を出金してＡに交付すれば経営者としての責任問題になると思い悩んだ。

　ウ　Ａは、平成元年８月４日、被上告人Ｙ₃及び同Ｙ₁に対し、300億円を用立てる件がまとまらないことを非難し、「大阪からヒットマンが２人来ている。」などと述べて脅迫した。Ｃ銀行は、同月５日、被上告人Ｙ₃から窮状を訴えられたが、300億円の融資はＢ社の責任で行うものであり、Ｃ銀行は問題が生じても責任を負わない旨確約させた後、Ｃ銀行系列のノンバンクであるＶリース株式会社（以下「Ｖリース社」という。）を紹介し、Ｖリース社がＳ社を経由してその融資をすることを了承した。

　エ　被上告人Ｙ₃は、平成元年８月６日、同Ｙ₂の一任を受けた上、上記300億円の融資について、同Ｙ₄及び同Ｙ₅を含む専務、常務の同意を求めたところ、同Ｙ₄を除く者は同意した。同月８日、Ｂ社の臨時の取締役会において、Ｖリース社からＧ社に対する300億円の融資について、Ｂ社が債務保証をし、その本社の土地建物を担保として提供すること、Ｇ社からの貸

出先をS社とすることが出席取締役全員の賛成により議決された。被上告人Y4は、同会議を欠席したが、最終的には、300億円の融資に同意した。

オ　上記のような経過により、平成元年8月10日、B社が債務を保証し、B社所有の土地建物に抵当権を設定した上で、Vリース社からG社に対し、300億円の貸付けがされ、次いで、G社からS社に対し、いわき市等所在の土地建物を担保として提供させた上で、300億円の貸付けがされた。その上で、同日及び翌11日、S社からI社に対し、300億円が融資された。なお、I社に対する現実の交付額は、2か月分の利息相当分を差し引いた合計296億7406万8494円である。

カ　Aには当初から上記融資金を返済する意思がなく、これを取り戻せる具体的な見込みもなかったから、その全額の回収は困難な状況にあった。しかも、この300億円は、B社としては、全く支払う必要のない金員であり、債務保証や担保提供をする必要がなかったことも明らかであって、その融資の実質は、Aに対する巨額の利益供与であった。被上告人らは、これがAに対する巨額の利益供与であって、経営者として本来してはならない性質の行為であることは十分認識していた。

(4)　債務の肩代わり及び担保提供

ア　Aは、上記のとおり、300億円を喝取した後も、引き続き、I社のQファイナンス社に対する966億円の債務の肩代わりを迫り、B社及びC銀行は対応に苦慮していた。

(ｱ)　平成元年9月、C銀行から被上告人Y3に対し、Y2念書で被上告人Y2が約束した1740万株のファイナンスの実行として、B社の系列会社がQファイナンス社から500億円を借り入れて、それをI社に融資し、I社がQファイナンス社に返すことにより処理してはどうかという提案があった。Tは、当初は、966億円全額の肩代わりをしてほしいという意向であったが、後に、B社株1740万株に相当する債務の肩代わりでも相談の余地があるということになった。被上告人Y3は、同Y1、同Y4に相談したところ、同Y1から、同Y2が約束したことであり、1740万株を1株3400円台で評価をして債務の肩代わりをするのであれば良いのではないかという意見が出され、同Y4は異論を唱えなかった。結局、同月29日、Qファイナンス社とG社及びF社の2社との間で各300億円（合計600億円）をQファイナンス社が貸し付ける旨の金銭消費貸借契約が締結され、同時にこれらの貸付金が両社からJ社に貸し付けられ、I社が600億円をQファイナンス社に返済するという形を取って債務の肩代わりがされ、Qファイナンス社が担保として徴求していたB社株1740万株のうち1000万株はG社の債務の、740万株はF社の債務の担保としてQファイナンス社に差し入れられた。その後、平成2年3月23日、上記肩代わりの債務者をG社に一本化することとされ、G社がQファイナンス社から600億円を借り受け、同時にJ社がG社から600億円を借り受けたこととされた。これにより、I社のQファイナンス社に対する966億円の債務のうち600億円の債務につき、G社が肩代わりすることとなった。

(ｲ)　Aは、平成2年4月、B社株3000万株を1株4200円でB社側が買い取るよう要求した。被上告人Y3、同Y1らは、Aとの間の問題を解決する良い機会であると考え、S社、B社の関連会社及びC銀行の関連会社が各1000万株を引き取るという方向で、C銀行に検討を求めたが、C銀行は、上記価格で買い取ることはできないと判断した。Aは、同月20日、被上告人Y3に、K銀行にB社株を1株5800円で売却することを検討しているが、その場合にはKグループから役員が送り込まれることになろうなどと述べ、B社がK銀行の管理下に入ることをにおわせた。Aは、同月26日に、Kグループのことは B社側が困るなら考え直しても良い、株の買取りは今の資金繰りが付くならば1年後で良いと譲歩の提案をしてきた。

被上告人Y1は、Aの提案を受け、平成2年5月中旬、要旨次のような方策（以下「本件方策」という。）を立案し、これを被上告人Y3に伝えた。

①　A保有のB社株3750万株は、S社が、1年後に1株5000円で買い取る。そのころには「Sクラブ」が開場しており、取引先金融機関の了解を得ることができる。

②　3750万株のうち1000万株はS社が引き受けるが、その余の2750万株はB社、C銀行の取引先に引き取ってもらう。それまでの金利負担はC銀行、B社側にバックアップしてもらう。

③　S社とI社は、B社株3750万株の売買予約契約を締結する。

④　A側に対し、上記買取りまで1875億円（売買代金相当額）を融資する。この融資金から、I社のQファイナンス社関連の966億円の債務、Rファイナンス社に対する250億円の債務、Lリース社に対する440億円の債務等を返済するなどして処理する。

⑤　上記(3)のとおりA側に交付された300億円については、B社株の代金以外で回収を図る。

被上告人Y3は、B社の主要な役員に対し、本件方策を相談したところ、全員が賛成した。C銀行は、本件方策について、1株5000円という価格には賛成しかねるが、B社の判断でやらざるを得ないということであれば、資金面については対応するとの考えを示した。その後、関係者間では、上記④の融資は、H社等のB社の関連会社が債務の肩代わりをすることによって行うこととされた。

(ｳ)　本件方策に従い、H社は、平成2年5月24日、Qファイナンス社から、B社株500万株（I社が保有するもの）を担保として366億円を借り受け、同日、J社に対し、同額を貸し付けた。I社は、この融資金により、Qファイナンス社に対する366億円の債務を返済した。これによってI社のQファイナンス社に対する966億円の債務の残額366億円の債務につき、H社が肩代わりすることとなった。

また、同日、I社とS社の間で、I社が保有するB社株3450万株を代金1725億円で同年12月31日にS社が買い受けるとの売買予約契約が締結された。

(ｴ)　F社は、平成2年6月14日、その保有する

C銀行株40万株及びI社が保有するB社株500万株を担保として提供するほか、F社所有の不動産に根抵当権を設定して、Rファイナンス社から、250億円を借り受け、同日、H社に対し、同額を貸し付けた。更に、H社は、同日、J社に対し、同額を貸し付けた。I社は、この融資金により、Rファイナンス社に対する250億円の債務を返済した。これによってI社のRファイナンス社に対する250億円の債務につき、F社及びH社が肩代わりすることとなった。

(オ) G社は、平成2年6月14日、B社株300万株（A個人が保有するもの）を担保として提供して、Lリース社の関連会社であるWファイナンス株式会社（以下「Wファイナンス社」という。）から、390億円を借り受け、同日、J社に対し、同額を貸し付けた。I社は、この融資金により、Lリース社に対する440億円の債務のうち390億円を返済した。その後、B社は、G社の上記債務について、担保不足を補うため、B社が所有する小金井第2工場の敷地に根抵当権を設定した。これによってI社のLリース社に対する440億円の債務の一部につき、G社が肩代わりすることとなった。

イ B社としては、I社のQファイナンス社、Rファイナンス社及びLリース社に対する各債務について、その肩代わりに協力する必要は本来なかった。しかも、B社株3750万株を1株5000円と評価し、この売買代金相当額を融資することについても、この評価は、株価操作も加わるなどして異常な高値となったものであった。上記肩代わりは、結局は、B社株を高値で売り抜けたいというAの思惑に合致するものであり、B社にとって利益になることではなかったことも明らかである。また、例えば、Rファイナンス社の債務の肩代わりについてみると、F社のRファイナンス社に対する担保に比較して、J社の提供する担保は、B社株500万株のみであり、甚だ不均衡であった。S社、I社、J社が破綻すれば、これらの融資の返済は極めて困難な状況になることが明らかであった。その上、これらの会社は、肩代わりした債務の返済を行う能力を有しておらず、また、B社の関連会社が支払不能になれば、B社が最終的にこれを引き受けざるを得ないという前提があり、本件方策は、B社にとっては、巨額の損失を被る可能性の高いものであった。

(5) その後の経過

ア Aは、平成2年7月19日、O社株の株価操作の容疑で逮捕され、同年9月19日、B社の取締役を辞任した。Aの逮捕により、I社及びJ社が破綻し、J社からG社、H社等に対する入金も停止した。その後、S社が仕手筋にかかわっていることが報道されるなどしたため、S社の信用も失墜し、平成3年1月16日、S社は和議を申し立て、S社によるB社株の買取り構想も実現不可能となった。F社、G社及びH社も破綻するに至った。

イ G社、B社及びVリース社は、平成3年12月27日、Aに喝取された300億円の処理として、B社がG社のVリース社に対する300億円の債務を引き受けることを合意した。

ウ Qファイナンス社とB社、G社及びH社とは、平成4年1月16日、B社が、G社のQファイナンス社に対する600億円の債務のうち267億円及びH社のQファイナンス社に対する366億円の債務のうち163億円をそれぞれ保証し履行することなどを内容とする和解を成立させた。B社は、Qファイナンス社に対し、上記和解に従って、合計430億円を支払い、その後、Qファイナンス社から返還を受けたB社株1740万株を90億円で売却して同額を回収したがその余の340億円は回収不能となった。

エ F社は、平成9年3月、Rファイナンス社に対して担保として提供した不動産をC銀行の関連会社に合計100億円で売却し、同様に担保として提供したC銀行株40万株を5億円で売却し、Rファイナンス社に対する債務に充当した。

オ B社は、平成3年12月13日、G社のWファイナンス社に対する390億円の債務の担保であった小金井第2工場の敷地を約194億円で売却し、その売却代金によって上記債務の一部を弁済した。

3 上告人は、①Aによる恐喝被害に係る金員の交付（前項(3)）、②Qファイナンス社に対する966億円の債務の肩代わり（同(4)ア(ア)、(ウ)）、③Rファイナンス社に対するF社の所有物件等の担保提供（同(4)ア(エ)）及び④Wファイナンス社に対する小金井第2工場の敷地の担保提供（同(4)ア(オ)）の各行為によって、B社は合計939億円の損害を受けたと主張して、これに取締役として関与した被上告人らに対し、(1) 忠実義務、善管注意義務違反（商法266条1項5号）の責任、(2) 株主に対する利益供与の禁止規定違反（商法266条1項2号）の責任等があるとして、損害賠償を求めた。

4 原審は、上記の事実関係の下で、次のとおり判断し、上告人の請求を棄却すべきものとした。

(1) Aによる恐喝被害に係る金員の交付について

ア 忠実義務、善管注意義務違反（商法266条1項5号）の責任について

被上告人Y₂については、念書を書いた時点において判断に明らかに誤りがあった。被上告人Y₃についても、その後のAの脅迫に対し、B社株が暴力団関係者に売られるのではないかという恐怖心にかられ、株式の取戻しをAに打診したために、300億円の要求を招き、被上告人Y₁も含めてその提供に応じた点において、Aとの対応及び判断に誤りがあった。また、いかに脅迫されているとはいえ、B社にとって、外部に対し全く理由が立たず、かつ返済の当てのない300億円を融資の形で利益供与することは、会社としてはできないことであって、これを認めた他の取締役も、本来的には責任を免れない。被上告人らには、取締役として、上記利益供与を行ったことについて、外形的には、忠実義務違反、善管注意義務違反があったということができる。

しかし、前記事実関係に照らし、被上告人らの故意を認めることはできない。そして、被上告人らの過失の有無について判断すると、まず、念書の作成については、被上告人Y₂が心労を重ね、冷静な判断ができ

ない状況の中で、Aにうまく書かされた面があることを否定できず、同被上告人が念書を書いたことをもって直ちに過失があったということはできない。そして、その後の展開については、被上告人Y₃及び同Y₁としては、同Y₂の失態をカバーしたい気持ちもあった上、このまま放置すれば、B社の優良会社としてのイメージは崩れ、多くの企業や金融機関からも相手にされなくなり、会社そのものが崩壊すると考えたことから、そのような会社の損害を防ぐためには、300億円という巨額の供与もやむを得ないとの判断を行い、他の被上告人もこれに同意したものである。前記のごときAのこうかつで暴力的な脅迫行為を前提とした場合、当時の一般的経営者として、被上告人らが上記のように判断したとしても、それは誠にやむを得ないことであった。以上の点を考慮すると、被上告人Y₂、同Y₃及び同Y₁が300億円の供与を決め、その余の被上告人らが同意したことについて、取締役としての職務遂行上の過失があったとはいえず、被上告人らは商法266条1項5号の責任を負わない。

イ　株主の権利行使に関する利益供与の禁止規定違反（商法266条1項2号）の責任について

Aに対する300億円の供与は、暴力団の関連会社に売却したB社株を取り戻すためには300億円が必要であるとAから脅迫されたことに基づき、Aの支配するI社に対し、う回融資の形で300億円を融資したものである。B社経営陣の認識としては、暴力団の関連会社に譲渡された株式を、Aの下に取り戻すために利益供与をしたものであり、実際には、300億円を喝取されたものであって、商法294条ノ2（平成12年法律第90号による改正前のもの。以下同じ。）の「株主ノ権利ノ行使ニ関シ」財産上の利益を供与したことに該当しないことが明らかであるから、被上告人らは商法266条1項2号の責任を負わない。

(2)　債務の肩代わり及び担保提供（本件方策）について

ア　忠実義務、善管注意義務違反（商法266条1項5号）の責任について

被上告人Y₁が発案し、その余の被上告人らを含む主要な役員が了承した本件方策は、B社の経営者としては、本来採るべきものではなく、これに基づいて、B社の関連会社に巨額の債務の肩代わりをさせ、また、B社等としても担保を提供したことは、外形的には、取締役としての忠実義務、善管注意義務に違反するものといわなければならない。

しかし、被上告人らは、既に300億円を喝取されたことから、このままAが大株主としてB社にとどまるならば、更にB社の信用を失墜し、経営に大きな影響を与える事態が起きかねないと考え、早期にAからB社株の返還を受けてこれを安定株主に譲渡する必要があり、また、早期に、喝取された300億円を取り返す必要があると考えて、これが可能な方策がないかと検討していたものである。そして、当時B社株が市場で1株5000円の価格を付けており、「Sクラブ」が開場すればS社がB社株を実際に買い受けて債務を弁済することは十分可能であり、B社や関連会社ではなく、

被上告人Y₁の経営するS社がB社株を買い受けることになれば、合法的に、しかもB社が損害を受けることなく、Aの問題を解決できるのではないかと判断して、本件方策に従って債務の肩代わりと担保の提供を行ったものである。前記のような喝取事件を経験したB社の取締役としては、以上のような判断をしたことには無理からぬところがあった。したがって、本件方策に基づいて債務の肩代わり及び担保提供を行った被上告人らに過失があるということはできず、被上告人らは、商法266条1項5号の責任を負わない。

イ　株主の権利行使に関する利益供与の禁止規定違反（商法266条1項2号）の責任について

B社は、Aから債務の肩代わり及び株式の買取りを要求され、これに応ずる方策として本件方策を採用し、債務の肩代わり及び担保の提供を行ったものであるが、B社が行ったことは関連会社に対する担保の提供にすぎない。商法294条ノ2の「株主ノ権利ノ行使ニ関シ」財産上の利益を供与したことに該当しないことが明らかであるから、被上告人らは商法266条1項2号の責任を負わない。

5　しかしながら、原審の上記判断はいずれも是認することができない。その理由は、次のとおりである。

(1)　Aによる恐喝被害に係る金員の交付について

ア　忠実義務、善管注意義務違反（商法266条1項5号）の責任について

前記事実関係によれば、Aには当初から融資金名下に交付を受けた約300億円を返済する意思がなく、被上告人らにおいてこれを取り戻す当てもなかったのであるから、同融資金全額の回収は困難な状況にあり、しかも、B社としては金員の交付等をする必要がなかったのであって、上記金員の交付を正当化すべき合理的な根拠がなかったことが明らかである。被上告人らは、Aから保有するB社株の譲渡先は暴力団の関連会社であることを示唆されたことから、暴力団関係者がB社の経営等に干渉してくることにより、会社の信用が毀損され、会社そのものが崩壊してしまうことを恐れたというのであるが、証券取引所に上場され、自由に取引されている株式について、暴力団関係者等会社にとって好ましくないと判断される者がこれを取得して株主となることを阻止することはできないのであるから、会社経営者としては、そのような株主から、株主の地位を濫用した不当な要求がされた場合には、法令に従った適切な対応をすべき義務を有するものというべきである。前記事実関係によれば、本件において、被上告人らは、Aの言動に対して、警察に届け出るなどの適切な対応をすることが期待できないような状況にあったということはできないから、Aの理不尽な要求に従って約300億円という巨額の金員をI社に交付することを提案し又はこれに同意した被上告人らの行為について、やむを得なかったものとして過失を否定することは、できないというべきである。

イ　株主の権利行使に関する利益供与禁止規定違反（商法266条1項2号）の責任について

株式の譲渡は株主たる地位の移転であり、それ自体は「株主ノ権利ノ行使」とはいえないから、会社が、

株式を譲渡することの対価として何人かに利益を供与しても、当然には商法294条ノ2第1項が禁止する利益供与には当たらない。しかしながら、会社から見て好ましくないと判断される株主が議決権等の株主の権利を行使することを回避する目的で、当該株主から株式を譲り受けるための対価を何人かに供与する行為は、上記規定にいう「株主ノ権利ノ行使ニ関シ」利益を供与する行為というべきである。

前記事実関係によれば、B社は、Aが保有していた大量のB社株を暴力団の関連会社に売却したというAの言を信じ、暴力団関係者がB社の大株主としてB社の経営等に干渉する事態となることを恐れ、これを回避する目的で、上記会社から株式の買戻しを受けるため、約300億円というおよそ正当化できない巨額の金員を、う回融資の形式を取ってAに供与したというのであるから、B社のした上記利益の供与は、商法294条ノ2第1項にいう「株主ノ権利ノ行使ニ関シ」されたものであるというべきである。

(2) 債務の肩代わり及び担保提供（本件方策）について

ア　忠実義務、善管注意義務違反（商法266条1項5号）の責任について

前記事実関係によれば、B社としては、本来、債務の肩代わりに協力する必要はなかった上、B社株を1株5000円とする評価は、株価操作も加わるなどして異常な高値となっていたものであって、将来株式の買取りがされることを前提として、そのような高値による買取り額と見合う額でされた融資による債務の肩代わりは、B社株を高値で売り抜けたいというAの思惑に合致するものであり、B社にとって利益になることではなかったことが明らかである。しかも、更に前記事実関係によれば、S社、I社、J社が破綻すれば、これらの融資の返済は極めて困難な状況になることが明らかであった上、関連会社が支払不能になれば、B社が最終的に関連会社の債務を引き受けざるを得ないものであり、本件方策は、B社にとっては、巨額の損失を被る可能性の高い方策であったというのである。したがって、被上告人らは、Aの理不尽な要求に応ずるべきではなく、少なくとも本件方策のような対応をすることを避けるべき義務があったというべきであり、Aの要求を退けるために前記300億円の喝取の件を含むAの言動について警察に届け出るなどの適切な対応をすることが期待できない状況にあったということもできないから、本件方策を提案し又はこれに同意して債務の肩代わり及び担保提供を行った被上告人らの行為について、無理からぬところがあったとして過失を否定することは、できないというべきである。

なお、原審は、Qファイナンス社に対する600億円の債務の肩代わりについても、本件方策に基づく債務の肩代わり及び担保提供と一体のものとして判断し、過失を否定しているが、上記債務の肩代わりは本件方策の提案より前にされたものであるから、本件方策に基づく債務の肩代わりとは別途に過失の有無が判断されなければならない。

イ　株主の権利行使に関する利益供与の禁止規定違反（商法266条1項2号）の責任について

前記事実関係によれば、本件方策においては形式的にはB社の関連会社が融資の主体として関与するものの、B社自体やその100％子会社であるF社も所有物件に担保を設定するなどしている上、関連会社が支払不能になれば、B社が最終的に関連会社の債務を引き受けざるを得ないという前提があったというのであるから、本件方策に基づく債務の肩代わり及び担保提供の実質は、B社が関連会社等を通じてした巨額の利益供与であることを否定することができない。そして、本件方策は、AがB社株をK銀行等に売却するなどと発言している状況の下で、将来Aから株式を取得する者の株主としての権利行使を事前に封じ、併せてAの大株主としての影響力の行使をも封ずるために採用されたものであるから、本件方策に基づく債務の肩代わり及び担保提供が商法294条ノ2第1項にいう「株主ノ権利ノ行使ニ関シ」されたものであるというべきである。

なお、原審は、Qファイナンス社に対する600億円の債務の肩代わりについて、本件方策に基づく債務の肩代わり及び担保提供と一体のものとして判断し、商法266条1項2号の責任を否定しているが、これが本件方策に基づく債務の肩代わりとは別途に判断されなければならないことは商法266条1項5号の責任について述べたのと同様である。

6　以上のとおりであるから、被上告人らに過失がないとして商法266条1項5号の責任を否定し、また、B社のした利益供与が「株主ノ権利ノ行使ニ関シ」されたものではないとして商法266条1項2号の責任を否定した原審の判断には、判決に影響を及ぼすことが明らかな法令の違反がある。論旨は、上記の趣旨をいうものとして理由があり、原判決は破棄を免れない。そこで、被上告人らの負担すべき損害額、利益供与額等について更に審理を尽くさせるため、本件を原審に差し戻すこととする。

よって、裁判官全員一致の意見で、主文のとおり判決する。

最高裁判所第二小法廷
　裁判長裁判官　中川了滋
　　裁判官　滝井繁男　津野　修
　　　　　　今井　功　古田佑紀

(別紙) 当事者目録
上告人（原告・控訴人）　　　　　　甲野太郎
同訴訟代理人弁護士　　　　　　　　渡辺征二郎
　　　　　　　　　　　　　　　　　中島修三
　　　　　　　　　　　　　　　　　加藤勝郎
　　　　　　　　　　　　　　　　　北新居良雄
被上告人（被告・被控訴人）　　　　Y₁
同訴訟代理人弁護士　　　　　　　　矢田次男
　　　　　　　　　　　　　　　　　栃木敏明
　　　　　　　　　　　　　　　　　清永敬文
　　　　　　　　　　　　　　　　　新穂　均
　　　　　　　　　　　　　　　　　小川恵司
　　　　　　　　　　　　　　　　　黒岩俊之
　　　　　　　　　　　　　　　　　結城大輔
　　　　　　　　　　　　　　　　　渡邉　誠
　　　　　　　　　　　　　　　　　村上嘉奈子
　　　　　　　　　　　　　　　　　手塚孝樹
　　　　　　　　　　　　　　　　　吉田桂公
被上告人（被告・被控訴人）　　　　Y₂
被上告人（被告・被控訴人）　　　　Y₃
上記両名訴訟代理人弁護士　　　　　奥平哲彦
　　　　　　　　　　　　　　　　　舟辺治朗
被上告人（被告・被控訴人）　　　　Y₄
同訴訟代理人弁護士　　　　　　　　村越　進
　　　　　　　　　　　　　　　　　武田昌邦
被上告人（被告・被控訴人）　　　　Y₅
同訴訟代理人弁護士　　　　　　　　土屋公献
　　　　　　　　　　　　　　　　　高谷　進
　　　　　　　　　　　　　　　　　鶴田　進
　　　　　　　　　　　　　　　　　小林哲也
　　　　　　　　　　　　　　　　　小林理英子
　　　　　　　　　　　　　　　　　高橋謙治
　　　　　　　　　　　　　　　　　中田　貴
　　　　　　　　　　　　　　　　　荒木邦彦
　　　　　　　　　　　　　　　　　中村仁志

上告代理人渡辺征二郎ほかの上告受理申立て理由＜略＞

I 国内判例編

東京地決平成18・6・30金融・商事判例1247号6頁

12 サンテレホン事件
――取得条項付新株予約権と有利発行の判断基準――

早稲田大学商学部准教授 久保田安彦

I 事案の概要

　X₁（債権者）は、東証第1部・大証第1部上場のY株式会社（サンテレホン株式会社―債務者）の発行済株式総数3510万5138株のうち普通株式1000株を保有する株主であり、カリフォルニア州法に基づいて設立され投資顧問業などを営む有限責任組合Aのために、日本国内の投資対象企業に関する情報収集などを行っている。

　Aは、平成13年10月からY株式の取得を開始したうえ、平成16年4月と平成17年10月の2度にわたりYに経営改善などを具体的に提案したが、Yはそれを受け入れなかった。その後、平成17年末から平成18年3月頃までにかけて、YとA・X₁との間で、Aらが有するY株式の買取り交渉が行われたものの折り合いがつかず、同年4月ころには、AらからYの業務提携先の検討が依頼されたが、やはりYに拒否された。Aはこの間、Y株式の買い増しを進め、平成18年5月9日の時点でYの普通株式959万4000株を保有するに至った。

　このような状況のもと、Yは平成18年6月16日に取締役会を開催し、B証券会社に対して第三者割当ての方法で本件新株予約権を発行する旨を決議した。そこで決定された主たる募集事項の内容は以下のとおりである。①新株予約権の総数は336個、②その目的株式は普通株式336万株（新株予約権1個につき普通株式1万株）、③権利行使期間は平成18年7月4日から平成20年7月3日まで、④払込金額は1個につき9万1000円、⑤割当日と払込期日はいずれも平成18年7月3日である。⑥本件新株予約権には取得条項が付されており、Yは取締役会決議で取得日を定めたときは、会社法273条および274条所定の通知または公告を当該取得日の2週間前までに行うことにより、当該取得日に本件新株予約権の全部または一部を1個あたり9万1000円で取得することができる。⑦本件新株予約権の権利行使価額は当初997円であるが、修正条項が付されており、毎月第2金曜日（決定日）の翌取引日以降、決定日までの3連続取引日における東京証券取引所におけるYの普通株式の普通取引の毎日の終値の平均値の93％に相当する金額に修正される。ただし、修正後の権利行使価額の下限は499円、上限は1495円とされた。また、取得条項に基づいて本件新株予約権の全部が取得される場合には、取得のための通知・公告がなされた日の翌々営業日以降、権利行使価額は、本件新株予約権の行使の効力発生日の前日までの3連続取引日の東京証券取引所におけるYの普通株式の普通取引の毎日の終値の平均値の110％に相当する金額に修正される。⑧さらに本件新株予約権には譲渡制限も付されており、その譲渡にはYの取締役会の承認を要する旨が定められている。

　これに対し、X₁は、平成18年5月17日の時点でYの普通株式484万6000株を保有する株主X₂とともに、専門の第三者機関Cの算定によれば本件新株予約権の理論価格は1個あたり154万4730円から210万5544円であるから、9万1000円という払込金額は特に有利な金額であるというべきであるのに、株主総会の特別決議（会社法238条3項2号・240条1項・309条2項6号）を経ていないとして、差止めの仮処分を申し立てた。他方、Yの主張は、本件新株予約権の1個あたりの理論価格が9万949円であると別の第三者機関Dによって評価されたことから、その価額を下回ることのないように払込金額を設定したというものであった。

II 決定要旨

「会社法238条3項2号にいう『特に有利な金額』による募集新株予約権の発行とは、公正な払込金額よりも特に低い価額による発行をいうところ、募集新株予約権の公正な払込金額とは、現在の株価、行使価額、行使期間、金利、株価変動率等の要素をもとにオプション評価理論に基づき算出された募集新株予約権の発行時点における価額（以下「公正なオプション価額」という。）をいうと解される」

「Yは、…二項格子モデルによる算定にあたって、本件募集新株予約権の行使価額が3連続取引日の証券取引所における終値の平均値の110％相当額に修正される最短の日である平成18年7月6日以後の新株予約権の価値について、その取得価額を29日間で割り戻した価値で取得するものとし、経済合理性の見地から、同月4日にYの取締役会が取得日の決定をするものとの前提で、同月6日以後の新株予約権の価値を取得条項が付されていない場合に比較して低く算定するという修正を加えている。…募集新株予約権者の立場からすると、このような取得条項が定められていることは、公正なオプション価額の算定を下げる要素として一応考慮すべきものともいえる。しかし、Yは、本件募集新株予約権の発行の目的は平成18年4月5日に行われた社債の償還費用として借り入れた25億円の返済に充てることにあると主張しているところ、本件募集新株予約権発行の目的がYの主張どおりであるとすると、行使期間の初日である同年7月4日にYの取締役会が取得日を定める決定をしたのでは、このような資金調達の目的を達成することはおよそ不可能であり、Yも、同年6月28日の審尋において、取得条項を直ちに行使することは予定していないと述べていることから、同年7月4日にYの取締役会が取得日を定める決定をしない可能性がむしろ高いといえる。…この点、Cが作成した報告書は、取得条項を考慮しないで、…本件募集新株予約権1個あたりの価値を二項格子モデルを用いて算定すると、154万4730円から210万5544円までの範囲になると報告している。…Y主張の本件募集新株予約権の発行目的であれば、むしろYの取締役会が行使期間の初日である同年7月4日に取得日を定める決定をしない可能性が高いといえる本件においては、取得条項があることにより理論的にオプション価格を下げる余地があるとしても、取得条項がないとして算定された本件募集新株予約権の上記価額を大幅に下回る9万1000円にまで下げる合理的な理由を直ちに見いだすことは困難というべきである。」

III 分析と展開

1 本ケースの争点は、Yが行った本件新株予約権発行が有利発行に該当するかどうかである。Yの株主X₁らは、有利発行であるのに総会特別決議（会社法238条3項2号・240条1項・309条2項6号）を経ていないと主張して、本件新株予約権発行の差止め仮処分を申し立てたのに対し、本決定は、このX₁らの申立てを認容した。判例集に搭載されたものとしては初めて、新株予約権の有利発行が認められたケースのようである（注1）。

Yは、自社の株式がX₁らによる買占めの対象となっている状況下で、本件新株予約権の発行を行っていることから、その目的が買収防衛にあるとの疑いもあり、実際にX₁らは、本件新株予約権発行が不公正発行に該当するとも主張していた。これに対し、Yはあくまで資金調達目的での発行であると主張しており、本件裁判所も、そうしたYの主張を前提に、有利発行のみを認定して発行差止めの仮処分を下しているため、本稿でも、有利発行の問題のみを取り扱うことにしたい。

2 本決定はまず、会社法238条3項2号にいう「特に有利な金額」とは、公正な払込金額よりも特に低い価額のことを意味するとしたうえで、そこでの公正な払込金額とは、オプション評価モデルに基づき算出された新株予約権の発行時点における理論価格を指すという。ニッポン放送事件東京地裁決定（東京地決平成17・3・11金判1213号2頁）と同じく、いわゆるオプション価格基準説を採用するものである。商法に新株予約権制度が導入された平成13年改正の当時はともかく、現在では、かかる見解にほとんど異論はみられない（注2）。

X₁らは、本件のように、権利行使価額の下方修正条項が付されていること自体が新株予約権者

に著しく有利であり、まったく危険を負わずに確実に利益を得ることができる内容の新株予約権を発行するのは、定性的に有利発行に該当するとも主張している。しかし、仮に新株予約権の行使それ自体によって確実に利益を得ることができるとしても、どれだけの利益が期待できるのか（注3）、それを考慮して新株予約権の理論価格（公正な払込金額）が算定され、実際の払込金額が定められているかぎり、少なくとも新株予約権の発行の時点では引受人に利得は認められない。それを有利発行と見るのは妥当でなく、本件のようなケースについても、やはりオプション価格基準説によるべきことは変わらないであろう。

3　そうすると、本件の具体的な争点は、オプション評価モデルによる新株予約権の理論価格の算定方法であり、より具体的には、取得条項の存在をどのように考慮すべきかである。新株予約権の内容として取得条項が定められているとき、発行会社がその取得条項を行使すると、新株予約権者は権利行使（株式取得）を通じて利得する機会を失うから、一般に取得条項は新株予約権の理論価格を引き下げる要素となる。

なお、ニッポン放送事件でニッポン放送が発行した新株予約権にも、本件の取得条項に相当するものとして消却条項が付されていたが、ニッポン放送は消却条項の存在を考慮せずに新株予約権の理論価格を算定して払込金額を定めたために、消却条項の考慮方法は問題とされなかった。他方で、同事件では、理論価格の算定にあたり、新株予約権の行使にともなう株式希薄化の可能性をどのように考慮すべきかが争われたのに対し、本件ではその点は問題になっていない。株式希薄化の可能性もまた、新株予約権の理論価格を引き下げる方向に作用するが、本件でYは、株式希薄化の可能性を考慮せずに理論価格を算定しているからである。その背景にあるのは、本件では、取得条項の考慮だけによって理論価格がミニマムに近い額に評価されており、たとえ株式希薄化の可能性が追加的に考慮されたとしても、もはや理論価格が引き下げられる余地がほとんど残っていないという事情であろう。

もっとも、仮にそのような事情がなかったとしても、いずれにせよ本件では、希薄化可能性はさほど大きな問題にならなかったように思われる。本件新株予約権については、もともと目的株式の数が比較的少なく、最大希薄化率も比較的小さい。また、権利行使価額修正条項が付されているために、株価が下限修正価額を下回らないかぎり、希薄化（または市場での希薄化の予測）にともない株価の下落が生じたとしても、それによって新株予約権者の利得可能性、ひいては新株予約権の理論価格に影響は及ばないからである。

4　新株予約権の内容として取得条項が定められているとき、その取得条項がいつの時点でどれくらいの確率で行使されるのかの予測がつくのであれば、新株予約権の理論価格の算定にあたって取得条項の定めを考慮することができる。本決定は、そうした考慮を禁じることまではしていない。たしかに適正な考慮が可能であるかぎり、それを禁じる理由はないが、問題は、取得条項の適正な考慮方法とは具体的にどのような方法を指すのかである。

Yによれば、本ケースで新株予約権の払込金額を1個あたり9万1000円と定めたのは、専門の第三者機関Dによって理論価格（公正な払込価額）が9万949円であると評価されたことから、その価額を下回ることのないように実際の払込金額を設定した結果であるという。そして、Dが理論価格をそうした極めて低額に算出したのは、以下のような予測に基づくものであった。すなわち、①Yが本件新株予約権の取得条項を行使すべく、取締役会で取得日を定めることができるのは、本件新株予約権の割当日の翌日で、権利行使期間の初日である平成18年7月4日以降であるところ、Yは、本件新株予約権の発行後すぐに取得条項を行使しようとして、同年7月4日に取締役会で取得日を定める。②こうして取得日が定められると、その翌々日である同年7月6日以降については、権利行使価額が権利行使の効力発生日の株価の110％に修正されるため、新株予約権者はもはや権利行使をしない、という予測である。こうした予測によるかぎり、新株予約権者が権利を行使する可能性があるのは7月4日と5日の2日間にすぎない。その分、権利行使を通じた新株予約権者の利得可能性は小さく、新株予約権の理論価格も低い額にしか算出されないことになる。

上記②の予測には、修正権利行使価額の点に若干の不正確さがみられるが、それはオプション評価モデルで理論価格を算定するための必要最小限な単純化として許容されてよいであろう。これに

対し、上記①の予測は問題となる。たしかに本件新株予約権については、毎月一定の日に、権利行使価額が株価以下の額に修正される。その点だけに着目するかぎり、会社としては既存株主の利益を保護するため、新株予約権者に権利行使をさせないよう、必ず発行直後に取得条項を行使すべきなのであろう。しかし、そのような予測は、本件新株予約権の発行目的に照らすと、あまりに現実離れしている。Yは、本件新株予約権発行の目的は資金調達にあると主張しているのに対し、Yが新株予約権の発行後すぐに取得条項を行使するならば、その発行目的は達成されず、かえって既存株主の利益を損なうことになりかねないからである。換言すれば、新株予約権を利用した本件資金調達スキームが非合理的であることを前提として初めて、上記①のような予測も許されることになるが、それは背理であると言わざるを得ない。発行直後に取得条項が行使される可能性がゼロではないとしても、裁判所が判示するとおり、その可能性はむしろ低いとみるべきである。

またYによれば、一般論として、本件のような新株予約権に取得条項が付せられるのは以下の3つのケースに備えるためであるという。すなわち、当初の予想に反して株価が下落するケース、株価が下限修正権利行使価額以下になるケース、資金調達の必要性がなくなったり、他の資金調達手段がより有利となるケース、である。しかし、それらのケースが新株予約権の発行直後に具現化することは、やはり考えにくい。

5　本決定は、取得条項を考慮する余地を認めつつも、それに一定の制約をかけようとするものである。新株予約権の理論価格（公正な払込金額）の算定にあたって取得条項を考慮しようとするときには、どの時点でどのくらいの確率で取得条項が行使されるのかの予測が求められるところ、本決定は、そうした予測が新株予約権の発行目的に照らして合理的なものでない場合には、その予測に基づいた取得条項の考慮は許されない旨を明らかにしたものと理解される。

本ケースでは、新株予約権の発行目的が資金調達にあることが前提とされていたが、上記の理は、他の発行目的のケースにも等しく妥当するであろう。その結果、たとえば買収防衛目的で発行された新株予約権の内容として取得条項が定められていたとしても、その考慮はおおよそ許されないことになりそうである。買収防衛目的での発行のときは、取得条項の行使時期に関する合理的な予測には困難を伴うからである（注4）。また、こうした取得条項の考慮に対する制約は、権利行使条件など、新株予約権の理論価格を引き下げる要素になり得る他の条項・条件についても、基本的に妥当するように思われる。

もともと新株予約権の理論価格の算定は曖昧であるために、有利発行規制の実効性には多分に疑わしいものがあるが、取得条項なども考慮するとなると、理論価格の算定はさらに曖昧にならざるを得ない（注5）。本件は、有利発行を認定しやすい例外的なケースであったとはいえ、本決定は、不当な理論価格算定を通じた有利発行規制の潜脱に一定の歯止めをかけようとするものとして高く評価されるべきである。

（注1）　新聞報道によれば、東京地決平成18・1・17によっても、有利発行を理由とする新株予約権発行の差止仮処分が下されているようである（日本経済新聞平成18年1月18日朝刊18面、日本金融新聞平成18年10月17日20面）。
（注2）　学説上、オプション価格基準説を立つものとして、たとえば藤田友敬「オプションの発行と会社法―新株予約権制度の創設とその問題点―〔上〕」商事1622号20頁（2002年）、江頭憲治郎『株式会社法』696頁（有斐閣・2006年）参照。
（注3）　念のために付言すると、新株予約権の発行の時点では、その行使によって得られる利益の額は未定である。
（注4）　家田崇「司法判断からみたニッポン放送事件」大杉謙一＝中東正文ほか『M&A攻防の最前線―敵対的買収防衛指針』207頁（金融財政事情研究会・2005年）参照。
（注5）　理論価格の算定が曖昧であるということは、その分、有利発行が認定される可能性が低く、債権者による有利発行の該当性に関する疎明は難しいということを意味する。仮処分債務者に有利発行でないことの疎明責任を負担させるべきとする見解（大杉謙一「ニッポン放送の新株予約権発行をめぐる法的諸問題」金法1733号14頁（2005年））は、そのような問題の解決にも資するであろう。もっとも、本決定では、疎明責任の転換は図られていない。

Yasuhiko KUBOTA

平成18・6・30東京地裁民事第8部決定、平成18年(ヨ)第20058号募集新株予約権発行差止仮処分命令申立事件、申立て認容

決　定

<当事者>
債権者　　ダルトン・インベストメンツ株式会社
上記代表者代表取締役　　　　ジョージ・ロブリー
債権者
　　　　ジェイエムビーオー・ファンド・リミテッド
上記代表者取締役
　　　　ジェームス・ビー・ローゼンウォルド三世
債権者ら代理人弁護士　　　　　　　　岡田和樹
同　　　　　　　　　　　　　　　　　中田順夫
同　　　　　　　　　　　　　　　　　西美友加
同　　　　　　　　　　　　　　　　　中尾雄史
同　　　　　　　　　　　　　　　　山川亜紀子
同　　　　　　　　　　　　　　　　　木村　裕
上記岡田和樹復代理人弁護士　　　　　久保達弘
債務者　　　　　　　　　サンテレホン株式会社
上記代表者代表取締役　　　　　　　　山西啓司
上記代理人弁護士　　　　　　　　　　春田　博
上記春田博復代理人弁護士　　　　　　岸上　茂

【主　文】
1　債務者が平成18年6月16日の取締役会決議に基づいて現に手続中の募集新株予約権336個の発行を仮に差し止める。
2　申立費用は債務者の負担とする。

【理　由】
第1　申立ての趣旨
　主文同旨
第2　事案の概要
1　本件は、債務者の株主である債権者らが、債務者の申立ての趣旨に係る募集新株予約権（以下「本件募集新株予約権」という。）の発行について、①その払込金額が特に有利な金額による発行（以下「有利発行」という。）であるのに株主総会の特別決議を経ていないため、会社法240条1項、238条2項及び3項2号並びに309条2項6号の規定に違反していること、②著しく不公正な方法による発行（以下「不公正発行」という。）であることを理由として、その発行を仮に差し止めることを求めた事案である。
2　前提となる事実
　(1)　債務者
　債務者は、昭和23年12月に「株式会社山西」の商号で設立され（昭和46年5月に現在の商号に変更）、情報通信機器、ネットワーク関連機器等の販売及びリース等を主たる事業内容とする株式会社であり、平成18年6月22日現在の資本金は107億5824万5495円、発行可能株式総数は1億株、発行済株式総数は3510万5138株であり、その発行する普通株式を東京証券取引所市場第一部及び大阪証券取引所市場第一部に上場している。なお、債務者においては、単元株制度が採用されており、1単元の株式数は1000株である（甲1、2、審尋の全趣旨）。
　(2)　債権者等
　ア　債権者ダルトン・インベストメンツ株式会社
　債権者ダルトン・インベストメンツ株式会社（以下「債権者ダルトンKK」という。）は、平成12年8月に設立され、投資顧問業等を主たる事業内容とする株式会社であり、ダルトン・インベストメンツ・エルエルシー（以下「ダルトンLLC」という。）の日本国内の投資対象企業に関する情報収集等を行っている。債権者ダルトンKKは、債務者の株主であり、債務者の普通株式1000株を保有している（甲7、11、審尋の全趣旨）。
　イ　債権者ジェイエムビーオー・ファンド・リミテッド
　債権者ジェイエムビーオー・ファンド・リミテッド（以下「債権者JMBO」という。）は、平成15年2月にケイマン諸島法に基づいて設立されたオープン・エンドのミューチュアル・ファンドである。債権者JMBOは、債務者の株主であり、平成18年5月17日現在、債務者の普通株式484万6000株を保有している。この保有株式数は、債務者の発行済株式数の13.80％（小数第4位以下四捨五入）に相当する（甲3、乙2）。
　ウ　ダルトンLLC
　ダルトンLLCは、カリフォルニア州法に基づいて設立された投資顧問業を事業内容とする有限責任組合である。ダルトンLLCは、債務者の株主であり、平成18年5月9日現在、債務者の普通株式959万4000株を保有している。この保有株式数は、債務者の発行済株式数の27.33％（小数第4位以下四捨五入）に相当する（甲4）。
　(3)　本件募集新株予約権発行の決議に至るまでの経緯
　ア　ダルトンLLCは、債務者を投資対象企業と判断し、平成13年10月9日から債務者の株式の取得を開始し、経営改善、株主価値の向上等に関して債務者と話し合いの機会を持つようになった（甲7）。
　イ　平成16年4月21日、債権者ダルトンKKの代表取締役であるジョージ・ロブリー（以下「ロブリー」という。）が債務者の代表取締役である山西啓司（以下「山西」という。）にダルトンLLCの代表者であるジェームス・ビー・ローゼンウォルド三世（以下「ローゼンウォルド」という。）を紹介する席上において、債務者のリース事業部門と情報通信部門を債務者から分離し、債務者を持株会社として各事業部門を子会社化することなどを内容とする案がローゼンウォルドから提示されたが、債務者は当該提案を拒否した（甲7、乙3の1、13、30）。
　ウ　平成17年8月4日ころ、債務者の担当者からロブリーに対して、債務者が株主数に関する一部上場基準を維持できるようにするためダルトンLLCが債務者の株式を買い増ししないようにして欲しいとの要請があり、ダルトンLLCはこれを了承した（甲7、乙4、30）。同月30日のロブリーと債務者との会談にお

いても、同様の要請がされた（乙4）。

エ　同年10月6日、ダルトンLLCから債務者に対し、「従業員への自己株式の付与」、「株式分割」、「株式売買単位の引き下げ」等合計12項目に及ぶ提案事項を内容とする提案書（甲6、乙16）が提示されたが、同年11月8日の会談において、債務者は、同提案書の提案事項をすべて拒否する旨回答した（甲7、乙17、30）。

オ　債務者からの回答を受けたダルトンLLCは、同月9日から債務者の株式の買い増しを再開した（甲7）。

カ　平成17年末から翌平成18年3月ころまでにかけて、債務者と債権者ダルトンKK及びダルトンLLCとの間で、債権者側が有する債務者の株式の買取りの交渉も行われたが折り合いがつかず（乙30）、同年4月ころには、債権者側から債務者との業務提携先についての検討依頼がされたが、同年6月6日までに債務者より債権者側からの提案を受け入れられないとの回答がなされた（甲7、乙30）。

(4)　本件募集新株予約権発行についての取締役会決議等

債務者の取締役会は、平成18年6月16日、第三者割当てによる本件募集新株予約権の発行について決議をし、債務者は、同日、かかる決議が行われた旨を発表した。

本件募集新株予約権の発行の条件は、別紙「募集新株予約権の発行要領」記載のとおりであり、その主な内容は、次のとおりである（審尋の全趣旨）。

① 発行する募集新株予約権の総数
　　　336個（募集新株予約権1個につき普通株式1万株）
② 募集新株予約権の目的たる株式の種類及び数
　　　普通株式336万株
③ 募集新株予約権の払込金額
　　　1個につき9万1000円
④ 募集新株予約権の行使に際して払込みをすべき額（以下「行使価額」という。）

当初997円とするが、本件募集新株予約権の割当日後においては、毎月第2金曜日（以下「決定日」という。）の翌取引日以降、決定日までの3連続取引日における東京証券取引所における債務者の普通株式の普通取引の毎日の終値の平均値の93％に相当する金額に修正される。ただし、修正後の行使価額の下限を499円とし、上限を1495円とする。

本件募集新株予約権の全部が取得される場合（⑥の場合）、取得のための通知又は公告がなされた日の翌々営業日以降、行使価額は、本件募集新株予約権の行使の効力発生日の前日までの3連続取引日の東京証券取引所における債務者の普通株式の普通取引の毎日の終値の平均値の110％に相当する金額に修正される。

⑤ 募集新株予約権を行使することができる期間（以下「行使期間」という。）
　　　平成18年7月4日から平成20年7月3日まで
⑥ 募集新株予約権の取得事由（以下「取得条項」という。）

債務者は、本件募集新株予約権の割当日後、債務者の取締役会が取得する日を定めたときは、会社法273条及び274条の規定に従い通知又は公告を当該取得日の2週間前までに行う（ただし、本件募集新株予約権証券が発行されている場合には、会社法293条の規定に従い通知及び公告を当該取得日の1か月前までに行う。）ことにより、当該取得日に、本件募集新株予約権1個あたり9万1000円で、当該取得日に残存する本件募集新株予約権の全部又は一部を取得することができる。

⑦ 譲渡制限

本件募集新株予約権の譲渡については、債務者の取締役会の承認を要するものとする。

⑧ 割当期日、申込期日及び払込期日　平成18年7月3日
⑨ 割当先　三菱UFJ証券株式会社

3　当事者の主張

(1)　債権者らの主張

債権者らの主張は、別紙「債権者らの主張」のとおりである。

(2)　債務者の主張

債務者の主張は、別紙「債務者の主張」のとおりである。

4　争点

(1)　本件募集新株予約権の発行が有利発行といえるかどうか。

(2)　本件募集新株予約権の発行が不公正発行といえるかどうか。

(3)　本件募集新株予約権の発行により既存株主が不利益を受けるおそれがあるかどうか。

(4)　本件申立てに保全の必要性があるか。

第3　当裁判所の判断

1　本件募集新株予約権の発行が有利発行といえるかどうかについて

(1)　当事者の主張の要旨

債権者らは、本件募集新株予約権に係るオプション価格は、1個あたり154万4730円から210万5544円となり、債務者が設定した1個あたり9万1000円という価格を大幅に上回る金額となるから、本件募集新株予約権の払込金額は割当てを受ける第三者に特に有利な金額となり、有利発行にあたると主張する。

これに対し、債務者は、本件募集新株予約権の1個あたり評価額は、9万0949円であると第三者機関によって評価されたことから、この評価を受け、債務者は、この価額を下回ることのないように、本件募集新株予約権1個あたりの払込金額を9万1000円と設定したので、本件募集新株予約権の発行は、有利発行ではないと主張する。

(2)　有利発行となる場合

会社法238条3項2号にいう「特に有利な金額」による募集新株予約権の発行とは、公正な払込金額よりも特に低い価額による発行をいうところ、募集新株予約権の公正な払込金額とは、現在の株価、行使価額、行使期間、金利、株価変動率等の要素をもとにオ

ション評価理論に基づき算出された募集新株予約権の発行時点における価額（以下「公正なオプション価額」という。）をいうと解されるから、公正なオプション価額と取締役会において決定された払込金額とを比較し、取締役会において決定された払込金額が公正なオプション価額を大きく下回るときは、原則として、募集新株予約権の有利発行に該当すると解すべきである。

(3) 本件募集新株予約権の払込金額に関する債務者の算定について

本件募集新株予約権の払込金額は、1個につき9万1000円であるところ、括弧内の疎明資料等によれば、以下の事実が一応認められる。

ア　債務者は、平成18年6月16日付けの「第1回新株予約権発行に関するお知らせ」において、本件募集新株予約権の払込金額の算定理由について、「本新株予約権の行使価額、本新株予約権の取得事由その他本新株予約権の内容を考慮して、一般的な価格算定モデルである二項格子モデルにより算定した本新株予約権の理論的価値の算定結果を踏まえ、本新株予約権の発行により企図される目的が達成される限度で、当社の株主にとって有利な払込金額であると判断した金9万1000円を本新株予約権1個の払込金額とした。」と開示した（審尋の全趣旨）。

イ　債務者の依頼（乙23）により株式会社みずほ第一フィナンシャルテクノロジー株式会社が作成した平成18年6月16日付け「貴社が発行する第1回新株予約権の理論価値について」と題する書面（乙24、以下「本件評価書」という。）によれば、同社は、いわゆる二項格子モデル（将来の任意の時点における株価が一定の確率で高低いずれかの二つの値をとるということを前提とした上で、原資産価格〔基準日の株価〕を基礎とし、これに安全利子率、クレジットスプレッド、ボラティリティ〔株価変動率〕等を考慮して将来の株価分布を作成し、各時点の株価と新株予約権の発行条件に応じて行使価額を設定した上で当該時点における新株予約権の価値を算出し、行使期間の最終日における新株予約権の価値から順次逆算することによって発行時の新株予約権の価値を算定する方法をいう。）によって本件募集新株予約権の理論価値を評価している。

もっとも、同社は、「貴社が取得を通知あるいは公告した場合、通知あるいは公告をした日の翌々営業日以降から、行使価額は行使の効力発生日の前日までの3連続取引日の証券取引所における貴社普通株式の普通取引の終値の平均値の110％相当額に修正されるところ、本報告書では、通知日の翌々営業日以降から、行使の効力発生日の株価の110％相当額に修正されるとします。従って、株価に係わらず、当該時点の行使価値は0となります。この時、取得日は通知日の1ヶ月後であり、通知日の翌々営業日から取得日までの各日の価値0に対し、取得日の価値（＝取得価額）を各日まで割り戻した価値が0を超えていることは明らかなので、本新株予約権者は、通知日の翌々営業日以降は本新株予約権を行使しないことが経済合理的となります。尚、モデル運用の都合上、土日祝日を勘案しないことから、翌々営業日を翌々日と読み替えます。また、1ヶ月後は31日後と読み替えます。以上より、本報告書では通知日の翌々日に取得価額を期間29日間で割り戻した価値で取得されるとします。また、取得の通知は発行日の翌日（2006年7月4日）から可能であることから、修正後行使価額が修正日時価の110％相当額となる日は最短で2006年7月6日となります。以上より、本報告書では7月6日以降の価値を、⑴式を変形した以下の式で計算します。」としており、二項格子モデルによる算定にあたって、経済合理性の見地から、平成18年7月4日に債務者の取締役会が取得日の決定をするものとして、同月6日以後の新株予約権の価値を取得条項が付されていない場合に比較して低く算定するという修正を加えている（乙24）。

以上を前提として、本件評価書においては、①ボラティリティを33.21％、②クレジットスプレッドを0.3622％、③安全利子率を平成18年6月15日時点のユーロ円LIBOR金利及び円スワップレート、④基準株価（原資産価格）を906円（平成18年6月15日終値）、⑤計算基準日を平成18年7月3日（発行日）を計算の基礎となる数値として、本件募集新株予約権1個あたりの理論価値は、9万0949円であると評価されている（乙24）。

ウ　債務者の取締役会は、上記イの評価を踏まえ、本件募集新株予約権1個あたりの払込金額を9万1000円と定めた（乙23、審尋の全趣旨）。

(4) 債務者による本件募集新株予約権の評価方法の適否について

債務者は、前記認定のとおり、二項格子モデルの算定式を用いて、本件募集新株予約権の価額を算定している。二項格子モデルは、本件募集新株予約権のように行使期間中であれば任意の時点でオプションを行使できるタイプ（いわゆるアメリカンタイプ）のものの価額を評価するモデルとして実務において一般的に用いられているものである（甲13、乙24）から、本件募集新株予約権の公正なオプション価額の算定において、二項格子モデルを採用したことが不合理であるということはできない。

(5) 債務者が行った二項格子モデルの修正の適否について

前記第2の2⑷のとおり、別紙「募集新株予約権の発行要領」14項によれば、本件募集新株予約権の割当日後、債務者の取締役会が取得する日を定めたときは、通知又は公告を当該取得日の2週間前までに行う（ただし、本件募集新株予約権証券が発行されている場合には、通知及び公告を当該取得日の1か月前までに行う。）ことにより、当該取得日に、本件募集新株予約権1個あたり9万1000円で当該取得日に残存する本新株予約権の全部又は一部を取得することができるという取得条項が付されており、その場合には、債務者が通知又は公告をした日の翌々営業日以後から、行使価額は行使の効力発生日の前日までの3連続取引日の証券取引所における終値の平均値の110％相当額に修正されることとされている。そこで、債務者は、前

記(3)イのとおり、二項格子モデルによる算定にあたって、本件募集新株予約権の行使価額が3連続取引日の証券取引所における終値の平均値の110％相当額に修正される最短の日である平成18年7月6日以後の新株予約権の価値について、その取得価額を29日間で割り戻した価値で取得するものとし、経済合理性の見地から、同月4日に債務者の取締役会が取得日の決定をするものとの前提で、同月6日以後の新株予約権の価値を取得条項が付されていない場合に比較して低く算定するという修正を加えている。

確かに、債務者は、本件募集新株予約権の割当日後は、債務者の取締役会が定めた任意の日において払込金額をもって本件募集新株予約権を取得することができるとしていることからすると、募集新株予約権者は、これによって債務者の株式を取得するオプションを失うこととなる。そのため、募集新株予約権者の立場からすると、このような取得条項が定められていることは、公正なオプション価額の算定を下げる要素として一応考慮すべきものともいえる。

しかし、債務者は、本件募集新株予約権の発行の目的は平成18年4月5日に行われた社債の償還費用として借り入れた25億円（乙35）の返済に充てることにあると主張しているところ、本件募集新株予約権発行の目的が債務者の主張どおりであるとすると、行使期間の初日である同年7月4日に債務者の取締役会が取得日を定める決定をしたのでは、このような資金調達の目的を達成することはおよそ不可能であり、債務者も、同年6月28日の審尋において、取得条項を直ちに行使することは予定していないと述べていることから、同年7月4日に債務者の取締役会が取得日を定める決定をしない可能性がむしろ高いといえる。また、募集新株予約権者にとってみても、取得条項が付されていることからすれば、債務者が経済的な合理性のある行動をとって債務者の取締役会が行使期間の初日である同年7月4日に取得日を決定することが当然に予想され、そうすると、新株予約権者は払込総額3057万6000円に対する2週間又は1か月間の金利相当額の損失を受けるのは必至であり、本件募集新株予約権の申込み及び払込みをしないのが合理的であるといえるにもかかわらず、あえて申込み及び払込みをするとの意向を示しているのであるから、上記の経済的な合理性の観点のみから、債務者の取締役会において、行使期間の初日に本件募集新株予約権を取得する日を決定する可能性が高いとはいえない。したがって、本件募集新株予約権に取得条項が付されているとしても、債務者の主張する本件募集新株予約権発行の目的にかんがみて、債務者の取締役会において行使期間の初日である同年7月4日に取得日を定める決定がされない場合も考慮した上で、公正なオプション価額を検討する必要があるというべきである。

この点、中央青山プライスウォーターハウスクーパース・フィナンシャル・アンド・リスク・マネジメント株式会社の作成した報告書（甲13）は、取得条項を考慮しないで、①計算基準日を平成18年6月15日、②原資産価格を906円、③ボラティリティを25％〜42％、④無リスク金利を0.80％、⑤貸株料率を0％、⑥配当利回りを0.88％、⑦当初行使価額を997円（ただし、同年7月18日を第1回として、以降毎月第2金曜日の翌取引日に同日株価の93％に相当する金額に修正する。）、⑧上限行使価額を1495円、⑨下限行使価額を499円、⑩行使請求期間を平成18年7月4日から平成20年7月3日まで、⑪ノード数を1ノード／1営業日を基礎となる値として、本件募集新株予約権1個あたりの価値を二項格子モデルを用いて算定すると、154万4730円から210万5544円までの範囲になると報告している。上記報告結果は、本件評価書における算定の基礎となる値に若干の差異はあるものの、本件評価書と同様に二項格子モデルを採用して算定したものであって、格別不合理とまでは言い難い。そして、上記報告書による取得条項がない場合の本件募集新株予約権1個あたりの公正な価額としての最安値は154万4730万円であるところ、前記のとおり、債務者主張の本件募集新株予約権の発行目的であれば、むしろ債務者の取締役会が行使期間の初日である同年7月4日に取得日を定める決定をしない可能性が高いといえる本件においては、取得条項があることにより理論的にオプション価格を下げる余地があるとしても、取得条項がないとして算定された本件募集新株予約権の上記価額を大幅に下回る9万1000円にまで下げる合理的な理由を直ちに見いだすことは困難というべきである。

したがって、前記(3)イのとおり、債務者が二項格子モデルによる算定式によって公正なオプション価額を算定するにあたり、平成18年7月4日に債務者の取締役会が取得日の決定をすることを前提として、同月6日以後の新株予約権の価値について、その取得価額を29日間で割り戻した価値であるとする修正をしたことは、不合理であるというほかない。

(6) まとめ

以上によれば、9万1000円を払込金額とした本件募集新株予約権の発行は、公正なオプション価額よりも特に低い払込金額によってされたということができ、有利発行となると一応認めることができる。

2 本件募集新株予約権の発行による債権者らが受ける不利益及び保全の必要性について

本件募集新株予約権の発行は、前記第3の1のとおり、公正なオプション価額よりも特に低い払込金額によって発行されるものであるから、これにより、既存株主が不利益を受けるおそれがあると一応認めることができる。

また、その結果、債権者らに著しい損害を生ずるおそれがあるといえるので、本件申立てには、保全の必要性があるものと一応認めることができる。

3 結論

以上から、債権者らの本件申立ては、本件募集新株予約権の発行が有利発行であり、これにより株主が不利益を受けるおそれがあるといえるので、不公正発行の点について判断するまでもなく、保全すべき権利について疎明があるといえる上、保全の必要性についても疎明があるので、理由があるから、担保を立てさせないで、申立費用につき民事保全法7条、民事訴訟法

61条を適用して、主文のとおり決定する。

　　　　裁判長裁判官　三角比呂
　　　　　　裁判官　髙山崇彦　山口和宏

(別紙)**募集新株予約権の発行要領**
1　新株予約権の名称　サンテレホン株式会社第1回新株予約権(以下「本新株予約権」という。)
2　新株予約権の数　336個
3　新株予約権の払込金額　本新株予約権1個あたり9万1000円
4　割当日及び払込期日　平成18年7月3日
5　募集の方法　第三者割当の方法により、全ての本新株予約権を三菱UFJ証券株式会社に割当てる。
6　新株予約権の目的である株式の種類及び数
　(1)　本新株予約権の目的である株式の種類は債務者普通株式とする。
　(2)　本新株予約権の行使により債務者が債務者普通株式を新たに発行又はこれに代えて債務者の有する債務者普通株式を処分(以下債務者普通株式の発行又は処分を「交付」という。)する総数は、336万株(本新株予約権1個あたりの目的である債務者普通株式の数(以下「割当株式数」という。)は、当初1万株)とする。ただし、本項第(3)号により割当株式数が調整される場合には、本新株予約権の目的である株式の総数は調整後割当株式数に応じて調整されるものとする。
　(3)①　債務者が第9項の規定に従って行使価額(第7項第(2)号に定義される。)の調整を行う場合には、割当株式数は次の算式によって調整されるものとする。ただし、かかる調整は当該時点において未行使の本新株予約権に係る割当株式数についてのみ行われ、調整の結果生じる1株未満の端数は切捨てるものとする。

$$調整後割当株式数 = \frac{調整前割当株式数 \times 調整前行使価額}{調整後行使価額}$$

上記算式における調整前行使価額及び調整後行使価額は、第9項に定める調整前行使価額及び調整後行使価額とする。
　②　調整後割当株式数の適用日は、当該調整事由にかかる第9項第(2)号及び第(5)号による行使価額の調整に関し、各号に定める調整後行使価額を適用する日と同日とする。
　③　割当株式数の調整を行うときは、債務者は、あらかじめ書面によりその旨並びにその事由、調整前割当株式数、調整後割当株式数及びその適用の日その他必要な事項を、適用の日の前日までに本新株予約権者に通知する。ただし、適用の日の前日までに前記の通知を行うことができないときは、適用の日以降すみやかにこれを行う。
7　新株予約権の行使に際して出資される財産の価額
　(1)　各本新株予約権の行使に際して出資される財産の価額は、行使価額(本項第(2)号に定義される。ただし、第8項又は第9項によって修正又は調整された場合は修正又は調整後の行使価額とする。)に割当株式数を乗じた額とする。ただし、これにより1円未満の端数を生じる場合には、これを切捨てる。
　(2)　本新株予約権の行使により債務者が債務者普通株式を交付する場合における債務者普通株式1株あたりの価額(以下「行使価額」という。)は、当初997円とする。
8　行使価額の修正
　(1)　本新株予約権の割当日後、毎月第2金曜日(以下「決定日」という。)の翌取引日以降、行使価額は、決定日まで(当日を含む。)の3連続取引日(ただし、終値(気配表示を含む。)のない日は除き、決定日が取引日でない場合には、決定日の直前の取引日までの3連続取引日とする。以下「時価算定期間」という。)の株式会社東京証券取引所(以下「証券取引所」という。)における債務者普通株式の普通取引の毎日の終値(気配表示を含む。)の平均値の93.00％に相当する金額(円位未満小数第2位まで算出し、小数第2位を切捨てる。以下「修正後行使価額」という。)に修正される。ただし、かかる算出の結果、修正後行使価額が499円(以下「下限行使価額」という。ただし、第9項による調整を受ける。)を下回る場合には、修正後の行使価額は下限行使価額とし、修正後行使価額が1495円(以下「上限行使価額」という。ただし、第9項による調整を受ける。)を上回る場合には、修正後行使価額は上限行使価額とする。なお、時価算定期間内に、第9項に定める行使価額の調整事由が生じた場合には、修正後行使価額は、本要領に従い債務者が適当と判断する値に調整される。
　(2)　本項第(1)号にかかわらず、第14項に従って本新株予約権の全部が取得される場合、取得のための通知又は公告がなされた日の翌々営業日以降、行使価額は、第17項第(3)号に従った本新株予約権の行使の効力発生日の前日まで(当日を含む。)の3連続取引日(ただし、終値のない日は除き、当該前日が取引日でない場合には、当該前日の直前の終値のある取引日までの3連続取引日とする。)の証券取引所における債務者普通株式の普通取引の毎日の終値(気配表示を含む。)の平均値の110％に相当する金額(円位未満小数第2位まで算出し、その小数第2位を切り捨てる。)に修正される。
9　行使価額の調整
　(1)　債務者は、本新株予約権の割当日後、本項第(2)号に掲げる各事由により債務者発行済普通株式数に変更を生じる場合又は変更を生じる可能性がある場合は、次に定める算式(以下「行使価額調整式」という。)をもって行使価額を調整する。

$$調整後行使価額 = 調整前行使価額 \times \frac{既発行普通株式数 + \frac{交付普通株式数 \times 1株あたりの払込金額}{時価}}{既発行普通株式数 + 交付普通株式数}$$

　(2)　行使価額調整式により本新株予約権の行使価額の調整を行う場合及びその調整後の行使価額の適用時期については、次に定めるところによる。
　①　本項第(4)号②に定める時価を下回る払込金額又は処分価額をもって債務者普通株式を交付する場合

(ただし、債務者の発行した取得請求権付株式若しくは取得条項付株式の取得と引き換えに交付する場合又は債務者普通株式の交付を請求できる新株予約権(新株予約権付社債に付されたものを含む。以下本号において同じ。)その他の証券若しくは権利の請求又は行使による場合を除く。)

調整後の行使価額は、払込期日(募集に際して払込期間が設けられているときは、当該払込期間の最終日とする。以下同じ。)の翌日以降、債務者普通株式の株主(以下「普通株主」という。)に割当てを受ける権利を与えるための基準日がある場合はその日の翌日以降、これを適用する。

② 株式分割又は無償割当てにより普通株式を発行する場合

調整後の行使価額は、債務者普通株式の株式分割のための基準日の翌日以降、債務者普通株式の無償割当てについて普通株主に割当てを受ける権利を与えるための基準日がある場合はその翌日以降、また債務者普通株式の無償割当てについて普通株主に割当てを受ける権利を与えるための基準日がない場合又は株主(普通株主を除く。)に債務者普通株式の無償割当てをする場合は当該割当ての効力発生日の翌日以降、これを適用する。

③ 本項第(4)号②に定める時価を下回る対価をもって債務者普通株式の交付をする旨の定めがある取得請求権付株式若しくは取得条項付株式を発行する場合(無償割当ての場合を含む。)又は本項第(4)号②に定める時価を下回る対価をもって債務者普通株式の交付を請求できる新株予約権その他の証券若しくは権利を発行する場合(無償割当ての場合を含む。)

調整後の行使価額は、発行される取得請求権付株式若しくは取得条項付株式又は新株予約権その他の証券又は権利の全てが当初の条件で請求又は行使されて債務者普通株式が交付されたものとみなして行使価額調整式を準用して算出するものとし、払込期日(新株予約権の場合は割当日、また無償割当ての場合は効力発生日の翌日)以降、これを適用する。ただし、普通株主に割当てを受ける権利を与えるための基準日がある場合はその翌日以降、これを適用する。

上記にかかわらず、請求又は行使に際して交付される債務者普通株式の対価が取得請求権付株式若しくは取得条項付株式又は新株予約権その他の証券又は権利が発行された時点で確定していない場合は、調整後の行使価額は、当該対価の確定時点で発行されている取得請求権付株式若しくは取得条項付株式又は新株予約権その他の証券又は権利の全てが当該対価の確定時点の条件で請求又は行使され債務者普通株式が交付されたものとみなして行使価額調整式を準用して算出するものとし、当該対価が確定した日の翌日以降、これを適用する。

④ 本号①乃至③の各取引において、株主に割当てを受ける権利を与えるための基準日が設定され、かつ、各取引の効力の発生が当該基準日以降の株主総会又は取締役会その他債務者の機関の承認を条件としているときは、本号①乃至③にかかわらず、調整後の行使価額は、当該承認があった日の翌日以降、これを適用する。

この場合において、当該基準日の翌日から当該取引の承認があった日までに本新株予約権を行使した新株予約権者に対しては、次の算出方法により、債務者普通株式を交付するものとする。

$$株式数 = \frac{\left(調整前行使価額 - 調整後行使価額\right) \times \begin{array}{l}調整前行使価額により\\当該期間内に交付された\\普通株式数\end{array}}{調整後行使価額}$$

この場合に1株未満の端数を生じたときはこれを切捨て、現金による調整は行わない。

(3) 行使価額調整式により算出された調整後の行使価額と調整前の行使価額との差額が1円未満にとどまる限りは、行使価額の調整はこれを行わない。ただし、その後の行使価額の調整を必要とする事由が発生し行使価額を算出する場合は、行使価額調整式中の調整前行使価額に代えて、調整前行使価額からこの差額を差引いた額を使用する。

(4)① 行使価額調整式の計算については、円位未満小数第2位まで算出し、小数第2位を切捨てる。

② 行使価額調整式で使用する時価は、調整後の行使価額を適用する日に先立つ45取引日目に始まる30取引日(終値(気配表示を含む。)のない日数を除く。)の証券取引所における債務者普通株式の普通取引の終値(気配表示を含む。)の平均値とする。

この場合、平均値の計算は、円位未満小数第2位まで算出し、小数第2位を切捨てる。

③ 行使価額調整式で使用する既発行株式数は、基準日(基準日を定めない場合は効力発生日)がある場合はその日、基準日(基準日を定めない場合は効力発生日)がない場合は調整後の行使価額を適用する日の1か月前の日における債務者の発行済普通株式数から、当該日における債務者の有する債務者普通株式の数を控除した数とする。また、本項第(2)号②の基準日における債務者の有する債務者普通株式に割当てられる債務者普通株式数を含まないものとする。

(5) 本項第(2)号の行使価額の調整を必要とする場合以外にも、次に掲げる場合には、債務者は、必要な行使価額の調整を行う。

① 株式の併合、債務者を存続会社とする合併、債務者を承継会社とする吸収分割、債務者を完全親会社とする株式交換のために行使価額の調整を必要とするとき。

② その他債務者の発行済普通株式数の変更又は変更の可能性が生じる事由の発生により行使価額の調整を必要とするとき。

③ 行使価額を調整すべき事由が2つ以上相接して発生し、一方の事由に基づく調整後の行使価額の算出にあたり使用すべき時価につき、他方の事由による影響を考慮する必要があるとき。

(6) 第8項及び本項に定めるところにより行使価額の修正又は調整を行うときは、債務者は、あらかじめ書面によりその旨並びにその事由、修正前又は調整前

の行使価額、修正後又は調整後の行使価額及びその適用の日その他必要な事項を、適用の日の前日までに本新株予約権者に通知する。ただし、適用の日の前日までに前記の通知を行うことができないときは、適用の日以降すみやかにこれを行う。

10 新株予約権を行使することができる期間
平成18年7月4日から平成20年7月3日までとする（以下「行使可能期間」という。）。

11 新株予約権の行使により株式を発行する場合における増加する資本金及び資本準備金
本新株予約権の行使により債務者普通株式を発行する場合における増加する資本金の額は、会社計算規則第40条第1項の規定に従い算出される資本金等増加限度額の2分の1の金額とし（計算の結果1円未満の端数を生じる場合はその端数を切り上げた額とする。）、その残額を増加する資本準備金の額とする。

12 譲渡による新株予約権の取得の制限
譲渡による本新株予約権の取得については、債務者取締役会の承認を要するものとする。

13 新株予約権の行使の条件
各本新株予約権の一部行使はできないものとする。

14 新株予約権の取得事由
債務者は、本新株予約権の割当日後、債務者取締役会が取得する日を定めたときは、会社法第273条及び第274条の規定に従い通知又は公告を当該取得日の2週間前までに行う（ただし、本新株予約権証券が発行されている場合には、会社法第293条の規定に従い通知及び公告を当該取得日の1か月前までに行う。）ことにより、当該取得日に、本新株予約権1個あたり9万1000円で、当該取得日に残存する本新株予約権の全部又は一部を取得することができる。一部を取得する場合には、抽選その他の合理的な方法により行うものとする。

15 組織再編行為による承継新株予約権の交付
債務者が、会社法第236条第1項第8号のイからホまでに掲げる行為（以下「組織再編行為」という。）を行う場合は、第14項により債務者が本新株予約権を取得する場合を除き、組織再編行為の効力発生日の直前において残存する本新株予約権の本新株予約権者に対して、当該本新株予約権者の有する本新株予約権に代えて、それぞれの場合につき、会社法第236条第1項第8号のイからホまでに掲げる株式会社（以下「再編対象会社」という。）の新株予約権で、本項第(1)号から第(7)号に定める内容のもの（以下「承継新株予約権」という。）を交付する。この場合、組織再編行為の効力発生日において、本新株予約権は消滅し、本新株予約権者は承継新株予約権の新株予約権者となるものとし、本要項の本新株予約権に関する規定は承継新株予約権について準用する。ただし、吸収分割又は新設分割を行う場合は、以下の条件に沿ってその効力発生日の直前において残存する本新株予約権の本新株予約権者に対して当該本新株予約権に代えて再編対象会社の承継新株予約権を交付する旨を、吸収分割契約又は新設分割計画において定めた場合に限るものとする。

(1) 交付する再編対象会社の承継新株予約権の数

組織再編行為の効力発生日の直前において残存する本新株予約権の本新株予約権者が保有する本新株予約権の数と同一の数をそれぞれ交付するものとする。

(2) 承継新株予約権の目的たる再編対象会社の株式の種類
再編対象会社の普通株式とする。

(3) 承継新株予約権の目的たる再編対象会社の株式の数
組織再編行為の条件等を勘案の上、第6項に準じて決定する。

(4) 承継新株予約権の行使に際して出資される財産の価額
各承継新株予約権の行使に際して出資される財産の価額は、承継新株予約権の行使価額に当該各承継新株予約権の目的である株式の数を乗じて得られる金額とする。承継新株予約権の行使価額は、当該組織再編行為の効力発生日の直前において有効な本新株予約権の行使価額に準じて決定し、第8項又は第9項に準じた修正又は調整がなされるものとする。

(5) 承継新株予約権を行使することができる期間
組織再編行為の効力発生日から、第10項に定める行使期間の満了日までとする。

(6) 承継新株予約権の行使の条件及び承継新株予約権の取得条項
第13項及び第14項に準じて決定する。

(7) 承継新株予約権の行使により株式を発行する場合における増加する資本金及び資本準備金に関する事項
第11項に準じて決定する。

16 新株予約権証券の発行
債務者は、本新株予約権者の請求のある時に限り、本新株予約権にかかる新株予約権証券を発行する。本新株予約権にかかる新株予約権証券は無記名式とし、本新株予約権者は本新株予約権証券を記名式とすることを請求することはできない。

17 新株予約権の行使の方法
(1) 本新株予約権の行使請求受付事務は、第19項に定める行使請求受付場所（以下「行使請求受付場所」という。）においてこれを取り扱う。

(2)① 本新株予約権を行使しようとするときは、債務者の定める行使請求書（以下「行使請求書」という。）に、行使しようとする本新株予約権を表示し、その行使に係る新株予約権の内容及び数、新株予約権を行使する日等を記載して、これに記名捺印した上、行使可能期間中に行使請求受付場所に提出しなければならない。

② 本新株予約権を行使しようとする場合、行使請求書の提出に加えて、本新株予約権の行使に際して出資の目的とされる金銭の全額を第20項に定める払込取扱場所の債務者が指定する口座に振込むものとする。

③ 行使請求受付場所に対し行使に要する書類を提出した者は、その後これを撤回することはできない。

(3) 本新株予約権の行使の効力は、行使に要する書

類の全部が行使請求受付場所に到着し、かつ当該本新株予約権の行使に際して出資される金銭の全額が本項第(2)号②に定める口座に入金された日又は本新株予約権を行使する日として行使請求書に記載された日のいずれか遅いほうの日に発生する。
18 株券の交付方法
 債務者は、本新株予約権の行使の効力発生後すみやかに株券を交付する。ただし、単元未満株式については株券を発行しないものとする。
19 行使請求受付場所
 サンテレホン株式会社総務部
20 払込取扱場所
 株式会社三菱東京UFJ銀行日本橋支店
21 新株予約権者に通知する場合の公告
 本新株予約権者に対し通知する場合の公告は、日本経済新聞にこれを掲載する。ただし、法令に別段の定めがあるものを除き、公告の掲載に代えて本新株予約権者に対し直接に通知する方法によることができる。
 債務者が債務者定款の変更により、債務者の公告を電子公告により行うものとした場合、本新株予約権者に対し通知する場合の公告は、法令に別段の定めがあるものを除き、債務者の定款所定の電子公告の方法により行い、かつ、電子公告を行った旨を本新株予約権者に対し通知するものとする。
 ただし、法令に別段の定めがあるものを除き、公告の方法に代えて本新株予約権者に対し直接に通知する方法によることができる。
22 新株予約権の払込金額及びその行使に際して出資される財産の価額の算定理由
 本新株予約権の行使価額、本新株予約権の取得事由その他本新株予約権の内容を考慮して、一般的な価格算定モデルである二項格子モデルにより算定した本新株予約権の理論的価値の算定結果を踏まえ、本新株予約権の発行により企図される目的が達成される限度で、債務者の株主にとって有利な払込金額であると判断した金9万1000円を本新株予約権1個の払込金額とした。また、本新株予約権の行使に際して出資される財産の価額は第7項記載のとおりとし、行使価額は当初、平成18年6月15日の証券取引所における債務者普通株式の普通取引の終値の110%の額とした。
23 発行可能株式総数の留保
 債務者は、いかなる時においても、残存する本新株予約権の全部が行使された場合に発行される債務者普通株式数を、債務者の発行可能株式総数から発行済株式（ただし、自己株式を除く。）の総数を控除して得た数中に留保する。
24 1単元の数の定めの廃止等に伴う取扱い
 本新株予約権の割当日後、債務者が1単元の株式の数の定めを廃止する場合等、本新株予約権の要項の規定中読み替えその他の措置が必要となる場合には、債務者は必要な措置を講じる。
25 会社法その他の法令等の改正に伴う取扱い
 本新株予約権の割当日後、本新株予約権に関連する会社法その他の法令又は規則等の改正が行われた場合には、債務者は、当該改正及び本新株予約権の要項の趣旨に従い、債務者が適切と判断する方法により、必要な措置を講じることができる。
26 その他
 (1) 本新株予約権の発行については、証券取引法による届出の効力発生を条件とする。
 (2) その他本新株予約権発行に関し必要な事項は、債務者代表取締役社長に一任する。

（別紙）債権者らの主張
第1 本件新株予約権の発行が法令に違反していること
1 募集新株予約権の有利発行
 本件新株予約権は、その払込金額が、割当を受ける第三者に特に有利な金額であるから、その募集事項の決定は、債務者の株主総会の特別決議によらなければならない（会社法238条2項及び3項2号、240条1項、309条2項6号）。しかしながら、本件新株予約権の発行は、債務者の取締役会で決議されたのみで、債務者の株主総会決議を経ていない。したがって、本件新株予約権の発行は、明らかに法令に違反し、債権者らが不利益をうけるおそれがあるため、債権者らは、債務者に対し、本件新株予約権の発行をやめることを請求する権利を有している（会社法247条1号）。
2 本件払込金額の有利性
 (1) 会社法238条3項にいう「特に有利な」払込金額とは、公正な価額と比較して、特に低い金額を意味し、公正な価額とは、現在の株価、権利行使価額、権利行使期間、金利、株価変動率等の要素をもとにオプション評価理論に基づき算出された新株予約権の発行時点における価額をいうと解され、こうして算出された価額と取締役会において決定された払込金額とを比較し、取締役会において決定された払込金額が大きく下回るときは、募集新株予約権の払込金額が特に有利な金額であると解されている（ニッポン放送事件・東京地決平成17年3月11日・金融商事判例1213号2頁）。
 (2) 債務者は、「二項格子モデル」により算定した本新株予約権の理論的価値の算定結果に基づくとして、9万1000円を本新株予約権1個の払込金額とした。
 (3) 価額算定において捨象された本件新株予約権の内容
 ア 二項格子モデルによって計算される数値はあくまでも「理論値」である。この「理論値」を元に、実際にはその他の諸条件を加味して公正な新株予約権の払込金額は算定される。しかしながら、算出された「理論値」自体が、最初から新株予約権の内容と全く異なる前提で計算されている場合には、そもそもその「理論値」を前提に新株予約権の公正な価額を検討することは、合理性に欠ける。
 イ 新株予約権を規定する基本的条件は、「どの期間、いくらの価額で新株を取得できるか」であることは言うまでもない。本件新株予約権についてみると、①2年間の行使期間中、②時価の93％で新株を取得できる、というのが基本的条件ということになる。
 ウ ところで、オプション価格を算定する「二項

格子モデル」においては、全ての判断は、「経済合理人」によって行われるという前提により計算される（甲13）。これを前提とすると、債務者は、「行使期間の初日（7月4日）」から「行使価格が時価の93％にならないための最終期限である7月13日までに、「取得権」の行使を決定し、通知・公告することになる。その結果、本件新株予約権にかかるオプションの理論値は、①「行使期間は、10日間（平成18年7月4日から同年7月13日）」、及び②「行使価額は、平成18年6月15日の時価の110％、又は市場価額の110％相当額」とする新株予約権として算定される。つまり、計算上の「理論値」では、①「2年間の行使期間」と②「時価の93％相当額への行使価額の修正」という、本件新株予約権の基本的条件（これは、オプション価値を引き上げる要素でもある）が捨象されてしまう。これが債務者が意図した実際の本件新株予約権の内容とは全く異なることは明らかである。このように実態と乖離した条件をあてはめることにより算出した債務者の「理論値」が、不合理、不相当であることは明らかである。

エ　しかも、債務者は、本件新株予約権の発行目的は、「資金調達」であると説明している。つまり、債務者は、本件新株予約権者が予約権を行使して、債務者に資金が入ってくることを期待し、これを目的として本件新株予約権を発行するというのである。かかる目的に照らすと、多大なコストをかけて本件新株予約権を発行した債務者が、発行後10日以内に取得権を行使して、これを買戻すなどということは、およそ想定できない。ところが、上記のとおり、債務者は、オプション価格の算定にあたっては、割当日から10日以内に債務者が予約権の取得権を行使することを前提に（つまり、「行使期間」を10日間とする条件で）「理論値」を計算しているのである。つまり、債務者は、二項格子モデルに、「行使期間は10日、行使価格は、当初行使価格か市場価格の110％」という、債務者の本来の意図と実態とは全く異なる条件をあてることによって、9万1000円という本件新株予約権の価値として極端に低い「理論値」を導き出しているのである。このような計算方法と価格の設定が、合理性を欠くことは明白である。

オ　基準日の問題
また、二項格子モデルを用いたオプションの理論値の算定にあたり、みずほテクノロジーは、本件新株予約権の発行日である「平成18年7月3日」を「基準日」としている。しかし、発行決議の時点で当初行使価額と新株予約権のオプション価格を決定したうえで、総会決議を要するか否かを判断する以上、「計算の基点」は発行決議前日とするのは当然である。実際、通常の新株発行の際にも、発行決議取締役会の前日にその時点の株価をベースにその時点での将来発行される株式の価値を評価し、発行条件を決めている。みずほテクノロジーの考え方は、取締役会決議の前日（平成18年6月15日）の安全利子率や基準株価が、2週間後の7月3日にもそのまま継続しているというおよそありえないことを前提としているのであって、合理性に欠けることは明白である。

（4）　公正なオプション価額
ア　「行使期間」を平成18年7月4日から平成20年7月3日までの2年間とし、その間、毎月、行使価額が、株価の93％相当額に修正されるとし、その他の条件を同一とした場合、本件新株予約権に係るオプション価額は、1個あたり154万4730円から210万5544円となり、これは債務者が設定した1個あたり9万1000円の17倍から23倍にもなる（甲13）。

イ　また、みずほテクノロジーが使用したパラメーターを使い、基準日を6月15日として二項格子モデルに当てはめると、オプション価格は、「12万3216円」である。つまり、本件新株予約権の払込金額である「9万1000円」は、正しい基準日に基づきみずほテクノロジーが用いた数値を使って計算した理論値と比べても、26％も減額された価格になっているのであり、この点からも、本件新株引受権の発行が、著しく有利な発行であることは、明らかである。

（5）　二項格子モデルによる算定についてのまとめ
ア　債務者の算定した「理論値」には、①「行使期間が払込直後から2年間あること」、及び②「その期間中は毎月、ある一定の株価の93％相当額に行使価額が修正されること」という2つの重要な要素が全く反映されていない。債務者は、一方で本件新株予約権の発行の目的は「資金調達」であり、その目的達成のためには権利者による予約権の行使が不可欠であるとして、2年間の権利行使期間と市場価格の93％相当額で新株を取得できるという、予約権者にとって極めて有利な「リスクフリーの商品」を与えておきながら、他方で、「経済合理人による行動」というオプション算定モデルに内在する限界を巧妙に利用して、「行使期間は10日間のみで、行使価額は当初行使価格（平成18年6月15日の時価の110％）か市場価格の110％」という債務者の本来の意図や本件新株予約権の実態とおよそかけはなれた前提でオプション価格を算定しているのである。しかも、債務者は、かかる計算の内容を株主に一切開示していない。こうして、債務者は、本来であれば154万4739円ないし210万5544円の価値がある新株予約権を価額9万1000円という極めて低い額に操作したことは明らかである。

イ　前述のとおり、本件新株予約権の実態に即した「理論値」は、1個あたり154万4730円ないし210万5544円である。仮に、この数値が、債務者の経済状況、本件新株予約権行使による希釈化、債務者による取得条項、その他二項格子モデルでは捕らえきれない条件などを合理的に勘案して、多少の減額が認められるとしても、債務者がいうような1個あたり9万1000円という金額まで大幅に減額されるような理由は全く考えられない。したがって、債務者が主張する1個あたり9万1000円という本件新株予約権の払込金額が、本件新株予約権の公正な金額を大幅に下回っていることは明白である。

（6）　行使価格の下方修正条項（ムービング・ストライク）について
ア　本件新株予約権の行使期間中、毎月一回市場

価格の93％に行使価格が設定し直されるという仕組み（これは「ムービング・ストライク」と呼ばれている）自体が、新株予約権者に著しく有利であることは明白である。

　イ　本件新株予約権者は、行使価格が修正される毎月第２金曜日の翌取引日直後に本件新株予約権を行使し、取得した債務者株式を即時に市場において売却することにより、債務者株式の時価の７％の利益を確実に得ることができる。しかも、２年間という長期の行使期間が認められている。上記の発行価格が極めて低額であるという点は別としても、このように全く危険を負わずに、確実に利益を得ることができる内容の新株予約権を発行するのは、「定性的」に「有利発行」に該当し、株主総会の特別決議を経るべきものと考えられるべきである。

　ウ　また、三菱UFJ証券は、本件新株予約権行使の結果取得する株式数の範囲内での借株と空売りは許されている。債務者の株式の証券市場での出来高が少ないことを前提とすると、新株予約権者による空売りが、株価の大幅な下落要因になることは明らかである。そして、予約権者は、大幅に下方修正された行使価額で新株予約権を行使して新株を取得し、これを空売りの決済に充てられた借株の返済に当てることにより、空売り時の株価と行使価額との差額を、利益として得ることができるのである。この新株予約権者の経済的利益は、株価下落という一般株主が被る損害の上に成立する利益である。債務者が、特定の新株予約権者がこのような利益を享受することを認めることは、一般株主に対する背信行為に他ならない。この点、本件新株予約権と同様の条件の新株予約権が付される下方修正条項付新株予約権付社債（いわゆるMSCB）については、株主全体の利益を保護する観点から、これを発行しない、あるいは発行する場合には株主総会の決議を経て発行するとする企業が近時多数見受けられる（甲14乃至18）。この点からも、本件新株予約権の発行は株主総会特別決議を経るべきであり、総会決議を経ない本件新株予約権の発行が、債務者が一般株主の利益を無視するものであることは明らかである。

　(7)　10％ルールの適用について

　日本証券業協会のいわゆる「10％ルール」（「第三者割当増資の取扱いに関する指針」）は、新株予約権の場合には適用されるべきではない。すなわち、新株予約権の引受人の場合は、株価下落リスクにさらされることがなく、しかも予約権行使の時期を自由に選択できるためリスク・コントロールを柔軟に行うことができるのであって、第三者割当増資の引受人とは大きく異なる。また、新株予約権の発行には、株式発行時におけるようなディスカウントの必要性も合理性もない。さらに、新株を引き受ける場合には、その時点で株式の対価を全額払い込む必要があり、新株引受人は、資金の手当をするという金銭面での負担を実際に負うが、新株予約権者の場合、新株予約権を行使するかどうかは権利者の全くの任意に委ねられており、当初、新株予約権に係るオプション・プライスを支払う以外には、予約権を行使するまで資金を払い込む必要もない（甲8、9、10）。

　(8)　ブラック・ショールズ・モデルによる払込金額の有利性の検討

　TRNコーポレーションの新株予約権発行差止事件における東京地裁決定（東京地決平成18年１月17日）においては、ブラック・ショールズ・モデルの有用性を認めた上で、任意消却条項が反映されないブラック・ショールズ・モデルに基づく公正なオプション価額を14万4665円とし、その99.8％ディスカウントである298円を新株予約権の払込金額としたことについて、「任意消却条項があることによって、公正なオプション価額を下げる余地があるとしても、公正なオプション価額について14万4665円を大幅に下げる合理的な理由を見出すことは困難」とし、有利発行であることを認定している。本件においても、債務者による「取得条項」がないという前提で、ブラック・ショールズ・モデルによってその理論値を算定すると、おおよそ68万4030円ないし82万836円（行使日を、行使価額が修正される初日である平成18年７月18日とする）、または154万7448円ないし234万8352円（行使日を、理論上最も有利な行使期間最終日とする）となる（なお、いずれの場合も、時価の93％相当額に修正された後の行使となるので、行使価額は平成18年６月15日の終値の93％である843円と仮定する。甲13・15頁参考試算(2)参照）。これらのブラック・ショールズ・モデルによる理論値と比べると、本件新株予約権の払込金額である９万1000円は、87％ないし89％または94％ないし96％のディスカウントとなる。そして、上記東京地裁の決定に照らしても、「任意消却条項」と同一の効果を持つ債務者の「取得条項」が付されていることによって、上記理論値を大幅に下げることを許す合理的な理由は何もないのであり、払込金額を９万1000円とする本件新株予約権が有利発行に該当することは明白である。

第２　本件新株予約権の発行が著しく不公正な方法で行われていること

１　不公正発行

　本件新株予約権の発行は、明らかに不公正発行に該当し、債権者らが不利益をうけるおそれがあるから、債権者らは、債務者に対し、本件新株予約権の発行をやめることを請求する権利を有している（会社法247条２号）。

２　本件発行の不公正性

　ニッポン放送事件の東京高裁決定によると、会社法247条２号にいう「著しく不公正な方法」による新株予約権発行とは、不当な目的を達成する手段として新株予約権発行が利用される場合をいうと解されるところ、「会社の経営支配権に現に争いが生じている場面において」、「現経営者又はこれを支持し事実上の影響力を及ぼしている特定の株主の経営支配権を維持・確保することを主要な目的として新株予約権の発行がされた場合には、原則として」、「著しく不公正な方法」による新株予約権の発行に該当し、ただ、株主全体の利益保護の観点から当該新株予約権発行を正当化する特段の事情があること、具体的には、敵対的買収者が

真摯に合理的な経営を目指すものではなく、その支配権取得が会社に回復し難い損害をもたらす事情があることを会社が疎明、立証した場合には例外とするものと解されている（東京高決平成17年3月23日・金融商事判例1214号6頁）。

3　「会社の経営支配権に争いが生じている」こと

(1)　「会社の経営支配権に争いが生じている」か否かについては、単に議決権の過半数を取得されるような状況であるとか、取締役の過半数の選任が争いになっている場合のように明らかな経営支配権の移動が問題となっている場合に限定されず、一般的に、会社の主要な株主間で、会社の経営の重要事項について争いがある場合も含まれるのは、問題の性格からして当然のことである。実際、昨今論議されている「敵対的買収からの防衛策の導入」にあたっては、ほとんどの会社において「会社の株式を20％以上所有する株主が出現した場合」を「有事」であるとして、経営権を守るための「買収防衛策の発動」を議論している。このことからしても、本件の如く、一方の株主が20％程度の株式を取得しており、現経営者との間で会社の経営上の重要事項についての争いがあれば、「経営支配権に現に争いが生じている」と解されるべきである。

(2)　債務者の現経営者が、ダルトンLLCによる様々な提案を「経営への介入」であるとして嫌悪し、これら提案を拒否するだけでなく、最終的には、本件投資家らを株主から排除しようとしていたことは、容易にみてとることができる（甲21）。こうした背景の下で、本件新株予約権のごとく、経営上合理的な理由が全くないばかりか、引受人にのみ一方的に有利で、本件投資家らを含む株主に重大な不利益を及ぼすことが明らかな新株予約権を発行する目的としては、現経営者による経営支配権を維持し、さらには、株主総会の特別決議事項の対象となる重要事項も含めて、経営上の全ての意思決定を現経営者の意思に沿って行うことができる「絶対的支配権」の確立を目的としているとしか考えようがない。

(3)　なお、債務者は、本件新株予約権の主要な目的が、資金調達であると主張するが、債権者らの持株比率を低下させ現経営者の支配権を維持することにあることは明らかである。

ア　まず、債務者は、いわゆるキャッシュリッチの会社であり、そもそも本件新株予約権を発行して資金調達を図る必要性は存しない。

イ　そして、本件新株予約権は、通常の新株発行や転換社債型新株予約権付き社債とは異なり、その発行と同時に資金が債務者に支払われるものではなく、発行者としては、どれだけの出資金が何時入ってくるか全く不確実である。しかも、債務者には、同業他社と比べても十分な借入余力がある。このような企業においては、「エクイティ」の一種である新株予約権よりも「借入」で資金を調達する方が企業価値の向上に寄与することは容易に理解できる話である。それにもかかわらず、本件新株予約権の発行により資金を調達することを選択し、さらには、他に潤沢な資金源がありながら、何時起こるか分からない新株の発行で得る資金で借入れを返済するなどというのは、およそ経営の常識に反するものと言わざるを得ないし、自ら企業価値を損なうものである。

ウ　また、債務者は、ダルトンLLCが債務者の株主価値増大のための方策を種々検討し提案してきたものを、ことごとく、合理的な理由なしに拒絶しつづけてきた。本件新株予約権の発行決議が、ダルトンLLCによる提案の検討期間の終了直後に行われたことは、債務者が、多数の株式を有する本件投資家らを厭い、これらを排除しようとしていることを示している。本件新株予約権の発行により、本件投資家らの影響力を弱めようとする債務者の意図は明白である。

エ　加えて、債務者は、本件新株予約権の発行により、申立外三菱UFJ証券に対し、友好的な株主としてその議決権の約10％を所有させることで、いわゆる「マイノリティー・スクイーズ・アウト」（少数株主の排除）を事前に阻止し、現経営者の支配権の維持を図ろうとしている。本件新株予約権の発行により公開買付など経営支配権の変更を目的とする行為を断念せしめる効果は充分認められる。

(4)　本件は「例外事由」にあたらない

債権者らは、「グリーンメーラー」ではない。ダルトンLLCは、中長期的視点で投資を行う「バリュー投資家」であり、短期間に株式を大量に取得し、投資対象会社に増配等の要求を一方的に突きつけた上、高値で株式を売り抜ける（又は投資対象企業に買い取らせる）「グリーンメーラー」とは本質的に異なる。また、債権者らが保有する債務者株式の売却については、債務者からダルトンLLCに対して、これを要請することはあったものの、ダルトンLLCは自ら進んで債務者に対し、買取を請求したことはない。さらに、これまでダルトンLLCは、グリーンメーラーのように、債務者及びその他の投資先に対して、高値での株式の買取を要求したことは一度もない。

第3　債権者らが不利益を受けるおそれ

会社法247条にいう「株主が不利益を受けるおそれ」とは、株主が、株主として有する経済的利益や会社支配につき、不利益を受けるおそれがあることを意味する。上記のとおり、本件新株予約権は、第三者に対する有利発行でありながら、株主総会の特別決議を経ておらず、また、特定の株主を排除し現経営者の支配権を維持することを目的とした不公正発行であるから、債権者らを含む株主一般の利益を害することは明らかである。特に、本件新株予約権が行使された場合、債権者JMBOを含む本件投資家らは、その拒否権を失い、債権者JMBOは、実質的に筆頭株主の地位を失うこととなりかねず、その被る不利益は著しい。

なお、会社法247条にいう「株主が不利益を受けるおそれ」とは、株主が、株主として有する経済的利益や会社支配につき、不利益を受けるおそれがあることを意味し、本件のように、債権者らの保有する株式の一部が、名義書換未了の場合であっても、前述のとおり、債務者も債権者らが株主であることを自認しており、名義書換請求を拒絶し得る正当な理由も特にない状況においては、当該名義書換未了の株式数も含めて

不利益性を判断すべきものとされており（ニッポン放送事件・東京高決平成17年3月23日・金融商事判例1214号6頁）、名義書換が未了という点は、債務者側が債権者らの株主としての権利の行使を妨げる根拠たりえない。

第4 保全の必要性

上述のとおり、債務者の本件新株予約権の発行によって、直ちに、債権者らが、看過し得ない不測の損害を被るおそれがあることは明らかであり、保全の必要性があることは疑う余地がない。

なお、上述のとおり、本件新株予約権の価格が、債務者が「取得権」を行使することを前提に算出されていることからすれば、本件新株予約権の発行を差し止めても、何ら債務者に「損害」が生じる余地はないから、仮処分は、無担保で認められるべきである。

（別紙）債務者の主張
第1 本件新株予約権価格の合理性

1 債権者等は本件新株予約権が払込金額の点において有利性を有し、ために有利発行として手続上株主総会の特別決議を必要とするにもかかわらず、これを経ることなく取締役会決議のみで発行が決定された本件新株予約権は発行の決定過程で法令違反があると主張する。しかしながら、本件新株予約権はその対価の合理性について何らの疑問の余地もなく、もとより有利発行ではない。したがって、この点に関する債権者等の主張は失当である。

2 けだし、本件新株予約権の価格9万1000円は、その発行に関する十全の公正性を確保すべく、有利発行となることのないよう、引受証券会社に対し理論価値の算出をあえて第三者評価機関に委嘱するよう債務者が要請したところ、かかる経緯を受けて申立外みずほ第一フィナンシャルテクノロジー（以下「みずほDFT」という）が選定されたうえ、DFTは正当な算定根拠にもとづき理論価値の算出をおこなっている。したがって、その算定結果の公正性には何らの欠けるところもないからである。以下、詳論する。

3 本件新株予約権もその一例である株式に対するオプションは、先進国では通常の資金調達手段の1つであり、日本でも、経済界からの規制緩和による日本経済のグローバル化の要請に基づく導入提言が長年なされ続けてきた。にも拘らず、純粋なオプションが認められたのは比較的近時の平成13年の商法改正においてである（乙第31号証478頁）。この新株予約権制度についてはオプションとしての多目的な利用方法が提案されてきたが、その理由の1つとして、自己株式の処分において新株予約権スキームを利用した場合、公募や第三者割当と比較して、なだらかな行使による株価への影響を段階的に限定した資金調達が可能になることがあげられていた（乙第31号証482頁⑦）。会社法の施行後も新株予約権は継承され、債務者を含む公開会社は、有利発行の場合を除き、取締役会において新株予約権の発行を決議できることになった。以上の背景を踏まえれば、このような規制緩和により日本の株式会社に対して柔軟な資金調達の手段を提供する新株予約権の発行をむやみに制限すべき合理性はない。このことは、立法の前提の然らしめる結論である。

4 本件新株予約権は行使期間中毎月1回市場価格の93％に行使価額が修正される（申立書別紙1の2頁以下＜本新株予約権の発行要項＞（以下「本発行要項」という）8(1)）ので、申立書記載（第2の1(2)エ）の通り、「ムービング・ストライク」と呼ばれる（以下ムービング・ストライク型新株予約権（オプション）を「MSO」というが、新株予約権と新株予約権付社債は基本的に同一の経済的意義を有するため、以下の説明では双方を区別しない）。MSOは、野村證券が平成15年12月に開発した、上記の新株予約権制度導入を踏まえた新しいエクイティ・ファイナンス手法であり、その導入の必要性は、とりわけ、株価への影響を極力抑えつつ、自己株式を有効に活用した資金調達を行う等の多様なニーズへの個別対応を可能ならしめる、オーダーメードのファイナンス手段の提供にあった（乙第32号証8～9頁）。野村證券だけでも、平成16年4月までに25件、発行総額にして2288億円を引受けたとのことである（乙32号証12頁）。また乙第26号証でも、2005年11月11日より2006年7月3日までの間に45件の発行例を確認することができるうえ、発行会社にも一流の会社が多い。これらの数字を見ても、MSOは、既に日本の資本市場で確固たる地位を築いていることが分かる。

5 MSOの商品特性として、MSOでは証券会社が新株予約権を第三者割当で引き受けるが、当該証券会社はMSOを行使して取得した普通株式を国内外の機関投資家や市場に売却する。債権者等は本件新株予約権の発行が現経営者の支配権の維持目的であるとするが（申立書第2の2(2)イ⑦）、引受証券会社は行使により取得した株式を売却し、保有の継続は考えられない。財務と事業基盤の健全性維持を最優先とする証券会社が顧客の依頼に応じて株式の如く価格変動リスクの高い商品を大量に保有する場合には、通常グループ内の投資専門会社（一般に「プリンシパル」会社と呼ばれる）に保有させるところ、本件では証券会社が直接引き受けるので長期保有はありえない。

6 債権者等は、債権者等の持株比率の低下によって「マイノリティー・スクイーズ・アウト（少数株主の排除）」が不可能になるとも主張している（申立書第2の2(2)イ⑧）。しかしながら、この「マイノリティー・スクイーズ・アウト」は、大株主の絶対多数議決権により少数株主を排除する一般株主の期待を裏切るスキームであり、株主総会の特別決議で採択された場合でも「著しく不公正な決議」として取消（会社法831条1項）の対象となる疑いが大きい。したがって、債権者等の懸念には合理性がない。

7 新株予約権が行使されるたびに当該時点の時価を反映した行使価額で株式が発行される。それゆえ、発行会社にとっては、小刻みに普通株式の公募増資を行うことに類似した経済効果を期待できる。また、第三者割当なので、公募のように証券会社が引き受けることがない。そのために手数料が節約できる。

8 MSCB（ここではMSO。以下同じ）に関して、

債権者等は、株主全体の利益を保護する観点から発行しない、あるいは一定の制限を設けている企業が多数見受けられると主張している（第1準備書面第1の5(1)ウ）。しかしながら、企業の資金調達手段は多種多様であり、特に、MSOは、近年日本の資本市場においても受け入れられてきたものである。とりわけ、本件のように自己株式を一般株主に迷惑をかけない形で処分するには、最適な手段の1つである。したがって、甲第14号乃至甲第18号の作成名義人たる5社が債権者等のいう「多数」に該当するとは到底思えないことをここで措くとしても、これらの各社がこのような決定をする具体的背景をも債権者等はすべからく立証すべき必然性があるところ、債権者等はこの点を何ら疎明していない。債権者は本件新株予約権の発行が債務者経営者の地位保全のためであると非難するが、これらのMSO発行機会の放棄を行った各社には既存の大株主保護の要請がその背景にあった可能性もある。したがって、債権者が決定背景の点を検証せず単に結果のみを論じたところで、その理由が明らかにならない限り、説得力ある議論とはならない。

9　本件新株予約権の有利性いかんは、①発行段階と、②権利行使段階に分けて考える必要がある。①発行段階で新株予約権の発行価額（オプション料）が公正でない場合には会社に損失が生じ、これが既存株主の経済的損失になる。また、②権利行使段階では、新株発行と同じく、行使時点での時価と行使価額との差額が既存株主の所有する株式価値の希釈化という経済的損失として帰結する（乙第31号証488頁）。

10　新株予約権の発行価額は、当該新株予約権の行使価額、権利行使条件、消却事由、権利行使期間等の要素を総合的に考慮した上で合理的に判断されるオプション価値以上である必要がある（乙32号証14頁）。本件新株予約権の発行価額1個当たり9万1000円（発行要項3）について債権者等は根拠不明と主張する（申立書第2の1(2)イ）が、公開資料では、一般的な価格算定モデルである二項格子モデルにより算定したと明記されている（発行要項22）。

11　発行価額はオプション価値評価によっており、ヨーロピアン・オプション（権利行使を行使期間の最終日とするオプション）を前提とするブラック・ショールズ・モデルの他、格子モデルやモンテカルロシミュレーション等がある。ブラック・ショールズ・モデルは随時行使可能なMSO商品には適切でないとの指摘が一貫しており（乙第31号証489頁、乙32号証16頁）、現在ではあまり使用されていない。また、モンテカルロシミュレーションも、将来の株価の可能性を乱数で発生させていく確率予測に基づく計算の流れのために、行使期間の終了時点からバックワードで計算する必要のあるアメリカンオプションの評価には不向きといわれているが、最近ではその改良形態が提案され、実際にも使用されているようである（乙32号証20、21頁）。

12　MSOの予約権行使は行使期間の期中に行われ、多くは行使期間終了日より相当前に完了する（乙第32号証9頁）のでアメリカンタイプ・オプションに属し、その算定では二項モデルによることが通常である。本件新株予約権ではみずほFTDが算定を委託され、格子モデルの中の二項格子モデルを使用した。なお、債権者等は、中央青山プライスウォーターハウスクーパース・フィナンシャル・アンド・リスク・マネジメント（以下「PWC」という）の鑑定書（甲第13号証）を提出しているが、ここでも2項モデルにより算定しているとことみずほDFTと同様であり、このモデルの使用には合理性がある。ただし、PWCの算定では本件新株予約権1個あたりの理論価値の計算値が9万8754円〜15万6738円とされ、本件みずほDFTの9万0949円より高い。

13　この相違は、PWCの計算基準日が平成18年6月15日（甲第13号2頁）として未だ発行されていない時期（本件発行は7月3日である）に定められて計算がなされた結果である（甲第34号証）。しかしながら、本件で新株予約権の計算基準日が発行日と同一に設定されているのは証券会社による直前のキャンセル等真実有効な発行を確認できるまでは何が起こるかわからないという当たり前の前提に基づいてのことである。対するに、債権者等の考え方は、発行決議がなされれば即座に新株引受権が成立し取得できるという、およそあり得ない前提をもとに計算をおこなっているに帰着する。そうであるとすれば、その結果、新株予約権の取得者は、本件新株予約権が初めて取得可能となる7月3日以前の6月15日以降の期間についても、自分に権利が来るのかさえ定かではなかったのに対価だけは支払を一方的に義務付けられ、これを受け入れていることになる。しかしながら、そうだとすると、「経済合理性を前提とします」と明記されている（乙第24号証第1丁）はずの、理論価値算定の前提たるべき新株予約権取得者の措定属性に即した行動としては、全く不合理な前提が公然と採用されていることになり、この点で問題外の検証態度と言わねばならない。まして、市場価格の変動の大きい昨今の株式市場では、2週間以上も差のある前提条件の違いは致命的なミスと写る。なお、本件新株予約権の発行価額（9万1000円）の当初割当株式価値（997円×1万株）の割合は0.91%であり、他の発行事例と比較しても遜色がない（乙第26号証）。

14　なお、試みに、「みずほDFT」の算定式において「PWC」が採用した計算基準日と同一の「平成18年6月15日」を基準日とし、ボラティリティについても同じく「25%〜42%」を採用して試算をするよう依頼してみたところ、乙第35号証の回答が得られた。それによれば、両者の数値に殆ど差異がない事実は歴然としている。したがって、債権者等の援用する甲第13号証は、その主張とは逆に、むしろ、本件新株予約権価格の合理性を担保する内容のものに他ならない。

15　オプション価値算定は金融工学の先端分野に属し、欧米の経験・知識も吸収して行う必要があるところ、算定機関の選定に際しても、このような高度の専門家を擁した機関が日本では少数であるために、事業会社が自力で探すことは難しい。しかし発行価額の公正性は発行会社にとって有利発行でないとの確認をと

るための重要な判断要素であり、通常はこのような専門機関との関係の深い引受証券会社等に相談し、その推薦を受けて妥当性を判断した上で依頼する。本件でも債務者は引受証券会社の三菱UFJ証券に専門機関の紹介を依頼したが、同社は利害抵触を避けるために三菱UFJフィナンシャル・グループの外部からみずほDFTを紹介してきた。しかし債務者はそのまま受け入れたわけではなく、同社の業界における評価や信頼性を独自に検証して選択している。これは一般の事業会社によるMSO案件では通常の実務慣行である。

第2　本件新株予約権の行使価額の合理性

1　本件新株予約権の行使価額は当初株式1株あたり997円である（発行要項7(2)）が、行使期間中毎月第2金曜日に3連続取引日の時価の平均（以下「修正基準値」）の93％に修正される（発行要項8(1)）。但しその修正は上限転換価額（1495円で当初行使価額の150％）と下限転換価額（499円で当初行使価額の50％で）の範囲内である必要がある。この条件はMSOでは通常であり、その目的は、発行後の株価変動を越えて株式への転換を促し、資金調達という発行会社の目的を達成するためである（乙第32号証10頁）。債権者等は本件行使価額が本件新株予約権者に極めて有利と主張する（申立書第2の1(2)ウ）。しかしながら、この調整の結果、行使のたびにその時点での時価を反映した行使価額で株式が発行されるので、発行会社にとっては小刻みに普通株式の公募増資を行うことに類似した経済効果を期待できることになる。まして、債務者が毎月1回一定の株数を時価の7％ディスカウントで小刻みに増資をした場合、債権者等がそれを有利発行と主張しても支持は得られないと思われる。したがって、この点に関する債権者等の主張には合理的な根拠を見出し難い。

2　新株予約権の固有の行使価額に関して特別の議論はなく、その有利性の判断は新株発行に関する有利発行性の基準にそのまま依拠することになる。判例は、「特に有利な発行価額」とは新株を発行する場合に公正な発行価額と比較して特に低い価額をいい、「公正な発行価額」とは、新株の発行により企図される資金調達の目的が達せられる限度で既存株主にとって最も有利な価額であるとしており、その具体的な決定に際しては、発行価額決定前の当該会社の株式価格、株価の騰落習性、売買出来高の実績、会社の資産状態、収益状況、配当状況、発行済株式数、新たに発行される株式数、株式市況の動向、これらから予測される新株の消化可能性等の諸事情を総合し、既存株主の利益と会社が有利な資金調達をするという利益の調和の中に求めるべきであるとしている（最3小判昭和50年4月8日民集29巻4号350頁）。こうして、判例上、新株発行価額の有利性の判断は個別諸要素の総合的判断に求められ、具体的なフォーミュラは示されていない。これらの諸要素の中でも、判例は特に消化可能性を重視し、発行される新株の殆ど全部を消化する見込みのある価額にして、しかも他方で公正な判断に基づき発行会社及びその株主のために不利益でない価額とする見解に近いといわれている（乙第32号証18頁）。

3　かくて具体的なガイドラインがない状況において、日本証券業会は、平成15年3月11日に「第三者割当増資の取扱いに関する指針」（以下「日証協指針」という）を発表し、有利発行に該当しない場合として、発行価額が原則として当該増資に係る取締役会決議の直前日の価格に0.9を乗じた価額であること、但し直近日又は直前日までの価格又は売買高の状況等を勘案し当該決議日から適当な期間（最長6ヶ月）を遡った日から当該決議日も直前日までの平均の価格に0.9を乗じた額以上の価額とすることができるとした（乙第32号証16頁）。この日証協指針に対しては東京地裁も一定の合理性を認めている（東京地決平成16年6月6日資料版商事法務243号130頁参照）。したがって、MSOのケースでも、時価からのディスカウントは10％を超えない範囲で行われている（本件MSOでは7％）。債権者等は、この日証協指針（いわゆる10％ルール）に関して、新株発行の市場価格の変動リスクに備えるものであり新株予約権には適用されるべきではないと主張している（申立書第2の1(2)エ）。しかしながら、新株予約権の場合には、保有者は新株発行の場合のリスク期間である法定公告期間の2週間以上の長期間にわたり保有していることが明白であり、この間に市場価格下落のリスクにさらされている。

4　また、公募発行の場合には相応の費用が必要であって、通常は発行総額の7乃至10％程度のコストがかかる。そこで、7％のディスカウントも経済的には合理的な範囲といえる（乙第32号証16頁）。

第3　本件下限修正価額及び上限修正価額の合理性

更に、多くのMSOでは、下限修正価額を決めて不当な希薄化を防止している。その範囲は通常は60乃至70％が合理的と考えられているが、上限修正価額もある場合には公平性の観点から更に弾力的に考えてよく、下限修正価額が50％位で上限修正価額が150％から200％までであれば特に有利ではないとされている（乙第32号証17頁）。本件新株予約権の条項等はこの範疇にある。

第4　本件取得条項の合理性

1　次に、MSOでは、発行会社による早期消却（会社法では満期前取得）条項を設定することが通常である（本件では発行要項14の取得条項（以下「本件取得条項」という））。その目的は、(イ)当初の予想に反して株価が下落すると債務者ひいては株主に不利な状況が起こり得るので取得条項を用意しておく必然性があること、(ロ)時価が下限転換価額以下となった場合には株価回復の見込みのない限り行使は見込めないこと、(ハ)資金調達の必要性がなくなった場合や他の資金調達手段がより有利となった場合への対策にある（乙第24号証第3丁に記載されている株式会社インデックスの例参照）。更に重要なことは、(イ)乃至(ハ)のような事由が客観的に発生すれば、発行会社の取締役は本件取得条項行使による消却の決定を行う義務があり、それに違反した場合には忠実義務違反となることである（乙第32号証16頁）。従って、本件取得条項は見せかけではなく、実際にこのような取得条項を発動して予想以上の希薄化を回避した例もある（乙

第32号証10頁）。また、本件取得条項がないと新株予約権保有者はヘッジ取引で空売を行い、最終的にはMSOで売りポジションが解消されるので、行使を遅らせる傾向がある。世間で批判を浴びたMSOにはこのような問題があったので、この売りポジションを作らせないためにも、いつでも消却される圧力を加える本件取得条項には合理的な意味がある（乙第32号証17頁）。また本件新株予約権の取得には2週間の通知又は公告が必要であるが、これは会社法273条の規定に沿ったものである。さらに、本件取得条項の行使のあった場合、行使価額は修正基準値の110％に修正される（発行要項8(2)）ので、実質的には行使・売却しても経済的には不利益となる状態（債権者等第1準備書面第1の3(1)ウ記載の「アウト・オブ・マネー」の状態）となる。債権者等は10日間の行使期間しか認められない前提は新株予約権の実態を無視したものであると主張する（第一準備書面第1の4(1)イ）。しかしながら、上記の通り本件取得条項には経済的に合理的な根拠があり、債権者等の主張は失当である。また、債権者等は、引受証券会社である三菱UFJ証券に債務者株式の空売の可能性があり、その結果債務者の一般株主が損害を受ける可能性があることを縷々説明している（第一準備書面第1の5(1)イ）。けれども、本件新株予約権に本件取得条項がある以上、債務者取締役は必要な場合にこれを行使して債務者の利益を擁護する義務があり、その結果本新株予約権は通知を始期とする2週間の経過で債務者が何時でも本件取得条項の行使により取得可能すべきことになる。従って申立外三菱UFJ証券には本新株予約権の強制的喪失のリスクがあるため、通常の新株予約権保有者が行い得る空売は本件で不可能である。

2　なお、債務者としても、本件新株予約権の発行条件の決定に際しては、可能な限り多くの事例を集め、それらの合理性を確認したうえでその内容を決定している（乙第33号証）。したがって、この意味においても、債務者の行為には何らの不公正もないのである。

第5　本件新株予約権の発行条件等に関する債権者等の主張の不合理性

1　債権者等の主張を突き詰めると、その論ずるとおりの意義しかない本件取得条項であれば、むしろ百害あって一利なきかの如くである。しかし、そうであるなら、そもそも法は何故に取得条項の定めを認めているのであろうか。本件を離れても、いずれにせよ、取得条項が行使される限り、資金調達という新株予約権発行の前提目的が達せられないという帰結は同一に他ならない。この点をふまえれば、債務者の主張は、要するに立法を非難しているに等しい。

2　さらに、新株予約権が行使されず2年余りも残存することを一般的な前提とせよと論ずるかのごとき債権者等の主張は、そもそも資金調達の必要性の故にファイナンスをおこなうのだという新株予約権発行者の大前提を否定するが如き趣旨に帰し、一般的な前提たり得る見解とは到底言いかねるところである。

3　のみならず、本件同様に第三者割当形式の新株予約権付社債の他の発行例を「みずほDFT」で確認し

たところ、2004年1月以降本件に至る25例の関与案件の中で、当該条項のない事例は皆無であった。とすれば、債権者等の主張は、かかる実務慣行をも真向から否定する趣旨を含意するに帰する。

第6　本件新株予約権発行の公正性

1　本件新株予約権は、本年4月5日に償還された社債（外債）の償還資金につき、これに対する当座貸越の状態が暫定的に継続されてきた状態に根本的に対処すべく発行が決定されたものである（乙第35号証）。したがって、本件新株予約権の発行が債権者等の持分割合の希薄化をもっぱらの目的とする著しく不公正なものであるとの債権者等の主張は事実誤認も甚だしい謬論である。

2　およそあらゆる株式発行には持分割合の問題が付着するところ、従前の持分割合の維持のみを法の絶対的な要求事項とする限り、株主割当以外に新株発行の余地はあり得ないことになり、ひいては資金調達の可能性に著しい制約が生ずるのは明白である。したがって、立法も、もとよりそのよう前提を採用してはいない。むしろ、このたびの会社法においては、議決権が株式の本質的な要素ではないことを確認する趣旨の法文すらかえって新たに明定されている（会社法第105条第2項）。その結果、各株主の議決権割合の維持が唯一絶対的な要請でないことは立法的にももはや一層明確な前提である。故に、資金調達の機動性、合理性を有するかぎり既存株主の持分割合以外の要素が斟酌され得ることは改めて強調するまでもない。主要目的基準等の準則も、資金需要の充足と持分割合とのこのような緊張関係を調整すべく、国境の如何を問わずに判例上形成されてきた有力な法原則の一つに他ならない。それ故に、かかる配慮を否定するかのごとき債権者等の主張は、独断かつ独善である。

3　本件新株予約権の発行で持分割合が低下する可能性があるのは、何も債権者等ばかりではない。債権者等が問題とする甲田太郎や株主たる銀行等、およそあらゆる株主にとってもまた、持分割合の低下という同一の結果は生じ得る。にもかかわらず、債権者等以外からは、今日までいかなる異論も出されていない。何よりも、債権者等は、みずからの保有する債務者株式を、その問題意識にもかかわらず、何故に市場で売却することなく所有し続けようとしているのであろうか。株式保有の揺るぎない継続という債権者等のかかる対応を目の当たりすれば、債務者としては、むしろ、債権者等の投資判断の前提に、債務者の現体制に対する深い信頼を確認すべき余地すらも観念せざるを得ない。現に、ロブリーは、「本件仮処分を申し立てることにより、サンテレホンとの従前の協調路線を変更するつもりはいささかもございません」（甲第7号証最終丁）とあえて明言して、その陳述書を締めくくっている。

4　債権者等はまた、本件新株予約権の発行が、「特定の株主を排除し現経営者の支配権を維持することを目的とした不公正発行であるから、債権者らを含む株主一般の利益を害することは明らかである」と主張する（申立書15頁）。しかしながら、現経営者は、あく

までも株主総会の多数によって選任された結果としてその地位にあるに過ぎない。その意味で、債権者等は、相対的な少数者でありながら多数者の意思を否定すべき裁判を本件で求めているに等しい。まして、債権者等が債務者の総会で何に関してであれ議決権行使に際し反対票を投じた事実は1度としてなく、その議決権行使すら債務者より促されてようやく直近2回の総会でなしたのみである。同様に、債権者等が主張する債権者JMBOの拒否権や筆頭株主の地位に伴う利益等の主張も独自の前提をもっぱらとする恣意的独断にすぎない。

5　念のため今日の代表的な教科書である神田秀樹著『会社法（第八版）』を確認すれば、本件と異なり買収が差し迫った局面における新株予約権の発行に関してさえ、「(a)発行目的に合理性がある場合、(b)損害が軽微であるかまたは容易に回避可能な場合（たとえば、新株予約権の行使が可能な場合〔行使することで譲渡性のある株式を取得することができる〕等）、(c)損害を上回る利益がもたらされるような場合〔論理的には(a)はこの場合の1つと考えられる〕には、差し止め事由とはならないと解すべきである。なお、新株予約権が公正な払込金額で発行された場合には、各株主の株式の価値の分断は生じないので、このような問題は生じない」と説かれている（乙第29号証145頁）。また、敵対的企業買収の局面においてすら、買収者が、「①真に会社経営に参加する意思がないにもかかわらず、ただ株価をつり上げて高値で株式を会社関係者に引き渡せる目的で株式の買収を行っている場合（いわゆるグリーンメイラーである場合）、②会社経営を一時的に支配して当該会社の事業経営上必要な知的財産権、ノウハウ、企業経営情報、主要取引先や顧客等を当該買収者やそのグループ会社等に移譲させるなど、いわゆる焦土化経営を行う目的で株式の買収を行っている場合、③会社経営を支配した後に、当該会社の資産を当該買収者やそのグループ会社等の債務の担保や弁済原資として流用する予定で株式の買収を行っている場合、④会社経営を一事的に支配して当該会社の事業に当面関係していない不動産、有価証券など高額資産等を売却等処分させ、その処分利益をもって一時的な高配当をさせあるいは一時的高配当による株価の急上昇の機会を狙って株式の高値売り抜けをする目的で株式買収をおこなっている場合など、当該会社を食い物にしようとしている場合には、濫用目的をもって株式を取得した当該敵対的買収者は株主として保護するに値しないし、当該敵対的買収者を放置すれば他の株主の利益が損なわれることが明らかであるから、取締役会は、対抗手段として必要性や相当性が認められる限り、経営支配権の維持・確保を主要な目的とする新株予約権の発行を行うことが正当なものとして許されると解されるべきである」との趣旨が、債権者等が自己の主張の根拠に引用する（申立書12頁）東京高裁平成17年3月23日決定中に判示されている事実もまた、紹介されている（乙第29号証145頁）。かかる法的判断に接するとき、最大限でも総株式数の1割に満たない金庫株の公正価格による放出が観念されるに過ぎない本件においてさえ（因みに、債権者等が決定を引用するライブドアの事件では42％の持分割合が17％に減少している）、配当性向50％への増配要求や推薦者の取締役への選任要求、消費者金融業への進出の示唆、債務者等に対する株式の売却交渉、MBOなる手法が目指す上場廃止とその後の資産の売却等及びそれらを経た後における再上場とその際の株式売却というスキームの公然化、債務者に対する要求事項の幾多の食言的変遷等々、本件債権者等がわずかこの2、3年の間に債務者に提案し続けてきた複数の事項について、仮に有事を想定してさえそれらを裁判所が許容するところではないのではないかとの疑念を完全に払拭することは困難である。債権者等は、売り抜けをもっぱらの目的として本件債務者株式を購入しているのではないと主張するのであれば、すべからく、その提案にかかる投資対象会社の経営成果の改善例を具体的に示すべきである。

6　さらに言えば、債権者等は、従来、債務者に対して、債権者等の指名する者を取締役に選任するのであれば債務者との間でいわゆるスタンドスティルアグリーメントを締結し、株式の買増をやめても良いと主張してきた。かかる提案はこれを受け入れなければ株式の買増を継続するとの趣旨に響いていたところ、本申立において、債権者等が自己の保有株式につき債務者に対する拒否権の存在を観念している事実が判明した。そうだとすれば、こうした要求は、総体として法の禁止する利益供与の禁止に抵触し（会社法第120条参照）、会社法第970条第3項の構成要件に該当するのではないかとの疑問を払拭することができない。

7　以上述べてきた次第で、債権者等による本件申立には何らの合理性もない。よって、本件申立は速やかに却下されるべきである。

13 オープンループ事件
── 募集新株予約権の払込金額を算出する際に用いるべき行使価額 ──

I 国内判例編

札幌地決平成18・12・13金融・商事判例1259号14頁

甲南大学大学院ビジネス研究科准教授　家田　崇

I　事案の概要

　Yは平成9年に設立され、コンピュータハードウェア・ソフトウェアおよびコンピュータ周辺機器の企画開発および保守等を主たる事業内容とする株式会社である。平成18年11月30日現在の資本金は47億7099万2974円、発行可能株式総数は25万株、発行済株式総数は8万8321株であって、その発行する普通株式は、大阪証券取引所ヘラクレス市場に上場している。本件に先立ち、Yは他の会社との吸収合併等を実施しているが、この合併等が不適当な合併に該当するとの大阪証券取引所の判断（注1）に基づき、平成15年3月1日からY株式は「猶予期間」入り銘柄として取り扱われ、平成18年10月1日から監理ポストに割り当てられた（注2）。

　Xは、昭和10年12月16日に設立され、電子器具販売等の企画、研究、開発等の事業並びに同事業を営む会社等の株式または持分を取得・所有することにより、当該株式会社等の事業活動を支配・管理することを主たる事業内容とする株式会社である。平成18年12月1日現在、Xおよびその完全子会社が保有するYの普通株式数は、合計18270株（保有割合20.69％）となっている。

　Yは平成18年11月29日開催の取締役会において、本件募集新株予約権の発行を決議した。本件募集新株予約権は、訴外Aを相手方として発行されており、割当て日および払込期日は平成18年12月15日とされていた。

　発行する募集新株予約権の総数は、200個であり、募集新株予約権の目的たる株式の種類は普通株式であった。募集新株予約権の目的たる株式の数は、行使請求にかかる募集新株予約権の数に1000万円を乗じ、これを行使価額で除した数としている。募集新株予約権の払込金額は、募集新株予約権1個あたり5万円となっている。募集新株予約権の行使に際して払込をなすべき1株あたりの金額（以下、「行使価額」という）は、当初11万2650円とされていた。

　本件募集新株予約権は、行使価額の修正について規定している。ここでは、Yの通知による行使価額の修正などが規定されている（注3）。Yが募集新株予約権の保有者に対し、書面による事前通知を行った場合には、行使価額が修正される。この場合、行使価額は、かかる通知がなされた日の直前の週の最終取引日を最終日とする3連続取引日の大阪証券取引所におけるYの普通株式の普通取引の毎日の終値の平均値の92％に相当する金額に修正され、その後、毎週の最終取引日を最終日とする3連続取引日の大阪証券取引所におけるYの普通株式の普通取引の毎日の終値の平均値の92％に相当する金額に修正される。修正された行使価額の上限は当初行使価額（11万2650円）とし、その下限は当初1万8775円とされていた（注4）。

　行使期間は、平成18年12月15日から平成20年12月12日までとされていた。なお、Yが募集新株予約権者に対して別段の通知を行わない限り、平成19年4月13日において残存する募集新株予約権の行使は一時停止されると規定されていた。

　本件募集新株予約権は、取得条項付新株予約権として発行されている。Yは平成18年12月15日以降いつでも、Y取締役会が本件募集新株予約権の取得を決議した場合は、Y取締役会で定める取得日において残存する募集新株予約権の全部または一部を会社法273条2項、274条3項および293条1項の規定に従って、当該取得の日の1か月前ま

でに公告および通知をした上で、払込金額と同額で取得することができる。

本件募集新株予約権については譲渡制限が付されており、譲渡による募集新株予約権の取得については、Y取締役会の承認を要するものとされていた（注5）。

本件募集新株予約権の発行について、Xが、①払込金額が特に有利な金額による発行（以下、「有利発行」という）であるのに株主総会の特別決議を経ていないため、会社法240条1項、238条2項および3項2号並びに309条2項6号の規定に違反していること、②著しく不公正な方法による発行（以下、「不公正発行」という）であることを理由として、その発行を仮に差し止めることを求めたのが本件である。

II 決定要旨

「会社法238条3項2号にいう、『特に有利な金額』による募集新株予約権の発行とは、公正な払込金額よりも特に低い価額による発行をいうところ、募集新株予約権の公正な払込金額とは、現在の株価、行使価額、行使期間、金利、株価変動率等の要素をもとにオプション評価理論に基づき算出された募集新株予約権の発行時点における価額（以下『公正なオプション価額』という）をいうと解されるから、公正なオプション価額と取締役会において決定された払込金額とを比較し、取締役会で決定された払込金額が公正なオプション価額を大きく下回るときは、原則として、募集新株予約権の有利発行に該当すると解すべきである」

「…、会社法240条1項、238条2項、309条2項6号において、第三者への新株〔予約権〕の有利発行をする場合に株主総会の特別決議を必要としているのは、取締役会のみの判断で、既存の株主に損害を与えることを防止する趣旨であることからすると、有利発行性を判断する際には、取締役会が自由に決定できる裁量の範囲内の最も低い金額を〔行使価格の〕基準とすべきである。…。」

「…、本件募集新株予約権の発行が有利発行であり、これにより株主が不利益を受けるおそれがあるといえるので、不公正発行の点（…。）について判断するまでもな〔い〕…。」

III 分析と展開

1 本件決定の意義

本件は、第三者に対する募集新株予約権の発行について、差止めが争われた事案である。本件決定では、募集新株予約権が有利発行であるにもかかわらず、株主総会の特別決議を経ていないとして、発行の差止めを命じている。

本件募集新株予約権は、XがYの株式を買増し、保有割合を増加させている状況で発行されている（注6）。本件募集新株予約権は、敵対的企業買収からの防衛策として発行されたとは明示されていない（注7）が、新株予約権が行使されると、Xの持株比率が低下することから、XによるYの株式取得を牽制する効果が認められる。

本件募集新株予約権には、新株予約権発行の後に、行使価額を修正する条項（以下、「修正条項」という）が付されていた。本件では、募集新株予約権の払込価額を算定する際に、修正条項をどのように考慮すべきかが問題となった。本件決定では、新株予約権の有利発行を判断する際に用いるべき行使価額については、取締役会が自由に決定できる裁量の範囲内の最も低い金額を基準とすることが示されている。わが国の実務では、資金調達を目的として転換社債型新株予約権付社債を発行する際などに、新株予約権の行使価額を修正する条項（いわゆる下方修正条項）を付すことがある。本件決定で示された司法判断は、下方修正条項を付して新株予約権を発行する際に参考とすべき点が含まれていると考えられる。

2 従来の司法判断と本件決定の特徴

平成13年の商法改正によって新株予約権の単独発行が認められて以降、企業買収への防衛策として新株予約権が発行されており、その是非が司法の場で争われている。例えば、会社の経営支配権に現に争いが生じている場面において、経営支配権の維持確保を目的として、新株予約権を発行することは、原則として、不公正な発行に該当するとした事案（東京高決平成17・3・23金判1214号6頁・本書別稿❽仮屋論文）、および譲渡制限を付した新株予約権を、株主割当によって発行することは、既存株主に受忍させるべきではない損害が生じるおそれがあるとして、不公正発行に該当するとした事案（東京高決平成17・6・15金判1219号8

頁・本書別稿❾山田論文）がある。これらは、新株予約権の不公正発行を理由として差止めを命じている。本件では、募集新株予約権の有利発行および不公正発行が問題とされたが、本件決定は、当該募集新株予約権の発行は有利発行であるとして、不公正発行の点については判断するまでもなく差止めを認めている。

新株予約権の有利発行については、取得条項を付した募集新株予約権が有利発行に当たるとして差止めが認められた事案（東京地決平成18・6・30金判1247号6頁・本書別稿❿久保田論文）がある。ここでは、取得条項を理由に安価な払込金額で新株予約権を発行することは有利発行に該当するとしている。本件決定では、行使価額が修正される可能性があるにもかかわらず、行使価額の修正がないことを前提として安価な払込金額で新株予約権を発行することは、有利発行に該当するとの判断が示されている。

3　新株予約権の有利発行

(1) 募集新株予約権の公正な払込金額

本件決定では、会社法238条3項2号にいう特に有利な金額による新株予約権の発行とは、公正な払込金額よりも特に低い価額による発行をいう、としている。募集新株予約権の公正な払込金額は、オプション評価理論に基づき算出された募集新株予約権の発行時点における価額（公正なオプション価額）をいうと解し、取締役会で決定された払込金額が公正なオプション価額を大きく下回るときは、有利発行に該当すると解すべき、としている。本件決定の判断は、当該新株予約権のコール・オプションとしての財産的価値を基準として、新株予約権の有利発行を判断する立場（オプション価格基準説（注8））に基づくものであり、従来の司法判断の立場を踏襲するものである。平成13年の商法改正において新株予約権の制度が導入された際に、新株予約権は当該会社の株式を対象としたコール・オプションであると定義されており（平成13年改正直後の商法280条ノ19第1項）、会社法の定義規定でもこれを継承している（会社法2条21号）。法制上、新株予約権がコール・オプションとして定義されている以上、オプションとしての財産的な価値を基準に、有利発行か否かを判断することは当然といえよう。

オプション評価理論では、権利行使価額、対象となる株式の時価、行使期間、株価変動の標準偏差（ボラティリティ）（注9）、および一般金利を要素として、新株予約権のコール・オプションとしての評価額（以下、「オプション評価額」という）を算出する。ここで用いる諸要素のうち、対象株式の時価、行使期間、一般金利については、客観的に定められることから、当事者の恣意的な判断が入り込む余地は少ないと考えられる。また、ボラティリティについては、他の要素と評価額が明示されていれば、逆算できる。本件募集新株予約権を発行する際に、発行会社が取得した意見書では、募集新株予約権の財産的な価値を算出する際に必要となる数値はボラティリティも含めてすべて明示されていた（注10）。

(2) 新株予約権の行使価額

本件募集新株予約権の払込金額を算出する際に、発行会社は行使価額を11万2650円としてオプション評価額（3万2933円）を求め、その評価額を修正して払込金額（5万円）を決定している。ここで用いられた行使価額は、当時の発行会社の株価水準（注11）を大きく上回っていた。新株予約権の行使価額として高い価額を設定すると、安価な払込金額が算出され得るが、このことが直ちに問題を生じさせるわけではない。行使価額が高く設定されているコール・オプションは、その財産的価値も安価になるからである。本件募集新株予約権においては、払込金額を算出する際には、高い行使価額を基準としながら、その一方で行使価額の修正条項を規定していることが問題とされた。

本件決定では、新株予約権の有利発行を判断する際に用いるべき新株予約権の行使価額については、取締役会が自由に決定できる裁量の範囲内の最も低い金額を基準とすべきとしている。第三者に対する新株予約権（注12）の有利発行について株主総会の特別決議を必要としているのは、取締役のみの判断で既存株主に損害を与えることを防止することにあるとして、本件決定の立場は示されている。

本件決定で示された立場によると、修正条項が付された新株予約権については、最も低い金額を行使価額の基準として、払込金額を算出する必要がある。本件決定の立場は高く評価できると考える。最も低い金額を行使価額の基準とすることによって、当該募集新株予約権の財産的な評価額の上限値が、発行会社によって提示されることになる（注13）。この過程を経ることによって、発行

会社による払込金額の算定がより精緻なものになると考えられる。

本件決定は、行使価額の修正に関して取締役会の裁量がどの程度認められるのか考慮できるとしている。取締役会の裁量の程度を考慮に入れることは、現実的な判断といえよう。本件決定では、本件募集新株予約権は、書面による事前通知によって、行使価額を修正できること、および事前通知を行うか否かについて条件等が付されていなかったことに着目し、発行会社の取締役会の判断のみで、行使価額を修正できると判断している。本件決定では、取締役会の裁量は大きいとしており、通知による行使価額の修正が行われることを前提として、払込金額を算出すべきと判断している。

本件において発行会社は、本件募集新株予約権について、修正条項に基づく通知がされる可能性は低く、行使価額が修正される可能性は低い、と主張した。その根拠としては、今後、M＆A案件等に関して資金が必要となること、現在の株価は監理ポストに割り当てられていることから低下しているのであり、通常ポストへの復帰が認められれば11万2650円を超える水準にまで高くなる可能性があることなど（注14）を主張している。本件決定では、これらの主張を認容せず、募集新株予約権が発行された当時の株価からすると、当初行使価額で新株予約権を行使することは経済的損失になるにもかかわらず、本件募集新株予約権の申込みおよび払込みをしていることから、新株予約権保有者の通常の思考としては、通知による行使価格の修正がなされることを見込んでいると判断し、このような一般的かつ通常の予測を覆すに足りる特別な事情の疎明はないとしている。発行会社が主張する論拠について、取締役会がこれを確信しているのであれば、本件募集新株予約権に修正条項を付す必要はないと考えられる。このことからも、本件決定の判断は妥当と考える。

(3) オプション価額の計算方法について

本件決定では、公正なオプション価額の計算方法についてもいくつか参照すべき基準が提示されている。

本件募集新株予約権について、発行会社は、ブラック・ショールズ・モデルの算定式を用いて、コール・オプションとしての価額を算定している。本件決定では、ブラック・ショールズ・モデルの算定式で算出された評価額と、二項格子モデルを用いて算出された評価額とを比較し、両者の評価額が近似していることを理由に、格別不合理な点は見当たらないとしている。

本件決定では、公正なオプション価額を算定する際には、特定のモデルに従わなければならないということが示されているわけではない（注15）。オプション評価モデルとは、オプションの財産的価値の近似値を算出する性格を持つことからも、特定のモデルによらなければ、直ちに不合理な評価額になるとはいえないだろう。

本件募集新株予約権については、行使価額の修正があった時点での将来の株価の見積もりにモンテカルロ・シミュレーションを採用して、行使価額修正の通知、本件募集新株予約権の取得条項の通知、などの有無によって場合わけをしてオプションを算定すべきではないかという問題が提起された。本件決定では、行使価額が修正されないことを前提に算出された本件募集新株予約権の払込価額が、公正なオプション価額を大幅に下回ることを理由として、有利発行に該当すると判断したことから、行使価格の修正等について場合わけを行ったうえでオプション評価額を算出すべきかについては立入った判断をしていない。もし、仮に、本件募集新株予約権において、発行会社の側で、モンテカルロ・シミュレーションなどを用いて将来の株価を見積もり、行使価額の修正、取得条項の通知などについて場合わけをした上で、払込金額を算定したならば、公正なオプション評価額に相当すると判断される可能性もあったのではないかとも考えられる。この場合には、どのようにシミュレーションを行ったかなどについて、検証可能性が確保されなければならないだろう。その上で、本件決定の基準を適用して検討すると、行使価額として取締役会の裁量の及ばない価額が用いられていると認められるのであれば、有利発行ではないと判断される余地もあるのではないかとも考えられる。行使価額の下方修正条項や、取得条項などを付して募集新株予約権を発行する場合に、どのような方法でオプション評価額を算出すべきなのかについて、より精緻な基準をしめすことは今後の課題といえよう。いずれにしても、公正なオプション評価額を算定し、これに基づいて払込金額を決定することによって、既存株主が不利に取り扱われることがないようにすべきといえよう。モンテカルロ・シミュレーションなどの

手法を用いて、修正条項の影響を客観的にオプション評価額に反映させることは、ひとつの解決の方向性を示しているとも考える。

4　結語

本件決定によって、第三者への募集新株予約権の発行が有利発行に該当するかを判断する基準が、より精緻化された。新株予約権の有利発行に該当しないと認定されるには、当該募集新株予約権の払込金額が、オプションとして公正な評価額を下回ってはならない。払込金額を算出する際に必要となる要素のうち、行使価額について修正条項が付されている場合には、本件決定で提示された基準に従い、取締役会が自由に決定できる裁量の範囲内の最も低い金額を基準とすべきであろう。確定した値が行使価額として決定されれば、ボラティリティも逆算可能となる。修正条項が付されている場合には、このように最も低い金額を行使価額の基準としてオプション評価額を一旦算出し、その金額を基準としながら、取締役会の裁量の程度を勘案しながら、具体的な払込金額を決定することが望ましいと考える。

新株予約権の第三者割当を買収防衛策として用いる利点として、発行会社への払込金額が、新株の第三者割当と比較して安価であることが指摘できよう。募集新株予約権の発行時点においては、払込金額を支払うだけでよいからである。本件のように行使価額を高くし、一見すると権利行使が困難な形で新株予約権を発行した場合には、払込価額をさらに安価にできる。新株予約権を実際に行使する段階の行使価額は、修正条項によって低額になることが見込まれるのであれば、払込金額を引き下げることを目的として高い行使価額を設定したと判断せざるを得ない。このような新株予約権を取締役会決議に基づいて第三者に発行することは、既存株主保護の観点から問題となるといえよう。本件決定は、募集新株予約権の適正な発行を判断する基準となる重要なルールを提示していると考える。

（注1）　この合併等については、上場会社が非上場会社の吸収合併等を行った場合で、当該上場会社が実質的な存続会社でないものと認められるとして、不適当な合併と判断されている。

（注2）　「猶予期間」入り銘柄は新規上場審査に準じた審査に適合することを要件として継続上場が認められる株式をいう。Y株式についてはこの審査に適合する旨の認定を受けないまま猶予期間の期限を迎えたために、監理ポストに割り当てられることになった。

（注3）　このほか、行使価額については、Yが取得条項に基づき、新株予約権を取得する旨の通知および公告を行ったとき、およびあらかじめ譲渡が承認された相手以外に新株予約権を譲渡する場合には、行使価額は当該前日までの3連続取引日の大阪証券取引所における債務者普通株式の終値の単純平均値の300％で円単位未満を切り捨てた金額に修正され、以降毎週最終取引日の翌営業日以降、通知・公告・譲渡後修正日までの各3連続取引日の大阪証券取引所におけるY普通株式の終値の単純平均値の300％で円位未満を切り捨てた額に修正されると規定されていた。

（注4）　行使価額の下限についても修正の可能性がある。規定によると、連続した10取引日の大阪証券取引所におけるYの普通株式の普通取引のブルームバーグサービスのエクイティーＶＡＰページにおける、普通取引の売買高加重平均価額の（当該連続取引日）の単純平均値が、直近の下限価額を下回った場合、下限価額はその翌取引日より直近の下限価額の70％または9387円のいずれか高い方の額に再度設定されるとされていた。

（注5）　ただし、1社については譲渡の相手方として発行時にあらかじめ承認されていた。

（注6）　大量保有報告書および変更報告書によると、2006年10月20日のXのY社株式の保有割合は、6.11％であったが、同年12月7日には、完全子会社もあわせて、20.69％を保有するに至っている。

（注7）　Yは本件募集新株予約権の発行に先立って、平成18年11月8日開催の取締役会において、企業価値向上のための買収防衛策としての情報開示ルールの導入を決議している。

（注8）　江頭憲治郎「ストック・オプションのコスト」竹内昭夫先生追悼『商事法の展望』161頁（商事法務研究会・1998年）、174～177頁において、オプション価格基準説が提唱されている。

（注9）　本件決定では、株価変動率といっている。

（注10）　ここでは、行使価額を11万2650円、対象株式の時価は平成18年11月29日時点の株価37550円、行使期間を0.37年、無理リスク利子率として残存期間に対応する国債の利回りを使用し0.481％、およびボラティリティについては

93.70％として、募集新株予約権1個あたりの評価額金額3万2933円を求め、この評価額と募集新株予約権1個あたりの払込金額5万円と比較して、有利発行ではないと判断したとしている。

(注11)　本件募集新株予約権の発行に関する取締役会決議を行った前日（平成18年11月24日）の株価は、3万6800円程度であり、平成18年12月5日の、発行会社の株価の終値は3万500円であった。

(注12)　本件決定の原文では、「第三者への新株の有利発行」と述べているが、その直前に、「会社法240条1項、238条2項、309条2項6号において」と記している。このことから、新株予約権の有利発行と記すべきであったと判断できる。

(注13)　発行会社は修正条項に基づく通知がなされた場合の本件募集新株予約権の評価額は、1個あたり101万7180円になるとしている。

(注14)　このほかに、株価が3万9500円を超えた場合には、すでに発行済みの新株予約権（第8回新株予約権）の行使による資金調達が可能であることを主張した。

(注15)　本件と同様に新株予約権の有利発行が争われた前掲東京地決平成18・6・30では、二項格子モデルを採用したことは不合理であるということはできないという判断が示されている。

Takashi IEDA

平成18・12・13札幌地裁民事第4部決定、平成18年（ヨ）第286号募集新株予約権発行差止仮処分命令申立事件、申立て認容

決　定

<当事者>（編集注・一部仮名）
債権者　　　　　　　　株式会社クオンツ
代表者代表取締役　　　　　　　山田恭太
債権者　　　　　　株式会社クオンツ・キャピタル
代表者代表取締役　　　　　　　久保田育男
債権者ら代理人弁護士　　　　　　牛島　信
同　　　　　　　　　　　　　　渡邉弘志
同　　　　　　　　　　　　　　関口健一
債務者　　　　　　　　株式会社オープンループ
代表者代表取締役　　　　　　　駒井　滋
債務者代理人弁護士　　　　　　金子　稔
同　　　　　　　　　　　　　　森脇啓太

【主　文】
1　債務者が、平成18年11月29日の取締役会決議に基づき現に手続中の募集新株予約権200個の発行を仮に差し止める。
2　申立費用は債務者の負担とする。

【理　由】
第1　申立ての趣旨
　主文同旨
第2　事案の概要
1　本件は、債務者の株主である債権者らが、申立ての趣旨にかかる募集新株予約権の発行（以下「本件募集新株予約権」という。）について、①その払込金額が特に有利な金額による発行（以下「有利発行」という。）であるのに株主総会の特別決議を経ていないため、会社法240条1項、238条2項及び3項2号並びに309条2項6号の規定に違反していること、②著しく不公正な方法による発行（以下「不公正発行」という。）であることを理由として、その発行を仮に差し止めることを求めた事案である。
2　前提事実
　(1)　債務者
　債務者は、平成9年10月24日に設立され、コンピュータハードウェア・ソフトウェア及びコンピュータ周辺機器の企画開発及び保守等を主たる事業内容とする株式会社であり、平成18年11月30日現在の資本金は47億7099万2974円、発行可能株式総数は25万株、発行済株式総数は8万8321株であって（甲1）、その発行する普通株式は、大阪証券取引所ヘラクレス市場に上場している（争いがない）。
　なお、債務者が、株式会社トラストワークを吸収合併した結果、当該合併等が、不適当な合併等（上場会社が非上場会社の吸収合併等を行った場合で、当該上場会社が実質的な存続会社でないと認められるものをいう。）に該当するとの大阪証券取引所の判断に基づき、平成15年3月1日から、債務者株式は新規上場審

査に準じた審査に適合することを要件として継続上場が認められる「猶予期間」入り銘柄として取り扱われることとなった（甲8の1）。しかしながら、当該審査に適合する旨の認定を受けられないまま猶予期間の期限を迎えたため、債務者株式は、平成18年10月1日から監理ポストに割当てられている（甲8の2）。債務者株式の売買取引については、監理ポスト割当期間中も特別な制約はなく、従来どおりの取扱いとなっている。

　(2)　債権者ら

　債権者株式会社クオンツ（以下「債権者クオンツ」という。）は、昭和10年12月16日に設立され、電子機械器具等の企画、研究、開発等の事業並びに同事業を営む会社等の株式又は持分を取得・所有することにより、当該会社等の事業活動を支配・管理することを主たる事業内容とする株式会社であり（甲2）、平成18年12月1日現在、債務者の普通株式9203株を保有している（甲5の8）。債権者クオンツの債務者株式保有割合は、債務者の発行済株式総数の10.42パーセント（小数点以下3桁を四捨五入）に相当する。

　債権者株式会社クオンツ・キャピタル（以下「債権者クオンツ・キャピタル」という。）は、債権者クオンツの完全子会社であり、平成12年12月7日に設立され、ドメインネーム（インターネット及び電子メールの宛先）の管理等を主たる事業内容とする株式会社であって（甲3）、平成18年12月1日現在、債務者の普通株式9067株を保有している（甲5の8）。債権者クオンツ・キャピタルの債務者株式保有割合は、債務者の発行済株式総数の10.27パーセント（小数点以下3桁を四捨五入）に相当し、債権者クオンツの債務者株式保有割合と合計すると、債権者らの債務者株式保有割合は、20.69パーセント（小数点以下3桁を四捨五入）に相当する。

　(3)　本件募集新株予約権発行の決議に至る経緯

　　ア　債権者らによる債務者発行の普通株式の取得

　債権者クオンツは、平成18年10月2日から同年12月1日までの間に、大阪証券取引所ヘラクレス市場において、債務者の普通株式を合計9203株取得し、債権者クオンツ・キャピタルは、同年10月18日から同年12月1日までの間に、同市場において、債務者の普通株式を合計9067株取得した。債権者らの債務者株式の株券等保有割合は、以下のとおりであり、債権者クオンツは、債務者の筆頭株主である（甲5の1から5の8、9）。

提出書類	提出日（平成18年）	株券等保有割合（パーセント）		
		クオンツ	クオンツ・キャピタル	債権者ら合計
大量保有報告書	10月20日	6.11	―	6.11
変更報告書 (1)	10月24日	7.75	2.26	10.02
変更報告書 (2)	10月25日	8.76	3.96	12.72
変更報告書 (3)	10月25日	9.46	5.66	15.12
変更報告書 (4)	11月7日	9.46	6.80	16.25
変更報告書 (5)	11月7日	9.89	7.52	17.84
変更報告書 (6)	11月22日	9.89	9.49	19.38
変更報告書 (8)	12月7日	10.42	10.27	20.69

　　イ　債務者による買収防衛策の導入

　債務者は、平成18年11月8日開催の取締役会において、企業価値向上のための買収防衛策としての情報開示ルール（以下「本件買収防衛策」という。）の導入を決議した（甲6）。

　　ウ　債務者によるストックオプション発行議案の公表

　債務者は、平成18年11月21日開催の取締役会において、債務者株式5000株の潜在株式についての新株予約権を、債務者の取締役、監査役、従業員及び債務者子会社の取締役、従業員等にストックオプションとして発行することにつき承認を求める議案（以下「本件ストックオプション発行議案」という。）を同年12月21日開催予定の債務者の定時株主総会に付議することを決議した（甲10の1、10の2）。

　本件ストックオプション発行議案により発行される新株予約権の行使期間は、平成19年1月1日からとされ、債務者は発行済株式総数の約14パーセントに相当するストックオプションを発行している。

　　エ　債務者による定款変更議案の公表

　債務者は、平成18年11月21日開催の取締役会において、定款一部変更の件（第5号ないし第8号議案）を同年12月21日開催予定の債務者の定時株主総会に付議することを決議した（甲7）。

　債務者の、同年11月21日付「定款一部変更に関するお知らせ」（甲7）によれば、上記各議案のうち、第7号議案（以下「本件定款変更議案」という。）は、本件買収防衛策の実効性を確保するため、発行可能株式総数を必要な範囲で拡大するとともに、安定的かつ機動的な資本政策の遂行を可能とするために、発行可能株式総数を25万株から35万株に拡大するものであるとされている。

　　オ　債務者による本件募集新株予約権の発行決議

　債務者は、平成18年11月29日開催の取締役会において、本件募集新株予約権の発行を決議した（甲4の1から4の4）。

　本件募集新株予約権の発行理由は、黒字体質への転換及び純粋持株会社の下で専門事業を担うグループ各社の成長と業容拡大を更に加速するため、主として今後必要と想定される具体的戦略（①純粋持株会社体制下におけるグループ各社の効率的、積極的運営、②グループ子会社に対しての資本強化、③投資専業子会社による投資事業の強化、④その他、グループ全体が安定的に事業展開を行うための運転資金）の遂行資金の追加的調達を企図して行うものとされている（甲4の1）。

　なお、債務者は、平成18年3月27日開催の取締役会において、リーマン・ブラザーズ・コマーシャル・コーポレーション・アジア・リミテッド（Lehman Brothers Commercial Corporation Asia Limited。以下「リーマン・リミテッド」という。）を割当先とす

る新株発行及び新株予約権（以下「第8回新株予約権」という。）180個の発行を決議したが（甲12）、その際に発行された新株予約権（発行日及び払込期日は同年4月12日で、新株予約権の行使価額については当初1株あたり7万9000円とされていた。）のうち160個は未だ行使されておらず（行使請求期間は平成18年4月13日から平成20年4月11日まで）、資金調達額は4億円程度にとどまっている（甲4の3）。

(4) 本件募集新株予約権の内容

本件募集新株予約権の内容は、別紙「第三者割当による新株予約権の発行に関するお知らせ」の写しのとおりであり、その主な内容は以下のとおりである（甲4の1から4の4）。

① 発行する募集新株予約権の総数　　　200個
② 募集新株予約権の目的たる株式の種類
　　　　　　　　　　　　　　　普通株式
③ 募集新株予約権の目的たる株式の数

行使請求にかかる募集新株予約権の数に1000万円を乗じ、これを行使価額で除した数とする。

④ 募集新株予約権の払込金額
　　　　　募集新株予約権1個あたり5万円
⑤ 募集新株予約権の行使に際して払込みをなすべき1株あたりの金額（以下「行使価額」という。）は、当初11万2650円とする。
⑥ 行使価額の修正

債務者が、募集新株予約権の保有者に対し、書面による事前通知を行うまでは当初行使価額から修正されない。なお、この事前通知には、通知をなし得る条件等は付されていない。

債務者が、募集新株予約権の保有者に対し、書面による事前通知を行った日において、行使価額は、かかる通知がなされた日の直前の週の最終取引日を最終日（当日を含む。）とする3連続取引日の大阪証券取引所における債務者普通株式の普通取引の毎日の終値の平均値の92パーセントに相当する金額に修正され、その後、毎週の最終取引日を最終日（当日を含む。）とする3連続取引日の大阪証券取引所における債務者普通株式の普通取引の毎日の終値の平均値の92パーセントに相当する金額に修正される。修正された行使価額の上限は当初行使価額とし、その下限は当初1万8775円とする。なお、連続した10取引日の大阪証券取引所における債務者普通株式の普通取引のブルームバーグサービスのエクイティーＶＡＰページにおける、普通取引の売買高加重平均価額の（当該連続取引日の）単純平均値が、直近の下限価額を下回った場合、下限価額は、その翌取引日より、直近の下限価額の70パーセント又は9387円のいずれか高い方の額に再度設定される（以下「本件修正条項」という。）。

債務者が、取得条項に基づき、新株予約権を取得する旨の通知及び公告を行ったときは、通知及び公告を行った日の4営業日後において、又は債務者取締役会の承認なくして、リーマン・ブラザーズ・アジア・キャピタル・カンパニー（Lehman Brothers Asia Capital Company。以下「リーマン・キャピタル」という。）以外の者に新株予約権が譲渡されたときは、譲渡がなされた日において、行使価額は、当該日の前日までの3連続取引日の大阪証券取引所における債務者普通株式の終値の単純平均値の300パーセントで円位未満を切り捨てた金額に修正される。以降、毎週最終取引日（以下「通知・公告・譲渡後修正日」という。）の翌営業日以降、通知・公告・譲渡後修正日までの各3連続取引日の大阪証券取引所における債務者普通株式の終値の単純平均値の300パーセントで円位未満を切り捨てた金額に修正される。

⑦ 行使期間　　平成18年12月15日から平成20年12月12日まで

なお、債務者が募集新株予約権者に対して別段の通知を行わない限り、平成19年4月13日において残存する募集新株予約権の行使は一時停止される。

⑧ 取得事由

債務者は、平成18年12月15日以降いつでも、本件募集新株予約権の取得を債務者取締役会が決議した場合は、債務者取締役会で定める取得日において残存する本件募集新株予約権の全部又は一部を、会社法273条2項、274条3項及び293条1項の規定に従って、当該取得の日の1か月前までに公告及び通知をした上で、払込金額と同額で取得することができる（以下「本件取得条項」という。）。

⑨ 譲渡制限

譲渡による募集新株予約権の取得については、債務者取締役会の承認を要するものとする。ただし、リーマン・リミテッドからリーマン・キャピタルへの譲渡については、あらかじめこれを承認する。

⑩ 割当日及び払込期日　　　平成18年12月15日
⑪ 割当先
　　リーマン・リミテッド

3　当事者の主張

(1) 債権者らの主張

債権者らの主張は、別紙「募集新株予約権発行差止仮処分命令申立書」及び平成18年12月6日付「準備書面(1)」の各写しのとおりである。

(2) 債務者の主張

債務者の主張は、別紙「答弁書」の写しのとおりである。

4　争点

(1) 本件募集新株予約権の発行が有利発行といえるか。

(2) 本件募集新株予約権の発行が不公正発行といえるか。

(3) 本件募集新株予約権の発行により既存株主が不利益を受けるおそれがあるか。

(4) 本件申立てに保全の必要性があるか。
第3　当裁判所の判断
1　本件募集新株予約権の発行が有利発行といえるかどうかについて
(1) 当事者の主張の要旨
　債権者らは、本件募集新株予約権に係るオプション価額は1億9000万円以上となり、債務者が設定した1個あたり5万円、合計1000万円という価額を大幅に上回る金額となるから、本件募集新株予約権の払込金額は、割当てを受ける第三者に特に有利な金額となり、有利発行にあたると主張する。
　これに対し、債務者は、本件募集新株予約権の1個あたりの評価額については、第三者機関によって3万2933円であると評価されたことから、これを受けて、債務者は、この価額を下回ることのないように、本件募集新株予約権1個あたりの払込金額を5万円と設定したもので、本件募集新株予約権の発行は有利発行ではないと主張する。
(2) 有利発行となる場合
　<u>会社法238条3項2号にいう、「特に有利な金額」による募集新株予約権の発行とは、公正な払込金額よりも特に低い価額による発行をいうところ、募集新株予約権の公正な払込金額とは、現在の株価、行使価額、行使期間、金利、株価変動率等の要素をもとにオプション評価理論に基づき算出された募集新株予約権の発行時点における価額（以下「公正なオプション価額」という。）をいうと解されるから、公正なオプション価額と取締役会において決定された払込金額とを比較し、取締役会で決定された払込金額が公正なオプション価額を大きく下回るときは、原則として、募集新株予約権の有利発行に該当すると解すべきである。</u>
(3) 本件募集新株予約権の払込金額に関する債務者の算定について
　ア　債務者は、平成18年11月29日付の「第三者割当による新株予約権の発行に関するお知らせ」と題する書面（甲4の1）において、本件募集新株予約権の払込金額及びその行使に際して払い込むべき金額の算定理由について、一般的な価額算定モデルであるブラック・ショールズ・モデルによる算定結果を参考に、債務者取締役会が、発行日以降いつでも本件募集新株予約権の取得を決議することが可能であり、かつ取得される本件募集新株予約権は、取得日以降行使できないこと等を考慮して、本件募集新株予約権1個の払込金額を5万円としたと開示した（甲4の1）。
　イ　公認会計士Gが作成した「第11回新株予約権の公正な評価額に関する意見書」（乙19。以下「本件意見書」という。）は、ブラック・ショールズ・モデルを採用し、①評価時点を平成18年11月29日、②評価時点株価を3万7550円、④権利行使価額を11万2650円、⑤株価変動性を93.70パーセント、④予想残存期間を0.37年、⑤予想配当なし、⑥無リスク利子率を0.481パーセントとして、本件募集新株予約権1個の価額を371円と算定している。
　なお、本件意見書は、新株予約権1個あたり1株を引き受ける前提での評価となっていることから、債務者は、これを本件募集新株予約権1個あたりの金額に引き直すと、3万2933円となるとして、上記の評価を踏まえて、本件募集新株予約権1個あたりの払込金額を5万円と定めたことは有利発行にあたらない旨主張する。債務者の上記引き直し計算は、本件募集新株予約権の行使によって出資される価額の総額を20億円とし、これを当初行使価額の11万2650円で除した1万7754を発行株式総数とし、これをさらに本件募集新株予約権の総個数200で除した88.77が本件募集新株予約権1個あたりの発行株式数であるとし、上記371円に88.77を乗じた3万2933円が本件募集新株予約権1個あたりの価額であるというものである（乙79）。
(4) 債務者による本件募集新株予約権の評価方法の適否について
　ア　本件意見書は、ブラック・ショールズ・モデルの算定式を用いて、本件募集新株予約権の価額を算定しているところ、ブラック・ショールズ・モデルは、株式オプション価額を評価するモデルとして実務において一般的に用いられているものであることから、この算定式を用いて算定した価額に修正を加えるという方法が、不合理な算定方法であるとは認められない。
　イ　他方で、本件意見書は、行使価額を11万2650円として本件募集新株予約権の価額を算定しているところ、債務者は、本件修正条項に基づく通知は、債務者の有する現預金を超えるM&A案件等のための資金需要が発生した場合にされるものであり、債務者としては、既存株主に損害を与えないように、本件募集新株予約権の当初行使価額及び第8回新株予約権での資金調達を図ることが経営判断として合理的であるから、本件修正条項に基づく通知がなされる可能性が低く、当初行使価額を基準としてオプション価額を算定することが合理的であると主張している。
　確かに、本件募集新株予約権の当初行使価額は11万2650円と定められており、本件修正条項に基づく通知がなされない可能性もあることからすると、これをオプション価額の算定の際に考慮することが直ちに不合理であるとまではいえない。
　しかしながら、会社法240条1項、238条2項、309条2項6号において、第三者への新株の有利発行をする場合に株主総会の特別決議を必要としているのは、取締役会のみの判断で、既存の株主に損害を与えることを防止する趣旨であることからすると、有利発行性を判断する際には、取締役会が自由に決定できる裁量の範囲内の最も低い金額を基準とすべきである。そして、本件においては、上記のとおり、本件募集新株予約権の行使価額には修正条項が付されており、債務者取締役会が本件修正条項に基づく事前通知を行うか否かについては条件等が付されていないことから、債務者取締役会のみの判断で、通知がなされた日の直前の週の最終取引日を最終日とする3連続取引日の大阪証券取引所における債務者普通株式の普通取引の終値（なお、平成18年12月5日の終値は3万500円である（甲17））の平均値の92パーセントに相当する金額まで

行使価額を修正できることが一応認められる。
　さらに、債務者は、今後、M＆A案件等に関して約60億円の資金が必要となる可能性があり、成否が不明なM＆Aに要する資金を除いても、25億円程度の資金が必要であると主張しているところ、債務者の保有する現預金は22億5000万円程度（乙63）であるというのであるから、約2億5000万円から約37億5000万円ほど資金が不足していることとなる。
　ところで、債務者の株価水準（甲17）からすると、新株予約権者によって、本件募集新株予約権が行使されることが経済合理的に見込まれるのは、本件修正条項に基づき行使価額が修正された場合に限られると考えられることから、本件募集新株予約権の発行が資金調達目的であるとすると、本件修正条項に基づく行使価額の修正がなされる可能性が高い。
　債務者は、現在債務者株式が監理ポストに割当てられていることから株価が低下しているのであって、通常ポストへの復帰が認められた場合には、株価が11万2650円を回復することも十分に考えられる上、株価が第8回新株予約権の下限価額である3万9500円を超えた場合には、そちらの新株予約権による資金調達が可能であり、本件修正条項に基づく通知をする可能性は低いなどと主張しているが、債務者の主張するすべての資金需要を考慮すると、仮に債務者株価が3万9500円を超えたとしても、本件募集新株予約権が行使されなければならなくなることが見込まれる上、上記のとおり、債務者は平成15年3月1日からこれまで大阪証券取引所の審査に適合できておらず、近い将来通常ポストへ復帰することをうかがわせる客観的事情を一応認めるに足りる疎明もないことからすると、通常ポストへ復帰することを見込んだ株価の上昇を考慮することは相当ではなく、また、債務者の株価が平成18年11月初旬から下落しており、本件募集新株予約権の発行を公表してからはさらに大幅に下落している（甲17）状況下で、株価が上昇することを見込んで、当初行使価額を重視することは相当ではない。
　なお、債務者が企画・交渉中であるとする複数のM＆A案件については、その成否はもとより概要すら定かでなく（乙27ないし29号証は、いずれも仲介業者及び債務者間の文書にとどまり、M＆Aの対象となっている相手方が作成した疎明資料はない。）、債務者に対する株式市場での評価が近日中に高まると客観的かつ合理的に予測することは困難である。
　以上に加えて、債務者も、株価が上昇しない場合に備えて本件募集新株予約権を発行することを審尋期日において述べているところ、新株予約権者一般の通常の思考態度としては、現状の株価からすると、当初行使価額で新株予約権を行使することは経済的損失となるにもかかわらず、本件募集新株予約権の申込み及び払込みをする以上、本件修正条項による通知がなされることを見込んでいるものと考えるべきで、こうした一般的かつ通常の予測を覆すに足りる特別事情の疎明はない。
　そうすると、本件においては、現実的にも債務者取締役会が本件修正条項に基づく通知を行うことが十分に見込まれるというべきである。
　ウ　以上のことから、本件募集新株予約権の価額を算定するに際しては、修正後の価額を基準とするのが相当であるところ、債務者の本件募集新株予約権のオプション価額についての算定結果は、本件修正条項による通知がされる可能性が低いとして、当初行使価額を基準としており、相当でない。
　(5)　債権者による本件募集新株予約権の評価方法の適否について
　ア　株式会社プルータス・コンサルティングの作成した「新株予約権価値の評価報告書」（甲15。以下「本件報告書」という。）は、本件募集新株予約権が、株価の変化に応じて権利行使価額が修正される機能や発行会社がいつでも強制取得できる権利を内包しており、ブラック・ショールズ・モデルのみでは、このような価額の修正や強制取得の権利を反映することができないことから、行使価額の修正があった時点での将来の株価の見積もりにモンテカルロ・シュミレーションを採用した上で、①権利行使価額を11万2650円、②オプションの満期までの期間を平成18年12月15日から平成20年12月12日まで、③算定時点（平成18年11月24日）における株価を3万6800円（甲17）、④株価変動性（ボラティリティ）は対象期間を約2年間とした場合で86.49パーセント、約4か月とした場合で89.04パーセント、⑤予想残存期間等における配当額は、直近の配当実績がないことから0、⑥無リスクの利子率（割引率）を中期国債レートを用いて0.8パーセントと設定し、発行条件における、行使価額修正の通知、本件募集新株予約権の取得条項の通知、本件募集新株予約権の行使請求期間に対する別段の通知有無によって場合分けをしてオプション価額を算定している。
　イ　そして、本件報告書によれば、算定時点における株価の92パーセントの価額である3万3856円を行使価額とした場合のオプション価額は、本件取得条項の通知をした場合は1億9370万367円、同通知をしない場合は2億6647万8303円とされている。
　本件報告書は、本件意見書と基礎となる数値に若干の差異はあるものの、ブラック・ショールズ・モデルのみで算定した場合の問題点を指摘した上で、本件募集新株予約権のオプション価額を算定したものであり、株式会社日本中央会計事務所作成の新株予約権の評価報告書（甲18）における、二項格子モデルを用いて算定した本件募集新株予約権総額の公正な評価額1億8413万726円、債務者側がブラック・ショールズ・モデルを採用して算定した本件修正条項に基づく通知がなされた場合の本件募集新株予約権1個あたり101万7180円（乙21）とも近似した評価額であるのであって、格別不合理な点は見あたらない。
　ウ　本件報告書によれば、仮に本件取得条項に基づく通知がなされたとしても、行使価額を株価の92パーセントとした場合の本件募集新株予約権のオプション価額の評価額は1億9000万円を超えることが一応認められる。そして、本件修正条項に基づく通知がなされることが十分に見込まれる本件においては、上記金額を大幅に下回る1000万円まで本件募集新株予約

権の価額を下げる合理的理由は見あたらない。

(6) 以上のことから、1個あたり5万円を払込金額とした本件募集新株予約権の発行は、公正なオプション価額よりも特に低い払込金額によってされたということができ、有利発行に該当すると一応認めることができる。

2 本件募集新株予約権の発行により債権者らが受ける不利益及び保全の必要性について

本件募集新株予約権の発行は、上記のとおり、公正なオプション価額よりも著しく低い払込金額によって発行されるものであるから、これにより、既存の株主が不利益を受けるおそれがあると一応認められ、その結果、債権者らに著しい損害を生ずるおそれがあるということができるので、本件申立てには、保全の必要性があると一応認めることができる。

3 結論

以上から、本件募集新株予約権の発行が有利発行であり、これにより株主が不利益を受けるおそれがあるといえるので、不公正発行の点（なお、本件募集新株予約権の発行が債務者の平成18年12月21日開催予定の定時株主総会に近接した時点で事前に実施されることについては、債務者の資金需要の緊急性等についての客観的かつ合理的な疎明がないことに照らすと、本件募集新株予約権の発行目的や発行時期等の相当性についての疑念を払拭することは困難である。）について判断するまでもなく、被保全権利の疎明があるということができ、また、保全の必要性についても疎明がある。

よって、本件申立ては理由があるから、担保を立てさせないこととし、申立費用については民事保全法7条、民事訴訟法61条を適用して、主文のとおり決定する。

　裁判長裁判官　森　邦明
　　裁判官　齋藤紀子　鈴木清志

（別紙）募集新株予約権発行差止仮処分命令申立書
【申立の趣旨】
1 債務者株式会社オープンループが平成18年11月29日の取締役会決議に基づき現に手続中の募集新株予約権200個の発行を仮に差し止める
2 申立費用は債務者の負担とする
との裁判を求める。
【申立の理由】
第1 被保全権利
1 はじめに

債務者株式会社オープンループ（以下「債務者」という。）が平成18年11月29日の取締役会決議に基づき現に手続中の募集新株予約権200個（募集新株予約権1個あたりの払込金額5万円、以下「本募集新株予約権」という。）の発行は、その払込金額が特に有利な金額による発行（以下「有利発行」という。）であるにもかかわらず、株主総会の特別決議を経ておらず、会社法240条1項、238条2項及び3項2号並びに309条2項6号の規定に違反する。また、本募集新株予約権の発行は、何ら資金需要がないのに、債権者株式会社クオンツ（以下「債権者クオンツ」という。）及び債権者クオンツの完全子会社である債権者株式会社クオンツ・キャピタル（以下「債権者クオンツ・キャピタル」といい、債権者クオンツと総称して「債権者ら」という。）の持株比率を低下させ、現経営陣の支配権を維持するという不当な目的を達成する手段として用いられるものであり、資金調達目的を有するものではないから、本募集新株予約権は不公正発行（会社法247条2号）にあたる。

後記3(2)で述べるとおり、債務者は、債権者による株式取得が平成18年10月20日に判明してからわずか2週間後に、しかも次期定時株主総会の直前に取締役会限りで買収防衛策を導入した。その後も、後記3(3)及び(4)で述べるとおり、債務者は、平成18年11月21日に買収防衛策実施のための定款変更議案及び買収防衛を意図したものであるストックオプション発行議案を次期定時株主総会に付議する旨を公表するなどした（甲6、7、10の1および2）。このような債務者の一連の対応は、債権者が大株主となったことが判明してから矢継ぎ早になされたものであり、債務者が債権者の持株比率の希薄化を意図してこれら一連の対応をとったものとしか考えられない。その後になされた本募集新株予約権の発行も同様に、債権者らの持株比率を低下させ、債務者現経営陣の支配権を維持する目的であることは疑いようないものであるから、本募集新株予約権は不公正発行（会社法247条2号）として直ちに差し止められるべきである。

しかも、債務者株式は現在大阪証券取引所ヘラクレス市場に上場されており、個人投資家を含む多数の投資家が債務者株式を保有しているところ、本募集新株予約権は、後記4(1)⑤ア記載のとおり、債務者取締役会の任意の通知により行使日前3連続取引日の債務者株式の終値平均値の92％に行使価額が修正されるものである。仮に、平成18年12月1日の直近6ヶ月間の債務者株式の終値平均価格の3万2104円を行使日前3連

続取引日の終値平均値であると仮定した場合、行使価額は 2 万9536円となるから、本募集新株予約権が行使された場合に発行される普通株式数は 6 万7713株となる。これは、平成18年11月30日現在の債務者の発行済株式総数 8 万8321株の76.67%にも相当するものであり（しかも、後記のとおり授権資本枠を超える数の普通株式が発行される可能性すら存するものである。）、その結果、債権者らの持株比率も現在の20.69%から11.71%となり、持株比率の著しい低下が生じるのである。このように割当先であるLehman Brothers Commercial Corporation Asia Limitedのみが1000万円という僅少の払込金額を支払うだけで労せずして莫大な利益を得る一方で、債権者ら及び個人投資家を含む多数の一般投資家が希薄化による株価下落等により甚大な損害を被ることになる。債務者は、不適当な合併を行って現在監理ポストに割当てられているにもかかわらず、専ら現経営陣の支配権維持のためだけに、債権者ら及び個人投資家を含む多数の一般投資家の利益を一切顧みず、債権者ら及び個人投資家を含む多数の一般投資家が甚大な損害を被ることになる本募集新株予約権を債務者が発行するものであり、このような債務者による本募集新株予約権の発行など到底許されるべきものではなく、債務者の投資家軽視の姿勢は上場会社としてあるまじきものである。のみならず、仮に本募集新株予約権の発行が認められれば、今後も本件と同様の手法による募集新株予約権の発行が行われ、多数の投資家に甚大な悪影響を及ぼすことも危惧される。我が国の健全な資本市場を維持するためにも本募集新株予約権の発行は到底許されるべきではなく、本募集新株予約権は直ちに差し止められるべきである。

以下、債務者による本募集新株予約権の発行が有利発行及び不公正発行として直ちに差し止められるべきであることにつき詳述する。

2 当事者
(1) 債務者

債務者は、平成 9 年10月24日に設立され、コンピュータハードウェア・ソフトウェアおよびコンピュータ周辺機器の企画開発および保守等を主たる事業内容とする株式会社であり、平成18年11月30日現在の資本金は47億7099万2974円、発行可能株式総数は25万株、発行済株式総数は 8 万8321株であり（甲 1 ）、その発行する普通株式は、大阪証券取引所ヘラクレス市場に上場している。

なお、債務者が株式会社トラストワークを吸収合併した結果、当該合併等が不適当な合併等（上場会社が非上場会社の吸収合併等を行った場合で、当該上場会社が実質的な存続会社でないと認められるものをいう）に該当するとの大阪証券取引所の判断に基づき、平成15年 3 月 1 日から、債務者株式は新規上場審査に準じた審査に適合することを要件として継続上場が認められる「猶予期間」入り銘柄として取り扱われることとなった。しかしながら、当該審査に適合する旨の認定を受けられないまま猶予期間の期限を迎えたため、債務者株式は、平成18年10月 1 日から監理ポストに割当てられている（甲 8 の 1 、同 2 ）。債務者株式の売買取引については、監理ポスト割当期間中も特別な制約はなく、従来どおりの取扱いとなる。

(2) 債権者ら

債権者クオンツは、昭和10年12月16日に設立され、ベンチャー企業・ベンチャービジネスへの投資、企業に対する貸付、保証、投資等を主たる事業内容とする株式会社であり（甲 2 ）、平成18年12月 1 日現在、債務者の普通株式9,203株を保有している（甲 5 の 8 ）。債権者クオンツの債務者株式保有比率は債務者の発行済株式総数88,321株の10.42%（小数点以下 3 桁を四捨五入）に相当する。

債権者クオンツ・キャピタルは、債権者クオンツの完全子会社であり、平成12年12月 7 日に設立され、不動産及び有価証券の投資・保有・運用・売買等を主たる事業内容とする株式会社であって（甲 3 ）、平成18年12月 1 日現在、債務者の普通株式9,067株を保有している（甲 5 の 8 ）。債権者クオンツ・キャピタルの債務者株式保有比率は債務者の発行済株式総数88,321株の10.27%（小数点以下 3 桁を四捨五入）に相当し、債権者クオンツの債務者株式保有比率と合計すると、債権者らの債務者株式保有比率は、債務者の発行済株式総数の20.69%（小数点以下 3 桁を四捨五入）に相当する。

3 本募集新株予約権発行に至る経緯
(1) 債権者らによる債務者発行の普通株式の取得

債権者クオンツは、平成18年10月 2 日から平成18年12月 1 日までの間に、大阪証券取引所ヘラクレス市場において、債務者の普通株式を合計で9,203株取得した。また、債権者クオンツ・キャピタルは、平成18年10月18日から平成18年12月 1 日までの間に、大阪証券取引所ヘラクレス市場において、債務者の普通株式を合計で9,067株取得した。債権者らの債務者株式の株券等保有割合は、以下の大量保有報告書及びその変更報告書により順次公衆の縦覧に供されている（甲 5 の 1 ないし 8 ）。なお、債権者クオンツは債務者の筆頭株主である（甲 9 ）。

| 提出書類 | 提出日 | 株券等所有割合（%） |||
		債権者クオンツ	債権者クオンツ・キャピタル	債権者ら合計
大量保有報告書	10月20日	6.11	−	6.11
変更報告書 (1)	10月24日	7.75	2.26	10.02
変更報告書 (2)	10月25日	8.76	3.96	12.72
変更報告書 (3)	10月25日	9.46	5.66	15.12
変更報告書 (4)	11月7日	9.46	6.80	16.25
変更報告書 (5)	11月7日	9.89	7.52	17.84
変更報告書 (6)	11月22日	9.89	9.49	19.38
変更報告書 (8)	提出予定	10.42	10.27	20.69

(2) 債務者による買収防衛策の導入

債務者は、債権者らによる債務者株式の取得が大量

保有報告書及びその変更報告書により順次判明した直後の平成18年11月8日開催の取締役会において、企業価値向上のための買収防衛策としての情報開示ルール（以下「本買収防衛策」という）の導入を決議した。なお、本買収防衛策の導入については、それが長期的な株主価値を向上させることについての十分な説明もないまま、定時株主総会の直前に取締役会限りで唐突に導入されたものである。本買収防衛策については、独立社外者により構成される特別委員会等は設けないなど、有事における防衛策の発動、解除及び維持に関する取締役の恣意性を排除する仕組みとなっていないなど多くの問題点を含んでいる（甲6、甲14）。

(3) 債務者によるストックオプション発行議案の公表

債務者は、平成18年11月21日開催の取締役会において、債務者の取締役、監査役、従業員及び債務者子会社の取締役、従業員並びに社外協力者にストックオプションとして新株予約権を発行することにつき承認を求める議案（以下「本ストックオプション発行議案」という。）を平成18年12月21日開催予定の債務者の定時株主総会に付議することを決議した（甲10の1、2）。

本ストックオプション発行議案は債務者株式5,000株（発行済株式総数の5％以上）の潜在株式を債務者及びその子会社の取締役、従業員等に付与するものである。これによって、株主価値の大幅な希薄化を招くことが懸念される。また、本ストックオプション発行議案により発行される新株予約権の行使期間は平成19年1月1日からとされており、中長期的な業績向上との関連性が弱いものであるばかりでなく、債務者は既に発行済株式総数の約14％に相当するストックオプションを発行しており（別紙4参照）、債務者及びその子会社の取締役、従業員等に対しては既に十分なインセンティブが与えられている。これに加えて更なるインセンティブを与える合理性が認められず、買収防衛を意図したものであると疑わざるを得ない（甲14）。

(4) 債務者による定款変更議案の公表

債務者は、平成18年11月21日開催の取締役会において、定款一部変更の件（第5号ないし第8号議案）を平成18年12月21日開催予定の債務者の定時株主総会に付議することを決議した（甲7）。

債務者の平成18年11月21日付けプレスリリース「定款一部変更に関するお知らせ」（甲7）によれば、上記各議案のうち、第7号議案（以下「本定款変更議案」という。）は、本買収防衛策の実効性を確保するため、発行可能株式総数を必要な範囲で拡大するとともに、安定的かつ機動的な資本政策の遂行を可能とするために、発行可能株式総数を25万株から35万株に拡大するものであるとされている。また、本定款変更議案においては、取締役の員数を10名から5名に変更し、取締役解任要件を普通決議から特別決議に加重する議案も付議されることとなっており、いずれも買収防衛効果を有するものである。

(5) 債務者による本募集新株予約権の発行決議

本買収防衛策の導入、買収防衛効果を有する定款変更議案及び本ストックオプション発行議案に引き続き、債務者は、平成18年11月29日開催の取締役会において、本募集新株予約権の発行を決議した（甲4の1ないし4）。

4　本募集新株予約権の発行が有利発行であること

(1) 本募集新株予約権の内容

本募集新株予約権の内容は、別紙1記載のとおりであるが、その主な内容は以下のとおりである（甲4の1ないし4）。

① 発行する募集新株予約権の総数　　200個
② 募集新株予約権の目的たる株式の種類
　　普通株式
③ 募集新株予約権の目的たる株式の数
　　行使請求に係る募集新株予約権の数に1000万円を乗じ、これを行使価額で除した数とする。
④ 募集新株予約権の払込金額
　　募集新株予約権1個あたり5万円
⑤ 募集新株予約権の行使に際して払込すべき額
本募集新株予約権の行使に際して払込をなすべき1株あたりの金額（以下「行使価額」という。）は、当初11万2650円とするが（以下、「当初行使価額」という。）、以下の場合には行使価額が修正される。

ア　債務者が、募集新株予約権の保有者に対し書面による事前通知を行うまでは当初行使価額から修正されない。この事前通知については事前通知をなし得る条件等が一切付されておらず、債務者の取締役会が任意に事前通知をすることにより行使価額を修正できる仕組みになっている。

イ　債務者が、募集新株予約権の保有者に対し書面による事前通知を行った日において、行使価額は、かかる通知がなされた日の直前の週の最終取引日を最終日（当日を含む。）とする3連続取引日の大阪証券取引所における債務者普通株式の普通取引の毎日の終値の平均値の92％に相当する金額に修正され、その後、毎週の最終取引日を最終日（当日を含む。）とする3連続取引日の大阪証券取引所における債務者普通株式の普通取引の毎日の終値の平均値の92％に相当する金額に修正される。修正された行使価額の上限は当初行使価額とし、その下限は当初1万8775円とする。なお、連続した10取引日の大阪証券取引所における債務者普通株式の普通取引のブルームバーグサービスのエクイティーＶＡＰページにおける、普通取引の売買高加重平均価格の（当該連続取引日の）単純平均値が、直近の下限価額を下回った場合、下限価額は、その翌取引日より、直近の下限価額の70％または9387円（当初下限価額の50％）のいずれか高い方の額に再度設定される（以下、「本修正条項」という。）。

ウ　①債務者が取得条項に基づき新株予約権を取得する旨の通知及び公告を行ったときは、通

知及び公告を行った日の4営業日後において、又は②債務者取締役会の承認なくして、Lehman Brothers Asia Capital Company以外の者に新株予約権が譲渡されたときは、譲渡がなされた日において、行使価額は、当該日の前日までの3連続取引日の大阪証券取引所における債務者普通株式の終値の単純平均値の300％で円位未満を切り捨てた金額に修正される。以降、毎週最終取引日（以下、「通知・公告・譲渡後修正日」という。）の翌営業日以降、通知・公告・譲渡後修正日までの各3連続取引日の大阪証券取引所における債務者普通株式の終値単純平均値の300％で円位未満を切り捨てた金額に修正される。

⑥ 行使期間

平成18年12月15日から平成20年12月12日まで。

なお、債務者が募集新株予約権者に対して別段の通知を行わない限り、平成19年4月13日（金曜日）に同日において残存する募集新株予約権の行使は一時停止される。

⑦ 取得事由

債務者は、平成18年12月15日（金曜日）以降いつでも、本募集新株予約権の取得を債務者取締役会が決議した場合は、債務者取締役会で定める取得日において残存する本募集新株予約権の全部または一部を、会社法273条2項、274条3項及び293条1項の規定に従って、当該取得の日の1ヶ月前までに公告及び通知をしたうえで、払込金額と同額で取得することができる（以下、「本取得条項」という。）。

⑧ 譲渡制限

譲渡による募集新株予約権の取得については債務者取締役会の承認を要するものとする。但し、Lehman Brothers Commercial Corporation Asia LimitedからLehman Brothers Asia Capital Companyへの譲渡については予めこれを承認する。

⑨ 割当日及び払込期日　　平成18年12月15日

⑩ 割当先

Lehman Brothers Commercial Corporation Asia Limited

(2) 募集新株予約権の発行が有利発行となる場合

会社法238条3項2号にいう「特に有利な金額」による募集新株予約権の発行とは、公正な払込金額よりも特に低い価額による発行をいうところ、募集新株予約権の公正な払込金額とは、現在の株価、行使価額、行使期間、金利、株価変動等の要素をもとにオプション評価理論に基づき算出された募集新株予約権の発行時点における価額（以下「公正なオプション価額」という。）をいうと解されるから（甲11の1、サンテレホン募集新株予約権発行差止事件決定（東京地裁決定平成18年6月30日）判タ1220号110頁ほか）、公正なオプション価額と取締役会において決定された払込金額とを比較し、取締役会において決定された払込金額が公正なオプション価額を大きく下回るときは、募集新株予約権の有利発行に該当すると解すべきである。

(3) 債務者による募集新株予約権の払込金額及び行使価額の算定理由

債務者が公表した平成18年11月29日付けプレスリリース「第三者割当による新株予約権の発行に関するお知らせ」（甲4の1）によれば、債務者取締役会は、発行日以降いつでも本新株予約権の取得を決議することが可能であり、且つ取得される本新株予約権は取得日以降行使できないこと等を考慮して、一般的な価格算定モデルであるブラック・ショールズ・モデルによる算定結果を参考に、本新株予約権1個あたりの払込金額を金5万円としたものとされている。また、行使価額については、当初行使価額である11万2650円は新株予約権1個あたりの払込金額及び市場の動向を考慮して定めたものであるとされている。

(4) 本募集新株予約権の公正なオプション価額

本募集新株予約権の公正なオプション価額については、追って、具体的に算定して詳細に主張する予定である。しかしながら、そのような詳細な分析を待つまでもなく、少なくとも以下の3点のみからしても本募集新株予約権の払込金額が公正なオプション価額を大きく下回ることは明らかであり、その発行は有利発行にあたるというべきである。

ア　オプション価額算定にあたっては、当初行使価額11万2650円ではなく、修正後の行使価額を重視すべきであること

本募集新株予約権のオプション価額算定にあたっては、当初行使価額である11万2650円をその算定根拠として重視すべきでない。すなわち、新株予約権者が本募集新株予約権を当初行使価額で行使するのは、経済合理性から考えれば債務者株式の株価が当初行使価額以上になると見込まれる場合に限られるが、債務者の普通株式の大阪証券取引所における平成18年12月1日を末日とする直近6ヶ月間の終値平均は3万2104円であり（別紙2）、本募集新株予約権発行が公表された後は、平成18年11月30日の終値で3万6500円、同年12月1日終値で3万4000円と債務者株式の株価は連日大幅に下落しているのであり、当初行使価額はこれらの価格の3倍以上である。株価が諸般の事情により変動することがあるとしても、直近6ヶ月間の終値平均の3倍以上にまで短期間で急騰することは容易には想定し難く、本募集新株予約権は当初行使価額で行使される見込みは極めて低いものといわざるを得ない。

他方、本修正条項に従えば、本募集新株予約権の行使価額は、債務者取締役会が書面による事前通知を行った場合には、以降、通知日の前週の最終日を最終日とする3連続取引日の大阪証券取引所における債務者普通株式の普通取引の毎日の終値の平均値の92％に修正されるものとされている（なお、サンテレホン募集新株予約権発行差止事件決定（甲11の1）では、毎日の終値平均値の93％に修正されるにとどまる場合においても有利発行と判断されている。）。そして、債務者取締役会がかかる事前通知を行うことについては何らの条件も付されていない。つまり、取締役会が事前通知を行うことによって自由ないし恣意的に行使価額

を修正することができるのである。会社法が募集新株予約権の有利発行の場合に株主総会の特別決議が要求し、取締役会の発行権限を制限した趣旨からすれば、株主総会の関与なく、取締役会が自由に払込金額を低く修正できるように行使価額が設定されている募集新株予約権の場合には、取締役会が自由に決定できる裁量の範囲内で最も低い金額、すなわち修正後の行使価額を基準として有利発行か否かを判断すべきことは当然である。

したがって、本募集新株予約権のオプション価額の算定にあたっては、本修正条項による修正後の行使価額を基準とすべきである以上、本募集新株予約権は、公正なオプション価額を大きく下回る払込金額で発行されたものとして有利発行に該当することは明らかである。

　　　イ　本取得条項の存在はオプション価額算定において考慮すべきでないこと

上記4(3)で述べたとおり、債務者は、本募集新株予約権のオプション価額の算定において、本取得条項が付されていること及び取得される募集新株予約権は取得日以降行使できないことを考慮しているようである。しかしながら、以下に述べるとおり、本募集新株予約権に本取得条項が付されていること及び取得される新株予約権は取得日以降行使できないことは、オプション価額算定にあたり考慮すべき事項ではない。

すなわち、債務者の平成18年11月29日付けプレスリリース「第三者割当による新株予約権の発行に関するお知らせ」（甲4の1）によれば、本募集新株予約権発行の目的は「黒字体質への転換、及び純粋持株会社の下で専門事業を担うグループ各社の成長と業容拡大を更に加速するため、主として今後必要と想定される、（略）具体的戦略の遂行資金の追加的調達を企図して行うものであります。」とされており（なお、これらの目的がこじつけであり、本募集新株予約権発行の真の目的は現経営陣の支配権維持にあることは後記5のとおりである）、仮に行使期間の初日である平成18年12月15日あるいはそれに近接した時点で債務者の取締役会が本募集新株予約権の取得を決議したのでは、およそ債務者主張のような資金調達の目的を達成することは不可能である。また、債務者が本募集新株予約権の発行により調達した資金の使途として掲げる具体的戦略は、いずれも「当下半期から来期にかけ、順次実施をはかる予定」であるとされており、これらの資金調達目的を実現するためには、債務者取締役会においては、少なくとも本募集新株予約権の行使期間の初日あるいはこれに近接した時点で本募集新株予約権の取得決議をする可能性は極めて低い。また、新株予約権者にとっても、本取得条項が付されていることからすれば、債務者の取締役会が行使期間の初日である平成18年12月15日に本募集新株予約権の取得決議をすることも当然に予想されるのであり、そうすると、本取得条項に基づき新株予約権が取得された場合の取得の対価は、払込金額と同額とされているのであるから、新株予約権者は払込金額1000万円に対する2週間又は1ヶ月間（取得決議の公告期間）の金利相当額の

損失を受けるのは必至であり（なお、第8回新株予約権の取得条項（別紙5⑧）においては、行使期間当初の取得の場合に取得金額を上乗せするとされているのとは異なり、本取得条項にはかかる定めはない。）、本募集新株予約権の申込み及び払込みをしないのが合理的であるといえるにもかかわらず、あえて申込み及び払込みをすることとして債務者との間で、新株予約権割当契約を締結していることからしても、債務者の取締役会において、行使期間の初日あるいはそれに近接した時点で本募集新株予約権の取得決議をする可能性が高いとはいえない。

したがって、本募集新株予約権に本取得条項が付されていることは、オプション価額算定にあたり考慮すべきではない。

この点について、取得条項が付されていることを考慮して募集新株予約権のオプション価額を下げるという修正が加えられた募集新株予約権の発行が差止められたサンテレホン募集新株予約権発行差止事件決定（甲11の1）においても、同様の理由で取得条項が付されていることを考慮して募集新株予約権のオプション価額を下げるという修正をしたことは不合理であるとして、かかる修正に基づく募集新株予約権の払込金額は、公正なオプション価額を大きく下回るものとして、有利発行である旨の認定がされている（同旨の裁判例として、ＴＲＮコーポレーション新株予約権発行差止事件決定（甲11の2、東京地裁平成18年1月17日決定））。

　　　ウ　本修正条項

本募集新株予約権の行使価額は、債務者が、募集新株予約権の保有者に対し書面による事前通知を行った場合には、本修正条項により、以後、毎週の最終取引日を最終日（当日を含む。）とする3連続取引日の大阪証券取引所における債務者普通株式の普通取引の毎日の終値の平均値の92％に相当する金額に修正される。募集株式発行の場合には、募集株式発行の取締役会決議直前の価額から7％～10％程度のディスカウント率までであれば、有利発行に該当しないとの考えが一般的であり、これは、募集株式発行の場合には取締役会決議日から払込期日まで最短で2週間を要するため、かかる期間の株価下落リスクを考慮して認められたものであるが、本募集新株予約権者は、かかるリスクをほとんど負うことなく常に市場価額の8％程度の利益を得ることができる仕組みとなっている（しかも資金調達目的を実現するためには債務者による行使価額通知が行われる可能性が極めて高い上に、本取得条項に従って本募集新株予約権の取得決議がされた場合には、払込金額と同額で取得されるから、本募集新株予約権は新株予約権者にとってはほとんどリスクのない仕組みとなっている。）。このように、割当先がまったくリスクを負わずに確実に利益を得ることができる募集新株予約権の発行は、定性的に有利発行に該当し、株主総会決議を経るべきものというべきである。

　　　エ　小括

以上で述べたとおり、払込金額を5万円とした本募

集新株予約権の発行は、公正なオプション価額を大きく下回る払込金額で発行されたものであるから、募集新株予約権の有利発行に該当すると解すべきである。
5　本募集新株予約権の発行が不公正発行に該当すること
　(1)　募集新株予約権の発行が不公正発行に該当する場合
　会社法上、誰を経営者としてどのような方針で会社を経営させるかは、株主総会における取締役選任を通じて株主が資本多数決によって決すべき問題であり、被選任者である取締役に選任者たる株主構成を変更することあるいは特定の大株主の持株比率の低下を目的とする新株予約権の発行を認めることは、会社法が定める機関権限の分配秩序に明らかに反するものであり、特段の事情がない限り不公正発行に該当し、許されない。また、かかる法理が、会社支配権に争いがある状況下においてはより一層顕在化することも、判例・学説上異論のないところである（東京高裁平成17年3月23日決定、江頭憲治郎「株式会社法」682頁等）。

　本募集新株予約権の発行は、以下に述べるとおり、もっぱら債権者らの持株比率を低下させ、債務者現経営陣の支配権を維持する目的でなされたものであり、資金調達目的でなされたものではないから、不公正な発行として直ちに差し止められるべきである。また、債権者らは現時点で債務者の経営権の取得を目的とするものではないが、債権者らは、債務者株式を議決権ベースの合計で約21.24％保有している筆頭株主である。したがって、以下に述べるような本件具体的状況の下では、債務者において、債務者の経営方針によっては筆頭株主である債権者らとの利害対立が生じる潜在的な可能性が存すると判断して本募集新株予約権を発行したとしか考えられない。
　(2)　債務者の公表した本募集新株予約権発行の目的
　債務者の平成18年11月29日付けプレスリリース「第三者割当による新株予約権の発行に関するお知らせ」（甲4の1）によれば、本募集新株予約権の発行理由は、黒字体質への転換、及び純粋持株会社の下で専門事業を担うグループ各社の成長と業容拡大を更に加速するため、主として今後必要と想定される、以下の具体的戦略の遂行資金の追加的調達を企図して行うものであるとされており、純粋持株会社設立が平成19年2月を予定していることから、以下の①ないし④については当下半期から来期にかけ、順次実施を図る予定であるとされている。
　　①　純粋持株会社体制下におけるグループ各社の効率的・積極的運営
　　②　当期より本格的に営業展開を図るグループ子会社に対しての資本強化
　　③　投資専業子会社株式会社オープンループ・インベストメントによる、投資事業の強化
　　④　その他、グループ全体が安定的に事業展開を行うための運転資金
　(3)　本募集新株予約権の発行が債務者現経営陣の支配権維持を目的とするものであること

　本募集新株予約権の発行は、以下に述べるとおり、上記(2)記載の資金調達目的でなされたものではなく、債務者現経営陣の支配権維持を目的とした不公正な発行である。
　　ア　本件募集新株予約権発行の決定に至る経緯
　上記3(2)で述べたとおり、債務者は、債権者による株式取得が平成18年10月20日に判明してからわずか2週間後に本買収防衛策を導入した。本買収防衛策は、次期定時株主総会の直前に債務者の長期的な株主価値を向上させることについての十分な説明もないまま、取締役会限りで唐突に導入されたものであり、その内容も、独立した社外者の判断を経ることなく対抗措置の発動があるなど、有事における防衛策の発動、解除及び維持について債務者取締役の恣意性を排除する仕組みとはなっておらず、平成17年5月27日に経済産業省及び法務省が公表した「企業価値・株主共同の利益の確保又は向上のための買収防衛策に関する指針」の定める三原則（企業価値・株主共同の利益の確保・向上の原則、事前開示・株主意思の原則、必要性・相当性の原則）に照らしても問題のあるものであった（甲14）。

　その後も、上記3(3)及び(4)で述べたとおり、債務者は、矢継ぎ早に同月21日には本買収防衛策実施のための定款変更議案及び買収防衛を意図したものであると疑われるストックオプション発行議案を次期定時株主総会に付議する旨を公表するなどした（甲6、7、10の1および2）。

　このような債務者の一連の対応は、債務者が大株主となったことが判明してから矢継ぎ早になされたものであり、債務者が債権者の存在を明確に意識してこれら一連の対応をとったものと考えるのは極めて自然なことである。本件は、上記(1)冒頭に記載のとおり、債務者において、債務者の経営方針によっては筆頭株主である債権者らとの利害対立が生じる潜在的な可能性が存すると判断することも十二分に考えられる状況にあったのであり、かかる状況下でなされた債務者の一連の対応は、債権者らの持株比率を低下させ、債務者現経営陣の支配権を維持する目的であるという以外に合理的説明をなし得るものではなく、その後になされた本募集新株予約権の発行も同様に債権者らの持株比率を低下させ、債務者現経営陣の支配権を維持する目的であるというほかない。なお、債務者による本買収防衛策及び本買収防衛策実施に伴う定款変更議案並びにストックオプション発行議案については、いずれも債務者の株主共同の利益に反するものであるとして、債権者らは、債務者に対して、かかる議案に反対すると共に、議案の撤回を求める予定である（甲14）。
　　イ　本募集新株予約権による希薄化割合
　新株又は新株予約権の発行が、現経営陣の支配権維持目的でなされたものであるか否かは、当該新株又は新株予約権発行による既存株主の持株割合が減少する程度も考慮されるべきであるが（東京高裁平成17年3月23日決定、東京地裁平成10年6月11日決定等）、本募集新株予約権が行使された場合には、以下のとおり債務者の既存株主の持株割合は大幅に希薄化する。

　すなわち、上記4(1)③記載のとおり、本募集新株予

約権の行使により発行される株式数は、概略以下の算式に従って決定される。

$$（発行される普通株式数）＝\frac{（新株予約権の個数）\times 1000万円}{行使価額}$$

そして、本件では上記4(4)アで述べたとおり、行使価額は原則的に債務者取締役会の通知による修正後の行使価額によるべきであると解されるため、本募集新株予約権が行使された場合には、原則として修正後の行使価額に従って決定された数の株式が発行されることになるというべきである。

仮に、平成18年12月1日の直近6ヶ月間の債務者株式の大阪証券取引所における終値平均価格である3万2104円（別紙2）が毎週最終取引日を最終日とする3連続取引日の大阪証券取引所における債務者株式の普通取引の毎日の終値平均値であると仮定した場合、行使価額は、その92％に相当する2万9536円（円位未満少数第1位まで算出し、その小数第1位を切り上げて計算）となるから、本募集新株予約権が行使された場合に発行される普通株式数は、

$$\frac{200 \times 1000万円}{2万9536円} ＝ 6万7713株$$

となる。これは、平成18年11月30日現在の債務者の発行済株式総数8万8321株の76.67％にも相当するものであり、この場合、債権者らの持株比率は現在の20.69％から、希薄化後の発行済株式総数ベースで11.71％となり、持株比率の著しい低下が生じる（なお、別紙3参照）。

また、債務者の発行済株式総数は、8万8321株であるところ、別紙4記載のとおり、債務者はすでに大量の新株予約権を発行しており、本募集新株予約権を含む発行済新株予約権の全てが行使された場合には、普通株式5万8133株が新たに発行されることとなり、この場合、債務者の発行済株式総数は、14万6454株となる（これに加えて、次期定時株主総会で付議されることとなる取締役及び従業員等に対するストックオプションの全てが行使されれば、債務者普通株式5000株が新たに発行されることとなり、その発行済株式総数は15万1454株となる。）。そして、本募集新株予約権が当初下限行使価額の1万8775円で行使された場合には、10万6525株もの新株が発行されることになり、平成18年11月30日現在の発行済株式総数と合計すると、債務者の現在の授権資本枠である25万株を超える25万2979株が発行されることになる。さらに、本募集新株予約権が修正後下限行使価額である9387円で行使された場合には、新たに21万3061株もの新株が発行されることになり、平成18年11月30日現在の発行済株式総数と合計すると、債務者の現在の授権資本枠である25万株を大幅に超過するばかりか、仮に本定款変更議案が承認可決された場合の変更後の授権資本枠である35万株をも超過する35万9515株の株式が発行されることになる（債務者の公表した潜在株式による希薄化情報（甲4の1、6頁）によれば、本募集新株発行決議時点において、既に発行済株式総数に対する潜在株式数比率は85.9％であったものが、本募集新株予約権発行後においては、最下限の行使価額で計算すると307.1％になるものであり、債務者の株主は著しい希薄化リスクをかかえることになる。）。このように、本募集新株予約権の発行は、債務者の授権資本枠を超える数の普通株式が発行される可能性のあるものであり、債権者らを含む債務者の一般株主の持株比率は本募集新株予約権の発行により大幅に希釈化されることになる（なお、会社法113条4項参照）。

　ウ　資金調達の前提となる事業計画の欠如等

新株又は新株予約権の発行が資金調達目的でなされたか否かは、当該資金調達の前提となる事業計画の具体性、現実性等が存在するか否かが判断要素となる（東京地裁平成6年3月28日決定、東京地裁平成10年6月11日決定、東京地裁平成16年7月30日決定、東京高裁平成16年8月4日決定等）。

しかしながら、上記(2)で述べたとおり、本募集新株発行により調達した資金の調達目的は、①純粋持株会社体制下におけるグループ各社の効率的・積極的運営、②当期より本格的に営業展開を図るグループ子会社に対しての資本強化、③投資専業子会社株式会社オープンループ・インベストメントによる、投資事業の強化、④その他、グループ全体が安定的に事業展開を行うための運転資金などと極めて抽象的に記載されているのみであり、具体的な事業計画が存するものとはいえない。

　エ　資金調達を行うことの必要性

新株又は新株予約権の発行が資金調達目的でなされたか否かは、このほか、資金調達を行うことの必要性をも考慮して判断されるが（東京地裁平成6年3月28日決定、東京地裁平成10年6月11日決定、東京地裁平成16年7月30日決定、東京高裁平成16年8月4日決定等）、以下のとおり、本件では資金調達を行うことの必要性は存しない。

　　(ｱ)　債務者は十分な流動資産を有していること

債務者の平成18年9月期決算短信（甲13の1、12頁、13頁）によれば、債務者は、平成18年9月30日現在で24億7608万8千円の現金及び預金を有し、合計で36億8055万4千円の流動資産を有する一方で、流動負債合計残高は5億4772万1千円にすぎず、総資産に占める負債の割合は13.4％である。本件募集株式発行による手取金は、19億9500万円であるとされているが、当面の資金需要には既に有する現金及び預金のみで十分に対応が可能である。

なお、本募集新株予約権発行決議の直前である平成18年11月21日に公表した平成18年9月期中間決算説明資料において、平成18年9月期初に掲げた「財務体質の再強化」については、これをほぼ達成し、戦略推進の手元資金を十分確保していることを自ら投資家に対して公言していたことからも明らかなように（甲13の2）、債務者自ら新たな資金調達が現時点では必要がないことを自認していたのである。

　　(ｲ)　債務者の第8回新株予約権による資金調達

債務者は、平成18年3月27日開催の取締役会に基づき、第三者割当による新株発行及び新株予約権の発行を行っている。債務者の平成18年3月27日付けプレスリリース「第三者割当による新株式発行及び新株予約権の発行に関するお知らせ」（甲12）によれば、新株予約権発行の理由及び資金の使途等は、経営資源の再配分及び全体コスト削減による利益向上の実現において期初に想定した以上の時間を要している現状を鑑み、安定的な財務基盤のもと下半期に向けグループの運営事業再編と既存・新規事業の強化遂行を加速することを理由とするものであるとされており、また、新株予約権の発行及び行使による概算手取金額の合計17億8400万円の資金使途は、主として収益体質の再構築を展望したグループ内事業の再編、及び中核となるCRM関連事業のスピーディーな回復と強化を図るために資金を充当するものとされており、加えて、安定的な事業展開のための運転資金、及びグループの企業価値向上に資すると判断したM&A・事業提携関連案件においても充当予定であるとされており、本募集新株予約権発行の理由とほぼ同様の理由により発行するものとされている。債務者の第8回新株予約権は、その大半が未行使であり資金調達額は4億円程度にとどまっている（甲4の3）が、債務者の第8回新株予約権の行使価額は、別紙5記載のとおり仮に平成18年12月4日に行使されたものと仮定すれば、3万9500円であり、他方で本募集新株予約権の当初行使価額は11万2650円であるから、債務者普通株式の株価が現在より上昇し、3万9500円を上回ることとなれば、第8回新株予約権者が新株予約権を行使することにより資金調達をすることが可能なのであるから、これに加えて本募集新株予約権を発行してまで資金調達を行う必要性は全く存しない。

このような本募集新株予約権の内容からすれば、一定期間経過後の資金需要に対応する目的で本募集新株予約権が発行されたものでないことは明らかである。

(4) 小括

以上のとおり、本件では、債務者の公表した資金使途は何ら具体性のあるものではなく、債務者は豊富な現預金及び既に発行済みの新株予約権による資金調達の可能性があり、本募集新株予約権の発行による資金調達の必要性は認められず、本募集新株予約権の内容も資金調達目的を実現できるものとなっていない一方で、本募集新株予約権が行使された場合には、債権者らの持株比率を大幅に希薄化させるものである。そして、本募集新株予約権の発行決議が、債権者らによる債務者株式取得の判明後、矢継ぎ早になされた本買収防衛策の導入、本買収防衛策実施のための定款変更議案及び買収防衛目的であることが疑われる本ストックオプション発行議案の株主総会への付議決定の直後になされたものであることからすれば、本募集新株予約権の発行は、資金調達目的でなされたものとは到底認められず、債権者らの持株比率を低下させ、債務者現経営陣の支配権維持を目的としてなされたものであることは明々白々である。

第2 本募集新株の発行により債権者らが不利益を受けるおそれについて

会社法247条にいう「株主が不利益を受けるおそれ」とは、株主が、株主として有する経済的利益や会社支配につき、不利益を受けるおそれがあることを意味する。本募集新株予約権の発行は、上記第1、4記載のとおり、公正なオプション価額を大きく下回る払込金額で発行されるものであり、第三者に対する有利発行でありながら株主総会決議を経ないものであるから、これにより債権者らを含む既存株主は不利益を受ける。また、上記第1、5記載のとおり、本募集新株予約権の発行は現経営陣の支配権を維持することを目的としたものであり、仮に本募集新株予約権の全部が行使された場合には、別紙3記載のとおり債権者らの持株比率は現在20.69％だったものが11.71％前後まで大幅に希薄化され、1株利益も大幅に希薄化されるため、債権者らを含む債務者の既存株主はこれにより多大な不利益を受けることとなる。

第3 保全の必要性

債権者らは、債務者に対し、本募集新株予約権発行差止の訴えを提起すべく準備中であるが、本募集新株予約権発行については、その割当日及び払込期日が平成18年12月15日とされているところ、同日までに本案判決が確定しないことは明らかであり、本募集新株予約権発行の効力発生後は差止請求自体無意味となるので、仮処分命令により本募集新株予約権発行を差し止められたく、本申立に及んだ次第である。

なお、債務者の主張によれば、本募集新株予約権のオプション価額は債務者が本取得条項を行使することを前提に算出されているから（上記第1、4(3)）、本募集新株予約権の発行を差し止めても、何ら債務者に「損害」が生じる余地はないから、仮処分は無担保で認められるべきである。

第4 結語

以上のとおり、債務者による本募集新株予約権の発行が有利発行及び不公正発行に該当することは明らかであり、仮に、本募集新株予約権の発行が認められた場合には、債務者取締役会が自己保身目的を達成し、本募集新株予約権の割当先が労せずして多大な利益を得ることとなる一方で、債権者らはもちろんのこと、個人投資家を含む多数の一般投資家が甚大な損害を被ることになる。したがって、御庁におかれては、上記のとおり本募集新株予約権の発行は法令違反かつ不公正な発行であるとして、直ちに申立ての趣旨記載の決定をされるよう強く切望する次第である。

（別紙）準備書面(1)

頭書事件について、債権者らは、平成18年12月4日付け募集新株予約権発行差止仮処分命令申立書（以下「本申立書」という。）における債権者らの主張を補充する（以下、本申立書において用いた略称を断り無く踏襲することがある。）。

第1 本募集新株予約権の公正な価額

1. はじめに

債務者による払込金額を5万円とした本募集新株予

約権は、公正なオプション価額を大きく下回る払込金額で発行されたものであり、株主総会決議を経ない募集新株予約権の有利発行として直ちに差し止められるべきであることは既に詳細に主張したとおりである（本申立書8ないし16頁）。

そこで、以下では、疎甲第15号証として提出した「新株予約権価値の評価報告書」（以下「本件評価報告書」という。）に基づき、オプション評価理論による本募集新株予約権の公正なオプション価額を明らかにすることとする。

2．新株予約権の評価方法

新株予約権の評価においては、①権利行使価額、②行使期間、③算定時点における株価、④株価変動性（ボラティリティ）、⑤行使期間中の配当見積額及び⑥無リスクの利子率（割引率）を基礎として基礎数値を算出し、算定された基礎数値に具体的な発行条件に沿った修正を加えた上で、公正なオプション価額が算定されることになる。

債務者が本募集新株予約権の価額算定にあたり使用した基礎数値は明らかではないが、本件評価報告書では、①権利行使価額は当初行使価額である11万2650円、②行使期間は平成18年12月15日から平成20年12月12日、③算定時点における株価は3万6800円（平成18年11月24日終値）、④株価変動性（ボラティリティ）は直近2年間で86.49%、直近4ヶ月で89.04%（すなわち、予想残存期間を2年とした場合には86.49%、4ヶ月とした場合には89.04%がボラティリティとして使用される。）、⑤行使期間中の配当見積額については、債務者が設立以来無配当であることからゼロ、⑥無リスク利子率（割引率）は中期国債のレートの0.8%を用いて公正なオプション価額を算定した。

3．本募集新株予約権の公正なオプション価額

本募集新株予約権の内容においては、①本修正条項（本申立書別紙1　第9項(1)）、②本取得条項（本申立書別紙1　第22項）及び③本募集新株予約権の行使期間に関する通知（本申立書別紙1　第11項但書）が上記基礎数値を修正しうる要素となる。

そして、本申立書で述べたとおり、債務者取締役会が本修正条項に基づく事前通知を行うか否かについては何らの条件も付されておらず、自由又は恣意的に行使価額を修正できることとされている以上、有利発行性の判断に際しては取締役会が自由に決定できる裁量の範囲内の最も低い金額を基準とすべきであるし、そもそも債務者の主張する本募集新株予約権発行の目的である資金調達を達成すべく新株予約権者が本募集新株予約権を行使されることが経済合理的に見込まれるのは、現在の株価水準に鑑みて本修正条項に基づき行使価額が修正された場合に限られるといえるから、オプション価額の算定にあたっては、当初行使価額ではなく、修正後の行使価額を基準とすべきである（本申立書11頁ないし13頁）。

そして、債務者取締役会が本修正条項に基づく事前通知により行使価額の修正が行われた場合の本募集新株予約権の公正なオプション価額は、1億9370万367円（本取得条項に基づく取得決議がなされた場合）又は2億6647万8303円（本取得条項に基づく取得決議がなされない場合）となり、本募集新株予約権の払込金額である1000万円を少なくとも19倍以上は上回る価額となるのであるから、その余の点を検討するまでもなく、本募集新株予約権の発行が有利発行であることは明白であり、直ちに差し止められるべきものである（甲15、13頁④及び⑤）。

なお、本取得条項に基づく取得決議がなされた場合には債務者の主張する資金調達目的を達成することは不可能であることなどから、本取得条項が付されていることは、公正なオプション価額算定に当たり考慮すべき要素とはならないから（本申立書13ないし15頁）、結局、本募集新株予約権の公正なオプション価額は2億6647万8303円ということになる（甲15、13頁④）。これは、本募集新株予約権の払込金額1000万円の26倍を超える価額である。

4．小括

以上のとおり、本募集新株予約権の公正なオプション価額は2億6647万8303円であり、本募集新株予約権の払込金額はこれを大幅に下回る僅か1000万円であるから、本募集新株予約権の発行が有利発行にあたることは明らかであり、直ちに差し止められるべきである（甲15、13頁④及び⑤）。

第2　その他申立後の事情

本募集新株予約権の発行が平成18年11月29日公表された後、債務者株式の株価は連日大幅に下落した。すなわち、平成18年11月29日（本募集新株予約権公表前）には、3万8400円だった株価が、同月30日には3万6500円、同年12月1日には3万4000円、申立日である同月4日には3万円（いずれも終値）と、わずか3営業日で8400円（下落率約22%）も大幅に下落している。他方、債権者らによる本申立が公表された後の12月5日の終値は3万500円と、株価が上昇しているが、これら一連の株価の騰落は、債権者ら以外の多くの株主も、債務者による本募集新株予約権の発行が投資家に対して著しい不利益を与える有利発行ないし不公正発行であると判断していることの証左である（甲16及び17）。

第3　結語

以上のとおり、債務者による本募集新株予約権の発行が有利発行に該当することは明らかである（本申立書8ないし16頁）。また、本募集新株予約権の発行が不公正発行に該当することも、本申立書において既に述べたとおりであり（本申立書16ないし24頁）、ここで重ねて主張するまでもない。したがって、御庁におかれましては、本募集新株予約権の発行を差し止めるとの決定を直ちに下されることを切望する次第である。

（別紙）答弁書
第1　申立の趣旨に対する答弁
1　債権者らの申立を却下する。
2　申立費用は債権者らの負担とする。
との裁判を求める。

第2　債務者の主張
1　本募集新株予約権発行が有利発行である旨の債権者らの主張について
　(1)　申立書（11頁ないし16頁）における主張について
　　ア　債権者らは、本募集新株予約権の公正なオプション価額の詳細な分析を待つまでもなく、①オプション価額算定にあたっては、当初行使価額ではなく、修正後の行使価額を重視すべきこと、②取得条項の存在はオプション価額算定において考慮すべきでないこと、以上2点を理由として、本募集新株予約権の発行が有利発行にあたる旨主張する。
　　しかし、以下に述べるとおり、これらの主張はいずれも本募集新株予約権の発行が有利発行に当たる根拠たり得ない。
　　イ　①について
　　　a　債権者らは、直近6か月間の終値平均が3万2104円であるとした上で、その3倍以上の金額である当初行使価額で行使される見込みは低いとして、本募集新株予約権については、修正後の行使価額を有利発行か否かの判断基準とすべきと主張する。
　　しかしながら、債務者の株価は、平成18年年初頃から、同年10月1日の監理ポストへの割当に向かって著しく下落した経緯がある（乙1）。かかる原因には種々の理由が考えられるが、大きな点としては、平成電電株式会社（以下「平成電電」という。）の民事再生手続開始の申立てに伴い多額の損失を計上したこと、及び大阪証券取引所による「猶予期間」入り銘柄の指定からの解除ができず、「猶予期間」の終了により監理ポストへの割当てがなされたことが大きな原因と考えられる。
　　この点、平成電電の件に関しては、債務者は同社との間で業務提携を行い、種々の債権債務関係があったものであるが、平成17年10月の同社の民事再生手続開始により、約42億円の損失を計上する結果となり（乙2）、業務提携の解消による事業遂行への見通しの懸念及び財務状況の悪化から株価の大幅な下落を招いたものである。しかしながら、その後の平成電電などとの交渉により、同社から債務者の子会社が譲り受けていた事業を10億円で再度第三者に譲渡することとなり、最終的には損失を最小限に抑えることができたのである（乙3、なお、事実経緯については乙4及び乙5）。
　　また、監理ポストへの割当の点については、債務者の株券は、大阪証券取引所において上場しているが、株式会社トラストワークを吸収合併したことを契機として、平成15年3月1日から平成18年9月30日まで同取引所の判断により株券上場廃止基準たる「不適当な合併等」（同取引所株券上場廃止基準第2条第1項第9号（乙7））に該当する可能性があり、その適合審査の必要があるとして、「猶予期間」（同取引所株券上場廃止基準の取扱い1(9)f（乙7））入り銘柄とされていた（乙6）。そして、かかる「猶予期間」の経過時においても、直近の財務状況が芳しくないことから（平成18年9月期において営業利益が約4億2800万円のマイナス、経常利益が約4億5000万円のマイナス（乙8））、上場会社としての適合性を認められず、監理ポストに割り当てられたものである。かかる監理ポストとは、上場廃止となるおそれがある銘柄を意味し、証券取引所が上場廃止を決定した場合には、整理ポストに割り当てられ、最終的にそのわずか1ヶ月後に上場廃止となるものである（大阪証券取引所監理ポスト及び整理ポストに関する規則（乙9及び乙81））。上場廃止となれば、当然のことながら、証券取引所での株式取引ができず、その流動性が著しく低くなることとなる。このような懸念が発生した株式であるからこそ、債務者の株価は著しく低下しているのである。もっとも、監理ポストに割り当てられることをもって、直ちに整理ポストに割り当てられることを意味するものではなく、その後の財務状況の改善が認められ、上場会社としての適合性があると証券取引所に認められることになれば、通常ポストへの復帰が認められることとなり、これにより流動性の著しい低下のリスクは払拭されることとなる。そして、債務者は、現状純資産18億円以上を有しており（乙8）、大阪証券取引所の上場審査基準であるスタンダード基準に適合するものとして、上場会社としての適合性を認められる余地は有している（乙76）。もちろん、かかる資産性を含め、その他の財務状況を加味し、最終的には大阪証券取引所の判断により通常ポストに移行するか否かが判断されるものではあるが、その可能性は十分あるといえるのである。
　　なお、債務者の平成18年年初以来約11か月間の終値平均は、金5万1073円であり、債務者が監理ポストから通常ポストへ移行した場合、上場廃止への投資家の懸念が払拭されることからその株価は大幅に上昇することが見込まれる（乙10ないし乙12。なお、債権者らも債務者が通常ポストへの復帰を果たすという見通しの下に投資額合計約5億5000万円を超える債務者株式の大量取得を実施したと思われる。乙77）。
　　さらに、債務者の平成18年12月8日終値時点の株価純資産倍率（PBR）は、0.79倍である（乙14の8）。株価純資産倍率（PBR）とは、株価を一株当り純資産（純資産／発行済株式総数）で除して得た数値であり、株価純資産倍率（PBR）が1倍であるとは、株価と純資産が同水準であるということであり、株価純資産倍率（PBR）が1倍を超え高ければ高いほど、株価が純資産に比して割高であり、株価純資産倍率（PBR）が1倍を割り低ければ低いほど、株価が純資産に比して割安ということである。例えば、同業のグッドウィル・グループ株式会社の株価純資産倍率（PBR）は、4.63倍（平成18年12月8日終値時点。乙14の1）であり、株式会社フルキャストの株価純資産倍率（PBR）は、5.45倍（平成18年12月8日終値

時点。乙14の2）である。その意味では、債務者の株式は現状非常に割安であり、株価が上昇する可能性は十分にあるのである（なお、参考までに債務者の株価を11万2650円と仮定すると、現状の純資産ベースでは債務者の株価純資産倍率（ＰＢＲ）は2.81倍となり、他社と比較した場合、この水準でもなお割安な株式ともいえるものである）。

債務者は、当然のことながら、通常ポストへの復帰をめざして、財務状況の改善を目指しているのであり、財務状況が改善し、かつ、通常ポストへの復帰が達成できるのであれば、平成18年年初当時の株価と同水準である11万2650円（本募集新株予約権の当初行使価額）という株価への到達は十分な可能性がある。また、そもそも、債務者はかかる株価への到達を目指して経営の舵取りをしていくことの決意の表れとして、かかる行使価額の設定をしたものである。

　b　また、債権者らは、本募集新株予約権の行使価額が、取締役会の自由ないし恣意的な事前通知により、通知日の前週の最終日を最終日とする3連続取引日の大阪証券取引所における債務者普通株式の普通取引の毎日の終値の平均値の92％に修正されることをもって、会社法が有利発行について株主総会の特別決議を要求した趣旨からすれば、取締役会の裁量の及ぶ最も低い金額を基準とすべきと主張している。

しかしながら、債務者の取締役会がかかる事前通知をすることがすでに決定しているわけではない。株式会社の取締役は、善管注意義務・忠実義務を負っており、既存株主の株式価値の最大化を図ることを最も重要な責務として経営判断をなすものである。とすれば、株式の希薄化の程度の大きい事前通知をなし、行使価額を下げるという経営判断は、例外的であるべきといえる。そして、かかる例外的な判断をすることがかえって株式価値を高め、希薄化の程度を超えて既存株主にとって有利となるような資金調達の必要性がある場合に限り、行使価額を下げる判断をすることが当然に想定されているのである。したがって、取締役が自由で恣意的な判断をするという前提がそもそも誤りというべきであり、最も低い金額を基準とすべきとはいえない。また、債務者の授権資本との関係でも、債権者らの主張するとおり、本募集新株予約権の行使価額が下方修正された場合、債務者の株価水準によっては、債務者の授権資本を超える株式が発行されるおそれがあるものであるが、債務者取締役会がこれに抵触するおそれのある株価水準において事前通知を行うことはありえないし、また、取締役会は授権資本に抵触するおそれが生じた場合には、本募集新株予約権を消却せざるを得ないのである。つまり、本募集新株予約権は、債権者らの主張する最も低い金額での行使は事実上もまた法律上も可能性が低いといえる。本募集新株予約権の割当先であるリーマン・ブラザーズ・コマーシャル・コーポレーション・アジア・リミテッド（以下「リーマン社」という。）も、授権資本の関係で本募集新株予約権の行使に一定の制限があることを承知しており（乙81、なお、この点からも債務者取締役会の恣意性は排除されている。）、本募集新株予約権が取締役会の承諾を得なければ第三者に譲渡できないこととされていることを併せて考慮すれば、本募集新株予約権が債権者の主張する最も低い金額で行使される可能性は低いといえるのである。

　c　以上のとおり、債務者の株式の株価は上昇が十分期待でき、しかも最も低い金額での行使の可能性は低いのであるから、株価がその3倍以上の金額である当初行使価額で行使される見込みは低いとの債権者らの主張は、十分な根拠のあるものとは言い難い。債権者らの投資判断としても、今後株価の上昇が見込まれると判断したからこそ、経営権の取得を目的とせず投資を目的として債務者株式の大量取得をしたはずである（乙73、2頁及び乙77、3頁）。

よって、この点に関する債権者らの主張は、本募集新株予約権の発行が有利発行に当たる根拠たり得ない。

　d　また、債権者らは、「サンテレホン募集新株予約権発行差止事件決定の事案では、毎日の終値平均値の93％にとどまる場合においても有利発行と判断されている」と主張し、本募集新株予約権の行使価格が修正後3連続取引日の大阪証券取引所における債務者普通株式の普通取引の毎日の終値の平均値の92％に修正されることと対比して主張している。

しかしながら、サンテレホン募集新株予約権発行差止事件決定においては、行使価額が毎日の終値平均値の93パーセントに修正されることに着目して有利発行である旨の判断は全くなされていない。すなわち、当該事件においては、公正な発行オプション価額としての算定において用いたオプション算定モデルとその修正方法が不合理であるとして、有利発行となると一応認めることができると判断しているのである（甲11の1、115頁右列3行目以降。なお、本募集新株予約権においても、ブラックショールズモデルによるオプション価格の算定とその修正を行っているものであるが、かかる修正に極めて合理性があるといえる点は、後述する。）。

　イ　②について

債権者らは、本募集新株予約権に取得条項が付されていることをオプション価額算定にあたり考慮すべきではないと主張する。

しかしながら、債権者らも主張するとおり、取得条項が行使されれば、払込金額と同額で取得されるとはいえ、本募集新株予約権者は、オプションによる利益を得る機会を奪われるだけでなく、払込金額相当額の、払込から取得までの期間に係る金利相当額の損失を受けるといえる。本募集新株予約権は、本募集新株予約権者が、行使価額と時価との差額、行使した場合に取得する株式の市場での取引の状況等を総合的に勘案し、その行使の時期を自ら決定できることに価値があるといえるものであり、かかる本募集新株予約権者の裁量を一方的に発行会社たる債務者が奪うことのできる権利が付されたオプションの価値が、付されていないものと比べた場合、当然にその価値は低いと判断されるべきである。

なお、債権者らは、資金調達の目的を達成するため

には、取得条項の行使の可能性は極めて低い旨主張する。しかしながら、債務者の資産状況は、後述するように約22億5000万円の現金及び預金あり（乙63）、また第8回新株予約権の未行使個数を全て行使した場合には、債務者は金16億円の資金を調達することが可能であり（なお、第8回新株予約権が行使されるためには、株価が3万9500円を超えることが条件ではあるが、債務者の株価純資産倍率（PBR）は1倍を割っており、現状の株価水準を大きく下回ることは考えにくい以上、株価が上振れした場合には3万9500円を超える可能性は十分考えられる。）、結論としては、最大で約38億5000万円の調達が可能となるものである（この金額の前提については後述する。）。しかしながら、現在進行中のM＆A案件等において（この点についても後述する。）、柔軟な経営判断を可能にするために、本募集新株予約権を発行したものである。とすれば、株式及びM＆A案件等の進捗に応じて、本募集新株予約権を結果として使用せず資金調達を行うことは十分考えられる。この場合、既存株主の希薄化を防止するために、取締役の経営判断としては、当然ながら取得条項を行使することとなるのである。

以上からすれば、債権者らの主張する、本募集新株予約権に取得条項が付されていることをオプション価額算定に当り考慮すべきではないという点は明らかに妥当ではない。

ウ　定性的に有利発行である旨の主張について

また、債権者らは、8パーセントの利益を得る本募集新株予約権の発行は、定性的に有利発行である旨主張する。

ａ　しかしながら、前述のとおり、下方修正条項が付され、かつ、そのディスカウントがなされている新株予約権の事例においても、かかる点を理由として、有利発行の判断がなされているものではない（前述サンテレホン募集新株予約権発行差止事件決定）。

また、後述のとおり、有利発行の判断には、資金調達の目的を達成する限度で株主に有利か否かとの要素が加味されるべきものであるが、債務者は、監理ポストに割り当てられ、上場廃止のリスクを相当程度の蓋然性をもって有している会社であり、経営権取得を目的としない機関投資家からすれば、投資対象として不適合な会社であるといわざるを得ない。かかる会社に投資する以上は、相当程度のディスカウントを条件とし、投資家に対しインセンティブを与えることも資金調達の目的を達成するためには仕方のない選択であるといえる（なお、当然のことではあるが、本募集新株予約権の引受を行ったリーマン社は、国際的な投資銀行グループであるリーマン・ブラザーズのグループ会社であり、最終的には株式を売却して利益を得るという純投資目的での引受けであることは明白である。）。他者事例においても、下方修正条項にディスカウントを行ったうえで発行している事例は、株式、新株予約権付社債、新株予約権等のそれぞれに関し多数存在し、かつ、債務者の現在置かれている状況のように極めて投資家の選定が困難とは必ずしも思われない、一般的に信頼性のあると思われる会社も多数存在してい

るのである（なお、新株予約権の事例においても、複数の、かつ、本募集新株予約権より高い割引率の事例が存在する（乙15ないし乙16の5））。かかる事例からすれば、債務者がかかる条件で本募集新株予約権を発行したことも、資金調達の目的のために合理性のある行為であり、有利発行といえるものではない。

ｂ　なお、債権者らは、募集株式発行の場合には、発行価額を決定する取締役会決議日から払込期日までの期間の株価下落リスクを考慮して7％から10％までのディスカウントが認められているが、本募集新株予約権者はかかるリスクを負わない旨主張している。

確かに、新株予約権については株価決定から払込までの期間という観念はないものの、払込後直ちに当該株式を売却しない限り、株価変動リスクにさらされることは同様であり、また、市場においては取引が成立しない限り、株主の意思のみで売却できるものではないことから、一定の株価変動リスクはやはり当然に負担するものである。債務者株式の大阪証券取引所における過去1ヶ月（平成18年10月30日から平成18年11月29日まで）の出来高は、約1162株であり（乙78）、本募集新株予約権者は、本募集新株予約権を当初行使価額で行使したとしても取得する株式数は、17,754株であり、また、発行に係る取締役会決議日前日の株価（平成18年11月28日の終値3万7550円）の92％とした場合の金額である3万4546円とすれば、5万7893株を取得するものであり、取引の成立しないリスク、すなわち株価変動リスクは一定限度負担しているのである。さらに、オプションの行使者は、株式を取得した場合、取引所で通常の売却を行うとすれば、株価が大きく下落するリスク及びそもそも取引が成立しないリスクを負担することから、証券会社を通じたいわゆるブロックトレードにより、大口の取引を実行することがあるが、この際に証券会社に支払う手数料は7％から9％かかることとなり、結果として予約権者が取得する利益からすれば、定性的に有利とは言い難い。

債権者株式会社クオンツ自身も、平成15年12月、転換社債型新株予約権付社債を発行しているが、転換価額について社債権者が価格下落リスクを負わない条件での発行を行っているところである（乙18。イーラックス株式会社は債権者クオンツの旧商号であることにつき、甲2）。

(2)　債権者ら準備書面(1)における主張について

ア　債務者提出評価書の妥当性

ａ　債務者は、公認会計士　税理士　Ｇの「第11回新株予約権の公正な評価額に関する意見書」（以下「本意見書」という。）を取得して、本募集新株予約権を発行している（乙19）。本意見書は、ブラックショールズモデルを用いて株価の算定をしているものであり、かかるオプション算式モデルは、日本の実務においては、最も一般的に普及しているものである（乙20、17頁）。また、企業会計基準においても、特定のモデルを推奨していないことを合わせて考慮すれば（乙20、13頁）、本募集新株予約権の評価においてブラックショールズモデルを用いることは、合理性が十

分認められる。
　　　ｂ　ブラックショールズモデルは、①株価、②オプションの権利行使価格、③株価変動性（ボラティリティ）、④予想残存期間、⑤予想配当、⑥無リスク利子率を算式に当てはめることにより、オプション価格を算定する評価方法である。本意見書では、①株価を評価時点の株価である37,550円（平成18年11月29日時点）、②オプションの権利行使価格を当初行使価額である11万2650円、③株価変動性（ボラティリティ）を93.70％、④予想残存期間を0.37年（別段の通知を行わない限り、本募集新株予約権の権利行使が停止される日まで）、⑤予想配当は無し（過去の配当実績による）、⑥無リスク利子率を0.481（予想残存期間に対応する国債の利回り）として算定し、１個当り371円と算定している。但し、かかる算定は、新株予約権１個当り、１株を引き受ける前提での評価書となっていることから、これを本募集新株予約権１個当りの金額に引きなおすと、３万2933円となり、これに対し、本募集新株予約権は、１個当り５万円の払込金額として発行されており、この点からすれば、当然ながら有利発行とは判断すべきではないといえる（乙79）。
　　　イ　オプション価格の調整の必要性
　　　ａ　もっとも、本募集新株予約権は、債務者の書面による事前通知により、時価の92％に行使価額が修正される条件が要項上規定されており（以下かかる通知を「本行使価額修正通知」という。）、仮に債務者が、本行使価額修正通知を行い、行使価額が修正された場合におけるオプション価格についても検討すべきといえる。
　　　そこで、①株価を評価時点の株価である３万7550円（平成18年11月29日時点）、②オプションの権利行使価格を３万4546円（平成18年11月29日時点の株価の92％）、③株価変動性（ボラティリティ）を93.70％、④予想残存期間を0.0137年（本新株予約権の募集要項（以下「本募集要項」という。）第９項(3)の規定により、第18項の通知及び公告を債務者が行った場合に権利行使できる期間である５営業日）、⑤予想配当は無し（過去の配当実績による）、⑥無リスク利子率を0.481（予想残存期間に対応する国債の利回り）として、ブラックショールズモデルを用いて算定した場合、１個当り101万7180円と算定されることになる（乙21）。かかる金額からすれば、本募集新株予約権の払込金額の約20倍であり、有利発行と判断されるおそれがある。もっとも、かかる行使価額の修正後のオプション価格をベースに有利発行か否かを単純に判断することは、種々の条件が複合的に付加されている本募集新株予約権の判断としては合理的とは言い難い。この点について、以下理由を述べる。
　　　ｂ　そもそも、ブラックショールズモデルが実務的に広く普及している理由としては、一定の算式に一定の変数を代入すれば算定結果を得られるものであり、その計算が比較的簡単であるということが挙げられると思われる。この場合に代入する変数は、前述のとおりであり、かかる変数とオプション価格の関係としては、オプション価格は、①行使価格が上がると下落し、行使価格が下がると上昇する、②予想残存期間が長くなると上昇し、短くなると下落する、③株価変動性（ボラティリティ）が高くなると上昇し、低くなると下落する、④予想配当が高くなると下落し、低くなると上昇する、⑤無リスク利子率が高くなると上昇し、低くなると下落するという関係性を有している。本件では、行使価格が本行使額修正通知を行う前と後とで大きく異なることとなり、オプションの算定結果の乖離を生じているのである。

　　もっとも、変数として代入する条件以外の新株予約権の条件を加味して算出できないことからすれば、ブラックショールズモデルで常に一義的に公正なオプション価格が算出できるとは必ずしもいえない側面もある。すなわち、オプションの公正な評価の観点からは、オプションの価値評価に反映することのできる特性は、可能な限り反映させることが自然であるし（乙20、16頁）、合理的である。また、オプションを引き受ける側からすれば、複合的な条件を付加された１個のオプションを引き受けるものであり、本行使価額修正通知に関していえば、その通知がなければ、当初行使価格のままでのオプションを終始保有することとなり、またかかる通知をするか否かについては、オプション保有者の意思は何ら反映できない以上、本行使価額修正通知がなされたことを前提として、オプション価格を算定し、これを引き受けるということは経済合理性からして、全く考えられない。とすれば、ブラックショールズモデルをベースにしてオプション価格を算定するとしても、かかる諸条件を考慮して、必要な調整を加える必要はあるのである。この点、債権者らの提出した評価報告書（甲15）によれば、本募集新株予約権に付された条件につき、場合分けをした上で債務者の取締役会が自由に決定できる裁量の範囲内の最も低い金額を基準として、有利発行か否かの判断をすべきであると主張しており、複合的な条件を有する本募集新株予約権の適正な判断とは言い難い。
　　　ｃ　ここで、本募集新株予約権について、オプション価格を調整すべき規定としては、本募集新株予約権の要項上以下の条件が考えられる。
　　①　本行使価額修正通知を行った場合、本募集新株予約権の行使価額は、通知日の前週の最終日を最終日とする３連続取引日の大阪証券取引所における債務者普通株式の普通取引の毎日の終値の平均値の92％に修正される（新株予約権要項第９項）。
　　②　債務者が別段の通知を行わない限り、平成19年４月13日において、残存する本募集新株予約権の行使は、一時停止する（新株予約権要項第11項）。
　　③　平成18年12月15日以降、債務者の取締役会の決議により、取締役会の定める取得日において残存する本募集新株予約権を債務者が払込金額と同額で取得できる（新株予約権要項第18項）。
　　ウ　行使価額の修正によるオプション価格の調整
　　　ａ　本行使価額修正通知による行使価額の修正

の条件については、前述のとおり、オプション価格を上昇させる条件である。もっとも、本行使価額修正通知は必ず行われるものではなく、債務者の有する現預金を超えるM＆A案件等のための資金需要が発生した場合である。また、かかる資金需要は、前述のように第8回新株予約権が行使される状態になれば、かかる行使により調達できるであろう約16億円を加えた金額を超える資金需要ということとなる。M＆A案件等については、現状いくつかの成立の可能性があり、それであるからこそ、本募集新株予約権を発行したものであるが、その時期、金額も確定しているものではなく、また、債務者としては、既存株主に損害を与えないよう、原則としては行使せず、当初行使価額たる11万2650円での調達及び第8回新株予約権での調達を図ることが経営判断としては、当然合理的である。とすれば、本行使価額修正通知による行使価額の修正がなされる可能性は低いと考えるべきである。

以上からすれば、行使価額修正通知による行使価額の修正が行われない当初行使価額11万2650円でのベースでオプション価格を算定することがまずは合理的である。

もっとも、株価が第8回新株予約権の行使が可能な程度にまで回復せず、また手持ちの現預金では対応できないM＆A案件等が早期に発生し、かつ、かかる案件を成立させることが企業価値の向上に大きく貢献する場合があることは想定できる。また、後述のとおり、手元資金を利用したのみでは、株価が第8回新株予約権の行使が可能な程度にまで回復しない場合は、資金不足を生じる可能性がある。そして、債務者は、かかる場合を想定しているからこそ、本募集新株予約権を発行したものである。とすれば、経営判断として、本行使価額修正通知による行使価額の修正の可能性はあるものであり、かかる場合を全く捨象することも適切ではない。この場合、かかる条件をいかにして、オプション価格の算定に反映させるかという点が問題となるが、オプションの単価自体に反映させることは、通常のオプションの算定手法からも困難であることから、修正後の価格で行使される可能性のある本募集新株予約権を想定し、その個数として反映させることが算定方法としては可能といえ、また合理的であるといえる（乙20、15頁以下（株価条件について記載された記述であるが、本件への適用についても参考となると思われる。））。

そこで、本行使価額修正通知による行使価額の修正が行われる個数であるが、前述のように、株価が第8回新株予約権の行使が可能な程度にまで回復すれば、行使しない可能性は高いものであり、さらに、債務者としては、当初行使価額である11万2650円に到達するよう経営の舵取りをすることが大前提であり、この点からも、本行使価額修正通知を行使する可能性は低いといえる。ただ、後述のとおり、現実の手元資金において株価が第8回新株予約権の行使が可能な程度にまで回復しない場合は、実際に2億程度の資金需要が生じることから、この限度では行使する可能性が高いといえる。以上からすれば、この限度で下方修正後の資金調達をする前提で、本行使価額修正通知による行使価額の修正が行われる個数を見積もることが合理的といえる。なお、本行使価額修正通知による行使価額の修正を行い直ちにこれを停止するとしても、本募集新株予約権者は、本募集新株予約権の行使を停止されるまで行使は可能となる。債務者としては、かかる場合は、本行使価額修正通知による行使価額の修正後の株式が大量に発行されることを防止するために新株予約権要項第9項(3)に基づき行使を停止させ、5営業日のみ修正された本募集新株予約権が行使されると考えることが合理的である。とすれば、債務者の過去1ヶ月の出来高の平均は、前記のとおり約1162株であることから（乙78）、その5倍である5810株に関し、行使されると考えるべきであり、この場合、行使価額の修正された新株予約権は、行使価額を3万4546円（発行の取締役会決議日前日である平成18年11月28日時点の株価の92％）とすれば、2億0071万2260円につき行使されることとなる。そして、この金額は、前述の資金需要と合致する金額といえる。また、新株予約権の個数としては、約20個となる。

ここで、単純に、本募集新株予約権のうち、約20個が修正後の行使価額とされ、残りが全て当初行使価額で行使されるものとして、オプション価格を算定すると、前述のそれぞれのオプション価格に、その割合を乗じて合計し、本募集新株予約権は1個13万1357円、総額で2627万1540円となる。しかし、この金額についても、さらに以下に述べるような修正が加えられるべきである。

エ　本募集新株予約権の行使一時停止による修正

本募集新株予約権には、前述のとおり、債務者が別段の通知を行わない限り、平成19年4月13日において、残存する本募集新株予約権の行使は、一時停止する旨の規定が付されている。かかる規定は、本募集新株予約権が、直近の株価の低迷により第8回新株予約権が行使できない一方で、債務者の企業価値を大きく高める可能性のあるM＆A案件等が現実に想定されることから、かかるM＆A案件が成立し、かつ、現状の現預金で対応できない場合を考慮して、本募集新株予約権が発行されたことに対応し、発行後4ヶ月経過後は、通常ポストの移行の可能性や債務者の株価が著しく割安な点を考慮して、第8回新株予約権の行使が可能となる可能性が著しく高いことから、この場合には、本募集新株予約権を停止することとしたものである。かかる条項が付されているからこそ、本募集新株予約権者にとっては、その行使の可能性が低下するとともに、本行使価額修正通知による行使価額の修正がなされる可能性も低下するといえる。とすれば、かかる条項は、本募集新株予約権のオプション価値を低下させる要素を有するものといえる。

オ　取得条項が付されたことによる修正

前述のとおり、取得条項が行使されれば、払込金額と同額で取得されるとはいえ、本募集新株予約権者は、オプションによる利益を得る機会を奪われるだけでなく、払込金額相当額の、払込から取得までの期間に係る金利相当額の損失を受けるといえる。本募集新株

株予約権は、本募集新株予約権者が、行使価額と時価との差額、行使した場合に取得する株式の市場での取引の状況等を総合的に勘案し、その行使の時期を自ら決定できることに価値があるといえるものであり、かかる本募集新株予約権者の裁量を一方的に発行会社たる債務者が奪うことのできる権利が付されたオプションの価値が、付されていないものと比べた場合、当然にその価値は低いと判断されるべきである。

　カ　資金調達の必要性による修正

判例における有利発行の考え方として、公正な発行価額と比較して、特に低い価額をいい、公正な発行価額というのは、新株の発行により企図される資金調達の目的が達せられる限度で旧株主にとり最も有利な価額としており、その具体的な決定に際しては、発行価額決定前の当該会社の株式価格、株価の騰落修正、売買出来高の実績、会社の資産状態、収益状況、配当状況、発行済株式数、新たに発行される株式数、株式市況の動向、これから予測される新株の消化可能性等の諸事情を総合し、既存株主の利益と会社が有利な資金調達をするという利益の調和の中に求めるべきあるとの判断が示されている（最3小判昭50・4・8民集29巻4号350頁等）。とすれば、本募集新株予約権の発行において、資金調達の目的達成のための修正の要素を加味することは至極妥当である。

債務者は、後述するとおり、監理ポストに割り当てられており、また財務状況が必ずしも芳しくないことから、銀行から融資を受けることは不可能な状況であり、その他の資金調達も著しく困難であった。また、繰り返しになるが、債務者は監理ポストに割り当てられており、上場廃止のリスクをかかえていることから、純投資を目的とし、投資の出口を求める通常の機関投資家からすれば、投資対象としては極めて不適格である。かかる機関投資家にとっては、投資資金を拠出するためには、かかるリスクを負担することを許容しうる相当程度の条件であることが必要である。

さらに、債務者は、監査法人より、いわゆる継続企業の前提に関する注記を付されている（乙8）。すなわち、会社の財務情報は企業が今後も継続することを前提として作成されているものであり、かかる前提を欠くとすれば、単なる財務情報の開示だけでは投資家に重大な誤解や損失のおそれが生じることから、継続企業の前提に重大な疑義が生じた場合は、継続企業の前提に関する注記として、その点を適切に開示し、投資家に不測の損害が発生させることを防止することが企業会計においては行われており、債務者は、かかる注記を債務者を監査する監査法人により付されているのである。これは、会社の信用という意味では、著しい低下をもたらすものである。

また、債務者は、9年間にわたって配当実績もなく、また株式市況に関しては、いわゆるベンチャー企業、とりわけIT関連企業にとっては、極めて厳しい市場環境が継続している状況であった。

以上のような事情からすれば、債務者の資金調達は極めて困難であり、この目的を達成し、企業価値の向上を図り、もって既存株主の利益を達成するためには、相当程度のオプション価格の減額もやむを得ない経営判断であるといえる。

　キ　第三者間取引で適正に決定された価額

本募集新株予約権の払込金額は、当然ながら、債務者と何ら利害関係のないリーマン・ブラザーズグループとの間で決定されたものである。かかるリーマン・ブラザーズグループは、国際的な投資銀行として、数々の投資実績があり、かつ、顧客数も膨大である。かかるいわゆるプロの判断を経て、適正な交渉の結果決定された払込金額については、需給の関係から適切に決定された金額であるということは容易に想定できるものである。

(3)　総括

以上からすれば、ウで記載した2627万1540円という金額を公正な価格ということは妥当ではなく、取得条項が付されていること、及び、資金調達の必要性等からすれば、さらに適正な価格に減額すべきであり、1個5万円、総額1000万円との払込金額は、適切かつ合理的であり、有利発行には当らないというべきである。

2　不公正発行であるとの主張について
(1)　本募集新株予約権発行の理由

債務者が取締役会において本募集新株予約権の発行を決議するに至ったのは、以下に述べる具体的資金投入計画の実現のためである。そして、債務者が具体的資金投入計画を実現するためには、債務者の現在の流動性資金やこれまでに発行した新株予約権を予約権者が行使することによって得られる資金のみでは未だ十分とは言い難く、また、債務者が現在置かれている状況に鑑みると、不足資金の調達方法としては、本募集新株予約権の発行以外には選択肢がなかった。

このため債務者取締役会は、本募集新株予約権の発行を決議するに至ったものである。

以下、債務者の具体的資金投入計画や、事業環境の変化に伴う資金需要、現在置かれている状況について触れた上で、債務者に資金調達の必要性があることについて主張する。

　ア　債務者の具体的資金投入計画について

債務者が本募集新株予約権を発行した理由は、「第三者割当による新株予約権の発行に関するお知らせ」において次のように公表したとおりである（甲4の1）。

『黒字体質への転換、及び純粋持株会社の下で専門事業を担うグループ各社の成長と業容拡大を更に加速するため、主として今後必要と想定される、以下の具体的戦略の遂行資金の追加調達を企図して行うものであります。

(1)　純粋持株会社体制下におけるグループ各社の効率的・積極的運営。

とりわけ、人材アウトソーシング事業の業容拡大をはかる観点から、セールスアウトソーシング事業（注・コールセンター及び販売促進事業への人材派遣事業のこと）においてはCRM関連業務（注・コールセンターへの人材派遣業務）、またゼネラルアウト

ソーシング事業（注・物流、飲食、建築等への人材派遣事業のこと）においては採ровать性の見込める支店出店の強化、及び物流・建築等の個別業務強化のため、それぞれ来期以降の業績への貢献・グループの業容向上に資すると判断した営業譲受・M＆A等を展開する。
　(2)　当期より本格的に営業展開を図るグループ子会社に対しての資本強化
　(3)　投資専業子会社㈱オープンループインベストメントによる、投資事業の強化
　(4)　その他、グループ全体が安定的に事業展開を行うための運転資金』
　この資金調達の必要性についての記述は、IRリリースという性質や、営業譲受・M＆Aといった密行性を要する事項（なお、これらの事項の密行性は本件申立における反論・反証の場面においても変わるものではない。）も含まれていることから、ある程度抽象的な表現に止まらざるを得なかったものであるが、債務者が本募集新株予約権を発行することにより資金を調達することが不可欠であることについて、以下、各項目毎に具体的に主張する。
　　　a　事業譲受・M＆A等の展開（甲4の1、第1項(1)）
　債務者と同業の軽作業請負会社又は人材派遣会社では、近年M＆Aが活発化している（乙74ないし乙75の16）。
　そうした経営環境下において、債務者も上場企業としての企業価値を向上すべく数年前からM＆A戦略により拡大を指向してきた（乙22ないし乙26）。とりわけヘラクレス市場での監理ポスト割当となった今期（本年10月1日からの平成19年9月期）については、通常ポストへの復帰の足がかりとして、M＆Aによる業容の拡大を目指した戦略を打ち出している（乙22及び乙26）。
　このような方針の下、株式会社ブイクエストをアドバイザーに起用し、積極的なM＆A案件への取り組みを行った結果、本年10月上旬より成約した場合の資金負担が金25億円となることが見込まれる案件を継続して協議しており、また、同年11月中旬からは成約した場合の資金負担が金15億円となることが見込まれる案件を併せて協議している（乙27ないし乙29）。
　　　b　グループ子会社に対しての資本強化（上記(2)について）及び投資専業子会社による投資事業の強化（上記(3)について）
　株式会社オープンループインベストメント（以下「OLI社」という。）は、平成17年12月28日に債務者の企業グループの投資関連事業専門会社として設立された会社であるが、第1期営業年度（平成17年12月から平成18年9月末まで）については立上準備期間年度との位置づけの下、銘柄数19件、金額にして100億円の投資検討を実施し、銘柄数9件、金額にして約4億7000万円の投資を行い、平成18年9月末時点の含み益を入れた実質ベースの予想値（乙30において実績値の記載があるが、ほぼ確定した数字であることからかかる記載としている。）において約4700万円（乙82）の収益をあげている（乙30、乙37ないし乙45）。これは投資金額に比較すれば十分な収益といえ、平成18年9月期において債務者が約4億4500万円の経常損失を計上していることからすれば（乙28）、債務者グループにおいては、重要な事業と位置づけられる。
　ところが、いわゆるライブドアショック等による株式市場の低迷等の影響により十分な投資ができなかったため、第2期（平成19年9月期）については、投資活動の活発化を指向し、投資事業計画策定の時点においてすでに検討対象となっている案件数（6件）、投資見込額（約84億円）を念頭に、増資や借入限度枠の増額を計画し、具体的には、OLI社は、平成16年9月20日に開催した取締役会において、第2期（平成19年9月期）営業年度における投資事業計画を決議している（乙30）。
　この投資事業計画では、平成19年9月期についての当初投資金額を15億円とすること、投資資金の調達方法として、4億円の増資により資本金を1億円から5億円とすること、及び、債務者との間で契約している借入限度枠契約について限度枠を3億円から11億円に増額することとし、さらにこれらの方法による調達について、債務者に依頼したい旨が記されている（乙30、乙46及び乙47）。これにより、約12億円の資金需要が、債務者には生じている。
　債務者は、OLI社の親会社として、増資引受や借入限度枠の増額を要請される立場にあり、また債務者の企業グループにおいて、平成19年9月期以降、OLI社による投資事業による収益は重要な柱の一つとなっていることから（甲13の2、21頁、乙30）、債務者としては、このようなOLI社の資金需要に十分に答える必要があり、本募集新株予約権によりOPI社の投資事業における資金需要に債務者が機動的に対応することとしたものである。
　なお、OLI社では、現在、さらに投資検討対象が増えている（乙31ないし乙36）。
　　　c　安定的に事業展開を行うための運転資金（上記(4)について）
　　　(a)　労働者派遣事業を行う際には、労働者派遣法第7条1項4号に基づき、純資産が一事業所あたり1000万円以上あること、さらには、事業資金として自己名義の現金・預金の額が一事業所あたり800万円以上あることが必要とされている（乙48及び乙49）。
　債務者が現在支店としているのは17拠点であるが（乙50）、このうち厚木支店を除く16拠点がこの規制の対象となる事業所であるため、債務者は、常時純資産として1億6000万円を確保し、現預金として1億2800万円を確保しておく必要がある。
　さらに、今後債務者が事業を拡大していく過程においては、上記の金額の積み増しが必要とされるのである。
　　　(b)　また、債務者の展開する事業のうち売上高の98パーセントを占めるヒューマンリソーシズ事業（甲13の2、9頁）においては、主として登録型労働者派遣事業や業務請負事業を展開しているが、このこれらの事業においては、仕事がなされた場合、その翌日に給料を銀行振り込みするというシステムを取って

いる。

　このシステムを取ることによって、債務者は、働いた分の給与をすぐに欲しいというパート・アルバイト等の労働者のニーズを満たし、企業と労働者を最適な形でマッチングする機会を創造している（甲13の1、4頁）。

　他方、スタッフを受け入れる派遣先企業・注文企業などから債務者への労働者派遣契約・請負契約に基づく派遣料・請負代金の支払いは、多くの場合、毎月末締め、翌月末日現金払という支払条件（いわゆる30日サイト）となっている（乙51）。

　つまり、債務者は、約1か月分の稼働した者（スタッフ）への支払賃金相当額の資金負担をしていることになる。ちなみに、具体的な支払賃金相当額をこれまでの実績でみた場合、平成18年9月から同年11月の3か月間については、約2億4500万円から約2億7800万円程度で推移している（乙51）。

　さらに、現実的には、繁忙期・閑散期などの季節変動や売上高の変動、さらには派遣先企業・注文企業等の支払遅延、貸し倒れなどのリスクの可能性がある（乙51）。このため、債務者では資金繰上「売上高の2か月分」の金額を運転資金の目安として確保する方針としている（乙51）。

　そして、今期の計画である平成19年9月期（第10期営業年度）の債務者の予算案では、売上予定が最大で1か月あたり約5億円となっていることから、債務者においてはその2か月分である約10億円を運転資金として確保する必要がある（乙52）。

　　　　　（c）前記のとおり、債務者はヒューマンリソーシズ事業として、登録型労働者派遣事業や業務請負事業を展開しているが、これらの事業においては稼働する者（スタッフ）の確保が各社の経営上の最重要課題とされており、オーダーはあるにもかかわらず、その数に見合う登録スタッフが確保できないというケースが多発している（乙53）。

　そして、スタッフ募集の方法としては、新聞、求人誌といった紙媒体からインターネットの集合サイトに急激にシフトしている状況にある（乙53）。

　このような変化に対応すること、また、債務者が現在使用しているシステムが5年前に構築されたものであり、事業内容の多様化に対応できなくなってきていること、さらにはシステム自体のパフォーマンスが不安定な状態となっているといった事情から、債務者においてはかねてから基幹システムの購入や、ホームページのリニューアルを社内的に検討してきた（乙54、乙55及び乙62）。

　この基幹システムの購入や、ホームページのリニューアルについては、すでに見積書を業者から入手している段階であり（乙56ないし乙60の2）、合計で約2億3700万円の資金が必要となっている（乙54ないし乙62）。

　　　イ　債務者の置かれている状況について

　債務者は、平成15年3月に株式会社トラストワークと合併して以来、平成18年9月期まで黒字化を達成することができず、前事業年度には会計監査人より、継続企業の前提に関する注記を付されている（乙8）。

　さらに、本年10月1日には上場している大阪証券取引所ヘラクレス市場において監理ポストに割り当てられている。

　このような状況下、今回の資金調達の必要性に鑑み、代表取締役と財務担当取締役等が、銀行（みずほ銀行、りそな銀行、三井住友銀行、三菱東京UFJ銀行、新生銀行）に対し、融資の依頼などを行ったものの、訪問した銀行すべてが10％台の利息を条件としたことなどから、借入による資金調達を断念せざるを得なかった（乙80）。

　つまり、債務者は、現状において、借入や社債発行など間接金融による資金調達が事実上不可能な状況下にある。

　　　ウ　債務者の手元流動資金と本募集新株予約権行使以外での調達可能額

　債務者は、平成18年11月30日現在、約22億5000万円の現金及び預金を有している（乙63）。

　また、債務者がこれまでに発行した新株予約権のうち未行使の個数は、本申立書別紙4の「新株予約権一覧」記載とおりであるものの（甲1、16頁ないし）、このうち本募集新株予約権よりも行使価額が低いものは、第2回新株予約権（未行使個数1763個）、第8回新株予約権（未行使個数160個）、第9回新株予約権（未行使個数1593個）及び第10回新株予約権（未行使個数407個）に過ぎない。しかも、このうち第8回新株予約権以外は、債務者の役員や従業員など個人に対する予約権発行であるため、権利者が資金を拠出してこれを行使するか否か、さらには、いつ行使されるかの予測が、債務者には困難な予約権である（乙64の1ないし3）。

　したがって、債務者株式についての株価変動如何によって、資力等の側面から見て相当程度の確率で行使されること期待でき、かつ、行使の時期が予測しうる予約権は、割当先がリーマンである第8回新株予約権のみである。

　そして、リーマンがこの第8回新株予約権の未行使個数を全て行使した場合には、債務者は金16億円の資金を調達することができる。

　以上をまとめると、債務者の手元流動資金と、本募集新株予約権以外の新株予約権によって債務者が相当程度の確率で調達できる資金は、本募集新株予約権による調達を除くと合計で最大約38億5000万円程度に留まるということになる。

　　　エ　本募集新株予約権による資金調達の必要性について

　これまで述べてきたところから明らかなとおり、債務者が、今後の事業展開を図っていく上で、まず、労働者派遣事業を行う上で確保しておくべき現預金として1億2800万円、労働者派遣事業の支払サイト補填のための運転資金として約10億円、システム投資のために約2億3700万円の合計約13億6500万円が必ず確保すべき資金となる。また、OLI社の事業計画上必要となる約12億円についても、前述のとおりOLI社の債務者グループにおける重要性からすれば必要が資金と

いえ、約25億円程度の資金が必要となる。これらに、現状見込まれるM&Aの40億円前後の資金需要を合算すれば、金60億円前後の資金が必要である。これに対し、現在の手元流動資金と、本募集新株予約権以外の新株予約権によって債務者が相当程度の確率で調達できる資金は、合計で最大約38億5000万円程度であるという事実である（さらに、第8回新株予約権については、現状の株価水準では調達ができず、その場合は、M&Aの40億円前後を控除したとしても、なお2億円程度の資金不足が生じることとなる。）。

そして、その不足額を金融機関からの借入や、社債発行といった間接金融によって調達することが事実上不可能であることは、前述のとおりである。

そうしたところ、リーマンが本募集新株予約権契約の締結に応じる意向を示した。このため、債務者取締役会は、平成18年11月29日、本募集新株予約権の発行を決議するに至ったのである。

つまり、債務者は資金調達の必要性があったことから本募集新株予約権を発行したものであり、これを不公正な発行であるなどと指摘されるいわれはないのである。

(2) 現経営陣の支配権維持が目的である旨の債権者らの主張について

これに対し、債権者らは、本募集新株予約権発行に至る経緯、本募集新株予約権による希薄化割合、事業計画の欠如、資金調達の必要性がない、といった事情から本募集新株予約権発行が現経営陣の支配権の維持を目的としたものであることが推認できる旨主張している。

しかし、これまで述べたとおり、本募集新株予約権発行の目的は、資金調達であり、現経営陣の支配権の維持を目的としたものではない。

また、債権者ら主張の事情に対する債務者の反論は次のとおりであり、これらの事情によって、本募集新株予約権発行が現経営陣の支配権維持を目的としたものであると推認することはできない。

ア　本募集新株予約権発行に至る経緯に関する主張について

　　a　債権者らは、債務者が平成18年11月8日に「企業価値向上のための買収防衛策としての情報開示ルール」（以下「情報開示ルール」という。）を導入したことや、同月21日には定款変更議案やストックオプション発行議案を同年12月21日開催予定の定時株主総会で付議する旨を公表したことに続いて、本募集新株予約権の発行を決議したことをもって、本募集新株予約権の発行が、債務者現経営陣の支配権維持を目的としたものであることの根拠としている。

　　b　しかし、情報開示ルールや付議議案は、平成18年5月の会社法施行や、数年前からの買収防衛に関する議論の推移に見ながら、昨年秋ころより導入を検討し、また、今回の付議議案についても次の「定時」株主総会である同年12月21日開催予定の総会での付議を予定していたものに他ならず（乙65ないし69）、債務者が債権者らの存在をことさら意識して急遽とった対応ではない。なお、債務者の子会社については、すでに本年5月、取締役の解任について今回の付議法案と同様の定款変更を行っている（乙70及び乙71）。

これに対し、本募集新株予約権発行は、前述のとおり資金調達の必要性があったことから、割当先となったリーマンと交渉し、その結果、合意に達したことから発行を決議するに至ったものである。

すなわち、情報開示ルールや定時株主総会付議議案と本募集新株予約権発行とは、目的を全く異にしたものであり、たまたま、同時期での取締役会決議となったものに過ぎない。

9月末決算の債務者において、定時株主総会付議議案の決定は毎年11月に行っているものであり、情報開示ルール（これも総会付議議案である）やその他の付議議案の公表が本年11月21日になされたとしても、それ自体何ら不自然ではない。

かえって、債権者らのような株式の大規模買付者が現れたことによって、従来から債務者が検討してきた議案が付議できなくなってしまうことこそ不合理である。

　　c　債務者は、債権者らの大規模買付行為に対しては、債権者らの債務者株式の保有割合が20パーセントを超えたことを確認した本年12月4日夕刻、「情報開示ルール」にしたがって債権者株式会社クオンツ宛に「意向表明書提出のお願い」を出状して債権者らに対し必要情報の提供を要請しているのであって（乙72）、自ら導入した情報開示ルールに則った対応、すなわち、原則として大規模買付者が同ルールを遵守しなかった場合に初めて対抗策を発動する（甲6、第4項(1)）という手順を踏んでいるのである。

これに対して、債権者らは、純投資目的での株式取得には情報開示ルールの適用はない、この見解につき異論があればその理由ないし根拠を連絡されたい、との回答をするにすぎず（乙73）、現時点において情報開示ルールに基づき債務者が求めた事項の開示を拒否している。

　　d　また、債権者らは、そもそも債務者の情報開示ルールについて、平成17年5月27日に経済産業省及び法務省が公表した「企業価値・株主共同の利益の確保又は向上のための買収防衛策に関する指針」に照らして問題であるとも主張している。しかし、同ルールは、本年12月21日開催予定の定時株主総会に付議することとしている外、「弁護士、公認会計士等の外部専門家等に助言を仰ぎながら慎重に検討」（甲6、第2項）、「外部専門家の助言を仰ぎ」（甲6、第3項(3)）などと定められており、前記指針に照らしても問題ないものであって、この点に関する債権者らの批判はあたらない。

イ　既存株主の持株割合が希薄する旨の主張について

　　a　債権者らは、本募集新株予約権が発行された場合には、債務者の既存株主の持株割合が大幅に希薄化するとして、これを現経営陣の支配目的維持でなされたものであることを推認させる事情として主張している。

b　しかしながら、その主張自体が、本募集新株予約権の行使価額について「原則的に債務者取締役会の通知による修正後の行使価格によるべきである」（申立書19頁イ、第3段落）との債権者らの主張を前提にしたものである。
　すなわち、この持株割合希薄化についての債権者らの主張は、あくまで「債務者取締役会が行使価額修正のきっかけとなる通知を予約権者に行った場合」という仮定を前提としたものであり、そうである以上、債権者らが主張する大幅な希薄化は必ずしも現実化するものではないのである。
　　c　そのような仮定を前提とした事情は、現経営陣の支配目的維持でなされたものであることを推認させる事情たり得ない。
　　ウ　事業計画の欠如との主張について
　　a　債権者らは、本募集新株予約権の発行の目的が、①純粋持会社体制下におけるグループ各社の効率的・積極的運営、②当期より本格的に営業展開を図るグループ子会社に対しての資本強化、③投資専業子会社株式会社オープンループインベストメントによる、投資事業の強化、④その他、グループ全体が安定的に事業展開を行うための資金調達（正しくは、「資金調達」ではなく「運転資金」である。）などと抽象的であり具体的な事業計画があるとは言えないとして、資金調達目的に疑問を差し挟んでいる。
　　b　しかし、前記のとおり、債務者には具体的、かつ、現実性を伴う資金投入計画が存在するところであり、また、「第三者割当による新株予約権の発行に関するお知らせ」自体がＩＲリリースという性質や、営業譲受・Ｍ＆Ａといった密行性を要する事項も含まれていることから、ある程度抽象的な表現に止まらざるを得なかったものであることは前記のとおりなのであって、この点に関する債権者らの指摘は的はずれなものであると言わざるを得ない。
　　エ　資金調達の必要性がないとの主張について
　　a　さらに、債権者らは、債務者には、十分な流動性資金があり、資金調達の必要性がない旨主張している。
　　b　しかしながら、前記の債務者における具体的資金投入計画や、事業環境の変化・置かれている状況に照らせば、未だこの流動性資金、さらに言えば、発行済の新株予約権のうち本募集新株予約権よりも行使価額が低いものについて予約権者が予約権を行使したとしても、未だ資金が足りないものであることは、前記のとおりである。
　　オ　小括
　債権者ら主張の事情に対する債務者の反感は次のとおりであり、これらの事情によって、本募集新株予約権発行が現経営陣の支配権維持を目的としたものであると推認することは到底できない。
　(3)　まとめ
　以上のとおり、本募集新株予約権の発行は債務者の資金調達の必要性によるものであり、現経営陣の支配権維持が目的ではないものであるから、これを不公正発行であるとの債権者らの主張は到底認められるべきものではない。

3　結論
　よって、本募集新株予約権発行は、有利発行でも不公正発行でもないのであるから、債権者らによる本件申立は却下されるべきである。

（別紙）1～4＜略＞

増刊号1261号 新しい信託法の理論と実務

道垣内弘人・小野傑・福井修 編集

●B5判 二〇四頁
●定価三三六〇円（税込）

好評発売中！

◆新信託法（2006年12月成立）の主要論点を現行法と対比しながら解説するとともに、併せて改正された、金融商品取引法、信託業法などの関係法、さらには信託銀行の実務対応についてまで網羅した、珠玉の論文集！

◆弁護士、金融実務家、企業法務担当者等、必読必携の1冊！

経済法令研究会 162-8421 東京都新宿区市谷本村町3-21
http://www.khk.co.jp/ TEL 03(3267)4811 FAX 03(3267)4803

増刊号1236号 知的財産権訴訟の動向と課題

塚原朋一・塩月秀平 編集

●B5判 二三八頁
●定価三四六五円（税込）

好評発売中！

◆知財訴訟の主要論点だけでなく、ライセンス・信託・倒産関係までをも含む、最新論点を網羅した珠玉の論文集！

◆弁護士、弁理士、企業法務担当者、金融実務家、法科大学院生等、必読必携の1冊！

◆巻末には、〈特別座談会〉「知財高裁の本格的稼働と今後の知財訴訟の展望」を収録！

経済法令研究会 162-8421 東京都新宿区市谷本村町3-21
http://www.khk.co.jp/ TEL 03(3267)4811 FAX 03(3267)4803

I 国内判例編

14 アルコ事件
―企業買収(M&A)における売主の表明、保証違反に基づく補償請求―

東京地判平成18・1・17金融・商事判例1234号6頁

西村ときわ法律事務所・弁護士 森 倫洋

I 事案の概要

1 消費者金融会社A社は、平成14年11月、平成15年3月期の決算対策として、元本充当すべき和解債権の返済金を利息の弁済に充当し、同額の元本について貸倒引当金を計上しない扱い(以下、「本件和解債権処理」という)をした。

A社は、平成15年1月、監査法人から、上記扱いについて貸倒引当金の計上が必要であるとの指摘を受けたが、監査法人を変更し、同年3月期の決算書には、本件和解債権処理を注記しなかった。

2 X(原告)は、同年2月、A社の売却話を待ち込まれ、同年4月、A社と機密保持契約を締結し、決算書等の資料を入手するなどした上で、同年7月末から9月にかけて、Xが依頼したコンサルティング会社Bにより2度のデューデリジェンスを実施した。

なお、第1次デューディリジェンスの際、Xには、A社創業以来の顧客の貸付金、元利入金、延滞状況、貸倒償却等の全履歴を磁気データとして記録保存した全取引データ(以下、「生データ」という)が交付されていた

3 XおよびA社の株主であったY₁～Y₃(被告ら)は、A社株式の売買価格について簿価純資産額を基準として定めることとし、同年11月、X、A社およびYらの間で、Yらが保有するA社株式合計200万株を、同年7月31日時点の貸借対照表および同年9月30日時点の貸借対照表に基づくA社の財務状況から算出された1株1165円を基準として譲渡すること等を内容とする基本覚書が取り交わされた。

4(1) その後、A社の同年10月31日時点での貸借対照表が開示され、同年9月30日時点での簿価純資産額を維持していたことから、Xは、同年12月18日、Yらとの間で、Yらの全株式(Y₁:160万株、Y₂:20万株、Y₃:20万株)を1株当たり1165円(合計23億3000万円)で譲り受ける契約(以下、「本件株式譲渡契約」という)を締結した。なお、同契約においては、同年10月31日の貸借対照表に基づくA社の財務状況により1株1165円とすることが明記されている。

(2) 同契約においては、Yらは、

① A社の財務諸表が完全かつ正確であり、一般に承認された会計原則に従って作成されたこと

② A社の同日現在の財務内容が同時点の貸借対照表のとおりであり、簿外債務等の存在しないこと

③ すべての貸出債権について、(i)同日における各貸出債権の融資残高は、その日の貸出債権に関する記録に正確に反映されていること、(ii)A社の帳簿、記録、取引記録またはその他の記録はいずれも、すべての重要な点において完全かつ正確であり、貸出債権の状況を正確に反映していること、また、取引記録およびその他の勘定記録に記載されるものを除き、いずれの貸出債権も修正されることはないこと

④ XによるA社の経営・財務に関する事前監査において、通常の株式譲渡契約において信義則上開示されるべき資料および情報が漏れなく提示、開示されたこと並びにそれらの資料および情報は真実かつ正確なものであること

などの表明・保証(以下、「本件表明保証」という)をしていた。

(3) また、同契約において、Yらは、表明・保証を行った事項に違反したことに起因または関連してXが現実に被った損害、損失を補償し、合理的な範囲内のXの費用(弁護士費用を含む)を負

担することを約していた（以下、「本件補償合意」という）。

5　Xは、平成16年4月、本件和解債権処理が本件表明保証に違反しているとして、Yらに対し、本件補償合意の履行として合計3億0529万3523円およびこれに対する本件株式譲渡契約締結の日の翌日からの遅延損害金の支払いを求めて提訴した。

これに対し、Yらは、本件和解債権処理は本件表明保証に反しない、Xが本件和解債権処理について悪意であったか、または重大な過失によってこれを知らずに本件株式譲渡契約を締結したのであるから、Yらは本件補償合意による支払責任を負わないなどと主張して争った。

II　判決要旨

請求一部認容

1　本判決で、裁判所は、Yらが本件和解債権処理を行ったことおよびこれに関する資料を開示していないことが本件表明保証に違反すると判断し、また、原告が本件株式譲渡契約締結時に上記違反の事実があることについて悪意であったということはできない（筆者注：判決文には明示されていないが、買主が表明・保証に反する事実について悪意である場合には、補償請求が認められないことを当然の前提としていると解される）とした上で、善意であったことに重過失があるかどうかの点に関して次の判断を示し、Xの請求を認容した（ただし、遅延損害金の起算日は訴状送達の翌日とされた）。

2(1)　「本件において、原告が、本件株式譲渡契約締結時において、わずかの注意を払いさえすれば、本件和解債権処理を発見し、被告らが本件表明保証を行った事項に関して違反していることを知り得たにもかかわらず、漫然これに気付かないままに本件株式譲渡契約を締結した場合、すなわち、原告が被告らが本件表明保証を行った事項に関して違反していることについて善意であることがXの重大な過失に基づくと認められる場合には、公平の見地に照らし、悪意の場合と同視し、Yらは本件表明保証責任を免れると解する余地があるというべきである。」

(2)　「しかし、企業買収におけるデューディリジェンスは、買主の権利であって義務ではなく、主としてその買収交渉における価格決定のために、限られた期間で売主の提供する資料に基づき、資産の実在性とその評価、負債の網羅性（簿外負債の発見）という限られた範囲で行われるものである。」

そのため、和解債権について、返済状況の確認をせず、貸付金の取引データと和解の合意書とを照合していなくても特段問題にならないし、BがA社の作成した財務諸表等が会計原則に従って処理がされていることを前提としてデューデリジェンスを行ったことも通常の処理であって、特段非難されるべきでない。本件においては、取り分け、A社およびYらがXに対して本件和解債権処理を故意に秘匿したことが重視されなければならない。以上の点に照らすと、Xが、わずかの注意を払いさえすれば、本件和解債権処理を発見し、Yらが本件表明保証を行った事項に関して違反していることを知り得たということはできないことは明らかであり、違反について善意であることが原告の重大な過失に基づくと認めることはできない。

III　分析と展開

1　表明・保証の機能

表明・保証（Representations and Warranties）とは、契約の当事者が一定の時点における一定の事実・権利関係の存在・不存在を表明し、その内容が真実であることを保証することをいい、M＆Aの契約（営業譲渡、会社分割および株式譲渡等）においては、通常、一定の事項についてこの表明・保証の条項が置かれる。

M＆A契約における表明・保証については、I．売主の担保責任の内容を特定する機能、II．クロージングの前提条件として、買い手の撤退の途を確保し、またはいったん決められた額の減額交渉を行う梃子となる機能、III．（表明・保証の範囲の交渉の中で）売主の（表明・保証の範囲を画する）自己申告によって買主がデューデリジェンス（Due Diligence。買収監査。以下、「DD」と表記する）で発見できなかった問題を発見する機会を得るという、DDの補充機能があるとされている（新川麻「M＆A契約の概説」西村総合法律事務所編『M＆A法大全』523頁以下（商事法務研究会・2001年））。

このように表明・保証に様々な機能が挙げられることに呼応して、効果面においても、契約の効力発生のための停止条件・解除条件を定めたもの

と、担保責任の範囲を定めるものとがあり、両者の混在が表明・保証を分かりにくくしているとの指摘もある（堂園昇平「表明・保証をめぐる東京地判平18．1．17」金法1772号5頁（2006年））。本件では、表明・保証は、補償に関する条項（本件補償合意）との関係で、後者の視点で問題となっているものである。

2　表明・保証、補償条項と担保責任との関係

(1)　表明・保証と担保責任の関係

売買対象となる物や権利に瑕疵がある場合、一般的には、売主の担保責任（民法561条から572条まで）が問題となり、対象物に隠れた瑕疵がある場合には表明・保証条項はなくとも瑕疵担保責任を追及できる。

もっとも、株式の売買によって企業買収をする場合に、対象会社の財務内容等に売買当時予見していなかった問題があったとしても、「目的物」である株式、すなわち会社の割合的な持分（株主としての地位）の「瑕疵」といえるかは問題がある（新川・前掲524頁、玉井裕子＝石井文晃＝滝川佳代・自由と正義50巻10号109頁（1999年））。合名会社の入社契約については、経理内容の実態に関する認識の齟齬が「要素」の錯誤ではないとされた裁判例があり（福岡高判平成8・4・15判タ923号252頁）、財務内容等の企業内容の問題も「株式」の「瑕疵」とは解されない可能性がある（小林量「企業買収と保証条項」江頭憲治郎＝山下友信編『商法（総則・商行為）判例百選〔第4版〕』（別冊ジュリ164号）57頁（2002年）参照。ただし、東京地判平成4・3・12判時1452号54頁は会社の資産状態を偽った株式売買について株式の価値に誤信を生じさせたものとして不法行為の成立を認めている）。

そのため、買主としては、財務内容等に問題があることが発覚した場合の事後的な金銭清算を可能にするため、当該事項について表明・保証をさせ、違反があった場合の補償の条項を置く必要がある。言い換えると、表明・保証と補償条項によって、担保責任の範囲を拡張する特約を定めるのである（金田繁「表明保証条項をめぐる実務上の諸問題（上）」金法1771号48頁（2006年））。

株式売買以外の契約類型のM&Aの場合にも、損害賠償請求権の要件の主張・立証負担を回避するほか、前記1のⅡおよびⅢの機能の観点からも、表明・保証条項は必要とされる（川村彰志「M&Aにおける表明・保証条項の重要性」金法1723号1頁（2004年））。

(2)　補償条項の意義

表明・保証違反の対象事実が、売買対象となる物または権利との関係で、瑕疵担保責任の「目的物」の瑕疵に当たるか問題があることは上記のとおりであるが、さらに瑕疵担保責任の要件の点では、①表明・保証違反が「瑕疵」に当たるか、すなわち、通常備えるべき品質や性能あるいは契約上予定されていた使用目的に対する適正を欠くといえるかという点（江平亨「表明・保証の意義と瑕疵担保責任との関係」弥永真生＝山田剛志＝大杉謙一編『現代企業法・金融法の課題』83頁（弘文堂・2004年）。なお、内田貴『民法Ⅱ』132頁（東京大学出版会・1997年）参照）や、②瑕疵が「隠れた」ものであるか、すなわち、買主に瑕疵の存在を知らないことについて取引上要求される一般的な注意力を基準として過失がないと言えるかという点（大判大正13・6・23民集3巻339頁、我妻栄『債権各論〔中巻1〕』289頁（岩波書店・1974年）参照）が問題となり、また、効果面では、③損害賠償の範囲、すなわち、信頼利益か履行利益か、弁護士費用相当額やその他の回復措置に伴う費用等の負担が認められるかといった点が問題となる（金田・前掲47頁）。

このように表明・保証違反そのものは直ちに瑕疵担保責任を導くものではなく、責任範囲も限られるので、表明・保証をクロージング後にも実効化するためには、その違反に対する効果としての補償（Indemnification）の条項を設ける必要がある。担保責任に関する民法の規定は基本的に任意規定である（ただし民法572条参照）ので、補償の要件および効果は基本的には当該条項の規律によることとなると解される。

補償請求の場合に民法上の瑕疵担保責任と異なる点としては、①「瑕疵」の存否によらない、②買主の故意・過失が問題とならない、③商人間の売買における買主の検査・通知義務（商法526条）が問題とならない、④権利行使期限（民法570条・566条3項）が異なる、⑤補償範囲が信頼利益に限定されない、⑥責任額の限定条項が置かれていることがあるという点等が挙げられる（岡内真哉「表明保証違反による補償請求に際して、買主の重過失は抗弁となるか」金判1239号3頁（2006年））。

なお、表明・保証違反を債務不履行責任ととらえる見解（岡内・前掲）もあるが、担保保証した

事実について債務を負担したとする理解は困難であると思われ、債務不履行責任とは異なるものとして理解すべきであろう（金田・前掲43頁、新川・前掲538頁）。

3　本判決における法的判断の意義について
(1)　補償請求の主観的要件について
①　買主側の主観について

本件表明保証条項および本件補償合意のいずれにおいても、条項上は買主または売主の主観は問題とされていない。しかしながら、本判決では、買主が悪意の場合には補償請求が認められないことを当然の前提とする判断がされており（その上で事実認定の問題としてXの悪意を否定したものとみられる）、また、買主が売主の表明・保証違反事実について善意であっても、そのことに重過失があるときは、公平の見地に照らし悪意の場合と同視して補償責任を免れると「解する余地がある」とされている。

買主が悪意の場合、買収価格決定の際に当該表明・保証違反事実が存在する前提で値付けをしているのであれば、代金減額や損害賠償の必要はないとの結論は支持されるであろう（一方、金田繁「表明保証条項をめぐる実務上の諸問題（下）」金法1772号39頁（2006年）では、買主が悪意でも価格に反映されていない場合に補償請求が肯定されるべきであるとする）。この場合の制限の根拠について、権利濫用、信義則、公序良俗が挙げられているが（江平・前掲90頁、谷川達也「M&Aにおける法的監査」西村総合法律事務所編・前掲697頁）、買主の悪意が抗弁として問題とされる前に、補償対象となる損害ないし損失の発生やその表明・保証違反からの「起因」性または「関連」性が否定されることも考えられるように思われる。

一方、本判決で、買主が善意であるがそのことに重過失がある場合に補償責任を免れると「解する余地がある」とされている点については、これを疑問視する見解も見られる（岡内・前掲。ただし同氏は本事件の原告代理人である）。しかし、この場合に免責を認めることに妥当性があるかは、「重過失」の範囲をいかに解するかとの関係で検討されるべきであり、免責要件として「公平の見地」から「悪意の場合と同視」する買主（権利者）側の「重過失」とは、あくまでこの文脈においては（注意義務の違反の）程度の問題ではなく、悪意の立証の困難性を回避する趣旨として、実体的には悪意と見られる場合に限られるものと限定的に解釈すれば、契約条項との関係でも当事者の予期せぬ結果をもたらすものではなく、妥当性を欠くものではないと思料される（拙稿「M&A契約における表明保証違反に関する補償請求」金判1235号1頁（2006年）参照。なお、「重過失」の意義については、道垣内弘人「『重過失』概念についての覚書」能見善久ほか編『民法学における法と政策』537頁以下（有斐閣・2007年）、江頭憲治郎『商取引法〔第4版〕』425頁（弘文堂・2005年）参照）。

なお、本判決では、買主の重過失の有無を判断するに際して、売主が違反事実を「故意に秘匿したこと」を「重視」すべきものとしている。これは「重過失」の有無について、〝過失の程度〟を、「公平」の見地から、相手方の主観・悪性との相関関係において規範的に検討しているとの見方ができるように思われるが、売主の故意と買主側の重過失の問題とはやはり別個の問題であると考えられ、買主側に（容易に予見できたとの意味で）重過失を認め得る場合でも、売主が故意に秘匿していた事項については信義則上売主は免責を主張できない（民法572条参照）と構成すべきもののように思われる（ただし、上記のように、もともと実体的には悪意と思われるような場合に「重過失」を限定するのであれば、売主が違反事実を秘匿していても当事者双方が当該違反事実を認識の上で価格を決めたものとして補償を認める必要がない（免責を否定する必要がない）と解することはできるであろう）。

②　売主側の主観について

売主側の主観に関しては、契約上特に限定する旨の定めがなければ、買主からの補償請求のために表明・保証違反についての売主の故意・過失は不要であると理解されている（新川・前掲538頁、江平・前掲87頁、岡内・前掲）。ただし、「過失」の点については、一方で、売主が無過失である場合については、裁判例上無過失責任が認められにくいことを根拠に、責任が否定ないし制限される可能性があるという指摘もされているところである（金田・前掲（下）37頁以下）。

逆に、売主側に故意がある場合については、表明・保証や補償請求の対象から意識的に外されている事項であっても、民法572条（ないしその類推）により瑕疵担保責任が成立する余地がある。また、売主に故意がなくても、故意と同視すべき重大な過失があったと認められる場合には、信義

則上、売主の瑕疵担保責任の免責が認められないことがあることにも留意を要する（東京地判平成15・5・16判時1849号59頁参照）。

(2) 主観的要件とＤＤの関係

本判決では、また、前記(1)①の「重過失」との関係で、ＤＤの位置づけについて触れ、ＤＤが「買主の権利であって義務ではなく、主としてその買収交渉における価格決定のために、限られた期間で売主の提供する資料に基づき、資産の実在性とその評価、負債の網羅性（簿外負債の発見）という限られた範囲で行われるものである」として、基本的には「重過失」認定にあたってＤＤをしたということを積極的に評価することを否定している。

買主がＤＤにより表明・保証違反の事実を容易に知り得た場合に損害賠償請求（補償請求）が制限される可能性は従来から指摘されていた（谷川・前掲）。しかし、買主は限られた時間と売主の任意の協力という限界の中で買収対象事業のＤＤを行うことから、売主の表明・保証はこれを補充するものとしても機能するのであり、買主がＤＤの結果を踏まえてリスク分析をした上でリスク負担すべき部分と、売主がリスク分担すべき部分とが契約交渉の結果、表明・保証に反映されて配分されているものである（江平・前掲88頁、金田・前掲（上）39頁参照）から、基本的には、売主によって表明・保証がされている以上は売主のリスクに帰すべきものであって、買主の行ったＤＤが（それを尽くせば尽くすほど）売主の表明・保証違反の責任を否定する要素として考慮されるべきでないことは当然であろう。

ＤＤの結果として、買主が違反事実を熟知した上で、価格もそれを前提に決められている場合等にはじめて、売主にリスク負担をさせることが公平の見地から問題となるのであり、そうでない限りは当事者の契約条項におけるリスク分配が重視されるべきである（江平・前掲88頁参照）。

(3) 補償の範囲について

補償の範囲は基本的には補償条項の内容によって定まる。本判決においては、本件補償合意に基づき、①簿価純資産額の水増し分（本件和解債権処理により不当に貸借対照表に計上されまたは貸倒引当金を計上すべきであったのにされていなかった額）、②会計処理システムの修正費用、③ＤＤを行った会社の意見書・担当者の陳述書の作成費用、④弁護士費用の補償が認められている。

（表明・保証違反に）「起因して又は関連して…被った損害、損失」が相当因果関係のある損害よりも広い範囲のものを指すかどうかについては見解が分かれ得るところであろうが（金丸和弘「Ｍ＆Ａ実行過程における表明保証違反」ＮＢＬ830号6頁（2006年））、本件では、簿価純資産額が売買価格に直結しており、相当因果関係に欠けるところはなく、また、瑕疵担保責任の場合にも弁護士費用相当額等が損害として認められることもある（例えば福岡高判平成11・10・28判タ1079号235頁）ので、上記の見解の相違により結論が大きく左右されるものではないと考えられる。

また、本件では簿価純資産額を基準に譲渡代金が決定されたとされているが、ＤＣＦ法など将来キャッシュフローに着目した事業価値算定がされ、簿価が売買価格に結びついていない場合に、補償対象となる損失の発生が認められるかも問題となると思われる（岡内・前掲4頁）。しかしながら、そのような価格算定がされている場合であっても、表明・保証違反があったことで買主に追加負担等が生じたときは無論（金田・前掲（上）49頁）、追加負担がなくても、違反がなければ買主が得たであろう経済状態との間に差を生じたときには、補償条項の合理的意思解釈として、かかる差を補償する趣旨と解されるものであれば、契約の効果として補償を認めるべきものであろう（その点では通常の損害賠償の範囲とは異なり得ると考えられる）。この点、損害額の算定に関する規定が置かれていれば（新川・前掲539頁以下）、補償すべき範囲として合意されたところが明確になるものと考えられる。

なお、本件ではＹら3名の連帯支払義務が肯定されているが、合意された補償範囲が自己の売却する株式部分にとどまらず、全員で連帯するとの趣旨であれば、このような補償責任も認められるであろう（金田・前掲（上）46頁。なお、同論考では、本件において商法511条も根拠とされたものと考えられると指摘されている）。

最後に、紙幅の関係上触れないが、表明・保証を巡る以上のような問題を踏まえ、契約書の文言にどのように反映すべきかについては、金田・前掲（下）、江平・前掲87頁以下等を参照されたい。

Michihiro MORI

平成18・1・17東京地裁民事第37部判決、平成16年(ワ)第8241号損害賠償等請求事件、請求一部認容【控訴後和解成立】

判　決

<当事者>（編集注・一部仮名）
原　　告　　　　　　　　　　シンキ株式会社
同代表者代表取締役　　　　　常峰　仁
同訴訟代理人弁護士　　　　　五木田　彬
同　　　　　　　　　　　　　三浦雅生
同　　　　　　　　　　　　　石川雅子
同　　　　　　　　　　　　　岡内真哉
同　　　　　　　　　　　　　柳沼菜穂子
被　　告　　　　　　　　　　乙川太郎
被　　告　　　　　　　　　　陽光株式会社
同代表者代表取締役　　　　　乙川太郎
被　　告　　　　　　　　　　栄豊株式会社
同代表者代表取締役　　　　　山田正博
上記3名訴訟代理人弁護士　　矢田次男
同　　　　　　　　　　　　　栃木敏明
同　　　　　　　　　　　　　清永敬文
同　　　　　　　　　　　　　結城大輔
同　　　　　　　　　　　　　渡邉　誠
同　　　　　　　　　　　　　村上嘉奈子
同　　　　　　　　　　　　　手塚孝樹

【主　文】
1　被告らは、原告に対し、連帯して3億0529万3523円及びこれに対する平成16年4月22日から支払済みまで年6分の割合による金員を支払え。
2　原告のその余の請求を棄却する。
3　訴訟費用は被告らの負担とする。
4　この判決は、第1項に限り、仮に執行することができる。

【事実及び理由】
第1　請求
　被告らは、原告に対し、連帯して3億0529万3523円及びこれに対する平成15年12月19日から支払済みまで年6分の割合による金員を支払え。
第2　事案の概要
1　争いのない事実等（末尾に証拠の摘示のない事実は、当事者間に争いがない。）
　(1)　当事者等
　　ア　原告は、消費者への貸金業務その他の金融業等を目的とする株式会社である。
　　イ　被告陽光株式会社は、観光事業、不動産の売買、賃貸等を目的とする株式会社である。
　　ウ　被告栄豊株式会社は、観光事業、ホテル、旅館等を目的とする株式会社である。
　　エ　被告乙川太郎は、被告陽光株式会社の代表者であり、株式会社アルコ（以下「アルコ」という。）の代表取締役であった者である。
　　オ　アルコは、金銭の貸付け及びその仲介、消費者への貸金業務等を目的とする株式会社であり、その資本の額は10億円であって、株式会社の監査等に関する商法の特例に関する法律1条の2第1項1号所定の大会社に相当し、同法2条1項により、監査役の監査のほか会計監査人の監査を受けることが義務付けられていた。
　(2)　アルコの和解債権処理
　　アルコ財務部は、平成14年11月7日、第28期（同年4月1日から平成15年3月31日まで）において、営業利益がよくなく、赤字決算となるとの予測を出したことから、アルコ営業本部は、決算対策用として、もともと元本の弁済に充当していた債務者からの和解契約（和解債権）に基づく返済金を利息の弁済に充当することを考案し、アルコ営業本部から同社の全店、全部門に宛てた、平成14年11月25日付け連絡、通知文書（以下「本件通達」という。）により、和解債権の返済金の充当方法について、元本優先から利息優先に切り替えるように指示し、アルコの全店、全部門にこれを実施させたが、同額の元本についての貸倒引当金の計上はしなかった（以下、この処理を「本件和解債権処理」という。）。
　本件和解債権処理は、平成15年3月期のアルコの決算書に注記されなかった。
　(3)　原告側のデューディリジェンス（買収監査）等
　　ア　原告は、被告らとの間で、原告によるアルコの買収の話を始め、平成15年7月16日付けで、アルコに対し、アルコの全株式を取得するとの意向表明書を提出した（以下、原告によるアルコの全株式の取得を「本件M&A」という。）。これを受けて、アルコは、当時のH常務取締役（以下「H」という。）を担当者として対応した。原告の担当者は、R取締役企業戦略部長（以下「R」という。）であり、株式会社新生銀行（以下「新生銀行」という。）のコーポレートアドバイザリー部が買収のアドバイザーとなった。
　　イ　原告は、同年7月30日から同年9月19日までの間、新日本アーンストアンドヤング株式会社（以下「アーンストアンドヤング」という。）に依頼して、アルコのデューディリジェンス（以下「第1次デューディリジェンス」という。）を行った。第1次デューディリジェンスに際してHらアルコの担当者は、原告に対し、創業以来の顧客の貸付金、元利入金、延滞状況、属性、完済、他社からの借入状況、貸倒償却等の全履歴を磁気データとして記録保存したもので、人的に加工する前の全取引データ（以下「生データ」という。）を交付した。
　　ウ　原告は、同月17日から21日までの間、アーンストアンドヤングに依頼して、アルコのデューディリジェンス（以下「第2次デューディリジェンス」という。）を行った。
　　エ　アルコが作成して原告に交付した貸借対照表上、同年10月31日時点のアルコの資本合計は25億1101万9000円と試算されていた。一方、アルコは、同年12月18日の取締役会決議に基づき、退任する当時のアルコの役員らに対し、合計1億円の役員退職慰労金を支払う予定であった。

(4) 株式譲渡契約の締結

原告は、被告らとの間で、平成15年12月18日、被告らが保有するアルコの全株式を、下記の約定で原告へ譲渡する旨の合意をした（以下、この合意を「本件株式譲渡契約」といい、下記8条の規定による表明、保証を「本件表明保証」といい、9条1項の規定により負担する責任を「本件表明保証責任」という。）。本件株式譲渡契約書には、別紙として、アルコ財務部作成の平成15年10月31日時点の貸借対照表が添付された。

記

1条　株式の譲渡

1項　被告らは、各々自己の保有するアルコの株式数が次のとおりであることを確認し、自己の保有するアルコの全株式を、平成15年12月18日をもって原告に対して譲渡する。

①被告陽光株式会社　　160万株
②被告栄豊株式会社　　 20万株
③被告乙川太郎　　　　 20万株

2項　前項の株式の譲渡価格については、平成15年10月31日時点の貸借対照表に基づくアルコの財務状況により算出された1株当たり1165円（全200万株で23億3千万円）とする。

8条　表明、保証

被告らは、原告に対し、次の事項を表明、保証する。

7項　アルコの財務諸表が完全かつ正確であり、一般に承認された会計原則に従って作成されたこと

8項　アルコの平成15年10月31日の財務内容が上記貸借対照表のとおりであり、簿外債務等の存在しないこと

9項　すべての貸出債権について、

(d) 平成15年10月31日における各貸出債権の融資残高は、その日の貸出債権に関する記録に正確に反映されている。

(f) アルコの帳簿、記録、取引記録又はその他の記録はいずれも、すべての重要な点において完全かつ正確であり、貸出債権の状況を正確に反映している。また、取引記録及びその他の勘定記録に記載されるものを除き、いずれの貸出債権も修正されることはない。

12項　アルコの役員及び従業員においては、アルコの業務遂行及び資産保有について、法令、行政通達、定款等により必要とされる手続はすべて完了しており、またそれらの重大な違反は何ら存在しないこと

20項　本契約に至る前提として行われた、原告によるアルコの財務内容、業務内容その他アルコの経営・財務に関する事前監査（会計・法務に関する監査を含むがこれに限られない。）において、通常の株式譲渡契約において信義則上開示されるべき資料及び情報が漏れなく提示、開示されたこと及びそれらの資料及び情報は真実かつ正確なものであること

9条　担保責任

1項　被告らは、前条により規定された表明、保証を行った事項に関し、万一違反したこと又は被告らが本契約に定めるその他義務若しくは法令若しくは行政規則に違反したことに起因又は関連して原告が現実に被った損害、損失を補償するものとし、合理的な範囲内の原告の費用（弁護士費用を含む。）を負担する。

2　本件は、原告が、本件和解債権処理は本件表明保証に違反しているなどと主張して、被告らに対し、本件表明保証責任の履行として合計3億0529万3523円及びこれに対する本件株式譲渡契約締結の日の翌日である平成15年12月19日から支払済みまで商事法定利率年6分の割合による遅延損害金を連帯して支払うことを求めたのに対し、被告らが、原告は、本件和解債権処理について悪意であったか、又は重大な過失によってこれを知らずに本件株式譲渡契約を締結したのであるから、被告らは本件表明保証責任を負わないなどと主張してこれを争っている事案である。

3　争点及びこれに関する当事者の主張

(1) 本件和解債権処理及びこれに関する資料を開示していないことが、本件表明保証に違反しているか否か（争点1）

（原告の主張）

本件和解債権処理は、元金の入金があったのに利息の入金を計上する点で、企業会計原則第一の一に違反している。また、本件和解債権処理は、利息が発生せず未収利息も回収しない債権についてされた支払を利息の弁済に充当するものであり、法的に請求できる限度を超えた額を貸借対照表に計上するというものであるから、未収利息を不計上とする債権について入金があった場合に元本の入金として処理すべきことを定めた金融商品会計に関する実務指針（会計制度委員会報告第14号。以下「実務指針」という。）120項に違反し、債権金額から正常な貸倒見積額を控除した金額を貸借対照表価額とすべきことを定めた企業会計原則第三の五Cに違反しているし、仮にこのような処理をするのであれば、和解債権について入金があり利息の弁済に充当した額は、そのまま回収できないことが明らかな元本額であるから、実務指針123項によれば、少なくとも利息充当額と同額の貸倒引当金を計上する必要があるが、アルコは、これを計上しなかったのであるから、本件和解債権処理は、実務指針123項に違反している。以上によれば、本件和解債権処理は、本件株式譲渡契約8条7項に違反している。

アルコの平成15年10月31日の実際の財務内容は、本件和解債権処理に基づき利息の弁済に充当されていた入金が元本の弁済に充当されることになるのであり、本件和解債権処理を前提として、貸倒引当金を計上することなく利息収入を計上した平成15年10月31日時点の貸借対照表の記載とは異なるのであるから、本件株式譲渡契約8条8項に違反している。

アルコの同日における和解債権の残高は、実際よりも高額に記録されていたものであり、本件株式譲渡契約8条9項(d)及び同(f)に違反している。

本件和解債権処理は、重要な貸借対照表又は損益計算書の作成に関する会計方針の変更に該当する（平成15年法務省令第7号による改正前の商法施行規則23条1項、24条1項本文、商法施行規則44条1項、45条1項本文）ので、同年3月期の貸借対照表又は損益計算書に注記しなければならないにもかかわらず、当時のアルコの取締役らは、これを注記しなかったのであ

から、業務遂行について必要な手続をすべて完了していなかったものであり、本件株式譲渡契約8条12項に違反している。

被告らは、原告に対し、第1次及び第2次デューディリジェンスにおいては、本件和解債権処理に関する資料を開示していないのであるから、本件株式譲渡契約8条20項に違反している。

（被告らの主張）

原告の上記主張は争う。

本件和解債権処理は、監査法人から会計処理として容認されており、会計処理上の合理性、正当性を有している。

(2) 原告が、本件株式譲渡契約を締結した際に本件和解債権処理について悪意であったか否か（争点2）

（被告らの主張）

そもそも、被告らは、原告に対し、本件和解債権処理について説明をしており、原告は、本件和解債権処理について知った上で本件株式譲渡契約を締結したものであるから、被告らは、免責される。すなわち、Hは、第2次デューディリジェンス期間中の平成15年11月19日、アーンストアンドヤングの担当者であるBスーパーバイザー（以下「B」という。）に対し、トーマツの期中監査報告に関する書面等を示しながら本件和解債権処理について説明したし、同年12月17日に開かれたアルコと原告との貸倒引当金の計算方法等に関する会議の席上で、アルコ財務部のN係長（以下「N」という。）が、本件和解債権処理について明確に説明したし、アルコ債権管理課のM課長（以下「M」という。）も、上記会議よりも前にアーンストアンドヤングの担当者に本件和解債権処理について説明したし、アルコのD営業企画部副部長（以下「D」という。）も、第2次デューディリジェンスの期間中に、アーンストアンドヤングの担当者に、本件和解債権処理の説明をした。また、被告らが第1次デューディリジェンスの際に原告に開示した生データや営業実績推移等の資料を見れば、和解債権の処理に変更があったことは明白であるところ、原告がこれらの資料を見ていないわけがないから、原告は、本件和解債権処理を認識していたはずである。そもそも、本件和解債権処理は、原告がアルコの経営を開始すれば直ちに発見されるようなものであり、被告らがこれを隠匿する実益はない。

（原告の主張）

被告らの上記主張は否認し、争う。

原告は、本件株式譲渡契約締結時において、本件和解債権処理を知らなかった。アルコは、架空の利益を計上して高値で売却するために本件和解債権処理を実行したものであるから、買主である原告にこれを開示するはずがない。また、アルコの株式の価値に直結する本件和解債権処理を知りながら、原告が漫然と放置することはあり得ないが、本件において、和解合意書とシステム上の記録を突き合わせて確認したり、アーンストアンドヤングと原告との間で善後策を検討するといった、本件和解債権処理が原告に開示されたことを裏付けるような事情もない。HがBに対して本件和解債権処理を説明したことはなく、N、M、Dが原告やアーンストアンドヤングの担当者に対して本件和解債権処理について伝えたこともない。本件表明保証から本件和解債権処理が除外されていないことや、本件株式譲渡契約において売買代金を平成15年10月31日時点の貸借対照表を基準に算出したことも、原告の善意を裏付けるものというべきである。

(3) 原告が本件株式譲渡契約を締結した際に本件和解債権処理を知らなかったことについて重大な過失が存在した場合に、被告らの本件表明保証責任は免責されるか否か、これが肯定された場合、原告に上記重大な過失が認められるか否か（争点3）

（被告らの主張）

仮に、原告が本件和解債権処理を知らなかったとしても、知らなかったことについて重大な過失があり、これは信義則上、悪意と同視すべきであるから、被告らは、免責される。すなわち、原告は、被告らから生データや営業実績推移の開示を受けており、和解債権に関する取引の推移を見れば、平成14年11月以降、元本への入金が減少し、利息収入が増加していることを容易に発見できたはずであるし、被告らは、デューディリジェンスの実施に際して、原告の求めに応じ、あらゆる情報を開示したものである。そもそもアルコは消費者金融を営む会社なのであるから、その資産評価をするに当たっては、和解債権がいかなる処理をされているのかというのは重要な関心事であるはずであり、生データの開示を受け、2次にわたってデューディリジェンスを実施しながら、本件和解債権処理を発見できなかったというのであれば、これは、原告の重大な過失によるものというべきである。

（原告の主張）

被告らの上記主張は否認し、争う。

デューディリジェンスは、買主側の権利として行うものであり、義務ではないから、注意義務違反を観念することはできないので、重大な過失があることは抗弁事由とはなり得ない。

また、悪意と同視すべき重大な過失という意味においても、原告にはそのような重大な過失があるということはできない。すなわち、そもそも本件和解債権処理は、極めて異常な処理方法であるところ、このような処理方法が採用されていることを原告が予測することは困難であった。そして、原告は、本件通達等の資料の開示を受けていないから、本件和解債権処理を発見することは不可能であったし、第1次デューディリジェンスでは、時価純資産額を算出することを目的として、過去の実績から将来の回収が見込まれるキャッシュフロー（元利合計）を予測し、現在価値に割り戻して評価額を算定する方法であるディスカウント・キャッシュ・フロー法（以下「DCF法」という。）を採用したものであって、生データも、そのために受領し、使用した。また、データの信頼性や内部管理が適切にされているか否かを検証するために実施したサンプル作業においても、将来金利を回収しないため将来キャッシュフローが確定している和解債権については、利息計算の照合を行わなかった。さらに、第2次

デューディリジェンスにおいて、原告が経営報告書等の資料の提出をアルコに要求したのは、第1次デューディリジェンス後の資産、負債の増減等を調査することが目的であったので、入金額が元本及び利息のいずれの弁済に充当されたかを細かく検討することはなかったし、支店の実査においても短時間であることや支店の管理体制等を確認する目的で行ったことに照らせば、本件和解債権処理を発見することは困難であった。このように、アルコが本件和解債権処理を発見する手掛かりとなる資料を隠している以上、極めて異常で想定できない処理である本件和解債権処理の存在を仮定してデューディリジェンスを行うことはできず、膨大な生データや資料をデューディリジェンスの目的を超えて調査することもできない。また、原告が被告らやアルコに資料の提出を強要することもできない。

(4) 本件和解債権処理により原告に損害が発生したか否か及びその額は幾らか(争点4)
　(原告の主張)
　本件株式譲渡契約において、アルコの株式の譲渡価格は、簿価純資産額を下回る額での売却には応じないという被告らの希望や原告の株主への説明、被告らがアルコの財務諸表が正確で会計原則に従って作成されたこと等を表明、保証していたこと等を踏まえ、アルコが作成した平成15年10月31日時点の貸借対照表上の純資産額が25億1101万9000円であることを基準に、期中の減価償却費等及び退任するアルコの役員らの退職慰労金を控除した結果、23億3000万円と決定されたものである。しかし、本件和解債権処理によって、和解債権について入金があれば本来減少すべき元本が利息の弁済に充当されたことで減少せずに残り、不当な利息充当額と同額が貸借対照表上不当に資産計上されていることになるところ、不当な利息充当額(不当な資産計上額)は2億7538万5023円であったから、2億7538万5023円が原告の損害額である。原告は、本件和解債権処理をあるべき処理に戻すためのシステムの修正を外部の会社に委託し、その費用として168万円を支出した。
　また、原告は、本件訴訟を追行するため、アーンストアンドヤングに対して、意見書、陳述書の作成及び証言を依頼せざるを得なかった。アーンストアンドヤングはタイムチャージによって費用を請求しており、平成17年7月31日までの費用として117万円が見積もられている。アーンストアンドヤングに対する費用としては、少なくとも117万円及びこれに対する消費税相当額の合計122万8500円を要することになる。本件における弁護士費用として相当な額は2700万円を下らない。
　(被告らの主張)
　原告の上記主張は争う。本件M&Aにおいては、被告らの認識している25億1101万9000円の簿価純資産額以下では本件株式譲渡契約は成立し得ないのであるから、本件和解債権処理による本件表明保証違反と原告の損害との間に因果関係はない。

第3　当裁判所の判断
1　前提となる事実

前記第2の1の事実及び括弧内に摘示する証拠によれば、以下の事実が認められる。
(1) 本件和解債権処理及び監査法人の変更
　アルコ財務部は、平成14年11月7日、第28期(同年4月1日から平成15年3月31日まで)の決算について、期首には税引き前で3億5000万円の利益の計上を予定していたのに、実際には、4億円以上も損失を計上することになるという内容の予測を出した。そこで、アルコ営業本部は、決算対策として、本件和解債権処理を考案した。アルコ財務部は、本件和解債権処理により利息収入として計上する額と同額の貸倒引当金を計上する必要性を指摘し、当時アルコの委任していた監査法人であった監査法人トーマツ(以下「トーマツ」という。)にも相談することとし、決算業務等を担当していたNは、平成14年11月15日ころ、本件和解債権処理によって利息収入として計上した額と同額の元金につき、完ресторан済時にも残るので、カット償却(貸付残高よりも小さい額で和解したときに和解契約に基づく弁済が完了したときに発生する償却)することが確定している債権として、貸倒引当金を計上する必要があるので、結局営業利益の増加はないこと、監査法人にも利益操作と評価される可能性も否定できないことなどを指摘する「A．和解債権契約修正について」と題する書面(甲28)を同部のT課長(以下「T」という。)に提出した。アルコ営業本部も、会計上の問題点があり、元金のカット償却が増えることを問題点として認識していたが、トーマツの回答を待たずに、同月25日、全部門、全支店に対し、同月27日までに、端末操作をすることでコンピュータシステムにより自動的に処理される和解債権の入金の充当方法の設定を、元本優先から利息優先に切り替え、確認作業を終了させるように指示する本件通達を送付した。これを受けて、アルコの全支店は、本件和解債権処理を実施し、これに基づいて帳簿類を作成した。
　トーマツは、平成15年1月27日から同月29日までアルコの期中監査を実施した。トーマツによる同月31日付け期中監査報告事項一覧(乙3の2)には、「4．和解債権の入金額の充当順位変更処理について」、「5．第28期決算における各種引当金の計算及び計上額」として「①貸倒引当金」の項目がそれぞれ記載されており、トーマツは、アルコに対し、本件和解債権処理により、従来よりもカット償却が増加することが考えられ、その増加分を加味した貸倒引当金の計上が必要であり、計算式は、トーマツが検討すると指摘した。
　アルコは、同年2月20日、期中であるにもかかわらず、トーマツとの間の委任契約を解消し、同月25日、監査法人をトーマツから監査法人ビーエー東京(以下「ビーエー東京」という。)に変更した。
　ビーエー東京は、同年3月10日から12日までにアルコについて期中監査を実施したが、本件和解債権処理による利息の弁済への充当を前提としない貸倒引当金を計算し、同年5月30日付けで適正意見を表明した。
　同年3月期のアルコの決算書には本件通達による本件和解債権処理が注記されなかった<証拠略>。

(2) 本件株式譲渡契約の端緒及び第1次デューディリジェンス

ア　原告は、資産拡大のための手法として、企業戦略部を中心として、いわゆるM＆Aを積極的に活用していく方針を有していたところ、平成15年2月に、30億円程度でのアルコの売却の話が、原告に持ち込まれた。原告は、アルコの株式取得に意欲を示し、平成15年4月24日、アルコとの間で機密保持契約を締結し、アドバイザーである新生銀行を通じてアルコの3期分の決算書や会社概要等の資料を入手するなどした上で、同年7月16日付けで、約25億円から32億円前後でアルコの全株式を取得するとの意向表明書を提出した。本件M＆Aの交渉を主として担当していたのは、原告ではRであり、アルコではHであった。その後、原告は、アルコの資産価値をより正確に把握するためのデューディリジェンスを実施することとし、これをアーンストアンドヤングに委任した。原告は、同年7月30日、アルコに対し、第1次デューディリジェンス開始に当たっての説明会を開き、その席で、新生銀行は、デューディリジェンスリストを示してデューディリジェンスの基本的方針を説明した。その後、同年9月19日までの間、アーンストアンドヤング主導で第1次デューディリジェンスが実施された＜証拠略＞。

イ　アーンストアンドヤングは、アルコの株式の価値を評価するに当たり、営業貸付金の評価については、修正純資産法を採用し、一般的な手法である一部DCF法及び営業権（のれん）の考え方を採用して、将来金利収入及び将来元本返済の合理的な見積額（将来キャッシュフロー）を算定し、その現在価値を求めることとした。DCF法の適用に当たっては、比率の高い正常債権を中心として、新規獲得件数、貸付額、元利を合計した現金の回収額、貸倒発生の推移、正常債権から和解債権や特管債権への移行の額や率について月次推移を検討したが、和解債権については、回収総額が決まっていることから、入金の元利の区別は評価にとって重要でなく、また、個別性が高いため、和解内容のとおりに返済がなされているか否かの確認も行わなかった。アーンストアンドヤングは、アルコから生データを受領していたが、その信頼性を確認するため、無作為に270名の債務者を抽出し、債務者ファイルの実在性の確認、債務者ファイルの完成度の確認、主要な電子データの正確性の確認、利息計算の照合、社内規定遵守の確認を行い、さらにそのうち任意に指定した債権について、入会申込書、顧客カード等の書類を提出させたが、和解債権は、債権全体に占める比率が低い上に、個別性が強いため、一般的なフォームを知るために数通の合意書を提出させるにとどめ、サンプリングで抽出された35件全部について照合を行うことはしなかった＜証拠略＞。

ウ　アルコの第28期の監査を実施したビーエー東京は、第1次デューディリジェンス期間中の平成15年8月22日、アルコに対し、第28期の監査の結果、同年3月31日の時点において約3億円の貸倒引当金の設定不足が発生しているので、設定方法を見直す必要があるが、算定額より5000万円多く設定したこと等から、第28期の会計処理を容認すると記載したマネジメント・レターを提出した（甲13）。

エ　原告の担当者は、アーンストアンドヤングの担当者、新生銀行の担当者とともに、平成15年8月27日、アルコの池袋支店及び沼津支店の、同月28日に横須賀支店及び本社の集中管理センターの実査をそれぞれ行ったが、これは、支店の管理体制や従業員の勤務状況、端末の操作方法等を知ることを主たる目的とし、各場所について1から2時間程度、本件M＆Aのこと及び各担当者の身分等を秘匿した状態で、従業員の業務の合間に質問することを内容とするものであった（甲19、甲20、証人S）。

オ　アーンストアンドヤングは、第1次デューディリジェンスの結果、アルコの純資産額がマイナス2億2830万2000円、のれんの価値が14億4200万円から18億7100万円までであると算定し、原告に対し、アルコの評価額を12億1300万円から16億4200万円であると報告した（甲35、証人R）。

カ　被告ら及びアルコが本件M＆Aの計画当初の段階からアルコの簿価純資産額（貸借対照表上の純資産額）を下回る額での株式の売却には応じないという態度を示しており、原告にとっても、アルコの全株式の買収価格を簿価純資産額とした場合には、買収価格の客観性をすることができ、原告の株主らに対しても合理的な説明ができること等から、原告及び被告らは、簿価純資産額を基準として価格を定めることに決めた。アルコの同年3月31日時点での貸借対照表上の純資産額は21億9900万円であり、アルコの半期分の利益予想額1億5000万円を合計すると、簿価純資産額は約23億5000万円となり、また、アルコから開示された同年9月30日時点での貸借対照表によると、純資産は24億9267万7803円であるが、これには減価償却費が控除されていないことから、アルコの簿価純資産額が24億円程度と見込まれた。そこで、原告は、被告らに対し、同年10月27日、アルコの全株式の譲渡価格として23億5000万円を提示した。これに対し、アルコは、同月29日、原告に対し、退任する役員らに対して退職金1億円を支払うことを前提として、上記譲渡価格を23億3000万円とすることを提示した。原告は、上記アルコからの提示を受け入れ、同年11月4日、担当者間での合意事項確認書を締結し、同月14日、被告ら及びアルコとの間で、本件M＆Aに関するそれまでのすべての合意に代わるものとして、以下の内容の基本覚書を取り交わすとともに、本件M＆Aを対外的に発表した＜証拠略＞。

(ｱ)　被告らは、それぞれが保有するアルコの株式合計200万株を、平成15年12月15日を目処として原告に対して譲渡する（2条1項）。

(ｲ)　(ｱ)の譲渡価格は、平成15年7月31日時点の貸借対照表及び同年9月30日時点の貸借対照表に基づくアルコの財務状況により算出された1株当たり1165円（合計23億3000万円）を基準とする（2条2項）。

(ｳ)　(ｲ)の譲渡価格は、以後に原告が実施するアルコの経営状況、財務状況の精査の結果を受け、減額修正すべき合理的理由がある場合には、原告及び被告

らとの間の協議により合理的な調整を行う（2条3項）。

　　(エ)　被告ら及びアルコは、アルコの平成15年9月30日時点の財務内容が、同日時点の貸借対照表のとおりであり、簿外債務等の存在しないことを原告に対して保証する（8条）。

　　(オ)　被告ら及びアルコは、(エ)で保証した事項に関し、万一相違した事実が判明し、原告に損害を与えた場合は、その損害を賠償し、又は被告らは株式譲渡価格の変更に応ずるものとする（10条）。

　　(カ)　被告ら及びアルコは、原告に対し、最終契約において、少なくとも通常の株式譲渡契約において行うべき一般的な表明、保証を行うものとする（11条）。

　　(キ)　アルコの役員及び監査役は、本件株式譲渡契約締結後初めて開催される株主総会の日において全員が辞任することとする（12条）。

　　(ク)　アルコは、(キ)によって退任する役員及び監査役に対し、合計1億円を上限として役員退職慰労金を支払うこととする（13条1項）。

　　(ケ)　最終契約締結時までに、アルコの財務状況に重大な影響を与える事実が判明した場合には、原告、被告ら及びアルコは誠意を持って協議の上、株式譲渡価格の修正その他の解決に当たるものとする（16条）。

(4)　第2次デューディリジェンス及び本件株式譲渡契約の締結

　ア　原告は、平成15年11月17日から同月21日まで、アーンストアンドヤングによる第2次デューディリジェンスを実施した。第2次デューディリジェンスは、第1次デューディリジェンスの基準日である同年7月31日以降、第2次デューディリジェンスの基準日とした同年10月31日までの簿価資産・負債の異動の有無及び額を評価することを目的とし、定款、社内規定、取締役会議事録、株主総会議事録、稟議書等、月次決算資料、借入金契約書、同年8月から10月までの月次経営報告書等、平成16年3月期分の中間納税資料、平成15年10月までの総勘定元帳等を基本資料としてアルコの本社で閲覧したり、大きな変動が見られたものについては担当者にインタビューすることにより行われた。アーンストアンドヤングは、アルコから提供された同月30日時点での試算表を総勘定元帳と照合し、差異のないことを確認した（甲10、甲20、甲27の1及び2、甲36、甲38、証人R、同B）。

　イ　アーンストアンドヤングは、期中における監査法人の交代を異例なこととして重要視し、第1次デューディリジェンス、第2次デューディリジェンスを通じてその理由の調査を行った。アーンストアンドヤングの担当者は、Hに対し、上記理由について繰り返し質問をしたが、ABSに要した初期費用の償却方法に関する意見の相違によるものであると説明するのみであり、Bは、平成15年11月20日、ビーエー東京の若槻明公認会計士と面談し、上記理由について質問したが、同公認会計士も、Hと同様の回答をしたにすぎなかった。

　Bらアーンストヤングの担当者は、第1次デューディリジェンス及び第2次デューディリジェンスにおいて、Hに対し、会計方針の変更がないことを繰り返し確認したが、Hは、少なくとも数年間はないと回答した。

　アーンストアンドヤングは、アルコが監査法人による監査を受けていることから、アルコの作成した財務諸表等は会計原則に従って処理がされていることを前提としてデューディリジェンスを行ったため、アルコの提示した資料等の正確性、網羅性については確認しなかった。アルコ側から、各種の社内通達等がつづられたファイルが幾つか開示されたが、通し番号でつづられているものは見受けられず、本件通達等本件和解債権処理について記載した書面は開示されなかった。アーンストヤング作成の第1次デューディリジェンスの報告書（甲35）及び第2次デューディリジェンスの報告書（甲36）にも、本件和解債権処理についての記載はない（甲10、甲20、甲35、甲36、甲38、証人H[相反する部分を除く。]、同B、弁論の全趣旨）。

　ウ　その後アルコの平成15年10月31日時点の貸借対照表が開示され、それによると簿価純資産額が25億1101万9000円であり、同年9月30日時点での簿価純資産額を維持していたことから、同年12月18日、原告と被告らは、アルコの全株式の譲渡価格23億3000万円を維持したまま、本件株式譲渡契約を締結した。本件株式譲渡契約においては、同年10月31日時点の貸借対照表に基づくアルコの財務状況により算出された1株当たり1165円とすることが明記されている（甲18、証人R）。

以上の事実を前提に、順次各争点について判断する。

2　争点1について

(1)　企業会計原則第一の一は、企業会計は、企業の財政状態及び経営成績に関して、真実な報告を提供するものでなければならないと定めているところ、本件和解債権処理は、元金の入金があったのに利息の入金として計上する点でこの規定に違反している。実務指針120項は、金融商品会計において、和解債権等の未収利息を不計上とする債権について入金があった場合、契約に基づく利息の支払が明確であるもの以外の部分は元本の入金として処理することを、また、企業会計原則第三の五Cは、債権の貸借対照表価額は、債権金額から正常な貸倒見積額を控除した金額とすることを、それぞれ定めているところ、本件和解債権処理は、利息が発生しないし未収利息も回収しない債権について利息を計上し、法的に請求できる限度を超えた額を貸借対照表に計上するというものであるから、これらの規定に違反している。

　また、実務指針123項は、債権の回収可能性がほとんどないと判断された場合には、貸倒損失額を債権から直接減額して、当該貸倒損失額と当該債権に係る前期貸倒引当金残高のいずれか少ない金額まで貸倒引当金を取り崩し、当期貸倒損失額と相殺しなくてはならないと定めているから、本件和解債権処理によって利息の弁済に充当した入金額は、本来元本の弁済に充当すべきところをこれをしなかったためにそのまま回収できないことが明らかな元本額となるのであるから、少なくとも利息充当額と同額の貸倒引当金を計上する

必要があるが、アルコは、これを計上しなかったのであるから、実務指針123項にも違反している。なお、アルコの第28期の決算に関するビーエー東京のマネジメント・レターによる貸倒引当金の設定によっては、平成15年3月31日までに和解契約に基づく弁済が完了した和解債権についてしか貸倒引当金が計上されていないので、本件和解債権処理によって必要な貸倒引当金が計上されていないことが明らかである。したがって、本件和解債権処理を前提として作成されたアルコの財務諸表は、一般に承認された会計原則に違反しているものというべきであり、本件株式譲渡契約8条7項に違反している。

アルコの同年10月31日の実際の財務内容は、本件和解債権処理に基づき利息の弁済に充当されていた入金が元本の弁済に充当されることになるのであり、本件和解債権処理を前提として貸倒引当金を計上することなく利息収入を計上した前記同日時点の貸借対照表の記載とは異なるのであるから、本件株式譲渡契約8条8項に違反している。

アルコの同日における和解債権の残高は、実際よりも高額に記録されていたものであり、本件株式譲渡契約8条9項(d)及び同(f)に違反している。

(2) 平成15年法務省令第7号による改正前の商法施行規則23条1項、商法施行規則44条1項は、貸借対照表及び損益計算書への記載は、会社の財産及び損益の状態を正確に判断することができるよう明瞭にしなければならないと定め、平成15年法務省令第7号による改正前の商法施行規則24条1項本文、商法施行規則45条1項本文は、資産の評価の方法、固定資産の減価償却の方法、重要な引当金の計上の方法その他の重要な貸借対照表又は損益計算書の作成に関する会計方針は注記しなければならないと定めている。本件和解債権処理は、会社の財産及び損益の状態を正確に判断するのに必要な事項であり、貸借対照表及び損益計算書の作成に関する重要な会計方針であるから、アルコの取締役らは、平成15年3月期の決算書上において、本件和解債権処理を注記して開示すべきであったというべきである。しかし、アルコの取締役らは、これを注記しなかったのであるから、業務遂行について必要な手続をすべて完了していなかったものというべきであり、本件株式譲渡契約8条12項に違反している。

したがって、被告らは、以上の点で本件表明保証した事項に違反しているというべきである。

なお、本件株式譲渡契約8条20項違反の有無については、後記3で検討する。

3　争点2について

(1) 被告らは、Hが第2次デューディリジェンス期間中である平成15年11月19日、Bに対し、トーマツの期中監査報告に関する書面等を示しながら、本件和解債権処理について説明をした、Nが同年12月17日のアルコと原告との貸倒引当金の計算方法に関する会議の席上、本件和解債権処理について説明した、Mも上記会議より前に、アーンストアンドヤングの担当者に本件和解債権処理を説明した、Dが第2次デューディリジェンスの期間中、アーンストアンドヤングの担当者に対し、本件和解債権処理を説明したと主張し、これに沿う証拠として、H及びTの各陳述書(乙11、乙12)及びその各証言がある。

しかしながら、上記各証言は、いずれも客観的な裏付けを欠いており、これに相反する他の＜証拠略＞及び以下の点に照らして採用することができない。

アルコ財務部及び営業本部は、本件和解債権処理の会計上の問題点を明確に認識しながら、当時委任していた監査法人であるトーマツの指示を無視したことは前記認定のとおりであり、証拠(甲10、甲13、甲14の1及び2、甲29)によれば、期中にトーマツから変更した監査法人であるビーエー東京に対しても、本件和解債権処理について説明しなかったことが認められる。ビーエー東京に対して、本件和解債権処理について説明したとのTの陳述書(乙12)及び証言、Hの証言は、前記のとおり、本件和解債権処理が企業会計原則に著しく違反しており、監査法人が本件和解債権処理の説明を受けながら、適正意見を出したり、第28期の会計処理を容認するとの意見を出すとは考えられないので、採用することができない。アルコのこれら一連の対応は、本件和解債権処理による決算対策の効果を維持しようとしたからにほかならないが、これは、本件M&Aにおいては、アルコの株式の買収価格を決定するにつきアルコの簿価純資産額を基準としたことから、上記買収価格を水増しする効果をもたらすものである。被告らが原告に対して本件和解債権処理を告げた場合には、原告は、上記基本覚書等に基づき、アルコの株式の買収価格につき、本件和解債権処理による水増し分の減額を求めることが当然であると考えられ、また、被告らも、本件和解債権処理を本件表明保証から除外するように求めることが当然であると考えられるが、原告及び被告ら共に、そのような行動に出ていない。これは、被告らが原告に対し、本件和解債権処理の事実を秘匿したことを裏付けるものというべきである。

また、被告らは、第1次デューディリジェンスにおいて、原告に対して交付した生データ及び営業実績推移等の資料を見ていないわけがないから、本件和解債権処理を認識していたはずであると主張し、Hの陳述書(乙11)及び証言にこれに沿う部分があるが、前記1で認定していたとおり、アーンストアンドヤングは、営業貸付金の評価については、修正純資産法を採用し、一般的な手法である一部DCF法及び営業権(のれん)の考え方を採用して、将来金利収入及び将来元本返済の合理的な見積額(将来キャッシュフロー)を算定し、その現在価値を求めることとしており、和解債権については、和解内容のとおりに返済がなされているか否かの確認も行わず、上記生データについても、和解債権については、一般的なフォームを知るために数通の合意書を提出させるにとどめ、サンプリングで抽出された35件全部について照合を行うことはしなかったのであり、その報告書においても、本件和解債権処理についての記載がないことに照らして、被告らの上記主張に沿う部分は採用することができない。

かえって、＜証拠略＞によれば、本件株式譲渡契約締結後、原告の営業企画部長であったＳ（以下「Ｓ」という。）が原告の子会社となったアルコの代表取締役に就任したこと、Ｓは、平成15年12月19日にアルコに初めて出社してから、Ｚ営業部長とＤから説明を受けるなどして業務ルールの理解と業績の把握に努めたこと、Ｓは、かねてから消費者金融業者の行う訪問回収（顧客宅を訪問して債権回収を行うこと）につき費用と効果の面から疑問を抱いていたところ、アルコにおいて行われていた訪問回収の件数が予想よりも多かったため、その効果を知るために、50〜60名分の顧客台帳の入金履歴を検討したところ、和解債権についてそれまで元本の弁済に充当されていたものが突然利息の弁済への充当に変更されているものを発見し、Ｄに質問したこと、Ｄは、Ｓに対し、本件和解債権処理について説明をし、営業利益アップ策（甲7）、本件通達等を見せたこと、Ｓは、平成15年度の和解債権の利息計上額を確認したところ、2億円以上もの入金があることを知ったため、Ｐに連絡して、翌営業日である同月29日からの入金については元本の弁済に充当するように決めたこと、その後、Ｓは、原告代表者、原告のＷ常務取締役、原告のＶ常務取締役に、本件和解債権処理により当期だけで約2億円が利息に入金されていることを知らせる電子メール（甲15）を送信し、Ｄらに指示して、和解残高と帳簿とを照らし合わせることにより過去に本件和解債権処理によって利息の弁済に充当された入金額を調査したこと、Ｓは、平成16年1月9日、原告の会議に出席し、本件和解債権処理による2億数千万円の架空の利益計上の事実について報告したこと、アルコ営業企画部システム課のＱが同月29日基幹データベースにより調査した結果、本件和解債権処理による不正な利益計上額は2億7538万5023円であることが判明したことの各事実が認められ、これによれば、原告は、平成15年12月19日にＳが本件和解債権処理を発見するまで、本件和解債権処理を知らなかったというべきである。

　(2) 以上によれば、被告らは、原告に対し、本件株式譲渡契約締結前に、本件和解債権処理を開示していないのであるから、本件株式譲渡契約8条20項に違反しているというべきであり（なお、上記生データ等の交付をもって本件和解債権処理を開示したということはできないことは上記の説示に照らして明らかというべきである。）、原告が、本件株式譲渡契約締結時において、本件表明保証を行った事項に関して違反があることについて悪意であったということはできない。

　4　争点3について
　本件において、原告が、本件株式譲渡契約締結時において、わずかの注意を払いさえすれば、本件和解債権処理を発見し、被告らが本件表明保証を行った事項に関して違反していることを知り得たにもかかわらず、漫然これに気付かないままに本件株式譲渡契約を締結した場合、すなわち、原告が被告らが本件表明保証を行った事項に関して違反していることについて善意であることが原告の重大な過失に基づくと認められる場合には、公平の見地に照らし、悪意の場合と同視し、被告らは本件表明保証責任を免れると解する余地があるというべきである。

　しかし、企業買収におけるデューディリジェンスは、買主の権利であって義務ではなく、主としてその買収交渉における価格決定のために、限られた期間で売主の提供する資料に基づき、資産の実在性とその評価、負債の網羅性（簿外負債の発見）という限られた範囲で行われるものである。前記のとおり、アーンストアンドヤングは、本件のデューディリジェンスにおける営業貸付金の評価については、修正純資産法を採用し、一般的な手法である一部ＤＣＦ法及び営業権（のれん）の考え方を採用して、将来元利収入及び将来元本返済の合理的な見積額（将来キャッシュフロー）を算定し、その現在価値を求めることとしており、和解債権については、和解内容のとおりに返済がなされているか否かの確認も行わず、上記生データについても、和解債権については、一般的なフォームを知るために数通の合意書を提出させるにとどめ、サンプリングで抽出された35件全部について照合を行うことはしなかったのであるが、このことについては特段の問題はない。また、アルコが監査法人による監査を受けていたことからすると、アーンストアンドヤングがアルコの作成した財務諸表等が会計原則に従って処理がされていることを前提としてデューディリジェンスを行ったことは通常の処理であって、このこと自体は特段非難されるべきでない。アーンストアンドヤングは、アルコの監査法人の変更の理由についても、ビーエー東京及びＨに対して確認しており、トーマツに確認しなくてもそれが重大な落ち度であるということはできない。本件においては、取り分け、前記のとおり、アルコ及び被告らが原告に対して本件和解債権処理を故意に秘匿したことが重視されなければならない。以上の点に照らすと、原告が、わずかの注意を払いさえすれば、本件和解債権処理を発見し、被告らが本件表明保証を行った事項に関して違反していることを知り得たということはできないことは明らかであり、原告が被告らが本件表明保証を行った事項に関して違反していることについて善意であることが原告の重大な過失に基づくと認めることはできない。

　なお、被告らは、通常企業の買収のためのデューディリジェンスにおいては買主の選択する会計処理及び評価の方法により財務諸表を作成するとか、和解債権の会計処理について元本及び利息のいずれの弁済に充当されているかは重要であるので十分に調査するなどと記載された公認会計士の意見書（乙14）や和解債権の取扱いについて生データ等をチェックするのが通常であり、それをすれば和解債権処理の実態については分かるはずであると記載された弁護士の意見書（乙15）を提出するが、いずれも一般論を述べるにすぎず、本件Ｍ＆Ａにおけるデューディリジェンスの手法、実態と必ずしも整合しない上、被告ら及びアルコにおいて本件和解債権処理を秘匿していた事実を考慮していないものであるから、これらの意見書は上記結論を左右しない。

　5　争点4について

前記のとおり、本件株式譲渡契約において、アルコの株式の譲渡価格は、平成15年10月31日時点の貸借対照表に基づくアルコの財務状況により算出された1株当たり1165円とすることが明記されており、アルコの簿価純資産額を基準としたものであるところ、同日時点における簿価純資産額は、本件和解債権処理によって、本来減少すべき元本が貸借対照表上不当に資産計上されており、上記3で認定したとおり、その額は2億7538万5023円であるから、株式の譲渡価格は、2億7538万5023円だけ不正に水増しされたものというべきである。したがって、被告らは、本件表明保証責任に基づき、原告に対し同額を補償する義務を負う。この点についての被告らの主張は採用することができない。証拠（甲39、証人S）によれば、原告が本件和解債権処理に気付いた後、これをあるべき処理に戻すためのシステムの修正を外部会社に委託し、その費用として168万円を支出したことが認められる。

 また、原告は、本件訴訟を追行するために、Bやアーンストアンドヤングの担当者に意見書や陳述書の作成及び証言を依頼し、平成17年7月31日までの費用として122万8500円（消費税相当額込み）を請求されていることが認められ、これは、本件表明保証した事項に違反したことに関連して発生した合理的な範囲内の費用ということができるから、本件表明保証責任に基づき、被告らが負担すべきものというべきである。

同様に、原告が被告らの本件表明保証責任を追及するための合理的な範囲内の弁護士費用も被告らが負担すべきものというべきであるが、本件訴訟を追行するために合理的な弁護士費用は、2700万円と認めるのが相当である。

 よって、被告らは、原告に対し、本件表明保証責任に基づき、連帯して、これらの合計である3億0529万3523円及びこれに対する請求の日であることが明らかな本件訴状送達の日の翌日である平成16年4月22日から支払済みまで商事法定利率年6分の割合による遅延損害金を支払うべき義務を負う（原告は、本件株式譲渡契約締結の日の翌日を遅延損害金の起算点として主張しているが、上記主張は理由がないというべきである。）。

6 結論

 以上の次第で、原告の請求は、被告らに対し、連帯して3億0529万3523円及びこれに対する平成16年4月22日から支払済みまで年6分の割合による金員の支払を求める限度で理由があるからこれを認容し、その余は理由がないからこれを棄却することとし、主文のとおり判決する。

　　裁判長裁判官　中村也寸志
　　　　裁判官　北澤純一　久次良奈子

15 住友信託銀行 vs 旧ＵＦＪ事件【仮処分決定】

I 国内判例編

最三決平成16・8・30金融・商事判例1205号43頁

――独占交渉条項に基づく第三者との協議等の差止めを求める仮処分命令の申立てが認められなかった事例――

The Financial and Business Law Precedents

長島・大野・常松法律事務所・弁護士　浅妻　敬・野島梨恵

I 事案の概要

　住友信託銀行（「住友信託」）は、三菱ＵＦＪフィナンシャル・グループに吸収合併される前のＵＦＪホールディングス（「ＵＦＪＨＤ」）、三菱ＵＦＪ信託銀行に吸収合併される前のＵＦＪ信託銀行（「ＵＦＪ信託」）および三菱東京ＵＦＪ銀行に吸収合併される前のＵＦＪ銀行（「ＵＦＪ銀行」）（以下、ＵＦＪＨＤ、ＵＦＪ信託およびＵＦＪ銀行の3社を「ＵＦＪ3社」という）との間で、平成16年5月21日、ＵＦＪ信託の一定の営業等（「本件対象営業等」）の移転等からなる事業再編および業務提携（「本件協働事業化」）に関し、基本合意（「本件基本合意」）を交わし、基本合意書（「本件基本合意書」）を締結した。本件基本合意書には、各当事者は、第三者との間で、本件基本合意書の目的と抵触し得る取引等に係る情報提供・協議を行わないものとする旨の条項（「本件条項」）が設けられていた。

　住友信託とＵＦＪ3社は、本件基本合意書に基づき、同年7月末日までを目途として本件協働事業化の詳細条件を定める基本契約の締結を目指して交渉をしていたが、その後、ＵＦＪ3社は、ＵＦＪグループ（ＵＦＪ3社とその子会社・関連会社の総称）の窮状を乗り切るためには、本件基本合意を破棄し、ＵＦＪ信託を含めて三菱東京グループ（三菱東京フィナンシャル・グループ（ＭＴＦＧ）とその子会社・関連会社の総称）と統合する以外に方策はないと判断し、同年7月14日、住友信託に対し、本件基本合意の解約を通告し、同時に、ＭＴＦＧに対し、本件対象営業等の移転を含む経営統合を申し入れた。これに対し住友信託は、同月16日、東京地裁に対し、ＵＦＪ3社が三菱東京グループとの間で経営統合に関する協議を開始したことは、住友信託の独占交渉権を侵害するものであると主張し、本件基本合意に基づき、ＵＦＪ3社が第三者との間で、平成18年3月末までの間、本件対象営業等の第三者への移転若しくは第三者による承継に係る取引、ＵＦＪ信託と第三者との間の合併若しくは会社分割に係る取引またはこれらに伴う業務提携に係る取引に関する情報提供または協議を行うことの差止めを求める本件仮処分命令の申立てを行った。

　東京地裁は、平成16年7月27日、この申立てを認容する仮処分決定を行い、これに対しＵＦＪ3社は異議の申立てを行ったが、東京地裁は、同年8月4日、当該仮処分決定を認可する旨の決定をした。ＵＦＪ3社が、異議審の決定を不服として保全抗告をしたところ、東京高裁は、同月11日、住友信託とＵＦＪ3社との間の信頼関係はＵＦＪ3社の基本合意白紙撤回の公表や住友信託による本件仮処分命令の申立て等によって破壊されており、最終合意に向けた協議を誠実に継続することを期待することは既に不可能となったため、遅くとも同月10日までには本件条項の効力は将来に向けて失われたとして、東京地裁の各決定を取り消し、本件仮処分命令の申立てを却下する旨の決定をした。

　その後、ＵＦＪ3社は、同月12日に、ＭＴＦＧらとの間で、ＵＦＪグループと三菱東京グループとの経営統合に関する基本合意を締結した。他方、住友信託は、東京高裁に対し、抗告許可の申立てを行い、同高裁は、同月17日、本件抗告を許可する旨の決定をした。しかし、最高裁第三小法廷は、同月30日、以下のように判示して本件抗告を棄却する旨の決定をした。

II 決定要旨

1 本件条項に基づく債務の消滅の有無

「本件条項は、両者が、今後、本件協働事業化に関する最終的な合意の成立に向けての交渉を行うに当たり、本件基本合意書の目的と抵触し得る取引等に係る情報の提供や協議を第三者との間で行わないことを相互に約したものであって…最終的な合意を成立させるための、いわば手段として定められたものであることが明らかである。したがって、今後、抗告人と相手方らが交渉を重ねても、社会通念上、上記の最終的な合意が成立する可能性が存しないと判断されるに至った場合には、本件条項に基づく債務も消滅する」。「本件においては…現段階では、抗告人と相手方らとの間で、本件基本合意に基づく本件協働事業化に関する最終的な合意が成立する可能性は相当低いといわざるを得ない。しかし、本件の経緯全般に照らせば、いまだ流動的な要素が全くなくなってしまったとはいえず、社会通念上、上記の可能性が存しないとまではいえない」。「そうすると、本件条項に基づく債務は、いまだ消滅していないものと解すべきである。」

2 保全の必要性について

「本件基本合意書は、その（最終的な合意の）成立を保証するものではなく、抗告人は、その成立についての期待を有するにすぎないものであることが明らかである。そうであるとすると…抗告人が被る損害については…抗告人と相手方らとの間で本件協働事業化に関する最終的な合意が成立するとの期待が侵害されることによる損害と見るべきである。」「抗告人が被る損害の性質、内容が上記のようなものであり、事後の損害賠償によっては償えないほどのものとまではいえないこと、…抗告人と相手方らとの間で、本件基本合意に基づく本件協働事業化に関する最終的な合意が成立する可能性は相当低いこと、しかるに、本件仮処分命令の申立ては、平成18年3月末日までの長期間にわたり、相手方が抗告人以外の第三者との間で前記情報提供又は協議を行うことの差止めを求めるものであり、これが認められた場合に相手方らの被る損害は相当大きなものと解されること等を総合的に考慮すると、…本件仮処分命令の申立ては、上記要件（『争いがある権利関係について債権者に生ずる著しい損害又は急迫の危険を避けるためこれを必要とするとき』との要件〔民事保全法23条2項〕）を欠く」。したがって、「本件仮処分命令の申立てを却下するなどした原審の判断は、結論において是認することができる。」

III 分析と展開

1 はじめに

本件は、ＵＦＪ信託の売却等の基本合意を白紙撤回された住友信託が、三菱東京グループとの経営統合を進めようとするＵＦＪＨＤらに対して、第三者との協議等の差止めを求める仮処分命令を申し立てた事件に係る許可抗告事件であり、メガバンクの経営統合をめぐる法廷闘争として世間の注目を集めた事案である（その後提起された本訴については、本書別稿❻参照）。

Ｍ＆Ａの実務では、最終契約に至る前に、それまでに確認した事項を記載した書面（「基本合意書」、「レター・オブ・インテント」、「覚書」などといった表題が付されることが多い）が当事者間で取り交わされることが多い。また、その際、本件基本合意書において規定された本件条項のように、第三者との間で当該Ｍ＆Ａの目的と抵触し得る取引等にかかる情報提供・協議を一定期間行わないことなどを定める条項が設けられることは、特に多大な時間とコストを要する大規模Ｍ＆Ａにおいて一般的な実務となっている。本決定は、このような趣旨の条項（実務上、「独占交渉条項」と呼ばれることが多い）の効力について判示した、初めての最高裁決定である。本決定はもとより1つの事例判例にすぎず、また、保全の必要性を欠くことを理由として抗告を棄却しているため、被保全権利に関する説示はいずれも傍論であるが、いわゆる独占交渉条項に関する今後のＭ＆Ａの実務に影響を及ぼし得る重要な示唆を含んでいる。

2 被保全権利—差止請求権について

(1) 本件条項の法的拘束力

本件条項の法的拘束力について、原々審（東京地決平成16・7・27）は、「一般に、当事者間で権利義務を定めた一定の合意内容を証する書面が作成された場合には、特段の事情がない限り、当事者は当該合意内容に拘束される意思を有していたと推認するのが相当」と述べた上で、本件基本合意書が締結されるに至るまでの経緯に照らして、

「独占交渉権を定めた条項は、…法的拘束力を有する」と判示し、その後の異議審（東京地決平成16・8・4）と原審（東京高決平成16・8・11）においても、本件条項の法的拘束力は認められている。

M&Aの実務上、本件基本合意書のような中間的合意に関する文書が取り交わされる場合、当該文書が法的拘束力を有さないものである旨を定めることが多いが、その場合でも、独占交渉条項、秘密保持条項など一定の条項は、例外的に法的拘束力のある条項とされることが通例である。本件基本合意書では、このような法的拘束力の有無について定める規定が存在しなかったために、下級審においてこの点が争点になったものである。本件基本合意書の交渉経緯その他の事実関係は必ずしも明らかではないが、裁判所の解釈は一般的な実務に沿ったものであると考えられる。

なお、本件では争点とはならなかったようであるが、本件条項の効力については、有効期間が平成18年3月末までの約2年間と異例に長い（実務上は3か月から6か月程度が一般的である）ことから、公序良俗違反等を理由に、6か月程度の合理的な期間に限定して拘束力を認めるべきとの意見（池田裕彦・ビジネス法務2004年11月号24頁、新谷勝・金判1206号61頁（2005年））も見られる。また、会社法的観点から、本件条項の効力を否定または制限すべきだったとする意見もある（後述）。

(2) 本件条項に基づく債務の消滅可能性

原決定は、当事者間の信頼関係が破壊されており、最終合意に向けた協議を誠実に継続することを期待できなくなったことを理由として、差止請求権は事後的に消滅したと判断したが、事実認定として、協議継続の期待可能性が全くないと言い切れる状況であったのか疑問を残すものであった。これに対し、本決定は、本件条項が最終合意を成立させるための手段として定められたものであることから、社会通念上、最終合意が成立する可能性が存しないと判断されるに至った場合には、本件条項に基づく債務も消滅すると解釈した上で、本件では、社会通念上、最終合意が成立する可能性が存しないとまではいえないとして、本件条項に基づく債務は消滅していないと判断した。本決定の解釈は、本件条項を合意した当時の当事者の意思に合致する適切な解釈であり、その事実認定も妥当であると考える。本決定の考え方によっても、義務違反者が債務を将来に向かって消滅させることは理論的には可能であるが、これは、最終合意を成立させるための手段として合意された本件条項の性質上の限界と解すべきであろう。

(3) 本件条項に基づく差止請求権が認められるか否か

本件条項が法的拘束力を有するとしても、本件条項の効力として差止請求権まで認められるかについては、別の問題として考えることもできる。田山教授は、本件条項の目的が「信頼利益の補償」にあると解した上で、その補償が可能である以上、差止めまで認める必要はないとする（田山輝明「契約締結過程での独占交渉権等の合意の効力」中東編・後掲103頁）。また、江頭教授は、レター・オブ・インテントにおける交渉禁止条項一般について、交渉差止請求権まで認めると市場機能の著しい阻害になるとして、交渉差止請求権を認めるべきではないとし、本件についても、実体上差止請求権がないと解すべきとする（江頭憲治郎『株式会社法』59頁（有斐閣・2006年））。

契約の効力に関する一般則からすれば、独占交渉権を定める条項の効力として、差止請求権まで認められるのが原則であろう。しかし、特にレター・オブ・インテントや本件基本合意書のような中間的合意に規定された独占交渉条項の場合は、その内容として、義務違反者の相手方に差止請求権を与えることが当事者によって意図されていたか否かについては、当該条項の目的・内容や当該条項が合意されるに至った経緯等によっては、消極に解すべき場合もあり得るであろう。本件では、仮処分という手続上の制約もあり、本件条項が合意されるに至った経緯等は明らかではないが、原々審、異議審および原審は、いずれも差止請求権を肯定した。他方、本決定は、差止請求権の存否については直接言及しておらず、その立場は必ずしも明らかではない。当然の前提として肯定しているとする見解（池田裕彦「法律家と経済の接点—ＵＦＪ・住友信託銀行事件を題材として」大阪弁護士会会報220号29頁（2004年）、有賀・後掲260頁）もあるが、最高裁は、その後の本案レベルでの下級審の判断を拘束することのないよう、本決定のために必ずしも判断する必要のない差止請求権の有無については、肯定も否定もしていない（金判1205号43頁、塩崎勤・民事法情報221号94頁（2005年）、野村修也・金法1748号77頁（2005年））と考えるのが適切ではないかと思われる。

3 保全の必要性について

原々審・異議審は、いずれも特に精査することなく保全の必要性を肯定したが、本決定は、①住友信託銀行が被る損害は、最終合意に対する期待が侵害されることによる損害にとどまり、事後の損害賠償で償えないほどのものではないこと、②最終合意が成立する可能性は相当低いこと、③本件仮処分命令の申立ては、長期間にわたり差止めを求めるものであり、これが認められた場合にＵＦＪＨＤらが被る損害は、ＵＦＪＨＤらが現在置かれている状況からみて、相当大きなものと解されること、の３点を理由に、保全の必要性を否定した。

このうち①を挙げている点については、保全の必要性を欠くことが本件において差止めを認めない理由となっているために、第二次的であるべき損害賠償という救済策の存在をもって第一次的な救済策であるはずの履行強制が否定されているかのように見える（小林秀之「最高裁仮処分却下決定の衝撃」中東編・後掲137頁以下）。しかし、①は、あくまでも保全の必要性の判断における考慮要素の１つとして挙げられたものにすぎず、契約違反に対する救済方法一般に影響を与え得るものではないと考えるべきであろう。もっとも、差止請求の場合、仮処分の勝敗がほぼ紛争自体の帰結を決することを考えると、①が保全の必要性を欠くと判断されるための重要な要因の１つと判断されたことは、本件と同様に、最終合意を保証するものではない基本合意段階の独占交渉条項に基づく差止請求にとって、現実的には大きな障害となる可能性があろう。

②については、本件が、最終合意成立の可能性を高めるための仮処分申立事件であるにもかかわらず、最終合意成立の可能性が現状低いことをもって保全の必要性を欠く理由の１つとしているように読める。保全の必要性の考慮要素としては、現時点で最終合意成立の可能性が低いと認められるという点よりも、差止めが認められた場合でも最終合意成立の可能性は依然として低いと解されるか否かを問題にすべきであったと思われる。

仮の地位を定める仮処分における保全の必要性の判断に際し、差し止められることによって債務者が被る損害を考慮すべきか否かについては従来から争いがあった（学説の状況については、金判1205号43頁以下参照）。本決定は、考慮要素として③を挙げているとおり、肯定説を採用した。もっとも、③の内容については、必要であれば期間を限定した上で差止めを認める余地もあったと考えられる（中東正文「法的問題点の整理と司法の役割」中東編・後掲51頁、新谷・前掲63頁以下、池田・前掲会報220号30頁）ため、期間の長さ自体は、本件の保全の必要性の判断において必ずしも決定的な要因ではなかったのであろう。

なお、原々審・異議審と原審・本決定とで結論が異なることとなった背景として、その間にＵＦＪグループと三菱東京グループの協議が相当程度進行していたこと（ＵＦＪグループと三菱東京グループの経営統合に関する基本合意の締結は、原審の決定直後に公表されている）を忘れてはならないだろう。原審や本決定の時点では、もはや差止めを認めることが住友信託側にとっても解決にならないと判断される状況にあったのではないか、そして、それが本決定の判断に与えた影響は小さくなかったのではないかと推測される。

4 会社法的観点からの検討
(1) 本件条項の効力

本件については、米国デラウェア州のオムニケア事件（本書別稿⓴参照）を参考に、本件条項により約２年間もの長期間の独占交渉権を合意したＵＦＪＨＤの取締役の行為は、取締役に与えられた権限を逸脱する、または取締役の信認義務・忠実義務に違反する行為であるとして、本件条項の効力を否定または制限すべきとする意見が少なくない（小林秀之ほか「独占交渉権の法的拘束力の限界示した最高裁決定」金融財政事情10月25日・11月１日合併号55頁〔柏木昇発言〕(2004年)、手塚裕之「買手が買収対象会社を完全に拘束することはできない」同69頁、野村・前掲78頁、池田裕彦「ＵＦＪ裁判はＭ＆Ａ実務にどう影響するか」中東編・後掲165～167頁、福島洋尚「ＵＦＪ統合問題が今後に与える影響」同180頁以下）。しかし、本件条項について、その効力を否定しなければならないほどに重大な瑕疵を会社法上の観点から認める解釈には、疑問を感じざるを得ない。

まず、本件を分析する上で、本件基本合意書の対象である本件協働事業化において譲渡の対象とされていたものは、ＵＦＪ信託の事業であり、上場会社であるＵＦＪＨＤ自体は譲渡の対象ではなかった（それゆえ、原々審の仮処分命令では、ＵＦＪ信託を対象とした取引のみが、情報提供・協議禁止の

対象とされている）こと、また、ＵＦＪ信託はＵＦＪＨＤの完全子会社であったことを、看過すべきではない（これらの点において、論者が参考とするオムニケア事件とは事実関係が全く異なる）。本件協働事業化は、ＵＦＪＨＤの株主総会決議を要する取引を含むものではなかったのであるから、本件条項において本件協働事業化に関する独占交渉を合意することは、ＵＦＪＨＤの株主の何らかの承認権限を損なうものではない。また、仮に本件協働事業化がＵＦＪＨＤの株主総会決議を要する取引を含むものであったとしても、本件条項は、交渉の入り口段階において当該取引の相手方との独占交渉義務を定めるものに過ぎず、当該取引を承認するか否かに関するＵＦＪＨＤの株主総会の権限を何ら拘束するものではない（この点においても、オムニケア事件とは事実関係が全く異なる）のであるから、いずれにしても、権限分配の観点から権限逸脱は認められないと言うべきであろう。

また、そもそも一方当事者の取締役の善管注意義務・忠実義務違反を理由として取引の効力を否定する考え方は、当該義務違反が極めて明白なものでない限り、取引の安全を著しく害する解釈であり、賛成できない（この点、岩倉正和＝大井悠紀・商事1748号41頁（2005年）は、取締役の善管注意義務違反となる内容の取締役会決議は無効となり得ると述べた上で、取引保護の方策が取締役の善管注意義務違反に該当する場合には、相手方はその取引保護の方策の内容・効果を認識していると考えられるから、相手方の利益保護の必要性は必ずしも高くないと主張するが、取引保護の方策が取締役の善管注意義務違反に該当するか否かを、その取締役の当時の事実認識や意思決定過程を知らずに正確に判断することは極めて困難と言うべきであろう）。たしかに取引の安全を考慮してもなお取引の効力を否定する必要があるほど著しい善管注意義務・忠実義務違反が認められるような極めて例外的な場面では、当該義務違反に基づく取引の効力が否定されることもあり得ようが、取締役の責任を生じさせる程度の善管注意義務・忠実義務違反があったからといって直ちに取引の効力が否定されることにはならないと解すべきであろう。そして、本件では、以下に示すとおり、本件条項を合意したＵＦＪＨＤの取締役の行為について善管注意義務・忠実義務違反が認められる可能性は極めて低いのではないかと思われる。

(2) ＵＦＪＨＤの取締役の責任

Ｍ＆Ａに関する契約の締結については、本来的に経営事項であると考えられるため、判断当時の状況下で事実認識・意思決定過程に不注意がなければ取締役には広い裁量の幅が認められてしかるべきである（経営判断の原則）。本件条項のような取引保護条項の適法性を判断するにあたっては、オムニケア事件と同様に、より突っ込んだ精査を行うべきとする立場も考えられるが、公開会社における株主と取締役会との役割分担に関するわが国会社法の基本構造からすれば、本件条項のような取引保護条項についても、自社に対する買収提案が競合するなど支配権に争いのある状況下で合意される例外的なものを除き、経営判断の原則の下で判断すべきであろう（近藤光男「取締役の義務と独占交渉権の効力」中東編・後掲84頁以下、岩倉＝大井・前掲37頁以下）。本件条項を合意した当時、ＵＦＪＨＤの支配権に争いはなく（ＵＦＪＨＤの支配権に争いが生じたのは、本件基本合意書の締結後である）、本件基本合意書を締結することについて同社取締役に公正中立な判断を期待できない状況にあったようには思われない。そうであれば、本件条項を合意したＵＦＪＨＤの取締役の判断の当否は、経営判断の原則に従って判断されるべきであろう。

本件条項に関しては、その有効期間が約２年間と異例に長いことに加え、いわゆるFiduciary Out条項（被買収会社の取締役の善管注意義務を尽くさせるために、被買収会社が一定の条件の下に一定の契約上の義務から離脱することを認める規定）が設けられていなかったことについて、ＵＦＪＨＤの取締役の善管注意義務違反の可能性を指摘する見解（手塚裕之・商事1708号20頁（2004年）、池田・前掲「ＵＦＪ裁判はＭ＆Ａ実務にどう影響するか」中東編・後掲168～169頁）もある。たしかに被買収会社の取締役としては、相当に長期間の独占交渉義務に合意するのであれば（独占交渉期間が、その満了を待ってから第三者との協議・交渉を開始することができる程度に短い通常の場合には、そもそもFiduciary Out条項を規定する必要性は低い）、その間により魅力的な買収提案が将来なされた場合に取締役としての善管注意義務を尽くすことができるように、Fiduciary Out条項を規定しておくことが、慎重かつ望ましいプラクティスであろう。しかし、最終合意に至る前の中間的合意の段階において、中

途解約を前提とした詳細な規定を設けることがビジネス上の観点から必ずしも望ましくないと判断される場合もある。また、少なくとも本件条項の合意当時は、国内企業同士のＭ＆Ａの中間的合意において、買収提案の競合が具体的に想定されていないのにFiduciary Out条項を設けることは、むしろ異例であったと思われる（岩倉正和＝大井悠紀・商事1743号33頁（2005年））。さらに、本件基本合意書は、ＵＦＪＨＤの顧問弁護士の検討を経た上で締結されたものであった（原々審）。これらの事情を考慮すれば、ＵＦＪＨＤの経営陣が、長期間の独占交渉義務を合意しながらFiduciary Out条項を規定しなかったことについて、経営判断の原則の下で注意義務違反を認められる可能性は、極めて低いように思われる。また、約２年間という異例に長い独占交渉期間が合意されたことについても、当時の状況に照らして合理的なプロセスを経た上で合意したのであれば（この点の認定に際しては、ＵＦＪＨＤが本件基本合意書の締結前の交渉過程で独占交渉期間の短縮を試みたか否か、このように長期間の独占交渉期間を合意しない限り住友信託との協議・交渉を進めることが困難であると認められる事情があったか否かという点は、重要な考慮事項となろう）、経営判断の原則の下で注意義務違反を認められる可能性は極めて低いであろう。たしかに結果的には、本件条項はＵＦＪＨＤに不利益に働いたかもしれない。しかし、事後的・結果論的評価に基づいて当事者間の交渉結果を否定する解釈は、Ｍ＆Ａに関する経営陣の裁量を不合理に狭めるものであり、明らかに不当である。

＜参考文献＞
　本文中に触れたもののほか、中東正文編『ＵＦＪvs.住友信託vs.三菱東京　Ｍ＆Ａのリーガルリスク』（日本評論社・2005年）、畑郁夫・民商132巻１号１頁（2005年）、新谷勝・判タ1172号100頁（2005年）、沖野眞已・ジュリ1291号68頁（2005年）、山田剛志・判評558号19頁〔判時1894号181頁〕（2005年）、大塚和成・金法1723号５頁（2004年）、有賀恵美子「契約法からみる独占交渉権条項の法的問題点」伊藤進教授古稀『現代私法学の課題』233頁（第一法規・2006年）。

Kei ASATSUMA

Rie NOJIMA

平成16・８・30最高裁第三小法廷決定、平成16年(許)第19号情報提供又は協議禁止仮処分決定認可決定に対する抗告審の取消決定に対する許可抗告事件、**抗告棄却**
　原　　審＝平成16・８・11東京高裁決定、平成16年(ラ)第1329号
　原原審＝平成16・８・４東京地裁決定、平成16年(モ)第53839号
　(基本事件)＝平成16・７・27東京地裁決定、平成16年(ヨ)第2658号

決　定

＜当事者＞
　当事者の表示　別紙当事者目録記載のとおり
【主　文】
　本件抗告を棄却する。
　抗告費用は抗告人の負担とする。
【理　由】
抗告代理人深澤武久ほかの抗告理由について
１　記録によれば、本件の経緯は次のとおりである。
　(1)　抗告人は、平成16年５月21日、相手方らとの間で、相手方らグループ（相手方ら並びに相手方株式会社ユーエフジェイホールディングスのその他の子会社及び関連会社の総称）から抗告人グループ（抗告人並びにその子会社及び関連会社の総称）に対する相手方ユーエフジェイ信託銀行株式会社の法人資金業務等を除く業務に関する営業、これを構成する一定の資産・負債及びこれに関連する一定の資産・負債（以下「相手方ユーエフジェイ信託銀行株式会社の本件対象営業等」という。）の移転等から成る事業再編と両グループの業務提携（以下「本件協働事業化」という。）に関し、合意をし、その合意内容を記載した書面を作成した（以下、この合意を「本件基本合意」といい、この書面を「本件基本合意書」という。）。
　本件基本合意書の12条は、その条見出しを「誠実協議」とし、その前段において「各当事者は、本基本合意書に定めのない事項若しくは本基本合意書の条項について疑義が生じた場合、誠実にこれを協議するものとする。」と定め、その後段において「また、各当事者は、直接又は間接を問わず、第三者に対し又は第三者との間で本基本合意書の目的と抵触しうる取引等にかかる情報提供・協議を行わないものとする。」と定めている（以下、この後段の定めを「本件条項」という。）。
　本件基本合意書には、抗告人及び相手方らが、本件協働事業化に関する最終的な合意をすべき義務を負う旨を定めた規定はなく、本件条項は、両者が、今後、上記の最終的な合意の成立に向けての交渉を行うに当たり、本件基本合意書の目的と抵触し得る取引等に係る情報の提供や協議を第三者との間で行わないことを相互に約したものである。そして、本件基本合意書には、本件条項に違反した場合の制裁、違約罰について

の定めは存しない。
　(2)　抗告人と相手方らは、本件基本合意に基づき、同年7月末日までをめどとして本件協働事業化の詳細条件を定める基本契約の締結を目指して交渉をしていたが、その後、相手方らは、相手方らグループの現在の窮状を乗り切るためには、本件基本合意を白紙撤回し、相手方ユーエフジェイ信託銀行株式会社を含めて三菱東京グループ（株式会社三菱東京フィナンシャル・グループ並びにその子会社及び関連会社の総称）と統合する以外に採るべき方策はないとの経営判断をするに至り、同年7月14日、抗告人に対し、本件基本合意の解約を通告するとともに、株式会社三菱東京フィナンシャル・グループに対し、相手方ユーエフジェイ信託銀行株式会社の本件対象営業等の移転を含む経営統合の申入れを行い、この事実を公表した。
　(3)　抗告人は、同月16日、東京地方裁判所に対し、相手方らが株式会社三菱東京グループとの間で経営統合に関する協議を開始したことが本件条項所定の抗告人の独占交渉権を侵害するものであると主張して、本件基本合意に基づき、相手方らが、抗告人以外の第三者との間で、平成18年3月末日までの間、相手方ユーエフジェイ信託銀行株式会社の本件対象営業等の第三者への移転若しくは第三者による承継に係る取引、相手方ユーエフジェイ信託銀行株式会社と第三者との間の合併若しくは会社分割に係る取引又はこれらに伴う業務提携に係る取引に関する情報提供又は協議を行うことの差止めを求める本件仮処分命令の申立てをした。
　(4)　東京地方裁判所は、平成16年7月27日、本件仮処分命令の申立てを認容する決定をした。これに対し、相手方らが異議の申立てをしたが、同年8月4日、同裁判所は、本件仮処分決定を認可する旨の決定をした。
　(5)　相手方らが、上記異議審の決定を不服として、東京高等裁判所に対し、保全抗告をしたところ、同裁判所は、同月11日、以下の理由により、上記各決定を取り消し、本件仮処分命令の申立てを却下する旨の原決定をした。
　すなわち、記録により認定した事実関係によれば、客観的にみると、現時点において、抗告人と相手方らとの間の信頼関係は既に破壊されており、かつ、両者が目指した最終的な合意の締結に向けた協議を誠実に継続することを期待することは既に不可能となったものと理解せざるを得ない。したがって、遅くとも審理終結日である同月10日の時点において、本件基本合意のうち少なくとも本件条項については、その性質上、将来に向かってその効力が失われたものと解するのが相当であり、現時点において差止請求権を認める余地はない。
　(6)　相手方らは、同月12日、株式会社三菱東京フィナンシャル・グループらとの間で、相手方らグループと株式会社三菱東京グループとの経営統合に関する基本合意を締結し、平成17年10月1日までに経営統合を行うことをめどとすることなどを約した。
　(7)　抗告人は、原決定を不服として抗告許可の申立てをし、東京高等裁判所は、平成16年8月17日、本件抗告を許可する旨の決定をした。
　2　本件抗告の理由は、原決定が、現時点において、抗告人と相手方らとの間の信頼関係が破壊されており、最終的な合意の締結に向けた協議を誠実に継続することを期待することが不可能となったとして、被保全権利である本件条項に基づく差止請求権が消滅したと判断したことを論難するものである。
　そこで、まず、本件条項に基づく債務、すなわち、本件条項に基づき抗告人及び相手方らが負担する不作為義務が消滅したか否かについてみるに、前記の事実関係によれば、本件条項は、両者が、今後、本件協働事業化に関する最終的な合意の成立に向けての交渉を行うに当たり、本件基本合意書の目的と抵触し得る取引等に係る情報の提供や協議を第三者との間で行わないことを相互に約したものであって、上記の交渉と密接不可分なものであり、上記の交渉を第三者の介入を受けないで円滑、かつ、能率的に行い、最終的な合意を成立させるための、いわば手段として定められたものであることが明らかである。したがって、今後、抗告人と相手方らが交渉を重ねても、社会通念上、上記の最終的な合意が成立する可能性が存しないと判断されるに至った場合には、本件条項に基づく債務も消滅するものと解される。
　本件においては、前記のとおり、相手方らが、本件基本合意を白紙撤回し、同年7月14日、抗告人に対し、本件基本合意の解約を通告するとともに、株式会社三菱東京フィナンシャル・グループに対し、相手方ユーエフジェイ信託銀行株式会社の本件対象営業等の移転を含む経営統合の申入れを行い、この事実を公表したこと、抗告人が、これに対し、本件仮処分命令の申立てを行い、本件仮処分決定及び異議審の決定を得たが、相手方らは、原審においてこれらの決定が取り消されるや、直ちに株式会社三菱東京フィナンシャル・グループらとの間で、相手方らグループと株式会社三菱東京グループとの経営統合に関する基本合意を締結するなど、上記経営統合に係る最終的な合意の成立に向けた交渉が次第に結実しつつある状況にあること等に照らすと、現段階では、抗告人と相手方らとの間で、本件基本合意に基づく本件協働事業化に関する最終的な合意が成立する可能性は相当低いといわざるを得ない。しかし、本件の経緯全般に照らせば、いまだ流動的な要素が全くなくなってしまったとはいえず、社会通念上、上記の可能性が存しないとまではいえないものというべきである。そうすると、本件条項に基づく債務は、いまだ消滅していないものと解すべきである。
　ところで、本件仮処分命令の申立ては、仮の地位を定める仮処分命令を求めるものであるが、その発令には、「争いがある権利関係について債権者に生ずる著しい損害又は急迫の危険を避けるためこれを必要とするとき」との要件が定められており（民事保全法23条2項）、この要件を欠くときには、本件仮処分命令の申立ては理由がないことになる。そして、本件仮処分命令の申立てがこの要件を具備するか否かの点は、本

件における重要な争点であり、本件仮処分命令の申立て時以降、当事者双方が、十分に主張、疎明を尽くしているところである。

そこで、この点について検討するに、前記の事実関係によれば、本件基本合意書には、抗告人及び相手方らが、本件協働事業化に関する最終的な合意をすべき義務を負う旨を定めた規定はなく、最終的な合意が成立するか否かは、今後の交渉次第であって、本件基本合意書は、その成立を保証するものではなく、抗告人は、その成立についての期待を有するにすぎないものであることが明らかである。そうであるとすると、相手方らが本件条項に違反することにより抗告人が被る損害については、最終的な合意の成立により抗告人が得られるはずの利益相当の損害とみるのは相当ではなく、抗告人が第三者の介入を排除して有利な立場で相手方らと交渉を進めることにより、抗告人と相手方らとの間で本件協働事業化に関する最終的な合意が成立するとの期待が侵害されることによる損害とみるべきである。抗告人が被る損害の性質、内容が上記のようなものであり、事後の損害賠償によっては償えないほどのものとまではいえないこと、前記のとおり、抗告人と相手方らとの間で、本件基本合意に基づく本件協働事業化に関する最終的な合意が成立する可能性は相当低いこと、しかるに、本件仮処分命令の申立ては、平成18年3月末日までの長期間にわたり、相手方らが抗告人以外の第三者との間で前記情報提供又は協議を行うことの差止めを求めるものであり、これが認められた場合に相手方らの被る損害は、相手方らの現在置かれている状況からみて、相当大きなものと解されること等を総合的に考慮すると、本件仮処分命令により、暫定的に、相手方らが抗告人以外の第三者との間で前記情報提供又は協議を行うことを差し止めなければ、抗告人に著しい損害や急迫の危険が生ずるものとはいえず、本件仮処分命令の申立ては、上記要件を欠くものというべきである。

3 以上のとおりであるから、本件仮処分命令の申立てを却下するなどした原審の判断は、結論において是認することができる。論旨は、原決定の結論に影響を及ぼさない部分についてその違法をいうものにすぎず、採用することができない。

よって、裁判官全員一致の意見で、主文のとおり決定する。

最高裁判所第三小法廷
　裁判長裁判官　上田豊三
　　　裁判官　金谷利廣　濱田邦夫
　　　　　　　藤田宙靖

（別紙）**当事者目録**

抗告人（債権者・相手方）　住友信託銀行株式会社
同代表者代表取締役　　　　高橋温
同代理人弁護士　　　　　　深澤武久
　　　　　　　　　　　　　今村誠
　　　　　　　　　　　　　野間自子
　　　　　　　　　　　　　水沼太郎
　　　　　　　　　　　　　鎌倉一輝
　　　　　　　　　　　　　篠田憲明
　　　　　　　　　　　　　笠野さち子
　　　　　　　　　　　　　江端重信
　　　　　　　　　　　　　伊東亜矢子
　　　　　　　　　　　　　大場寿人

相手方（債務者・抗告人）
　　　　　　　株式会社ユーエフジェイホールディングス
同代表者代表取締役　　　　玉越良介
相手方（債務者・抗告人）
　　　　　　　ユーエフジェイ信託銀行株式会社
同代表者代表取締役　　　　安田新太郎
相手方（債務者・抗告人）
　　　　　　　株式会社ユーエフジェイ銀行
同代表者代表取締役　　　　沖原隆宗
上記3名代理人弁護士　　　藤田耕三
　　　　　　　　　　　　　江尻隆
　　　　　　　　　　　　　鳥海哲郎
　　　　　　　　　　　　　藤本幸弘
　　　　　　　　　　　　　梅野晴一郎
　　　　　　　　　　　　　菅尋史
　　　　　　　　　　　　　水谷和雄
　　　　　　　　　　　　　藤原道子
　　　　　　　　　　　　　宮塚久
　　　　　　　　　　　　　服部薫
　　　　　　　　　　　　　北村導人
　　　　　　　　　　　　　黒田裕

原　審

【主文の要旨】
　抗告人株式会社ユーエフジェイホールディングスが金30億円、抗告人ユーエフジェイ信託銀行株式会社が金30億円、抗告人株式会社ユーエフジェイ銀行が金15億円の担保を立てることを条件に、それぞれにつき、
(1)　原決定を取り消す。
(2)　東京地方裁判所が同庁平成16年（ヨ）第2658号情報提供又は協議禁止仮処分命令申立事件について平成16年7月27日にした仮処分決定を取り消す。
(3)　相手方の上記仮処分命令の申立てをいずれも却下する。

【理由の要旨】
1　相手方が、本件でその根拠（被保全権利）として主張する、抗告人らと相手方が平成16年5月21日締結した基本合意書（本件合意）第12条第2文（本件条項）は、法的拘束力を有し、差止請求権発生の根拠となり得る。
2　抗告人らが相手方に対し平成16年7月14日付けでした解約の通知は、法的な根拠を有しているとは認められない。
3　本件合意については、当事者が相互に信頼関係を維持して協働事業化の実現のために誠実に努力することが大前提となっているところ、抗告人らは窮状を乗り切るため本件合意を白紙撤回することを決断し、これを対外的に公表したこと、これに対し相手方は本件

仮処分を申し立てたこと、その後原審及び当審の審理を経たが双方の主張は対立し、信頼関係はますます悪化し、双方の溝を埋めることは困難な状況にある。今日においては、客観的にみると、抗告人らと相手方との間の信頼関係は既に破壊され、かつ、最終的合意の締結に向けた協議を誠実に継続することを期待することは既に不可能となったものと理解せざるを得ない。したがって、遅くとも審理終結日である平成16年8月10日の時点において、本件合意のうち少なくとも本件条項については、その性質上、将来に向かってその効力を失ったものと解するのが相当であり、現時点において差止請求権を認める余地はない。

そうすると、本件仮処分の被保全権利として、本件条項による契約上の権利を主張し、差止めを求める本件仮処分命令の申立ては、現時点においてはその余の点について判断するまでもなく理由がないものといわざるを得ない。

4　よって、民事保全法第41条第4項、第32条第3項を適用し、抗告人らがそれぞれ主文記載の担保を立てることを条件に、主文のとおり決定する。

　　裁判長裁判官　原田和徳
　　　　裁判官　北澤章功　竹内浩史

原原審

【主文の要旨】
　債権者と債務者らとの間の当庁平成16年(ヨ)第2658号情報提供又は協議禁止仮処分命令申立事件について、当裁判所が同年7月27日に発した仮処分決定を認可する。
【理由の要旨】
1　被保全権利について
　債権者と債務者らとの間で締結された平成16年5月21日付基本合意書（本件基本合意書）中の独占交渉義務を定めた条項（本件条項）は、独占交渉義務の趣旨、本件条項の文言、締結の経緯等に照らして、法的拘束力を有するものと認められる。

　また、本件条項は、当事者に不作為義務を課する内容の契約であり、債権者は、これに基づき、債務者らの違反行為の差止めを裁判上求めることができる。

　そして、本件条項が、その締結後の事情により失効したものとは認められない。
2　保全の必要性について
　債務者らの本件条項に違反する行為によって債権者の受ける可能性のある損害ないし危険は極めて大きいと認められ、債務者らが本件仮処分によって被る可能性のある不利益を考慮しても、本件仮処分を発令する必要性（保全の必要性）を肯定することができる。
3　したがって、債権者の本件仮処分命令の申立ては理由があり、これを認容した原決定は相当である。

　　裁判長裁判官　大橋寛明
　　　　裁判官　川淵健司　目黒大輔

基本事件

　上記当事者間の頭書事件につき、当裁判所は、債権者が本決定の通達を受けた日から7日以内に、債務者株式会社ユーエフジェイホールディングスのため20億円、債務者株式会社ユーエフジェイ銀行のため10億円、債務者ユーエフジェイ信託銀行株式会社のため20億円の担保を立てることを保全執行の実施の条件として、以下のとおり決定する。
【主文の要旨】
　債務者らは、債権者以外の第三者との間で、債務者ユーエフジェイ信託銀行株式会社の営業の第三者への移転、同債務者と第三者との合併、会社分割等の取引に関する情報提供又は協議を行ってはならない。
【理由の要旨】
1　一般に、当事者間で権利義務を定めた一定の合意内容を証する書面が作成された場合には、特段の事情がない限り、当事者は当該合意内容に拘束される意思を有していたと推認するのが相当である。

　債権者と債務者らとの間で締結された平成16年5月21日付基本合意書の独占交渉権を定めた条項は、原案を債権者側が作成し、債務者ユーエフジェイホールディングスの顧問弁護士による検討、債権者および債務者ユーエフジェイホールディングスの各担当者による修正等を経て、最終的には債権者及び債務者らの各代表取締役の記名押印によって締結されたものであることに鑑みれば、法的拘束力を有すると認められる。
2　本件基本合意書の独占交渉権を定めた条項は、債権者が一定期間、第三者の介入なく、債務者らとの交渉を行いうる権利を保障したものであって、債務者らの行為によりこれが侵害され、債務者らが第三者との統合交渉を実施した場合には、債権者に著しい損害又は急迫の危険が生じることは明らかであり、これを避けるため、本件仮処分を発令する必要がある。

　　裁判長裁判官　鬼澤友直
　　　　裁判官　菊池　章　笹井朋昭

民事法の論点
——その基本から考える

滝澤 孝臣 著

● A5判 二五二頁
● 定価二五二〇円（税込）

好評発売中！

経済法令研究会 162-8421 東京都新宿区市谷本村町3-21
http://www.khk.co.jp/ TEL 03(3267)4811 FAX 03(3267)4803

◆月刊誌「銀行法務21」で好評連載中の「基本から考える」がついに単行本化！
◆民事法の論点を、現役裁判官の視点を通じて、分かりやすく解説！
◆実際の問題事例を素材にして、「基本から考える」ので、具体的に理解できる！
◆弁護士、企業法務担当者、金融実務家、法科大学院生など、必読必携の1冊！

増刊号1211号 金融商事判例50講
——裁判例の分析とその展開

滝澤孝臣・編

● B5判 一八四頁
● 定価三一五〇円（税込）

好評発売中！

経済法令研究会 162-8421 東京都新宿区市谷本村町3-21
http://www.khk.co.jp/ TEL 03(3267)4811 FAX 03(3267)4803

◆金融・商事判例の重要テーマおよび問題状況をこの1冊で把握できる！
◆全項目につき、現役裁判官50名による執筆！
◆弁護士、学者、金融実務家、企業法務担当者、法科大学院生等、必読必携の1冊！

16 住友信託銀行 vs 旧ＵＦＪ事件【本案・第1審判決】
——独占交渉義務違反に基づく損害賠償請求——

I 国内判例編

東京地判平成18・2・13金融・商事判例1238号12頁

名古屋大学大学院法学研究科教授　中東正文

I　事案の概要

　本件は、情報提供または協議禁止仮処分が争われた最三決平成16・8・30（注1）の後編というべきものである。

　住友信託株式会社（以下、「住友信託」という）は、株式会社ユーエフジェイホールディングス（以下、「ＵＦＪＨＤ」という）、ユーエフジェイ信託銀行株式会社（以下、「ＵＦＪ信託」という）および株式会社ユーエフジェイ銀行（以下、これら3社を「ＵＦＪ3社」という）との協働事業化に関して、平成16年5月21日に締結された基本合意書の独占交渉条項等に基づき、ＵＦＪ3社に対して、株式会社三菱東京フィナンシャル・グループ（以下、「ＭＴＦＧ」という）との協議等を禁止するよう差止めの仮処分を求め、最高裁まで争ったが、これが認められなかった。

　住友信託は、紆余曲折を経たが、最終的に裁判所で判断を求めたのは、損害賠償請求である。すなわち、ＵＦＪ3社に対して、基本合意に基づく協働事業化に関する最終契約を締結する義務に違反した、基本合意に基づく独占交渉義務および誠実協議義務に違反したなどと主張して、債務不履行または不法行為に基づく損害賠償として、各自損害金2,331億円の一部である1,000億円と遅延損害金の支払いを求めた。

　本件訴訟の係属中、平成17年10月1日に、ＵＦＪ3社は、ＭＴＦＧと合併により統合したため、株式会社三菱ＵＦＪフィナンシャル・グループらが、訴訟を承継した。なお、本判決後、東京高裁に控訴されたが、平成18年11月21日、訴訟承継人が25億円の解決金を住友信託に支払うことを骨子とする訴訟上の和解が成立している（注2）。

II　判決要旨

請求棄却

＜争点1＞

（平成16年7月13日当時、ＵＦＪ3社が本件基本合意書に基づいて本件協働事業化に関する最終契約を締結する義務を負っていたか否か）

　「ＵＦＪ3社及び原告〔住友信託〕は、本件基本合意時において本件協働事業化に関する最終契約を締結する義務を負っていたとはいえず、本件基本契約ないし本件協働事業化に関する最終契約を締結するまでは、これらの契約を締結するか否かの自由を有しているのであるから、これらの契約を締結する義務を負うものでないことは明らかである。」

＜争点2＞

（民法130条の適用若しくは類推適用または禁反言の原則により、平成16年7月13日当時、ＵＦＪ3社が本件協働事業化に関する最終契約を締結する義務を負っていたかまたは同契約が締結されたとみなすことができるか否か）

　「民法130条の適用若しくは類推適用又は禁反言の原則により、ＵＦＪ3社に本件基本契約の締結義務を認めたり、本件基本契約が有効に締結されたとみなすことはできない」。

　「以上争点1及び2について検討したところによれば、平成16年7月13日当時、ＵＦＪ3社が本件基本契約又は本件協働事業化に関する最終契約を締結する義務を負っていたと認めることができないから、原告〔住友信託〕の本訴請求のうち、ＵＦＪ3社の本件基本契約又は本件協働事業化に関する最終契約の締結義務違反を理由とする債務不履行に基づく損害賠償請求は、その余の点につ

いて判断するまでもなく、理由がない。」

<争点3>

（ＵＦＪ３社が本件基本合意に基づいて独占交渉義務および誠実協議義務を負うか否か）

「まず、独占交渉義務について検討するに、…本件基本合意書12条後段が『各当事者は、直接又は間接を問わず、第三者に対し又は第三者との間で本基本合意書の目的と抵触しうる取引等にかかる情報提供・協議を行わないものとする。』と規定しており、本件において、同条項の法的拘束力を否定するような事情は見出せないから、ＵＦＪ３社は、原告に対し、本件基本合意書12条後段に基づき、直接又は間接を問わず、第三者に対し又は第三者との間で本件基本合意書の目的と抵触し得る取引等に係る情報提供・協議を行ってはならないという独占交渉義務を負うというべきである。」

「次に、誠実交渉義務について検討するに、…本件基本合意書8条1項は、協働事業化の目的を定めた1条や誠実協議との見出しがある12条の規定に加え、更に重ねて各当事者が誠実に協議すべきことを規定していること、及び各当事者が本件基本合意を締結するに当たり、本件協働事業化の実現のためには、本件基本合意後に当然に予定されている準備作業や協議を行うに当たり、相互に誠実に協議すべき法的な義務を負う必要があるとの認識をもっていたことからすると、8条1項の規定は、ＵＦＪ３社及び原告が本件協働事業化に向けて誠実に協議すべき法的義務を相互に負うことを定めたものであると解される。」

<争点4>

（ＵＦＪ３社の独占交渉義務および誠実協議義務が平成16年7月13日に消滅したか否か）

「ＵＦＪ３社と原告が協議、交渉を重ねても、社会通念上、本件協働事業化に関する最終契約が成立する可能性がないと判断されるに至った場合には、本件基本合意に基づく独占交渉義務及び誠実協議義務も消滅するものと解される。」

「平成16年7月13日当時、ＵＦＪ３社と原告が協議、交渉を重ねても、社会通念上、本件協働事業化に関する最終契約が成立する可能性がなかったとまでは断定できず、ＵＦＪ３社の独占交渉義務及び誠実協議義務が消滅したとは認められない。」

「以上争点3及び4について検討したところによれば、…ＵＦＪ３社が独占交渉義務及び誠実協議義務に違反したことは明らかであり、ＵＦＪ３社にはこれらの義務違反による債務不履行責任があるというべきである。」

<争点5>

（ＵＦＪ３社の債務不履行または不法行為と相当因果関係にある損害の額）

「ＵＦＪ３社が独占交渉義務及び誠実協議義務を履行し原告との間で本件協働事業化に向けて協議、交渉を継続していたとしても、本件協働事業化に関する最終契約が成立していたことが客観的に確実又は高度の蓋然性があったとは認められないし、また、ＵＦＪ３社と原告との間では、その事務局ないし担当者レベルにおいてすら、本件協働事業化に関する最終契約の内容も具体的に確定していなかったのであり、その契約の成立を前提とする履行利益というものを観念することができないから、本件協働事業化に関する最終契約が締結されていれば原告が得られたであろう利益相当額は、ＵＦＪ３社の独占交渉義務違反及び誠実協議義務違反と相当因果関係にある損害ということはできない。」

「本件協働事業化に関する最終契約が成立した場合に想定される利益にＵＦＪ３社が独占交渉義務及び誠実協議義務を履行していれば最終契約が成立していたであろう客観的可能性を乗じた額をもって、ＵＦＪ３社の債務不履行と相当因果関係のある損害と認めることはできない。」

「〔民事訴訟法248〕条は、損害が生じたことが認められる場合において、損害の性質上その額を立証することが極めて困難であるときに適用される条文である。これに対し、本件においては、前示のとおり、ＵＦＪ３社の独占交渉義務及び誠実協議義務の債務不履行により原告に履行利益相当額の損害が発生したと認めることができないのであるから、同条を適用する余地はない。また、原告〔住友信託〕は、上記期待そのものについてその算定が困難であるとも主張するかのようであるが、上記期待の侵害については、原告〔住友信託〕が上記期待により被った具体的な損害を主張立証すれば足りることであるから、事柄の性質上、その額を立証することが極めて困難であるといえないことは明らかである。」

「誠実協議義務を履行していたとしても、同契約の成立が確実であったとはいえず、また、同契約の内容も具体的に確定していなかった本件にお

いては、本件協働事業化に関する最終契約が成立した場合の得べかりし利益（履行利益）は、独占交渉義務違反及び誠実協議義務違反と相当因果関係があるとは認められないから、原告は、被告らに対し、最終契約の成立を前提とする履行利益相当額の損害賠償を求めることができないものというべきである。」

「そして、被告ら〔ＵＦＪ３社〕は、独占交渉義務及び誠実協議義務の債務不履行と相当因果関係のある損害について賠償する義務を負うというべきところ、原告〔住友信託〕は、本件において、上記債務不履行と相当因果関係のない履行利益相当額の損害ないしこれを基準に算出した損害額についてのみ主張し、それ以外の損害について、何らの主張立証もしていないから、被告らに独占交渉義務及び誠実協議義務の債務不履行に基づく損害賠償責任を認めることはできない。」

III 分析と展開

1 最高裁平成16年決定と本判決

本件では、冒頭で述べたように、最三決平成16・8・30において、ＵＦＪ３社がＭＴＦＧとの間で状況提供または協議を差し止める仮処分が認められなかったことを受けて、最終的には、事後的な救済として、損害賠償請求の可否等が裁判で争われた。

多岐にわたる争点は、東京地裁によって整理されており（II参照）、大半は、最高裁平成16年決定で既に検討がなされたものである。さらに、仮処分事件のうち保全の必要性（民事保全法23条2項）については、最高裁が「重要な争点であり、本件仮処分命令の申立て以降、当事者双方が、十分に主張、疎明を尽くしているところである」としている。疎明の程度にもよるが、最高裁としては、破棄自判するだけの確信を事実関係について有しており、また、本件では法解釈が争点となっているものが多い。

このような事情に鑑みると、損害賠償事件に関する東京地裁も、大筋で最高裁決定を踏襲することが予想された。実際にも、そのような内容の判断が示された。東京地裁にとって、最も判断が難しかったのは、相当因果関係にある損害賠償の範囲の問題であったろう（争点5）。というのも、住友信託は、信頼利益に相当する費用の主張・立証をしておらず、東京地裁としても、信頼利益の額のさじ加減で、事件を収めることが許されなかったからである。

2 最終契約締結義務（争点1と争点2）

争点1と争点2は、当事会社が最終契約を締結する義務を負っていたか否か、あるいは、民法130条の適用などによって、最終契約が締結されたとみなすことができるか否かを問題にして、いずれかが肯定されれば、最終契約が履行されなかったことに基づく損害賠償への道が開かれることになる。

東京地裁は、これらの点について、詳細な事実認定をして、最終契約に実質的には至ったとは認められず、そうであるのなら、当事会社に最終契約を締結するか否かの自由が残されているとして、住友信託の主張を排斥した。

この点については、契約法の問題として、おそらく異論が少ないであろう。また、会社法の問題としても、本件協働事業化のために必要な機関決定がなされていない以上、最終契約が締結されたのと同じ状況を前提として、損害賠償額の算定を行うのは望ましくない。本件で、ＵＦＪ３社の側において、各社のどの機関の決定が必要であったのかは、必ずしも明確ではないが（注3）、少なくとも、ＵＦＪＨＤの取締役会の決議が必要であり、基本合意書と東京地裁が認定したその後の事実関係からは、この決議が実質的には得られたと判断するのは難しいであろう。

また、どちらの取締役会も、協働事業化の交渉中で他との協議等が制限されているにしても、第三者が一段と魅力的な提案を行う余地を残しておくことが法的に要請される。あり得る選択肢を完全に排除することは、取締役の善管注意義務ないし忠実義務に違反する可能性がある。この点は、会社法の問題として、fiduciary out（信認義務に基づく交渉からの離脱）に関する条項を、基本合意書に盛り込んで置くべきであったとの批判に関係する。本件のように記載がない場合でも、合理的意思解釈として、あるいは契約の効力の会社法上の限界として、fiduciary outを認めるべきことになろう（注4）。

3 独占交渉義務等の法的拘束力（争点3と争点4）

争点3と争点4は、本件基本合意書において

は、独占交渉義務と誠実協議義務を規定した条項について、法的拘束力の有無が明示されておらず、これが認められるのか否か、認められるとした場合に、状況の変更とともに、法的拘束力が消滅したか否かに関するものである。

これらの点に関する東京地裁の判示についても、差止仮処分事件に関する一連の決定の評釈などにおいて、論じ尽くされている感がある。以下では、法的拘束力の内容について、今後の更なる議論を期待しつつ、検討の端緒を提示しておきたい。

独占交渉義務にせよ、誠実協議義務にせよ、基本合意の当事者間で法的拘束力が肯定されるのであれば、その合意は守られなければならない。ただ、その内実として、合意が守られない場合に、①裁判所によって義務の履行を直接的に強制することができるのか、本件の文脈では、差止めが認められるという意味での法的拘束力を有するのかについては、議論が深められる途上にある。あるいは、②裁判所による強制（保全）を求めることができるものではなく、ただ、合意違反があった場合に、損害賠償を求めることができるに過ぎないのか。

この問題については、独占交渉義務に違反した場合にも、損害賠償義務を生じさせるにとどまり、他との交渉の差止請求権を認められるべきではないとの見解が有力に示されている（注5）。差止請求権を認めると、市場機能の著しい阻害になるからであると指摘される（独禁法2条9項4号、不公正な取引方法11項参照）（注6）。

このような見方に対しては、協働事業化の契約は交渉過渡期にあるが、独占交渉権の付与について、当事者は後戻りすることのない確定的な意思を有しており、成立した契約の効力に関する一般原則からすれば、強制力を排除する特段の合意がない限り、合意について履行の強制まで認められるのが通常の帰結であるとの伝統的な見解がある（注7）。もっとも、この論者も、会社法の観点から、履行の強制力まではない合意にとどまると解される余地があることを留保している（注8）。

この点に関して検討を要するのは、差止請求権を否定する見解によっても指摘されているように、会社支配市場の競争性が失われないようにすることである。経済法的な観点から、不公正な取引方法とも表現できるであろう。また、会社法的な観点からは、fiduciary outを制約する契約を、協働事業化の決定権限を有しない会社機関は締結することができず、これは、取締役等の権限の限界の問題ともいえるし、取締役等の義務の裏面であるともいえる。

例えば、独占交渉義務を負う期間が長いことが問題なのであれば、独占交渉義務を定めた条項を無効とするのが簡潔な対応ではある（注9）。他方で、独占交渉権付与について取締役に与えられている権限は合理的な範囲に制約され、これを逸脱した部分については効力を否定するという形で、ゼロ・サム的な発想から脱しようとする見解もある（注10）。法的拘束力が途中で消滅するかという立論よりも、会社法の理論として率直であろう。

独占交渉義務や誠実協議義務は、最終的な目標に向かっての手段的な債務であり、最終的な交渉に向けての土俵の設定に関する事項である。どのような協議であれ、枠組みが適正に設定されなければ、上手く進みようがない。安心して交渉を進めるためにも、履行の強制力を伴った形で、交渉の枠組みが保持されることが望ましい。とはいえ、実際問題として、これらの義務が強制可能かという問題が残る。いずれも為す債務であるし、不作為義務ならば履行を確保することも不可能ではないかもしれないが、作為義務を強制するのは難しい。しかも、これらの義務を強制したところで、本来の交渉が進む訳ではない。義務を履行したところで、実効性がないともいえる。

とはいえ、履行が強制することができないからといって、損害賠償額が信頼利益に限られるという結論には至らない。むしろ、間接強制となることから、「債務の履行を確保するために相当と認める一定の額の金銭」の支払いが強制力の担保となっているのであるから（民事執行法172条1項。同条4項参照）、信頼利益の賠償にとどまっていては、意味がないであろう。この限りにおいて、履行の強制が可能かという点の判断が、損害賠償の範囲の判断に、一定の関連性を有するとも思われる。

4　相当因果関係にある損害額

争点5は、債務不履行と相当因果関係にある損害の額についてである。

差止仮処分事件に関する最高裁平成16年決定は、ＵＦＪ3社に独占交渉義務等に違反があると

しつつも、それによって住友信託が被る損害について、「最終的な合意の成立により…得られるはずの利益相当の損害とみるのは相当でなく、…第三者の介入を排除して有利な立場で相手方らと交渉を進めることにより、…本件協働事業化に関する最終的な合意が成立するとの期待が害されることによる損害とみるべきである」とする。

最高裁は慎重に言葉を選んでいるようにみえるが、本件で東京地裁は、信頼利益と履行利益の二分論を採った。この点については、強い批判がなされている（注11）。また、東京地裁は、最終契約に至っていないから、履行利益を観念することができず、履行利益の額を基準とする便宜的な計算方法を全て排除した。協働事業化が最終契約の目的であるから、確かに履行利益を算定するのは難しいが、そのことは、履行利益を観念できないことを意味しない。

東京地裁は、最高裁の判示を忠実に踏襲したつもりかもしれない。ただ、最高裁も、「最終的な合意が成立するとの期待が害されることによる損害」という表現を用いており、「最終的な合意が成立すると信頼したために被った損害」とは限定していない（注12）。他方で、「事後の損害賠償によっては償えないほどのものとまではいえない」とも説示するから、「最終的な合意が成立していれば生じなかった損害」を認める趣旨でもなかろう。

東京地裁は、住友信託が主張した期待値方式（最終契約成立時に想定される利益×最終契約成立の客観的可能性）について、履行利益が観念できないことなどを理由にして、排斥している。履行利益を観念できないという理由付けの当否がまずは疑問である。さらには、当事者の証明活動の中身として、期待値方式の採否について、実践的な検討が必要になろう（注13）。最高裁の相場観は、本来、このあたりにあったのではなかろうか。東京地裁は、可能性が低いから期待値方式を採ることができないと説示しているようであるが、相当程度の蓋然性（優越的蓋然性）を認定しているのなら、期待値方式を認める余地が十分にあった（注14）。

また、東京地裁は、民訴法248条の適用の可否について、履行利益の算定を対象にして判断しているようであるが、本件で相当因果関係にある賠償が、信頼利益と履行利益の間にある期待利益ともいうべきものであるとすれば、この期待利益の損害は性質上その額を立証することが極めて困難である。このような場合こそ、公平で妥当な解決を図ることは、同条の趣旨に適うものであろう（注15）。

5　結語

東京地裁は、理論構成における美しさを追求したようでもある。説得の学問としての法律学には、理論の美しさも大切である。しかし、それがために、創造的な法解釈が妨げられることがあってはならない。

（注1）　金判1205号43頁。この事件についての詳細は、本書別稿⓯浅妻＝野島論文を参照されたい。また、中東正文編『ＵＦＪvs.住友信託vs.三菱東京　M＆Aのリーガルリスク』（日本評論社・2005年）も参照。

（注2）　訴訟の経緯について、三宅伸吾「法化社会日本を創る⑳─大銀行の争い、問われた品格」日本経済新聞2006年11月28日夕刊も参照。

（注3）　ＵＦＪ信託においては株主総会決議が必要であろうが、ＵＦＪＨＤが議決権の全部を有しているのであるから、結局のところ、ＵＦＪＨＤの取締役会決議のみで、本件協働事業化の会社としての決定をなし得る事例であったかもしれない。とするのなら、ＵＦＪＨＤの取締役会で協働事業化が承認されてさえいれば、ＵＦＪ信託で株主総会決議が否決されるという筋道は考えにくく、その限りで、民法130条の類推適用が認められやすくなろう。

（注4）　以上の諸点について、手塚裕之「Ｍ＆Ａ契約における独占権付与とその限界─米国判例からみたＵＦＪグループ統合交渉差止仮処分決定の問題点─」商事1708号12頁（2004年）を参照。手塚弁護士は、米国判例を参考にしつつ、本件基本合意書の法的効力について、もっぱら契約法または民事保全法の観点から議論が行われていることに対して、会社法の観点からの考察が必要であると、警鐘を鳴らされる。同様の視点を示すものとして、近藤光男「取締役の義務と独占交渉権の効力」中東編・前掲（注1）84頁など。

（注5）　田山輝明「契約締結過程での独占交渉権等の合意の効力」中東編・前掲（注1）101～104頁、江頭憲治郎『株式会社法』59頁注（4）（有斐閣・2006年）。

(注6) 江頭・前掲（注5）59頁注（4）。このような見解によれば、最高裁は、「独占交渉権に基づく差止めの主張を保全の必要性を欠くとの理由で排斥したが、実体上差止請求権がないと解すべき」であったことになる。なお、当事者が目指した法的拘束力の内容が不明確であることを指摘するものとして、須藤典明「契約の拘束力」金判1204号1頁（2004年）。また、今後の実務で考察されるべき事項として指摘するものとして、中山裕介「独占交渉権の有用性と限界」金法1729号64頁（2005年）。

(注7) 沖野眞已「企業間の協働事業化に関する基本合意における『独占交渉権条項』の効力〔判批〕」ジュリ1291号69頁（2005年）。沖野教授は、当事者の合意や慣習によっては強制力のない債務となる余地もあるが、「賠償の算定は困難であって損害賠償では独占交渉権条項の目的の達成に十全ではない」ことなどを指摘され、履行強制力まで付与された条項と解するのが適切とされる。ほかにも、契約上の権利として法的拘束力があれば、差止請求権が認められるとするものとして、新谷勝「M＆A契約における独占交渉権に基づく、第三者との経営統合協議等差止仮処分申請が認められなかった事例〔判批〕」金判1206号61頁（2005年）。

(注8) 沖野・前掲（注7）69頁。

(注9) 例えば、新谷・前掲（注7）61頁。

(注10) 福島洋尚「ＵＦＪ統合問題が今後に与える影響」中東編・前掲（注1）182頁。

(注11) 松本恒雄「M＆A基本合意書の拘束力と損害賠償の範囲」金判1238号5頁（2006年）。

(注12) 畑郁夫「最近の大型企業統合（M＆A）紛争を巡る法的諸問題について」民商132巻1号32頁（2005年）は、最高裁決定は「期待利益」と言っており、講学上の「信頼利益」という用語を使っていないことに注目しつつ、これが意識的か否かは分からないとする。

(注13) 山本和彦「民事手続法の観点から」金判1238号11頁（2006年）、中東正文「積極的な法創造を」金判1238号9頁（2006年）。山本教授は、医療事故に関する最高裁判決に関して、生存可能性を保護法益とするという発想を、本件で援用することを通して検討されている。

(注14) 山本・前掲（注13）11頁。

(注15) 山本・前掲（注13）11頁。また、相当な損害額の認定には、違約金の定めが設けられた場合の一般的な算定基準を目安にすることも考えられよう。

Masafumi NAKAHIGASHI

平成18・2・13東京地裁民事第7部判決、平成16年（ワ）第22864号情報提供差止等請求事件、請求棄却【控訴後和解成立】

判　決

<当事者>（編集注・一部仮名）
原　告　　　　　　　住友信託銀行株式会社
代表者代表取締役　　高橋　温
訴訟代理人弁護士　　深澤武久
同　　　　　　　　　升永英俊
同　　　　　　　　　荒井裕樹
同　　　　　　　　　今村　誠
同　　　　　　　　　野間自子
同　　　　　　　　　鎌倉一輝
同　　　　　　　　　篠田憲明
同　　　　　　　　　笠野さち子
同　　　　　　　　　江端重信
同　　　　　　　　　伊東亜矢子
同　　　　　　　　　大場寿人
被告　株式会社ユーエフジェイホールディングス訴訟承継人
　　　株式会社三菱ＵＦＪフィナンシャル・グループ
代表者代表取締役　　畔柳信雄
被告　ユーエフジェイ信託銀行株式会社訴訟承継人
　　　三菱ＵＦＪ信託銀行株式会社
代表者代表取締役　　上原治也
被告　株式会社ユーエフジェイ銀行訴訟承継人
　　　株式会社三菱東京ＵＦＪ銀行
代表者代表取締役　　畔柳信雄
上記3名訴訟代理人弁護士　藤田耕三
同　　　　　　　　　上谷　清
同　　　　　　　　　鳥海哲郎
同　　　　　　　　　梅野晴一郎
同　　　　　　　　　上床竜司
同　　　　　　　　　中久保満昭
同　　　　　　　　　水谷和雄
同　　　　　　　　　宮塚　久
同　　　　　　　　　服部　薫
同　　　　　　　　　北村導人

【主　文】
1　原告の請求をいずれも棄却する。
2　訴訟費用は原告の負担とする。

【事実及び理由】
第1　請求
　被告らは、原告に対し、各自金1000億円及びこれに対する平成17年3月10日から支払済みまで年6分の割合による金員を支払え。

第2　事案の概要
1　本件は、被告株式会社三菱ＵＦＪフィナンシャル・グループに吸収合併される前の承継前被告株式会社ユーエフジェイホールディングス（以下「ＵＦＪＨＤ」という。）、被告三菱ＵＦＪ信託銀行株式会社に吸収合併される前の承継前被告ユーエフジェイ信託銀行株式会社（以下「ＵＦＪ信託」という。）及び被告株式会社三菱東京ＵＦＪ銀行に吸収合併される前の承継前被告株式会社ユーエフジェイ銀行（以下「ＵＦＪ銀行」という。）との間で業務提携等を企図した協働事業化に関する基本合意をした原告が、ＵＦＪＨＤ、ＵＦＪ信託及びＵＦＪ銀行（以下、これら3社を「ＵＦＪ3社」という。）が基本合意に基づく協働事業化に関する最終契約を締結する義務に違反した又は基本合意に基づく独占交渉義務及び誠実協議義務に違反したあるいは一方的に基本合意を破棄したなどと主張して、被告らに対し、債務不履行又は不法行為に基づく損害賠償として、各自損害金2331億円の一部である1000億円及びこれに対する原告の訴えの追加的変更申立書（平成17年3月7日付け準備書面(8)）送達の日の翌日又は不法行為の後である平成17年3月10日から支払済みまで商事法定利率年6分の割合による遅延損害金の支払を求める事案である。

2　前提事実（当事者間に争いがないか、末尾掲記の証拠によって容易に認められる事実）
　(1)　当事者等
　　ア　原告は、信託業務等を業とする株式会社である。
　　イ　被告株式会社三菱ＵＦＪフィナンシャル・グループは、平成17年10月1日、商号を株式会社三菱東京フィナンシャル・グループ（以下「ＭＴＦＧ」という。）から現商号に変更し、同月3日、ＵＦＪＨＤを吸収合併し、ＵＦＪＨＤの本件訴訟上の地位を承継した。吸収合併される前のＵＦＪＨＤは、銀行持株会社として、銀行、証券専門会社、その他銀行法により子会社とすることができる会社の経営管理等を業とする株式会社であった。
　　ウ　被告三菱ＵＦＪ信託銀行株式会社は、平成17年10月1日、商号を三菱信託銀行株式会社から現商号に変更し、同月3日、ＵＦＪ信託を吸収合併し、ＵＦＪ信託の本件訴訟上の地位を承継した。吸収合併される前のＵＦＪ信託は、信託業務等を業とする株式会社であった。
　　エ　被告株式会社三菱東京ＵＦＪ銀行は、平成18年1月1日、商号を株式会社東京三菱銀行から現商号に変更し、同月4日、ＵＦＪ銀行を吸収合併し、ＵＦＪ銀行の本件訴訟上の地位を承継した。吸収合併される前のＵＦＪ銀行は、預金又は定期預金の受入れ、資金の貸付け又は手形の割引及び為替業務等を業とする株式会社であった。
　(2)　原告は、平成16年5月21日、ＵＦＪ3社との間

で、ＵＦＪＨＤグループ（ＵＦＪ３社並びにＵＦＪＨＤのその他の子会社及び関連会社の総称）から原告グループ（原告並びに原告の子会社及び関連会社の総称）に対するＵＦＪ信託の法人資金業務等を除く業務に関する営業、これを構成する一定の資産・負債及びこれに関連する一定の資産・負債（以下「本件対象営業等」という。）の移転等からなる事業再編と両グループの業務提携（以下「本件協働事業化」という。）に関して合意をし、その合意内容を記載した書面を作成した（以下、この合意を「本件基本合意」、その合意書面を「本件基本合意書」という。）。

(3) 本件基本合意書 8 条 1 項は、「各当事者は、事業・会計・法務等に関する検討、関係当局の確認状況又は調査の結果等を踏まえ、誠実に協議の上、2004年 7 月末までを目途に協働事業化の詳細条件を規定する基本契約書を締結し、その後実務上可能な限り速やかに、協働事業化に関する最終契約書を締結する。」と定めている（以下、同条項に定める基本契約を「本件基本契約」という。）。

(4) 本件基本合意書12条は、その見出しを「誠実協議」とし、その前段において、「各当事者は、本基本合意書に定めのない事項若しくは本基本合意書の条項について疑義が生じた場合、誠実にこれを協議するものとする。」と定め、その後段において、「各当事者は、直接又は間接を問わず、第三者に対し又は第三者との間で本基本合意書の目的と抵触しうる取引等にかかる情報提供・協議を行わないものとする。」と定めている。

(5) 本件基本合意書には、ＵＦＪ３社及び原告が本件協働事業化に関する最終契約を締結すべき義務を負う旨を明確に定めた具体的な規定はない。また、本件基本合意書には、本件基本合意書に定める条項に違反した場合の制裁や違約罰についての定めはない（甲 5 ）。

(6) ＵＦＪ３社は、原告に対し、平成16年 7 月13日、口頭で本件協働事業化の白紙撤回を通告し、同月14日及び16日、書面で本件基本合意の解約を申し入れ、その後、原告との間で本件協働事業化に向けた交渉を行わず、本件基本契約及び本件協働事業化に関する最終契約を締結しなかった（甲24、乙 1 ないし 4 ）。

(7) ＵＦＪＨＤは、平成16年 7 月14日、ＭＴＦＧに対し、本件対象営業等も統合の対象とする経営統合を申し入れ、その後、両社は経営統合に関する協議、作業を進めた（甲26、甲140、乙 5 ）。

3　争点

本件の主たる争点は、①平成16年 7 月13日当時、ＵＦＪ３社が本件基本合意に基づいて本件協働事業化に関する最終契約を締結する義務を負っていたか否か、②民法130条の適用若しくは類推適用又は禁反言の原則により、同日当時、ＵＦＪ３社が本件協働事業化に関する最終契約を締結する義務を負っていたか又は同契約が締結されたとみなすことができるか否か、③ＵＦＪ３社が本件基本合意に基づいて独占交渉義務及び誠実協議義務を負うか否か、④ＵＦＪ３社の独占交渉義務及び誠実協議義務が平成16年 7 月13日に消滅したか否か、⑤ＵＦＪ３社の債務不履行又は不法行為と相当因果関係にある損害の額である。

4　争点に関する当事者の主張

(1) 争点 1 （平成16年 7 月13日当時、ＵＦＪ３社が本件基本合意書に基づいて本件協働事業化に関する最終契約を締結する義務を負っていたか否か）について

ア　原告の主張

(ｱ) ＵＦＪ３社及び原告は、本件基本合意当時、本件基本契約の締結義務及び本件協働事業化に関する最終契約の締結義務を負っていなかったが、遅くとも平成16年 7 月13日当時には、本件協働事業化に関する最終契約というべき本件基本契約の詳細条件について協議が整っていたので、本件基本合意書 8 条 1 項に基づき、本件協働事業化に関する最終契約を締結する義務を負っていた。

すなわち、以下 a ないし c のとおり、Ⓐ本件基本合意には、本件基本契約の締結に必要な 4 つの中核的事項が既に最終的かつ確定的合意内容として定められているから、本件基本合意書 8 条 1 項は、上記 4 つの中核的事項以外の周辺的・付随的詳細条件について誠実に協議する義務及び協議が成立した場合に本件基本契約を締結する義務を定めている。Ⓑまた、ＵＦＪ３社及び原告は、同日までに本件基本契約を本件協働事業化に関する最終契約とすることに合意していた。Ⓒさらに、遅くとも同日朝方には、ＵＦＪ３社と原告との間で、上記周辺的・付随的詳細条件について協議が整ったから、ＵＦＪ３社は、同時点で本件基本契約を締結する義務を負う。

a　本件基本合意書では、本件基本契約の締結に必要な 4 つの中核的事項である①当事者、②譲渡の対象、③譲渡資産の営業権の価格、④譲渡資産のＵＦＪ信託から原告への移転のスキーム及び移転時期が既に確定的に定められていた。すなわち、本件基本合意書には、①本件基本合意の全当事者が本件基本契約及び本件協働事業化に関する最終契約の当事者となること、②本件協働事業化において承継の対象とされる「対象営業等」が「ＵＦＪ信託の法人資金業務等を除く業務に関する営業、これを構成する一定の資産・負債及びこれに関連する一定の資産・負債」であること、③営業権等の対価が確定的に3000億円であること、④ＵＦＪ信託が本件対象営業等のうち証券代行業務、資産金融業務、受託資産業務、証券業務及びこれらに必要な企画管理業務等に関する営業を原告又は原告が完全子会社として新たに設立する信託銀行（以下「新信託銀行」という。）に分割承継させ、ＵＦＪＨＤ又はＵＦＪ信託は、当該分割により割り当てられた株式全部を平成17年 3 月末までに原告に譲渡すること、

ＵＦＪ信託が本件対象営業等のうち不動産業務に関する営業を同月末までに原告に分割承継させ、原告は当該分割に際してなす新株発行に代えて金銭をＵＦＪＨＤ又はＵＦＪ信託に交付すること、ＵＦＪＨＤ又はＵＦＪ信託が上記営業以外の本件対象営業等を吸収分割等の方法により同月末までに原告又は新信託銀行に移転させるように最大限努力し、システムの分離・接続等の理由で同月末までに移転できない場合にのみ平成18年3月末まで移転時期を延ばすことがそれぞれ規定されている。

そして、本件基本合意書8条1項は、「協議の上、平成16年7月末までを目途に、基本契約書を締結する」と契約締結の予定日を明示した上で、協議が整った場合の本件基本契約の締結義務を明文で明確に定め、かつ「その後実務上可能な限り速やかに、協働事業化に関する最終契約書を締結する」と本件基本契約締結後の最終契約の締結義務を明文で明確に定めている。また、本件基本合意は、営業権等の対価につき、修正を予定しない確定的な金額として3000億円と合意しており、通常のＭ＆Ａ（企業の合併及び買収）取引の覚書とは全く異なる特殊な契約であることに照らしても、本件基本合意書8条1項は、本件基本契約の詳細条件について各当事者の協議が整った場合には各当事者が本件基本契約の締結義務を負うと定めていると解するのが自然である。

　　　ｂ　ＵＦＪ3社及び原告は、平成16年7月13日以前に、ＵＦＪ3社の強い希望により、本件基本合意書に規定された予定を前倒しすることとし、同月22日に締結する本件基本契約を本件協働事業化に関する最終契約とすることに合意した。

　　　ｃ(a)　ＵＦＪ3社の事務局と原告の事務局は、平成16年5月21日から同年7月9日までの間、前記4つの中核的事項以外の周辺的・付随的詳細条件につき協議・決定を行い、同年7月9日当時、本件基本契約の締結に必要な詳細条件について、ユーエフジェイパートナーズ投信株式会社（以下「ＰＡＭ」という。）への出資比率の問題を除き、すべて協議が成立していた。その後、ＵＦＪＨＤの事務局及び原告の事務局は、同月13日朝方、ＰＡＭへの出資比率の問題について、ＵＦＪＨＤ及び原告が1対1とすることで合意した。そして、同月9日開催の第1回協働事業化推進委員会は、本件基本契約の締結に必要な詳細条件について、個別具体的に協議決定する権限をＵＦＪＨＤの事務局と原告の事務局に与えていたから、ＵＦＪＨＤの事務局と原告の事務局との合意の効果は、ＵＦＪ3社と原告に帰属する。したがって、ＵＦＪ3社と原告との間では、遅くとも同月13日当時、本件基本契約の締結のために協議すべき事項すべてについて協議が成立したということができる。

　　　(b)　本件基本合意を故意に破棄したＵＦＪ3社は、信義則の発現形態の一つであるクリーン・ハンズの原則に照らし、ＰＡＭへの出資比率の問題について、同月21日開催予定であった第2回協働事業化推進委員会での協議・決定を経ていないことを理由に、ＵＦＪ3社と原告との間で協議が成立していないと主張することは許されない。

　　　(c)　また、平成16年7月13日当時、ＵＦＪ3社は、本件基本合意書12条後段の22か月間にわたる独占交渉義務に縛られているため、自らの真の破綻を回避するためには、本件基本契約を締結すること以外の方法を採り得なかった。したがって、ＵＦＪ3社は、仮に同日当時、被告らが主張する事項が当事者間で完全に合意されていなかったとしても、本件基本契約締結予定日である同月22日までには、これらにつき合意し、本件基本契約を締結させる意思であった。

　　　(イ)　平成16年7月13日当時、ＵＦＪ3社が本件基本契約の締結義務を負っていたことは、＜略＞（※編集注・閲覧制限の申立てが当事者からなされている部分につき、このように表記する。以下同じ。）ことからも、合理的に推察される。

　　　(ウ)　平成16年7月13日当時、ＵＦＪ3社及び原告が本件協働事業化に関する最終契約を締結する義務を負っていたことは、①ＵＦＪ3社及び原告の同年3月期の各有価証券報告書の記載、②原告の独立監査法人であるあずさ監査法人、ＵＦＪＨＤ及びＵＦＪ信託の独立監査法人である中央青山監査法人の各監査報告書の記載、③ＵＦＪＨＤ及びＵＦＪ信託の同年3月期各営業報告書の記載からも裏付けられる。

すなわち、①上記各有価証券報告書には、ＵＦＪ信託と原告の経営統合により、ＵＦＪグループの信託・財産管理事業等を『「協働事業」』化することについて、平成16年5月21日に合意しました。」との記載がある。また、②上記各監査報告書には、「平成16年5月21日にＵＦＪ3社と原告との経営統合により、ＵＦＪグループの信託・財産管理事業等を『協働事業』化することについて合意した」との記載がある。さらに、③上記各営業報告書にも、ＵＦＪ信託と原告は経営統合することで合意した旨記載がある。

　　イ　被告らの主張
　ＵＦＪ3社は、以下のとおり、原告に対して本件基本契約及び本件協働事業化に関する最終契約を締結する義務を負っていなかった。

　　　(ア)　本件基本合意書8条1項は、本件基本合意後において、協議が順調に進んだ場合の最終的な合意に至るまでの手順及び日程の目途を示し、本件基本合意の当事者が、同手順及び目途に従って最終契約に至ることを努力目標として、その実現に向けて誠実に協議することを定めているにすぎない。

　また、同条項の文言を見ても、本件基本契約を締結する前に、各当事者が事業・会計・法務等に関する検討、関係当局の確認及び調査等、デュー・ディリジェンスを行うことを明記しており、ＵＦＪ3社及び原告

は、デュー・ディリジェンスの結果次第で本件基本契約及び本件協働事業化に関する最終契約の締結を拒否する自由を認めている。

　さらに、同条項は、「調査の結果等を踏まえ、誠実に協議の上、（中略）基本契約書を締結し」と規定しており、協議が整った場合には直ちに基本契約を締結しなければならないといった表現を用いていないことからすると、各当事者に本件基本契約の締結を拒否する自由を認めているといえる。

　　(ｲ)　Ｍ＆Ａ取引の実務上、基本合意の段階で当事者が最終契約の締結義務を負うことを合意することはあり得ない。すなわち、企業買収を行うか否かは取引全体の諸条件を総合考慮の上で判断せざるを得ないが、デュー・ディリジェンスも行われていない基本合意の段階では、すべての重要な条件を基本合意書に織り込むことは到底不可能であり、取引条件の得失を総合的に判断することはできない。また、基本合意後においても、事業価値、取引対象、対価等の変動の可能性があり、いずれも最終契約で合意されるまでは流動的なものとならざるを得ないから、基本合意段階で最終契約の締結義務を合意することはあり得ない。

　本件基本合意は、Ｍ＆Ａ取引である本件協働事業化に係る交渉の第一段階に締結されたものであり、これに基づいて、最終契約の締結義務を認めることはできない。

　　(ｳ)　原告の主張する本件基本契約の締結のために必要な4つの中核的事項は、以下のとおり、本件基本合意当時、最終的かつ確定的な合意に至っていなかった。

　　　ａ　①当事者及び②譲渡の対象について、本件対象営業等のうち、法人財管業務（証券代行業務、資産金融業務、受託資産業務、証券業務及びこれらに必要な企画管理業務）は新信託銀行へ、不動産業務は原告へそれぞれ承継されるものとされていたが、リテール事業等については、承継当事者が原告か新信託銀行のいずれかとされており、確定していなかった。

　　　ｂ　③譲渡の対価について、本件対象営業等の価額は、営業権等の価格に本件対象営業等の時価純資産額を加算し、退職給付債務に係る金額を減算したものとされており、これら本件対象営業等の時価純資産額及び退職給付債務に係る金額については、「別途合意」し、「調査等の結果を踏まえて調整する」こととされていた。したがって、営業権等の対価が3000億円と合意されていたとしても、これは本件対象営業等の対価決定の一要素にすぎず、譲渡の対価について確定的な合意があったということはできない。

　　　ｃ　④承継スキーム及び承継時期についても特定されていなかった。すなわち、本件協働事業化の過程における事業再編は、会社分割により新信託銀行がＵＦＪ信託の事業を承継し、これに伴って新株を発行することと、発行された新株を最終的に原告に譲渡することの二段階の行為が予定されていた。しかし、新信託銀行から株式の割り当てを受け、原告に対して株式を譲渡する主体はＵＦＪＨＤ又はＵＦＪ信託とされており、会社分割に伴って新信託銀行が発行する新株の割当先は確定していなかった。また、承継時期についても、平成17年3月末から平成16年9月へと本件基本合意後に変更されており、本件基本合意時において、最終的かつ確定的なものとなっていたということはできない。

　　(ｴ)　本件基本契約の締結のためには、原告の主張する4つの中核的事項以外にも次のような数多くの重要な事項について交渉した上で、取引実行につき総合的に判断する必要があったが、いずれも本件基本合意時において確定していなかった。すなわち、新信託銀行への分割対象の範囲及び移転スキーム、統合に伴い締結する諸契約の内容（会社分割契約等の企業再編に関する契約、事業協働契約、専属代理店契約等）、資産・負債の時価評価、退職給付債務に係る金額、不動産鑑定評価、グループ間協働体制の確立、＜略＞、土地信託関連の管理会社株式の保有問題、違約金、表明・保証条項、基本契約の契約期間、土地信託の損失負担、ＵＦＪ信託が保有する子会社・関連会社株式の処理、＜略＞、ＰＡＭへの出資比率などである。

　オ　また、ＵＦＪ3社と原告との間では、平成16年7月13日当時においても、以下のとおり、原告の主張する4つの中核的事項を含めて合意に至っていない重要事項が多数あった。

　　ａ　本件対象営業等の価額

　本件対象営業等の価額は、本件基本合意において、営業権等の価格に本件対象営業等の時価純資産額を加算し、退職給付債務に係る金額を減額したものとされていた。

　しかし、原告が平成16年7月上旬に行ったＵＦＪ信託の保有資産についての時価評価は、ＵＦＪ3社による評価額との間に隔たりがあり、ＵＦＪ3社が独自に鑑定を行うことを検討するなど、不動産の時価評価等が合意に至るには、なお時間と労力を要する状況であった。また、＜略＞。

　　ｂ　本件協働事業化の基本的な枠組みに関する契約の骨子

　専属代理店契約の期間の問題、信託代理店営業の取引先に関する制限、信託代理店手数料の取得目標額、信託代理店契約の内容といった本件協働事業化の内容に関する重要な点について合意に達していなかった。

　　ｃ　＜略＞問題

＜略＞

　　ｄ　＜略＞の問題

＜略＞

　　ｅ　土地信託関連の問題

　土地信託に関連する管理会社株式の承継及び土地信託から将来発生する可能性のある損失の負担などの問

題についても合意はできていなかった。
　　　　f　＜略＞
　　＜略＞
　　　　g　その他、違約金条項、表明・保証条項、本件基本契約の契約期間、＜略＞等についても合意はできていなかった。
　(2)　争点2（民法130条の適用若しくは類推適用又は禁反言の原則により、平成16年7月13日当時、ＵＦＪ3社が本件協働事業化に関する最終契約を締結する義務を負っていたか又は同契約が締結されたとみなすことができるか否か）
　　ア　原告の主張
　　　(ｱ)　ＵＦＪ3社は、平成16年7月13日、故意に本件基本合意書8条1項所定の協議を拒否して、その成立を妨げたので、民法130条の適用又は類推適用により、本件基本契約の締結に必要な詳細条件についての協議成立という条件は成就したとみなすことができるから、ＵＦＪ3社には、本件基本合意書8条1項に基づき、本件協働事業化に関する最終契約というべき本件基本契約の締結義務が発効する。
　　　(ｲ)　ＵＦＪ3社は、本件における以下のような事情からすると、信義誠実の原則の一つの発現形態である禁反言の原則により、自らの約束の有効性を否定することは許されず、本件協働事業化に関する最終契約というべき本件基本契約を有効に締結したとみなされる。
　　　　a　ＵＦＪ3社は、平成16年5月21日、原告との間で本件基本合意を締結した。
　　　　b　＜略＞
　　　　c　原告は、平成16年7月22日に本件基本契約を締結することについて、同月9日開催の第1回協働事業化推進委員会の出席者全員が異議を述べなかったことに依拠し、原告の100パーセント子会社である住信ビジネスサービス株式会社（以下「ＳＢＳ」という。）を本件対象営業等の受け皿会社とするために、ＳＢＳの約950名の従業員を住信パーソネルサービス株式会社（以下「ＳＰＳ」という。）に移籍させ、かつＳＢＳへ20億円の増資払込を行った。
　　イ　被告らの主張
　　　(ｱ)　本件協働事業化に関する協議を成立させるというＵＦＪ3社の意思表示を民法130条の適用又は類推適用によって擬制することは、契約における意思決定の自由を完全に否定するものであり許されない。
　　　(ｲ)　民法130条の適用場面は、契約締結の意思の合致及び契約の効果発生を一定の付款に委ねる意思の合致がある場合である。しかし、本件においては、本件協働事業化に関する最終契約を締結するか否かは各当事者の意思決定に委ねられており、契約締結の意思の合致すらなかったから、同条は適用されない。
　(3)　争点3（ＵＦＪ3社が本件基本合意に基づいて独占交渉義務及び誠実協議義務を負うか否か）について
　　ア　原告の主張
　　ＵＦＪ3社は、原告に対して、本件基本合意書12条後段に基づき独占交渉義務を負っており、2条1項、8条1項、10条本文及び12条前段に基づき誠実協議義務を負っている。
　　イ　被告らの主張
　　本件基本合意書に規定されている誠実協議条項は、以下のとおり、いずれも法的拘束力を有しない。
　　すなわち、本件基本合意書12条の見出し及び同条前段の文言は、一般に契約書の末尾あたりに規定される包括的誠実協議条項とほぼ同じであり、その内容が抽象的であって具体的な法律効果を定めていないこと、当事者も同条項に何らかの法律効果を付与することを意図しておらず、各当事者の将来の関係を円滑にするという事実上の効果しか期待していないことから、道義的条項あるいは紳士協定にとどまり、法的拘束力を有するものではない。
　　また、本件基本合意書8条1項の文言は、12条前段と同様、「誠実に協議の上」などと抽象的であり、当事者の具体的な権利義務を定めておらず、道義的条項あるいは紳士協定にとどまり、法的拘束力を有するものではない。
　　さらに、本件基本合意書2条1項、10条は、法的拘束力を有する協議義務を規定していない。
　(4)　争点4（ＵＦＪ3社の独占交渉義務及び誠実協議義務が平成16年7月13日に消滅したか否か）について
　　ア　被告らの主張
　　ＵＦＪ3社の独占交渉義務及び誠実協議義務は、平成16年7月13日には本件協働事業化に関する最終契約が成立する可能性がなくなったため消滅した。
　　独占交渉義務を規定した本件基本合意書12条後段は、本件基本合意書が企図した本件協働事業化に関する最終契約の成立に向けての交渉を、第三者の介入を受けずに円滑かつ能率的に行うための手段として、その範囲内で効力を有するものとして定められたものである。したがって、ＵＦＪ3社と原告が交渉を重ねても、社会通念上、本件協働事業化に関する最終契約が成立する可能性が存しないと判断されるに至った場合には、独占交渉義務は消滅し、また、誠実協議義務も消滅する。
　　本件では、以下のとおり、同日には、ＵＦＪ3社において、本件協働事業化によっては＜略＞ＵＦＪグループの経営危機を回避することはできず、＜略＞原告との間で本件協働事業化に関する最終契約が成立する可能性は、社会通念上、消滅した。
　　　(ｱ)　そもそも、ＵＦＪ3社が原告との本件協働事業化を模索したのは、ＵＦＪグループの平成16年3月期決算が赤字となる可能性が生じた同年5月中旬ころに、自己資本比率の維持・向上及び利益剰余金の確

保・積増しが喫緊の課題となったからであり、これらの課題を達成できるか否かは、本件協働事業化の成否を判断する上で、最重要の基本的内容となっていた。
　　　＜略＞
　　（イ）＜略＞
　　（ウ）＜略＞
　　そして、ＵＦＪ３社は、同年７月13日ころまでに、あらゆる選択肢を検討した結果、＜略＞ＭＴＦＧとの統合が、実現可能性、財務面の健全性、業務面の補完性の高さなどの観点から、株主、顧客、取引先、従業員のすべてにとって最良の選択であるとの結論に達し、ＭＴＦＧとの経営統合を模索することになった。
　　（エ）ＵＦＪ３社は、平成16年７月13日、本件協働事業化はもはやＵＦＪグループの生き残りのためには全く不十分であり、ＵＦＪグループの存続のためにはＭＴＦＧとの経営統合を図らざるを得ないこと、及び原告との本件協働事業化をあくまで追求することは、ＭＴＦＧとの統合という同日時点におけるＵＦＪグループの生き残りのための唯一の選択肢を失うことにもなり、ひいては株主利益の最大化に反することから、原告に対し、本件協働事業化を解消する旨正式な通告を直ちにするとの苦渋の決断をし、同日と同月14日の両日にわたり、原告の高橋社長と面談し、万障やむなく白紙撤回に至った苦渋の決断について理解を求めた。
　　（オ）そして、Ｍ＆Ａ取引においては、経営統合の一方企業が決定的な理由に基づきＭ＆Ａを行うことを断念することを決断した場合にもはや当該取引が復活することがあり得ないことは当然であるから、平成16年７月13日、本件協働事業化に関する最終契約が成立する可能性は消滅した。
　　（カ）また、本件協働事業化に関する最終契約が成立する可能性を判断するに当たっては、本件基本合意の当事者、特にＵＦＪ３社の合理的根拠に基づく主観的意思が重要である。ＵＦＪ３社が原告との間で本件協働事業化に関する最終契約を成立させることを断念する意思を固め、この決意が強固であって、かつ、交渉断念の決意をするについて諸般の客観的状況にかんがみ合理的な理由がある場合、つまりは、最終契約に向けた交渉が復活する可能性がない場合には、社会通念上、最終契約の成立の可能性がないと判断すべきである。
　　イ　原告の主張
　　（ア）ＵＦＪ３社が苦渋の決断により本件協働事業化を断念したとしても、本件基本合意の一方当事者にすぎないＵＦＪ３社の一方的な事情に基づくものであり、これにより本件基本合意が失効することはない。
　　（イ）被告らが、苦渋の決断と称して、ＵＦＪ３社自らの故意の契約違反行為を理由に独占交渉義務からの免責を主張することは、信義則上許されない。

　(5)　争点５（ＵＦＪ３社の債務不履行又は不法行為と相当因果関係にある損害の額）について
　　ア　原告の主張
　　（ア）原告は、ＵＦＪ３社が本件協働事業化に関する最終契約というべき本件基本契約の締結義務に違反したことにより、2331億円の損害を被った。すなわち、ＵＦＪ３社の本件基本契約の締結義務違反がなければ、原告は、本件基本契約の締結及び本件協働事業化の実現により、少なくとも2331億円の利益を得ることができた。
　　（イ）原告は、ＵＦＪ３社の独占交渉義務違反及び誠実協議義務違反により、本件協働事業化に関する最終契約が成立するとの期待が侵害された。そして、本件では、以下のような特殊事情が存在し、遅くとも平成16年７月13日当時、ＵＦＪ３社の独占交渉義務違反及び誠実協議義務違反がなければ、本件協働事業化に関する最終契約が成立していたことは客観的に確実であったか又は高度の蓋然性があったから、原告は、最終契約の成立が契約上保証されていると同程度の期待が侵害されたということができる。そして、そのような期待が侵害されたことによる損害の額は、最終契約が成立することにより得られた利益の額すなわち履行利益の額と同額の2331億円である。
　　ａ　平成16年７月13日当時、ＵＦＪ３社が独占交渉義務に違反せずに選択できた抽象的な選択肢は、①本件基本契約を締結し、営業権等の対価3000億円を取得するか、②本件基本契約を締結せず、本件基本合意書12条後段により、平成18年３月末まで第三者との間で本件対象営業等の譲渡について交渉できず、その対価を取得しないという２つしかなかった。
　　そして、ＵＦＪ３社は、平成16年７月13日当時、＜略＞、上記②の選択肢を選択することは、＜略＞合理的経済人としてこれを選択することは現実的にはあり得なかった。
　　したがって、同日当時、ＵＦＪ３社が独占交渉義務に違反しなければ、破綻を回避する唯一の選択肢であった上記①の選択肢を選択し、本件協働事業化に関する最終契約というべき本件基本契約を締結する客観的蓋然性は、100パーセント又は少なくとも高度であった。
　　ｂ　本件基本合意は、既に営業権等の対価などの中核的事項が確定していた上、独占交渉義務の規定がＵＦＪ３社及び原告を平成18年３月まで法的に拘束し、誠実協議義務の規定が各当事者に対して、本件基本契約の締結のために必要な詳細条件につき誠実に協議する義務を負わせており、さらに、当該協議が整った場合には、各当事者に対して、本件基本契約を締結する義務を負わせているという極めて異例の内容のものであった。
　　ｃ　ＵＦＪ３社及び原告は、本件基本合意以降、本件協働事業化の成就のための協議・準備を鋭意

進め、平成16年7月13日の時点では、以下のとおり、本件基本契約締結のための詳細事項の協議が整っており、かつ、事実上本件基本契約の内容が事前に一部履行されていた。

すなわち、ＵＦＪ３社及び原告は、本件基本合意後、本件協働事業化を円滑に遂行すべく、それぞれプロジェクトチームを結成した。また、原告は、同年6月中には、本件対象営業等に係る全事項について、法務・ビジネス・会計・税務の全般にわたるデュー・ディリジェンスを完了した。さらに、ＵＦＪ３社から本件協働事業化実行スケジュールの大幅な前倒しの度重なる要請及び本件協働事業化実行の強い意向表明がされたため、本件協働事業化実行スケジュールの大幅な前倒しが行われ、その結果、本件協働事業化の実現がより確実なものとなった。

また、ＵＦＪ３社及び原告は、第三者たる株主、投資家及び従業員に対して、本件協働事業化の実現を当然の前提とした説明を行い、本件協働事業化の実現の環境整備を着実に進めた。

さらに、ＵＦＪ３社及び原告は、ＳＢＳを新信託銀行の受け皿会社とすること、ＳＢＳの事業をＳＰＳに吸収分割により承継させることとし、同年7月12日に同分割契約が締結され、同月13日に原告からＳＢＳへの20億円の第三者割当増資による出資が実行された。また、ＵＦＪ３社及び原告は、新信託銀行の収益計画、ＵＦＪ信託の免許・許認可等の承継、本件対象営業等の承継に関する許認可の取得、登録、届出等の準備行為を完了した。

そして、ＵＦＪ３社は、ＵＦＪＨＤと原告のＰＡＭへの出資比率の問題につき、原告の1対1との提案に対し、同日午前7時55分、電子メールによって、何らの留保も付けずに同意したことにより、本件基本契約締結のために必要な詳細事項が確定した。

(ウ) 仮に、平成16年7月13日当時において本件協働事業化に関する最終契約が締結される可能性が100パーセントであったと認定されない場合には、割合的金額の損害額が認定されるべきである。すなわち、本件協働事業化に関する最終契約が成立した場合に想定される利益にＵＦＪ３社が独占交渉義務及び誠実協議義務を履行していれば最終契約が成立していたであろう客観的可能性を乗じた額が損害額として認定されるべきである。

(エ) 平成16年7月13日当時、ＵＦＪ３社は、本件基本契約の締結義務又は独占交渉義務若しくは誠実協議義務に違反すれば、本件協働事業化が実行されないこと及び原告に前記損害が発生するであろうことを予見していたから、仮に、前記損害が特別損害であるとしても、ＵＦＪ３社の債務不履行又は不法行為と相当因果関係にある。

　イ　被告らの主張

(ア) 原告が主張する誠実協議義務の内容は、信義則上の誠実協議義務と同様であり、その不履行による損害賠償の範囲は、せいぜい信頼利益の範囲であって、最終契約の履行利益相当額の損害賠償義務が導かれることはあり得ない。

(イ) 本件基本合意は、本件協働事業化に関する最終契約の成立を保証するものではなく、当事者には最終契約を締結するか否かを決定する自由がある。にもかかわらず、交渉を打ち切った当事者について、誠実協議義務を履行していれば最終契約が締結されていたはずであるという理由で履行利益の賠償責任が認められるとすれば、当事者は、交渉段階にとどまるにもかかわらず、契約が成立した場合と同じ程度の拘束を受けることとなり、不当である。

(ウ) 誠実協議義務の本質は、誠実に交渉して相手に不測の損害を与えないように配慮することであるから、誠実協議義務違反による損害賠償の範囲を検討するに当たって問題となるのは、誠実に交渉して相手に不測の損害を与えないように配慮していたならば履行利益の損害は発生しなかったかという問題であり、誠実に交渉していたならば契約締結に至り履行利益の損害が発生しなかったかという問題ではない。本件においては、ＵＦＪ３社が誠実に交渉して原告に不測の損害を与えないように配慮していたとしても、契約締結の自由がある以上、履行利益の損害は発生し得たのであり、誠実協議義務違反と履行利益との間には因果関係はない。

(エ) 本件基本合意には、本件協働事業化に関する最終契約を締結する義務が定められておらず、ＵＦＪ３社及び原告が独占交渉義務を履行して交渉を尽くしたとしても、その結果、ＵＦＪ３社及び原告の思惑がかみ合わず、本件協働事業化を断念し、最終契約を締結しない可能性はあったから、独占交渉義務違反と履行利益との間には相当因果関係はない。

(オ) 最終の合意により得べかりし利益に独占交渉義務及び誠実協議義務を履行していたならば最終契約が成立していたであろう客観的可能性を乗じて損害額を算出するという原告の主張は、予備的合意を締結した当事者が、契約締結に至らなかった場合には常に相当額の損害賠償をしなければならないこととなり、不合理である。

第3　当裁判所の判断

1　前記前提事実に各項末尾掲記の証拠及び弁論の全趣旨を総合すると、以下の事実が認められる。

(1)　ＵＦＪＨＤは、平成16年4月28日、同年3月期の業績予想及び連結業績予想の修正として、傘下子銀行単体合算の当期純利益が1250億円の黒字、与信関連費用（一般貸倒引当金繰入額、不良債権処理額、償却債権取立益の合算）が8130億円との予想を公表した（乙29）。

(2)　原告は、平成16年4月ころ、ＵＦＪ信託に対し、本件協働事業化についての提案などを行い、ＵＦ

ＪＪ３社と協議を開始した（甲79、乙89、乙90）。
　(3)　ＵＦＪ３社と原告は、同年５月18日ころ、同月24日に本件基本合意を締結した上で、報道機関に対する発表を行うこととし、その後、本件基本合意書の内容を確定する作業を進めた。ＵＦＪ３社と原告は、同月20日ころ、本件基本合意の締結日及び報道機関に対する発表を同月21日に早めることとした（甲22、甲79、乙89）。
　(4)　ＵＦＪ３社及び原告は、平成16年５月21日、本件基本合意を締結し、前記前提事実(3)及び(4)のほか、大要次のとおり合意し、本件基本合意及び本件協働事業化について報道機関に対する発表を行った（甲５、甲106）。
　　ア　前文
　ＵＦＪ３社及び原告は、企業グループを超えた協働事業を推進するために、本件協働事業化に関し、本件基本合意をする。
　　イ　第１条（協働事業化の目的）
　本件協働事業化は、（中略）ＵＦＪグループ・原告グループ各々の株主及び顧客の利益に最大限貢献することを目的とし、各当事者は、かかる目的の達成に向けて、相互の信頼関係を維持して誠実に努力する。
　　ウ　第２条（スキーム・移転時期）
　１項　ＵＦＪＨＤ及びＵＦＪ信託は、基本・最終契約書の規定に従うことを条件として、対象営業等を、以下の各号に記載されるとおり、原告又は新信託銀行に移転する。
　１号　ＵＦＪ信託は、対象営業等のうち証券代行業務、資産金融業務、受託資産業務、証券業務及びこれらに必要な企画管理業務等に関する営業を新信託銀行に分割承継させ、新信託銀行はこれを承継するとともに、ＵＦＪＨＤ及びＵＦＪ信託は、当該分割により割り当てられた株式全部を平成17年３月までに原告に譲渡する。
　２号　ＵＦＪ信託は、対象営業等のうち不動産業務に関する営業を平成17年３月末までに原告に分割承継させ、原告はこれを承継するとともに、当該分割に際してなす新株の発行に代えて金銭をＵＦＪＨＤ又はＵＦＪ信託に交付する。
　３号　ＵＦＪＨＤ及びＵＦＪ信託は、本項１号及び２号に記載される営業以外の対象営業等を吸収分割等の方法により、平成17年３月末までに原告又は新信託銀行に移転させるよう最大限努力する（以下略）。
　　エ　第３条（移転範囲・価額）
　１項　対象営業等を構成する資産・負債の範囲及び移転方法等は、以下のとおりとする。
　１号　ＵＨＪＨＤ、ＵＦＪ信託及び原告は、調査の結果等を踏まえ、対象営業等に含めるＵＦＪグループの株式の範囲及び移転方法等を協議の上決定する＜略＞。
　２号　ＵＦＪＨＤ、ＵＦＪ信託及び原告は、対象営業等のオンバランス及びオフバランスの資産・負債については、調査の結果等を踏まえ、その範囲及び移転方法等を協議の上決定する。
　２項　ＵＦＪＨＤ、ＵＦＪ信託及び原告は、本件基本合意書の規定に従うことを条件として、対象営業等の価額を、対象営業等に含まれる資産・負債の時価純資産額（貸出・預金等に係る含み純益を除く。）に、営業権及び貸出・預金等に係る含み純益として金3,000億円を加算し、別途合意する退職給付債務に係る金額等を減算した額とすることに同意し、調査の結果等を踏まえて調整する。
　　オ　第６条（協働事業化の推進体制）
　各当事者は、本件基本合意書の目的実現のために、以下のとおり、協働事業化の推進体制を敷く。
　１項　協働事業化推進会議：各当事者の頭取・社長及び担当役員で構成し、特に重要な協議事項を協議・決定する。
　２項　協働事業化推進委員会：各当事者の担当役員、担当部長、担当部員で構成し、個別具体的協議事項を協議・決定する。
　　カ　第10条（有効期間）
　本件基本合意書の有効期間は、本締結日から平成18年３月末までとする。
　(5)　中央青山監査法人は、平成16年５月21日、ＵＦＪＨＤ取締役会に対し、ＵＦＪＨＤの同年３月期決算が適正であるとの監査報告書を提出した。同監査報告書には、「営業報告書に記載されている後発事象は、次期以後の会社の財産又は損益の状態に重要な影響を及ぼすものである。」との記載がある。（甲17）。
　ＵＦＪＨＤが作成した同月期営業報告書には、後発事象として、ＵＦＪ３社及び原告は、ＵＦＪ信託と原告との経営統合により、「ＵＦＪグループの信託・財産管理事業等を『協働事業』化することについて、平成16年５月21日合意致しました。」との記載（6頁）がある（甲16）。
　(6)ア　ＵＦＪＨＤは、平成16年５月24日、同年３月期決算を公表した（決算短信）。ＵＦＪＨＤは、同決算期における決算として、ＵＦＪＨＤ連結の当期純利益がマイナス4028億0600万円、ＵＦＪＨＤ傘下銀行単体合算の当期純利益がマイナス3755億9300万円、ＵＦＪ銀行単体の当期純利益がマイナス3402億6000万円、ＵＦＪ銀行連結の自己資本比率が8.36パーセント（前年９月期比2.73パーセント減）、ＵＦＪＨＤ傘下銀行単体合算の与信関連費用が１兆3115億6700万円、ＵＦＪ銀行単体の与信関連費用が１兆1948億1600万円、ＵＦＪ銀行単体の繰延税金資産（ネット）が将来の課税所得見積期間を５年間として１兆1739億円、自己資本のＴｉｅｒＩが１兆7890億円と計上した（甲18、甲19、乙６、乙39、乙106）。
　イ　ＵＦＪＨＤは、平成16年５月25日、同年３月期決算説明会において、前記決算内容、本件協働事業

化について説明したほか、分離子会社を含むＵＦＪ銀行単体の与信関連費用について、同年9月末で約1900億円、平成17年3月末で約3500億円、当期純利益について、平成16年9月末で1000億円、平成17年3月末で2500億円と見込んでいることを説明した（甲18、乙106）。

(7) 銀行法14条の2第1号の自己資本比率の基準のうち、単体自己資本比率の国際統一基準は8パーセント以上とされており、国際基準行においては、自己資本比率が8パーセント未満となると、金融庁による早期是正措置の発動対象となる（乙26、乙27）。

(8) 原告は、平成16年6月4日ころ、本件協働事業化の実現に向けての準備を進めるため、約80名の従業員をプロジェクト・チームのメンバーに選出し、その後最大で約240名の従業員を本件協働事業化実現のための作業に従事させた（甲116ないし120）。

(9) ＵＦＪＨＤの担当者は、平成16年6月5日ころ、原告の担当者に対し、本件協働事業化のための作業の進行予定として、本件基本契約及びＵＦＪ信託と原告の合併契約書の締結日を同年7月22日、ＵＦＪ信託と原告との合併期日を同年9月21日にすることなどを内容とするスケジュール案を送付した。ＵＦＪ3社及び原告の担当者は、同年6月5日ころ当時、上記スケジュールを前提に本件協働事業化に向けての作業を進めていた（乙83、乙84）。

(10) 金融庁は、平成16年6月18日、ＵＦＪＨＤ及びＵＦＪ銀行に対し、同年4月28日の業績予想修正と同年5月24日の決算短信において、大幅に異なった決算計数を発表したことにつき、同年4月28日の時点で十分に慎重な見通しをもって経営判断を行わなかった結果、決算短信において貸倒引当金繰入額が約5000億円増加しており、適切な信用リスク管理態勢の確保が不十分であるなど内部管理態勢に重大な問題が認められたことを理由とする行政処分（業務改善命令）を行った（乙40）。

(11) ＵＦＪ3社及び原告の担当者は、平成16年6月25日ころ当時、新信託銀行としてＳＢＳを転用することを前提として協議を進めていた（乙87、乙88）。

(12)ア ＵＦＪＨＤは、平成16年6月25日、株主総会において、本件協働事業化の内容について説明した（甲19）。

イ ＵＦＪＨＤは、平成16年6月28日ころ、同年3月期有価証券報告書を作成した。同有価証券報告書には、ＵＦＪ3社及び原告は、ＵＦＪ信託と原告の経営統合により、「ＵＦＪグループの信託・財産管理事業等を『協働事業』化することについて、平成16年5月21日に合意いたしました。」との記載（6頁）があり、末尾添付の中央青山監査法人が同年6月25日付けで作成した監査報告書には、ＵＦＪ3社は、平成16年5月21日に原告との間で、ＵＦＪ信託と原告との経営統合により、「ＵＦＪグループの信託・財産管理事業等を『協働事業』化することについて合意した。」との記載がある（甲15）。

ウ ＵＦＪ信託は、平成16年6月28日ころ、同年3月期有価証券報告書を作成した。同有価証券報告書には、ＵＦＪ3社及び原告は、ＵＦＪ信託と原告との経営統合により、「ＵＦＪグループの信託・財産管理事業等を『協働事業』化することについて、平成16年5月21日合意しました。」との記載（40頁）があり、末尾添付の中央青山監査法人が同年6月25日付けで作成した監査報告書には、ＵＦＪ3社は、同年5月21日に原告との間で、ＵＦＪ信託と原告との経営統合により、「ＵＦＪグループの信託・財産管理事業等を『協働事業』化することについて合意した。」との記載がある（甲83、乙68）。

また、ＵＦＪ信託の同年3月期営業報告書には、後発事象として、ＵＦＪ3社及び原告は、ＵＦＪ信託と原告との経営統合により、「ＵＦＪグループの信託・財産管理事業等を『協働事業』化することについて、平成16年5月21日合意致しました。」との記載（16頁）がある（甲85）。

エ ＵＦＪ銀行は、平成16年6月28日、同年3月期有価証券報告書を作成した。同有価証券報告書には、ＵＦＪ3社は、ＵＦＪ信託と原告との経営統合により、「ＵＦＪグループの信託・財産管理事業等を『協働事業』化することについて、平成16年5月21日に合意いたしました。」との記載（13頁）がある（甲81）。

オ 原告は、平成16年6月30日、同年3月期有価証券報告書を作成した。同有価証券報告書には、原告は、同年5月21日、ＵＦＪ3社との間で、原告とＵＦＪ信託の経営統合により、「ＵＦＪグループの信託・財産管理事業等を『協働事業』化することに合意しております。」との記載（46頁）があり、末尾添付のあずさ監査法人が同年6月29日付けで作成した監査報告書には、原告は、同年5月21日に、ＵＦＪ3社との間で、ＵＦＪ銀行との経営統合により、「ＵＦＪグループの信託・財産管理事業等を『協働事業』化することに合意した。」との記載がある（甲82）。

カ 原告は、平成16年6月下旬、株主総会において、株主に対し、本件協働事業化及びその利点などについて説明した（甲10）。

(13) ＵＦＪＨＤは、平成16年7月ころ、「『経営の健全化のための計画』の履行状況に関する報告書」と題する報告書を作成し、ＵＦＪ3社合算の期末剰余金につき、同年3月期決算の計画は2645億円であったのに対し、実績はマイナス2320億円であった旨記載した（乙7、乙30）。

(14) 原告は、平成16年7月ころ、欧州及び米国において、投資家に対する説明を行い、本件協働事業化実現によるメリット等を説明した（甲110ないし112）。

(15) 原告の担当者は、平成16年6月下旬から7月上

旬にかけて、同年9月末までに本件協働事業化を完了することを前提として、金融庁に対する各種認可・免許申請や登録、公告の準備等、本件協働事業化の実現のために必要な手続についてＵＦＪ３社の担当者と協議を進め、その準備を行った（甲121ないし138。各枝番を含む。）。

⒃　原告の担当者は、平成16年7月8日、本件基本契約書案の第1稿をＵＦＪ３社の担当者に送付した。＜略＞

⒄　平成16年7月9日、第1回協働事業化推進委員会が開催され、原告の＜略＞、ＵＦＪＨＤ及びＵＦＪ銀行の＜略＞、ＵＦＪ信託の＜略＞らが参加するとともに、事務局として、原告＜略＞らが参加した。同委員会では、同日の議題を「①【確認事項】『協働事業化』のスキーム・スケジュールについて」、「②【確認事項】分割の範囲について」とし、本件基本合意時から変更・具体化した本件協働事業化のスキーム、スケジュールや分割の範囲等について上記事務局から報告があった。上記スキームでは、本件基本契約の締結日を同月22日と予定していた。同委員会では、第2回協働事業化推進委員会の開催日を同月21日とし、その議題を「『基本契約書』等諸契約の締結について」とすることにした。（甲76）。

　同委員会の議事録には、ＵＦＪＨＤが「基本契約書へ盛り込む項目のうち、事務局でペンディングとなっている事項はあるのか。」と質問し、事務局が「ＰＡＭの出資比率については最終決着していない。」と回答し、ＵＦＪＨＤが「7／22までに確定させるのか。」と質問し、事務局が「その予定」と回答した旨記載がある。また、同議事録には、原告が「既に事務局レベルで打診中だが、＜略＞につき検討いただきたい。」と発言し、ＵＦＪＨＤが「バックグラウンドは理解できるが、技術的に難しい話であるのも事実。引続き個別に議論させていただきたい。」と発言した旨記載がある。（甲76）。

⒅　ＵＦＪＨＤの担当者は、平成16年7月12日、同月8日に原告から送付された本件基本契約書案第1稿に要望やコメントなどを付け加えるなどして、ＵＦＪ３者側の案として、これを原告担当者に送付した（甲14）。

⒆　原告の担当者は、平成16年7月12日、ＵＦＪＨＤの担当者に対し、ＰＡＭへの出資比率につき、「標記の件は、各々50％の合弁（ＵＦＪＨＤ50％、ＳＴＢ50％）で宜しいでしょうか」との電子メールを送信し、同担当者は、同月13日午前7時55分、「その方向で結構です。よろしくお願いします。」という電子メールを返信した（甲78）。

⒇　ＳＢＳとＳＰＳは、平成16年7月12日、分割契約を締結し、原告は、同月13日、ＳＢＳに対し、第三者割当増資金20億円を払い込んだ（甲79、甲139）。

(21)　ＵＦＪ信託及びＵＦＪ銀行の親会社であるＵＦＪＨＤの玉越社長は、平成16年7月13日及び14日、原告の高橋社長と面談し、口頭で本件協働事業化の白紙撤回を通告し、ＵＦＪ３社は、同月14日及び16日、原告に対し、書面で本件基本合意の解約を申し入れたが、原告は、上記白紙撤回や解約の申入れを受け入れ難いとして了承しなかった。ＵＦＪ３社は、上記面談に至るまで、原告に対し、本件基本合意後の事情の変化等により、＜略＞、本件協働事業化の実現に影響を及ぼすような事情が発生したことを明らかにしたり、上記面談においても、本件協働事業化が実現できなくなったと判断するに至った原因ないし理由について具体的な根拠等を示して説明したり、その解決の可能性や方策等について、原告と協議、交渉することもなかった（甲60、甲62、甲79、乙111）。

(22)ア　原告の担当者は、平成16年7月14日、ＵＦＪＨＤからの書面による本件基本合意の解約通知を受けた後、ＵＦＪ３社の担当者に同月13日付けの本件基本契約書案を送付した。同案には、本件対象営業等の譲渡対価につき、「確定貸借対照表に基づき算出される信託・財産営業に係る時価純資産額に、営業権として2500億円を加算した額とすることに合意する。」との規定（7条）、「確定貸借対照表原案は、【日本において一般に公正妥当と認められる会計基準】に従い作成されるものとするが、なお、子会社・関連会社株式、貸付債権等、対象営業に属する動産・不動産、退職給付引当金、土地信託の未払金及び指定金銭信託（合同口）の未払金については、別紙●記載に従って作成されるものとする。」との規定（10条2項）があったが、「別紙●」に相当する別紙は作成されていなかった（乙72、乙73）。

イ　原告は、その後も、本件協働事業化の実現を強く望み、ＵＦＪ３社に本件協働事業化に向けた協議の再開を申し入れたり、ＵＦＪ３社を債務者として、ＵＦＪ３社が本件対象営業等の第三者への移転やＵＦＪ信託の第三者との合併等、本件基本合意の目的と抵触し得る取引等に係る情報の提供や協議を第三者との間で行うことを禁止する旨の仮処分命令を申し立てる（東京地方裁判所平成16年（ヨ）第2658号情報提供又は協議禁止仮処分命令申立事件）などした（甲141の1、甲150の1ないし7）。

(23)　ＵＦＪＨＤは、平成16年7月16日、ＭＴＦＧとの間で、ＵＦＪグループと三菱東京フィナンシャル・グループとの経営統合に向けて協議を開始すること、同月31日までに基本合意書を締結すべく努力することについて合意した後、ＭＴＦＧとの間で、経営統合に関する準備、作業を進めた。ＵＦＪＨＤは、ＭＴＦＧとの間で、同年8月12日、経営統合に関する基本合意を締結し、同年9月10日、ＵＦＪ銀行が発行する7000億円の株式をＭＴＦＧが引き受けることを内容とする資本増強に関する協定書を締結した。ＭＴＦＧは、同

月17日、ＵＦＪ銀行発行の株式を引き受け、7000億円を払い込んだ（甲31、甲32、甲140、乙5、乙12ないし15）。

(24) ＵＦＪＨＤとＭＴＦＧ、ＵＦＪ信託と三菱信託銀行株式会社、ＵＦＪ銀行と株式会社東京三菱銀行は、それぞれ、平成17年2月18日に統合契約書を締結し、同年4月20日に合併契約書を締結した。各合併は、いずれも同年6月に開催された各社の株主総会において承認された（甲94、甲101）。

2　以上の認定事実を前提に、本件各争点について判断する。

(1)　争点1（平成16年7月13日当時、ＵＦＪ3社が本件基本合意に基づいて本件協働事業化に関する最終契約を締結する義務を負っていたか否か）について

ア　原告は、ＵＦＪ3社及び原告は、本件基本合意当時、本件基本契約の締結義務及び本件協働事業化に関する最終契約の締結義務を負っていなかったが、遅くとも平成16年7月13日当時には、本件協働事業化に関する最終契約というべき本件基本契約の詳細条件について協議が整っていたので、本件基本合意書8条1項に基づき、本件協働事業化に関する最終契約を締結する義務を負っていた旨主張する。

イ　そこで検討するに、まず、本件基本合意書にＵＦＪ3社及び原告が本件協働事業化に関する最終契約を締結すべき義務を負う旨を明確に定めた具体的な規定がないことは、前記前提事実(5)のとおりである。

また、本件基本合意書8条1項は、その規定文言が「各当事者は、事業・会計・法務等に関する検討、関係当局の確認状況又は調査の結果等を踏まえ、誠実に協議の上、2004年7月末までを目途に協働事業化の詳細条件を規定する基本契約書を締結し、その後実務上可能な限り速やかに、協働事業化に関する最終契約書を締結する。」となっていることからも明らかなとおり、まず、ＵＦＪ3社及び原告が事業、会計、法務等に関する検討、関係当局の確認状況又は調査の結果等のデュー・ディリジェンスを行い、その結果を踏まえて更に協議を行った後、平成16年7月末までを目途として、本件協働事業化の詳細条件を規定する本件基本契約を締結し、さらに、その後に本件協働事業化に関する最終契約を締結するという本件協働事業化に向けての予定及びその実現のために各当事者が誠実に協議することについて合意したことを明らかにするものにすぎず、デュー・ディリジェンスや、その後に行われる協議の結果がどのようなものであったとしても、その結果如何にかかわらず、ＵＦＪ3社及び原告が本件基本契約又は本件協働事業化に関する最終契約を締結する義務を負うことを定めたものであると解することはできない。

さらに、本件基本合意は、本件協働事業化に向けた交渉の比較的初期の段階に締結されたものであり、ＵＦＪ3社と原告のような大規模な企業間相互のM&Aにおいては、本件協働事業化に係る契約が大規模かつ複雑多岐にわたることなどから、相手方の情報が限定的で、かつ協議が未だ十分なされていない段階において、本件協働事業化の実現に必要なすべての条件を合意して規定することは困難であるものの、他方で、本件協働事業化の実現のためには、その目的や実現に向けた計画の大枠や交渉予定の目途等について合意する必要があったことから、本件基本契約及び本件協働事業化に関する最終契約の前提として締結されたものであるということができる。このような本件基本合意の性質等に徴すると、本件基本合意の段階において、その後のデュー・ディリジェンスや協議等を通じて、本件協働事業化を実現すべきか否かの判断に影響を及ぼすような事情が発生する可能性があることが予想されるにもかかわらず、ＵＦＪ3社及び原告が、今後その具体的内容について協議交渉する余地を残した本件協働事業化に関する最終契約を締結する義務を相互に負うことまでも合意したと考えるのは困難である。むしろ、本件協働事業化に関する最終契約を締結するか否かについては、上記デュー・ディリジェンスや具体的な契約条件などに関する協議等の結果を踏まえた上で、各当事者の判断に委ねられていたと解するのが相当である。

したがって、ＵＦＪ3社及び原告は、本件基本合意時において本件協働事業化に関する最終契約を締結する義務を負っていたとはいえず、本件基本契約ないし本件協働事業化に関する最終契約を締結するまでは、これらの契約を締結するか否かの自由を有しているのであるから、これらの契約を締結する義務を負うものでないことは明らかである。

ウ　この点につき、原告は、本件基本合意書8条1項は、「協議の上、（中略）基本契約書を締結し、（中略）最終契約書を締結する」と規定しており、本件基本合意後に協議が整った場合の本件基本契約の締結義務及び本件基本契約締結後の本件協働事業化に関する最終契約の締結義務を明文で明確に定めている旨主張するが、同条項は、各当事者が平成16年7月末の本件基本契約及びその後の本件協働事業化に関する最終契約の締結に向けて、誠実に協議することを定めたものにすぎず、これを超えて、同条項が本件基本契約又は本件協働事業化に関する最終契約の締結義務を定めたものと認めることはできないから、原告の主張は採用することができない。

また、原告は、本件基本合意は営業権等の対価について修正を予定しない確定的な金額が合意されているなど、通常のM&A取引の覚書とは全く異なる特殊な契約であることから、協議が整った場合の本件基本契約の締結義務を定めていると解すべきであるなどと主張するが、本件基本合意が通常のM&A取引の覚書に比べて多くの重要事項について合意しているからといって、そのことから直ちに本件基本合意が本件基本

契約の締結義務を定めているとは認められず、原告の主張は採用することができない。

エ さらに、原告は、本件基本合意では、本件基本契約の締結に必要な4つの中核的事項が既に最終的かつ確定的合意内容として定められており、その後、平成16年7月9日までにＰＡＭへの出資比率の問題を除く詳細条件すべてについて合意に至り、同月13日朝方には、ＰＡＭへの出資比率の問題も合意に至ったから、遅くとも同日には、ＵＦＪ3社と原告との間で本件基本契約の締結に必要な事項すべてについて協議が成立し、ＵＦＪ3社は本件協働事業化に関する最終契約というべき本件基本契約の締結義務を負う旨主張する。

(ｱ) そこで検討するに、まず、本件基本合意についてみるに、原告が本件基本契約の締結に必要な中核的事項であると主張するもののうち、譲渡の対価一つをとってみても、本件基本合意時に既に最終的かつ確定的合意内容として定められていたということはできない。すなわち、前記認定のとおり、本件基本合意においては、本件対象営業等の価額について、本件「対象営業等に含まれる資産・負債の時価純資産額（貸出・預金等に係る含み純益を除く。）に、営業権及び貸出・預金等に係る含み純益として金3,000億円を加算し、別途合意する退職給付債務に係る金額等を減算した額とすることに同意し、調査の結果等を踏まえて調整する」と規定され（本件基本合意書3条2項）、本件対象営業等の譲渡対価は、①営業権及び貸出・預金等に係る含み純益の価額3000億円に②本件対象営業等に含まれる資産・負債の時価純資産額（貸出・預金等に係る含み純益を除く。）の価額を加算し、③退職給付債務に係る金額等を減算して算出するものと合意されていた。そして、本件基本合意においては、同条項の文言からも明らかなとおり、本件対象営業等の譲渡対価を決めるに当たって必要な事項のうち、①営業権及び貸出・預金等に係る含み純益の価額を3000億円とすることについては、既に合意に至っているものの、②本件対象営業等に含まれる資産・負債の時価純資産額（貸出・預金等に係る含み純益を除く。）については、その評価額を幾らとするかについて合意に至っていなかったし、また、③減算の対象となる退職給付債務に係る金額等についても、別途合意するものとされており、その額が確定していたということはできない。したがって、本件対象営業等の譲渡対価については、これを決定するに当たり、重要ではあるものの、その一要素である営業権及び貸出・預金等に係る含み純益の価額について合意に至っていたが、譲渡対価を決定するために必要な他の2つの事項については合意に至っていないから、原告主張のように本件対象営業等の譲渡対価が最終的かつ確定的合意内容となっていたとはいえない。

また、本件対象営業等を構成する資産、負債の範囲についても、前記認定のとおり、「調査の結果等を踏まえ、対象営業等に含めるＵＦＪグループの株式の範囲及び移転方法等を協議の上決定する。」、「対象営業等のオンバランス及びオフバランスの資産・負債については、調査の結果等を踏まえ、その範囲及び移転方法等を協議の上決定する。」と規定され（本件基本合意書3条1項）、本件基本合意後の調査の結果等を踏まえた上で、ＵＦＪＨＤ、ＵＦＪ信託及び原告が協議の上で決することとされており、最終的かつ確定的合意内容となっていたということもできない。

さらに、本件対象営業等の承継当事者についても、本件基本合意では、本件対象営業等のうち、本件基本合意書2条1項1号に規定されている法人財管業務は新信託銀行へ、同条項2号に規定されている不動産業務は原告へそれぞれ承継されることとされていたが、その他のリテール事業等については、承継当事者が原告又は新信託銀行とされており、最終的かつ確定的合意内容となっていたということはできない。そして、原告が具体的に何を新信託銀行とするかについて検討を重ねたり、新信託銀行に関する各種免許申請や認可申請に向けて種々の準備に時間を割いていたことからも明らかなとおり、本件対象営業等の承継当事者を原告にするか新信託銀行にするかということは、単なる不動産売買においてその買主を親会社とするとか子会社とするような次元の問題とは異なり、本件協働事業化の実現の成否に影響を与えかねない重要なものであったということができる。

以上検討したところによれば、本件基本合意において、本件対象営業等の譲渡対価のみならず、本件対象営業等を構成する資産、負債の範囲、承継の当事者についても、最終的かつ確定的合意ができていたということはできないから、その余の点について判断するまでもなく、本件基本契約の締結に必要な中核的事項が既に最終的かつ確定的合意内容として定められていた旨の原告の主張は理由がない。

(ｲ) 次に、原告は、平成16年7月9日開催の第1回協働事業化推進委員会において、ＵＦＪＨＤの＜略＞からの「基本契約書へ盛り込む項目のうち、事務局でペンディングとなっている事項はあるのか」との質問に対し、原告の＜略＞が「ＰＡＭへの出資比率については最終決着していない」と答え、他の出席者から何ら異議がなかったことから、同日の時点で、ＰＡＭへの出資比率の問題を除き、本件基本契約の締結に必要な詳細条件すべてについて合意に至っていた旨主張する。

しかし、前記認定のとおり、協働事業化推進委員会は、本件基本合意書6条2項において、本件協働事業化の推進のために、各当事者の担当役員、担当部長、担当部員で構成し、個別具体的協議事項を協議・決定するために設けられたものであり、同委員会よりも上位のものとして、別途、同条1項において、特に重要

な協議事項を協議・決定するために、各当事者の頭取・社長及び担当役員で構成する協働事業化推進会議が設けられていること、及び、実際に開催された同委員会の議題が「①【確認事項】「協働事業化」のスキーム・スケジュールについて」、「②【確認事項】分割の範囲について」と、確認事項のみにとどまっていることからすると、同委員会は、本件協働事業化の推進のために、UFJ3社及び原告の担当役員、担当部長、担当部員が集まり、事務局レベルで積み重ねられた合意について、確認したり、別途協議したりするという役割を果たすものであり、UFJ3社及び原告の最終的な意思決定機関でなかったことは明らかである。したがって、協働事業化推進会議において協議、決定されたことをもって、UFJ3社と原告との間の合意となるということはできない。

また、UFJHDの＜略＞及び原告の＜略＞が上記発言をし、他の出席者から何ら異議がなかったとしても、PAMへの出資比率の問題を除き、本件基本契約の締結に必要なすべての詳細条件について協議が成立したという趣旨の発言があったわけではなく、むしろ、同議事録には「既に事務局レベルで打診中だが、＜略＞につき検討いただきたい。」、「バックグラウンドは理解できるが、技術的に難しい話であるのも事実。引き続き個別に議論させていただきたい。」といったように、PAMへの出資比率の問題以外の点についても引き続き協議をする必要があったことを示す記載があることからすると、UFJ3社及び原告の事務局ないし担当者レベルにおいても、本件基本契約の締結のためには、PAMへの出資比率の問題以外についても引き続き協議が必要な事項があったことがうかがわれるのであるから、第1回協働事業化推進委員会において、＜略＞及び＜略＞から原告主張の上記発言があり、他の出席者から何ら異議がなかったとしても、平成16年7月9日当時、UFJ3社及び原告との間で、PAMへの出資比率を除き、本件基本契約の締結に必要な詳細条件すべてについて合意に至っていたということはできない。

したがって、同日当時、UFJ3社と原告との間において、PAMへの出資比率の問題を除き、本件基本契約の締結に必要な詳細条件すべてについて合意に至っていた旨の原告の主張は採用することができない。

(ウ)a また、原告は、第1回協働事業化推進委員会において、UFJHDの＜略＞が「（PAMへの出資比率については）7／22までに確定させるのか？」と質問し、原告の＜略＞が「その予定」と発言し、他の出席者全員が上記やり取りについて何らの議論もせず、異議も申し立てなかったこと、及び、第2回の協働事業化推進委員会の開催日とした平成16年7月21日は、本件基本契約の締結の予定日であった同月22日の前日であり、わずか1日間でPAMへの出資比率の問題を解決し、本件基本契約をドラフトして、取締役会を開催して承認決議をし、各代表取締役が本件基本契約書に記名押印するというスケジュールは、実行不可能であり、非現実的であったことを理由に、同委員会は、PAMへの出資比率の問題につき、UFJHDの事務局と原告の事務局にこれを協議決定する権限を与えていたと主張し、同月13日時点では、UFJ3社及び原告との間で本件基本契約の締結のために協議すべき事項すべてについて協議が成立した旨主張する。

b しかし、前示のとおり、そもそも協働事業化推進委員会はUFJ3社及び原告の最終的な意思決定機関ではなかったから、同委員会には、UFJHD及び原告の事務局ないし担当者レベルで協議決定された事項を直ちにUFJ3社及び原告の合意事項とするような権限は全くない。

したがって、同委員会における出席者の発言及び第2回の同委員会開催日が本件基本契約の締結予定日と近接していることを理由に、PAMへの出資比率の問題について、UFJHD及び原告の事務局ないし担当者レベルで協議決定されたことの効果が直ちにUFJ3社及び原告に帰属するとはいえない。

c これに対し、原告は、本件基本合意を故意に破棄したUFJ3社は、信義則の発現形態の一つであるクリーン・ハンズの原則に照らし、PAMへの出資比率の問題について、同月21日開催予定であった第2回協働事業推進委員会での協議、決定を経ていないことを理由に、UFJ3社及び原告で協議が成立したとはみなされないと主張することは許されない旨主張する。

しかし、仮に、第2回協働事業化推進委員会において、PAMへの出資比率の問題について協議、決定されることが予定されていたとしても、同委員会は、UFJ3社の最終的な意思決定機関ではなく、PAMへの出資比率の問題について同委員会において協議、決定を経ていれば、UFJ3社と原告との間でPAMへの出資比率の問題について合意に至っていたということはできないから、原告の上記主張は、その前提を欠き、採用することができない。

d また、以下のとおり、平成16年7月13日当時、UFJ3社及び原告の事務局ないし担当者レベルにおいてすら、本件基本契約の締結に必要な事項すべてについて、合意ができていたということはできない。

すなわち、まず、同月9日当時、PAMへの出資比率の問題以外の本件基本契約の締結に必要な事項すべてについて協議が成立していたとの原告主張の事実を認めるに足りる証拠がないことは前示のとおりである。

また、原告は、原告の担当者がUFJHDの担当者に対し、PAMへの出資比率につき、UFJHDと原

告が50パーセントずつとすることを提案し、同担当者が、同月13日午前7時55分、「その方向で結構です。よろしくお願いします。」との電子メールを返信したことをもって、ＰＡＭへの出資比率の問題について協議が成立していたと主張する。しかし、上記電子メールの返信は、出資比率の問題について1対1とすることで合意することにつき、ＵＦＪＨＤの担当者として同日の時点で異議はなく、今後前向きに協議していくとの意向を示すものではあるものの、その後の協議の過程において修正される余地が全くないと解することはできず、上記電子メールの返信のみをもって、ＰＡＭへの出資比率について事務局レベルでの確定的な合意が形成されたとまでは認められない。

そして、他に、ＵＦＪ3社及び原告の事務局ないし担当者レベルにおいて、同日当時、本件基本契約の締結に必要な事項すべてについて協議が成立していたと認めるに足りる証拠はなく、むしろ、本件基本契約の締結のためには、同日以降、事務局ないし担当者レベルにおいても、更に引き続き協議することが必要な事項があったことがうかがわれる。すなわち、本件対象営業等の譲渡対価を一つの例としてみても、前記認定のとおり、同月8日に作成された本件基本契約書案の第1稿においては、本件対象営業等の譲渡対価を決する要素の一つである本件対象営業等の時価純資産額は、確定貸借対照表に基づいて算出されるものとされ、確定貸借対照表原案は、日本において一般に公正妥当と認められる会計基準に従って作成されるが、貸付債権、土地信託、退職給付債務、不動産、ソフトウェアについては別基準に従って作成されるものとされ、貸付債権、土地信託、退職給付債務については、「別紙●と同様の基準に従」うとされていたものの、「別紙●」に相当する別紙は未だ作成されておらず、従うべき基準について協議が成立していなかったというべきであり、さらに、不動産、ソフトウェアについては、従うべき基準について、全く規定がなく、この点についても協議が成立していなかったといえる。そして、同月14日にＵＦＪＨＤの担当者に送付された同月13日付け本件基本契約書案においても、「確定貸借対照表原案は、【日本において一般に公正妥当と認められる会計基準】に従い作成されるものとするが、なお、子会社・関連会社株式、貸付債権等、対象営業に属する動産・不動産、退職給付引当金、土地信託の未払金及び指定金銭信託（合同口）の未払金については、別紙●記載に従って作成されるものとする。」とされていたものの、「別紙●」に相当する別紙は未だ作成されておらず、確定貸借対照表の作成に関する基準についてすら協議が成立していなかったということができる。

以上のことから明らかなとおり、平成16年7月13日当時、ＵＦＪ3社及び原告の事務局ないし担当者レベルにおいてすら、本件対象営業等の譲渡対価を決するために必要な本件対象営業等の時価純資産額という本件基本契約の極めて重要な部分について、その金額のみならず、算定基準についても協議が成立していなかった。

したがって、その余の事項について判断するまでもなく、同日当時、ＵＦＪ3社及び原告においては、その事務局ないし担当者レベルにおいてすら、本件基本契約の締結に必要な事項すべてが確定していたと認めることはできないから、この点からも、原告の上記主張は理由がない。

(エ) さらに、原告は、仮に本件基本契約の締結に必要な事項が完全に合意されていなかったとしても、平成16年7月13日当時、ＵＦＪ3社は、独占交渉義務に拘束されているため、本件基本契約を締結すること以外に自らの〈略〉を回避できる方法を採り得なかったから、本件基本契約締結予定日である同月22日までには、これらにつき合意し、本件基本契約を締結させる意思であった旨主張する。

しかし、同日、ＵＦＪ3社は、原告に対し、本件協働事業化の白紙撤回を通告し、同月14日には、本件基本合意の解約を申し入れていることからすれば、ＵＦＪ3社が同月22日までに本件基本契約について合意し、これを締結させる意思を有していたとは認められないから、原告の上記主張は採用することができない。

(オ) 以上のとおり、本件では、本件基本合意において、本件基本契約の締結に必要な中核事項が既に最終的かつ確定的合意内容として定められていたということもできず、平成16年7月13日当時、本件基本契約を締結する旨の意思表示がされていないＵＦＪ3社と原告との間で、本件基本契約の締結に必要な事項すべてについて合意ができていたということもできないし、ＵＦＪ3社及び原告の事務局ないし担当者レベルにおいてすら、本件基本契約の締結に必要な事項すべてについて協議が成立していたということもできない。

したがって、以上の点からも、ＵＦＪ3社と原告との間で本件基本契約の締結に必要な事項すべてについて協議が成立したことを前提に、ＵＦＪ3社が本件協働事業化に関する最終契約というべき本件基本契約の締結義務を負う旨の原告の主張は理由がない。

オ また、原告は、〈略〉。

カ さらに、原告は、①ＵＦＪ3社及び原告の平成16年3月期の各有価証券報告書の記載、②原告の独立監査法人であるあずさ監査法人、ＵＦＪＨＤ及びＵＦＪ信託の独立監査法人である中央青山監査法人の監査報告書の記載、③ＵＦＪＨＤ及びＵＦＪ信託の同月期営業報告書の記載を理由に、同年7月13日当時、ＵＦＪ3社及び原告が本件協働事業化に関する最終契約を締結する義務を負っていた旨主張する。

確かに、前記認定のとおり、上記各有価証券報告

書、各監査報告書及び各営業報告書には、いずれも、「ＵＦＪグループの信託・財産管理事業等を『協働事業』化することにつき、合意しました。」などと、ＵＦＪ３社及び原告が、同年５月21日、ＵＦＪ信託と原告との経営統合により本件協働事業化について合意した旨の記載がある。

　しかし、前記認定のとおり、上記各有価証券報告書、各監査報告書及び各営業報告書は、いずれも本件基本合意後から同年６月末までの間に作成されたものであり、上記各報告書作成当時は、ＵＦＪ３社及び原告は、本件基本合意に従って、本件協働事業化を企図し、その実現のために作業、協議等を進めていたこと等に徴すると、上記各報告書に記載された合意とは、本件基本合意を指すものであって、本件協働事業化に関する最終契約を意味するものであるとまでは認められない。

　したがって、上記各報告書の記載から、同年７月13日当時、ＵＦＪ３社が本件協働事業化に関する最終契約を締結する義務を負っていたと認めることはできないから、原告の上記主張は理由がない。

　キ　他に、平成16年７月13日当時、ＵＦＪ３社が本件協働事業化に関する最終契約を締結する義務を負っていたことを認めるに足りる証拠はないから、同日当時、ＵＦＪ３社が本件協働事業化に関する最終契約というべき本件基本契約の締結義務を負っていたとする原告の主張は理由がない。

　(2)　争点２（民法130条の適用若しくは類推適用又は禁反言の原則により、平成16年７月13日当時、ＵＦＪ３社が本件協働事業化に関する最終契約を締結する義務を負っていたか又は同契約が締結されたとみなすことができるか否か）について

　原告は、平成16年７月13日、ＵＦＪ３社が故意に本件基本合意書８条１項所定の協議を拒否して、その成立を妨げたので、民法130条の適用又は類推適用により、本件基本契約の締結に必要な詳細条件についての協議成立という条件は成就したとみなすことができるから、ＵＦＪ３社には、本件基本合意書８条１項に基づき、本件協働事業化に関する最終契約というべき本件基本契約の締結義務が発効する、あるいは、ＵＦＪ３社が信義誠実の原則の一つの発現形態である禁反言の原則により、自らの約束の有効性を否定することは許されず、本件基本契約を有効に締結したとみなされる旨主張する。

　しかし、民法130条は、契約が有効に成立していることを前提として、その効力の発生につき条件が付されている場合に、故意にその条件の成就を妨げたときにその成就を擬制することができることを定めたものである。これに対し、本件基本合意においては、本件基本契約及び本件協働事業化に関する最終契約の内容が確定しておらず、これらが有効に成立していないのであるから、同条の適用又は類推適用の前提を欠くこ

とは明らかである。

　また、前示のとおり、本件基本合意時のみならず、平成16年７月13日当時においても、ＵＦＪ３社及び原告の事務局ないし担当者レベルにおいて本件基本契約及び本件協働事業化に関する最終契約の内容が確定していないのであるから、原告主張の民法130条の類推適用又は禁反言の原則により、有効に締結したとみなすことができる契約の内容すら明らかでない。このことは、本件協働事業化がＵＦＪ３社及び原告という我が国を代表するような金融機関相互のＭ＆Ａであって、その契約内容は大規模かつ複雑多岐にわたるものであり、単なる不動産の売買について一定の条件が付されているような事案とは全く異なり、その条件成就を擬制して、成立したとみなすことができる契約の内容すら明確に定めることができないといった本件事案の特殊性にかんがみても明らかである。

　したがって、民法130条の適用若しくは類推適用又は禁反言の原則により、ＵＦＪ３社に本件基本契約の締結義務を認めたり、本件基本契約が有効に締結されたとみなすことはできないから、原告の上記主張は採用することができない。

　(3)　以上争点１及び２について検討したところによれば、平成16年７月13日当時、ＵＦＪ３社が本件基本契約又は本件協働事業化に関する最終契約を締結する義務を負っていたと認めることができないから、原告の本訴請求のうち、ＵＦＪ３社の本件基本契約又は本件協働事業化に関する最終契約の締結義務違反を理由とする債務不履行に基づく損害賠償請求は、その余の点について判断するまでもなく、理由がない。

　そこで、以下、原告の本訴請求のうち、ＵＦＪ３社の独占交渉義務違反及び誠実協議義務違反を理由とする債務不履行に基づく損害賠償請求について、各争点につき検討する。

　(4)　争点３（ＵＦＪ３社が本件基本合意に基づいて独占交渉義務及び誠実協議義務を負うか否か）について

　ア　まず、独占交渉義務について検討するに、前記前提事実(4)のとおり、本件基本合意書12条後段が「各当事者は、直接又は間接を問わず、第三者に対し又は第三者との間で本基本合意書の目的と抵触しうる取引等にかかる情報提供・協議を行わないものとする。」と規定しており、本件において、同条項の法的拘束力を否定するような事情は見出せないから、ＵＦＪ３社は、原告に対し、本件基本合意書12条後段に基づき、直接又は間接を問わず、第三者に対し又は第三者との間で本件基本合意書の目的と抵触し得る取引等に係る情報提供・協議を行ってはならないという独占交渉義務を負うというべきである。

　イ(ア)　次に、誠実交渉義務について検討するに、前記前提事実(3)、(4)及び前記認定事実のとおり、本件基本合意書は、その１条に、協働事業化の目的との見

出しの下、「各当事者は、かかる目的の達成に向けて、相互の信頼関係を維持して誠実に努力する。」、12条に、誠実協議との見出しの下、その前段に「各当事者は、本基本合意書に定めのない事項若しくは本基本合意書の条項について疑義が生じた場合、誠実にこれを協議するものとする。」と各当事者が本件協働事業化に向けて誠実に努力ないし協議することに関する規定を設けており、さらに、8条1項において、「各当事者は、（中略）誠実に協議の上、2004年7月末までを目途に協働事業化の詳細条件を規定する基本契約書を締結し、その後実務上可能な限り速やかに、協働事業化に関する最終契約書を締結する。」と規定している。

また、本件基本合意は、単なる不動産の売買のような一回限りの取引に関する合意とは異なり、本件協働事業化が我が国を代表するような金融機関相互の経営統合を企図したものであり、その契約条項も複雑多岐にわたることが想定され、本件協働事業化の実現のためには、本件基本合意後に当事者間で相当期間にわたる準備作業や協議が必要不可欠なものとして予定されており、これらを円滑に進めていくための手段ないし前提として合意されたものであるから、ＵＦＪ3社及び原告は、本件基本合意当時、本件協働事業化の実現のためには、本件基本合意後に当然に予定されている準備作業や協議を行うに当たり、各当事者が誠実に協議することが必要不可欠であるとの認識の下に、単なる努力目標ではなく、各当事者が本件協働事業化の実現に向けて誠実に協議すべき法的な義務を相互に負うことが必要であるとの認識をもって、「誠実に協議の上」という文言を含む本件基本合意書8条1項について合意したというべきである。

以上のように、本件基本合意書8条1項は、協働事業化の目的を定めた1条や誠実協議との見出しがある12条の規定に加え、更に重ねて各当事者が誠実に協議すべきことを規定していること、及び各当事者が本件基本合意を締結するに当たり、本件協働事業化の実現のためには、本件基本合意後に当然に予定されている準備作業や協議を行うに当たり、相互に誠実に協議すべき法的な義務を負う必要があるとの認識をもっていたことからすると、8条1項の規定は、ＵＦＪ3社及び原告が本件協働事業化に向けて誠実に協議すべき法的義務を相互に負うことを定めたものであると解される。

（イ）これに対し、被告らは、本件基本合意書8条1項の規定及び12条前段は、一般に契約書の末尾あたりに規定される包括的誠実協議条項とほぼ同趣旨の規定であり、その内容が抽象的であって具体的な法律効果を定めていないし、当事者も同条項に何らかの法律効果を付与することを意図しておらず、各当事者の将来の関係を円滑にするという事実上の効果しか期待していないことから、道義的条項あるいは紳士協定にとどまり、法的拘束力を有するものではない旨主張する。

確かに、本件基本合意書12条前段の文言に照らすと、同条前段は、本件基本合意後に発生するか否かが確定的でない解釈上の疑義等について、これらが生じた場合には、誠実にこれを協議することを規定するいわゆる包括的誠実協議条項と同様ないし類似のものであるということができる。

しかし、他方で、8条1項は、12条前段とはその文言が異なるのみならず、本件基本合意の成立後に当然予定されている本件協働事業化に向けた準備作業や協議をするに当たり、これを誠実に行うことを定めたものであり、いわゆる包括的誠実協議条項とは、その性質を異にするものであることは明らかである。

また、8条1項の規定について合意するに当たり、各当事者が何ら法的効果を付与することを意図していなかったなどということができないことは前示のとおりである。

したがって、被告らの上記主張は、いずれも採用することができない。

ウ　以上検討したところによれば、ＵＦＪ3社は、原告に対し、本件基本合意書12条後段に基づき独占交渉義務を負い、8条1項に基づき誠実協議義務を負うものと認められる。

(5)　争点4（ＵＦＪ3社の独占交渉義務及び誠実協議義務が平成16年7月13日に消滅したか否か）について

ア　被告らは、平成16年7月13日には、ＵＦＪ3社と原告が協議、交渉を重ねても、社会通念上、本件協働事業化に関する最終契約が成立する可能性が消滅したから、ＵＦＪ3社の独占交渉義務及び誠実協議義務は、同日には、いずれも消滅した旨主張する。

そもそも、本件基本合意に基づく独占交渉義務及び誠実協議義務は、本件基本合意書前文、8条1項、12条の文言等からも明らかなとおり、ＵＦＪ3社及び原告が、本件基本合意後、本件協働事業化に関する最終契約の成立に向けての協議、交渉を行うに当たり、両者が本件基本合意の目的と抵触し得る取引等に係る情報の提供や協議を第三者との間で行わないこと及び両者が誠実に協議を行うことを相互に約したものであって、上記協議、交渉と密接不可分のものであり、協議、交渉を円滑かつ効率的に行い、最終契約を成立させるための、いわば手段として定められたものであるといえる。したがって、本件基本合意後、ＵＦＪ3社と原告が協議、交渉を重ねても、社会通念上、本件協働事業化に関する最終契約が成立する可能性がないと判断されるに至った場合には、本件基本合意に基づく独占交渉義務及び誠実協議義務も消滅するものと解される。

そこで、平成16年7月13日当時、ＵＦＪ3社と原告が協議、交渉を重ねても、社会通念上、本件協働事業

化に関する最終契約が成立する可能性がなかったか否かについて検討する。
　イ　まず、被告らは、＜略＞、ＵＦＪグループの経営破綻を回避するためには、本件協働事業化を断念して、ＭＴＦＧとの経営統合を選択せざるを得なかったから、平成16年7月13日当時、本件協働事業化に関する最終契約が成立する可能性がなかったと主張する。
　(ｱ)　確かに、前記認定のとおり、平成16年5月中旬ころに明らかになった同年3月期決算は、ＵＦＪＨＤ傘下銀行単体合算の当期純利益がマイナス3755億9300万円、与信関連費用が1兆3115億6700万円であり、当期純利益が1250億円、与信関連費用が8130億円であるとの同年4月下旬における予想と比較すると、その財務状況は相当悪化しており、この点については、適切な信用リスク管理態勢の確保が不十分であったとして金融庁からの業務改善命令も出ていること、ＵＦＪ銀行単体の当期純利益がマイナス3402億6000万円、与信関連費用が1兆1948億1600万円となり、ＵＦＪ銀行連結の自己資本比率が平成15年9月期から2.73パーセント減少して8.36パーセントと国際基準行の統一基準の下限である8パーセントに近づいていること、自己資本のうちＵＦＪ銀行単体の繰延税金資産（ネット）が将来の課税見積期間を5年として1兆1739億円となっており、ＴｉｅｒⅠの1兆7890億円に占める割合が大きくなっていること、ＵＦＪ3社合算の期末剰余金がマイナス2320億円と経営健全化のための計画における計画値2645億円を大幅に下回っていること等に徴すると、本件基本合意当時、＜略＞は、ＵＦＪ3社にとって本件協働事業化の重要な目的の一つであったということができる。
　しかし、＜略＞との被告ら主張の事実については、これを認めるに足りる証拠はない。すなわち、＜略＞被告ら主張の事実を認めることはできない。
　(ｲ)　また、被告らは、ＵＦＪ3社が平成16年7月13日ころまでに、その経営危機を回避するためのあらゆる選択肢を検討した結果、ＭＴＦＧとの経営統合が最良の選択であるとの結論に達し、原告との本件協働事業化をあくまで追求することは、ＭＴＦＧとの経営統合というＵＦＪグループの生き残りのための唯一の選択肢を失うことにもなった旨主張する。
　しかし、＜略＞ことを認めるに足りる証拠はないから、被告らの上記主張は採用することができない。
　(ｳ)　そして、前記認定のとおり、平成16年7月13日及び14日、ＵＦＪＨＤの玉越社長が原告の高橋社長と面談し、本件協働事業化の白紙撤回を申し入れているが、ＵＦＪ3社は、本件基本合意後、その面談に至る直前まで、原告に対して一貫して本件協働事業化の意向を表明し、その実現に向けた準備作業や交渉を行っていたのであり、その交渉過程においても、＜略＞など、ＵＦＪ3社に本件協働事業化の実現に影響を及ぼすような事情が発生したことを明らかにしたり、その打開策等について協議、交渉したことは一度もないのであるから、ＵＦＪ3社からの上記申入れは、いわば一方的かつ突然の白紙撤回の通告であったというべきである。さらに、ＵＦＪ3社は、上記面談においても、一方的に本件協働事業化の白紙撤回を申し入れるだけであって、本件協働事業化を実現できなくなったと判断するに至った原因ないし理由を具体的な根拠等を示して説明したりせず、その解決の可能性や方策等についても、協議、交渉を行っていないのであり、協議、交渉することを妨げるような合理的な理由があったとも認められない。そして、Ｍ＆Ａ取引に係る交渉は、各当事者による予測が困難な事情も含め多種多様な要因によって影響を受けるものであり、たとえば各当事者の財務状況の悪化や保有資産の時価評価額等の種々の懸案事項をめぐって、交渉が決裂しかけたとしても、その後、財務状況の改善や保有資産の時価評価額に関する歩み寄りなどにより、懸案事項が解決されて、取引の成立に至ることも十分あり得ることをも考慮すると、ＵＦＪ3社は、原告に対し、本件協働事業化を白紙撤回するに至った原因ないし理由を具体的に説明しなかった上、原告との間で、その解決の可能性や方策等について、全く協議、交渉をせず、一方的な白紙撤回の通告があった本件においては、被告らが主張するような財務状況の悪化等の事情があったにせよ、平成16年7月13日当時、ＵＦＪ3社と原告が協議、交渉を重ねても、ＵＦＪグループの経営危機を回避しつつ、本件協働事業化を実現する方法が全くなかったとまでは断定できない。
　したがって、平成16年7月13日には、ＵＦＪ3社と原告が協議、交渉を重ねても、社会通念上、本件協働事業化に関する最終契約が成立する可能性が消滅した旨の被告らの主張は、採用することができず、他にこれを認めるに足りる証拠はない。
　ウ　この点について、被告らは、本件協働事業化に関する最終契約の成立の可能性を判断するに当たっては、本件基本合意の当事者、特にＵＦＪ3社の合理的根拠に基づく主観的意思が重要であり、ＵＦＪ3社が原告との間で本件協働事業化に関する最終契約を成立させることを断念する意思を固め、この決意が強固であって、かつ、交渉断念の決意をするについて諸般の客観的状況にかんがみ合理的な理由がある場合には、社会通念上、最終契約成立の可能性がないと判断すべきである旨主張する。
　しかしながら、平成16年7月13日当時、客観的状況にかんがみて、本件協働事業化に関する最終契約が成立する可能性がなかったとまでは認められないことは前示のとおりであり、また、本件基本合意において、各当事者が相互に独占交渉義務及び誠実協議義務を負うことを合意しておきながら、一方当事者であるＵＦＪ3社が、被告らが主張するような自らに発生した一

方的な事情に基づき、他方当事者との交渉を継続しない決意をしたという主観的意思を理由に最終契約の成立の可能性がないと判断するなどということは、そもそも、本件協働事業化に当たり、当事者間で独占交渉義務及び誠実協議義務を負担することを合意した趣旨を無意味にするものであるから、許されないというべきである。

したがって、被告らの上記主張は採用することができない。

エ　また、被告らは、平成16年7月13日当時、同年9月期中間決算まで時間的に極めて切迫していたから、原告との交渉継続という経営判断はあり得なかった旨主張する。

確かに、同日当時、ＵＦＪ3社は、同年9月期中間決算までという限られた時間の中でその経営危機を回避する必要があったということができる。しかし、被告らの主張を前提としても、＜略＞というのであり、同月以降、原告との間で本件協働事業化の実現に影響を及ぼすような事情が発生していること及びその解決の可能性や方策等について、原告と協議、交渉する機会が十分に残されていたにもかかわらず、一方的かつ突然に本件協働事業化の白紙撤回の通告をするに至ったのであるから、同年7月13日に至るまで、ＵＦＪ3社が本件協働事業化の実現を不可能にするような事情について原告との間で協議、交渉する機会がなかったとは認められない。

したがって、被告らの上記主張は採用することができない。

オ　そうすると、平成16年7月13日当時、ＵＦＪ3社と原告が協議、交渉を重ねても、社会通念上、本件協働事業化に関する最終契約が成立する可能性がなかったとまでは断定できず、ＵＦＪ3社の独占交渉義務及び誠実協議義務が消滅したとは認められない。

(6)　以上争点3及び4について検討したところによれば、ＵＦＪ3社は、平成16年7月13日及び14日当時、本件基本合意に基づく独占交渉義務及び誠実協議義務を負っていたにもかかわらず、同月13日及び14日、原告に対し、一方的に本件協働事業化の白紙撤回を通告するとともに、本件基本合意の解約を申し入れ、その後原告が本件協働事業化の実現を望んでいたにもかかわらず、その実現に向けた協議、交渉を一方的に拒絶してこれを一切行わなかったばかりか、同月14日、ＭＴＦＧに対して本件対象営業等も含めた経営統合の話を持ちかけたというのであるから、ＵＦＪ3社が独占交渉義務及び誠実協議義務に違反したことは明らかであり、ＵＦＪ3社にはこれらの義務違反による債務不履行責任があるというべきである。

(7)　争点5（ＵＦＪ3社の債務不履行又は不法行為と相当因果関係にある損害の額）について

ア　原告は、平成16年7月13日当時、ＵＦＪ3社の独占交渉義務違反及び誠実協議義務違反がなければ、本件協働事業化に関する最終契約が成立していたことは客観的に確実又は高度の蓋然性があったから、最終契約の成立が契約上保証されていると同程度の期待が侵害されたということができ、そのような期待が侵害されたことによる損害の額は、最終契約が成立することにより得られた履行利益の額と同額の2331億円である旨主張する。

(ｲ)　まず、原告は、平成16年7月13日当時、ＵＦＪ3社が独占交渉義務に違反しなければ選択できた抽象的な選択肢は、①本件基本契約を締結し、営業権等の対価3000億円を取得するか、②本件基本契約を締結せず、本件基本合意書12条後段により、平成18年3月末まで第三者との間で本件対象営業等の譲渡について交渉できず、その対価を取得しないという2つしかなかったことを前提に、平成16年7月13日当時、その財務状態が危機的状況にあったＵＦＪ3社が上記②の選択肢を選択することは、＜略＞を意味するから、合理的経済人としてこれを選択することは現実的にはあり得なかったとして、ＵＦＪ3社が独占交渉義務に違反しなければ、破綻を回避する唯一の選択肢であった上記①の選択肢を選択し、本件基本契約を締結する客観的蓋然性は、100パーセント又は少なくとも高度であった旨主張する。

確かに、同日当時、＜略＞は前示のとおりであり、また、被告らは、＜略＞旨主張しており、その主張を前提とすると、同日当時、ＵＦＪ3社が原告に対する独占交渉義務及び誠実協議義務に違反しなければ、その経営危機の回避のために、本件協働事業化に関する最終契約を締結していた可能性は少なからずあったことは否定し難いところといえる。

しかし、一般に、Ｍ＆Ａ取引は、ビジネス、財務、会計、税務、法務等の多角的な見地から、買収価格、株式の交換比率、その他の契約条件等の懸案事項について、段階的に協議、交渉を重ね、最終的な合意に至るという過程をたどるのが通常であり、各当事者が予測困難であったものも含めて多種多様な要因によって影響を受けるものであって、その交渉過程においては、買収ないし合併の対象となっている企業の事業の収益性、将来性等に関する見通しの変化や、財務状況の悪化、資産評価額の変動等から新たな懸案事項が発生し、当初予定していなかった合意事項の追加・変更あるいは新たな合意事項の提案がされることも考えられ、そのことに伴い、これらの提案の採否等をめぐって交渉が決裂したり挫折したりして、結局、最終的な合意に至らない場合も十分あり得るところである。そして、本件では、平成16年7月13日当時、ＵＦＪ3社及び原告に本件協働事業化に関する最終契約を締結する義務はなく、これを締結するか否かの自由を有していた上、本件対象営業等の譲渡対価など、その最終契約の締結に必要な事項すべてについて協議が整っていたわけではなく、更なる協議、交渉の余地を残してい

たことは、前示のとおりである。そうすると、同日から同年9月までの間に、UFJ3社及び原告が互いに独占交渉義務及び誠実協議義務を履行して本件協働事業化の実現に向け協議、交渉を尽くしたとしても、なお、新たに追加・変更される合意事項等を含め、本件協働事業化に関する最終契約の締結に必要な事項をめぐって交渉が決裂したりして、UFJ3社及び原告双方が本件協働事業化を断念し、本件協働事業化に関する最終契約を締結しないことも考えられないことではなく、その結果として、その契約の成立という目的を達成するための手段である独占交渉義務及び誠実協議義務が消滅する可能性も全くなかったとまでは断定することができない。

以上の検討によれば、同年7月13日当時におけるUFJ3社の経営危機という事情を考慮しても、UFJ3社が同日以降、独占交渉義務及び誠実協議義務を履行して原告との間で協議、交渉を継続していたとしても、なお、本件協働事業化に関する最終契約の締結に至らなかった可能性がないとはいえないというべきである。

したがって、UFJ3社が独占交渉義務及び誠実協議義務に違反しなければ、本件協働事業化に関する最終契約を締結する客観的蓋然性は100パーセント又は少なくとも高度であった旨の原告の主張は採用することができず、他にこれを認めるに足りる証拠はない。

(イ) また、原告は、本件の特殊性として、本件基本合意において、本件基本契約の締結に必要な中核的事項が既に確定しており、平成16年7月13日当時には、本件協働事業化に関する最終契約というべき本件基本契約の締結に必要な詳細条件の協議がすべて整っていた上、その契約内容が、事実上、事前に一部履行されていたことを挙げる。

前記認定のとおり、本件基本合意後、原告は、UFJ3社との間で本件協働事業化に関する協議、交渉を重ね、その実現を期待して、プロジェクトチームを作ったり、新信託銀行として転用することが予定されていたSBSに対して増資金20億円を払い込んだり、各種認可手続の準備を行うなど、本件協働事業化の実現に向けた種々の手続を進め、投資家や株主に対して本件協働事業化を前提とする説明を行っていたことは確かである。

しかしながら、本件基本合意において、本件協働事業化に関する最終契約の締結に必要な中核的事項が確定していたとはいえないこと、平成16年7月13日当時においても、同契約の締結に必要な事項すべてについて協議が整っていたとはいえないことは、前示のとおりであり、上記のように原告が本件協働事業化の実現に向けて作業を進め、その実現を前提として増資金の払込をしていた事実をもって、UFJ3社の独占交渉義務違反及び誠実協議義務違反がなければ、本件協働事業化に関する最終契約が成立していたことが客観的に確実であった又は高度の蓋然性があったとまでは認めることができない。

(ウ) さらに、本件においては、前示のとおり、平成16年7月13日当時、UFJ3社と原告との間では、事務局ないし担当者レベルにおいてすら、本件協働事業化に関する最終契約の内容が確定していたとはいえないのであり、UFJ3社の独占交渉義務違反及び誠実協議義務違反がなければ合意に至っていたと原告が主張する契約の内容が明らかでなく、そのような契約が成立することにより原告が得ることができた履行利益というものを観念することができないのであるから、当該契約を締結しなかった者に対し、当該契約の内容の確定を前提として、契約が締結されていれば得られたであろう利益相当額の賠償義務を負わせることは、そもそも不可能である。

(エ) 以上検討したところによれば、UFJ3社が独占交渉義務及び誠実協議義務を履行し原告との間で本件協働事業化に向けて協議、交渉を継続していたとしても、本件協働事業化に関する最終契約が成立していたことが客観的に確実又は高度の蓋然性があったとは認められないし、また、UFJ3社と原告との間では、その事務局ないし担当者レベルにおいてすら、本件協働事業化に関する最終契約の内容も具体的に確定していなかったのであり、その契約の成立を前提とする履行利益というものを観念することができないから、本件協働事業化に関する最終契約が締結されていれば原告が得られたであろう利益相当額は、UFJ3社の独占交渉義務違反及び誠実協議義務違反と相当因果関係にある損害ということはできない。

イ(ア) また、原告は、平成16年7月13日当時、本件協働事業化に関する最終契約が成立する可能性が100パーセントであったと認定されない場合には、本件協働事業化に関する最終契約が成立した場合に想定される利益にUFJ3社が独占交渉義務及び誠実協議義務を履行していれば最終契約が成立していたであろう客観的可能性を乗じた額が損害額として認定されるべきである旨主張する。

しかし、そもそも、本件協働事業化に関する最終契約が成立していない本件においては、その契約が成立していれば原告が得られたであろう利益というものを観念し得ないことは前示のとおりであり、原告の主張するような履行利益相当額に最終契約の成立の客観的可能性を乗じて損害額を算出することは、要するに、中間的な合意が成立したことなどから独占交渉義務又は誠実協議義務等が発生した場合には、例えば最終契約が成立する可能性について、高度の蓋然性が認められる場合ばかりでなく、わずか数パーセント程度といった、その可能性が極めて低い場合であったとしても、常に、締結されたであろう最終契約の内容を想定して履行利益を算出し、これにわずかな可能性を乗じて相当因果関係のある損害額を算出するというもの

あり、相当因果関係の解釈として採用し難いものであることは明らかである。

したがって、原告の上記主張は採用することができない。

(イ) 以上検討したところによれば、本件協働事業化に関する最終契約が成立した場合に想定される利益にＵＦＪ３社が独占交渉義務及び誠実協議義務を履行していれば最終契約が成立していたであろう客観的可能性を乗じた額をもって、ＵＦＪ３社の債務不履行と相当因果関係のある損害と認めることはできない。

ウ さらに、原告は、本件協働事業化に関する最終契約が成立するとの期待が侵害されたことによる損害が履行利益相当額であることを前提に、その算定について民事訴訟法248条を適用すべきである旨主張する。

しかし、同条は、損害が生じたことが認められる場合において、損害の性質上その額を立証することが極めて困難であるときに適用される条文である。これに対し、本件においては、前示のとおり、ＵＦＪ３社の独占交渉義務及び誠実協議義務の債務不履行により原告に履行利益相当額の損害が発生したと認めることができないのであるから、同条を適用する余地はない。また、原告は、上記期待そのものについてその算定が困難であるとも主張するかのようであるが、上記期待の侵害については、原告が上記期待により被った具体的な損害を主張立証すれば足りることであるから、事柄の性質上、その額を立証することが極めて困難であるといえないことは明らかである。

したがって、原告の上記主張は採用することができない。

エ 以上要するに、本件協働事業化に関する最終契約が成立していない上、ＵＦＪ３社が独占交渉義務及び誠実協議義務を履行していたとしても、同契約の成立が確実であったとはいえず、また、同契約の内容も具体的に確定していなかった本件においては、本件協働事業化に関する最終契約が成立した場合の得べかりし利益（履行利益）は、独占交渉義務違反及び誠実協議義務違反と相当因果関係があるとは認められないから、原告は、被告らに対し、最終契約の成立を前提とする履行利益相当額の損害賠償を求めることができないものというべきである。

そして、被告らは、独占交渉義務及び誠実協議義務の債務不履行と相当因果関係のある損害について賠償する義務を負うというべきところ、原告は、本件において、上記債務不履行と相当因果関係のない履行利益相当額の損害ないしこれを基準に算出した損害額についてのみ主張し、それ以外の損害について、何らの主張立証もしていないから、被告らに独占交渉義務及び誠実協議義務の債務不履行に基づく損害賠償責任を認めることはできない。

したがって、原告の債務不履行に基づく損害賠償請求は理由がない。

オ さらに、原告は、選択的に、一方的な本件基本合意の破棄による不法行為に基づく損害賠償を請求するが、ＵＦＪ３社が一方的に本件基本合意を破棄したとしても、その不法行為と原告主張の損害との間に相当因果関係が認められないことは、債務不履行について判断したところと同旨であり、結局、原告の不法行為に基づく損害賠償請求も理由がないといわざるを得ない。

第４ 結論

よって、原告の本訴請求は、いずれも理由がないからこれを棄却することとし、訴訟費用の負担につき民事訴訟法61条を適用して、主文のとおり判決する。

裁判長裁判官　山﨑　勉
裁判官　田村政巳　中西正治

(別紙)　●＜略＞

Ⅱ 外国判例編

17 ユノカル判決

Unocal Corp. v. Mesa Petroleum Co., 493 A.2d 946 (Del. 1985)

The Financial and Business Law Precedents

同志社大学法学部准教授　伊藤靖史

Ⅰ 事案の概要

1985年4月8日に、メサ石油社、メサ・イースタン社等のいくつかの会社（以下ではこれらを併せてXと呼ぶ。これらの会社は、すべて、ブーン・ピケンズ氏によって支配される会社であった）が、ユノカル社（以下ではY社と呼ぶ）の株式について、公開買付けを開始した。XはY社の株式の約13％をすでに保有しており、次の内容の公開買付けを行った。⑴Y社の株式の約37％（6400万株）について、1株あたり54ドルの金銭を対価とする公開買付けを行う。そして、公開買付けの成功後は、⑵Y社とメサ・イースタン社の合併によって、Y社に残存する株主は、債務証券等を対価として（Xはこの対価の価値も1株あたり54ドルだと主張）締め出されることが、当初から明らかにされていた。

Y社の取締役会は、8人の独立した社外取締役と、6人の社内取締役から構成されていた。4月13日および15日の会議で、取締役会は、Xによる公開買付けについて検討した。13日の会議前に取締役は議題について知らされず、書面の資料も事前に交付されなかった。会議では、2つの投資銀行が、Y社の株式価値に照らせば54ドルという公開買付価格は不適切であると詳細に説明し、可能な防衛策についても説明した。会議時間は9時間半に及び、取締役会は、Xによる公開買付けに反対する旨を決議した。15日には、取締役会は、2時間の会議を経て、投資銀行から説明を受けた防衛策の1つに沿った次の措置をとることを承認した。㈦XがY社の株式を6400万株取得すること（これによってXはY社の株式を合計50％余り保有することになる）を条件に、残りの49％の株式について、1株あたり72ドルの価値を有する債務証券と引き換えに取得する公開買付けを行う（以下ではこの公開買付けを交換買付けと呼ぶ）。㈧交換買付けの対象株主から、Xは除外される。

4月17日に、Xは、Y社による交換買付けの差止めを求めて、本件訴えを提起した。その後、Y社は、買付対象株式のうち5000万株について㈦の条件を放棄したが、㈧の条件は維持した。5月13日に、デラウェア衡平法裁判所は、Xの申立てを認め、交換買付けについて暫定的差止命令を発した。これに対して、Y社が上訴した。デラウェア最高裁判所は、次のように述べて上訴を認容し、原審の命令を取り消した。

Ⅱ 判決要旨

「取締役会は、進行中の公開買付けに対処する場合、公開買付けが会社およびその株主の最善の利益となるかどうかを判断する義務を負う。この点では、取締役会の義務は、取締役会が負う他のいかなる責務とも変わりがない…。しかしながら、…取締役会が会社およびその株主の利益ではなく、主に自己の利益のために行動するおそれが常に存在するため、経営判断原則の保護が与えられる前提として、裁判所による審査を要する高度の義務が存在する。」

「…取締役会は、ある者が会社の株式を保有するがゆえに会社の政策および効率性に対して危険が存在すると信じたことについて合理的な根拠を有していたことを、証明しなければならない。…しかしながら、取締役会は、誠実さと合理的な調査を示すことで、証明責任を充たしたことになる。…さらに、そのような証明は、…独立した社外取締役が過半数を占める取締役会の承認によっ

て、相当程度強化される。」

「さらなる側面は、バランスの要素である。防衛措置は、経営判断原則の保護を受けるためには、もたらされる脅威との関係で、合理的なものでなければならない。そのために、取締役会は、公開買付けの性質と、会社の行う事業への公開買付けの影響を分析する必要がある。そのような懸念の例には、次のものが含まれうる。すなわち、公開買付価格が不適切であること、公開買付けの性質とタイミング、違法性の問題、株主以外の『利害関係者』…への影響、公開買付けが失敗する可能性、および、公開買付けの対価として提供される証券の性質である。」

「具体的には、Y社取締役会は、Y社の価値は、…1株あたり54ドルを大きく超えていると結論した。さらに、取締役会は、…残存株主の締出しの際に対価とされる劣後証券は、54ドルよりもはるかに価値の低い『ジャンク・ボンド』であると判断した。そのような公開買付けが古典的な強圧的措置であることは、現在ではよく認識されている。これは、たとえ価格が不適切であっても、後の取引において受け取るものをおそれて、株主が第1段階の公開買付けに殺到するよう設計されたものである。不適切な二段階公開買付けの強圧的側面に加えて、本件での脅威は、『グリーンメーラー』として全国的に有名な乗っ取り屋によってもたらされているのである。

差別的な交換買付けを採用するに際して、取締役会は、不適切なXによる公開買付けを失敗させること、または、それにもかかわらずXによる公開買付けが成功すれば、49％の株主に72ドルの価値を有する優先債務［証券］を与えることが、その目的だと述べた。我々は、このいずれの目的も有効なものであると考える。

しかしながら、交換買付けにXが参加できたなら、そのような努力は失敗したであろう。第1に、…Y社は、XがY社の株式を1株あたり54ドルで買い取る努力を続けることに、実質的には金銭的な援助を与えることになっただろう。第2に、Xは、定義上、X自身による強圧的かつ不適切な公開買付けから保護される種類の株主には該当しうるものではなかった。

したがって、我々は、差別的な交換買付けが、もたらされる脅威と合理的に関係したものであると考える。」

「結論を述べれば、取締役会は、Xの公開買付けに反対し、会社企業を保護する明確な義務に従い、誠実に、かつ、合理的な調査にもとづいて、差別的な交換買付けを行う権限を有していた。さらに、Y社によって選択された差別的な交換買付計画は、Xの不適切で強圧的な二段階公開買付けによってもたらされると取締役会が相当かつ合理的に信じた脅威との関係で、合理的なものであった。これらの状況の下では、取締役会の行為は、経営判断原則の基準による審査を受けることができる。したがって、取締役会の判断が主にその地位を守るためになされたことか、…その他の信認義務違反が、証拠の優越によって示されないかぎり、裁判所は、自身の判断をもって取締役会の判断に代えることはない。」

III 分析と展開

1 本判決の意義

企業買収が対象会社の株主の利益になるか、また、どのように交渉するのが最善か。そのような判断は、その他の経営上の判断と同様に、専門的な経営能力を要するものである。他方で、対象会社の経営者や取締役会は、自己の利益に動機付けられて企業買収に対処する可能性がある。経営者や取締役会は、自己の利益のために（多額の退職金の支払いなど）、株主の利益にならない買収を受け入れるかもしれない。また、経営者や取締役会は、自己の地位を守るために、株主の利益になる買収に対して防衛策を発動するかもしれない。本判決は、敵対的買収が有する利益衝突の側面に着目して、次のルールを述べる。すなわち、企業買収への防衛策に対して差止め等が請求された場合、防衛策の発動が経営判断原則による保護を受ける前提として、対象会社の取締役会の側で、次の2点をともに証明しなければならない。①取締役会は、会社の政策および効率性に対する危険が存在すると信じたことについて、合理的な根拠を有していたこと。②防衛措置は、企業買収によってもたらされる脅威との関係で、合理的なものであること。

この問題に関するデラウェア州の初期のリーディング・ケースは、シェフ判決（Cheff v. Mathes, 199 A. 2d 548 (Del. Ch. 1964)）である。同判決は、取締役会の動機を問題としつつ（職を守ることが唯一

ないし主要な目的であれば義務違反）、利益衝突のおそれに言及し、防衛策の発動が経営判断原則の保護を受ける前提として、上記①の証明を要求した。本判決も、シェフ判決のそれらの部分を踏襲する（引用はしなかったが、取締役会の動機を問題とする部分も同様）。誠実さと合理的な調査を示すことによって①の証明責任を果たせることも、シェフ判決に述べられていた。しかし、同判決の基準は、実質的には経営判断原則を適用するのと異ならないと評価されていた。現経営陣と買収者の間には通常は会社の政策をめぐる対立があり、同判決の基準の下では、注意深く記録を整えることで、現経営陣の政策への危険を容易に証明できるからである（Jesse H. Choper et al., Cases and Materials on Corporations 975, 988 (6th ed. 2004)）。

これに対して、本判決は、②を新たに付け加えたところに意義を有する。②が付け加えられることによって、脅威の内容・性質が実質的に問題となり、脅威の内容・性質に対応して、許容される防衛策にも制約が加えられるからである。本判決以後、①②の双方からなる基準がユノカル基準と呼ばれ、デラウェア州の判例法理として定着した。ユノカル基準の下での裁判所による審査は、次のようなものとなる（ムーア判決による整理。Moore Corp. Ltd. v. Wallace Computer Services, Inc., 907 F. Supp. 1545, 1556, 1561 (D. Del. 1995)）。すなわち、裁判所が①について審査する際には、脅威の存在とその性質が焦点となる。ここでの脅威についての正確な審査を基礎として、裁判所は、②——そのような脅威の性質ないし程度からして防衛策が合理的ないし相当な（言い換えれば、過剰ではない）ものか——を審査する。

2 脅威の性質と防衛策の相当性

本判決によれば、Y社の取締役会は、Xによる公開買付けが強圧的な二段階公開買付けであると、相当かつ合理的に信じた。一般に、二段階公開買付けが行われれば、対象会社の株主は、たとえ1段階目の公開買付価格が不十分だと考えたとしても、公開買付けに応じなかった場合にさらに不利な条件で締め出されることをおそれ、1段階目の公開買付けに殺到することになると考えられている。このような手段は、公開会社の分散した株主について存在する集合行為問題を利用して、買収者が利得を得るものだといわれる。

本件でXが用いた買収手法がこのように強圧的なものだとすれば、脅威は明白なものといえるだろう。また、本判決は、Xが、グリーンメーラーとして有名であることも指摘し、Xを対象から排除するY社による自社株の公開買付けという防衛策も、そのような脅威との関係では合理的なものとした。このように、1に述べた①②が充されたものと判断され、裁判所は、Y社の取締役会の判断について経営判断原則を適用して、Xによる差止めを認めなかった。

本件でY社が用いた防衛策は、Y社自らが、Xが示す価格よりも高い価格で、差別的な（買収者を対象から排除する）公開買付けを行うというものである。同防衛策は、Y社の株主を1段階目の公開買付けに殺到するインセンティブから逃れさせるものとも評価できる。しかし、このような防衛策は、本判決後に行われたSECの規則改正によって、許容されなくなった。規則14d-10によって、公開買付けは、対象会社の株主のすべての保有者を対象とするものでなければならなくなったのである。

Xによる公開買付けを強圧性のある二段階公開買付けだと評価するかは、2段階目の締出しの対価をどう見るか（54ドルの価値があるか）にもよる。二段階公開買付けが強圧性を有するという考え方、また、会社の「内在的価値」が株価に反映されないことがあるという考え方に批判的な論者からは、本判決について、むしろY社による防衛策の方が強圧性を有しており、本件防衛策によってY社の価値は低下したとの批判も行われている（Frank H. Easterbrook & Daniel R. Fischel, The Economic Structure of Corporate Law 199-200 (1991)）。本件で裁判所がXによる差止めを認めなかった実際の理由は、結局、Xがグリーンメーラーとして有名であったことに尽きるといえるのかもしれない。

3 本判決以後の展開

本判決以後、ユノカル基準をめぐる議論の焦点は、二段階公開買付けによる強圧性が存在しない事案で、どのような脅威があれば、買収の継続を困難にするような防衛策が許容されるのか、というところに移った。本判決の後、デラウェア衡平法裁判所は、強圧性のない買収手法（典型的には全株式を対象とし金銭を対価とする公開買付け）が用いられた事案で、防衛策の差止めを求める買収者の申立てを相次いで認めた（E.g., AC Acquisitions

Corp. v. Anderson Clayton & Co., 519 A. 2d 103（Del. Ch. 1986）; City Capital Associates v. Interco Inc., 551 A. 2d 787（Del. Ch. 1988））。それらの判決は、強圧性のない買収手法が用いられ、買付価格も株主が合理的に受け入れ可能なものであれば、脅威は存在しないという考え方を示すようにも見えた。もっとも、これらの判決について、決定的だったのは対象会社がポイズン・ピルの消却拒否を超えて、買収者がもたらすものと実質は変わらない変動（多額の負債、会社資産の処分等。これらは、主に負債によって資金を調達する買収手法に通常伴うものである）を会社にもたらそうとしたことだった、との見方もある（Choper et al., supra, at 991）。

このようなデラウェア衡平法裁判所によるユノカル基準の内容形成は、デラウェア最高裁判所のタイム判決（Paramount Communications, Inc. v. Time Inc., 571 A. 2d 1140（Del. 1989）：本書別稿❶徳本論文参照）によって否定されることになった。最高裁判所は、衡平法裁判所の立場が、敵対的買収による脅威が買収の強圧性か、買付対価が著しく不適切であることの、いずれかしかないことを示唆するのであれば、それは、ユノカル基準を誤解するものだと述べた。ユノカル基準の現在の運用のあり方は、タイム判決と、ユニトリン判決（Unitrin, Inc. v. American General Corp., 651 A. 2d 1361（Del. 1995））から、次のようにまとめることができる（ムーア判決による整理。Moore, 907 F. Supp. at 1557-1558, 1562-1563）。(ｱ)脅威には、対象会社が行おうとしている事業結合の戦略的な便益や、対象会社の長期的な真の価値について、対象会社の株主が知らず、または、誤った信念をもって、買収に応じることも含まれる。(ｲ)強圧的な防衛策や、買収者による委任状合戦の可能性を排除する防衛策は、相当性を欠く。このようなユノカル基準の運用のあり方からすれば、単なるポイズン・ピルの消却の拒否は、相当性を欠くことにはならない。設置者（または設置者から指名された者）でなければ消却できないデッド・ハンド・ポイズン・ピルが認められないのも（クイックターン・デザイン・システムズ判決。Quickturn Design Systems, Inc. v. Shapiro, 721 A. 2d 1281（Del. 1998））、これと親和的である（もっとも、同判決が直接の根拠にしたのは、そのようなポイズン・ピルが、会社の事業を経営する取締役会の権限を定めるデラウェア一般会社法141条(a)項に違反する、というものである）。

以上のように、現在の判例法理は、会社支配権をめぐる争いについて、敵対的な企業買収ではなく、（委任状合戦による）取締役の選任を通じて決着がつけられるべきだという発想を示すものともいえる。しかし、対象会社が期差取締役会（staggered board）を導入している場合、取締役の任期は3年であり、取締役会は毎年3分の1ずつ改選される（デラウェア一般会社法141条(d)項）。また、任期途中での取締役の解任は、正当事由がなければできない（デラウェア一般会社法141条(k)項(1)号）。したがって、買収者は、2回の委任状合戦を制し、取締役会の3分の2を交代させなければポイズン・ピルを消却させられず、期差取締役会とポイズン・ピルの組み合わせは相当強力な防衛策といえる（Choper et al., supra, at 1020-1022）。このような現状について、米国では、賛否両論の評価がなされている（森田果「企業買収防衛策をめぐる理論状況」武井一浩＝太田洋＝中山龍太郎編『企業買収防衛戦略』209頁（商事法務・2004年）参照）。

Yasushi ITO

18 レブロン判決

Revlon, Inc. v. MacAndrews & Forbes Holdings, Inc., 506 A.2d 173 (Del.1986)

Ⅱ 外国判例編

The Financial and Business Law Precedents

岡山大学大学院法務研究科教授　三浦　治

Ⅰ　事案の概要

　1985年6月、パントリー・プライド社はレブロン社を友好的に買収しようとして両社の代表者間で協議がもたれたが、不調に終わった。パントリー・プライド社が提示したレブロン社株式1株あたりの価格について、レブロン社は自社の本質的価値に照らしてあまりに低い価格だと考えたためである。8月に再度行われた協議も決裂した。

　レブロン社取締役会は、8月19日にパントリー・プライド社による敵対的な買収提案がもたらしている脅威について検討し、パントリー・プライド社が提示した価格は著しく不適切であり、レブロン社取得後の資産切売りによって多額の収益をもくろむ買収であるとの専門家の説明を受けた。そして次のような対抗措置の採用を決議した。すなわち、(1)社外株式約3,000万株のうち500万株を取得すること、(2)レブロン社の全株主に対して、1株につき元本65ドルの債務証書と交換できる権利（以下、「Rights」）を与え、このRightsはレブロン社の株式を20％以上取得する者が現れた時に発効する（ただし当該20％以上取得者は権利行使できない）こととする、というものである。もっとも、事情の変化に備えて、10セントでRightsを償還することができることも定められた。

　8月23日にパントリー・プライド社が、Rightsの償還などを条件として、レブロン社の全株式に対して1株あたり47.50ドル（優先株式は26.67ドル）の現金で取得するテンダー・オファーを開始したのを受けて、レブロン社は株主に対してそのオファーに応じないよう呼びかけた。さらに8月29日には、1株につき元本47.50ドルの債務証書（以下、「Notes」）などと交換するテンダー・オファー（自社株式に対するセルフ・テンダー・オファー）を開始した。そしてレブロン社株主の多くがこれに応募し、レブロン社は1,000万株の自社株を取得した。このNotesには、独立した非経営陣取締役による承認がない限り、レブロン社自身の新たな債務負担、資産売却、配当支払いに関する権限を制限するという誓約条項が含まれていた。これらが制限されていることにより会社の価値が減じられる可能性が少なくなり、Notesを所持しようとする動機に拍車をかけて、セルフ・テンダー・オファーが成功する蓋然性が高くなる。他方で、レブロン社を買収した後でその資産を売却することなどをもくろんで買収資金を調達しようというＬＢＯの方法による買収者にとっては、大きな足かせとなる。RightsとNotesの誓約条項の存在はパントリー・プライド社を悩ませたが、しかしテンダー・オファーを継続し、10月1日には1株あたりの買付価格を53ドルに引き上げるまでに至った。

　その間、レブロン社取締役会は、レブロン社の取得に興味を持つ他の第三者との交渉を開始していた。そして10月3日には、フォーストマン社がレブロン社株式を1株あたり56ドルで取得する、ＬＢＯによる方法での買収に同意するに至った。もっとも、この同意には、Rightsの償還、Notesの誓約条項の破棄という内容も含まれていた。フォーストマン社も同じくＬＢＯの方法による買収を計画していたので、とりわけNotesの誓約条項は足かせとなるのである。ところが逆にNotesの所持人にとってはその破棄は安心材料をもぎとられたことになる。この計画が発表されるや、Notesの市場価格は下落し始め、100ドルあたりで取引がなされていたNotesは、数日のうちに87.50ドルにまで下がった。この頃、レブロン社

には怒ったNotes所持人からの電話抗議が殺到し、ウォール・ストリート・ジャーナルはこれらの者による訴訟が提起されるかもしれないと報じた。

他方、パントリー・プライド社は、10月7日に買付価格を56.25ドルに引き上げた。そこでレブロン社とフォーストマン社は、10月12日、買付価格を57.25ドルとする新しい提案について合意をしたが、これには次の内容が含まれていた。(1)レブロン社株式の40%以上取得者が現れた場合、レブロン社のある事業部門を約定の価額（レブロン社の投資銀行による評価よりもかなり低い価額）でフォーストマン社が取得するというロックアップ・オプション、(2)レブロン社は、レブロン社買収について他の第三者と交渉しないというノー・ショップ条項、(3)RightsおよびNotesの誓約条項は、10月3日の合意に基づき償還・破棄されること、(4)この合意内容が実現されなかったり、レブロン社株式の19%以上取得者が現れた場合、フォーストマン社に2,500万ドルのキャンセル料が支払われること、(5)フォーストマン社はNotesを新しい証券と交換することによってNotesの市場価格の下落に対処することなどである。この(5)がNotes所持人を保護することになるということもあり、レブロン社取締役会はフォーストマン社の提案を承認したのである。

レブロン社とフォーストマン社との合意が実行に移されることなどを阻止すべく、パントリー・プライド社の支配株主であるマックアンドリュース・アンド・フォーブス・ホールディングス社が、予備的差止命令を求めて訴えを提起した。衡平法裁判所が上記(1)(2)(4)につき差止請求を認めたため、レブロン社は上訴。

II 判決要旨

予備的差止命令を発するためには、原告によって、本案で勝訴する見込みが合理的にあることと、差し止められなければ回復することができない損害が発生することとが証明されなければならない。加えて、裁判所は両当事者の利害を衡量する。

まず、パントリー・プライド社が本案で勝訴する見込みがあるかどうかが問題となる。会社事業の舵取りをする責任は最終的には取締役会にあり、取締役は、会社ないし株主に対して注意義務および忠実義務という信認義務を負っている。経営判断の原則は企業買収の脅威にさらされている取締役の行為にも適用され得るが、まずは、その前提となる注意、忠実、独立性という諸要素が充たされていなければならない。

もし経営判断の原則が適用されるならば、取締役が事業決定を下す際に、情報に基づき、誠実に、その行為が会社の最善の利益に結びつくと正直に信じて行為したものと推定されることになる。しかしながら、取締役会が敵対的企業買収対抗措置を実行する場合には、会社ないし株主の利益のためではなく、もっぱら自己自身の利益のために行為しようという誘惑に惑わされる可能性がある。こうした会社との利益衝突の可能性が潜んでいるため、取締役側に、会社の基本方針および経営効率に対する危険が存在したと信じることに合理的な根拠があったことを証明する責任が負わされることになる。この証明責任は誠実および合理的調査の証明によって果たすことができる。また、採用する対抗措置は直面している脅威との関連で合理的なものである必要があるため、取締役は買収行為の性質とそれが会社に対して与える影響とを分析しておくことが必要になる。Unocal基準である。

さて、レブロン社が採用した最初の対抗措置は、ポイズン・ピルとして知られているRights Planであった。すなわち、事前に定めた一定の事態が生じたならば、それを引き金として発効する権利──会社に対して株式の取得を請求することができる権利（株主は権利行使によって実質的なプレミアムを得る）──を株主に付与するというものである。この採用に際しては、取締役会は誠実に、合理的調査に基づいて行為したし、直面している脅威に対して採られたRights Planが不合理であったとも言えない。実際、この計画は、パントリー・プライド社の提案を42ドルそこそこから58ドルにまで引き上げさせるきっかけともなった。取締役の信認義務は充たされている。第2の対抗措置は、1,000万株の自社株式に対するセルフ・テンダー・オファーである。敵対的企業買収対抗措置としてこの行為が行われる場合は、Unocal基準に基づき厳しく審査される。すなわち、取締役には会社ないし株主の最善の利益を決定するこ

とが要求され、その利益に対する誠実な関心以外の配慮に基づくいかなる行動も避けるという、より厳しい内容の義務（an enhanced duty）を負うことになる。レブロン社取締役会は、47.50ドルの買付提案を著しく不適切なものと結論したが、この点においては、取締役会は誠実に、情報を得て、会社に損害を与える脅威があると信じる合理的な根拠に基づいて行為した。その脅威に対して採用した対抗措置の合理性についても、デラウェア州法に従った適切なものである。

しかし、パントリー・プライド社が53ドルにまで買付価格を引き上げたとき、レブロン社が従前のまま存続していくことはできないこと、その意味で会社の解体が避けられないということは明らかなものとなった。レブロン社の取締役会が、他の第三者との合併・買収について交渉することを決議したということは、会社を売りに出すということでもある。つまり、取締役会の義務は、もはや会社企業としてのレブロン社を防衛するということではなく、株主の利益のために会社の売却価格を最大化するということに変化したのである。Unocal基準に服すべき取締役会の職責は重大な変更を加えられた。今や取締役会は、会社の基本方針および経営効率に対する脅威とか、株主の利益に対する脅威にさらされているという状況にはない。取締役の職務は、会社というお城を死守するという職務ではなく、株主の利益のために会社にとって最善の売却価格を獲得するという競売人の職務に変わってしまったのである。

レブロン社の取締役会は、Notes所持人から責任を追及される可能性を意識していたため、Notesの市場価格を維持することも内容とするフォーストマン社との合意に及んだ。しかし、上記のように取締役の職務が変化すると、Notes所持人の利益に配慮することは不適切なものとなる。取締役会がさまざまな利害関係者の利益に配慮することは適切ではあるが、それも株主の利益に合理的に関連する限りにおいてである。しかも会社のオークションが活発に進行中であるときには、そのような配慮は不適切なものとなる。取締役の行為の中心的な目標は、株主の利益のために最高の価格を獲得することなのである。

ロックアップ自体は違法ではなく、それが新たな買付提案を呼び込むものであれば株主の利益になる。しかし、活発に進行中のオークションを終結させ、競争状態から一方の者を排除してしまうようなものであると、株主に損失をもたらしてしまう。フォーストマン社のロックアップはまさに競争状態を破壊するものである。このように、許されない配慮に基づいて株主の利益を犠牲にしてオークションを終結させるロックアップの合意をしたことは、忠実義務違反行為であり、誠実の証明を果たすことはできない。また、Notes所持人の権利は契約によって定まっており、すでに一定のリスクも織り込まれている。つまり、レブロン社がNotes所持人のために配慮すべき法的な利益があるわけではなく、その配慮によって合理的に株主に生じる利益というものもない。フォーストマン社との合意は、直面している脅威との関連でも不合理なものと結論しなければならない。

レブロン社取締役会は、パントリー・プライド社の資金調達に不安を覚えたこともフォーストマン社の提案を承認した理由として主張するが、全株式を現金で買い付けるというパントリー・プライド社の提案に関しては重要性をもたない。また、買付価格が高いことが承認の理由の一つだとも主張する。しかし、フォーストマン社の57.25ドルの提案は買収の承認や取引条件の成就によって時間がかかるものであるから、即時の買付けであるパントリー・プライド社の56.25ドルと比較するにしても、割り引いて考える必要がある。これらの理由にならない理由によって取締役会が活発な買付競争を終結させ、しかもそれによって、Notes所持人から取締役としての責任を追及される可能性を免れることができるというものであるとき、この行為はUnocal判決が要求している「より緻密な審査」に堪えることはできない。

ノー・ショップ条項もそれ自体が違法というわけではないが、取締役会の義務が最も高額の買付価格を提案した者に会社を売却するという内容に変化したときには、Unocal基準を充たすことはできない。フォーストマン社は、レブロン社経営陣との協力やその財務情報へのアクセスなどの優遇を受けた。一方の側（ホワイト・ナイト）への優遇は、他方の提案が株主に不利益なものだという場合は正当化されるだろうが、複数の提案が類似のものであったり、会社の破綻が避けられないものになった段階では、株主の利益のために他と交渉する裁量が取締役会に残されていなければならない。キャンセル料についての合意も計画全体の

一環であり、同様である。

　このようにしてパントリー・プライド社は、本案で勝訴する見込みが合理的にあることを証明した。次に、差し止められなければ回復することができない損害がパントリー・プライド社に発生することが証明されなければならない。差止命令が発せられない限り、パントリー・プライド社のレブロン社に対する買付けの機会は失われる。この立証も果たされたものと判断されるし、双方の会社による買付けを市場の中で競わせる必要性はフォーストマン社に生じる損害よりも重視されるべきである。

　結論としてまとめるとこうである。レブロン社の最初の対抗措置は株主の利益のために機能するものであり、この措置を正当化するにあたってUnocal判決が示した証明を果たすことができた。しかしながら、フォーストマン社へのロックアップを承認するに際しては株主利益の最大化ということ以外の配慮をした。そのため、裁判所の介入がなければ、レブロン社をめぐるオークションは終結してしまい、最終的に株主に損失を与えてしまうことになると結論される。取締役に注意義務違反が認められる場合、その対抗措置が支持されることはない。こうした場合に、経営判断の原則に基づいて取締役会の経営判断に対する尊重が求められる、ということはできないのである。この対抗措置が差し止められたのは適切である。

III　分析と展開

　敵対的な企業買収をしかけられた場合に会社がどう対応するかはさまざまであろう。デラウェア州では、取締役会が一定の対抗措置を採用する権限を有しており、種々の行為や取引が対抗措置として決定され実行されることも多い。そして、そうした取締役会の決定およびその決定に至るまでのプロセスが取締役の義務を尽くして行われたものかどうかが、裁判で争われる場合も少なくない。この点を裁判所が審査する際には、取締役が「会社ないし株主の利益のためではなく、もっぱら自己自身の利益のために行為しようという誘惑に惑わされる可能性がある」ことが特に重視され、経営判断の原則という判断基準を用いた審査を行う前提として、特別の判断基準—ユノカル基準—に沿った審査が行われる（本書別稿❶伊藤論文）。本判決は、ユノカル判決が判示したこの審査を「より緻密な審査（the enhanced scrutiny）」と表現した。そして、攻防の状況が刻々変化する中での一定時点までの取締役の行為にはユノカル基準をそのまま適用し、義務違反はないとした。しかし、その後の行為についての審査において、ユノカル判決の判示内容に新たな内容を付け加えた。

　まず、①会社の解体（break-up）が避けられないことが明らかになったとき（ないし会社を現金で売りに出す（for sale）のと同様の状況となったとき）、取締役会の職責は、会社を防衛することではなく、株主の利益のために会社の売却価格を最大化することに変化すると判示した。つまり、取締役は会社の売却価格を最大化するという職務を忠実義務・注意義務（これらに加えて誠実義務が言われることがある）を尽くして遂行しなければならないということになり（レブロン義務（Revlon duty）と称されている）、裁判所はこの点につき「より緻密な審査」を加えるということになる。次に、②ユノカル判決は、採用した対抗措置が脅威との関係で合理的なものかどうかの判断要素として「株主以外の利害関係者への影響に対する配慮」もあげていたが、本判決は、そのような配慮は株主の利益に合理的に関連する限りにおいてのみ認められるという限定を付した。そのうえで、③取締役会の職責が①のように変化し、会社のオークションが活発に繰り広げられている状況では、株主以外の者の利益に対する配慮は不適切なものとなると判示した。

　レブロン社取締役会が承認したフォーストマン社との合意は、単純に買収者を撃退するための対抗措置ではない。その前後の3社間での交渉経過などからも、パントリー・プライド社が撤退しないことや、レブロン社の複数の事業部門の売却が避けられないことは明らかになった。この段階で取締役会が何らかの決定をするとしても、それがより高い買収条件を引き出したり、別の買収者をオークションに引き込むよう機能するなら株主が手にする利益を高めることになり、①のレブロン義務に適うことになる。しかし、合意内容は逆にフォーストマン社を一方的に優遇するものでしかなく、オークションを終結させてしまうものであった。そこで、取締役の注意義務違反を認め

た。また、なぜそのような合意をしたかについて、取締役自身に対するNotes所持人からの責任追及訴訟を回避する目的でNotes所持人に配慮して行ったもの——つまり、③によりもはや配慮することが許されなくなった者の利益に配慮する一方で、配慮すべき株主の利益を高めることがなく、しかも取締役自身の利益に資するもの——として、忠実義務違反があるとも判示した。本判決はこの側面を重視したように見え（パントリー・プライド社には終始敵対するとともに、責任追及をおそれたためにフォーストマン社を優遇した）、「より緻密な審査」が本領を発揮した事例と言えるように思われる。

さて、本判決が示したレブロン義務および「より緻密な審査」の内容は、その後も判例上、精緻化されてきている。たとえば、会社企業の解体の場合のみならず、会社支配権の変動（a sale or change of control）を伴う行為が行われる場合にもレブロン義務が生じる。また、会社の売却価格の最大化といっても単純に金銭的側面のみを考慮すればよいのではなく（本事案は価格そのものを問題にしやすい事案であったが）、とりまくすべての状況を考慮したうえで株主が現在合理的に得られる最善の価値の実現が求められること、つまり取締役にとってレブロン義務を果たすために1枚の青写真しかないというわけではなく、現実に実現できる最善の価値を株主に提供するために適切な情報を得て合理的に行動したかどうかが問われること、そのために必ず複数の提案が競合した状況が形成されていなければならないということはなく、その取引が公正であることの信頼性が担保されていれば足りることなどである（Paramount Communication Inc. v. QVC Network Inc., 637 A,2d 34（Del. 1994）など）。

本判決では、一定の場合に、経営判断の目的が「会社の最善の利益」という漠然としたものではなく、「最善の売却価格を獲得する」ことに特化されるということが示された。しかし売却の状況はさまざまであり、特定の提案を受け入れるタイミング（買収者が競争から降りる可能性もある）も含めて高度に複雑な経営判断が要求されるのだから、レブロン義務が生じたとしても、裁判所として取締役の経営判断に対する尊重という理念を忘れ去ってはならない。レブロン判決自体はこうした点に直接触れてはいないが、上記のようにレブロン義務が発展的に解釈・適用されてきていることは妥当であろう。また、このような発展により、先の③を厳格に維持するという態度には修正が加えられたものと見ることができる（なお、取締役の義務として③を否定する内容を立法した州もある）。

近時のデラウェア州衡平法裁判所の諸判決でもレブロン義務は繰り返し確認されており、レブロン義務違反を判示した判決もある。しかし、本事案は典型的なケースとして新たにレブロン義務を判示・適用することに成功したものの、いかなる場合にレブロン義務が生じるのか（とりわけレブロン義務が生じる「会社支配権の変動」の意味）という、レブロン義務のいわば外延の問題はなお残されている。

＜参考文献＞

大野理彩「会社の支配権争奪の局面における取締役の行為規準」早稲田法学会誌47巻1頁（1997年）、德本穰『敵対的企業買収の法理論』（九州大学出版会・2000年）、田中信隆「敵対的テイクオーバーに対する防衛策のデラウェア州法に基づくルールと戦略〔1〕～〔12・完〕」国際商事法務28巻393頁、533頁、667頁、812頁、1071頁、1186頁、1337頁、1465頁、29巻184頁、301頁、568頁、700頁（2000年、2001年）、畠田公明「取締役による会社関係者の利害の調整（1）（2・完）」福岡47巻3・4号511頁、48巻1号29頁（2003年）、『企業価値報告書・買収防衛策に関する指針』（別冊商事法務287号）（2005年）、吉井敦子「敵対的公開買付けでの取締役の責務の変化」近藤光男＝志谷匡史編『新・アメリカ商事判例研究』247頁（商事法務・2007年）など。

Osamu MIURA

19 パラマウント判決

Paramount Communications, Inc. v. Time Inc., 571 A.2d 1140(Del. 1989)

筑波大学法科大学院准教授　德本　穣

I　事案の概要

　事案の概要は、以下の通りである。タイム社は、デラウエア州設立の会社であり、雑誌や本の出版、テレビの番組制作、ケーブルテレビのフランチャイズ等を行っていた。その後、タイム社は、娯楽産業へと事業の拡大を図ることを考え、ワーナー社との間で合併交渉を進め、両社の取締役会において、株式交換の方法により新設合併を行うとの合意がなされた。タイム社は、さらに、敵対的企業買収に対する様々な防衛策も採用したが、株主総会において合併の承認が得られる前に、パラマウント社が、タイム社の社外株式のすべてに対して、1株当たり175ドルで、公開買付を行うことを発表した。タイム社の取締役会では、パラマウント社の公開買付は、タイム社の文化の維持に対して脅威を与えるものであり、ワーナー社との合併の方がタイム社にとって有利であると考えられていた。そして、タイム社の取締役会は、タイム社の株主が、ワーナー社との合併による長期的な利益を理解せずに、パラマウント社による公開買付に応じることをおそれた。そこで、タイム社の取締役会は、ワーナー社との合併をやめ、タイム社がワーナー社を現金と株式により公開買付することを決定し、ワーナー社もこれに同意した。これに対して、パラマウント社は、公開買付の価額を1株当たり200ドルに引き上げたが、タイム社の取締役会は、これも不十分であるとして、拒否した。大要、以上のような状況において、パラマウント社等は、①タイム社によるワーナー社株式への公開買付は、いわゆるユノカル判決で示されたユノカル義務に違反し、②タイム社とワーナー社との合併の合意は、いわゆるレブロン判決で示されたレブロン義務を生じさせ、そのため、タイム社の取締役会は、この義務にも違反しているとして、タイム社のワーナー社株式に対する公開買付を差し止める予備的差止命令を求めた。

II　判決要旨

　「デラウエア州の法の下では、一般的に、そして、他の可能性を排除するものではないが、レブロン義務を生じさせうる2つの状況が存在する。その1つは、これはより明確な方であるが、企業が自らを売却するためや自らの明確な解体を伴う事業の組織再編を実行するために、実際に公開買付を開始する場合である。…（中略）…しかしながら、レブロン義務は、買収者の申し出に対して、対象会社がその長期的な戦略を放棄し自らの解体を伴う代替的な取引を追求する場合にも生じうる。…（中略）…しかしながら、もし、敵対的な公開買付に対する取締役会の対応が防衛策にのみあり企業の存続の放棄にないと捉えられるときには、レブロン義務は生じず、ユノカル義務が生じる。…（中略）…」

　「原告の主張の中で暗黙裡に述べられていることは、敵対的な公開買付が2種類の脅威のみを与えるという見方である。そして、その2種類の脅威とは、申し出に応じない株主を不平等に取り扱うことを前提とした2段階公開買付から生じる強制の脅威と、対象会社の取締役会が対象会社の現在の株式の価額であると善意で考える価額よりも低い価額で、すべての株式に対して現金により公開買付を行うことから生じる不十分な価額による脅威である。…（中略）…原告は、パラマウント社による公開買付はすべて現金によるものである

ため、知覚しうる唯一の脅威は不十分な価額であると、主張する。しかしながら、当裁判所は、…（中略）…ユノカル義務をそのように狭くかつ硬直的に解釈することはしない。」

「ユノカル基準の分析の道具としての有用性は、まさに、多様な事実状況に直面した際の柔軟性にある。ユノカル基準は、抽象的な基準ではなく、また、評価のための組織立てられた機械作用的な手続でもない。そのため、当裁判所は、かつて、敵対的な公開買付により与えられる脅威を評価する際に、対象会社の取締役は、公開買付価額の不十分さ、公開買付の性質や時期、違法性の問題、株主以外のステイクホルダーへの影響、公開買付が開始されない際のリスク、交換される証券の質、を考慮することができると、判示した。…（中略）…ユノカル基準により与えられる自由な分析の在り方は、例えば、将来のある時点におけるタイム社とワーナー社の予想される取引価額についての割引後の価額をパラマウント社の公開買付価額と比較し、いずれがより高い価額であるかを決めるというような単純な数学的な作業に還元されるものではない。それにまた、当裁判所の考え方の下では、経営判断原則の基礎となる教訓は、株主にとって長期の投資目的か短期の投資目的かという、関連する訴訟の実体的当否に関する事項を評価する試みの過程に、裁判所が関わることに不利に作用する。そうした試みに関わることは、ユノカル基準における司法審査の過程、そして、とりわけ、その基準の第2の要件の適用について、…（中略）…ゆがみをもたらすものである。」

「パラマウント社は、その公開買付が脅威を与えるということを仮定しながら、その場合にも、タイム社の対応は、タイム社の株主が公開買付に応ずるのを妨げ、または、タイム社の株主が予見可能な近い将来においてコントロール・プレミアムを受け取ることを妨げるものであり、合理的ではないと、主張している。この点について再び論ずると、当裁判所の考えでは、かかる主張は、コーポレート・ガバナンスをめぐる権限の所在がいずれにあるのかについての基本的な誤解に由来するものである。デラウエア州の法は、会社企業の経営を、株主により適正に選任された取締役会の代表者たちに与えている。…（中略）…。会社企業を経営するにあたっての信認義務は、会社の

諸目的の達成のための時間の枠組の選択も含むものである。…（中略）…。そこで、もし、会社の戦略を維持する根拠が明確にないというのでない限り、取締役は、慎重に考えられた会社の計画をやめて株主の短期的な利益を図るという義務を負わされるものではない。…（中略）…」

III 分析と展開

本件における主要な争点は、①当初の合併の合意において、ワーナー社の株主は、新会社の株式の62パーセントを保有することになるが、このことは、レブロン義務を生じさせないのか、②ユノカル基準において、タイム社の取締役会が、パラマウント社の申し出を会社に対する脅威であると考えたことは、合理的であったのか、③ユノカル基準において、タイム社の取締役会のとった行為は合理的であり、それゆえ、経営判断原則の保護を受けるのか、というものである。本件において、デラウエア州最高裁判所は、その結論において原審であるデラウエア州衡平法裁判所の判決を支持しながら（その理由付けには、後述のように、一部異なる点がみられる）、これらのすべての点において、パラマウント社等の原告側の主張を退けた上で、対象会社の取締役会に有利な判決を下した。

まず、①のレブロン義務をめぐる争点については、レブロン判決では、いかなる具体的な行為や決定があれば、取締役の競売人としての義務が生じるかについては、不分明な点が残されていた。この点について、原審であるデラウエア州衡平法裁判所は、会社の取引が支配権の変更を示す場合にレブロン義務が生じると判示した上で、本件では、たとえ、当初の合併の合意において、ワーナー社の株主が新会社の株式の62パーセントを保有することになっても、株式はなお流動的な市場で一般株主の間に分散しているため、レブロン義務は生じないとした。これに対して、デラウエア州最高裁判所は、本件において、レブロン義務は、支配権の変更ではなく、会社の清算や解体が避けられない場合に生じると判示して、原審に比べ、レブロン義務の発生要件を狭く解した。

次に、②および③のユノカル基準をめぐる争点について、検討したい。本件において、タイム社は当初ワーナー社との合併を考えていたが、パラ

マウント社の申し出を契機に、タイム社の株主がワーナー社との合併による長期的な利益を理解せずにパラマウント社による公開買付に応じることをおそれ、タイム社がワーナー社を公開買付することに変更した。そこで、このタイム社によるワーナー社への公開買付は、パラマウント社に対する防衛策であるといえ、ユノカル基準の適用が問題となった。

　ユノカル基準の端緒となったユノカル判決では、経営判断原則が敵対的企業買収に対する防衛策にも適用されることを認めているが、そこでは、その前提として、以下のような司法審査が必要であると判示した。すなわち、対象会社の取締役は、その司法審査の内容として、①買収者の株式所有のために、会社の政策や効率性に対して危険が存在すると信じるにあたり、合理的な根拠を有していたこと、②とられた防衛策が生じた脅威との関係で合理的であったこと、を立証しなければならないとされた。

　この点について、本件では、①の点については、パラマウント社による公開買付はすべて現金によるものであるため知覚し得る唯一の脅威は不十分な価額であるとする原告側の主張を退けた上で、ユノカル基準を狭くかつ硬直的に解釈することをせず、脅威の範囲を広く捉えた上で、脅威を肯定した。また、②の点についても、デラウエア州最高裁判所は、本件において、会社企業の経営権限がどこにあるのかという観点から検討を行い、会社の戦略を維持する根拠が明確にないというのでない限り、取締役は慎重に考えられた会社の計画をやめ株主の短期的な利益を図るという義務を負わされるものではないと判示し、ワーナー社に対する公開買付を合理的な対応であるとした。そして、デラウエア州最高裁判所は、そこでは、パラマント社の申し出は、タイム社の経営を脅かし、その文化の維持を脅かすものであると捉えていた。

　本判決は、このように、レブロン義務とユノカル義務の適用範囲をより明確なものにしたところに主要な意義があると思われる。もっとも、デラウエア州においては、本判決後も、裁判例の蓄積を通じて、レブロン基準やユノカル基準は、今日に至るまで発展を続けている。かかる裁判例の中から、特に重要なものとして、例えば、デラウエア州最高裁判所によるユニトリン判決（Unitrin, Inc. v. American General Corp., 651 A.2d 1361（1995））をとりあげ、指摘すると、そこでは、ユノカル基準の司法審査における第2の要件（とられた防衛策が生じた脅威との関係で合理的であったこと）について、以下のように、2段階のアプローチをとることにより、ユノカル基準の基礎となる考え方を再確認しながら、その基準を発展させている。すなわち、ユニトリン判決において、デラウエア州最高裁判所は、ユノカル基準の司法審査における第2の要件は、①防衛策が、強圧的あるいは排斥的といった苛酷なものであるか否か、②苛酷なものでない場合には、防衛策が、合理性の範囲内にあるか否か、という観点から検討されるべきであると判示している。また、ユニトリン判決は、1988年にデラウエア州衡平法裁判所において判決の下されたブラシウス判決（Blasius Industries, Inc. v. Atlas Corp., 564 A.2d 651（1988））を端緒とするブラシウス基準（取締役会による行為が、株主の議決権の実効性を妨害することを主要ないし唯一の目的としてなされる場合には、ユノカル基準は適用されず、取締役会は、当該行為を強いてとらせるような正当化の事由を説明する重い責任を負うとする基準。このブラシウス基準の内容やそれとユノカル基準の関係等については、後掲の拙著の66～79頁の箇所を参照）とユノカル基準の関係についても、ストラウド判決（Stroud v. Grace, 606 A.2d 75（1992））を引用しながら確認を行い、基本的に、ユノカル基準が適用されることを判示している。

　それでは、こうしたデラウエア州における判例理論の展開から、敵対的企業買収と防衛策をめぐるわが国の状況に対して、いかなる示唆を得ることができるのであろうか。ここでは、そうした示唆の中から、特に重要と思われるものとして、ユノカル基準にみられる司法審査の判断基準としての特徴について、指摘したい。

　「ユノカル基準の分析の道具としての有用性は、まさに、多様な事実状況に直面した際の柔軟性にある。…（中略）…そのため、当裁判所は、かつて、敵対的な公開買付により与えられる脅威を評価する際に、対象会社の取締役は、公開買付価額の不十分さ、公開買付の性質や時期、違法性の問題、株主以外のステイクホルダーへの影響、公開買付が開始されない際のリスク、交換される証券の質、を考慮することができると、判示した。」と、本判決も指摘するように、ユノカル基

準の下では、対象会社の取締役の経営判断を軸として、敵対的企業買収と防衛策をめぐる複雑な利害状況が柔軟に斟酌されている。この点について、通常、株主やステイクホルダーの利害を最もよく把握しているのは取締役であることから、こうした対象会社の取締役の経営判断に軸を置くアプローチには、現実的にみて、合理的な面があるといえる。また、デラウエア州では、対象会社の取締役は、基本的に、防衛策をとる権限を有しているが、取締役がその権限を濫用することを避けるため、取締役が自己利益のために防衛策をとる場合には、その防衛策は法的に否定され、対象会社の利益のために防衛策をとる場合には、それが必要かつ相当なものである場合に限って、法的に肯定されており、裁判所の司法審査を通して、究極的な意味において、敵対的企業買収のスクリーニングが行われている。そして、その結果として、企業価値の維持・向上につながる敵対的企業買収と企業価値を毀損する敵対的企業買収とが、こうしたスクリーニングを通して、区別されていると思われる。

そこで、こうしたユノカル基準にみられる司法審査の判断基準の特徴をわが国の状況と比較すると、わが国では、ニレコ事件の保全抗告高裁決定を除き、ニッポン放送事件から日本技術開発事件に至るまでの裁判所の一連の決定の下では、原則として防衛策をとることは許されず、例外として緊急避難的に防衛策が許容される場合があるとして、防衛策は基本的には違法なものとして捉えられており、司法審査の判断基準の在り方として、敵対的企業買収と防衛策をめぐる複雑な利害状況を柔軟に斟酌して合理的に調整することには必ずしもなっていないように思われる（この点の詳細については、後掲の拙稿を参照）。

そこで、確かに、裁判所の機能や制度等には、わが国と米国のデラウエア州では、様々な差異がみられるのも事実であるが、かかるスクリーニングの機能については、今後、わが国の裁判所にも、より一層期待されるべきものではないかと思われる。また、独立社外者の関与や機関投資家の関与等、敵対的企業買収の防衛策に関わる裁判所以外のインフラについても、整備が必要であると思われる。

＜参考文献＞

大杉謙一「敵対的買収と防衛措置の法的効力に関する一試論」小塚荘一郎＝髙橋美加編『落合誠一先生・還暦記念　商事法への提言』469頁（商事法務・2004年）

片山信弘「敵対的企業買収における取締役の行為基準（一～三・完）」海保大研究報告45巻1号1頁、2号1頁、3号25頁（1999年）

近藤光男「企業防衛と会社の文化」商事1271号32頁（1991年）

田中信隆「敵対的テイクオーバーに対する防衛策のデラウェア州法に基づくルールと戦略（1～12・完）」国際商事法務28巻4号393頁、5号533頁、6号667頁、7号812頁、9号1071頁、10号1186頁、11号1337頁、12号1465頁（2000年）、29巻2号184頁、3号301頁、5号568頁、6号700頁（2001年）

徳本穰『敵対的企業買収の法理論』（九州大学出版会・2000年）、同「敵対的企業買収と予防策・防御策―わが国の近時の法状況にみられる理論的課題―」青柳幸一編『融合する法律学（上巻）筑波大学法科大学院創設記念・企業法学専攻創設15周年記念』387頁（信山社・2006年）

中山秀木「ユノカル基準における『相当性』の意義―敵対的公開買付けへの防衛手段としての自社株式買戻計画をめぐって―」商事1524号33頁（1999年）

松井秀征「取締役の新株発行権限（一～二・完）」法学協会雑誌114巻4号58頁、6号89頁（1997年）

吉田直「テンダー・オファーにおける標的企業の経営者の役割」國學院法学28巻4号47頁（1993年）、同「敵対的企業買収の法理―対象会社の取締役の役割・行為基準を中心に―」久保欣哉編著『企業結合と買収の法理』（中央経済社・1992年）

Minoru TOKUMOTO

20 オムニケア判決——取引保護条項の有効性——

Omnicare, Inc. v. NCS Healthcare, Inc., 818 A. 2d 914(Del. 2003)

森・濱田松本法律事務所・弁護士　棚橋　元

I　事案の概要

　NCS Healthcare, Inc.（以下、「NCS」という）は、医薬サービスを提供する公開企業であったが、1999年から2000年にかけて業績が急激に悪化した。NCSは、NCSを救済するスポンサーを求めて多くの候補者に当たったが、NCSにとって受け入れることのできる提案がないまま、いたずらに時間が推移し、2001年4月には発行する102百万ドルの転換劣後債につき債務不履行に陥るまでに至った。こうした状況下で、NCSは、2001年夏頃より、医療サービスを提供するOmnicare, Inc.（以下、「オムニケア」という）との協議に入った。しかし、オムニケアは終始、破産手続きにおける資産譲渡を主張し、また譲渡価額についても、何度か増額したものの、NCSが負担する全ての債務（合計約350百万ドル）の完済には満たないものであり、当然NCSの株主にはなんらの対価が支払われるものではなかった。

　そこで、NCSは、2002年初頭になり、同業のGenesis Health Ventures, Inc.（以下、「Genesis」という）と接触し、同社によるデュー・ディリジェンスを経た後、同社との間で、同年6月頃より本格的な協議・交渉を開始し、同年7月初旬にはGenesisとの間でexclusivity agreementを締結し排他的な交渉に入った。NCSの業績は2002年に若干回復していたこともあり、Genesisの提案は、破産手続きにおける資産譲渡ではなく、NCSとGenesisの合併であった。同社の提案は、NCSの債務は概ねすべて合併に際し一括返済されるか合併により承継されるとし、NCSの株主にも一定数のGenesisの株式が割り当てられるとするものであり、オムニケアの提案よりもNCSにとって有利なものであった。

　ところが、NCSとGenesisとの間の交渉が大詰めを迎えていた同年7月26日、NCSが同業他社と買収交渉を行っていることを察知したオムニケアは、これが実現すると競争上不利になると考え、急遽買収提案をNCSに送付した。その内容は、債務を完済した上NCSの株主には1株当たり3ドルの現金を交付する（Genesisの提案を上回る内容となる）というものであったが、この提案にはオムニケアがデュー・ディリジェンスを完了すること等一定の条件が付されていた。かかる提案を受領したNCSは、この段階でオムニケアと協議をすれば、Genesisがこれまでの合併協議を破談とする可能性が極めて高いと思われる一方、オムニケアの提案は条件付である以上必ず合意が成立する確証はないと判断し、オムニケアの提案があったことを知ったGenesisが買収条件を相当程度引き上げた最終案（NCS株式10株につきGenesis株式1株の割り当て等）を提示したこともあり、同年7月28日NCSの取締役会はGenesisによる買収を承認した。

　Genesisは当初より、同社が「当て馬」となること、すなわち同社がNCSとの間で合意した買収条件が、他の買収者の基準とされ、結局競合他社によりNCSが買収されるといった事態を懸念し、合併の合意が成立した場合には、これが確実に履行されるための仕組みが必要であると強く主張していた。そこで、同日締結された合併契約には、特に、NCSは、今後引き続きNCSの取締役会が本合併を推奨（recommend）するか否かにかかわらず、株主総会に本合併の議案を上程しなければならないと規定された。さらに、NCSの総議決権の過半数を保有する2名の大株主（注1）とGenesisとの間で議決権行使契約が締結され、

当該2名の大株主は本合併に賛成の議決権を行使しなければならないと規定された（注：デラウェア会社法において合併の決議要件は総議決権の過半数である（251条(c)））。この議決権行使契約は、ＮＣＳの株主としてのOutcaltおよびShawとGenesisとの間の契約であるが、ＮＣＳもGenesisの要求に従い契約当事者となっていた。

以上に対し、このままＮＣＳとGenesisとの合併が実行されることを望まないオムニケアは、同年8月初旬に直ちに、本合併を差し止める仮処分を提起するとともに、ＮＣＳの株式1株を3.5ドルで買い付ける公開買付けを開始した。他方、ＮＣＳの株主からは本件に関してクラス・アクションが提起された。

このとおり、いくつかの手続きが継続した中、原審であるデラウェア州衡平法裁判所は、上記株主からのクラス・アクションで、本件においてＮＣＳの取締役に信認義務（fiduciary duty）違反はないと判示した。各手続きにおける決定は、いずれもデラウェア州最高裁判所に上訴されたが、各手続きは併合され、その結果下された判断が本決定である。裁判官の判断は3対2に分かれ、多数意見に対して、最高裁判所裁判長であるVeasey判事らによる少数意見が存する。

Ⅱ 判決要旨

多数意見は、本件の争点は本件において採用された「取引保護措置（deal protection devices）」が適法か否かにあるとしたうえで、「自らが承認した合併契約を保護したいという取締役会の利益と、当該合併契約を承認するか否かの最終決定を下すことのできる株主の法令上の権利との間には、本質的に利益相反が存する」ので、取引保護措置の採用に関する取締役の決定に関する審査基準としては、一般的なビジネス・ジャッジメント・ルールではなく、より厳格な審査基準であるユノカル基準（本書別冊稿⓱伊藤論文参照）が適当であるとし、ユノカル基準に基づいて本件における取引保護措置の適法性を検討した。

まず、「会社の方針及び効率性に対する脅威」が存在するかについては、ＮＣＳにとって、Genesisとの合併が破談となり、その他の選択肢が存在しなくなるという可能性は、ユノカル基準にいう「脅威」に該当するとした。

次に、上記「脅威」に対する取引保護措置が、「強制的（coercive）」または「排除的（preclusive）」でないかについて、本合併における取引保護措置は、いずれにも該当し、したがって、無効であり執行不能であると判示した。すなわち、本件では、①合併契約において、ＮＣＳは、後日ＮＣＳの取締役会が本合併を推奨しないとした場合であっても、株主総会に本合併の議案を上呈しなければならないと規定されたこと、②ＮＣＳの総議決権の過半数を保有する2名の大株主との間で議決権行使契約が締結され、同契約で当該株主はいずれも本合併に賛成の議決権を行使しなければならないと規定されたこと、および③実効性のあるfiduciary out条項（注2）がないことにより、オムニケアその他の第三者による買収が成立する可能性は、「数学的に不可能」であって「現実的には達成不可能」であり、本件における取引保護措置は、Genesisとの合併を「強制」し、他の有利な提案を「排除」するものと認定した。

さらに、多数意見は、取締役は合併契約が締結された後も引き続き信認義務を負い、その後合併契約を上回る提案を受領した場合には、ＮＣＳの株主、特に少数株主の利益を保護するために信認義務を尽くすことが必要であるとした。しかし、ＮＣＳがかかる提案を受けたときでも、上記のとおり本件の取引保護措置のもとでは、Genesisとの合併が必ず実行されることになるから、こうした信認義務を履行できないことになる。したがって、本件の取引保護措置は、信認義務の適切な履行を制限する以上、無効で執行不能であると判示した。

Ⅲ 分析と展開

1 取引保護条項が設けられる背景

敵対的買収ではない通常のＭ＆Ａにおいて、買収者が被買収者との間で買収条件につき合意し契約締結に至る過程は、買収者にとって、買収対象会社・事業に対するデュー・ディリジェンス（買収監査）・評価、買収条件の協議・交渉、契約書の作成・交渉等、多大な時間、労力、費用等を要するものである。したがって、買収者としては、こうした大変なコストを払って合意に達したにもかかわらず、それが第三者たる他の買収者の登場により覆されてしまうと、それまでの時間、費

用、労力等が無に帰してしまう。他方、第三者にとっては、先行する買収者はひとつの目安となる。すなわち、先行する買収者により、対象会社・事業は買収に値するという判断がなされ、また買収価額が決定されているのであるから、第三者はこれを前提に買収の可否・条件を判断できる。したがって、先行する買収者と被買収者との間で合意に達していたとしてもこれを上回る条件を提示することで覆すことが可能であれば、第三者としては少ない時間と労力で効率的に買収することも可能だとして、そのような試みに出る一定のインセンティブが存する。

そこで、買収者はこうした事態を可及的に防止すべく、買収の合意に際し、自らとの間で買収が確実に履行されるための仕組みを要求することになる。これがdeal protection device（取引保護措置）と呼ばれるものである。これには米国のM＆A実務上さまざまなものがあるが、典型的には、①買収者以外の第三者との間で買収につき協議等をすることを禁止する条項（ノー・ショップ条項）、②当該買収取引が被買収会社の株主総会の承認を必要とするものである場合に、株主総会への議案上呈義務および当該買収取引を株主に対して推薦する（recommend）義務を課する条項、③解約金（ブレークアップ・フィー）条項などがある。こうした取引保護措置を設けることには、両当事者の合意形成までに向けられた労力・費用等を保護し買収（取引）が履行されることを確保するものとして合理性が存することに疑いはなかろう。他方、かかる措置は他の買収提案、特に被買収者にとってより有利な提案をも排除する可能性がある。したがって、被買収会社の株主等利害関係者の最善の利益のために職務を遂行する義務を負う被買収会社の取締役としては、どのような内容の措置であれば応諾してもよいかが問題となる。

本件では、先行する買収者であるGenesis社は、自社が「当て馬」とされ、NCSと合意した条件が他の買付者の基準とされ、最終的に第三者にNCSを買収されてしまうという事態を懸念した。そのため、本格的な交渉の開始に際しては、NCSが第三者とは交渉できないことを確保するためexclusivity agreementを締結し、さらに最終契約においては、NCSに対して合併契約の株主総会への上呈義務を課すとともに、NCSの総議決権の過半数を握る大株主から議決権拘束契約を取り付けた。こうした契約上の手当て、すなわち取引保護条項を設けることにより、当該合併が確実に生じることを確保したのである。NCSも、数年にわたるスポンサー探しの交渉のなかで、株主に対しても一定の対価の交付を提供する提案を行った唯一の当事者がGenesisであり、Genesisとの合併が唯一合意可能な選択肢であったので、以上のような契約を締結することを受け入れたものである。

これに対し、デラウェア州の最高裁は、5人の裁判官による結論は3対2という僅差ながら、多数意見は、上記の契約上の合意は、実効性のあるfiduciary out条項がないことと相まって、取締役の信認義務に違反するものであるから無効であると判示したのである。

2　取引保護条項とユノカル基準

多数意見は、取引保護措置の有効性の審査基準としてユノカル基準を採用した。ユノカル基準とは、本来敵対的買収に際して取締役が採る対抗措置につき適用されてきた基準である。しかし多数意見は、合併契約は最終的に株主の意向により決せられるものであって取締役会の意思のみで決定できるものではないところ、上記のとおり合併を推進したい取締役会の利益と、最終決定権限者である株主の権利との間には、利益相反が存するとして、より厳格な審査基準であるユノカル基準が適用されるべきとした。その上で、本件における取引保護措置は、強圧的かつ排除的であると認定して、その有効性を否定した。

これに対し、少数意見は、ユノカル基準は経営陣が自らの保身を図るといった利益相反が存する状況を前提とするが、本件は、パラマウント対タイム事件（本書別稿❶徳本論文参照）のように敵対的買収者に対して対抗措置を採ったというようなものではなく、Genesisとの合併は唯一の選択肢であったのであり、本来ビジネス・ジャッジメント・ルールが適用されるべきとする。また、仮にユノカル基準が適用されるとしても、本件における取引保護措置は、その時点でGenesisとの合併が実際上唯一の選択肢であった以上、債権者および株主に対して十分な支払いが行われないというNCSが直面していた脅威に対して合理的なものであると考えられるとした。

以上のような多数意見と少数意見の実質的な差異は、本件の事実関係を前提として、取締役の信

認義務をどの範囲まで及ぼすかという点についての見解の違いにあるように思われる。

すなわち、多数意見は、ＮＣＳの取締役は合併契約締結後も新たな有利な買収提案が現れることを想定して対処しなければならないという立場であるが、少数意見は既に候補者選択のための努力を尽しその結果現実的な提案はGenesisとの合併のみであり、その承認の段階で他に対抗提案に値するものがなかった以上、唯一の提案を確保するために相当程度の措置を採ることは許されるという立場である。決定に記された事実関係からすると、多数意見が前提とする信認義務の範囲はやや広すぎるようにも思われる。

3　本決定の評価・実務上の影響

当初本決定が公表された際の米国の実務家の間での反応としては、多数意見は契約上の合意よりも取締役の信認義務を重視しており、Ｍ＆Ａ取引における不確実性を増大させるものとして、本決定および本決定の射程に懸念を示すものが多数であった。もっとも、その後本決定の内容を踏襲する裁判例は現れず、他方、デラウェア州衡平法裁判所では2004年10月20日、被買収会社の支配株主との間で18か月間にわたるロックアップ契約を締結した事例で、信認義務違反はないとした (Orman v. Cullman, 2004 WL 2348395 (Del. Ch. Oct 20, 2004)) 裁判例が登場した（「(海外情報)ディール・プロテクションに関するデラウエア州衡平法裁判所の新たな判決」商事1717号56頁（2004年）参照）。また、米国のＭ＆Ａ実務においても、本決定は本決定特有の事実関係に基づくものであって、その射程を制限的に解していこうという立場が多数であるように思われる（Morrison Foester, Latham & Watkins, Jone Day等米国の法律事務所のウェブサイトで実務家の立場からの簡単な評釈が閲覧できる）。

4　日本法に対する示唆

わが国のこれまでのＭ＆Ａ実務では、合併等会社の組織再編行為を伴う買収事案において、買収提案が競合するというような事態は殆ど存在しなかった。合併契約・株式交換契約等組織再編行為を規定する契約も、法律が要求する記載事項を中心に最低限の事項を規定するという実務が確立してきたため、当事者が合併契約等上さまざまな工夫を施し規定を設けていくということが行われてこなかった。もっとも、わが国の合併契約等においては、いずれの当事者も、（株主総会が法律上要求される限りにおいて）株主総会を開催してそれぞれ株主の承認を得るという条項が設けられることが通常である。ただし、契約当事者としてはこれを取引保護条項などと仰々しく考えるものではなく、合併契約という最終契約を締結した以上契約に拘束されるのであって、あとは手続きの問題として株主総会を開催して会社提案の議案として合併の承認を求めていくのは当然のことであるという理解に基づいていると考えられる。また、契約上の義務から解放されるのは、当事者の合意による解約の場合か、あとは独占禁止法上合併が許されないなど他の法令に基づく規制上やむを得ない場合に限定されるものと考えられており、米国の実務のようにfiduciary out条項を規定するという実務はまったく存在しなかった。

これに対し、最近、ＵＦＪホールディングスと三菱東京フィナンシャルグループの統合に際して、三井住友フィナンシャルグループから競合提案があったことから、わが国でもＭ＆Ａの際の取引保護措置や、fiduciary out条項が一定の注目を集め、参考になる米国の裁判例として本決定が引用されることも多いようである（岩倉正和＝大井悠紀「Ｍ＆Ａ取引契約における被買収会社の株主の利益保護〔上〕～〔下(2)〕」商事1743号、1745号、1747号、1748号（2005年））。

そこで、わが国において取引保護措置を採用した場合、その有効性はどのように考えるべきか。一口に取引保護措置といってもさまざまなものが考えられるので、個別の措置ごとに検討すべきものとは思われるが、一般的には、①取引保護措置を承認する被買収会社の取締役の善管注意義務違反の有無と、善管注意義務違反を審査するにあたっての審査基準、②仮に、取締役の善管注意義務違反が認められるとした場合、当該取締役の責任に加え、当該善管注意義務違反となる取引保護措置を規定する契約条項自体が無効となるかが問題となろう。これら詳細を検討する紙幅はないので、以下ポイントと思しき点に簡単に触れる。

まず①の点であるが、周知のとおり、米国では取締役の信認義務については、デラウェア州の判例法理を中心に、ビジネス・ジャッジメント・ルールを基本とし、買収取引については一定の場合にはユノカル基準またはレブロン基準（本書別稿⓲三浦論文参照）が適用されることが確立している。他方、わが国においては、買収取引特有の

審査基準は判例上特段認められてはいない。わが国の裁判例では、企業経営の判断に関する善管注意義務違反については、必ずしも確立した基準があるわけではないが、概ね、判断の前提となった事実の認識に不注意な誤りがなかったか否か、および判断の過程・内容に著しく不合理なものがあったか否かを判断基準としている。かかる現状を前提とすると、取引保護措置の承認についても、この通常の判断基準の具体的な適用の一つの場面と考えることが穏当といえよう。承認した取引保護措置の内容が「著しく不合理」でないことが求められるが、他の有利な提案が排除されることの一事をもって、著しく不合理とされるとは考えにくく、契約締結に至る経緯・事情がポイントとなろう（注3）。

次に②の点であるが、米国では、契約法のリステイトメント〔第2版〕において、受託者による、その信認義務違反に違反する約束、またはそのような違反を招来する傾向のある約束は、公序（public policy）に基づき執行力を有しないとの法理が明確に示されている（同193条）。しかし、わが国では、ある契約の締結が取締役の善管注意義務違反となったとしても当該契約が当然に無効となるとの法理は存しない。あくまでも一般の民事上の契約法理に従って解釈される。したがって、公序良俗違反となる場合や、強行法規に違反するような場合には無効とされることも考えられるが、かかるケースは自ずと限定されると思われる。

いずれにせよ、オムニケア判決の多数意見に対しては、米国実務においても異論があり、むしろ制限的に扱うべきであるとの論調が強いところであるから、本決定をわが国の実務へ参考するにあたっては、慎重な検討が必要であろう。

(注1) ＮＣＳは、Class A株式とClass B株式との2種類の株式を発行しており、Class A株式は1株につき1議決権であったが、Class Bについては1株につき10議決権が与えられていた。2名の大株主であるJon H. OutcaltとKevin B. ShawはいずれもClass B株式を保有していた。Outcaltは取締役会の議長（chairman）であり、ShawはＮＣＳの社長（President）兼ＣＥＯであるとともに、ＮＣＳの取締役である。なお、ＮＣＳの取締役としては他に、Boake A. SellsとRichard L. Osborneの2名の社外取締役がおり、この2名が今回の取引において独立委員会（Independent Committee）を構成した。上記7月28日のＮＣＳ取締役会の前に、独立委員会が開催され、Genesisとの合併を取締役会に対して推奨している。

(注2) fiduciary out条項とは、一般に、一定の条件のもと、被買収者が、買収者との間の合意に違反することなく、第三者との間で買収の協議・実行等をすることを許諾する条項をいう。

(注3) なお、議決権拘束契約はOutcaltとShawがＮＣＳの株主として締結しているものの、両名は、ＮＣＳの社長および取締役会の会長であり、Genesisとの合併を選択した経営陣および取締役会の中枢に位置する者である。したがって、かかる議決権契約に基づく議決権行使は、日本法の観点からすると、特別の利害関係を有する者による議決権行使として、合併の総会決議が取消の対象となり得るのではないかが問題となろう（会社法831条1項3号）。ただし、この点についても、「著しく不当な」決議に当たるといえるかにつき、同様の分析がなされることになろう。

Hajime TANAHASHI

―――――――――――――――――――――――――――――――――――――――
Ｍ＆Ａ判例の分析と展開〔別冊 金融・商事判例〕

2007年7月4日　初版第1刷発行	編　者　　野　村　修　也
2007年8月29日　初版第2刷発行	中　東　正　文
2010年1月5日　初版第3刷発行	発行者　　下　平　晋　一　郎
2012年5月1日　初版第4刷発行	発行所　　㈱経済法令研究会

　　　　　　　　　　　　　　〒162-8421　東京都新宿区市谷本村町3-21
＜検印省略＞　　　　　　　　電話　代表 03(3267)4811　制作 03(3267)4823

営業所／東京03(3267)4812　大阪06(6261)2911　名古屋052(332)3511　福岡092(411)0805

制作／西田尚史・樋田百合子　印刷／富士リプロ㈱

ⓒShuya NOMURA, Masafumi NAKAHIGASHI 2007　　　　ISBN978-4-7668-2062-1

―――――――――――――――――――――――――――――――――――――――
　　　　　　　"経済法令グループメールマガジン"配信ご登録のお勧め
　　当社グループが取り扱う書籍、通信講座、セミナー、検定試験情報等、皆様にお役立ていただ
　　ける情報をお届け致します。下記ホームページのトップ画面からご登録いただけます。
　　　　　　　☆　経済法令研究会　http://www.khk.co.jp/　☆
―――――――――――――――――――――――――――――――――――――――

定価は表紙に表示してあります。この表紙は、表面保護のためPP加工されています。
無断複製・転用等を禁じます。落丁・乱丁本はお取替えします。